HERMENEUTICS

An Introduction

앤서니 티슬턴의
성경해석학 개론
철학적·신학적 해석학의 역사와 의의

앤서니 티슬턴 지음 | 김동규 옮김

Holy
WavePlus

이 책을 집필한 것은 학생과 일반 독자를 위한 해석학 교과서를 써달라는
의뢰 때문이었다. 해석학이라는 과목을 가르치며 보낸 지난 40년 가까운
세월이 책을 쓰기 위한 기반이 되어주었다. 이 책에서 나는 해석학의 기술
적 용어들이 책에 나타나는 대로 바로 정의해나가도록 노력했다. 또한 집
필하는 동안 함께 공부한 학생들도, 내가 이 책에서 다루어야 할 문제와 이
론가와 주제가 무엇인지 결정하는 데 많은 도움을 주었다.

또한 가능하면 다른 책들, 특히 『해석학의 새 지평』(*New Horizons in
Hermeneutics*)과 『티슬턴의 해석학』(*Thiselton on Hermeneutics*)에서 쓴 것
을 반복하지 않으려고 노력했지만 불트만에 대한 부분은 30여 년 전에 출
간된 『두 지평』(*Two Horizons*, 총신대학출판부 역간)과 약간 겹칠 것이다.
어쨌든 이 책에서는 불트만을 훨씬 간략하게 다루었다. 또한 슐라이어마허
에 대한 부분도 완전히 새롭다고는 할 수 없는데 그것은 해석학에 대한 이
철학자의 저술 영역이 매우 한정되어 있기 때문이다. 하지만 나는 이 주제
를 이전과는 다르면서도 한층 더 단순하게 드러내려고 했다. 이렇게 두 부
분을 제외하고 나머지 14개의 장에서는 앞서 발표된 나의 글과 겹치는 내
용이 거의 나오지 않을 것이다. 솔직히 이 책을 쓰는 동안에 이전 책들은
펼쳐보지도 않았다.

2년 전만 해도 데이비드 재스퍼(David Jasper)가 쓴 매우 기초적이면서
도 간결한 개론서를 제외하고 해석학 교과서가 거의 전무한 실정이었다.
물론 재스퍼의 책은 지금도 여전히 이 주제에 대한 유익한 "맛보기"를 제공
하고 있다. 그 이후로 세 권의 책이 더 나왔지만 교과서 용도로 그리 적합
한 책은 아니었다. 각각의 책이 지닌 장점에도 불구하고 그 저술들은 지나

치게 일반적이고 간략하게 기술되었다는 한계를 가진다. 해석학에 대한 글을 쓰면서 필요한 설명과 절차를 건너뛴다면 오해를 불러일으킬 수밖에 없다. 또한 세 권 중 어느 것도 가다머와 리쾨르를 충분하게 다루지 않았으며 이 책이 제시하는 이론가와 주제의 범위를 다 포괄하지도 못한다.

원고 전체를 꼼꼼하게 문서로 작성해준 비서 캐런 우드워드 부인에게 특별히 깊은 감사를 표한다. 지난여름에 온 심각한 뇌졸중으로 내 필체가 더 형편없어진 상황에서 그녀의 작업은 더욱 어려웠을 것이다. 교정과 색인 작업을 한 아내 로즈메리와 역시 교정을 도와준 셰일라 리스 여사에게도 고마운 마음을 전한다. 아울러 어드만 출판사의 부사장 존 포트의 개인적 격려에도 감사의 말을 전하고 싶다.

2008년 5월
영국 노팅엄 대학교
신학과 종교학과
앤서니 C. 티슬턴

제1장

해석학의 목표와 영역

1. 해석학의 정의를 위하여

해석학은 특별히 우리가 사는 시대와는 상이한 시대 또는 삶의 컨텍스트 속에서 기록된 텍스트를 읽고 이해하고 다루는 방식을 탐구한다. 성경해석학은 특별히 우리가 성경 텍스트를 어떻게 읽고 이해하고 적용하고 반응해야 하는지를 좀 더 구체적으로 탐구한다.

더 광범위하게 보자면 해석학은 19세기 초반 이후, 특히 프리드리히 슐라이어마허(Friedrich Schleiermacher, 1768-1834)의 연구를 거치면서 하나의 학문 분과 이상을 것을 의미하게 되었다. (1) 성경해석학은 **성경적**이고 신학적인 질문을 제기한다. (2) 성경해석학은 우리가 이해에 이르는 방식과, 이해를 가능하게 하는 토대에 대한 **철학적** 질문을 제기한다. (3) 성경해석학은 텍스트 유형과 텍스트 읽기의 과정에 대한 **문학적** 질문과 관련된다. (4) 성경해석학은 우리의 계급, 인종, 성, 선행되는 믿음과 관련된 기득권이 어떤 방식으로 텍스트 독해에 영향을 미치는지에 대한 **사회적**·비판적·사회학적 질문을 포함한다. (5) 성경해석학은 커뮤니케이션 이론이나 일반**언어학** 이론을 끌어와 활용한다. 왜냐하면 해석학은 어떤 내용이나 효과가 **독자**나 공동체에게 전달되는 과정 전반을 연구하기 때문이다.

성경 텍스트를 이해하려고 할 때에 이 작업이 신뢰할 수 있는 해석이 되려면 구약과 신약 개론 및 주해를 포함해 성경 연구와 관련된 다양한 연구 자료를 참조해야 한다. 동시에 이런 작업은, 특별히 해석학의 역사나 텍스트 "수용이론"을 배경으로 하고 있는 기독교 신학과 정경의 문제도 무시해서는 안 된다.

또한 해석학 내부에서 벌어지는 문제들은 그것이 아무리 사변적이고 원리적으로 보일망정 실천적 질문과 분리될 수 없다. 예를 들어보자. 과연 텍스트의 의미는 독자에 의해 "구성되는"(constructed) 것인가, 아니면 텍스트의 저자에 의해 그냥 "주어지는"(given) 것인가? 이런 질문은 해석학 이론이 안고 있는 복잡한 이론적 질문이지만, 동시에 이 질문으로부터 다음과 같은 본질적으로 실천적인 질문도 도출되기 때문에 우리는 여기 대답할 길을 모색해야 한다. 즉 성경은 독자인 우리가 의도하는 대로 무엇이든지 의미할 수 있는 책인가? 과연 어떻게 우리는 타당하거나 신뢰할 수 있는 성경해석을 위한 규범이나 기준에 대해 합의에 이를 수 있는가?

교부 시대(주후 500년까지)부터 종교개혁을 거쳐 19세기 초반에 이르기까지 통상적으로 해석학은 "성경해석을 위한 **규칙들**"로 정의되었다. 비록 모두가 다 그런 것은 아니었지만 많은 저술가들 사이에서 해석학이란 대체로 일종의 **주해** 또는 신뢰할 수 있는 방식으로 **주해에 착수하기 위한 규칙들**을 의미했다. 19세기가 배출한 슐라이어마허와 20세기 후반에 나타난 한스-게오르크 가다머에 이르러서야 비로소 해석학은 **기술**(art)보다는 **과학**(science)의 개념을 가지게 된다. 1819년, 슐라이어마허는 이렇게 선언했다. "해석학은 사유의 기술의 일부이며 따라서 철학적이다."[1] 이와 비슷한 의미로 가다머는 해석학에 대해 순수하게 합리주의적인 "방법"의 절차를 정식화하는 것과 분리해서 이해했다. "해석학은 무엇보다도 하나의 실천이며 이해의 기술이다.…이 영역에서 우리가 가장 중요하게 실행해야 할 것은 경청이다."[2] 가다머의 가장 중요한 저작인 『진리와 방법』(*Truth and*

---

1 Friedrich Schleiermacher, *Hermeneutics: The Handwritten Manuscripts*, ed. Heinz Kimmerle, trans. James Duke and J. Forstman (Missoula: Scholars Press, 1977), p. 97.

Method, 문학동네 역간)은 이미 제목 자체가, 이해와 진리를 습득하는 길로서의 합리주의적이거나 기계론적인 "방법"에 대한 의구심을 표현하고 있다. 아마도 이 철학자는 책 제목을 "진리 또는 방법"으로 잡아도 좋았을 것이다.

그럼에도 해석학을 위해서나 텍스트 해석을 위해서 일련의 "규칙들"을 정식화할 수 있다는 생각은 오랜 역사를 지닌 관념으로서, 일부 영역에서는 오늘날까지도 여전히 지속되고 있다. 초기 랍비 전통 속에 있는 "해석을 위한 규칙들"이 이런 형식을 취해야 했다는 사실은 전혀 놀라운 일이 아니다. 첫째, 신성한 성경 텍스트에 대한 해석이 고착된 랍비 전통 속에 소중하게 간직되어 있었다(비록 새로운 상황과 대화하기 위해 해석이 발전한 측면이 있다 하더라도). 둘째, 이런 초창기의 정식들은 넓은 의미에서 해석학이라기보다는 연역 논리와 더 밀접한 관계를 맺고 있다. 전통적으로 랍비 힐렐(Rabbi Hillel, 주전 30년경)의 것으로 여겨지는 해석에 대한 일곱 규칙의 경우, 이것들 가운데 처음 다섯 규칙은 실제로 연역 논리와 귀납 논리의 규칙이다. 첫째 규칙("가볍고도 무거운"으로 불리는)은 추론을 이끌어내는 것과 연관된다. 둘째 규칙은 비교나 유비의 적용과 관련된다. 셋째, 넷째, 다섯째 규칙은 연역(일반적 원리에서 개별적 사례를 도출해내는 추론) 및 귀납(개별적인 사례들로부터의 추론을 기반으로 일반적 공리를 규정하는 것)과 관계된다. 여섯째, 일곱째 규칙은 앞과는 다르게 순수하게 해석학적인 성격을 띠며 다음과 같은 질문을 제기한다. 다른 성경 구절의 의미에 대하여 이 성경 구절이 의미하는 바는 무엇인가? 어떤 구절이 포함되어 있는 큰 컨텍스트는 그 구절의 의미를 어떻게 더 명료하게 보여주는가?

물론 이 일곱 가지 "규칙들"(*middoth*)의 의미를 과대평가해서는 안 된다. 왜냐하면 보통 이것들은 나중에는 자의적인 방식으로 적용되었기 때문

---

2 Hans-Georg Gadamer, "Reflections on My Philosophical Journey," in *The Philosophy of Hans-Georg Gadamer*, ed. Lewis Edwin Hahn (Chicago and La Salle, Ill.: Open Court, 1997); 논고 전체는 pp. 3-63을 보라.

이다. 또한 신성한 텍스트에 대한 랍비들의 연구(midrash)는 근본적으로 다양한 해석과 적용의 가능성과 함께 텍스트가 가진 절대적 권위를 지지했다. 이렇게 소위 규칙들은 헬레니즘 시대의 수사학에서 정식화된 원리들과 상당 부분 공통점을 가진다.[3]

해석의 "규칙"이라는 개념은 무오류하고 결함 없는 정경 개념을 본질적인 것으로 여기는 보수적인 기독교 저자들이 자주 의지해온 개념이다. 아울러 이런 보수적인 저자들은 오류 가능성이 있는 인간의 해석이라는 개념이 성경 텍스트의 실제적 활용에 있어 성경의 권위의 전달이라는 연결고리에 약한 연결 지점을 제공하는 듯 보인다고 생각했다. 여기에 대한 예로 밀턴 테리(Milton S. Terry)를 들 수 있다. 테리는 가장 보수적인 해석학 교과서 가운데 한 권을 저술했는데(1890), 다음과 같은 말로 논의를 시작한 것은 그리 놀라운 일이 아니다. "해석학은 해석의 과학이다."[4] 심지어 테리는 해석학이 "과학인 동시에 기술"임을 인정하고 있다. "하나의 학문으로서 해석학은 원리들을 열거하고…사실과 결과를 분류한다. 하나의 기술로서 해석학은 다음과 같은 사실을 가르친다. 즉 이런 원리들이…가장 난해한 문서의 해독이라는 실천적 가치를 보여주면서 어떤 적용을 해야 하는지를 가르치는 것이다."[5]

그런데 테리의 연구는 커뮤니케이션 과정의 **"원천"**으로서의 성경 텍스트에만 배타적으로 집중한다. 상대적으로 독자들이나 **독자들**의 공동체들이 텍스트에 가져오는 이해의 지평들에 대한 관심은 아주 적게 반영되어 있다. 반면 슐라이어마허와 가다머가 해석학을 **"이해의 기술"**로 재정의했을 때 그들을 이끌었던 개념은 "두 번째" 또는 독자들의 지평에 대한 관심

---

3 여기에 대한 기술적 논의는 David Daube, "Rabbinic Methods of Interpretation and Hellenistic Rhetoric," *Hebrew Union College Annual* 22 (1949): 234-64에 나와 있다.

4 Milton S. Terry, *Biblical Hermeneutics: A Treatise on the Interpretation of the Old and New Testaments* (Grand Rapids: Zondervan, 1974), p. 17.

5 Terry, *Biblical Hermeneutics*, p. 20.

이었다. 교실에서 가르치는 일에서도 나타나듯 커뮤니케이션은 단순히 텍스트 또는 화제의 원천을 통해 **전해지는** 것만을 기술하지 않는다. 오히려 커뮤니케이션은 독자 또는 "목표" 청중("target" audience)에게 **전달되고** 그들에 의해 **이해되며** 그들에 의해 **전유된**(appropriated) 것이 무엇인지를 기술한다. 커뮤니케이션 이론과 일반언어학에서 연구자들은 이 과정이 안고 있는 두 측면을 지시하기 위해 "전달자"(sender)와 "수용자"(receiver)라는 용어를 흔히 사용한다. 이렇게 커뮤니케이션 사건이나 행동에 있어 저자, 텍스트, 독자를 동시에 관련시키는 **전체 과정**에 대한 관심은, 해석학을 해석의 다양한 방식 중 하나인 주해와 구별해준다.

우리는 자주 여러 저술가들이 이렇게 불평하는 소리를 듣는다. 즉 유대인 철학자 필론(Philo of Alexandria)과, 클레멘스(Clement of Alexandria)에서 오리게네스(Origen)에 이르는 알렉산드리아 교회의 교부들이 성경 저자들의 텍스트를 "알레고리화"하거나 알레고리적 의미를 위해 소위 문자적 의미를 넘어서버렸다는 것이다. 이런 불평을 하는 사람들의 초점은 알레고리적 접근이 자주 텍스트의 저자가 원래 지향하던 "문자적" 의미를 왜곡한다는 것이다. 기본적인 차원에서 보면 이 주장 속에도 일말의 진리가 존재하긴 하지만 이와 관련된 쟁점은 더욱 복잡하다고 볼 수 있다. 앞에서 소개한 알렉산드리아 교부들의 해석학은 이해에 있어 텍스트가 주는 효과와 청자와 독자의 반응에 대해 의식적인 질문을 제기했으며, 적어도 이 질문은 타당하다고 할 수 있다. 나중에 나는 여기에 대한 대답은 단순한 예와 아니오보다 훨씬 더 복잡함을 논증해 보일 생각이다. 알렉산드리아 교부들의 독자에 대한 이런 관심 덕분에 그들의 해석학은 독특하게 뛰어난 면을 지닐 수 있었다.[6] 한편 여기에 반대되는 입장은 타르수스의 디오도루스(Diodore of Tarsus), 몹수에스티아의 테오도루스(Theodore of Mopsuestia), 크리소스

---

6 Karen Jo Torjesen, *Hermeneutical Procedure and Theological Method in Origen's Exegesis* (Berlin: Walter de Gruyter, 1986). 이 책은 오리게네스의 방법론 속에서 그의 목회적 관심이 어떤 역할을 하는지를 정확하게 탐구하고 강조한다.

토무스(John Chrysostom) 등 안디옥 학파에 의해 표명되었으며 이들은 모두 "문자적" 의미를 강력하게 수호했다는 주장을 우리는 흔히 접한다. 물론 넓은 의미에서 보면 이런 주장도 옳다고 할 수 있다. 하지만 크리소스토무스는 텍스트의 의미를 "통제"하기 위해 특별히 예수, 사도들, 선지자들의 경우에 있어 텍스트의 저자의 역할에 관심을 기울였다. 물론 이론의 여지는 있지만 이러한 사실은 "문자적" 의미에 대한 언급보다는 강조의 상이점들을 정식화하는 더 낫고 정확한 방법을 제시한다. "문자적"이란 단어는 다양한 사람들이 다양한 방식으로 사용하는 불안정하고 유동적인 용어라고 할 수 있다.[7]

결론적으로 **주해**와 **해석**은 텍스트를 해석하는 **실제적 과정**을 지시하는 반면, **해석학**은 **텍스트를 읽고 이해하고 적용할 때 우리가 행하는 것이 정확하게 무엇인지**를 비판적으로 묻는 이차적 과제를 포함한다. 해석학은 책임감 있고 타당하고 풍요로우며 적합한 해석을 추구하는 과정 속에 작동하는 **조건과 규준들**을 탐구한다. 해석학이 다양한 학문 분야의 도움을 요청한다고 할 때 그 이유를 다시 한 번 보여주는 지점이 바로 여기라고 할 수 있다. 즉 해석학은 왜 우리가 이해의 방식에 대한 철학적 질문들을 제기해야 하는지를 보여준다. 또한 자기성(selfhood), 이기심, 자기기만에 대한 심리적·사회적·비판적 질문들을 제기해야 할 이유도 보여준다. 해석학은 텍스트의 본성과 효과, 텍스트의 힘에 대해 다루는 문학이론이 제기하는 질문들의 존재 이유도 보여준다. 또한 성서학에서, 교회사와 여타 다른 신앙 공동체들에 대한 해석에서, 교리와 신학에서 제기되는 질문들을 왜 물어야 하는지도 보여준다.

---

7 "문자적" 의미의 복잡한 활용에 대한 탁월한 논의는 R. W. L. Moberly, *The Bible, Theology, and Faith: A Study of Abraham and Jesus* (Cambridge: Cambridge University Press, 2000), pp. 225-32에서 찾아볼 수 있다.

2. 해석학 연구에서 무엇을 얻기를 소망해야 하는가?

진지한 해석학 연구로부터 기대할 수 있는 것은 무엇일까? 내가 해석학을 가르치기 시작한 것은 1970년 셰필드 대학교 학위 과정에서였다. 그리고 그 이후로 미국, 캐나다, 유럽, 극동의 여러 나라에서, 주로는 영국의 세 대학교에서 이 과목을 줄곧 가르쳐왔다. 자주 나는 수업을 듣는 학생들에게 (학부 학생으로부터 박사 과정에 이르기까지) 무엇이든 상관없으니 해석학이라는 과목을 통해 얻은 것이 무엇인지 말해달라고 요청하고는 했다.

가장 자주 듣는 대답은 다음과 같다. 즉 학생들은 과정이 끝나거나 이수 단위를 채울 때쯤 되어서는 **이전과는 다른 방식으로 성경의 저작들을 읽게 되었다**고 고백한다. 여기에 대해 좀 더 자세히 설명해달라고 재촉하면 상당수 학생들은 다음과 같은 점을 덧붙였다. 미숙한 가정을 가진 채 성급하게 텍스트로 돌진하거나 자신이 가지고 있을지도 모를 선행적 개념이나 예상에 텍스트를 끼워 맞추기보다는, 특별히 가다머의 용어를 빌려 **경청**하는 것이 중요함을 배웠다는 것이다. 또한 폴 리쾨르(Paul Ricoeur, 1913-2005)를 배움으로써 비판적 **의심**이라는 건전한 척도를 가지고 자신의 독법을 검토해야 할 필요성을 실감했다고, 얼마나 쉽게 이기심으로 인한 자기 기만에 빠질 수 있는지를 알게 되었다고도 말한다.[8] 우리는 활용하기에 편리하거나 자기 최면적인 해석을 너무 쉽게 선택하는 경향이 있는 것이다.

많은 학생들이 둘째로 언급하는 점은, 해석학이 가진 다학제적 성격이 자신의 신학 및 종교 연구에 **통합의 차원**을 제공한다는 사실이었다. 이 공부를 하기 전에는 성서학과 철학의 근본적 질문들 사이에 또 신약 연구와 기독교 사상사 사이에 존재하는 연결성이 거의 눈에 띄지 않았지만, 해석

---

8 리쾨르는 다수의 글에서 이 측면에 대해 설명하고 있다. 특히 여기에 대한 리쾨르의 고전적 연구로는 *Freud and Philosophy: An Essay on Interpretation*, trans. Denis Savage (New Haven: Yale University Press, 1970), 예를 들어 p. 27이 있다.

학을 공부한 후에는 다양한 학문의 영역과 상이한 접근 방법들 전체가 해석학 안에서 **일관성을 가지고 연결된 것**으로, "전체에 연합된 부분"으로, 텍스트 이해라는 동일한 과정을 구성하는 요소들로 다가왔다는 것이다.

셋째로, 학생들은 소외되거나 수용하기 힘든 것처럼 보이는 견해와 논증에 대해 존중하는 습관을 형성하는 동시에 더 공감적인 이해를 하도록 해석학이 도와준다는 견해를 피력했다. 해석학은 대립하는 견해들 사이에 **다리를 놓고자** 시도한다. 물론 "다리를 놓는다"고 해서 필연적으로 그 견해에 대해 존재 근거를 부여하는 것은 아니다. 하지만 이런 행위는 존중할 만한 견해나 논변으로 진입하도록 이끄는 다양한 **동기 부여와 여정들**을 공감적으로 이해하게 하는 데 필수적인 과정이 된다.

다학제적 해석학 안에 있는 이런 특징은 슐라이어마허로부터 현대에 이르기까지 지속되는 테마다. 1805년과 1809년, 초기의 아포리즘에서 슐라이어마허는 다음과 같이 쓰고 있다. "해석에서 본질적인 지점은, 우리가 우리 자신의 정신의 프레임으로부터 벗어나서 저자의 정신 안으로 들어가는 것이다."[9] 그러므로 해석자는 "첫 번째 독자들"이 대상 텍스트를 어떻게 이해했는지 배우기 위해 상상력과 역사적 연구를 활용해야 한다.[10] 해석학의 발전에 있어 슐라이어마허를 계승한 빌헬름 딜타이(Wilhelm Dilthey)는, 우리가 저자 또는 대화 상대방을 **이해하기**를 원한다면 그의 입장에 서는 것이 필요함을 주장한다. 즉 이런 행위는 **감정 이입**[empathy, 딜타이는 "Hineinversetzen"(자리 바꿈)이란 독일어를 사용한다]의 차원과 연관된다.[11]

20세기 중반에 신약학자 루돌프 불트만(Rudolf Bultmann, 1884-1976)은 딜타이의 해석학을 받아들였다. 그리하여 이 신학자는 인간 이해든 텍스트 이해든 간에 이해하려 추구하는 대상과 "살아 있는 관계"를 맺어야 함

---

9 Schleiermacher, *Hermeneutics*, p. 42.
10 Schleiermacher, *Hermeneutics*, p. 107.
11 Wilhelm Dilthey, *Gesammelte Schriften*, vol. 7 (Leipzig and Berlin: Teubner, 1927), pp. 213-14; 번역본으로는 *Selected Writings*, ed. H. P. Rickman (Cambridge: Cambridge University Press, 1976), pp. 226-27.

을 주장했다.[12] 불트만은 음악이나 수학 텍스트를 이해하려고 노력하는 경우를 예로 든다. 만일 음악이나 수학이 독자나 해석자의 삶에서 어떤 역할도 하지 않는다면 이해는 거의 불가능할 것이다. 20세기 후반에 나타난 신약 전문가이자 "신해석학"의 주요 창시자인 에른스트 푹스(Ernst Fuchs, 1903-1983)는, 해석학의 핵심부에 위치하는 것은 감정 이입 또는 상호적 이해라고 주장했다. 이 점을 전달하기 위해 푹스는 독일어 단어 "Einverständnis"를 광의의 의미로 사용했다.[13] 어떤 저술가는 이 단어가 "관통하는 이해"를 의미한다고 설명하기도 했다.

아마도 해석학 연구가 제공하는 바에 대해 가장 주목할 만한 논평을 한 이는 에밀리오 베티(Emilio Betti, 1890-1968)일 것이다. 베티는 철학, 신학, 법학에 대해 수많은 저서를 저술했는데 상당수의 사람들은 그를 20세기 해석학에서 가다머와 리쾨르 다음으로 중요한 인물로 꼽기를 주저하지 않는다. 베티는 해석학이 모든 대학에서 의무 과목이 되어야 할 정도로 중요하며 "열린 마음"과 "수용성"을 배양한다고 주장한다. 해석학은 관용, 상호 존중 및 인내심과 고결함을 수반하는 **상호 간의 경청** 능력을 길러준다는 것이다.[14]

해석학의 넷째 이점은 그리스도인 및 성경해석학과 깊은 관련을 맺고 있다. 비록 이 학문의 장점이 더 광범위한 종교적 관심에서도 적합성을 지

---

12 Rudolf Bultmann, "The Problem of Hermeneutics," in *Essays Philosophical and Theological* (London: SCM, 1955), p. 242; 이 논고는 pp. 234-61에 실려 있다.

13 Ernst Fuchs, "The Hermeneutical Problem," in *The Future of Our Religious Past: Essays in Honour of Rudolf Bultmann*, ed. J. M. Robinson, trans. C. E. Carlston and R. P. Scharlemann (London: SCM, 1971), pp. 267-68; 이 논고는 pp. 267-78에 실려 있다.

14 Emilio Betti, *Allgemeine Auslegungslehre als Methodik der Geisteswissenschaften*, German translation and edition of the Italian (Tübingen: Mohr, 1967), p. 21. 이 책은 현재 증보 중이고, 아직까지 완성된 형태의 영역본으로는 나오지 않았다. 발췌본은 Josef Bleicher, *Contemporary Hermeneutics: Hermeneutics as Method, Philosophy, and Critique* (London and Boston: Routledge and Kegan Paul, 1980), pp. 51-94에서 발견할 수 있다.

니긴 하지만 말이다. 해석학은 다음과 같은 두 가지 현상을 설명하는 데 도움을 준다. 한편으로 해석학은 "이해"라는 것이 진리가 드러나기까지 상당한 시간을 소요하는 더딘 과정일 수 있음을 보여준다. 여기서 이해는 우리가 신앙에 대해 기대하는 바처럼 온오프(on/off) 스위치를 켜고 끄듯 언제든지 급작스럽게 일어나는 사건이 아니다. 어떤 이는 충만한 신앙에 이르기까지 오랜 세월이 걸릴 수도 있다. 다른 이는 앞의 경우와는 다른 길을 걷는다. 즉 이런 사람은 비늘이 눈에서 떨어지는 것처럼 극적이면서도 갑작스런 방식으로 이해에 이르는 것이다. 하지만 두 가지 상이한 길 모두 이해에 이르기 위해 존재한다는 점에서는 일치한다. 이렇게 "이해를 이해하는 일"은 믿음에 두 가지 방식이 존재함을 보여주는 데 효과적이다.

3. "철학적 해석학"과 전통적인 철학적 사유의 차이, 그리고 이 두 입장이 설명과 이해와 가지는 관계

가다머와 리쾨르를 포함해 철학적 해석학에 대한 대부분의 저술들이 취한 통상적 접근을 보면, 이들은 해석학을 르네 데카르트(René Descartes, 1596-1650)의 합리론과 데이비드 흄(David Hume, 1711-1776)의 경험론과 대체로 대립하는 것으로, 또는 이들과 상당한 간극을 가지는 것으로 파악함을 알 수 있다. 즉 해석학은 그 정신과 관점에 있어서 세속적 계몽주의의 합리론과 그것을 계승한 자연과학 즉 모든 인문적 지식을 통제하는 모형으로서의 자연과학의 신성화로부터 아주 멀리 벗어났다고 보고 있다. 우리는 철학적 해석학(또는 해석학적 철학)과, 이것보다 더 전통적인 방식으로 실행된 철학 사이에 존재하는 몇 가지 특징적 차이점을 다음과 같이 확인할 수 있다.

　1. 일반적으로 인정되는 바와 같이 해석학적 탐구의 과정에는 합리적 차원이 남아 있는 반면, 한층 더 창조적인 해석학의 차원은 **개방성을 가지고 경청**하려고 하는 청자나 독자의 수용성에 더 근본적으로 의존한다. 민감한

감수성을 통해 우리가 이해하고자 추구하는 바를 느끼고 전유하는 행위가, 지각과 사유와 지식의 "대상"을 면밀하게 검토하는 전통적 방법보다 더 우선권을 가지는 것이다. 이런 "경청"의 차원은 더 이성적이고 인지적인 "설명"과 대조되는 "이해" 과정의 일부로서 기술된다. 제임스 로빈슨(James Robinson)을 위시한 몇몇 해석학자들은 이런 원리를 인식론이나 지식 이론에 내재하고 있던 "전통적 흐름의 전복"으로 본다.[15] 데카르트의 합리론과 여타 합리론 철학자들에게 인간 자아는 **능동적 주체**로서, 인식하려 하는 **수동적 대상**을 세밀하게 검토하고 반성한다(아래 도표를 참조하라). 반면 해석학에서는 대부분의 경우 **텍스트 자체**(또는 누군가가 **이해**하려고 하는 것)가 실제적으로 능동적 주체로 작동한다. 즉 이 텍스트라는 **능동적 주체**가 탐구의 **대상**으로서의 인간 탐구자를 들추어내고 그에게 질문을 건네는 것이다.

도표 1

인간 주체 → 인식 대상	인간 탐구자 ← 능동적 텍스트
전통적인 철학적 접근	해석학적 모형

에른스트 푹스(앞에 나왔던 상호적 이해 개념을 강조했다)는 이렇게 주장한다. "우리가 텍스트를 번역하기 전에 텍스트가 우리를 번역해야 한다."[16] 해석자는 자연과학자나 경험론자가 서 있다고 가정되는 위치와 유사한 지위에 있는 중립적 관찰자가 아니다. 완전한 의미에서 **이해**는 **참여**(engagement)와 **자기 개입**(self-involvement)을 요구한다. 슐라이어마허와 딜타이에서 연원하여 불트만과 푹스 같은 성경학자들에 의해 발전했으며 20세기

---

15 James M. Robinson, "Hermeneutics since Barth," in *New Frontiers in Theology*, vol. 2, *The New Hermeneutic*, ed. James M. Robinson and John B. Cobb, Jr. (New York and London: Harper and Row, 1964), pp. 23-24.
16 Fuchs, "The Hermeneutical Problem," p. 277.

후반, 가다머와 리쾨르라는 위대한 해석학의 전형을 통해 가장 충실하게 드러난 현대 해석학의 주창자들은 대체로 이런 견해를 지지하고 있다.

한편 로버트 펑크(Robert Funk)는 자신의 접근 방식이 푹스의 작업에 빚지고 있음을 인정하면서 이해에 대한 새로운 인식론적 경향의 역학을 탕자의 비유를 이용해 보여주려 한다(눅 15:11-32). 탕자의 비유는 불화, 빈곤, 태만, 그리하여 결국에는 전면적 후회에 이르고 마는, 독립을 열망했던 한 젊은이의 여정을 따라간다. 사면초가에 처한 탕자는 머리를 짜낸 끝에 천한 품팔이의 자리라도 얻기를 바라면서 아버지의 집으로 돌아가기로 결심한다. 하지만 놀랍게도 아버지는 아들을 환영하기 위해 달려나올 뿐 아니라 반지, 예복, 신발을 선물로 주어 아들의 인격적 존엄성을 회복시킨다. 그런데 이 비유가 집중하는 대상은 주인공 탕자뿐 아니라 그의 형인 큰아들의 태도다. 큰아들은 탕자를 아낌없이 관대하게 환영하는 아버지의 모습을 원망하면서 그 분노를 폭발시켜 환영의 자리에 함께하기를 거부한다. 이런 태도는 큰아들이 동생의 행위와 그 행위의 대가로는 극도로 부당해 보이는 환대의 모습 사이에 있는 괴리를 보았기 때문에 터져 나온 것이다.

큰아들에 대해 펑크는 이렇게 기술한다. "그는 죄인으로 판명된 자를 받아들이기를 거부하고 있다. 왜냐하면 자기 자신은 의롭고 하나님의 은혜를 필요로 하지 않는 존재이기 때문이다. 은혜의 말씀과 은혜의 행위는 그것을 보고 듣는 청중을 작은아들과 큰아들, 죄인과 바리새인으로 분리시킨다. 에른스트 푹스가 우리가 비유를 해석하는 것이 아니라 **비유가 우리를 해석한다**고 말할 때 의도한 바는 바로 이런 것이다."[17] (나중에 비유와 신해석학에 대해 논의하면서 이 점을 간략하게나마 다시 언급할 것이다.)

비록 해석학 이론 가운데 가장 중요한 위상을 차지한다고는 할 수 없지만, 텍스트를 면밀한 검토의 "대상"으로 다루는 전통적인 접근법이 여전히

---

17 Robert W. Funk, *Language, Hermeneutic, and Word of God* (New York: Harper and Row, 1966), p. 16. 펑크 강조.

강력하게 남아 있음은 널리 인정되는 사실이다. 대다수 해석학 주창자들은 해석 과정에서의 비판적 검토의 필요성에 대해 동의한다. 신뢰성(credibility) 이란 단순하고 천진한 믿음(credulity)과는 다르다. 그래서 많은 해석학자들은 **설명**과 **이해**라는 두 개의 유효한 차원을 구별한다. **설명**의 축은 **인식**에 대한 전통적 경향과 흡사하다. **이해**는 보다 더 개인적이고 직관적이며 초이성적 차원을 나타낸다. 슐라이어마허는 비평과 비교 같은 행위를 "남성적" 활동으로 부르면서, 이 남성적 활동을 해석적 이해나 관계가 가진 "여성적" 성질과 대조시키려 했다. 이 철학자는 각각 설명에 대해서는 "비교적"(comparative), 이해에 대해서는 "예감적"(divinatory, 슐라이어마허가 사용한 독일어 단어 "divinatorische"는 이 영어 번역어와 흡사하다)이라는 형용사를 사용했다.[18] 슐라이어마허는 예감적 이해 또는 **관계**라는 여성적 성질이 비판적이고 비교하는 남성적 성질보다 더 창조적인 행위라고 보지만, 이 두 가지 모두가 보완적인 과정으로 필요하다고 주장한다.

　설명과 **이해**의 이런 평행선적 대조에서 독일어 "Erklärung"(설명)과 "Verstehen"(이해)은 유럽 해석학에서 뿌리를 깊고 견고하게 내린 확산된 개념일 뿐 아니라 영어권 저술가들 사이에서도 널리 사용되는 용어다. 독일의 칼-오토 아펠(Karl-Otto Apel)은 『설명/이해/논쟁』[Die Erklären-Verstehen-Kontroverse, 조지아 원키(Georgia Warnke)는 단어들의 배열 순서를 뒤집어 영어 번역본 제목을 Understanding and Explanation로 했다]을 저술했을 뿐만 아니라, 여기서 축약어 E-V를 사용해 철학 방법론에서의 "설명-이해" 논쟁을 자주 언급했다.[19] 이것은 나중에 의심의 해석학을 통해 자기기만과 대면함으로써 "우상을 제거"한다는 비판적 과제와, 한층 더 독특한 해석학의 과제 즉 상징, 은유, 내러티브, 개방성, 경청의 행위를 부활시키는 과제

---

18 Schleiermacher, *Hermeneutics*, pp. 150–51.
19 Karl-Otto Apel, *Understanding and Explanation: A Transcendental-Pragmatic Perspective* (Cambridge: MIT Press, 1984); 독일어 제목은 *Die Erklären-Verstehen-Kontroverse in transzendental-pragmatischer Sicht*.

사이를 구별했던 폴 리쾨르의 논의와 연결될 것이다.[20]

2. 해석학적 철학과 전통적인 철학적 사유 간의 두 번째 대조점은 가다머의 다음과 같은 문제 제기로부터 비롯한다. 즉 가다머는 인간 삶에 문제를 일으키는 실재로부터 추출된 **"추상화된 철학적 문제들"**(problems in abstraction)을 직면하는 것과, 삶의 구체적 상황을 반영하는 질문과 답변의 연쇄 고리 안에서 **"발생하는 질문들"**(questions that arise)을 탐구하는 것 사이에는 근본적 대조가 있음을 인식했다.[21]

앞에서 기술한 근본적 대조가 어떤 중요한 문제를 내포하고 있음을 내가 깨닫게 된 것은 노팅엄 대학교의 기독교 신학 전공 교수로 부임한 첫해의 일이었다. 그때 나는 철학과와 신학과의 마지막 학기에 있는 학생들을 상대로 개설된 신, 자유, 악의 문제에 대한 공동 연구 수업을 전임자로부터 막 물려받은 참이었다. 나는 다음과 같은 흥미로운 점을 발견했다. 즉 이 수업에 참여한 철학 전공 학생들은 삶 자체로부터 의도적으로 추상화된 논증과 관념, 다시 말해 실제적으로 **"자기 충족적인"** 문제만을 평가나 숙고의 가치가 있는 것으로 인지했다. 이와는 대조적으로 신학 전공 학생들은 자기에게 익숙한 성서학과 역사 연구에서처럼, 인간 삶에 대한 논쟁들의 배경과 동기를 탐구하는 경향을 보였다.

예를 하나 들어보자. 신학과 학생들이 높이 평가하면서 검토한 지점은, 아우구스티누스(Augustine, 354-430)의 폭넓은 저술에 나타난 강조점의 변화와 이동에 대한 것이었다. 이 신학자는 자기가 대면하는 청중의 다양한 동기와 변화에 따라 신, 자유, 악의 문제에 대해 서로 상이하고 다양한 강조점들을 이끌어냈다. 즉 저술 목적이 달라지고 상이한 저술에서 상이한 청중과 상이한 문제를 맞이하면서, 아우구스티누스의 강조점 또한 변화하고 다양해졌던 것이다. 우리는 그 변화의 양상을 다음과 같이 정리할 수 있

---

20 Ricoeur, *Freud and Philosophy*, pp. 27-28.
21 Hans-Georg Gadamer, *Truth and Method*, 2nd English ed. (London: Sheed and Ward, 1989), pp. 369-79, 특히 pp. 376-77을 보라.

다. 마니교에 반대한 초기 저술(397-399) → 하나님의 은혜에 대한 신학적 자전적 증언인 「고백록」(398-400) → 펠라기우스에 반박한 저술들(411-421) → 역사철학과 섭리의 문제에 집중한 「신국론」(416-422) → 「엥키리디온」(Enchiridion, 421-423) → 「은총과 자유 의지에 관하여」를 포함해 유사 펠라기우스주의자들에 반박한 저술들(426-427). 테런스 틸리(Terrence Tilley)는 오직 「엥키리디온」만이 "신정론"(theodicy)을 제시하는 데 가깝게 도달했음을 논증한 바 있다. 틸리의 암시에 따르면 아우구스티누스의 다른 대부분은 저술은 특정한 과제를 **수행**하고자 하는 목적에 따라 집필된 "수행적 발화 행위"(performative speech acts)의 형태를 취한다. 하지만 「엥키리디온」에 대해서는 이 책은 "논증이 아니라 가르침이다"라는 타당한 결론을 내리고 있다.[22]

가다머는 추상적 "문제들"과 삶 속에 깊이 내포된 "질문"의 과정 사이에 존재하는 근본적 차이를 이렇게 설명한다. "콜링우드(Collingwood)가 연구했던 질문과 답변의 논리는 영속적으로 존재하는 **문제들**에 대해 이야기하는 것을 종결짓는다.…따라서 문제의 동일성은 이제 텅 빈 추상이 된다.…실제로, 문제의 동일성이 파악될 수 있는 역사 바깥의 한 지점 같은 것은 존재하지 않는다."[23] 계속해서 가다머는 다음과 같이 쓴다. "문제라는 개념은 분명 하나의 추상, 다시 말해 사실상 **처음에 드러났던 질문으로부터** 내용을 분리시켜 놓은 것이다.…이렇게 도출된 '문제'는, 질문하는 행위가 위치한 동기의 컨텍스트로부터 영원히 떨어져나오게 된다."[24] 문제들은 "하늘에 떠 있는 별"과 같은, 고착되고 자기 충족적인 실체가 아니다.[25] 그리하여 가다머는 다음과 같은 결론을 내린다. "해석학적 경험에 대한 반성은, (동기로부터) 생성되는 질문들 그리고 동기로부터 자신의 기원을 가지

---

22 Terrence W. Tilley, *The Evils of Theodicy* (Washington, D.C.: Georgetown University Press, 1991), p. 121.
23 Gadamer, *Truth and Method*, p. 375.
24 Gadamer, *Truth and Method*, p. 376, 티슬턴 강조.

는 질문들로 문제들을 되돌려보내고 변형시킨다."[26]

이런 논의는 머리칼을 가르는 것처럼 사소한 것을 골치 아프게 따지는 구별이 아니다. 이 논의야말로 가다머의 전반적인 접근 방식과 철학적 해석학에 대한 그의 규정이 강조하고 있는 지점이다. 또한 이 내용은 나의 최근 저술인 『교리의 해석학』(*Hermeneutics of Doctrine*)에서 전개한 기독교 교리에 대한 독특한 접근법의 발판이기도 하다.[27] 동시에 여기에는 루드비히 비트겐슈타인(Ludwig Wittgenstein, 1889-1951)의 후기 철학의 독특한 접근 방식이 반영되어 있다. 즉 비트겐슈타인은 개념적인 질문이 어떤 특정한 언어 게임("전체적이고 구성적인 언어와, 그 언어가 속으로 들어가 직조되어 있는 행위들로 구성된")[28] "바깥에서는" 결코 묻거나 답할 수 없음을 주장하면서, 모든 개념이 특정 언어 게임 혹은 체제에 종속되어 있음을 논증했다. 다시 말해 언어의 사용은 그 언어 사용이 거하는 "집"에 해당하는 언어 게임 안에서만 이해 가능하다. 그러므로 혼동과 모호함은 마치 "헛돌고 있는 엔진처럼" 언어가 추상 속에서 기능할 때 일어나는 현상이다.[29] 즉 이런 언어 사용상의 애매모호함은 "지금 적용되어야 하는 언어 게임이 무엇인지를 놓쳤을 때 나타나는 것이다."[30]

3. 데카르트 역시 철학적 방법을 정식화했는데, 여기서 그는 **전승된 이해**보다는 **의심**을, **공동체**보다는 **개인**을, 이해하려는 **대상**보다는 오류에 **빠지기 쉬운 인간 주체**를 중심으로 하고 있다. 가다머와 리쾨르를 포함해 해석학자들이 제시하려 노력한 것은 이와 같은 데카르트의 세 가지 강조점과 주제와는 철저하게 다르며, 심지어 이것과는 대립하는 접근 방식이었다.

---

25 Gadamer, *Truth and Method*, p. 377.
26 Gadamer, *Truth and Method*, p. 377.
27 Anthony C. Thiselton, *The Hermeneutics of Doctrine* (Grand Rapids: Eerdmans, 2007).
28 Ludwig Wittgenstein, *Philosophical Investigation*, 2nd ed., German and English (Oxford: Blackwell, 1958), 7, 19, 47절. 『철학적 탐구』(책세상 역간).
29 Wittgenstein, *Philosophical Investigations*, 132절.
30 Wittgenstein, *Philosophical Investigations*, 96절.

저 유명한(또는 악명 높은) 데카르트의 *"cogito ergo sum"*("나는 생각한다, 그러므로 나는 존재한다")은 주체의 고유한 의식적 반성 과정 외에 다른 모든 지식을 의심하는 것으로부터 진정한 철학적 사유가 출발한다는 관념에 의지한다. 하지만 버나드 로너건(Bernard Lonergan)은 이런 데카르트의 원리를 "텅 빈 머리의 원리"라고 부르면서, 해석 과정을 착수하는 데 있어 코기토의 무용성과 부적합성을 다음과 같이 설명한다.

> 텅 빈 머리의 원리(principle of the empty head)는…해석자로 하여금 자신의 관점을 망각하라고, 바깥에 있는 것을 주시하라고 명령하며, 그리하여 저자로 하여금 자기 자신을 해석하도록 만든다. 하지만 실제로 바깥에는 무엇이 있는 것일까? 거기에는 다만 일련의 기호들만이 존재할 뿐이다. 동일한 질서 내에서의 동일한 기호의 재창출 이상이나 이하의 어떤 것이 일어나려면, 반드시 해석자의 경험과 지성과 판단이 매개되어야 한다. 해석자의 경험이 빈약할수록, 지성과 판단력이 연마되지 않을수록, 원저자가 의도하지 않았던 내용을 해석자가 원저자에게 전가시킬 가능성이 커질 것이다.[31]

데카르트가 **의심**을 출발점으로 선언한 것과는 대조적으로, 해석학의 주창자들은 "이해"를 위한 보다 더 풍요로운 출발점으로 **선이해**(pre-understanding)라는 기술적 용어가 지시하기 시작한 것을 추천한다. 아마 영어로는 **예비적 이해**(preliminary understanding)라는 말이 관용어상 더 적합한 표현이 될 것이다. 선이해는 더욱 충만한 이해를 향한 여정에서 원천인 동시에 잠정적인 단계를 지시한다. 물론 모든 철학이 "데카르트적"이거나 합리주의적이라고 할 수는 없지만 이 철학자가 지울 수 없는 흔적을 남겨놓은 것은 사실이다. 심지어 흄을 위시한 경험론자들조차도 실제로 동일

---

31 Bernard J. F. Lonergan, *Method in Theology* (London: Darton, Longman and Todd, 1972), p. 157.

한 사고방식을 공유한다고 할 수 있다. 넓게 보면 바로 이것이 계몽주의의 사고방식이다. 하지만 몇몇 철학자들은 매우 다른 사고방식을 가지고 있는 데 후기 비트겐슈타인도 그중 하나다. 또한 실존주의자와 포스트모더니스 트들도 그들의 실패와는 별도로 새로운 면모를 보여준다고 할 수 있다.

4. 예비적이고 잠정적인 이해(선이해)와 해석학적 순환

"선이해"는 사실 영어권 사람들이 사용하기에 자연스러운 용어는 아니다. 이 용어가 슐라이어마허로부터 전개된 독일 사상에서 널리 사용된 "Vorverständnis"의 영어 번역어란 사실은 잘 알려져 있다. 이 용어는 "Verständnis"(이해)라는 독일어 명사에 접두어 "Vor"를 더한 것으로, 이것 은 동사 "verstehen"(이해하다)이나 명사 "verstehen"(이해)과 관련 있다.

    선이해의 개념은 그 대화 상대방인 의심의 역할과 대립하지 않는다. 왜 나하면 **예비적 이해**의 목적 자체가 한층 더 안전하고 명확한 이해를 위한 연결 고리 또는 출발점을 찾기 위한 **잠정적인** 방법을 제시하는 데 있기 때 문이다. 이 첫 번째 목적으로부터 **교정과 재적응이 가능해진다.** 선이해의 개념은 이해가 그 이해 과정에 수반될 수 있는 모든 일들에 대한 정확한 평 가를 향해 나아가도록 하는 여정에 있어, 시험 가동 중인 가정을 최초로 적 용함을 의미한다. 영국성공회 교리위원회의 신학 토론 시간에 나는 다음과 같은 말로 단어들의 새로운 아이디어를 탐구하는 작업을 개시했던 한 주교 의 말을 상기한 바 있다. "사이즈가 맞는지 안 맞는지 어디 한번 (입어)볼 까?" 이해가 움직이고 성장하기 시작할 때는, 우리의 예비적 이해의 어떤 측면은 교정될 필요가 있는 것으로 발견될 것이다. 반면에 또 다른 측면은 자신의 유효성을 증명하는 것처럼 보일 것이다. 어떤 측면은 "적당한 사이 즈"로서 전체의 큰 그림에 딱 들어맞는 것으로 보인다. 하지만 다른 측면은 엉뚱한 방향에서 잘못 시작됐을 수도 있다. 바로 이것이 이해가 갑작스러운 사건이기보다는 순차적 과정인 이유다. 비록 갑작스런 드러남이나 새로운 아이디어가 가끔은 "난 지금 완전히 깨달았어!" 하는 힘을 가질 수도 있다. 그럼에도 이런 급작스런 깨달음의 유효성은 순차적 테스트를 통해 그 타당성 여부가 입증될 때까지만 의미가 있다.

앞에서 논의한 내용에 대한 하나의 유비로서 퍼즐 맞추기 게임의 사례를 제시하고 싶다. 만약 파란색 조각을 집어 들었다면 우리는 그것이 하늘이나 바다에 해당할 것이라고 추정한다. 그래서 여기저기 해당 부분에 그 퍼즐을 맞춰보려고 시도한다. 또 다른 퍼즐 조각은 동물의 다리를 연상시키는 형태의 짙은 색 선을 갖고 있다. 그런데 이 조각은 처음의 추측과는 달리 동물 다리가 아닌 다른 어떤 대상의 일부일 수 있다. 새로운 조각을 집어들 때마다 우리는 머리에 처음 떠오르는 추측으로부터 출발하여 그림을 맞춰보려고 노력한다. 어떤 판단은 잘못된 것으로 판명되는 반면, 또 다른 판단은 예측과 맞아떨어져 옳은 것으로 판명될 것이다. 어쨌든 전체 과정을 진행해나가기 위해서는 이 조각이 무엇을 표상하며, 또 전체 그림에 어떻게 맞춰질 수 있는지에 대한 가정을 가지고 있어야 한다. 하지만 결국 전체 그림이 드러나는 순간이 되어서야 우리는 이 조각이 진짜로 어디에 속하는지, 무엇을 표상하는지 확실히 알게 될 것이다.

퍼즐 맞추기의 유비는 선이해 개념에만 적용되는 것이 아니다. 이 유비는 또한 **해석학적 순환**(hermeneutical circle)의 개념을 효과적으로 소개해준다. 프리드리히 아스트(Friedrich Ast, 1778-1841)와 슐라이어마허에서 시작된 이 개념은 19세기 이후 해석학의 표준적인 기술적 용어의 일부가 되긴 했지만 여전히 이 "순환"이라는 말은 오해를 유발시킨다. 마르틴 하이데거(Martin Heidegger, 1889-1976)와 가다머도 같은 용어를 사용한 바 있다. 그랜트 오스본(Grant Osborne)은 "해석학적 나선"(hermeneutical spiral)이라는 더 정확한 용어를 자신의 저술 제목으로 사용했다. 오스본이 새로운 용어를 제시한 데는 두 가지 이유가 있다. 첫째, "나선"이라는 말은 시작점인 선이해에서 출발하여 좀 더 완전한 이해로 이행하는 **상승적이고 구성적**

인 과정을 표현할 수 있다. 이 경우 교정이나 변화를 위한 요구를 검토하고 비평하기 위해 예비적 이해로 다시 돌아가는 일이 발생한다. 둘째, 선이해와 이해 사이에 일어나는 이러한 대화는 퍼즐 맞추기에서 우선적으로 부분이나 조각을 검토한 후 전체 그림에 대한 이해 안에서 그 조각을 연관시키는 과정과 유사하다.[32] 우리는 개별 조각을 검토하지 않고서는 그림 전체에 다다를 수 없다. 동시에 우리는 전체로서의 큰 그림의 특정 의미를 발견하기 전까지는 개별 조각들이 무엇을 의미하는지 알 수 없다.

우리는 이 원리를 슐라이어마허의 해석학을 검토할 때 더 자세하게 탐구할 것이다. 하지만 벌써 성서학 학생들은 해석학적 순환이 어떻게 성경 텍스트의 독해에 지속적으로 작용하는지 눈치 챘을 것이다. 한 가지 예로, 바울 서신의 행이나 구절들에 대한 주해와 주석은 바울의 신학 전체에 빛을 비추어줄 수 있다. 동시에 반대 방향으로, 바울 신학에 대한 섬세하고 적절한 이해는 바울 저술의 각 행과 구절에 대한 주해와 해석들이 서로 갈등할 때 그 씨름을 발전적 방향으로 진전시키는 엄청난 가치를 지닐 수 있다. 다른 저술에서도 주목했듯 이 쌍방향의 원리를 경이로운 방식으로 증명한 바울 신학자가 있는데, 그가 곧 크리스티안 베커(J. Christiaan Beker)다.[33]

이런 논의는 어째서 특정 신학자와 역사가들이, 우리가 미리 그들의 저술들을 읽어 알고 있다면 충분히 예측 가능한 방식으로 텍스트를 해석하는 경향을 가지는가 하는 문제에 한 가지 이유를 제공해준다. 물론 이런 사실이 지적인 회의주의를 부추겨서는 안 된다. 다만 우리는 전체 그림을 이해하는 방식이 그림을 구성하는 부분 요소들을 이해하는 방식에 영향을 미친다는 것을 인식해야 한다. 지적 냉소나 회의주의로 인해 "모든 의미는 오로지 네가 가진 전제들에 의존하고 있다"는 환상에 굴복하고 싶은 유혹을 느

---

32 Grant R. Osborne, *The Hermeneutical Spiral: A Comprehensive Introduction to Biblical Interpretation* (Downers Grove, Ill.: InterVarsity, 1991).

33 J. Christiaan Beker, *Paul the Apostle: The Triumph of God in Life and Thought* (Edinburgh: T. & T. Clarke; Philadelphia: Fortress, 1980).

낄 수도 있다. 이런 태도는 특별히 어떤 학생이 자기 교수에게 동의하지 않는 경우, 전개되어야 할 풍성한 논의를 너무 빨리 차단해버리는 값싼 방법일 수 있다! 하지만 해석학과 충분히 친숙하게 된다면 우리는 주어진 관점과 잠정적인 선이해 사이를 타협시키는 일이 타협 불가능한 고정된 전제들 사이에 벌어지는 투쟁의 문제가 전혀 아님을 알게 될 것이다. 예비적 이해와 책임감 있는 해석의 여정이 충만한 이해를 향해 펼쳐져 있는 길 위에는, 전체와 부분이 함께 씨름함으로써 얻어진 빛 안에 재교섭, 재형성, 교정을 위한 빈 공간이 남아 있다.

바로 이것이 진지한 철학의 수준에 있는 해석학은 책임감 있게 붙들어야 할 신념의 통전성을 해치지 않으면서도, "타자"에 대한 존중과 인내와 상호 이해를 촉진할 수 있다는 언급이 의미하는 바다. 우리는 이미 앞에서 해석학은 모든 대학과 학문 세계에 필요하다는 베티의 논평에 주목했다. 하이데거의 주장처럼 해석학적 순환은 악순환하고는 다르다.[34] 해석학적 순환은 우리를 회의주의로 인도하지 않는다. 대신 이것은 비판 능력을 포기시키지 않으면서도 우리를 고된 작업과 새로워진 "경청"으로 초대한다. 바로 그렇기 때문에 그랜트 오스본의 "해석학적 나선"이란 표현이 이 모든 함축을 보다 더 정확하게 암시하는 것이다.

해석학은 어떤 변형이나 발전에 대해서도 "닫혀 있는" 딱딱하고 유연성 없는 완결적인 형태로 형성된 사유 체계를 조장하지 않는다. 해석학적 탐구에서 해석자의 지평은 언제나 움직이는 동시에 팽창하고 있으며, 항상 새롭고 신선한 평가에 종속되어 있다. 그럼에도 해석학은 합리적이고 일관성 있는 사유의 중요성 또는 느슨하고 유연한 의미에서의 "시스템"의 출현을 배제하지 않는다. 이런 유연한 일관성은 후기 비트겐슈타인이 기술한 "둥지"(nest)의 은유와 흡사하다. 이 철학자의 관찰에 따르면 어떤 신자가

---

34 Martin Heidegger, *Being and Time* (Oxford: Blackwell, 1962), p. 194 (German edition, p. 153). 『존재와 시간』(까치 역간).

"믿는" 바는 "단일한 한 개의 명제가 아니라 여러 명제들의 시스템이다(말하자면 빛이 점진적으로 밝아오면서 **전체**를 비춘다)."[35] 어린아이는 다음과 같은 방식으로 유연한 신념 체계를 형성한다. "조금씩 조금씩…어떤 것은 요지부동으로 확고하게 자리를 잡는다: 반면 다른 것들은 다소간 움직이기 용이한 상태로 유지된다.…주변에 놓여 있는 것들이 그것을 꽉 붙들고 있기 때문이다."[36] 사실 이런 신념의 체계조차도 그리 확고하지는 않다. 왜냐하면 이 체계는 "여러 명제들로 만들어진 둥지"이기 때문이다.[37] 어떤 신념의 체계가 자신의 동일성이나 통전성을 상실하는 때는 언제일까? 둥지의 비유는 적절하다고 볼 수 있다. **둥지**는, 만일 그 둥지를 이루는 가지가 한두 개 소실되거나 대체되는 경우에는 여전히 하나의 온전한 실체로 남아 있을 수 있다. 하지만 만일 그 가지가 하나씩 하나씩 떨어져나간다면 이 둥지는 둥지로 존재하기를 멈출 것이다. 바로 이 지점이 해석학에서의 부분과 전체 사이 관계를 보여주는 또 다른 유비라고 할 수 있다. 비트겐슈타인은 "모든 테스트와 검토는…**하나의 체계 내에서** 이미 일어나고 있다"고 썼다. 그러나 데카르트에 반대하여 "의심은 믿음 **다음에 온다**"고도 했다.[38] 이는 전통적 철학이 신봉하는 의심과는 다른 과정으로서 나중에 우리는 이 차이에 대해 간략하게나마 살펴볼 것이다.

사실 가다머가 광범위한 일반화에 대립되는 특수한 사례의 중요성과 관련하여 비트겐슈타인의 관심을 공유하는 것은 사실이지만, 그런 가다머조차도 "기술적" 이성의 파편화를 피하는 이해의 방식으로서 로마 시대적인 개념인 공통 감각(*sensus communis*, 영어로는 common sense, 개인적 감각경험을 일관성 있고 이해 가능한 표상에 연결시키는 인식 능력)에 의거한다. 이

---

35 Ludwig Wittgenstein, *On Certainty*, German and English (Oxford: Blackwell, 1969), 141절, 티슬턴 강조. 『확실성에 관하여』(책세상 역간).
36 Wittgenstein, *On Certainty*, 144절.
37 Wittgenstein, *On Certainty*, 225절.
38 Wittgenstein, *On Certainty*, 105, 160절.

철학자는 인간 삶 안에서 "부분"을 "전체"에 연결시켜줄 수 있는 공유된 이해를 추구한다. 설사 그것이 아직 완성되지 않은 잠정적 방식일지라도 말이다. 그리스 로마 시대의 술어로 말하자면 가다머는 "도구적"이거나 기술적인 지식(technē)보다는 실천적인 지혜(phronēsis)를 추구한다.[39] 해석학은 특수 사례와 그것보다 더 넓은 준거 체계 사이의 긴장(또는 변증법) 속에서 작동한다. 인간 역사와 인간 언어, 인간 삶의 컨텍스트 안에서 잠정적 일관성을 부여하는 것은 바로 이 더 넓은 차원의 준거 체계라고 할 수 있다.

5. 참고 도서

Jasper, David, *A Short Introduction to Hermeneutics* (Louisville and London: Westminster John Knox, 2004), pp. 7-28.

Jensen, Alexander S., *Theological Hermeneutics* (London: SCM, 2007), pp. 1-8.

Oeming, Manfred, *Contemporary Biblical Hermeneutics: An Introduction*, translated by Joachim Vette (Aldershot and Burlington, Vt.: Ashgate, 2006), pp. 7-10, 15-27.

Thiselton, Anthony C., *New Horizons in Hermeneutics: The Theory and Practice of Transforming Biblical Reading* (London: HarperCollins; Grand Rapids: Zondervan, 1992), pp. 31-46.

————, *The Two Horizons: New Testament Hermeneutics and Philosophical Description* (Grand Rapids: Eerdmans; Exeter: Paternoster, 1980), pp. 3-23. 『두 지평』(총신대학출판부 역간).

---

[39] Gadamer, *Truth and Method*, pp. 19-30.

HERMENEUTICS

제2장

철학, 성서학, 문학이론, 사회적 자아의 맥락에서 본 해석학

1. 전통적인 철학적 사유와의 또 다른 차이점: 공동체와 전통; 지혜냐 지식이냐?

해석학적 사고와 전통적인 철학적 사유 사이에는 한층 더 큰 차이가 존재한다. 우선 이런 차이는 해석학이 공동체와 공동의 전통을 강조한 데 반해, 합리론과 경험론으로 대표되는 전통적 철학은 대체로 개인의 인식을 강조하는 데서 비롯된다.

데카르트는 자신의 철학적 반성의 출발점으로 세계로부터 추출되어 추상화된 "사유하는 주체"를 설정한다. 데카르트에게 있어 사유하는 개인 이외의 모든 것은 격리되거나 억압되는데, 이는 그의 철학에서 근본적인 지점이다. 이런 철학적 입장의 비현실성과 이것이 사회 안에서 가지는 함축에 대해 격분했던 대주교 윌리엄 템플(William Temple)은, 데카르트적 원리가 "어쩌면 유럽 역사를 통틀어 가장 큰 재앙의 순간"이라고 선언했다(물론 이 발언이 약간 과장된 것은 사실이지만).[1] 마찬가지로 영국의 고전적 경험론을 대표하는 로크, 버클리, 흄에게서도 "인식" 과정의 진정한 출발점은 감각적 인상을 받아들이는 개인의 지각이다. 로크가 다른 맥락에서 비교적 폭넓은 사회적 관심을 가졌던 것은 사실이지만 이런 점은 전체로 보아 그

---

1 William Temple, *Nature, Man, and God* (London: Macmillan, 1940), p. 57.

리 결정적 사항이 아니다.

가다머, 리쾨르, 베티를 위시한 해석학 이론의 주창자들은 이러한 개인주의적 출발점에 대해서 단호하게 반대한다. 순진무구할 뿐 아니라 허위에 불과하다고 간주되는 "객관성" 개념도 거부한다. 해석학과 관련된 예비적 이해는, 우리가 태어나고 양육받은 공동체와 전통 속에 있는 지혜 또는 공통 감각으로부터 물려받은 것들을 출발점으로 삼는다. 가다머는 공동체의 전승된 지혜가 오류에 빠지기 쉬운 개인적 "의식"이라는 주관적 데이터보다 훨씬 더 우위를 차지한다고 주장한다. 가다머에 따르면 공동체의 지혜와 개인의 주관적 의식 사이의 이러한 대조는 아주 중요하다. 이 대조보다 더 본질적인 것이 있다면 앞에서 언급한 바 있는 "추상적 문제들"과 "발생하는 질문들"의 대조가 있을 뿐이다.[2]

리쾨르의 논증에 따르면 정신분석학, 심리학, 사회과학은 데카르트의 시대에 긴요하고 유용했던 개인적 의식의 오류 가능성에 대해 심오한 이해를 제공한다. 물론 그렇다고 해서 인간의 "합리성"을 사회적이거나 역사적인 힘에 의해 야기되고 조건화되는 어떤 것의 차원으로 환원시키는 것은 아니다. 우리를 형성한 사회적 요인과 역사적 시대가 생각하고 추론하는 방식에 영향을 미침은 분명한 사실이다. 그럼에도 논리적 추론과 합리성은 분명 사회적·역사적 조건화의 **산물**이나 그 **구성물** 이상의 무엇이다. 아무리 포스트모더니즘이 "사회적 구성주의"에서 그렇게 주장하더라도 말이다. 다른 한편으로 리쾨르는 심리학과 사회학의 발전 덕분에 이성적 반성과 판단을 주관하는 개인의 권력의 절대성과 "자율성"이 의문시되기 시작했음을 정확하게 지적한다. 또한 판넨베르크도 그러한 개인의 권력 개념이 신학적으로 타당한지 의심했다.

한편으로 해석학자들은 추론 방식에 개입되는 사회적·역사적 요인의

---

2 Hans-Georg Gadamer, *Truth and Method*, 2nd English ed. (London: Sheed and Ward, 1989), pp. 362-79.

영향을 인식하는 데 실패해 인간 이성을 순박하게 과신하는 입장과 확실한 거리를 유지한다. 다른 한편으로 이들은 모든 것을 사회적·역사적·경제적 요인들로 환원하는, 이성과 합리성으로부터의 비관주의적 도피에 대해서도 거리를 둔다. 이성에 대한 전면적 비관으로 특징되는 후자의 입장은 해석학이 아니라 포스트모더니즘의 토대인 것이다. 신학적 용어로 표현하자면, 해석학은 인간의 죄가 안고 있는 왜곡시키는 효과를 과소평가하며 인간 이성을 단순 무식하게 신뢰하는 입장과 거리를 둔다. 다른 한편으로 해석학은 삶의 실재를 헤아리는 데 사회적·경제적 힘이 전부인 것처럼 말하는 유사결정론적(quasi-determinist) 입장과도 거리를 유지한다.

그럼에도 해석학자들은 위르겐 하버마스(Jürgen Habermas, 1929-)를 위시한 사회비판 이론가들의 업적 덕분에 권력과 욕망, 자기 긍정과 자기 강화, 억압하는 힘이 행사하는 영향력에 대해 인식하게 되었다.[3] 앞에서 나열한 요인들은 우리가 텍스트를 읽고 해석하는 방식을 왜곡시킬 수 있다. 또한 신앙 공동체가 신성시되는 경전을 남용하게 만들 수도 있다. 하지만 다른 한편으로 해석학자들은 설명과 이해의 규준 속에 있는 이성적 판단과 일관성에도 긍정적 역할이 있음을 보여준다. 책임감 있는 타당한 해석은 비판적인 설명과 창조적 이해를 일으키는 것이다. 가다머가 "참된" 해석의 규준에 대해서 충분한 주의를 기울이지 않았다는 주장에는 분명 논란의 소지가 있다. 또한 리쾨르가 사용한 용어를 보면 그가 의심의 해석학과 회복의 해석학 모두에 주의했음을 알 수 있다.

가다머는 이해의 과정에서 공동체의 역할이 핵심적인 중요성을 가진다고 본다. 유사한 입장으로 리쾨르 역시 "타자"와의 상호작용이 "나르시시즘"에서 탈피하는 윤리적 논의를 위해 중요하다고 보고 있다.[4] 두 사상가

---

3 Jürgen Habermas, *Knowledge and Human Interest*, 2nd ed. (London: Heinemann, 1978). 『인식과 관심』(고려원 역간).
4 Paul Ricoeur, *Oneself as Another*, trans. K. Blamey (Chicago and London: University of Chicago Press, 1992), 특히 pp. 113-297.

모두 개별적 자아를 **넘어선** 곳으로부터 말하는 것에 대해 개방성을 배양하기를 추구하는 것이다. 계몽주의에 반대하여 가다머는, 지암바티스타 비코 (Giambattista Vico, 1668-1744)가 옹호한 인문주의와 전통에 대한 관심을 존중하고 수용한다. 비코와 가다머는 과도한 개인주의와 "소피스트의 쓸모없는 사변"에 반대하는 데 의견이 일치했다.[5] 데카르트의 "방법"에 수반되는 것으로서, 개인에 의해 이루어지는 자기반성은 "상(像)을 왜곡하는 거울"의 형태를 취할 수 있다.[6]

계승된 전통과 가치보다 자율적 개인에게 더 큰 권한을 부여했던 세속적 계몽주의의 합리론에 반대하여 가다머는 "권위와 전통의 복원"을 요청한다.[7] 이 철학자는 다음과 같이 선언한다. "권위와 전통을 인정한다는 것은…자신의 고유한 한계를 인식하고 타인들의 더 나은 통찰을 신뢰하는 이성 자체의 행위다."[8] 가다머는 전승된 역사적 전통과 인간 지식이 서로 대립한다고 보는 어떤 가정도 인정하지 않는다. 이런 그의 입장은 기독교 신학과 잘 맞아떨어진다. 판넨베르크에 따르면 한편으로는 "자율성"이 행위자를 책임감 있게 만들지만, 다른 한편으로 보면 도덕적 자율성의 개념은 점차로 왜곡되어, 인간의 죄의 자기중심성을 반영할 뿐 아니라 하나님과 타인들과의 교제라는 인간의 목적을 간과하도록 만드는 개인적 자기 결정성의 변덕으로 대체되어버린다.[9]

리쾨르는 데카르트 철학에 대한 니체, 마르크스, 프로이트의 영향력을 검토한다. "데카르트 학파에서 훈련받은 철학자는 사물들이 의심스러운 것임을 알고 있다.…하지만 데카르트 학파의 철학자는 의식이 그 자체에 나타난 대로 존재함에 대해서는 결코 의심하지 않는다.…의미와 의미에 대한

---

5 Gadamer, *Truth and Method*, p. 19.
6 Gadamer, *Truth and Method*, p. 276.
7 Gadamer, *Truth and Method*, pp. 277-85.
8 Gadamer, *Truth and Method*, p. 279.
9 Wolfhart Pannenberg, *Systematic Theology*, trans. G. W. Bromiley, 3 vols. (Edinburgh: T. & T. Clark; Grand Rapids: Eerdmans, 1991, 1994, 1998), 2:224-25. 『조직신학 1』(은성출판사 역간).

의식은 서로 일치한다.…무엇보다 이해(comprehension, understanding)가 해석학이다."[10] 각각 다른 각도에서이긴 하지만 정신분석학과 성경 텍스트는 개인의 의식이나 "마음"이 가진 자기기만과 "진리에 대한 저항"에 대해 공통된 증언을 공유한다(참조. 렘 17:9; 고전 4:4-5).

리쾨르의 설명에 따르면, 진리에 대한 이런 저항은 의혹과 속임수로 가득 찬 자아를 넘어선 곳에서 오는 폭로로부터 자기 자신을 안전하게 지키려는 욕망의 덫에 걸린, "원초적이고 지속적인 나르시시즘…나르시시즘적인 굴욕"에서 기인한다.[11] 리쾨르는 데카르트가 발견한 확실성에는 진리가 결여되어 있다고 비판한다.[12] 왜냐하면 여기에서 개인적 "의식"은 전락하여 자아 안에 있는 궁극적 중심인 사유와 욕망의 희생자가 되어버리기 때문이다. 반면에 해석학은 의미와 이해에 대한 더 넓고 다차원적인 지평과 관계한다.

2. 전통적 성서학의 접근: 시대와 장소 속에 위치하는 텍스트의 근본성

텍스트의 "근본성"(rootedness)의 은유는 성경해석에 대한 슐라이어마허의 비평에서 비롯되는데, 우리는 이 주제에 대해 짤막하게나마 언급할 것이다. 즉 16-17세기에서 20세기 중후반에 이르기까지 **성서학**에서 해석에 대한 전통적 접근법은, 텍스트가 발생한 역사적 컨텍스트와 더불어 성경 저자나 작가의 의도를 출발점으로 삼는 입장이었다.

역사적 용어로 설명하자면 상당수의 초기 교회는, 특히 사도나 선지자로서 위임받은 역할을 감당하는 저자나 기록자의 심중과 의도에 강조점을 두

---

10 Paul Ricoeur, *The Conflict of Interpretations: Essays in Hermeneutics*, trans. D. Ihde (Evanston, Ill.: Northwestern University Press, 1974), pp. 148-49.

11 Ricoeur, *The Conflict of Interpretations*, p. 152. 또한 pp. 151-53도 참조하라.

12 Paul Ricoeur, *Freud and Philosophy: An Essay on Interpretation*, trans. Denis Savage (New Haven: Yale University Press, 1970), p. 44.

며 그것을 의미와 해석의 출발점으로 삼았다. 이런 경향은 "안디옥 학파" 전통에 속한 해석자들인 타르수스의 디오도루스(390 사망), 요하네스 크리소스토무스(347-407), 몹수에스티아의 테오도루스(350-428)에게서 뚜렷하게 나타난다. 몹수에스티아의 테오도루스의 입장은 비교적 최근에 이르기까지 오해를 받아왔다.[13] 중세의 페트루스 롬바르두스(Peter Lombard, 1100-1160)와 생 빅토르의 앤드류(Andrew of St. Victor, 1110-1175)도 저자에 초점을 맞춘 강조점을 유지하면서 알레고리적 해석 사용에 대해 경종을 울렸다.

장 칼뱅(John Calvin, 1509-1564)이 최초의 "근대적" 성경 주석가라는 사실에 대해서는 별로 이견이 없을 것이다. 칼뱅의 성경 주해 작업에 기반이 된 것은 다음 두 가지였다. 첫째는 그가 오를레앙과 파리 대학에서 훈련받은 르네상스 인문주의였다. 둘째는 법학 공부였는데, 한창 그 시대에 떠오르기 시작한 "새로운" 방법론은 후대에 첨가된 법률 해석이 아니라 애초의 역사적 컨텍스트를 더 중시하는 경향을 띠었다. 이런 지적 배경은 케케묵은 지층처럼 쌓인 후대의 주석이나 교회 전통에 반대하면서, 사도와 선지자들의 원래의 성경 저술로 복귀하고자 하는 칼뱅의 신학적 관점과 잘 맞아떨어진다. 동시에 칼뱅의 접근법은 원자론적(atomistic, 만물을 개별 요소로 분리해 분석할 수 있다고 보는 견해)이기보다 컨텍스트 중심적이다. 또한 루터처럼 초기 교회 교부들의 전통에 대해 명확한 존경심을 견지했다. 물론 칼뱅은 초기 교회의 전통이 적절한 숙고의 대상이 될 가치는 있지만, 무비판적인 복제의 대상은 될 수 없다고 보았다. 자신의 로마서 주석의 헌정 서문에서 칼뱅은 주석가의 으뜸가는 의무란 원저자의 심중을 드러내 보이는 것이라고 명시적으로 기술하고 있다.[14]

마르틴 루터(1483-1546)와 함께 칼뱅은 세심한 역사적·언어학적 연구와 탐색의 중요성을 강조했다. 물론 다음과 같은 신학적 조건이 달려 있지

---

13 Dimitri Z. Zaharopoulos, *Theodore of Mopsuestia on the Bible: A Study of His Old Testament Exegesis* (New York: Paulist, 1989), 특히 pp. 103-41.

만 말이다. 즉 성경해석은 신적 계시에 있어서 예수 그리스도가 중심을 차지함을 결코 망각해서는 안 된다. 그리스도 자신도 히브리어 성경을 이와 같이 해석하여 자신의 메시아 사역이 구약에 빛을 비추고 있음을(눅 24:27), 또한 구약 역시 자신의 메시아 사역에 빛을 비춤을(눅 24:45-46) 보였다. 나중에 우리는 안디옥 학파와 종교개혁가들을 다루는 부분에서 성경해석에 대해 더 면밀히 검토하게 될 것이다.

19세기의 슐라이어마허도 이와 유사한 입장을 견지하여 의미와 해석은 성경 텍스트의 저자의 의도와 함께, 또한 그 저자가 처한 역사적 컨텍스트와 상황과 관련되어 시작됨을 주장했다. "오직 역사적 해석만이 신약 저자들이 자기 시대와 장소에 뿌리내린 존재라는 사실을 정당하게 드러낼 수 있다."[15] 슐라이어마허에 대해서는 나중에 다시 살펴볼 것인데, 거기서 나는 이 철학자가 단순히 어슴푸레한 "정신 상태"나 "의도"의 내적 심리적 과정만이 아니라 텍스트 자체와 그것의 상황에 의해 입증된 대로, 저자의 욕망과 의지와 행위를 암시하는 텍스트 속과 텍스트 배후에서 발견되는 목적과 목표에도 집중했음을 증명할 것이다. 사실 의미와 해석은 이보다 더 많은 것을 포함한다. 앞에서 열거한 요소들은 슐라이어마허의 출발점에 지나지 않는다.

슐라이어마허가 이러한 해석학의 규칙들을 제시한 동기는 학문적 통전성과 효과적 기독교 설교에 대한 관심 때문이었지만 이는 자주 망각되는 사실이다. 베를린 대학교 신학 교수로 재직하던 시기에 이 철학자는 베를린 트리니티교회에서 매주일 설교했다. 이 경험과 관련하여 그는, 효과적인 성경적 설교는 "인상적으로 음악 연주를 시작하는 일"이나 "꺼져가는 불

---

14 John Calvin, *Iohannis Calvini Commentarius in Epistolam Pauli ad Romanos*, ed. T. H. L. Parker (Leiden: Brill, 1981), p. 1. 또한 T. H. L. Parker, *Calvin's Old Testament Commentaries* (Edinburgh: T. & T. Clark, 1986), pp. 81-82을 보라.

15 Friedrich Schleiermacher, *Hermeneutics: The Handwritten Manuscripts*, ed. Heinz Kimmerle, trans. James Duke and Jack Forstman (Missoula: Scholars Press, 1977), p. 104.

꽃을 다시 일으키는 일"과 비슷하다고 쓰고 있다.[16] 그런데 이런 작업은 설교자가 자기에 앞서 펜을 잡았던 성경 저자의 비전을 포착해내는 경우에만 이루어진다. 그러므로 슐라이어마허가 신약 개론이라는 새로운 분야를 개척한 것은 단순히 텍스트가 기록된 날짜나 텍스트의 통전성, 복음서 편집 순서에 대한 무의미한 사실들을 산출해내려는 목적 때문이 아니었다. 오늘날 많은 학생들은 이 "개론" 수업이 지루하고 장황하며 어떤 영감도 일으키지 않는다고 여긴다. 하지만 원래 개론의 목적은 이것과는 정반대였다. 즉 개론 수업은 신약 텍스트가 어떤 특정한 시기와 장소, 어떤 역사적 상황 안에 어떻게 뿌리를 내리고 있는지에 대한 이해를 제공하는 것을 목적으로 한다. 이 과목의 진정한 목적은 신약 저자들이 사용할 수 있었던 언어학적 레퍼토리가 어떤 것이었는지 확정하는 데 있지 않다. 신약 개론의 진짜 목적은 신약 저자들이 그들의 텍스트를 통해 진정으로 말하고 싶었던 것, 존재하도록 하고 싶었던 그것을 생생하게 살아 있게 만드는 것이다.

20세기 후반까지 이런 견해는 성경 연구를 장악하는 지배적 입장이었다. 다음과 같은 세 가지 근거가 이 입장을 그럴듯하게 보이도록 만든다. 첫째, 저자는 자신이 쓰는 텍스트의 **목적**에 부합하는 방향으로 특정한 언어, 어휘, 문법, 구문, 장르를 선택한다. 둘째, 일상적인 경우에조차 발화의 의미를 명료화할 필요가 있는 경우에, 우리는 자주 발화자 또는 저자에게 "그가 의도한 것"이 무엇인지 설명할 것을 요청한다. 셋째, 신학에서 계시로서의 신성한 텍스트가 갖는 지위는 선지자나 사도로서의 저자나 작가의 신적 소명이나 예수 그리스도의 말씀으로부터 나온다.

성경해석의 역사와 성경 텍스트의 "수용"(reception)의 역사(제15장에서 논의할 것임)라는 주제는, 텍스트 배후의 상황과 텍스트의 목적을 고려하는 작업의 필요성을 잘 보여준다. 체스터 대학에서 했던 대중 강연에서 나는

---

16 F. D. E. Schleiermacher, *On Religion: Speeches to Its Cultured Despisers*, trans. J. Oman (New York: Harper, 1958; original in German, 1799), pp. 119-20. 『종교론』(대한기독교서회 역간).

야곱과 라반 이야기(창 29-31장)에서 끌어낸 에피소드를 포함해 몇 가지 예를 인용한 바 있다.[17] 창세기 31:49에서 라반은 이렇게 말한다. "우리가 서로 떠나 있을 때에 여호와께서 나와 너 사이를 살피시옵소서 하라." 수많은 독실한 그리스도인들은 이 텍스트를 빌려와, 사랑하는 사람이나 절친한 친구를 영영히 작별할 때 그를 하나님께 위탁하는 말로써 사용했다. 즉 서로에 대해 축복하고 상대방을 하나님의 보호하심에 맡기는 말로 이해한 것이다.

하지만 과연 이것이 이 구절이 진짜로 의미하는 바인가? 누군가는 이것을 "의도되지 않은, 의미 없는 의미"(an un-meant meaning)라고 불렀다. 히브리어 동사 "살피다"(*tsaphah*)는 특정한 컨텍스트에서는 앞과 같은 의미를 나타낼지 모르지만, 그보다는 통상적으로 적을 **경계한다**라는 의미로 통한다. 창세기 29장의 컨텍스트는 야곱과 라반이 계속해서 서로를 비겁한 책략으로 속여왔음을, 그리고 그 책략이 점점 더 추잡해지고 있음을 보여준다. 즉 야곱이 라반을 속여 양 떼 일부를 자기 것으로 확보한 것에서부터, 라반이 엉뚱한 딸을 야곱에게 떠넘긴 데까지 파란만장한 이야기가 펼쳐져 있다. 창세기 29:25에서 사용된 히브리어는 매우 극적이다. 야곱은 사랑하는 라헬—비록 그녀는 두꺼운 베일에 가려져 있었지만—과 결혼하고 동침했다고 생각했다. 하지만 히브리어로는 *"bhabhoqer hinneh-hu' Leah"*(브하보케르 힌네-후 레아), 즉 "그런데 아침에, 보라! 레아다!"(도저히 믿을 수 없는 상황에 대한 경악을 표현하기 위해서라면 "보라!" 대신 어떤 감탄사를 넣어도 된다). 이런 상황에서 과연 라반은 야곱에게 "우리가 떨어져 있는 동안 여호와께서 너를 사랑으로 돌보시길 소망하며, 여호와께 너의 안전을 맡기노라"라고 말한 것일까? 아마도 이 구절은 다음과 같은 의미를 가질 것이다. "여호와께서 너에게서 눈을 떼지 않으시길! 네가 또 다른 꾀로 사람을 속이면 그분이 내 원수를 갚아주실 것이다!"

---

17 Anthony C. Thiselton, *Can the Bible Mean Whatever We Want It to Mean?* (Chester, U.K.: Chester Academic Press, 2005), pp. 10-11.

이렇게 텍스트 배후에 있는 상황에 대한 이해가 없으면, 의미는 우리로 부터 달아난다. 과연 앞에서 소개한 창세기의 텍스트가, 종교적 경건주의 전통 속에서 일컬어지던 그런 의미를 가질 수 있는 것일까? 순수하게 묘사적인 의미에서는 가질 수 있을지도 모른다. 하지만 컨텍스트상의 모든 것이 텍스트와 나레이터, 화자의 차원에 있는 이런 의미를 배제해버리는 경우, 과연 이것이 **텍스트**적 의미(*textual* meaning)일까? 나중에 우리는 의미를 "만들어내는" 주체는 저자가 아니라 독자라는 주장을 논의할 때 이 질문으로 되돌아올 것이다.

체스터 대학의 강연에서 나는 고린도전서 6:1-8에 나오는 또 다른 예를 활용했다. 여기서 바울은 이렇게 선포한다. "너희 중에 누가 다른 이와 더불어 다툼이 있는데 구태여 불의한 자들 앞에서 고발하고 성도 앞에서 하지 아니하느냐"(고전 6:1). "형제가 형제와 더불어 고발할뿐더러 믿지 아니하는 자들 앞에서 하느냐? 너희가 피차 고발함으로 너희 가운데 이미 뚜렷한 허물이 있나니…"(6-7절). 이 텍스트의 의미에 대해 널리 퍼져 있는 가정은, 이 구절이 그리스도인이 자기 입장을 위해 법에 호소하는 것을 비난한다는 것이다. 그런데 과연 이 구절이 21세기를 사는 독자들에게도 앞과 같은 쟁점을 가지는 것일까? 역사 연구와 고고학적 탐사는 비록 고린도가 지리학적 차원에서는 그리스 도시였지만, 고린도의 체제, 정치, 법, 정부는 그리스가 아닌 바울 시대의 로마를 모델로 형성되었음을 보여준다. 이 도시는 주전 44년에 율리우스 카이사르에 의해 로마의 식민 도시(*colonia*)로 재건립되었으며, 바울 시대부터 하드리아누스 황제 때까지 잠재적으로 모든 명문(銘文)은 그리스어가 아닌 라틴어로 기록되었다. 이런 사실이 우리 해석의 열쇠가 될 수 있다. 로마의 **형사**법은 상대적으로 공정했던 반면, **민사**소송법은 좀 다른 방식으로 작동했다. 분쟁하는 소송 당사자들은 자신에게 유리한 판결을 얻기 위해 재판관에게(또한 가능한 경우에는 배심원에게도) 유인책을 제공했던 것이다. 여기에 사용된 책략으로는 아무런 수치심 없이 금전적 뇌물이나 사업 계약 시 이익을 제공하는 것, 권위 있는 사회적 이벤트로의 초대, 자기 소유물이나 노예 또는 그 밖의 선물을 제공하는 것일 수 있었다.

상황이 이렇다 보니 동료 그리스도인을 민사법정으로 끌고 가는 부류는 오로지 부유하고 영향력 있는 그리스도인뿐이었다. 그러므로 바울이 공격하고 있는 대상은 책임감 있는 공정한 법의 사용이 아니다. 실제로 바울 역시 로마법에 호소한 적이 있었다. 여기서 바울이 비난하는 것은 우월한 부와 권력, 인척 관계, 사회적 영향력이나 사업상의 네트워크를 이용하는 동료 그리스도인들의 부적절한 **조작 행위**다. 이런 행위는 상대적으로 더 부유한 집단이 탐내는 것을 얻기 위해 간접적인 힘을 행사하는 것과 유사하다. 그러므로 이 구절의 **의미**는 법에 호소하는 것 자체를 금지하는 것이 아니다. 이 구절을 쓴 바울의 목적을 밝혀주는 역사적 상황을 무시한다면, 우리는 우리 자신이 원하는 내용을 텍스트가 의미하도록 강제하게 될 것이다. 반면에 바울의 목적을 세밀하게 탐구하고 이성을 책임감 있는 방식으로 활용하며 상황적 한계를 존중한다면 우리는 시간과 장소에 뿌리박힌 이 구절의 의미를 분별할 수 있을 것이다. 적어도 종교개혁 때부터 성경 연구에서 전통적 접근법은 바로 이러한 원리를 존중하고 준수해왔다.

3. 해석학과 성경해석에서 문학이론의 충격: 신비평

그렇다면 어떻게 해서 이처럼 명백하게 이성적이며 시대 존중적인 접근법에 도전하는 사람들이 나왔던 것일까? 일차적으로 이러한 도전은 성경 연구나 고전 철학이 아니라 **문학이론 내부로부터** 야기되었다. 텍스트가 여러 겹과 차원의 의미를 가지는 것처럼 보이는 경우, 또한 그 의미가 자주 작가의 직접적이고 의식적인 사고를 초월하는 경우, 이 텍스트는 "문학적" 텍스트로 간주되었다. 이런 논리 속에서 많은 문학이론가들은 텍스트가 텍스트를 창안한 작가나 저자로부터 분리될 수 있다고 믿기에 이르렀다. 그리하여 저자와 분리된 텍스트는 자신의 고유한 권한을 가진, 기호와 의미들의 자율적 시스템으로서 의미를 실어나르게 된 것이다.

이런 새로운 관점은 1930년대 후반과 1940년대에 존 랜섬(John C. Ransom, 1938), 르네 웰렉(René Wellek, 1949), 먼로 비어즐리(Monroe C. Beardsley, 1946, 1954)를 위시한 여러 이론가들을 통해 두드러지게 나타난다. 이들이 표방한 사상운동은 신비평(New Criticism)과 문학 형식주의(literary formalism)라는 두 가지 명칭으로 알려졌으며 이들의 직접적 공격 대상은 헤르더(J. G. Herder), 슐라이어마허, 빌헬름 딜타이 등으로 대표되는 19세기 낭만주의였다. 낭만주의자들은 텍스트의 의미를 설명하고 이해를 증진시키기 위해 텍스트 "배후"에 있는 원인들, 특히 저자를 움직인 비전에 주목했다. 르네 웰렉과 오스틴 워렌(Austin Warren)이 『문학의 이론』을 시작하면서 공격 대상으로 삼은 것이 바로 이 딜타이의 개념, 즉 텍스트의 "인과적 전례"(causal antecedents)의 개념이었다.[18] 낭만주의는 위대한 문학을 생산하는 데 있어 창조적 저자라는 개인적 천재의 역할에 대해 많은(어쩌면 지나치게 많은) 강조점을 두는 경향을 띠었다.

1946년 윔재트(W. K. Wimsatt)와 비어즐리는 유명하고도 악명 높은 에세이, 그 시대에 엄청난 영향력을 미친 논고 「의도적 오류」(Intentional Fallacy)를 발표했다. 여기서 이들은 시(詩) 자체와 시의 **기원** 사이의 개념적 혼동으로 그들이 파악하는 바를 공격하고 있다. 윔재트와 비어즐리는 시인의 "개인적 표현"으로서의 시 개념을 거부하고 어떤 가상의 "객관성"을 목표로 삼았다. 둘은 이 시의 객관성이, 고유한 권리를 지닌 실재물로서의 독립적이고 자율적인 실존을 가진다고 인식했다. 이들의 정의에 따르면 "의도"는 "저자의 마음속에 있는 기획이나 플랜"이다. 그런데 이들은 앞과 같은 정의의 기반 위에서 이런 내적이고 정신적인 실재가 쉽사리 발견될 수

---

18 René Wellek and Austin Warren, *Theory of Literature* (London: Jonathan Cape, 1949; 3rd ed., Pegasus, 1973), p. 17. 『문학의 이론』(문예출판사 역간).

있는지에 대해 질문을 제기한다. 심지어 의도가 발견될 수 있다 하더라도, 이 의도는 시의 의미에서 적절한 것이 아닐 수 있음을 그들은 주장하고 있다. 이 에세이 속에서 윔재트와 비어즐리는 다음과 같은 유명한(나중에는 악명을 떨칠) 말을 하는데, 나중에 이 문장은 일반적 공리의 지위를 얻을 것이다. "저자의 기획이나 의도는 문학예술 작품의 성공을 판단하는 규준으로서 활용될 수 있는 것도 아니고 바람직한 것도 아니다."[19] 텍스트 "바깥"에 존재하는 것들 즉 "외적 증거"로 불리는 것들은 문학작품의 **전기**(biography)에 속하는 것이지, **텍스트**에 대한 문학비평이나 질문에 속하지 않는다. 이 외부적 소재들은 시로부터 사라지며 이리하여 텍스트는 저자로부터 분리된다.

아마도 신비평이나 문학 형식주의의 발전을 더 상세하게 기술할 필요는 없을 것이다. 다만 1968년 롤랑 바르트(Roland Barthes)가 유명한 에세이인 「저자의 죽음」에서, 텍스트 개념을 자기 충족적인 시스템으로 환기시킨 사실만큼은 주목할 가치가 있다.[20] 나중에 구조주의와 포스트모더니즘이 해석학에 미친 충격을 검토하는 제10장과 제16장에서 이 내용을 더 상세하게 다룰 것이다.

대략 20년 동안(넓게 보아 1950-1970 사이) 성경 연구와 문학이론의 접근 방식은 각각 다른 자신만의 길로 나아가는 경향을 보였다. 그러던 것이 1970년대에 이르러서는 몇몇 성경 전문가들이 문학이론의 다양한 접근법과 가정에 마음이 사로잡히는 현상이 발생한다. 긍정적 측면에서 보면 이런 경향은 성경적 내러티브와 내러티브 장치("관점"을 포함하여)의 성격에 대해 새로운 이해를 열어주었다고 할 수 있다. 하지만 부정적인 측면에서 보자면 명백히 텍스트가 "문학적"이지 않은 경우에도, 일부 성경 전문가들

---

19 W. K. Wimsatt and Monroe C. Beardsley, "The Intentional Fallacy," *Sewanee Review* 4 (1946): 468-88. 이 에세이는 개정되어 Wimsatt and Beardsley, *The Verbal Icon: Studies in the Meaning of Poetry* (Lexington: University Press of Kentucky, 1954), pp. 3-18으로 다시 발간되었다.

20 Roland Barthes, "The Death of the Author" (1968), in *Image-Music-Text*, trans. Stephen Heath (London: Fontana, 1977), 특히 pp. 145-47.

은 무비판적으로 텍스트의 자율성 개념에 현혹되는 모습을 보였다. 어떤 성서학자들은 더욱 명시적으로 "발생적 오류"(genetic fallacy)를 운운하면서 "의도적 오류" 개념에 의거했다. 그들은 전통적인 접근법이 의미와 역사적 기원을 혼동했다고 주장하면서 웜재트와 비어즐리의 입장을 따랐던 것이다. 불행히도 이런 논의는 "**단어들**"의 의미에 대한 사전적이고 언어학적인 의미와 기원 사이의 다양한 혼동 때문에 더욱 그럴듯한 양상을 띠게 된다. 이런 색다른 관점은 일반언어학이 가진 유효한 원리를 반영하고 있는데, 이를 가장 선명하게 확인하고 설명했던 이가 제임스 바(James Barr)였다. 제임스 바에 따르면 **어원학**은 자주 단어의 의미보다는 그것의 역사에 대해 더 많은 것을 알려준다.[21] 이 내용은 제10장에서 자세히 논의될 것이다. 이렇게 **텍스트**의 자율성 개념은 각각 아주 다른, 일련의 다양한 아이디어 속에 담겨 있다.

하지만 신비평의 컨텍스트 속에서 일어난 몇 가지 논점을 성경해석에 적용하는 작업은 명백한 실패로 끝난다. 이런 사실은 우리가 "현대적인" 것에 현혹되기 전에 이 문제에 대해 더 깊게 생각해야 함을 암시한다.

첫째, "외적" 요인이 **모든 경우에 있어** 성경 텍스트의 의미에 빛을 비춰 줄 수 없다고 주장하는 것은 명백한 오류다. 이미 앞에서 우리는 창세기 31:49과 고린도전서 6:1-8의 예를 통해, 라반과 바울의 말의 **의미**는 그 텍스트가 발생한 역사적 상황의 컨텍스트에 의해 여과되고 제한됨을 확인했다. 동일한 원리가 고린도전서 11:2-16에 나타난 베일을 쓰는 문제나, 11:17-34의 성만찬에 대한 바울의 언급에도 적용된다. 이 구절들을 완전하게 **이해하기** 위해서는 타키투스 같은 작가가 보여주는 바처럼, 1세기 중반 어느 정도 사회적 지위를 갖춘 로마의 기혼 여성에게 어떤 복장 코드가 요구되는지, 로마식의 저녁식사 관습 및 공간 규정은 어떠한지를 알아야만

---

21 James Barr, *The Semantics of Biblical Language* (Oxford: Oxford University Press, 1961), pp. 107-60.

한다.[22] 같은 이유로 만약 예수 시대의 바리새인이 율법에 대한 그들의 헌신 때문에 칭찬과 존경을 받았다는 "외적" 증거를 모른다면, **오늘날** 우리는 바리새인과 세리의 비유(눅 18:9-14)가 가진 쟁점을 "이해"할 수 없을 것이다. 그 시대의 "바리새인"은 자기 의나 위선을 의미하는 은유로 간주되지 않았다. 오늘날에는 너무 쉽게 이 단어가 비역사적인 함축으로 축소되는 것이 사실이지만 말이다.

둘째, 저 유명한 에세이에서 윔재트과 비어즐리는 명시적으로 자신들의 "문학적" 접근법을 **시와 운문**에 적용시키고 있지, 특정 시대를 사는 특정 청중에게, 상황과 연관된 특정 목적을 위해 특정 메시지를 전달하는 텍스트에는 적용시키지 않고 있다. 슐라이어마허의 용어로 표현하자면 그들의 접근법은 "시간과 장소에 뿌리내린" 텍스트와는 관계가 없다. 일반적으로 인정되는 바처럼 성경도 수많은 시를 포함한다. 또 어떤 텍스트는 의도적으로 시적 형식으로 기록되었다. 이런 경우나 비유적 내러티브를 이해할 때는 문학이론가들이 제안하는 논점을 진지하게 주의 깊은 태도로 검토하는 작업이 그만한 가치를 가질 수 있다. 물론 세심한 주해가 각 경우의 타당성을 판단해야겠지만 일단은 이런 일반적 원칙이 적용 가능하다. 성경에는 분명히 저자가 이스라엘에게 적용한 예언적 약속을 두고 메시아인 그리스도에게 확대 적용시킨 예가 상당수 나온다. 제임스 스마트(James Smart)는 모든 해석의 "첫 번째 단계"는 애초에 말해지거나 기록된 그대로의 텍스트를 듣는 것이어야 한다고 주장했다. 하지만 곧이어 그는 이렇게 되묻는다. "그렇다면 말하거나 기록한 사람에 의해 완전히 알려지거나 이해되지 않은 성경의 언어에는 의미가 없다는 것인가?"[23] 스마트는 이 질문을

---

22 Anthony C. Thiselton, *The Epistle to the Corinthians: A Commentary on the Greek Text*, New International Greek Testament Commentary (Grand Rapids: Eerdmans; Carlisle: Paternoster, 2000), pp. 418-40과 799-899; Thiselton, *1 Corinthians: A Shorter Exegetical and Pastoral Commentary* (Grand Rapids: Eerdmans, 2006), pp. 88-92과 169-91. 『고린도전서』(SFC출판부 역간).

이사야 53:1-12의 고난받는 종의 구절이 포함된 이사야 40-55장에 적용하고 있다.

셋째, 의도란 항상 의도하는 주체만이 알 수 있는 그런 종류의 내적 정신 상태를 지시하지는 않는다. 많은 경우 의도는 "정신 상태"와 같은 것으로 오해되고 있다. 『해석학의 새 지평』에서 나는 그러한 오해를 피하기 위해, "의도" 대신 **방향 설정** 또는 **의도적 방향 설정**(intentional directedness)이란 용어를 제안했다.[24] "의도"의 의미는 "넌 **의도적으로** 그 일을 저질렀니?"와 같은 문장처럼, 부사로 사용할 때 가장 잘 이해된다. 이 경우에서처럼 내적 상태를 발견하기 위한 신비스러운 탐색은 부적절한 것으로 드러난다. 윔재트과 비어즐리는 한 측면만을 목표로 삼아 공격을 감행했다. 보통 법정에서는 어떤 행위가 우연이었는지 의도적이었는지, 심지어 "계획적 악의"로부터 기인한 것인지 판단하는 것이 필요해진다. 의도의 논리적 "문법"이 지닌 이러한 복잡성에 대해서는 엘리자베스 안스콤(Elizabeth Anscombe)과 비트겐슈타인 같은 철학자들이 매우 세밀하게 논의한 바 있다. 그들의 주장처럼 의도에 대한 몇몇 개념은 너무 쉽게 우리의 관심을 잘못된 내용으로 기울어지게 만든다.[25]

성경해석에서 전통적인 접근 방식들(칼뱅과 슐라이어마허와 같은)과 신비평이나 문학 형식주의(윔재트와 비어즐리와 같은)의 접근 방식 사이의 차이는 아마도 다음과 같이 요약될 수 있을 것이다.

---

23 James Smart, *The Interpretation of Scripture* (London: SCM, 1961), pp. 34-35.
24 Anthony C. Thiselton, *New Horizons in Hermeneutics: The Theory and Practice of Transforming Biblical Reading* (London: HarperCollins; Grand Rapids: Zondervan, 1992), pp. 558-61.
25 Ludwig Wittgenstein, *Philosophical Investigations*, German and English (Oxford: Blackwell, 1967), 334-37절.

| 저자 | → | 지시된 목적을 위한 행위 | → | 텍스트의 생산 | → ↔ → | 타깃 독자들 또는 "첫 번째" 독자들 |

성경해석에서 전통적인 접근 모형

↑

자유롭게 부유하는
자율적 텍스트

↓

신비평에서 "문학적" 의미 모형

문학이론이 성경 연구에 대해 준 충격으로부터 우리는 더 많은 것을 얻을 수 있을 것이다. 로버트 모건(Robert Morgan)과 존 바튼(John Barton)은 『성경해석』(*Biblical Interpretation*)이라는 책에서 이런 이점들을 방법적 차원에서 추적한 바 있다. 모건은 자신의 접근이 "비판적 학문과 종교적 신앙 사이의 심연"에 다리를 놓을 수 있다고 주장한다.[26] 그 한 가지 예는 로버트 얼터(Robert Alter)가 쓴 『성경 내러티브의 기술』(*Art of Biblical Narrative*, 1981)로, 이 책에는 다윗의 부르심을 다른 방식으로 설명하는 두 개의 텍스트, 즉 사무엘상 16:1-23과 사무엘상 17장부터 사무엘하 5장까지의 본문에 대한 논의가 포함되어 있다. 얼터는 이런 차이를 설명하기 위해 전형적으로 한 텍스트는 하나님의 통치(삼상 16:12, 13)를, 다른 텍스트는 인간 삶의 혼란스러움(삼상 17:1-삼하 5:5)을 대조적으로 재현하는 것으로 보았다.[27] 데이비드 건(David Gunn), 스티븐 프릭켓(Stephen Prickett), 한스 프라이(Hans Frei) 또한 각자 나름의 방식으로 이런 접근이 가지는 장점을 탐구했다. 그런데 여기에는 우리가 이미 살펴본 것처럼 단점 또한 포함되어

---

26 Robert Morgan (with John Barton), *Biblical Interpretation* (Oxford: Oxford University Press, 1988), pp. 10, 25 and 198.

있다.[28] 성서비평을 충분히 강조하는 입장을 회피한다면 결국은 역사적 준거점과 그 "육체성"을 불충분하게 강조하는 결과를 가져오는 것이다. 이렇게 되면 본질적인 물질성을 부정하는 가현설이 되고 만다.

4. 문학이론의 충격: 독자반응이론

문학비평의 충격적 여파라는 주제를 벗어나기 전에 적어도 잠시라도 우리는 그 현실화에 뒤따르는 결과, 심지어 문학이론가들 사이에서의 후속 전개 상황에 대해 지적하지 않을 수 없다. 특히 특정 문제들을 언급하는 데 실패한 신비평의 상황을 지적해야 할 것이다. 신비평 이후에 나타난 후속 세대 문학이론가들은 "자율적" 텍스트 개념이 가진 어떤 특성을 곧 인정하게 되었다. 즉 이 개념에 따르면 텍스트는 저자만이 아니라 텍스트 자체가 지시하는 내용과도, 심지어 독자와도 분리되어 있는 듯 보인다. 그리하여 공적 세계 또는 현실과 연결시키는 모든 굳건한 뿌리, 닻의 역할을 하는 것이 느슨하게 되고 망각되는 것처럼 보였다. 따라서 이번에는 "문학적"이든 비문학적이든 텍스트는 무엇보다 **독자**의 판단에 의지한다는 이론이 형성되었는데 이는 논리적 귀결이라 할 수 있다.

신비평을 이런 방식으로 대체하는 경향의 운동은 1960년대 후반에서 1970년대와 1980년대에 이르기까지 나타났다. 이 사상운동은 의미의 생산에 있어 결정적 요소는 **독자** 또는 **독자들**이라는 관점을 형성시켰다. 의미

---

27 Robert Alter, *The Art of Biblical Narrative* (New York: Basic Books, 1981), pp. 147-53.
28 Anthony C. Thiselton, "On Models and Methods: A Conversation with Robert Morgan," in *The Bible in Three Dimensions: Essays in Celebration of Forty Years of Biblical Studies in the University of Sheffield*, ed. David J. Clines, Stephen Fowl, and Stanley E. Porter, Journal for the Study of the Old Testament: Supplement Series 87 (Sheffield: Sheffield Academic, 1990), pp. 337-56.

는 저자나 텍스트 자체 또는 저자와 텍스트 사이의 관계의 산물이라기보다, **텍스트와 독자** 사이의 관계의 산물이 되었다. 즉 **독자들이 텍스트에 반응하는 방식**이 의미의 주요 원천이자 결정적 요인으로 간주되었던 것이다. 바로 이런 접근법이 **독자반응이론**(reader-response theory)으로 알려진 이론이다. 신비평과 마찬가지로 이 이론도 문학이론의 영역에서 먼저 출현해서 나중에 성경 연구에 활용되었다. 나중에 제15장에서 우리는 독자반응이론을 살펴보기 위해 많은 지면을 할애할 것이다.

가장 정교한 이론을 펼친 바 있는 문학비평가들 중 한 명인 프랭크 렌트리키아(Frank Lentricchia)는 1980년의 관점을 가지고 1950년대와 1960년대를 다음과 같이 회고적으로 고찰한다. "신비평의 헤게모니가 몰락한 1957년 당시, 문학비평가들의 가장 큰 소망은…젊은 비평가들은 시와 이 세계를 다시 연결시킬 것을 꿈꾸었다."[29] 그런데 이제 "세계"란 일차적으로 저자의 세계나 텍스트가 지시하는 세계가 아니라, 독자들 또는 독자들로 구성된 공동체이며 **그들이 텍스트로부터 만들어낸 무엇**이다. 그리하여 수 많은 교과서와 두터운 에세이들이 "텍스트 속의 독자"(*The Reader in the Text*) 같은 제목으로 나왔다.[30] 앞의 책에는 「의미를 만들어내는 것은 독자들인가?」라는 논문도 포함되어 있는데 이 에세이에서 로버트 크로스만(Robert Crosman)은 이런 결론을 내리고 있다. "의미는 **우리가 만들기 원하는 바로 그대로** 만들어진다."[31]

이리하여 우리는 이제 그리스도인들이 만나는 매우 실천적 질문 배후에 놓인 이론적 물음을 이해할 수 있게 된다. 즉 "성경은 우리가 의미하기를 원하는 것이면 무엇이든 의미할 수 있는 텍스트인가?"라는 질문이 바로

---

29 Frank Lentricchia, *After the New Criticism* (Chicago: University of Chicago Press, 1980), p. 7. 『신비평 이후의 비평이론』(문예출판사 역간).
30 Susan R. Suleiman and Inge Crosman, eds., *The Reader in the Text: Essays on Audience and Interpretation* (Princeton: Princeton University Press, 1980); 참조. Robert Crosman, "Do Readers Make Meaning?" in *The Reader in the Text*, pp. 149-64.

그것이다. 사실 우리가 이 질문에 대답하는 방식은 우리 자신이 견지하고 있는 텍스트 이론과 및 의미 이론과 매우 밀접하게 연관되어 있다. 즉 우리가 가진 의미 이론, 다른 말로 표현해서 우리의 해석학 이론을 진술하지 않고는 어떤 답도 주어질 수 없다.

나중에 우리는 이런 쟁점들이 구조주의, 탈구조주의, 포스트모던 사상과 어떻게 연관되는지를 더 자세히 추적할 것이다. 독자반응이론은 아주 다양한 버전으로 변형되는데 그 변형 범위는 비교적 온건하고 건설적인 형태에서부터, 제15장에서 검토될 급진적이고 문제적인 논의에 이르기까지 매우 폭넓다고 할 수 있다. 흔히 로만 잉가르덴(Roman Ingarden)은 신비평에 속한 이론가로 분류된다. 하지만 잉가르덴이 "열려진 결말"이나 "비결정성" 개념에 관심을 기울인 사실을 고려할 때, 사실 이 비평가는 다음과 같은 새로운 아이디어로 향하는 문을 열었다고 할 수 있다. 즉 신비평과는 다르게, 독자들이 자신만의 특수한 방식으로 텍스트의 남겨진 간극을 "채운다"는 아이디어가 그것이다. 따라서 잉가르덴은 독자반응이론을 위한 정초를 놓았다고 볼 수 있다. 그는 인간이 일상적 지각 안에 있는 간극을 "메워서" 이해 가능한 지각에 이르는 방식들을 비교했다. 예를 들어 우리는 정육면체나 테이블을 보면서 실제로는 그 정육면체의 세 면만을, 테이블의 다리 세 개만을 지각할 수 있다. 하지만 우리는 우리 지각의 "간극을 메우면서" 그것을 여섯 면을 가진 정육면체로, 네 개의 다리를 가진 테이블로 보려는 해석을 투사한다.

볼프강 이저(Wolfgang Iser)는 이러한 접근법을 더 세부적으로 발전시켰다. 이저에 따르면 독자들은 언제나 독자 자신이 가진 고유한 것을 **텍스트에 가져다준다**. 실제적으로 독자들은 텍스트 안에 열려 있는 간극이나 비명시적으로 남아 있는 자리를 채우면서 책을 읽는다. 볼프강 이저의 『내포된 독자』(*The Implied Reader*)와 『읽는 행위』(*The Act of Reading*)는 "온건

---

31 Crosman, "Do Readers Make Meaning?" p. 164.

한" 형태의 독자반응이론을 보여주는 고전적 저술이라고 할 수 있다.[32]

그럼에도 독자반응이론 내의 다양한 버전 사이에 존재하는 차이가 커지게 되자 이 이론의 가장 극단적 지지자 중 하나였던 스탠리 피쉬(Stanley Fish)는, 여러 논의에서 나타낸 바 이상의 난폭한 공격성을 가지고 이저의 온건한 논의를 공격했다. 피쉬의 주장에 따르면 볼프강 이저는 지나치게 조심스러울 뿐 아니라 "객관주의자"이기도 하다. 스탠리 피쉬는 해석에 있어 텍스트의 "안"에는 아무것도 존재한지 않는다고 선언한다. 왜냐하면 니체처럼 그도 존재하는 모든 것은 해석에 불과하다고 믿기 때문이다. 우리는 텍스트에 대해서 이것이 무엇을 의미하는지 질문할 수 없다. 우리에게 가능한 질문은 "이 텍스트는 무엇을 **하고** 있는가?"인 것이다. 그래서 피쉬는 결론적으로 다음과 같이 선언한다. "독자의 반응은 의미에 있지 않다. 독자의 반응 자체가 의미이다."[33]

제15장에서 우리는 독자반응이론에 대해 더 풍부한 논의를 할 것인데 거기서 나는 다음과 같은 사실을 주장하려고 한다. 즉 논의 중인 텍스트와 이론의 형태가 무엇인지에 따라 독자반응이론은 독자의 능동적 참여와 관여를 자극할 수도 있고, **아니면** 텍스트에 대한 자기 투사, 리쾨르가 자기중심적 나르시시즘과 우상숭배와 연결시킨 자기 투사를 초래할 수도 있다. 이런 자기 투사는 비슷한 생각을 공유한 독자들의 공동체가 가진 공동의 이기심을 지시하기도 한다. 따라서 독자반응 입장의 가장 급진적 형태에서 보면(물론 피쉬는 가장 적절한 형태라고 하겠지만), 다음과 같은 질문에 대답하기가 어려워진다. 즉 만약 텍스트가 독자의 욕망과 이기심에 의해 사전에 형성되는 그 무엇일 뿐이라면, 어떻게 성경을 포함해서 여타의 텍스트

---

32 Iser, *The Implied Reader: Patterns of Communication in Prose Fiction from Bunyan to Beckett* (Baltimore: Johns Hopkins University Press, 1974), and *The Act of Reading: A Theory of Aesthetic Response* (Baltimore: Johns Hopkins University Press, 1978, 1980).

33 Stanley Fish, *Is There a Text in This Class? The Authority of Interpretive Communities* (Cambridge: Harvard University Press, 1980), p. 3; 참조. pp. 12, 13, and 1-17.

가 우리를 전적인 타자로서 세우고, 은혜와 심판 속에서 우리에게 도전할 수 있는 것일까? 디트리히 본회퍼(Dietrich Bonhoeffer)는, 만약 우리가 텍스트를 통해 "우리 자신과 일치하는 것"을 만난다면 그것은 우상일 따름이라고 썼다.[34] 아래 도표는 지금 논의 중인 이론의 다양한 모델들을 표현하고 있다.

도표 3
인간 주체 → 텍스트 ↔ 독자
온건한 형태의 독자반응이론
독자   ↔   구성된   →   텍스트
더 급진적인 독자반응 방식

5. 해석학의 더 넓은 차원: 관심, 사회과학, 비판이론, 역사적 이성, 신학

독자반응이론이 생산해낸 한 가지 긍정적 이점은 다음과 같다. 즉 이 이론은 독자와 해석자들이 텍스트에 가져다붙이는 신념과 가정들이 필연적으로 가질 수밖에 없는 영향력에 대해 강조하고 있다. 이것은 **저자와 텍스트**가 역사 속 그들의 위치에 의해 형성되는 경우만을 이야기하는 것이 아니라, **독자**가 독자와 해석자로서 자신의 역사적·사회적 위치에 의해 형성되는 경우 또한 가리킨다. 바로 이것이 가다머의 역사적으로 조건화된 이성[이것은 "실제적인 영향력의 역사"(effective history) 개념과 연결된다]이나, 위르겐 하버마스의 **관심**(interest, 사적 이익) 개념을 촉발시키는 지점인 것이다.

---

34 Dietrich Bonhoeffer, *Meditating on the Word* (Cambridge, Mass.: Cowley, 1986), pp. 44-45.

이러한 기술적 측면에서 보자면 하버마스의 "관심"은 슐라이어마허, 불트만, 가다머가 **예비적 이해** 개념을 통해 의도한 것 또는 기술적 전문 용어를 사용하자면 "선이해"(제1장 네 번째 소제목 부분에서 논의되었던)와 매우 밀접하게 연관된다. 분명히 해두는 바이지만 **선이해는 잠정적이며 협상 가능한** 출발점으로서 기능한다. 여기에 비해 "전제"라는 용어는 마치 변할 수 없는 고정된 신념을 의미한다는 오해를 일으키기 십상이다. 그럼에도 "관심"의 개념은 선이해보다 더 멀리 나아간다. 왜냐하면 관심은 특별히 **권력**에 관계된 이기심, 자기 긍정, 자아의 욕망을 만족시키는 것과 연관되기 때문이다. 그리하여 "관심"은 부분적으로 자기중심적 가치로부터 생겨나는 왜곡된 관점에서 출발한다.

슐라이어마허와 동시대인이자 베를린 대학에서의 경쟁자였던 게오르크 헤겔(Georg W. Hegel, 1770-1831)은, 일단 **역사적 이성**(historical reason) 개념을 역사와 전통의 과정 속에 깊이 뿌리내린 것으로 설명했다. 헤겔은 역사의 진행 과정이 인간의 사유 방식을 어떻게 형성하는지, 특히 역사 속 우리의 위치가 어떻게 우리의 가치를 지배하는지를 연구했다. 키르케고르(Søren Kierkegaard, 1813-1855)는 헤겔의 사변적 관념론 또는 절대 정신의 철학이 앞에서 소개한 통찰을 부정한다고 주장한 바 있다. 그럼에도 역사가 인간의 사유를 어떻게 조건화하는지에 대한 헤겔의 이런 관심은 딜타이, 하이데거, 가다머에게서 철학적 해석학의 중심으로 떠오를 새로운 "역사적" 이해 방식을 배태시킨다. 동시에 그의 사유는 데카르트, 영국의 경험론, 칸트가 공유하는 개인주의에 반대해서, 한층 더 사회 중심적인 사유 방식을 향해 길을 열었다고 할 수 있다.

따라서 칼 마르크스(1818-1883), 빌헬름 딜타이, 막스 베버(Max Weber, 1864-1920), 칼 만하임(Karl Mannheim, 1893-1947), 보다 최근의 위르겐 하버마스(1929-)는 헤겔의 사상을 상기시키며 해석의 "역사적" 이론 속에 사회적 차원을 가져오려 시도했다. 사실상 이들은 이해의 이론 혹은 해석학을 텍스트에만 적용한 것이 아니라 **사회적 체계**와 사회 이론에도 확대 적용했다. 마르크스는 오직 경제적 힘과 사회적 행위가 가진 형성적 권력만을 기반으로 하여 역사와 사회 이론을 시도했다. 만하임과 하버마스는 주어진 시대 속에 뿌리내리고 거기에 위치한 해석자의 입장이 가질 수밖에 없는 왜곡, 편파성, **관심**을 참작하고 헤아리는 작업을 했다. 딜타이에게서 삶(Leben)은 헤겔 철학에서 정신(Geist)과 동일한 위치의 개념이다. 이론의 여지는 있겠지만 딜타이는 해석학을 사회과학에 체계적으로 도입한 최초의 인물이었다.

하버마스는 주로 지식에 대한 **실증주의적** 이론들을 공격하는데, 그것은 이 이론들이 가치중립성이나 순수한 "객관성" 같은 것을 잘못 추구하고 있기 때문이었다. 하버마스의 주장에 따르면 "의식"은 대체적으로 역사적 실존이 그런 것만큼이나 사회적 삶에 의해 형성된다. 리쾨르처럼 하버마스도 프로이트적 정신분석학을 활용하여 인간의 자기 이해나 그릇된 방향으로 인도된 욕망에 대한 비판을 형식화하는 근거로 삼았다. 이 두 철학자는 모두, 무의식적 충동은 인간 행위자나 해석자가 억압하려 하는 요인들을 "차단"할 수 있다고 믿었다. 하버마스는 합리성과 사회이론 사이의 관계에 대해 끊임없이 제기되고 있는 논쟁을 언급한다. 자신의 저서『소통 행위 이론』(*Theory of Communicative Action*)에서 이 철학자는 커뮤니케이션 및 사회적 세계와 관련하여 해석학의 특수성을 위한 자리를 마련하고자 한다. 하지만 하버마스를 비판하는 측은 이 철학자가 순수한 해석학을 사회이론으로 환원시키는 경향을 보인다고 주장한다. 한편 하버마스는 가다머에 대해 해석학의 사회적 실재를 무시한다고 비판하고 있다.

기독교 신학에서 **잘못 인도된 욕망**(misdirected desire)의 개념은 우리를 인간의 죄인 된 본성의 핵심으로 데려간다.『교리의 해석학』에서 나는 이 지점에 대해 논의를 상당히 진전시킨 바 있다.[35] 하버마스의 **실증주의**에 대한 인식과 비판은 성서적 전통과 기독교 신학과 많은 부분 공유점을 가진다. 즉 이 철학자는 실증주의(좀 더 신학적인 용어로 말하자면 세속 과학적 세계관)가 가치의 문제와 관련하여 결코 "중립적"이지 않으며, 여느 이데올로기나 신념 체계가 그러하듯 이해와 커뮤니케이션을 왜곡하는 경향이 있음을 인식하고 있다. 따라서 텍스트의 해석으로부터 유신론이나 신학을 배제한다면, 그것은 이 해석이라는 작업에 다른 어떤 신념을 강요하는 것과 마찬가지로 편견에 물드는 일이 될 것이다. 이것은 세속적 혹은 반유신론적 **관심**의 한 가지 예일 뿐이다. 사실상 성서학에서 신학적 해석은, 대상이 되는 텍스트의 본성에 대부분의 관심을 기울일 뿐 그것의 배제에 대해서는 별 신경을 쓰지 않는다. 따라서 잘못된 객관성 개념을 견지하는 세속 철학의 허세에 대항해서 의심의 해석학이 시행되어야 한다.

성서학과 신학에 몸담고 있는 몇몇 저술가들은 앞에서 소개한 내용을 설득력 있는 방식으로 강조한 바 있다. 프랜시스 왓슨(Francis Watson)은 주장하기를, 다른 모든 분야와 마찬가지로 성경해석 또한 학문의 영역 바깥에 "사회적 토대"를 가지는데, 이 토대는 합법적으로 교회라는 예배하는 공동체라고 했다. 그는 "학문적 세속성에 전념"하는 것은 중립성하고는 상관없는 행위라고 비판했다. 왓슨은 다음과 같이 썼다. "신앙이 고유한 학문적 규준이나 대안적 관점에 대한 개방성과 양립할 수 없다는 가정은 단순한 편견에 불과하다. 이 쟁점상의 경고가 가지는 실용적 근거가 무엇이든 말이다."[36] 또한 모벌리(R. W. L. Moberly)는 「성경과 문화 컬렉티브」[Bible and Culture Collective, 『포스트모던 성경』(The Postmodern Bible)은 여기서 나왔다]라는 저작의 특징이 되는 아이러니한 자기모순성을 드러내며 통탄한 바 있다.[37] 아마도 이 "포스트모던" 저자들은 다른 이들보다 더 "관심"의 역할에 대해 의식했어야 했다. 하지만 모벌리에 따르면 이들은 "실천에 있어 기독교와 유대교의 믿음의 관심을 무시하고 있으며, 이런 무시는 전적으로

---

35 Anthony C. Thiselton, *The Hermeneutics of Doctrine* (Grand Rapids: Eerdmans, 2007), 12장과 13장. 또한 Pannenberg, *Systematic Theology*, 2:231-76을 보라.

36 Francis Watson, *Text, Church, and World: Biblical Interpretation in Theological Perspective* (Edinburgh: T. & T. Clark, 1994), p. 9. 또한 pp. 1-17을 보라.

세속화된 의제를 따라 기독교의 내용을 주변화하는 기능을 수행한다. 그들의 것은 설득력 있는 정의(definition)의 실행이다."[38] 모벌리와 유사한 입장을 견지한 사람들로는 피터 발라(Peter Balla), 크리스토퍼 제이츠(Christopher R. Seitz), 젠스 짐머맨(Jens Zimmermann)이 있다.[39]

관심, 자기 긍정, 욕망, 자기기만의 문제는 무엇보다도 리쾨르의 "의심의 해석학"에서 더 세부적으로 나타날 것이다(제12장). 지금까지 우리가 논의한 제1장과 제2장의 의도는, 학문적인 동시에 실천적인 분야로서의 해석학의 본성과 영역을 언급하는 것이었다. 성경해석학을 포함해서 해석학은 진정으로 다차원적이고 다학제적일 때만 자신의 과제에 진실할 수 있다.

6. 참고 도서

Jensen, Alexander, *Theological Hermeneutics*, SCM Core Text (London: SCM, 2007), pp. 207-17.

Oeming, Manfred, *Contemporary Hermeneutics* (Aldershot and Burlington, Vt.: Ashgate, 2006), pp. 31-54 and 60-74.

Palmer, Richard E., *Hermeneutics: Interpretation Theory in Schleiermacher, Dilthey, Heidegger, and Gadamer* (Evanston, Ill.: Northwestern University Press, 1969), pp. 43-71 (in most libraries, but may be out of print).

Thiselton, Anthony C., *New Horizons in Hermeneutics* (London: Harper-Collins; Grand Rapids: Zondervan, 1992), pp. 55-71.

---

37 Bible and Culture Collective, *The Postmodern Bible* (New Haven: Yale University Press, 1997), and R. W. L. Moberly, *The Bible, Theology, and Faith: A Study of Abraham and Jesus* (Cambridge: Cambridge University Press, 2000), pp. 26-39.

38 Moberly, *Bible, Theology, and Faith*, p. 35.

39 예를 들어 Jens Zimmermann, *Recovering Theological Hermeneutics: An Incarnational-Trinitarian Theory of Interpretation* (Grand Rapids: Baker Academic, 2004); Christopher R. Seitz, *Figured Out: Typology and Providence in Christian Scripture* (Louisville: Westminster John Knox, 2001).

H·E·R·M·E·N·E·U·T·I·C·S

신약과 2세기

3세기에서 13세기까지

틀: 리쾨르의 해석학

역사적 방법의 예

제3장

해석학의 목표와 영역

윤리이야기의 설타임

해석학적 방법의 예:
예수의 비유

고대 세계에서 시작된 성찰의 질문의 우산: 유대교와 고대 그리스

철학, 신약학, 문학이론, 사회학적 지의의 맥락에서 본 해석학

한스-게오르크 가다머의 해석학: 두 번째 전환점

20세기 중반의 접근: 바르트, 신해석학, 구조주의, 탈구조주의, 저발스 바임 의미론

종교개혁, 계몽주의, 성서비평의 발흥

복음도 불트만과 신약의 탈신화화

페미니즘 해석학과 우머니즘 해석학

이제 우리는 예수의 비유들에 대한 해석을 다룰 것이다. 왜냐하면 이 비유의 해석들은, "잘못되었다"고 할 수 있는 해석학적 접근은 거의 없으며 또 많은 경우 아주 유익하다는 사실을 살펴볼 훌륭한 기회를 제공하기 때문이다. 역사적 접근이나 문자적 접근은 예수의 비유를 그것의 의미를 조명하는 역사적 상황 속에 위치시킨다. 하지만 그 성격에 따라 아주 다른 접근법을 요구하는 비유도 존재한다.

예수의 비유 중 일부는 본래적 형식상 알레고리에 가깝다. 반면에 다른 비유들은 가다머와 리쾨르의 이론을 연상시키는 내러티브의 "세계"를 열어준다. 독자반응이론의 접근법을 요구해야만 그 진정한 의미가 드러나는 비유도 있는 반면, 어떤 비유는 "실존주의적"이기 때문에 등장인물 각각에게 주의를 기울여야 한다. 또한 많은 경우 비유들은 우화와 알레고리 각각의 성격을 동시에 가지고 있어서 거기서부터 연유된 완전히 다른 해석의 역학을 보여준다. 또 다른 비유들은 독자반응이론의 가치와 한계를 드러내기도 할 것이고, 심리학 이론과 기호학 이론 사이에서 원하는 것을 취하는 해석자의 제한된 자유가 어떤 것인지를 보여주기도 할 것이다.

1. 비유의 정의 및 비유와 알레고리의 관계

이미 반세기 전에 찰스 도드(Charles H. Dodd)가 제시한 비유에 대한 정의
는 지금도 유효하다. 잘 알려진 저서『하나님 나라의 비유』(*The Parables of
the Kingdom*)에서 도드는 "가장 단순한 의미로 비유란 자연이나 공동의 삶
에서 유래한 은유(metaphor) 또는 직유(simile)다. 비유는 자신이 가진 생생
함이나 낯섦으로 청자를 사로잡아, 그의 정신으로 하여금 익숙한 적용에
대해 의심하는 마음이 들도록 하여 능동적 사고를 촉발하도록 자극한다."[1]
요아킴 예레미아스(Joachim Jeremias)의 또 다른 정의에 의하면 "비유는 전
통이 놓은 원천적인 기반의 한 단편이다.…생생한 그림은 인간의 마음속에
추상보다 더 깊은 인상을 남긴다."[2] 한편 로버트 펑크는 도드의 정의로부터
출발하여 그가 열거한 비유의 네 가지 요소 각각을 논평한다. 첫째, 은유는
상징(symbol)이나 유비(analogy)보다 더 심오하며 전 인격에 호소하는 힘
이 있다. 둘째, 대체로 비유는 예상되는 가치 체계와 대조적인 것을 보여주
기 때문에 생생한 인상을 남긴다. 옳지 못한 일을 한 청지기가 칭찬받는 것
이나(눅 16:8), 과부가 불의한 재판관을 성가시게 괴롭히는 이야기(눅 18:5-
6)가 그 좋은 예다. 하지만 때로 비유의 생생함은 대조 때문이 아니라, 청자
들이 실제로 보고 들은 사건을 언급하기 때문에도 일어난다. 그 예로는 망
대를 짓던 사람이 돈이 떨어져 절반만 짓고 중단한 이야기(눅 14:28-30)가
있다. 또한 비유는 생생하지만 단순하다. 셋째, 비유는 일상의 삶으로부터
파생된다. 곡식의 도량 단위나 밀과 가라지가 그 좋은 예다(마 13:24-29).
넷째가 펑크의 주요 논점이라 할 수 있는데, 비유는 예상을 뒤집는 적용을
보여줌으로써 청자를 사로잡고 청자로 하여금 스스로 생각하도록 자극한다.
그 예로는 앞에서 언급한 불의한 청지기가 칭찬받는 이야기(눅 16:8)가 있

---

1 Charles H. Dodd, *The Parables of the Kingdom* (London: Nisbet, 1935), p. 16.
2 Joachim Jeremias, *The Parables of Jesus*, trans. S. A. Hooke, rev. ed. (London: SCM, 1963), p. 11.『예수의 비유』(분도출판사 역간).

다.[3] 여기에 대해 펑크는 이렇게 논평한다. "비유는 닫혀 있지 않다. 다시 말해 청자가 참여자로서 비유 속으로 들어올 때까지 열려 있다."[4] 여기서 우리는 독자반응이론의 실제 예들을 발견할 수 있다.

하지만 비유에 대한 도드의 정의가 모든 종류의 비유를 포괄할 수 있을까? 일상의 삶에서 파생된 자명한 진리를 제공하지 못하는 비유도 있으며, 아포리즘에 가까운 명백한 적용을 하는 비유도 있지 않은가? 백여 년 전 아돌프 윌리허(Adolf Jülicher)는 자명한 이야기(이야기가 주는 교훈이 청자의 예상과 기존 가치 체계와 일치하는 경우)의 예들은, 비유의 형식이 본래 예수로부터 발생했음을 증거한다고 생각했다. 이런 "참된" 예로는 어리석은 부자의 비유가 있다(눅 12:16-21).[5] 하지만 도드는 윌리허에 반대하면서 다음과 같은 점을 분명히 했다. 즉 도드는 윌리허가 "참되고 자명하다"고 간주한 비유들을 연구했는데, 도드 자신으로서는 그 비유들 역시 독특한 역학을 지닌 개별적인 것이었다는 것이다.

물론 도드나 윌리허 모두 전적으로 옳다고는 할 수 없다. 아모스 와일더(Amos Wilder)는 여기에 대해 정확한 주장을 펼친 바 있다. "예수는 무한히 다양한 방식의 말하기 수사법을 사용한다.… '비유'라는 단어 자체가 오해를 불러일으키는지도 모른다. 왜냐하면 실제로 이 단어는 너무 단순한 패턴을 우리에게 암시하여 이런저런 특수한 경우에 대한 우리의 이해를 왜곡시키기 때문이다."[6] 예레미아스 또한 유사한 지적을 하고 있다. "히브리어 마샬(mashal)과 아람어 마스라(mathla)는 모든 범주의 비유, 유사(類似), 알레고리, 우화, 잠언, 묵시적 계시, 수수께끼, 상징, 익살…등등을 포

---

3 Robert W. Funk, *Language, Hermeneutic, and Word of God* (New York: Harper and Row, 1966), p. 133.

4 Funk, *Language*, p. 133.

5 Adolf Jülicher, *Die Gleichnisreden Jesu*, 2nd ed., 2 vols. (Freiburg: Mohr, 1899-1900), pp. 92-111.

6 Amos M. Wilder, *Early Christian Rhetoric* (Cambridge: Harvard University Press; London: SCM, 1964), p. 81.

괄한다. 유사한 논리로 신약에서 비유(parable)는 '비유'의 의미뿐 아니라 '비교'(comparison; 눅 5:36; 막 3:23)와 '상징'의 의미도 가진다.…마가복음 7:17에서 비유는 '수수께끼'를 의미하고 누가복음 14:7에서는 단순히 '규칙'을 가리킨다."[7] 예레미아스는 요한복음 10:6과 16:25, 29에서 희랍어 파로이미아(*paroimia*, 격언)에 대해서도 유사한 지적을 한다. 이 모든 사실은 해석학에 새로운 도전이 된다. 크레이그 블롬버그(Craig Blomberg)는 이렇게 언급했다. "비유의 해석에서 20세기의 지배적인 접근 방식은 잘못된 방향으로 나아갔다. 그러므로 여기에 대해 재고할 필요가 있다."[8]

블롬버그의 논증에 따르면 기독교 교회는 여러 세기 동안 비유를 알레고리로 해석해온 반면, 현대의 비판적 학자들은 이런 알레고리적 해석을 거부하고 윌리허와 예레미아스의 입장을 따르고 있다. 하지만 많은 비유들이 알레고리적 요소를 포함하고 있음이 사실이고, 신약 자체가 일부 비유를 알레고리적으로 해석한다는 점을 이 신학자는 놓치지 않고 언급한다. 아울러 블롬버그는 학문적 합의라는 것이 부당할 정도로 선택적인 성격을 갖는다고 주장한다. 아마도 최근 학자들이라면 신약의 비유들이 윌리허와 여타 학자들이 가정했던 단순한 비교 이상의 것을 포함함을 인정할 것이다.

마찬가지로 비유와 알레고리의 해석에 작용하는 역학은 매우 다양하다. 어떤 비유는 청자를 방심 상태로 몰아넣었다가 갑자기 등 뒤에서 타격을 가한다. 예를 들어 밧세바와 다윗의 간음을 드러내라는 하나님의 명령을 들은 나단 선지자는 어떤 방식으로 왕에게 접근했던가? 물론 나단은 단도직입적으로 다윗과 대면할 수도 있었겠지만 그런 식의 대면은 당시 동방 제국의 왕에게 다가가기에는 그리 현명한 접근법이 아니었을 것이다. 대신 선지자는 왕에게 이야기를 하나 들려준다. 한 과객이 부자를 방문했고 이

---

7 Jeremias, *The Parables of Jesus*, p. 20.
8 Craig L. Blomberg, *Interpreting the Parables* (Leicester: Apollos, 1990), p. 14.

부자는 손님에게 최대한의 환대를 베풀기로 결심한다. 그런데 부자는 자기의 많은 양 떼 중 아무것이나 취할 수 있음에도 불구하고, 이웃의 유일한 기쁨이자 자랑이었던 한 마리 암양을 빼앗아 손님에게 대접한다. 여기까지 이야기를 들은 다윗 왕은 이렇게 외쳤다. "도대체 그 사람이 누구냐? 그 놈은 맞아 죽어야 마땅하다!" 그제서야 나단은 모든 걸 밝힌다. "왕이 바로 그 사람입니다. 왕은 수많은 처첩과 재산을 가지고 있음에도 당신의 충실한 이웃 우리아의 유일한 기쁨을 훔쳐 가로챘습니다." 그리하여 다윗은 이 지점에서 자기 잘못을 인정하고 엎드린다. 이런 비유는 청자를 내러티브의 세계 안으로 이끌어온다. 그리고 눈치채기 어려운 방식으로 이야기의 교훈을 듣는 사람에게 적용함으로써 타격을 가한다(삼하 12:1-15).

알레고리의 기능이나 역학 또한 매우 다양하다. 알레고리는 일종의 암호(code)다. 예를 들어 에스겔 17:1-10에 나오는 "큰 독수리"는 느부갓네살을 상징하며 이 독수리가 향하고 있는 "레바논"은 예루살렘을 지시한다. 또한 독수리가 취한다는 "백향목 높은 가지"는 여호야긴을 표상하며, 이 새가 가지를 가져다 옮길 장소인 "장사하는 땅"(land of trade)은 바벨론을 지시한다. 이런 알레고리는 암호를 완전히 해독할 수 있는 "내부자"를 대상으로 한다. 또한 마태복음 22:1-14도 대부분의 학자들이 알레고리의 결말 부분으로 간주하는 텍스트다. 초대를 거절했다고 해서 그 거절한 자들에게 한 무리의 군대를 보낸다는 이야기는 결코 일상적 삶의 일부로 보기에는 너무 극단적이다. 그러므로 이 텍스트는 비유 이상일 것이라고 가정할 수 있다. 여기서 이스라엘은 자기 자신을 심판으로 부르고 있는 것이다. 이를 두고 에타 린네만(Eta Linnemann)은 이렇게 언급한다. "그러므로 알레고리는 그 알레고리가 지시하는 사태의 상황을 알지 못하는 한…이해될 수 없다. 알레고리를 여는 열쇠를 갖지 못한 사람은 말씀을 읽을 수는 있지만 심오한 의미는 그에게 감추어진다. 따라서 알레고리는 암호화된 비밀 정보를 전달하는 매개이며, 이 정보에는 오직 비밀에 입회한 자들만이 접근할 수 있다."[9]

그러므로 알레고리는 공유된 이해를 **전제한다.** 반면 비유는 공유된 이해를 창조한다고 볼 수 있다. 나아가서 여기에는 그 이상의 차이점이 존재한다. 즉 알레고리는 지식을 공유한 **내부자**(insider)들을 대상으로 발화된다. 반면에 비유는 외부인(outsider)을 향해 공격을 감행하거나 제압하려 한다. 또한 비유에서 결정적으로 중요한 것은 전체적으로 **일관성을 지닌 내러티브의 세계**를 제시하는 것인 반면, 알레고리에서 본질적인 것은 **독립적인 적용**을 할 수 있는 단서가 존재하는 것이다. 이와 같은 내용은, 자주 비유는 오직 한 가지 요점만을 가진다는 주장으로 표현되고는 한다. 물론 자주 이런 일이 일어나는 것은 사실이지만 그렇다고 항상 그런 것은 아니며, 이 주장은 이미 그 타당성을 공격받고 있다.

앞에서 소개한 원칙들은 넓은 의미에서 타당하다고 할 수 있다. 비록 이런 원칙들이 어떤 비유가 예수로부터 기원하며 또 어떤 비유가 초기 교회의 산물인지를 결정하는, 교리적이거나 학문적인 목적으로 사용되지는 않지만 말이다. 영문학에서 가장 유명한 알레고리는 아마도 존 번연(John Bunyan)의 『천로역정』(*Pilgrim's Progress*)일 것이다. 이 책은 교훈을 주는 것을 목적으로 하며, 독자들이 모두 성경에 대해 친밀한 지식을 가지고 있을 것으로 가정한다. 예를 들어 신약에 나오는 잃어버린 동전(눅 15:8-10)은 일상의 삶 안에서 발견되는 실제적이고 현실적인 동전이다. 반면, 『천로역정』에서 성령이 방을 빗자루로 쓸고 있다고 할 때 그것은 실제적 행위가 아니라 마음을 청결히 한다는 코드화된 내용을 전달한다. 비슷한 예로 "세상적 현자씨"(Mr. Worldly Wiseman)는 진짜 등장인물이 아니라 성경에 나타나는 태도를 말하며 낙심의 수렁(Slough of Despond)은 실제 장소가 아니라 역경을 통과하는 것에 대한 코드이다. 같은 논리가 "절망이라는 이름의 거인에게 감금된 수인"이라는 표현에도 적용된다. 말하자면 모든 것이

---

9 Eta Linnemann, *Parables of Jesus: Introduction and Exposition*, translated by John Sturdy from 3rd edition (London: SPCK, 1966), p. 7.

알레고리인 것이다.

그런데 신약에 등장하는 것이 비유인지 알레고리인지 아는 것이 우리에게 중요할까? 매우 중요하다고 대답할 수 있다. 왜냐하면 비유와 알레고리는 각각 다른 방식으로 해석되어야 하기 때문이다. 비유에서(비록 전부는 아니겠지만) 청자는 내러티브의 세계 안으로 이끌려 들어오게 된다. 펑크는 탕자의 비유에 대해, 은혜의 말씀은 청중을 큰아들과 작은아들(탕자)로 구분한다고 논평했는데 이는 올바른 지적이라고 할 수 있다(눅 15:11-32). "바리새인은 말씀이 자신을 해석하도록 허락하기보다, 자기 스스로 은혜의 말씀을 해석하겠다고 주장하는 자다. 큰아들은 자신의 성실함이 무엇보다 중요하다고 주장한다. 그러므로 그는 자신의 성실성을 해석의 기반으로 삼을 것임이 분명하다."[10] 반면에 청중 가운데 회개하는 자들은 작은아들과 자신을 동일시하며 아버지의 환대에 대한 기쁨을 공유할 것이다.

하지만 비유 속 아버지가 "하나님"을 가리키는 순간, 이 비유는 알레고리가 되어버리지 않을까? 이러한 경우 대부분의 비유를 넘어서게 되지만, 이 해석의 역학은 알레고리의 역학은 아니다. 알레고리의 역학은 청자가 일관성 있고 현실적인 내러티브의 세계 안에서 "길을 잃어버린 경우에" 작동하거나 효과를 가져오기 때문이다. "이것이 비유인가, 알레고리인가?"라는 질문은 닳고 닳은 물음이지만, 여기에 답하기 위해서는 해석학적 기능과 텍스트의 장르적 특성에 의지해야 한다. 해답은 전혀 단순하지 않다. 펑크는 이렇게 주장하고 있다. "매일의 일상적 삶의 단편들로서의 비유 안에는 예기치 못한 '방향 전환'이 포함되어 있다. 즉 비유 안에서 우리는 진부한 것을 통해 현실에 대한 전혀 새로운 관점으로 나아간다."[11] 이해는 적용과 분리되지 않는다는 가다머의 견해를 연상시키면서 펑크는 이렇게 논평을 마무리 짓는다. "(비유에 대한) 반응은 비유를 뒤따르는 것이 아니라 비

---

10 Funk, *Language*, p. 17.
11 Funk, *Language*, p. 161.

유와 동행한다."[12] 청중 가운데 "작은아들"이 있다면 그는 당장 자신이 환영받고 있음을 알아차릴 것이다. 만약 "큰아들"이 있다면 자신이 좌절을 겪는다고 느낄 것이다. 이리하여 볼프강 이저의 독자반응이론에 따르면, 청자 혹은 독자들은 자신들의 반응이 비로소 비유의 의미를 완성시킴을 "이해"하게 된다.[13]

2. 비유의 플롯과 실존주의적 해석

사실 예수의 모든 비유가 동일한 해석학적 역학을 공유하는 것은 아니다. 불트만과 예레미아스는 전형적이고 반복적인 삶의 정황에서 도출되는 유사(similitude)와 특수하고 반복될 수 없는 상황에서 도출되는 비유(parable)를 구별하고 있다. 누룩의 비유는 누룩이 가루 서 말에 더해질 때마다 언제나 동일하게 일어나는 일을 묘사한다(마 13:33). 그러므로 이 경우는 직유로 분류될 수 있다. 겨자씨 비유도 통상적인 번영의 모습을 묘사하며(마 13:31-32) 주인과 노예 비유도 전형적 상황에 일치하는 각각의 태도를 보여준다(눅 17:7-10).

반면에 비유는 특정 인물이 특정 상황에서 일회적으로 한 행위를 묘사한다. 윌리허에 따르면 "묘사는 모두가 하는 행위가 아니라 특정한 누군가가 일회적으로 한 행위를 보여준다. 그 행위가 다시 반복되든 그렇지 않든 상관없이 말이다."[14] 불의한 청지기의 비유(눅 16:1-8)가 그 좋은 예라고 할 수 있다. 계속해서 윌리허의 말을 인용하자면, "유사는 보편적으로 타당한

---

12 Funk, *Language*, p. 180.
13 Wolfgang Iser, *The Act of Reading: A Theory of Aesthetic Response* (Baltimore and London: Johns Hopkins University Press, 1978), pp. ix-x and 163-232. 참조. Anthony C. Thiselton, *New Horizons in Hermeneutics: The Theory and Practice of Transforming Biblical Reading* (London: HarperCollins; Grand Rapids: Zondervan, 1992), pp. 515-23.
14 Jülicher, *Die Gleichnisreden Jesu*, 1:93.

내용에 호소하는 반면, 비유는 오직 한 번 발생하는 일에 적합하다.…유사는 정립된 일반적 사실을 이야기함으로써 자신과 대립항이 생기지 않도록 조심한다."[15] 반면에 비유는 따스하고 신선하며 현실을 생생하게 포착하는 방식으로 내러티브를 형성함으로써 자신과의 대립항이 생기지 않도록 경계한다. 오늘날이라면 우리는 "비유" 대신 "내러티브의 세계"라는 표현을 쓸 것이다. 흔히 이 개념은 허구적인 것으로, 청자를 방심 상태로 몰아넣는 기법으로 알려져 있다. 선한 사마리아인의 비유가 좋은 예다(눅 10:29-37). 당시 상황에서 사마리아인이 유대인을 돕는 것은 일반적인 일이 아니었다. 하지만 이 비유에서는 하나의 새로운 "세계", 즉 사랑이 관습이나 기존 정의를 초월하는 세계가 열린다. 에른스트 푹스의 표현처럼 이런 종류의 비유는 일반적으로 설득력 있다고 여겨지는 것들의 사용을 포기한다고 할 수 있다.

윌리허와 린네만에 따르면 일련의 독립적 적용을 가지는 알레고리와는 대조적으로, 비유는 오직 한 가지 요점만 가진다. 린네만에 따르면 "비유에서 내러티브가 만들어내는 가치 평가는 다른 차원으로 옮겨져서 이해되어야 한다"[다시 말해, 모상(picture)으로부터 현실(reality)로 옮겨져야 한다. 윌리허 이래로 독일 학자들은 반-모상(picture-half, Bildhälfte)으로부터 반-내용(content-half, Sachhälfte)으로 옮겨진다는 표현도 썼다].[16] 린네만은 비유가 "내러티브 법칙"을 가진다고 기술한다.[17] 이는 주로 불트만에 의해 주장된 내용인데, 그에 따르면 예수의 비유 안에는 대중적 스토리텔링 기법이 반영되어 있다. 예를 들어, 종들을 포도원에 보내는 비유(막 12:2-8)는 불트만이 "결말 강조"(end stress)라고 부르는 (이야기를 쌓아올리면서 끝 장면을 지연시키는 만큼 결말의 효과가 커지는) 준비 기법을 잘 보여준다. 이런 기법은 자주 세 개의 그룹이 차례로 등장하는 비유[제사장, 레위인, 사마리아인의 그룹(눅 10:25-37)]에 나타난다. 또한 큰 잔치나 혼인 잔치의 비유(마 22:1-10; 눅

---

15 Jülicher, *Die Gleichnisreden Jesu*, 1:97.
16 Linnemann, *Parables of Jesus*, pp. 4-7.
17 Linnemann, *Parables of Jesus*, pp. 8-16.

14:15-24)에 등장하는 변명을 늘어놓으며 잔치에 가지 않는 사람들 대목에서도 드러난다. 한편 지혜로운 처녀와 어리석은 처녀(마 25:1-13) 및 부자와 나사로(눅 16:19-31) 이야기에서 두드러지게 나타나는 대조의 "법칙"도 있다.[18] 또한 불트만은 한 가지 요점만을 가지는 비유의 경우, 그 요점을 효과적으로 드러내기 위해 대조와 반정립을 점층법적으로 배열하여 구성한다고 논증한다. 이 모든 이야기 기법은 예수의 말하기 기술을 보여주는 증거라 할 수 있다. 비록 초기 교회나 공관복음서 전통에서 미화가 있었을 것으로 가정되기는 하지만 말이다. 이 모든 비유의 기법이 자주 목적으로 삼는 것은 청자로부터 고도로 강렬해진 감정적 상태를 이끌어내는 것이다. 결론적으로 비유는 세부 사항의 경제학, 다시 말해 이야기의 세부에 사용된 기법과 요소 하나하나가 얼마나 최대한의 효과를 가져오느냐에 대한 분석으로 설명될 수 있다.

앞에서 살펴본 소위 비유의 "법칙"들에는 몇몇 예외 사항도 발견된다. 돈 오토 비아(Don Otto Via)는 "희극적" 플롯과 "비극적" 플롯을 구별했는데 이는 타당한 구분이다. 희극적 비유 속에서는 결국에는 모든 것이 올바른 방향으로 실현된다. 비아에 따르면 포도원 일꾼의 비유(마 20:1-16), 불의한 청지기의 비유(눅 16:1-9), 탕자의 비유(눅 15:11-32)가 이런 희극적 플롯의 예가 된다.[19] 여타 다른 비극 작품과 마찬가지로 비극적 플롯의 비유에서는 주인공이 재난에 직면하는 일이 발생한다. 다가올 재난과 파국을 청중은 알 수 있지만 주인공은 볼 수 없는 상황이 연출된다. 이런 예로는 달란트의 비유(마 25:14-30), 열 처녀의 비유(마 25:1-13), 결혼 예복을 입지 않은 사람의 비유(마 22:11-14)가 있다. 이 모든 비유들은 각각 행복을 향해 상승하는 역학 또는 비극적 파국으로 하강하는 역학을 가지면서 분명하고

---

18 Rudolf Bultmann, *History of the Synoptic Tradition*, trans. John Marsh (Oxford: Blackwell, 1963), pp. 188-92. 『공관복음 전승사』(대한기독교서회 역간).

19 Don Otto Via, *The Parables: Their Literary and Existential Dimension* (Philadelphia: Fortress, 1967), pp. 147-76.

선별적인 플롯을 보여준다.

한 걸음 더 나아가 돈 오토 비아는 비유가 가진 실존주의적 차원을 이끌어낸다. 예를 들어 포도원 일꾼의 비유(마 20:1-16)에서 어떤 일꾼은 최소한 하루 품삯으로 합의된 임금을 받는 반면, 다른 이들은 그보다 더 많은 것을 받게 된다. 은혜가 정의를 대체한다는 개념을 좋아하지 않는 사람들에게는 실망스러운 일이 일어난 것이다. 이렇게 은혜의 관대함은 정의보다 더 크다. 비아에 따르면 "주인이 가장 나중에 일을 시작해 한 시간밖에 일하지 않은 일꾼에게도 하루 일당을 다 줄 때…우리의 모든 실존은 과연 우리가 하나님의 은혜로운 거래 방식을 받아들일 것인지 아닌지에 달려 있다. 이러한 하나님의 거래 방식 덕분에 우리는 사물의 마땅한 질서에 대한 우리의 계산법으로부터 피할 곳을 얻게 된다."[20] 또한 불의한 청지기에 대해서는 "그가 공통적으로 통용되는 규범의 세계 너머에서 산다"고 썼다.[21] 이 청지기는 위기 가운데서도 영리한 행동을 보여주었다(눅 16:1-9). 또한 탕자의 비유는 화해와 회환, 인간으로서의 지위(신발, 반지, 예복), 환대, 시기, 쓰라림에 관한 이야기다(눅 15:11-32).

비극적 비유는 더욱 명백하게 실존주의적이다. 한 달란트 받은 사람은 스스로를 희생자로 보았다. 나중에 그가 주인에게 "나는 당신이 가혹한 사람임을 알았습니다"라고 이야기한 것만 봐도 알 수 있다. 따라서 책임과 성과의 평가 자체를 무화시키고 회피하려 하는 주인공의 욕망은 기회의 상실이라는 결과를 초래한다.[22] 그는 위험을 무릅쓰려 하지 않았다. 그러므로 위험 요인들 자체가 사라져버린다. 주인공은 도시를 다스릴 권한을 얻지 못할 것이다. 이렇게 징벌의 단계는 비극적 플롯을 지배하는 "내적 문법" 중 하나다. 열 처녀의 비유에 대해 비아는 이렇게 쓰고 있다. "어리석은 처녀들은 자신들의 행복이 스스로 한 일과는 무관하게 이미 보장되어 있다고

---

20 Via, *The Parables*, p. 154.
21 Via, *The Parables*, p. 160.
22 Via, *The Parables*, p. 120.

너무나 뻔뻔스럽게 믿어버렸다.…그녀들은 다른 누군가가 자기들을 보호해주고 비용을 치를 것이라고 가정했다."[23] 어리석은 처녀들은 신랑에 의해 선택된 시간, 도래할 때를 전혀 준비하지 않았다. 그런데도 스스로 그런 것처럼 자신을 속이며 행동하고 살아왔다. 이런 자기 속임이 가능했던 것은 오랫동안 아무 일도 일어나지 않았고 그래서 그녀들의 과오가 시험대에 오르지 않았기 때문이다(마 25:1-13). 또한 더러운 옷을 입은 채 혼인식에 참여하려고 한 사람의 비유도 언급해야 한다. 이 등장인물의 시도 자체가 "그의 분열된 실존을 나타낸다.…인간의 한계는 그가 특정한 길과 위치를 선택할 수 없는 상황, 그래서 파국적 결과를 피할 수 없는 상황에서 드러난다."[24] 하지만 앞의 비유의 주인공은 양쪽 세계 모두에서 최상의 것을 얻고자 했다.

돈 오토 비아가 단일 요점을 가진 비유로부터 너무 많은 세부 사항을 도출하는 것이 아닌가 하는 생각이 드는 것도 사실이다. 바로 이 지점이 발전하면 탕자 비유의 실존주의적 의미에 대한 게런트 본 존스(Geraint Vaughan Jones)의 논제의 요점이 된다.[25] 존스는 불트만과 예레미아스의 세부 사항에 대한 관심은 언급하지만, 실천보다는 이론에 치우친 "한 가지 요점" 법칙은 거부한다. 그에 따르면 비유는 인간의 실존의 조건 전체를 개입시킨다. 따라서 역사적 접근은 너무 제한적이다. 그보다 덜 유명한 일군의 해석학자들은 비유의 세부 사항을 연구한 바 있는데, 존스는 그중 쾨스트벨트(C. G. van Koestveld)와 핀들레이(J. A. Findlay)를 거명하면서 구약의 배경, 특히 지혜문학을 인용한다. 바로 이 영역에 다양한 종류의 비교가 등장하기 때문이다. 동시에 존스는 랍비 전통의 배경에도 주목하고 있다.[26] 그는 탈무드로부터 수없이 많은 비유들을 사용한 파울 피비히(Paul Fiebig)

---

23 Via, *The Parables*, p. 126.
24 Via, *The Parables*, p. 132.
25 Geraint Vaughan Jones, *Art and Truth of the Parables* (London: SPCK, 1964), pp. 135-66.
26 Jones, *Art and Truth*, ix-xii. 59-64.

의 작업을 인용한다. 여기서 존스는 무엇보다 비유가 예술 작품임을 주장한다. 그래서 전통이 어떤 영향력을 행사했건 간에, 비유는 모든 훌륭한 예술이 그런 것처럼 시간과 장소를 초월하는 것이다.

존스가 저술했던 시기는 독자반응이론이 성경 연구에 충격을 주기 시작한 바로 그때였다. 비유의 세부 사항이 존스가 주장한 그런 위치를 차지하는지 여부는 독자가 어떻게 반응하는가에 달려 있다. 비록 세부 사항을 역사의 영역에서 끌어온 것이라 하더라도 말이다. 특히 존스는 탕자 비유에 대한 뛰어난 해석을 제시함으로써 자신의 논점을 강화한다. 존스에 따르면 탕자의 비유는 삶의 인격성과 자유와 소외 및 결단과 화해에 대한 비유다. 이 요소 모두가 실존주의적 주제다. 반항적인 작은아들은 스스로 자유와 독립을 선택했다고 믿는다. 하지만 "빈곤과 유기 속에서 살아가야 하는 이 새로운 자아는 출발점에 있었던 자신감 넘치는 도전적 자아와는 아주 상반된다.···탕자는 아무도 원치 않는 익명의 이방인으로서 유기라는 극단적 구토를 경험한다." 계속해서 존스는 이렇게 쓴다. "탕자의 비유는 소외로의 도주이자 갈망을 통한 귀환이다."²⁷ 여기서 그는 구토, 불안, 익명성, 절망이라는 실존주의의 전형적 주제들을 다룬다. "탕자가 아버지의 집을 떠날 때, 아담이 에덴동산에서 쫓겨날 때, 이제 그들은 집이 없는 탈신화화된 세계로 들어가는 것이다."²⁸ 이런 장면은 인간 상황의 축소판이라 할 수 있다. 이리하여 탕자는 불안 속에서 살아간다. "파멸이 도래할 때 그는 버려지고 만다. 모든 친구와 동료가 그를 배반하는 것이다. 왜냐하면 그들과 탕자의 관계는 지폐 뭉치로 맺어진 것이었기 때문이다. 그는 인격적 관계가 부재하는 공허하고 무의미한 삶을 발견하고 절망한다.···아무도 그를 원하지 않는다."²⁹ 귀환 이후에도 탕자의 형은 동생을 하나의 인격이 아니라 유형으로 본다. 그래서 동생이 돌아온 탕자라는 유형에 걸맞은 표준

---

27 Jones, *Art and Truth*, p. 175.
28 Jones, *Art and Truth*, p. 177.
29 Jones, *Art and Truth*, p. 185.

화된 취급을 받기를 원한다.

하지만 아버지는 작은아들의 인격성을 회복시킨다. 아버지는 아들에게 인격성의 기호가 되는 반지, 예복, 신발을 선물한다. "탕자는 다시 한 번 하나의 인격으로 대접받음으로써 자신의 특질을 회복한다."[30] 이 대목은 복음의 핵심인 만물의 원형적 회복을 부분적으로 보여준다. 하지만 잔치로부터의 배제는 이 비유에만 특유한 것이 아니다. 열 처녀의 비유 속의 어리석은 처녀들과 잔치 비유 속의 예복을 갖추지 못한 남자는 배제와 고립으로 향하는 길을 의지적으로 선택한다.

존스는 세부 사항을 너무 과도하게 중요시했는가? 그가 비유 속에 암시적으로 남아 있는 부분을 명시적으로 만든 것은 확실하다. 존스의 작업이 정당한지 그렇지 않은지는 우리가 역사적 해석에 우선권을 둘 것인지 독자반응이론에 우선권을 둘 것인지에 부분적으로 달려 있다. 역사적 해석에는 여러 다양한 버전이 있는데 다음 단락에서 우리는 이 점을 살펴볼 것이다.

3. 엄밀한 역사적 접근: 윌리허, 도드, 예레미아스

아돌프 윌리허는 1888년부터 1923년까지 마르부르크 대학의 신약 교수로 재직했으며 불트만을 가르친 스승 가운데 한 명이다. 윌리허는 아돌프 폰 하르낙(Adolf von Harnack) 등이 표방한 자유주의적 세력을 대표하는 전형적 인물이다. 비유에 대해 이 신학자가 저술한 두 권의 책은 예수의 말씀으로서의 비유의 진정성 문제와 관련된다. 윌리허는 비유를 알레고리가 그런 것처럼 독립적인 일련의 요점을 가진 것으로 해석하는 19세기적 경향을 전복시켰다. 이런 19세기적 경향의 저술가들 가운데 가장 유명한 이로는 트렌치(R. C. Trench)가 있다.

---

30 Jones, *Art and Truth*, p. 191.

윌리허는 두 가지 종류의 비유, 즉 직유로서의 비유(parable as simile) 와 은유로서의 비유(parable as metaphor)를 예리하게 구분했다. 윌리허는 직유로서의 비유는 그 원천이 예수에게서 유래한다고 믿었던 반면, 은유로 서의 비유는 공관복음적 전통 또는 초기 교회의 파괴적 성경 편집 과정의 산물로 보았다. 직유(Vergleichung)는 그 의미에 있어 명백하고 직설적이 다. 반면에 은유는 독자나 청중이 코드를 모르는 경우 당혹감을 줄 수 있 다. "사자"를 아킬레우스를 의미하는 은유로 사용해서 "사자가 달려든다"라 고 말하는 것과, 단순한 직유를 사용해 "아킬레우스가 사자처럼 달려든다" 라고 말하는 것은 완전히 다르다. 은유는 비문자적 언어다. 윌리허는 이것 을 독일어로 "uneigentliche Rede"(비본래적인 말)라고 불렀다. 반면에 직 유는 "eigentliche Rede"(본래적인 말)로 불린다. 불행하게도 이 용어들은 혼동을 초래할 수 있는데, 이들은 각각 가짜(inauthentic) 언어와 진짜 (authentic) 언어를 의미할 수도 있기 때문이다.

따라서 은유를 가짜 언어로, 직유를 진짜 언어로, 곧 예수의 말로 간주 하는 것은 윌리허에게는 충분하지 않은 것이었다.[31] 그는 예수가 단순하고 이해하기 쉬운, 일반화하는 진리만을 가르쳤다고 확신했다. 윌리허는 "사 례 이야기"(example stories, Beispielerzählung)가 예수의 전형이라고 믿었 다. 아마도 선한 사마리아인의 비유(눅 10:29-37)는 예수에게는 단순하고 명확하며 본래적인 것이었을 것이다. 달란트 비유는 단순하게 "현재를 지 혜롭게 활용하는 것이 행복한 미래를 위한 조건이 된다"거나 "보상은 인내 를 통해서만 획득된다"는 사실을 의미한다.[32] 금식하지 않는 신랑 친구들 이야기는 "종교적 감정은 그것이 적절한 감성을 표현할 때만 가치가 있음" 을 뜻한다.[33] 부자와 나사로의 이야기(눅 16:19-31)는 고통스러운 삶 끝에 큰 기쁨이 따라올 수 있다는 명백한 교훈을 가리킬 뿐이다.[34]

---

31 Jülicher, *Die Gleichnisreden Jesu*, 1:92-111.
32 Jülicher, *Die Gleichnisreden Jesu*, 2:495, 511.
33 Jülicher, *Die Gleichnisreden Jesu*, 2:188.

킹스베리(J. D. Kingsbury)는 윌리허를 비유의 해석에서 새로운 시대를 연 선구자로, 워렌 키신저(Warren Kissinger)는 그를 "비유 해석사의 거성"으로 추켜올렸다.[35] 그럼에도 윌리허는 동시에 격렬한 비판도 받는다. 예를 들어 윌리허는 자신의 자유주의적 전제로 인해 예수를 능동적인 반응을 요구한 설교자라기보다 일반적 진리를 설파하는 교사이자 통상적으로 간접적 커뮤니케이션을 활용하는 인물로 이해하려 했다. 아치볼드 헌터 (Archibald M. Hunter)는 한층 더 냉정한 비판을 가한다. 즉 헌터는 삶의 현실로부터 악의 없는 도덕을 이끌러내려고 한, 갈릴리의 단순한 방랑자가 왜 갑자기 십자가에 달려 처형을 당해야 했느냐고 따져 묻는다. 진부한 가르침에 불과한 것을 세심한 증강법을 이용하여 생생하게 회화적으로 표현한 이 사람을 왜 굳이 죽일 필요가 있었겠는가?[36]

윌리허와 동시대에 활약했던 크리스티안 부게(Christian A. Bugge)와 파울 피비히는 각각 1903년과 1904년, 1912년에 윌리허에 대한 진지한 비판을 제기했다. 물론 부게도 몇몇 비유는 명징하고 자명한 의미를 담고 있다는 점에 동의했다. 하지만 히브리어 마샬(*mashal*)은 험담, 수수께끼 또는 퍼즐을 의미할 수도 있다(겔 17:22; 단 4:10). 부게와 피비히 모두 윌리허의 견해는 예수에게 가깝고 친숙한 히브리적 배경보다는, 비유를 비교 (comparison)로 이해하는 아리스토텔레스의 그리스적 정의에 더 기반하고 있다고 주장한다. 비유에 대한 윌리허의 정의는, 비유가 예수에게 본래적임을 규정하는 타당한 근거를 제공하지 못한다.[37] 피비히는 예수의 비유가 가진 독창성과 생동감을 강조한다. 예수의 비유들은 은혜, 기도, 자비, 사

---

34 Jülicher, *Die Gleichnisreden Jesu*, 2:638.

35 Warren S. Kissinger, *The Parables of Jesus: A History of Interpretation and Bibliography* (Metuchen, N.J., and London: Scarecrow, 1979), pp. 71-72.

36 A. M. Hunter, *Interpreting the Parables* (London: SCM, 1964); 참조. Hunter, *The Parables Then and Now* (London: SCM, 1971).

37 C. A. Bugge, *Die Haupt-Parabeln Jesu* (Geissen: Ricker, 1903), 그리고 Paul Fiebig, *Altjüdische Gleichnisse und die Gleichnisse Jesu* (Tübingen: Mohr, 1904), pp. 14-73.

랑, 하나님의 통치나 그분의 나라를 대상으로 하고 있다. 1912년에 피비히는 예수의 비유에 대한 두 번째 책을 발간하는데[38] 여기서 그는 바벨론과 예루살렘의 탈무드, 랍비의 미드라쉬와 미쉬나로부터 36개의 비유를 가져와 연구한다.[39] 그 결과 다시 한 번 피비히는 윌리허가 그리스 사상에 기반했음을 확인한다.

하지만 윌리허의 작업이 부게와 피비히의 비판에서조차 기본 토대로 간주됨은 놀라운 일이 아닐 수 없다. 이것은 그 시대의 자유주의적 정신과 관련되며, 나아가서 19세기 트렌치의 알레고리적 방법론이 지배적이었으며 교정되어야 할 필요가 있었다는 사실과도 관련된다. 윌리허는 비유와 알레고리 사이의 차이를 지적하고 역사적 접근의 필요성을 강조했다. 물론 오늘날도 로버트 스타인(Robert Stein)이나 크레이그 블롬버그 같은 이들은 그것의 심각한 한계를 지적하고 있다.[40] 스타인은 "한 가지 요점" 비유와 일반적·도덕적 진리에 대한 윌리허의 강조가 가진 교조적 접근에 주의해야 함을 역설한다. 또한 펑크도 배타적으로 교훈에만 집중하는 접근법은 비유가 가진 해석학적 역학을 파괴한다는 점을 지적한다.

역사적 회의주의에도 불구하고 알베르트 슈바이처는 그의 『역사적 예수 연구』(Quest of the Historical Jesus)에서, 앞서 요하네스 바이스(Johannes Weiss)가 그랬던 것처럼 예수의 설교가 지닌 종말론적 선포의 성격에 주목했다.[41] 하나님의 나라는 하나님의 역동적 통치의 문제다. 또한 슈바이처는 비유의 메시지는 모든 사람에게 그런 것은 아니지만 선택받은 소수에게는 명징하고 확실한 것이라고 믿었다.

슈바이처 다음으로는 마르틴 디벨리우스(Martin Dibelius)와 루돌프 불

---

38 Paul Fiebig, *Die Gleichnisreden Jesu im Licht der rabbinirohen Gleichnisse der neutestamentlichen Zeitalters* (Tübingen: Mohr, 1912).
39 Fiebig, *Die Gleichnisreden Jesu*, pp. 6-118.
40 Robert H. Stein, *An Introduction to the Parables of Jesus* (Philadelphia: Westminster, 1981), pp. 54-58.
41 Albert Schweitzer, *The Quest of the Historical Jesus*, trans. W. Montgomery (London: Black, 1931).

트만으로 대표되는 양식비평의 시대가 도래한다.[42] 앞에서 불의한 청지기의 비유에서 본 것처럼 두 사람 모두는 종말론적 위기의 테마를 강조했다. 하지만 초기 교회의 상황을 지나치게 중요시하면서 비유 안에 나타나는 "정황"(Sitz im Leben)에 대해 논란의 여지가 있는 주장도 펼쳤다. 불트만은 비유가 "언어 그림"(word pictures, Bildworte)인 반면, 유사(Gleichnisse)는 다르다고 주장했다. 또한 사례 이야기라는 것도 존재한다. 불트만이 초기 기독교 전통에 많은 중요성을 부여한 반면, 영국 학자들은 훨씬 조심스러웠다. 빈센트 테일러(Vincent Taylor), 맨슨(T. W. Manson)과 찰스 도드는 양식비평을 높이 평가하긴 했지만 양식비평이 모든 비유의 기원이나 진정성을 평가하는 수단이 된다고는 믿지 않았다. 1935년 예일에서 도드는 『하나님 나라의 비유』에 대한 보다 온건한 강의를 하는데 이 강의 내용은 앞으로 도래할 비유의 역사적 해석에 있어 획기적 사건이 된다.

도드는 비유야말로 예수의 가르침과 설교의 가장 큰 특징이라고 주장한다. 수세기 동안이나 비유는 알레고리적으로 해석되어왔지만, 도드는 이런 견해를 오류로 보는 윌리허와 불트만에게 동의했다. 그는 또한 많은 비유 안에서 발견되는 종말론적 성격을 강조했고 "정황"의 중요성을 정립하려는 양식비평을 신중히 바라보았다. 그의 입장에 있어 자주 "위기"는 종말의 시간에서부터 예수의 사역으로 이동한다. 도드는 많은 비유가 특정한 상황에 연관된 것으로 봄으로써 윌리허의 "일반적 진리"에 대한 강조를 거부했다. 예를 들자면, 귀한 진주의 비유는 진주 상인의 특수한 탐색과 연관되어 있다. 알레고리와는 대조적으로, 비유는 한 가지 요점을 가진다.

양식 비평적 입장에 따라 도드도 예수의 정황과 초기 교회의 삶의 전형을 구별한다. 정황이 하나 이상일 가능성 또한 미리 배제해서는 안 된다. 예를 들어, 잃어버린 양의 비유는 누가복음 15:3-7의 복음 전도적 배경과

---

42 Martin Dibelius, *From Tradition to Gospel*, trans. B. L. Woolf (London: Clarke, 1971)의 전체, 또한 Bultmann, *History*, 특히 pp. 39-68을 보라.

마태복음 18:12-14의 목회적 배경 두 가지를 가진다. 확실히 마태복음 18장의 배경은 교회와 교회 지도자와 관련된 반면, 누가복음 15장의 배경은 잃어버린 자에게 다가가는 예수를 비난하는 바리새인과 관련된다. 누가복음의 비유는 잃어버린 자를 찾았을 때의 기쁨에 대한 것이다. 마태복음 18장에서는 연약한 무리에 대한 목회적 관심이 나타나 있다(마 18:10, 11). 이와 같이 하나의 비유가 한 가지 이상의 요점을 가지고 두 가지 배경에 사용될 수 있다.

도드는 같은 원리를 "인자의 날"과 비유의 "정황"으로 확장시킨다. 인자의 오심에 대한 Q문서, 마태복음, 누가복음의 비유를 인용하면서 도드는 이렇게 암시한다. "따라서 이 말이 본래 인자의 '오심'에 대한 명시적 예언을 전달하는지는 확실하지 않다."[43] 인자의 부활과 그의 재림 사이에는 어떤 관계가 있는가? 예를 들어, 불의한 포도원 농부의 비유(막 12:1-8)에서 그 지시 대상은 윌리허의 주장처럼 예수의 죽음을 표현하기 위해 초기 교회가 구성한 알레고리일 수 있다. 도드에 따르면 원래의 비유는 예수의 삶의 진짜 배경을 가지고 있다. 하지만 세 권의 공관복음 기자들의 구약 인용은 초기 교회에 의해 첨가된 것이다(막 12:10과 그 평행 구절들). 계속해서 도드는, 떨어지는 돌이 그것을 맞은 사람에게 재앙을 일으킨다는 부분에 대해(눅 20:18) 그것이 누가가 첨가한 것이라고 주장했다. 나아가서 공관복음 기자들은 "희생당한 많은 선지자들"을 강조하기 위해 종의 숫자를 늘렸을 수도 있다.[44] 또한 "내 사랑하는 아들"(13절)이라는 구절에도 초기 교회의 첨삭의 손길이 들어갔을 수 있다.

이것은 양식비평을 상대적으로 신중하지만 진지하게 적용하고 있다. 도드에 따르면 불의한 청지기 비유에서, 위기 속의 행동에 대한 세 개의 도덕적 마무리를 첨가한 이는 복음서 기자였을 것이다(눅 16:1-7). "자기가 놓

---

43 Dodd, *Parables of the Kingdom*, pp. 94-95.
44 Dodd, *Parables of the Kingdom*, p. 129.

인 입장의 심각함을 이해하면서 불의한 청지기는 아주 어려운 고민을 했고, 마침내 상황에 대처하는 극적인 수단을 발견했다."[45] 바로 이것이 빛의 아들들보다 더 지혜롭게 행한 이 세대의 아들들에 대한 논평과 더불어 예수의 기본 메시지다. 그러므로 이 이상의 적용은 예수 자체가 아니라 누가나 공관복음 전통에서 비롯한다. 특히 신실한 종과 악한 종의 비유, 밤도둑의 비유, 열 처녀의 비유 등 "종말에 대한 비유"들에 대해서는(마 24:45-51; 24:43-44, 참조. 눅 12:39-40; 마 25:1-13), "이 비유들은 원래는 이미 존재하는 상황을 지시하려는 의도를 가졌다.…하지만 그 위기의 상황이 지나가고 나자 이 비유들은 자연스럽게, 예수의 죽음 이후의 상황…그의 재림에 대한 기다림에 대해 재적용되게 되었다."[46] 하지만 비유는 한 가지 이상의 정황을 가질 수 있다.

요아킴 예레미아스는 비유에 대한 그의 권위 있는 저술(1962에 간행된 독일어 제6판)을 쓰면서 도드를 토대로 삼는다.[47] 펑크는 예레미아스가 수많은 비유의 해석학적 역학을 무시하고 있다고 했는데, 펑크의 비판은 대체로 옳다고 할 수 있다. 예레미아스의 목적은 전적으로 회고적인 역사적 재구성이었다. 이 신학자는 예수가 제시한 가르침을 원래 상태대로 복원하고자 한다. 하지만 "도드보다 더 나은 것을 보여준 사람은 없다. 윌리허도 작업의 절반만 끝낼 수 있었다."[48] 도드처럼 예레미아스도 "가능한 한 가장 넓은 일반성의 개념"을 재발견한다는 윌리허의 목표를 거부한다. 즉 윌리허가 히브리어 마샬의 의미 범위를 놓쳤다고 믿는 것이다.[49] 예레미아스의 주장에 따르면 "돌파구가 된 것은 도드의 책이었다."[50]

예레미아스는 예수에서 시작하여 초기 교회까지 이르는 일련의 사건들

---

45 Dodd, *Parables of the Kingdom*, p. 30.
46 Dodd, *Parables of the Kingdom*, pp. 170-71; 참조. pp. 154-74.
47 Jeremias, *The Parables of Jesus*.
48 Jeremias, *The Parables of Jesus*, p. 19.
49 Jeremias, *The Parables of Jesus*, pp. 19-20.
50 Jeremias, *The Parables of Jesus*, p. 21.

을 추적한다. 여기에는 원래 아람어였던 복음서의 내용이 그리스어로 번역되는 과정도 포함된다. 즉 어휘의 변화, 미화(美化), 초기 교회에서 구약의 영향, 청중의 변화, 비유의 권고적 활용, 교회의 상황, 알레고리화, 비유들이 서로 혼합되는 현상 등이 여기에 포함된다. 동시에 정황의 변화 역시 이런 변화의 유의미한 요인이 된다. 예레미아스는 한 예를 들어, 가라지와 곡식 비유(마 13:36-43)의 몇몇 특징들은 예수의 가르침과 어울리지 않는다고 주장한다. 마태복음 13:37은 복음서 기자인 마태 자신에게 귀속된다. 마태복음 13:40-43, 49-50에 주로 나타난 것은 인내에 대한 요구다. 하지만 13:37에서는 의인과 악인이 영원히 갈리는 종말의 시간은 아직 도래하지 않았다는 내용이 교회에게 깊은 인상을 주고 있다.

4. 역사적 접근의 한계: 회고적 관점?

예레미아스의 책의 초반부를 보면 그가 항상 옳기만 한 것은 아니다. 우리는 이미 앞에서 예수가 말한 본래 비유가 알레고리화를 담고 있음을 보았다. 나아가 예레미아스의 「도마복음」 활용은 예수에게서 본래적으로 비롯되었다고 보는 내용을 정립하는 방법에 논쟁의 소지를 남겼다. 예수의 말씀에 나타나는 "위기"는 그의 재림에 대해서도 똑같이 적용될 수 있을 것이다. 또한 서신서에 나타난 어휘 사용은 반드시 이 텍스트가 초대교회에서 선행적으로 사용되었음을 의미하지는 않는다. 즉 정반대 사실을 함축할 수도 있다. 서신서들의 어휘는 예수의 언어를 반영하는 것일 수도 있다. 이미 오래전인 1970년에 나는 언어철학과의 대화를 통해 누가복음 16:1-8과 같은 비유의 마무리가 예수의 의도와 반드시 비일관적인 것은 아님을 증명하

---

51 *Thiselton on Hermeneutics: Collected Works with New Essays* (Grand Rapids: Eerdmans; Aldershot: Ashgate, 2006), pp. 417-40.

려 했다.[51] 특히 비유란 숨기는 동시에 드러내는 것이라고 정의하는 것은 모순이 아니다. 씨 뿌리는 자의 비유(막 4:1-9)는 이 비유에 대한 예수의 해석(막 4:11-20)과 반드시 모순을 일으키지는 않는다. 몇몇 불일치가 존재하는 것은 사실이지만, 이 두 성경 본문은 모두 역경과 실패에도 불구하고 씨를 뿌리러 나가는 설교자에 대해 이야기한다. 비유의 목적을 말하는 마가복음의 텍스트(4:11-12)는 신적 명령(막 4:12의 "~하게 함이니라", 그리스어 *hina*)과, 마태복음과 누가복음의 평행 텍스트에 나오는 "~하게 하려고"와 일관성을 가진다. 또한 앞에서 우리는 탕자의 비유가 회개하는 작은아들 같은 청중뿐만 아니라 자기만족적인 큰아들 같은 청중에 대해서도 메시지를 던짐을 보았다. 이 본문은 분명히 예수의 의도에 부합한다. 따라서 이사야 6:9-10의 인용이 반드시 초기 교회의 착상은 아닐 것이라는 레인, 존스, 크랜필드(Cranfield)의 주장은 타당하다.[52]

그럼에도 예레미아스는 자신의 책 후반부에서 비유의 주제들에 대해 적절하게 진술한다. 하나님의 나라는 새로운 시대의 선포와 함께, 그리고 전달자인 그리스도의 선포와 함께 도래하고 성장한다(마 15:24; 눅 19:10). 예수는 고생하는 양 떼를 돌보는 목자다(마 15:24; 눅 19:10). 예수는 상처를 치유하러 오신 의사다(막 2:17). 예수는 강한 자를 결박하고 그 집을 빼앗는다(막 3:27; 마 12:29). 어중간한 조치 같은 것은 있을 수 없다. 새 포도주는 새 부대에 담아야 한다(막 2:21-22; 마 9:16; 눅 5:36-38). 새 옷에서 낡은 옷을 기울 생베 조각을 뜯어내서는 안 된다. 나아가 위대한 결말이 아주 작은 시작으로부터 도래할 것이라는 주제도 있다. 작은 겨자씨가 거대한 나무로 자라고(막 4:30-32; 마 13:31-32; 눅 13:18-19), 누룩이 반죽에 스며들어

---

52 참조. William L. Lane, *The Gospel of Mark* (London: Marshall, Morgan and Scott, 1974), pp. 156-63. 『마가복음 상·하』(생명의말씀사 역간). 또한 Charles E. B. Cranfield, *The Gospel according to St. Mark: A Commentary*, Cambridge Greek Testament (Cambridge: Cambridge University Press, 1959), pp. 150-63. 게런트 본 존스도 *Art and Truth*, pp. 41-166에서 "한 가지 요점"의 견해는 교조적이라고 공격한다.

부풀게 한다(마 13:33; 눅 13:21; 「도마복음」 96). 결코 멈춰질 수 없는 성장과 확장이 여기에 있다. 즉 예수의 제자들이 이룬 작은 집단이 새 언약의 거대한 백성으로 확대될 것이다. 씨 뿌리는 자의 비유(막 4:3-8; 마 13:3-9; 눅 8:5-8; 「도마복음」 9)가 바로 이 점을 보증해주는데, 특히 이 비유에서 씨가 누구도 알아차리지 못하는 동안 성장한다는 점에서 그렇다(막 4:26-29).

비유는 또한 죄인을 향한 하나님의 자비에 대해 말한다. 이런 주제를 담은 비유들이야말로 "가장 친숙하면서도 가장 중요하다."[53] 겨자씨의 비유와 누룩의 비유, 잃어버린 양과 동전의 비유(눅 15:1-10), 탕자의 비유(눅 15:11-32), 세리와 바리새인의 비유(눅 18:9-14) 등이 여기에 포함된다. 특히 세리와 바리새인의 비유의 진정한 의미를 얻기 위해서는, 역사적으로 바리새인이 어떤 종교적 지위를 차지하고 있었는지를 재구성해야 한다. 사실 이 비유는 누구나 기대하는 기존 가치 체계를 전복시키는 충격적 이야기다. 이러한 비유들은 예수의 반대자들에 대한 공격인 동시에 감춰진 방식으로는 예수의 권위에 대한 확증이다.

셋째로, 예레미아스는 많은 비유들이 "커다란 확신"을 선사하도록 설계되었음을 지적한다.[54] 겨자씨와 누룩의 비유는 또다시 이 항목의 예가 될 수 있다. 예레미아스는 아무도 모르는 중에 자라나는 씨, 불의한 재판관(눅 18:2-8), 밤중에 도착한 친구(눅 11:5-8)의 비유를 여기에 포함시킨다. 바로 이 비유들의 요점은 "청원이 받아들여질 것"[55]에 대한 확증이다.

예레미아스가 드는 또 다른 주제는 임박한 심판에 대한 경고다. 이 항목 안에는 "임박한 재앙"[시장에서 노는 어린아이 비유(마 11:16-17, 눅 7:31-32); 어리석은 부자의 비유(눅 12:16-20; 「도마복음」 63)], "너무 늦었을지도 모른다"의 주제[열 처녀의 비유(마 25:1-13)와 큰 잔치의 비유(마 22:1-10; 눅 16:19-31)], "시간의 도전"[부자와 나사로(눅 16:19-31), 예복 없는 사람의 비유

---

53 Jeremias, *The Parables of Jesus*, p. 124.
54 Jeremias, *The Parables of Jesus*, pp. 146-60.
55 Jeremias, *The Parables of Jesus*, p. 159.

(마 22:11-13)]이 포함된다.

마지막으로 열거할 주제는 "현실화된 제자도", "갈보리 십자가의 고난과 인자의 승천", "완성", "우화적 행위"의 항목이다. 값비싼 진주(마 13:45-46;「도마복음」76)와 밭에 묻힌 보화(마 13:44;「도마복음」109)의 비유는 한 세트로 구성된 비유로, 궁극적으로 제자도를 위해 치러야 할 대가가 아니라 주님의 길의 기쁨과 경이를 강조하고 있다. "같은 주제가「도마복음」어록 8의 큰 물고기 비유 속에서 효과적으로 표현된다."[56] 예레미아스는 이 주제에 선한 사마리아인 비유와 무자비한 종의 비유도 포함시킨다. "완성"의 주제의 예로는 가라지와 곡식의 비유(마 13:24-30), 그물의 비유(마 13:47-48)가 있다. 하지만 전통적 위기들은 오로지 예수의 사역이라는 배경에만 할당되는 경향을 보인다.

순수하게 역사적인 접근법은 비유에 대해 적절한 이해의 빛을 비추어 거칠고 무책임한 적용을 막아준다는 이점을 가진다. 앞에서 소개한 예레미아스의 방법론은, 넓은 의미에서 역사적이지만 덜 제한적인 접근법을 구사했던 에타 린네만에 의해 적극적으로 수용되었다. 하지만 **이런 접근법은 교부 시대와 중세의 대부분의 학자들이 사용했던 방법과는 달랐다.** 여기서 우리는 교부 시대를 대표하는 다섯 명의 학자를 선택하여 설명할 것이다. 더 자세한 논의는 제5장과 제6장에서 제시될 것이다.

1. **이레나이우스**(Irenaeus, 주후 180)는 대부분의 비유를 알레고리적인 방식으로 접근했다. 예를 들어, 밭에 파묻힌 보배(마 13:44)는 그리스도였다.[57] 하지만 제자도의 기쁨이 **그리스도이기** 때문에, 논쟁의 여지는 있지만 이것은 알레고리가 아니다. 반면 혼인 예복의 비유는 "바깥 어두운 곳"에 대한 강조와 함께 교리를 설명하기 위해 알레고리적으로 사용된다.[58] 또한 이레나이우스는 명백하게 포도원 일꾼 비유, 무화과나무 비유, 곡식과 가라지 비

---

56 Jeremias, *The Parables of Jesus*, p. 201.
57 Irenaeus, *Against Heresies* 4.26.1.
58 Irenaeus, *Against Heresies* 4.26.6.

유, 선한 사마리아인 비유를 교리에 대한 섬세한 알레고리적 근거로 다룬다.

2. **테르툴리아누스**(Tertullian, 주후 210)도 탕자의 이야기를 포함해 많은 비유를 알레고리적으로 다루었다. 이 교부에 따르면 큰아들은 유대인을, 작은아들은 이방인 또는 그리스도인을 나타낸다. 또한 반지는 세례를, 잔치는 주의 만찬이나 성만찬을 지시한다. 살찐 송아지는 예수를 표상할수 있다.[59] 때때로 테르툴리아누스는 좀 더 신중한 자세를 견지하면서 잃어버린 동전의 비유에 대해서는 오직 "역사적" 접근만을 허용한다.[60]

3. **알렉산드리아의 클레멘스**(Clement of Alexandria)는 테르툴리아누스와 거의 동시대인으로 모든 성경을 비유적으로 간주하여 거기에 숨겨진 의미를 탐구했다. 그에 따르면 겨자씨 비유는 멈추지 않는 교회 성장의 증거인 동시에 겨자씨 자체의 약효적 속성을 모두 나타낸다. 또한 나뭇가지 위에 앉은 공중의 새들은 천사들을 뜻한다.[61] 포도원 일꾼의 비유(마 20:1-16)에서 하루 품삯은 구원을 의미하며, 이는 다시 예수가 예비하는 "처소"(요 14:2)와도 일치한다.[62] 또한 클레멘스는 탕자의 비유(눅 15장)를 아주 세부적으로 정교하게 연구한 바 있다.

4. **오리게네스**(Origen, 주후 240)는 성경의 대부분을 알레고리화했다. 마치 이 텍스트가 "몸, 혼, 영"을 문자적·도덕적·영적 의미로 표상한다는 듯 말이다.[63] 나중에 우리는 다시 이 주제를 더 자세하게 다룰 것이다. 예를 들어 선한 사마리아인 비유(눅 10:30-33)에서 예루살렘으로 내려가는 사람은 아담이다. 예루살렘은 낙원을 표상한다. 여리고는 세상, 강도는 악마 혹은 거짓 선지자다. 제사상은 법의 무력함을, 레위인은 선지자를 나타낸다. 사마리아인은 그리스도가 된다. 포도주는 하나님의 말씀이고 기름은 자비의 교리다. 또한 여관은 교회며 여관 주인은 사도와 사도의 계승자들을 지

---

59 Tertullian, *On Modesty* 9.2.
60 Tertullian, *Against Marcion* 30.11.2.
61 Clement, *Fragments from the Hypotyposes* 4.
62 Clement, *The Stromata* 4.6.
63 Origen, *De principiis* 4.1.11.

시한다. 두 데나리온 또는 두 펜스(AV/KJV)는 구약과 신약을 표상한다.[64]

　5. 같은 비유에서 아우구스티누스도 죽어가는 사람을 하나님에 대한 부분적 지식으로 퇴락한 아담 또는 인류로 해석한다. 사마리아인은 그리스도이고 기름과 포도주는 세례의 표상이다. 여관은 교회며 다시 오겠다는 사마리아인의 약속은 파루시아, 그리스도의 재림이다.[65] 아우구스티누스에 따르면 알레고리적 해석은 설교에 도움을 준다. 왜냐하면 알레고리는 설교 자가 창의력을 발휘하도록 만들기 때문이다. 하지만 전체적으로 보아서 아우구스티누스는 비유의 해석을 제외하고는, 알레고리적 해석을 의심스러워했다(제6장을 보라).

　앞에서 논의한 내용의 빛에 비추어볼 때 우리는 "한 가지 요점"에 대한 윌리허, 도드, 예레미아스, 린네만의 입장에 공감할 수 있을 것이다. 역사적 접근은 비유 해석에 있어서 필수적인 제한과 규칙들을 제공해준다. 그럼에도 앞의 태도에는 많은 비유들이 전달하는 감추어진 기독론을 위시해서, 역사적 연구가 허용하는 것 이상의 무엇이 자주 나타난다. 각각의 비유는 그것의 고유한 가치에 입각해서 평가되고 해석되어야 한다.

5. 수사학적 접근과 문학비평

1. **아모스 와일더**(Amos Wilder)는 많은 부분 문학비평의 진전에 힘입어 특히 미국에서 나타난 새로운 움직임을 촉발한 학자다. 그의 방법론은 신약의 수사학적 역학을 드러내는 것이었다. 와일더의 선구적 연구와 업적 덕분에 노먼 페린(Norman Perrin), 로버트 펑크, 댄 오토 비아, 존 도미닉 크로산(John Dominic Crossan) 같은 학자들이 출현할 수 있었다. 와일더는 자

---

64 Origen, *Homilies on Luke 34, Fragment* 71.
65 Augustine, *Questionam evangeliorum* 2.19와 *Sermon* 69.7. 참조. Kissinger, *The Parables of Jesus*, pp. 26-27.

신의 방법론을 "초역사적 접근법"(transhistorical approach)이라고 명명했다. 그런데 이 접근법에는 일종의 대가가 요구되었는데, 왜냐하면 이것은 특정한 경우를 제외하고는 문학적인 면에 집중하면서 역사적이고 신학적인 측면은 무시했기 때문이다.

와일더는 예수가 사용한 언어가 가진 시적(詩的) 본성을 강조한다.[66] 언어의 갱신을 의미하기 위해 "발화-사건"(speech-event)의 개념을 느슨하게나마 사용하기도 한다. 장르 역시 와일더에게 중요한 요소다. 복음서, 사도행전, 서신서, 묵시문학은 모두 다른 방식으로 해석되어야 한다. 대화나 시의 장르와는 대조적으로, 와일더는 선지서와 묵시문학이 비유 형식과 연속선상에 있음을 강조했다. 선지서와 묵시문학의 문헌은 계시적이다. 에른스트 푹스를 인용하면서 와일더는 비유를 신앙에 대한 요청으로 본다. 비유는 "잠재적인 역동적 언어"를 제공한다.[67] 또한 비유는 커뮤니케이션이 간접적으로 또는 "배후에서" 이루어지는 지혜 전승으로부터 유래한다. 마지막으로 비유는 청자가 스스로 자신의 답을 제시하도록 허용한다. 하지만 후기 저작인 『예수의 비유와 신화들의 전쟁』(*Jesus' Parables and the War of Myths*)에서 와일더는 좀 더 신중한 태도를 취한다.

2. 명백히 **로버트 펑크**는 앞에서 소개한 와일더로부터 많은 것을 가져다 썼다. 앞에서 이미 우리는 어떻게 펑크가 비유의 해석학적 기능을 놓치는 일에 대해 윌리허와 예레미아스를 비판하는지 살펴보았다. 비유는 인지적 진술의 저장고 이상이다.[68] 펑크는 에른스트 푹스와 게르하르트 에벨링(Gerhard Ebeling)이 담당한 역할을 인정했다. 그에 따르면 청자가 비유를 해석하는 것이 아니라 반대로 비유가 청자를 해석한다. 펑크는 단순한 교조적 글쓰기보다는 은유의 힘을 선호했다. "은유는 관습적 서술을 깨뜨리

---

66 Amos N. Wilder, *Early Christian Rhetoric* (Cambridge: Harvard University Press; London: SCM, 1964; *Jesus and the Language of the Gospel*, [Philadelphia: Fortress, reprinted 1976, 1982, 2판]), p. 23.
67 Wilder, *Early Christian Rhetoric*, p. 86.
68 Funk, *Language*, pp. 126-35.

면서 새로운 비전을 열어준다.…은유는 전통을 변형시키는 수단이라고 할 수 있다."[69] "비유는 일상성의 일부분이지만 동시에 이 일상 안에서 예상치 못한 '반전'을 가져온다."[70] 하지만 그렇다고 펑크가 "역사적 접근"을 전적으로 포기한 것은 아니다. 예를 들어 펑크는 마태가 그 시대 교회의 상황이라는 관점을 통해 누가의 잔치 비유를 "교정"했음을 지적했다.

3. 나는 『해석학의 새 지평』에서 **댄 오토 비아**의 작업을 논의했으며, 이 책의 앞부분에서는 "희극적" 또는 "비극적" 플롯과 관련하여 비아의 책 『비유: 문학적이고 실존주의적인 차원』(*The Parables: Their Literary and Existential Dimensions*)을 언급했다.[71] 보다 나중에 댄 오토 비아는 윤리에 대한 논의를 포함시킨 몇몇 짧은 책과 함께 『신약의 케리그마와 희극』(*Kerygma and Comedy in the New Testament*, 1975), 『신약의 신의 계시와 인간의 수용』(*Revelation of God and Human Reception in the New Testament*, 1997)도 썼다.[72] 『신약의 케리그마와 희극』에서 그는 기호론이나 형식주의의 접근법을 받아들인다. 하지만 역사적 차원의 질문을 회피하거나 우회하는 이 방법론들의 한계에 대해서도 민감성을 유지했다.

4. 신학비평 잡지 「세메이아」(*Semeia*)도 여러 호 연속해서 기호론이나 구조주의적인 접근법을 탐구한 바 있지만 이런 시도는 많은 사람들에 의해 앞이 안 보이는 좁은 길로 간주되었다. 『기호론과 비유』(*Semiology and Parables*), 『기호와 비유』(*Signs and Parables*)는 형식주의에 대한 논의들을 모아놓은 선집이다.[73] 기호론과 문학 형식주의는 제한된 한계 내에서이기는 하지만 어떤 텍스트를 이루는 요소들이 각각 어떤 관계를 가지는지를 보여준다는 유용성을 가진다. 댄 오토 비아의 언어로 표현하자면 이런 식

69 Funk, *Language*, p. 139; 참조. pp. 133-62.
70 Funk, *Language*, p. 161.
71 Thiselton, *New Horizons in Hermeneutics*, pp. 492-94.
72 Dan Otto Via, *The Revelation of God and/as Human Reception in the New Testament* (Harrisburg, Pa.: Trinity; London: Continuum, 1997). 또한 *Kerygma and Comedy in the New Testament Parables* (Philadelphia: Fortress, 1975).

의 접근법은 어떤 텍스트가 가지는 기능과 힘이 **어떤 근원에서** 파생되는지 설명할 수 있다.[74] 하지만 역사 바깥에서 범주화하는 이러한 방법론이 비유의 의미를 어떻게 얼마나 밝힐 수 있는가 하는 문제에 있어서는 아직도 많은 논쟁거리가 남아 있다.

5. 아일랜드계 미국인인 **존 도미닉 크로산**(1934-)의 작업은 적어도 초기 작업만을 놓고 볼 때 비유의 의미에 대한 새로운 빛을 던져주었다고 할 수 있다. 『비유에 대하여』(*In Parables*, 1973)에서 크로산은 알레고리와 은유와의 관계 속에서 비유에 대해 논의했는데, 아마도 그 가장 큰 학문적 기여는 "전복의 비유"(parables of reversal)에 관한 논의일 것이다.[75] 그는 몇몇 비유들이 도덕적 교훈의 사례를 제공하는 이야기로 기능함을 인정한다. 하지만 많은 비유들은 그렇지 않다. 예를 들어 선한 사마리아인의 비유는, 만일 그것이 도덕적 교훈을 교육하는 사례 기능을 했다면 주인공으로 사마리아인을 선택하지 않았을 것이다. 왜냐하면 당시의 역사적이고 사회적인 배경은 "유대인이 사마리아인과 상종하지 아니함이러라"는 말씀(요 4:9)과 같았기 때문이다. 따라서 "이웃"과 "사마리아인"은 유대인 청중에게는 모순되는 것으로 들렸을 것이다. 만일 이 비유가 모범의 사례로 기능하려면 "다친 남자를 사마리아인으로, 돕는 자를 유대인으로 설정하는 것이 더 나았을 것이다."[76] 비유에서 청자는 "불가능한 일, 자신의 세상이 뒤집어지는 동시에 급진적 의심을 불러오는 일"과 직면하게 된다.[77] 통상적으로 "선한"이라

---

73 Daniel Patte, ed., *Semiology and Parables: Exploration of the Possibilities Offered by Structuralism for Exegesis* (Pittsburgh: Pickwick, 1976), and the Entrevernes Group, *Signs and Parables: Semiotics and Gospel Texts, with* a study by Jacques Geninasca, postface by A. J. Greimas, trans. Gary Phillips, Pittsburgh Theological Monograph 23 (Pittsburgh: Pickwick, 1978).

74 Patte, *Semiology and Parables*, pp. 1-70; 참조. pp. 71-179. 또한 John Dominic Crossan, *In Parables: The Challenge of the Historical Jesus* (New York: Harper and Row, 1973), pp. 247-372.

75 Crossan, *In Parables*, 특히 pp. 53-78.

76 Crossan, *In Parables*, p. 64.

77 Crossan, *In Parables*, p. 65.

는 단어는 "사마리아인"이라는 단어와 함께 쓰일 수 없었다.[78] 문제는 오늘날의 우리는 이러한 당시의 전제를 공유하지 못한다는 점이다. 수업에서 이런 내용을 배웠던 나의 이전 학생 하나는 북아일랜드 개신교협회에서 이 비유에 대해 말한 바 있는데, 거기서 그는 비유의 주인공을 가톨릭 신부로, "다친 자를 보고 피해가는 악인"을 오렌지당 당원으로 바꾸어 설명했다.

같은 논리를 적용해보면 우리는 부자와 나사로의 비유(눅 16:19-31)가 어째서 세속적 부에 대한 사랑의 컨텍스트로 변질되어 이해되는지 쉽게 이해할 수 있다. 이 비유 역시 전복적 비유로서 청중의 기대와 예측에 반하여 전개된다. 여기에 대해 크로산은 이렇게 쓰고 있다. "이 비유의 은유적 요점은 하나님 나라의 도래에 수반되는 기대와 상황의 전복, 가치와 판단의 전복이었다."[79] 유사한 논리에 의해 바리새인과 세리의 비유(눅 18:10-14)는 헌신적 율법 옹호자와, 로마인과 잔혹하면서도 탐욕스런 공조를 맺은 배신자에 대한 청중의 예상을 뒤집어엎는다. 오늘날 대부분의 독자들은 비역사적이고 시대착오적인 방식으로 "바리새인"을 위선의 동의어로 이해함으로써 진짜 논지를 놓치고 말았다. 그래서 현대인들에게 비유는 인간성을 보상해주는, 아늑한 빅토리아 시대 식의 도덕적 담화가 되고 만다. 월터 윙크(Walter Wink) 역시 크로산과 비슷한 시기에 같은 주장을 제시했다. 윙크에 따르면, 기대의 전복이라는 개념에 더해서 이 비유들은 역사적 거리라는 현상을 강조한다.

크로산이 인용하는 전복적 비유의 예는 어리석은 부자의 비유, 포도원 일꾼의 비유(마 20:1-16), 혼인 잔치 손님의 비유(눅 14:1-14), 잔치의 비유(마 22:1-10), 탕자의 비유(눅 15:11-32) 등이다. 여기에 대해 크로산은 이렇게 쓰고 있다. "당신은 아버지의 환대를 받는 부랑자 아들을, 그리고 추운 바깥에 버려진 순종적인 아들을 예수처럼 상상할 수 있는가?"[80]

---

78 Crossan, *In Parables*, pp. 57-66.
79 Crossan, *In Parables*, p. 68; 참조. pp. 56-68.
80 Crossan, *In Parables*, p. 74; 참조. pp. 69-75.

크로산은 다음 책인 『어두운 간격』(The Dark Interval, 1975)에서 비유 속에서 발견되는 "세계"(world)라는 단어에 더 많이 집중한다.[81] 그에 따르면 신화는 "세계"를 창조하는 반면 비유는 세계를 전복시킨다. 비유는 본질적으로 우상 파괴적이다. 물론 이런 진술이 모든 비유에 적용될 수 있는지는 의문으로 남는다. 하지만 분명한 것은 이런 비유의 성격은 몇몇 예에 확실히 적용된다는 사실이다. 놀랍게도 다음 저술인 『분명한 것에 대한 급습』(Raid on the Articulate)에서 크로산은 부분적으로는 구조주의와 기호론으로, 또 부분적으로는 포스트모더니즘으로 선회한다.[82] 엘리어트(T. S. Eliot)의 『불분명한 것에 대한 급습』(Raid on the inarticulate, 1967)에서 제목을 따온 그 책에서 크로산은, 역사와 언어를 분리시켰던 롤랑 바르트의 주장을 따르고 있다. 이 관점 속에서 예수는 모든 고정되고 안정된 우상을 파괴하는 자가 된다. 쉬클롭스키(V. Shklovsky)의 "낯설게 하기"(defamiliarization) 장치(친숙하거나 습관적인 것을 낯선 어떤 것으로 만드는 것) 또한 크로산의 기획의 일부가 된다. 그는 "알레고리적 비유는 복합적인 동시에 역설적인 해석을 발생시킬 것"이라고 썼다. 이리하여 『제1막은 발견하기』(Finding Is the First Act, 1979)와 『타락의 절벽』(Cliffs of Fall, 1980)에서 크로산의 주요 주제는 포스트모더니즘이 된다.[83] 성경의 비유에서 이러한 영역을 획득함으로써 그는 새로운 발견을 위한 공간을 제공받는다. 『체계에 대한 급습』은 이른바 "성경을 잠에서 깨우는 일"과, 역설과 다의성에 대한 논의들을 연결시킨다. 그리하여 비유는 그것을 읽고 듣는 사람들이 그것으로부터 만들어

---

81 John Dominic Crossan, *The Dark Interval: Towards a Theology of Story* (Niles, Ill.: Angus Communications, 1975). 『어두운 간격』(한국기독교연구소 역간).

82 John Dominic Crossan, *Raid on the Articulate: Comic Eschatology in Jesus and Borges* (New York: Harper and Row, 1976), p. 129.

83 John Dominic Crossan, *Finding Is the First Act: Trove Folktales and Jesus' Treasure Parable* (Missoula: Scholars Press, 1979). 또한 *Cliffs of Fall: Paradox and Polyvalence in the Parables of Jesus* (New York: Seabury Press, 1980).

내는 것은 무엇이든 의미할 수 있게 되어버렸다. 린 폴랜드(Lynn Poland)는 이런 현상이 "모호성"이라는 이름 속에서 일어나는 현상과 동일함을 비판했는데 이는 타당한 주장이다. 결과적으로 하나님의 행위는 "오로지 공허한 것으로" 현존한다.[84]

1980년대 초반 이후 크로산의 관심은 미국성서학회(Society of Biblical Literature)에 "예수 세미나"를 설립하면서 "역사적" 예수 쪽으로 선회한다. 『역사적 예수』(The Historical Jesus, 1991, 한국기독교연구소 역간), 『예수』(Jesus: A Revolutionary Biography, 1994, 한국기독교연구소 역간), 『하나님과 제국』(God and Empire: Jesus against Rome, 2007, 포이에마 역간)이라는 일련의 저서 속에서 예수는 가난한 소작농 배경을 가진 유대인 냉소가로, 해방과 관용을 가르친 선생으로 점점 더 강한 어조로 묘사된다. 하지만 이는 많은 이론의 여지를 남기는 주장이다. 자신의 아일랜드 가톨릭의 배경에도 불구하고 크로산은 예수를 정통 기독교 사상으로부터 멀찍이 떼어놓는다. 그는 정통 기독교 사상을 교회의 구성물로 본다. 린 폴랜드는 크로산의 비유 연구의 한계점을 잘 보여주었으며, 윌리엄 레인 크레이그와 톰 라이트도 예수의 초상에 대해 공적인 논쟁을 벌였다.

6. **버나드 스코트**(Bernard B. Scott)는 1985년에 설립된 예수 세미나의 참가자였다. 스코트는 문학비평에 대한 크로산의 관심을 공유하고 있으며 비유를 "초월적 상징을 지시하기 위해 짤막한 내러티브적 픽션을 사용하는 **마샬**"로 정의했다.[85] 무엇보다 스코트는 랍비 전통의 비유와 영지주의적인 「도마복음」에 주목한다. 신약의 사회학에 관심이 있었음에도 불구하고 스코트는 많은 비유가 상징적 언어 안에 있는 초월적인 것들을 지시한다고 본다. 이와 동시에 보다 전통적이고 역사적인 연구도 계속되고 있는데 그

---

84 Lynn M. Poland, *Literary Criticism and Biblical Hermeneutics: A Critique of Formative Approaches* (Chico, Calif.: Scholars Press, 1985), p. 119.

85 Bernard B. Scott, *Hear Then the Parable: A Commentary on the Parables of Jesus* (Minneapolis: Fortress, 1989), p. 8.

좋은 예는 데이비드 웬함(David Wenham)의 『예수의 비유』 같은 책이다.[86]

6. 기타 접근법: 신해석학, 내러티브 세계, 포스트모더니즘, 독자반응이론, 알레고리

1. 앞에서 우리는 에른스트 푹스와 게르하르트 에벨링의 신해석학을 충분히 다루지는 않았다. 그 이유는 부분적으로는 이 책의 마지막 장에서 그 주제를 다시 다룰 것이기 때문이며, 또 부분적으로는 책의 다른 여러 부분에서 그들을 언급할 것이기 때문이다. 동시에 신해석학 운동의 대부분이 이미 소멸했다는 것도 이유의 일부이다.[87] 다른 곳에서 언급한 것과 마찬가지로, 예수와 비유에 대한 푹스의 작업의 핵심은 다음과 같은 질문 속에 함축되어 있다. "만일 나중에 앞에 놓인 설교단 위에서 텍스트 그 자체를 보여 주려 한다면, 지금 우리가 책상 앞에 앉아서 해야 할 선행 작업은 무엇일까?"[88] 푹스와 에벨링의 주장에 따르면 신약 텍스트는 결코 신앙을 전제하지 않는다. 반대로 신약 텍스트는 신앙을 창조해낸다.

예수의 비유는 일종의 결단, 그것을 듣는 사람의 결단을 요구한다. 그러므로 여기에는 위험이 개입된다. 예를 들어 포도원 일꾼의 비유(마 20:1-16)에 대해 푹스는 이렇게 썼다. "이 비유의 언어는 개인을 지목해서 그를 아주 단단히 붙잡는다."[89] 비유는 결의를 촉발하고 요구하는 기능을 한다.

---

86 David Wenham, *The Parables of Jesus: Pictures of a Revolution* (London: Hodder and Stoughton, 1989).

87 Anthony C. Thiselton, *The Two Horizons: New Testament Hermeneutics and Philosophical Description* (Grand Rapids: Eerdmans; Exeter: Paternoster, 1980), pp. 330-47; *Thiselton on Hermeneutics*, pp. 417-40; and Thiselton, "The New Hermeneutic," in *New Testament Interpretation*, ed. I. H. Marshall (Exeter: Paternoster, 1972), pp. 308-31.

88 Ernst Fuchs, *Studies of the Historical Jesus*, trans. A. Scobie (London: SCM, 1964), p. 8.

89 Fuchs, *Studies*, p. 35.

앞의 비유에서 청자는 처음에는 가장 오래도록 일한 일꾼을 대신해 "정의"를 요구하는 군중의 입장에 선다. 하지만 결국 받을 가치가 없는 이에게 은혜를 베푸는 주인의 관대함을 안 후로는 "하나님의 편으로 가서 하나님의 눈으로 모든 것을 보도록 배우게 된다."[90] 품삯을 치르는 순서에 있어 가장 적게 일한 사람을 가장 마지막까지 남겨두는 것은 의도적인 기법이다. 다시 푹스는 이렇게 쓴다. "바로 이런 것이 참된 사랑의 방식이 아닌가? 사랑은 돌발적인 폭발만이 아니다. 반대로 사랑은 만남이 일어날 만한 장소를 미리 물색하고 만들어둔다."[91] 우리는 제10장에서 신해석학에 대한 몇 가지 논의를 더 하게 될 것이다.

2. 만남, 이해, 새로운 시각의 장소로서의 텍스트에 의해 창조된 "세계"에 대한 강조는, 다른 컨텍스트와 다른 형식 안에서 표현되었다. 리쾨르는 내러티브 세계의 개념을 탐구한 학자 가운데 탁월한 인물이다. 리쾨르는 "가능성"과 "세계" 개념을 통해 하이데거를 연구했으며 내러티브 이론에도 친숙했다.

비유의 "내러티브 세계"의 개념은 궁극적으로 하이데거로부터 연원하고 가다머를 통해 매개되며 리쾨르에서 그 직접적 표현을 얻었다고 할 수 있다. 제11장에서 우리는 가다머가 게임, 예술, 축제의 "세계"를 중요시했음을 보게 될 것이다. 이런 종류의 행위들은 참여자에 의해 "수행"되는데, 이때 참여자의 실제적 개입은 단순한 구경꾼의 개입보다 훨씬 크다.

제12장에서 우리는 리쾨르가 행동하는 행위자 또는 자아를 내러티브 세계로 간주함을 보게 될 것이다. 리쾨르는 내러티브의 일관성이나 "유사성"을 연구하면서 아리스토텔레스의 "플롯" 개념에 이르기까지 추적한다. 또 시간 속 내러티브의 확장과 그것의 "비유사성"을 연구하면서는 아우구스티누스에 이르기까지 추적한다. 그의 역작 『시간과 이야기』는 비유에 의

---

90 Fuchs, *Studies*, p. 155.
91 Fuchs, *Studies*, p. 129.

해 구체화되는 "플롯"의 중요성을 보여준 반면, 『타자로서 자기 자신』은 비유 안에 간직된 시간적 작용, 결단, 책임의 중요성을 보여준다.

3. 앞에서 우리는 크로산의 비유 이해가 "전복의 비유" 개념에서부터 급진적 **다원주의적 의미 이해**로 이행했음을 언급했다. 그를 따라 일군의 다른 학자들도 "포스트모던"한 비결정적 의미에서 비유의 적법성을 발견한다. 크로산은 "신화가 세계를 정립하고…풍자는 세계를 공격하지만, 비유는 세계를 전복시킨다"고 요약한 바 있다.[92] 호킨스(P. S. Hawkins)의 주장에 따르면 비유는 "감춰졌던 것의 드러남이 아니라 발화다."[93] 스탠리 피쉬는 급진적 독자반응이론을, 탈근대 신실용주의 철학자인 리처드 로티(Richard Rorty) 식의 포스트모더니즘과 결합시킨다. 피쉬는 비유와 여타 다른 텍스트에 대해 "이 텍스트는 무엇을 의미하는가?"라고 묻는 대신, "이 텍스트는 무엇을 하는가?"라고 질문한다. 그의 논리에서 보면 텍스트를 수용하는 독자 공동체는 실제로 텍스트를 창조해내는 주체라고 할 수 있다. 더 이상 텍스트 속에 순결하게 간직된 "주어진 내용"은 존재하지 않는다. 내용은 독자들이 만들어내는 결과물이다. 물론 모든 독자반응이론가들이 이토록 탈근대적인 것은 아니다. 볼프강 이저와 움베르토 에코(Umberto Eco)는 독자반응이론의 한층 더 창조적이고 절제된 형태를 제공한다. 제15장에서 우리는 이 지점을 더 자세히 다룰 것이다.

4. **기호학적** 접근(기호이론)은 자주 다원주의적이거나 포스트모던한 해석으로 발전한다. 메리 앤 톨버트(Mary Ann Tolbert)는 탕자의 비유에 대해 다음과 같은 해석을 시도했다. "전적으로 어떤 독법의 타당성을 의심하게 만드는 극단적인 부적합성은 있을 수 있지만…그럼에도 단 한 가지 정확한 해석이 존재하는 것은 아니다."[94] 이런 지적은 그녀가 "프로이트적" 해석을

---

92 Crossan, *The Dark Interval*, p. 59.
93 P. S. Hawkins, "Parables as Metaphor," *Christian Scholar's Review* 12 (1983): 226; 참조. pp. 226-36.
94 Mary Ann Tolbert, *Perspectives on the Parables* (Philadelphia: Fortress, 1978), p. 99.

따라 아버지, 큰아들, 작은아들을 각각 프로이트 심리학의 자아, 초자아, 이드를 표상한다고 주장할 때까지는 그런대로 타당하게 들린다. "작은아들은 이드에 대한 프로이트 개념의 몇몇 측면을 구체적으로 보여준다. 큰아들은 이상적 자아 또는 '의식'과 충격적인 유비를 보인다. 이 초자아는 도덕성이 존재하는 자리다."[95] 톨버트의 이 모든 작업은 독자반응이론의 버전에 속하는데, 왜냐하면 그녀가 자주 "독자의 관점"을 언급하기 때문이다. 이런 접근법은 아직은 비유가 어떤 명확한 내용도 가지지 않는다고 주장하는 포스트모던 관점을 충분히 보여주지는 않지만, 그 방향을 향해 꾸준히 나아가고 있음을 증명한다.

5. **편집비평**(redaction criticism)은 복음서 기자들 각각이 행한 특징적 편집 행위를 강조한다. 하지만 이 접근법에 대해서는 자세히 다룰 만한 지면이 없다. 이 비평 방법은 킹스베리의 『마태복음 13장의 비유』(Parables of Matthew 13, 1969)로 시작된 것 같다. 최신 저작으로는 포브스(G. W. Forbes)의 『오래된 신: 누가복음의 목적에서 본 누가 비유의 역할』(The God of Old: The Role of Lukan Parables in the Purpose of Luke's Gospel, 2001)이 있다.[96] 이토록 다양한 접근 방식이 존재하는 마당에, 그중 몇몇 접근법이 비유와 알레고리 사이의 구분이 심각하게 알레고리를 손상시킨다고 주장한다고 해서 그렇게 놀랄 일은 아닐 것이다. 매들린 부처(Madeline Boucher)의 『신비로운 유비』(Mysterious Parable)는 많은 비유 속에 내포된 알레고리적 본성을 강조한다. 크레이그 블롬버그, 이언 램브레히트(Ian Lambrecht), 메리 포드(Mary Ford), 미켈 파슨스(Mikeal Parsons) 역시 특정한 알레고리적 요소를 강하게 수호했다.[97]

6. 위에서 열거한 모든 접근법의 결론은 해석자가 "이 비유들"을 **일반**

---

95 Tolbert, *Perspectives on the Parables*, p. 104.
96 G. W. Forbes, *The God of Old: The Role of Lukan Parables in the Purpose of Luke's Gospel*, Journal for the Study of the New Testament, Supplement Series, no. 198 (Sheffield: Sheffield Academic Press, 2001).

화해서는 안 된다는 것이다. 분명히 도드, 예레미아스, 린네만이 제안한 엄밀한 역사적 해석이 적용되어야 할 비유가 존재한다. 동시에 조심스럽고 "절제된" 방식으로 알레고리적 해석, 독자반응비평, 실존주의적 해석을 적용해야 할 비유도 있다. 문학비평은 분명 가치가 있지만, 그것은 신학을 희생시키지 않는 범위 내에서다. 만약 우리가 단 하나의 접근법으로 예수의 모든 비유를 풀 수 있는 열쇠를 얻었다고 믿어버린다면 곧바로 곤경을 향해 돌진하는 꼴이 될 것이다.

7. 참고 도서

Blomberg, Craig L., *Interpreting the Parables* (Leicester: Apollos, 1990), pp. 13-170.

Crossan, John Dominic, *In Parables: The Challenge of the Historical Jesus* (NewYork: Harper and Row, 1973), pp. 8-15 and 57-78.

Jeremias, Joachim, *The Parables of Jesus*, translated by S. H. Hooke, rev. ed. (London: SCM, 1963), pp. 11-66 and 115-60.

Stein, Robert H., *An Introduction to the Parables of Jesus* (Philadelphia: Westminster, 1981), pp. 15-81.

Thiselton, Anthony C., "Reader-Response Hermeneutics, Action Models, and the Parables of Jesus," in Roger Lundin, Anthony C. Thiselton, and Clarence Walhout, *The Responsibility of Hermeneutics* (Grand Rapids: Eerdmans; Exeter: Paternoster, 1985), pp. 79-115.

---

97 Madeline Boucher, *The Mysterious Parable: A Literary Study* (Washington, D.C.: American Catholic Biblical Association, 1977), 특히 pp. 17-20; Craig L. Blomberg, *Interpreting Parables* (Leicester: Apollos, 1990), pp. 36-49 and 309-28; Ian Lambrecht, *Once More Astonished: The Parables of Jesus* (New York: Crossroad, 1981); J. M. Ford, "Towards the Reinstatement of Allegory," *St. Vladimir's Theological Quarterly* 34 (1990): 161-95; and Mikeal Parsons, "Allegorizing Allegory: Narrative Analysis and Parable Interpretation," *Perspectives in Religious Studies* 15 (1988): 147-64.

제4장

고대 세계에서 시작된 영원한 질문의 유산: 유대교와 고대 그리스

H·E·R·
M·E·N·
E·U·T·
I·C·S·

1. 기독교적 유산: 랍비 유대교의 해석학

아마도 일부 독자들은 제4장을 가장 지루하게 느낄 것이다. 틀림없이 이름과 사실들을 끝도 없이 나열한 게 전부라고 여기리라. 하지만 사실 이 장은 다음과 같은 사실들을 증명하려는 목적을 갖는다. (1) 유대교 내에는 절대적으로 우세한 한 가지 해석의 방법론 같은 것은 존재하지 않는다. (2) 일찍이 1세기부터(아니면 더 이른 시기부터) 히브리어 성경의 해석에 관한 여러 쟁점들이 떠올랐으나 이 쟁점들은 보편적으로 승인되는 해결책을 발견하지 못했으며, 현재에도 보편적 승인을 요구하지 못하는 실정이다. 유대교는 한 번도 하나의 통일된 형태로 나타난 적이 없다. 현대 유대교는 차치하고라도 랍비 유대교, 그리스어를 사용하는 유대교, 쿰란 공동체(사해 사본을 만들어낸 공동체), 소위 묵시적 유대교 사이에 존재하는 차이를 볼 때 특히 그러하다. 랍비 유대교 또한 단일한 그룹이 아니다. (만일 이 랍비 유대교의 시작을 주후 70이나 그보다 더 이전으로 잡는다면) 여기에 속한 독실한 평신도였던 바리새인과 사두개인 사제 계층은 분명 차별화된다. 아무리 산헤드린이나 공의회가 앞의 두 그룹의 구성원을 동시에 포함한다 하더라도 말이다. 하지만 이들의 성경해석 방법은 상대적으로 유사했다.

　기독교 초창기 시절의 유대교는 다양한 해석 방법을 사용했다. 랍비 시대의 시작이 언제부터인지를 결정하는 문제는 많은 논란이 있는 지점이다.

하지만 그리스도와 동시대에 존재했던 소위 랍비 유대교는 역사적인 또는 상당한 수준의 문자주의적인 접근법을 활용했다. 다른 한편으로 그 시대의 접근법은 아주 원자론(atomism, 만물을 개별 요소로 분리하여 분석할 수 있다고 보는 사상)적인 해석 방법이었다. 하지만 이런 측면에서 랍비들은 전혀 일관성을 가지지 못했는데, 유대교의 또 다른 분파는 미드라쉬(설교)와 알레고리적 해석을 활용한 것으로 보인다. 또한 이들은 "페쉐르"(pesher, 주로 종말론적인)식 주해와 상징적 해석을 이용했다. 기독교는 앞에서 소개한 모든 접근법을 다 물려받았다. 이러한 역사로부터 한 가지 교훈을 얻을 수 있다면, 기독교는 유대교로부터 여러 다양한 해석 방법과 함께 해석적 문제들도 물려받았으며 이 방법과 문제의 대부분은 현재 우리에게도 존속하고 있다는 점이다.

유대교에서 해석 유형에 대한 연구는 그 자체로도 가치를 가지지만, 특히 그리스어를 사용하는 유대교와 랍비 유대교가 다르다는 이유 때문에 더욱 그러하다. 이 두 그룹 간의 교배와 융합에도 불구하고 고전 유대교의 해석 방법을 단일한 것으로 이해해서는 안 된다. 디아스포라 유대교에서 필론을 위시한 다른 인물들은 비록 배타적으로는 아니지만 상징적 해석이나 알레고리적 해석을 폭넓게 활용했다. 여기에 대한 원천 자료들은 아주 풍부하며 구약, 유대교 문헌, 초창기 기독교 성경을 해석하는 데서 다양한 방식으로 나타났다.

먼저 우리는 성경에 대한 유대인의 태도를 주목해야 한다. 사실상 모든 유대인은 성경 전체가 성령의 감동을 받았다고 믿었다. 성경은 일관적인 통일성을 구축하고 있으며 하나님의 진리를 매개한다고 믿어졌다. 대다수의 유대인에게 성경은 하나님의 지혜와 동등한 것이었으며 성경의 모든 말씀은 의미나 목적을 수반한다고 간주되었다.[1] 최초로 발견되는 성경해석의

---

1 Daniel Patte, *Early Jewish Hermeneutic in Palestine*, Society of Biblical Literature Dissertation Series 22 (Missoula : Scholars Press, 1975), pp. 19-29.

예 가운데 하나는 아마도 팔레스타인 타르굼(Palestinian Targum)일 것인데 이 문서에는 아람어 번역과 유대인 회당의 청중을 위한 텍스트 해석이 혼합되어 나타난다. 유대인 회당 중 상당수는 성경 이해를 위해 히브리어 성경보다 타르굼에 의존했다. 타르굼은 회당의 필요를 위해 구약의 각 부분, 즉 이미 아람어로 기록된 다니엘서, 에스라서, 느헤미야서를 제외한 부분을 번역한 것에서 시작되었다. 초기의 번역은 회당의 누구라도 할 수 있었으며 나중에는 이 번역이 해석되기도 했다.[2]

하가다(또는 주로 내러티브) 타르굼은 다른 원천에서 나타났다. 공통적으로 가진 유사성에도 불구하고 타르굼은 다음과 같이 독특한 각각으로 나뉜다. 즉 네오피티 타르굼(Neofiti Targum), 단편 타르굼(Fragment Targum), 카이로 게니자 타르굼 단편들(Cairo Geniza Targum Fragments), 온켈로스 타르굼[Onkelos (or Onqelos) Targum], 위(僞)요나단서(Pseudo-Jonathan)가 그것이다.[3] 온켈로스 타르굼 단편, 후기의 위요나단서, 새롭게 발견된 네오티피 I(Neofiti I, 때로는 Neophyty)은 모세오경에 대한 타르굼이다. 위요나단서는 선지서에 대한 타르굼이다. 성경 외의 저술들에 대한 타르굼은 더욱 개별화되어 있다.[4] 쿰란 문서(사해 사본) 속에서 발견된 타르굼 중 몇몇은(예를 들어 11QTgJob와 4QTgJob) 주전 1세기 또는 더 이른 시기의 것이다.

타르굼은 번역으로 시작되었다. 예를 들어 출애굽기 33:3의 히브리어 텍스트는 문자적으로 "나는 너희 가운데 오르지 않을 것이다"로 읽히지만, 타르굼 네오피티는 "나는 너희에게서 내 현전을 옮기지 않을 것이다"라고 옮긴다. 가장 좋은 번역은 단어를 단어로, 융통성 없이 문자주의적으로 옮기

---

2 이 과정은 미쉬나 *Megillah* 4:4에 기술되어 있다.
3 Richard Longenecker, *Biblical Exegesis in the Apostolic Period* (Grand Rapids: Eerdmans, 1975), pp. 21-23; 참조. P. Grelot, *What Are the Targums? Selected Texts* (Collegeville, Minn.: Liturgical Press, 1992).
4 Craig A. Evans, "Targum," in *Dictionary of Biblical Criticism and Interpretation*, ed. Stanley E. Porter (London and New York: Routledge, 2007), pp. 347-49.

는 것이 아니다. 또 다른 예로 창세기 4:14은 "보십시오, 주께서 오늘 이 땅에서 나를 쫓아내시니 내가 주의 낯으로부터 숨겨질 것입니다"로 읽히는 구절이지만, 네오피티 타르굼과 온켈로스 타르굼은 이렇게 번역하고 있다. "보십시오, 주께서 이 땅에서 나를 쫓아내시지만, 당신으로부터 숨겨지는 것은 불가능합니다." 그러므로 모든 번역은 필연적으로 하나의 해석이 된다. 타르굼의 창시자들도 자신들이 사전에 알고 있던 하나님에 대한 지식이 영향력을 가지며 이것이 신선한 내용을 언급하기 위한 원천이 됨을 부정하지 않았다.

때때로 타르굼은 특정 성경 구절을 확대시킨다. 예를 들어 팔레스타인 타르굼은 창세기 6:3을 이렇게 번역한다. "보라, 나는 그들에게 회개할 수 있도록 120년을 주었다. 하지만 그들은 그렇게 하지 않았다." NRSV는 같은 문장을 이렇게 단순하게 번역한다. "그들의 날은 120년이 될 것이다." 또 다른 사례는 출애굽기 3:1이다. 네오피티 타르굼은 이 구절을 "그리고 그[모세]는 주님의 세키나의 영광이 드러나는 산에 올랐다"로 번역했다. 하지만 히브리어로 이 구절은 "그는 하나님의 산, 호렙에 이르렀다"일 뿐이다. 칠튼(Chilton)은 많은 난점에도 불구하고 타르굼이 주는 이점에 대해 이렇게 지적했다.

현존하는 구약의 아람어 버전(Targumim, 타르굼들)으로부터 취한 특정 독해는 신약의 구절들과 놀라울 정도로 유사하다. 특히 예수가 했던 말 속에서 발견되는 사례들, 예를 들어 누가복음 6:36의 '너희 아버지의 자비로우심같이 너희도 자비로운 자가 되라'는 구절이 그렇다. 예수의 이 말씀은 위요나단 타르굼의 레위기 22:28의 번역과 비교 가능하다. 다른 예로 마가복음 4:11-12의 다음과 같은 구절도 있다. "이르시되 하나님 나라의 비밀을 너희에게는 주었으나 외인에게는 모든 것을 비유로 하나니 이는 그들로 보기는 보아도 알지 못하며." 이것은 요나단 타르굼이 보존하고 있는 바, 이사야 6:9-10의 이해와 일치한다.[5]

결국 구약의 아람어 버전의 저술 방식이 정형화되자 여기에서 탈무드가 탄생하게 되는데 이 탈무드는 타르굼보다도 훨씬 더 방대한 양의 세부 사항을 포함하고 있었다. 비록 팔레스타인 타르굼 같은 것은 주후 2세기에 나온 것이지만 다른 대부분의 타르굼은 그보다 훨씬 이전의 구전 전통에서 유래한다. 미쉬나(Mishnah) 또한 2세기 중반 이전에 나온 것으로 이 미쉬나를 집대성한 이는 주후 135년, 랍비 "왕자" 유다이다. 랍비 유다(Rabbi Judah)는 미쉬나를 여섯 부분, 총 63편의 글로 체계화했다. 성경은 다른 성경 구절의 빛에 비추어 해석되었다. 랍비 유다는 성경이 **삶의 모든 측면에 적용된다**고 믿었다. "만일 성경 구절을 문자적으로 번역하는 사람이 있다면 그는 거짓말쟁이다. 만일 거기에 다른 것을 첨가한다면 그는 신성모독자이자 명예훼손자가 된다."[6] 그러나 구약의 아람어 버전은 아마도 더 이른 시기의 텍스트를 대표하거나 아니면 아예 다른 수정본이거나 개작된 것인 마소라 텍스트(Masoretic Text, 랍비들에 의해 정립된 히브리어 텍스트)와는 다른 발성을 포함하고 있다. 에스더의 아들이 다리우스와 동일시되는 경우에서 볼 수 있듯, 구약의 아람어 버전은 자주 텍스트를 확장시켰다. 때때로 전통이 시대와 장소 안으로 끼워넣어졌다.

토세프타(Tosefta)는 랍비 유다의 제자가 집필한 미쉬나의 보충판이다. 게마라(Gemara)는 삶의 모든 영역에 미쉬나를 적용시키고자 한 법적 논의로 이루어진 문서로서 좀 더 후에 기록되었다. 이는 우리로 하여금 설교(homily) 또는 미드라쉬(Midrash, 묻거나 찾는다는 의미인 히브리어 *darash*에서 유래한다)로, 그리고 다시 성경 주해와 해석으로 되돌려보낸다.

회당에서 성경은 읽히는(*seder* and *haftarah*) 동시에 설교되었다 (midrash). 미드라쉬나 설교는 성경에 아주 느슨하게 기초한 것일 수 있었

---

5 Bruce D. Chilton, "Targum," in *Dictionary of Biblical Interpretation*, ed. John H. Hayes, 2 vols. (Nashville: Abingdon, 1999), 2:533; 참조. pp. 531-34, 또한 Chilton, *A Galilean Rabbi and His Bible: Jesus' Use of the Interpreted Scripture of His Time* (London: SPCK, 1984).

6 Babylonian Talmud *Kiddushim* (Betrothals) 49a; Patte, *Early Jewish Hermeneutic*, p. 63 n.

다. 다른 한편으로 랍비 힐렐(바벨론에서 주전 25에 출생)은 성경해석의 7가지 "규칙"(middoth)을 정형화했다.[7] 이 규칙들은 예를 들어 유월절이 안식일보다 우선하는지 아니면 그 반대인지를 따지는 논쟁에서 처음으로 나타났다. 이미 앞에서 언급한 것처럼 처음 5개의 규칙은 연역 논리로서 엄밀히 말해 "해석학"의 주제 속에 포함시킬 수 없는 내용이다. 하지만 여섯 번째와 일곱 번째 규칙은 대단히 해석학적이라고 할 수 있다. 여섯 번째 규칙은 성경의 다른 부분에서 근거를 찾는 일과 관계되며, 일곱 번째는 의미가 그것의 컨텍스트에 의존한다는 내용이다. 후에 힐렐의 제자인 랍비 이슈마엘 벤 엘리사(Rabbi Ishmael Ben Elisha)는 이 7개를 13개의 규칙으로 확장했는데, 이런 확장은 랍비 아키바(Rabbi Akiba)가 행한 다소 느슨한 개혁을 다시 엄격하게 한정하는 역할을 했다. 다시 이 규칙은 갈릴리인 랍비 엘리에제르 벤 요세(Rabbi Eliezer Ben Jose)에 와서 32개로 늘어났다. 하지만 이런 규칙들에도 불구하고 계속해서 대부분의 미드라쉬는 원자론적이면서도 자유로운 것으로 남았다.[8] 예를 들어 랍비 아키바(주후 50-135)는 아가서를 알레고리적으로, 즉 이스라엘에 대한 하나님의 사랑을 지시하는 책으로 해석했다. 특별히 미드라쉬에는 시프레(Sifre), 즉 레위기, 민수기, 신명기에 대한 주석이 포함된다(성경의 이 책들은 내러티브인 하가다(Haggadah)와 대조적으로 할라카(Halakha), 즉 행동과 법의 범주에 속한다]. 이런 내용은 아마도 2세기 중반이나 후반에 와서 규정되었을 것이다. 또한 창세기에 대한 하가다 미드라쉬의 집필은 3세기로 추정된다.

오늘날 기독교 교회는 특별한 날이나 계절과 결부해서 성서일과(聖書日課)를 낭송하는 관례에 익숙하다. 이러한 성경 낭송은 처음에는 성전에서, 나중에는 회당에서 행해졌던 것으로 기독교 시대 이전에 이미 시작되

---

[7] Babylonian Talmud *Shabbat* (The Sabbath) 31a; 규칙에 관해서는 Patte, *Early Jewish Hermeneutic*, pp. 109-10; and Longenecker, *Biblical Exegesis*, pp. 32-35.

[8] J. V. Doeve, *Jewish Hermeneutic in the Synoptic Gospels and Acts* (Assen: Van Gorcum, 1954), pp. 65-75.

었다. 처음에는 주요 축제에 맞춰져 있었지만 점차로 안식일을 위해서도 행해졌다. 이 전통의 기원과 연대는 불확실하다. 또한 결국에는 3년의 주기가 정착되었다. 상당히 오랜 시간이 지난 후 초창기 전통으로 돌아간 미쉬나는 탈무드로 확대되었다. 팔레스타인 탈무드는 바빌로니아 탈무드보다 더 초기의 것이며, 바빌로니아 탈무드는 2세기와 6세기 또는 10세기의 랍비 유대교의 모습을 잘 보여준다. 반면 팔레스타인 탈무드는 초기의 구전 전통으로 되돌아간 듯하다. 초기 구전 전통의 기원은 불확실하다.

미쉬나보다도 더 분명한 방식으로 탈무드는 성경이 삶의 모든 영역에 적용된다는 믿음을 표현한다. 따라서 탈무드는 성경의 대체물이 아니라 보충으로 남는다. 또한 성경의 저자가 완전히 파악하지 못한 상황에 대해 성경을 적용시키려 노력한다. 에른스트 폰 돕쉴츠(Ernst von Dobschütz)의 신념에 따르면 모든 해석학은 필연적으로 텍스트를 "보충"한다.[9] 같은 제목과 부분으로 구성되기는 했지만 탈무드는 미쉬나를 뛰어넘어 더 멀리까지 나아간다. 랍비 유대교에 대한 귀중한 가이드를 제공하면서 말이다. 예를 들어 타르굼에서는 하나님의 이름이 나타나는 반면에, 탈무드에서는 하나님의 신적 초월성을 강조하기 위해 그 이름이 축소되거나 사라져버린다. 또한 그분의 이름을 대신하여 "영광", "임재", "말씀"(Memra)이라는 말이 사용되기도 한다.

성경해석의 초창기 사례 가운데 하나는 사해 사본이 발견된 쿰란에서 기원한다. 쿰란 공동체는 전(前)기독교 시기(주전 200에서 150-주후 70)에 번성했던 독특한 비정통 유대교였다. 이 공동체는 랍비 유대교와는 분명하게 구별되어야 한다. 쿰란 공동체 일원들은 다른 유대인을 계승에 있어 타협자들로, 심지어 불순한 죄인으로 간주했다. 그리하여 이들은 세상으로부터 절연했으며 마지막 시대를 살고 있다고 믿었다. 그들은 스스로를 성경

---

9 Ernst von Dobschütz, "Interpretation," in *Encyclopedia of Religion and Ethics*, vol. 7, ed. James Hastings (Edinburgh: T. & T. Clark, 1926), p. 391; 참조. pp. 391-95.

의 계시를 담기에 가장 적합한 은혜 입은 그릇으로 간주했다. 그런 쿰란 공동체 일원들에게 어떤 특별한 계시 또는 해석의 선물이 주어졌다. 때때로 그것은 "페쉐르"(pesher) 해석인데, 즉 마지막 시대를 산다고 여긴 그들은 성경 특히 선지서를 수없이 읽으면서 그것을 특별히 자신들에게 주어진 말씀으로, 자기 시대에 이루어질 예언으로 받아들였다.

따라서 쿰란의 해석은 유대교의 주요 흐름을 대표하지 않는다. 동시에 이 공동체의 해석 전통이, 교부들 가운데서 이레나이우스가 그런 것처럼 "공적" 해석을 표상하는 것도 아니다. 쿰란 공동체의 글쓰기는 오로지 성경 해석으로 가득 차 있다. 그중에는 유명한 「하박국 주석」 같은 주석이 일부를 차지한다. 이 주석집을 쓴 저자는 하박국 1:5을 설명하면서 그들 시대의 정의의 선생에 대해 쓰고 있다(1QpHab 2:1-3). 이들의 상이하면서도 독특한 텍스트 이해는 피터 엔스(Peter Enns)가 길고 상세하게 설명한 바 있다.[10] 또한 핸슨(A. T. Hanson)은 나훔 2:11에 대한 쿰란의 다양한 해석에 대해 논의했다.[11] 하박국 3:2의 "키팀"이 로마로 간주되는 것과 마찬가지로, 이 텍스트의 사자는 그리스의 데메트리우스 왕으로 간주된다. 몇몇은 이 페쉐르 해석을 누가복음 24:27과 비교하는데, 여기서 예수는 성경에 나오는 특정 사건들을 자신에게 적용되는 것으로 이해했다. 이런 모든 것은 일반적으로 받아들여지지만 논란의 여지는 남아 있다.

2. 그리스어를 사용하는 유대교 문헌

그리스어를 사용하는 유대교나 헬레니즘 유대교에 대해 우리가 알아야 할

---

10 Peter Enns, *Inspiration and Incarnation: Evangelicals and the Problem of the Old Testament* (Grand Rapids: Baker Academic, 2005), pp. 124-26.
11 Anthony Tyrrell Hanson, *The Living Utterances of God: The New Testament Exegesis of the Old* (London: Darton, Longman and Todd, 1983), pp. 15-16.

내용은 무엇일까?

1. 첫째, 우리는 **70인경**(*Septuagint*, LXX)으로 알려진 히브리어 성경의 그리스어 번역본과 접하게 된다. 리처드 롱게네커(Richard Longenecker)를 위시하여 여러 학자들은 70인경과 성경의 유대적 해석의 증인인 타르굼을 서로 비교할 수 없다고 주장한다.[12] 비록 70인경 텍스트가 히브리 마소라 텍스트(표준적 랍비 텍스트)보다 더 오래된 것이긴 하지만, 70인경과 그것의 유사 계열 판본들은 몇몇 부분에서 개작되거나 확장된 히브리어 번역을 포함한다. 마르틴 헹엘(Martin Hengel) 및 여타 학자들에 따르면, 타르굼과 70인경 사이에 있는 분명한 차이에도 불구하고 팔레스타인 유대교와 헬레니즘 유대교를 분리하는 빈틈없는 경계선 같은 것은 존재하지 않는다.[13] 하지만 70인경은 의식적인 차원에서 프로파간다의 성격을 가진 선집인 반면 타르굼은 그렇지 않다. 「아리스테아스 서신」(*Letter of Aristeas*, 주전 200-50)에 나오는 유명한 이야기를 보면, 이집트의 프톨레마이오스 왕이 대제사장 엘레아자르에게 서신을 보내 모든 번역 작업을 의뢰했음을 알 수 있다. 엘레아자르는 27명의 번역자를 관장하면서 일했다고 한다. 필론과 요세푸스가 같은 이야기를 전하지만 불행하게도 이것 자체는 역사적 근거를 충분히 갖추고 있지 못하다. 따라서 이 이야기의 내용은 오늘날 보편적 역사적 사실로 받아들여지지 않는다. 많은 사람들은 오히려 이 이야기가 70인경의 기원에 대한 프로파간다적인 설명일 것이라고 간주한다.

1915년에 파울 칼레(Paul Kahle)는 기원이 되는 단 한 권의 "70인경"은 존재하지 않는다고 주장했다. 반면 파울 데 라가르데(Paul de Lagarde) 같은 학자는 소실되어버리긴 했지만 한 개의 기원이 되는 텍스트로부터 수많

---

12 Longenecker, *Biblical Exegesis*, pp. 20-21.

13 Martin Hengel, *Judaism and Hellenism: A Study of Their Encounter in Palestine during the Early Hellenistic Period* (London: SCM, 1974). 또한 헹엘은 크리스토프 마르크쉬스(Christoph Markschies)와 다음 저작을 공동으로 저술했다. *The "Hellenization" of Judaea in the First Century after Christ* (London: SCM, 1991).

은 텍스트가 파생했다고 본다. 오늘날 많은 사람들이 따르는 설명은 다음과 같다. 즉 1981년과 1986년에 엠마누엘 토브(Emanuel Tov)가 주장한 것처럼 시초에는 단 하나의 원본 텍스트가 존재했지만, 여기서부터 다양한 텍스트적 전통이 생겨났고 이 전통 각각이 서로 분리된 "학파"들에 의해 간직되었다는 것이다. 단일 텍스트에 대한 안정화는 주후 1세기나 2세기에 출현한다. 롱게네커는 최후의 부활이나 천사에 대한 교리에서 발견되는 믿음의 경향(Tendenzen) 때문에 70인경은 유대적 해석의 증인으로서의 후보자 자격을 상실한다고 답했다. 어떤 학자는 정확하고 믿을 만한 번역의 지위를 얻기에 70인경의 번역은 "위험"하거나 "불성실"한 상태라고까지 주장한다.[14] 예를 들어 70인경은 욥기 42:17의 히브리어 텍스트에 다음과 같은 문장을 첨가한다. "[욥은] 주님이 부활시키시는 자들과 함께 다시 일어날 것이다." 또한 이사야 26:19의 번역에는 "그들은 살아날 것이다"라는 부분이, 다니엘 12:2에는 "그들은 깨어날 것이다"라는 부분이 덧붙여져 있다. 출애굽기 35-40장의 번역 또한 히브리어 마소라 사본과 현격하게 다르며 예레미야서도 마찬가지다.

또한 70인경은 히브리어 텍스트가 견지하는 신인동형론을 회피하는 경향이 있다. 출애굽기 15:3은 히브리어 텍스트로 "주님은 전쟁을 하는 분[사람]이다"라고 읽힌다. 하지만 70인경의 번역은 다음과 같이 아주 다르다. "주님은 전쟁을 진압한다." 민수기 12:8의 히브리어 텍스트는 모세에 대해 "그는 주님의 형상을 본다"라고 한 데 반해, 70인경은 "그는 주님의 영광을 본다"고 옮긴다.[15] 에그론이 아스겔론으로 뒤바뀌는 사무엘상 5:10처럼 지리적 사항의 변경도 눈에 띈다. 끝으로 지적하고 싶은 것은 히브리어를 이해하기 쉽도록 깔끔하게 정리해버린 사실이다. 예를 들어 시편 40:6(70인경에서는 39:7)의 히브리어 텍스트는 "당신은 번제와 속죄제를 요구하지 않

---

14 Melvin K. H. Peters, "Septuagint," in *The Anchor Bible Dictionary*, ed. David Noel Freedman (New York: Doubleday, 1992), 5:1100; 참조. pp. 1093-1104.

15 더 많은 예를 보려면 Hanson, *Living Utterances of God*, pp. 12-13을 보라.

으신다. 당신은 나를 위해 귀들을 새겨 만드셨다"라고 읽힌다. 70인경은 이 부분을 더욱 이해하기 쉽도록 "당신은 나를 위해 귀들을 준비하셨다"라고 변형시킨다.

몇몇 학자들은 이러한 통상적 관점에 동의하지 않는데 그것은 부분적으로 70인경이 초대교회의 성경이었다는 근거 때문이다. 이런 사실은 많은 이들에게 문제를 야기한다. 바울은 마소라 텍스트보다 70인경을 더 자주 인용했다.[16] 또한 많은 학자들의 주장에 따르면 바울과 복음서 기자인 요한은 두 가지 성경 역본을 모두 알고 있기는 했지만, 요한복음과 요한계시록 만큼은 70인경을 활용하고 있다고 주장한다. 또한 히브리서 저자는 오직 70인경만을 알고 있었던 것 같다. 오리게네스를 위시하여 대부분의 교부들도 마찬가지로 70인경을 사용했다. 물론 그들 중 한둘은 히브리어를 알았지만 말이다. 결론적으로 학자들 대다수는 주전 2-3세기경의 유대교의 정신을 밝히는 데 있어 70인경이 중요한 역할을 담당한다는 사실에 동의한다.

유대의 거룩한 땅이 열려 헬레니즘의 영향을 받아들인 데에는 부분적으로 헤롯 대왕(주전 43-4)의 역할이 크다. 헤롯 대왕은 그리스 로마 문명에 대한 자신의 개방성으로 로마인들에게 깊은 인상을 심어주고 싶어했다. 하지만 사두개인과 바리새인은 이런 태도를 유대의 유산을 헬라화하는 타협으로 간주하여 반대했다. 주전 4년 헤롯의 죽음 이후로 유대는 분할 통치되었다. 즉 분봉왕 빌립이 이두레와 드라고닛을, 안티파터는 갈릴리와 베뢰아를(로마 치하에서 다스림), 아켈라오는 권좌에서 물러날 때까지 로마 치하에서 유대를 통치했다. 왕위 계승자나 총독은 처음에는 로마 황제 아우구스투스가, 나중에는 티베리우스 황제가 직접 지명했는데, 빌라도는 후자에 의해 지목된 경우다. 갈릴리("이방인들의 갈릴리"로 불리던)는 유대 지역보다 훨씬 더 "헬레니즘적"이었다. 많은 사람들이 그리스어를 사용했으며 무역

---

16 Christopher D. Stanley, *Paul and the Language of Scripture: Citation Technique in the Pauline Epistles and Contemporary Literature* (Cambridge: Cambridge University Press, 1992).

과 상업에 종사하는 사람들은 특히 그러했다.

어쨌든 여기서 짧게나마 언급할 가치가 있는 그리스어를 말하는 유대교의 문헌은 성장하고 있었다. 상업이 성행하고 전쟁이 있었다는 사실은, 당시 1세기에 디아스포라 유대교가 수적인 측면에서나 힘에 있어서 중요했음을 의미한다. 유대인들은 로마, 알렉산드리아, 시리아의 안디옥 등 그리스어권 중심 도시에 광범위하게 퍼져 살았다. 필론과 요세푸스의 저작을 별도로 하고, 아마도 가장 중요한 이 시대의 저작은 「마카베오4서」와 필명의 저자가 쓴 「지혜서」(Wisdom of Solomon)일 것이다. 나중에 우리는 「아리스테아스 서신」에 대해서도 간략하게 살펴볼 생각이다.

2. 「**마카베오4서**」(대략 주후 18-37)는 고대 그리스 비판 양식을 갖춘 유사 철학적 논고다. 설교의 요소도 가지지만 그리스식 웅변을 잘 보여주는 훌륭한 작품이다. 이 작품은 마카베오 왕조의 순교자와 애국자들의 이야기를 수집해 미화한 것이지만, 동시에 이성의 우위성을 주장하는 목적도 가진다. 책 속에서 대제사장 엘레아자르는 탁월한 철학자로 묘사된다. 또 성경의 요한계시록에서처럼 순교는 정복(nikaō)으로 표현된다. 유대의 율법은 "가장 참된" 철학으로, 이성은 "지혜의 삶"(「마카베오4서」 1:15)을 선택할 수 있는 지성으로 간주된다. 엘레아자르에게 이성은 "거룩함의 방패"(7:4)다. "오! 제사장이여!…오! 율법의 고백자이며 철학자여!"(7:7) 그리스어를 사용하는 유대교에서 어떻게 플라톤주의가 해석의 한 자의적 요소로서 발전했는지를 이해하는 것은 그리 어렵지 않다. 나아가 「마카베오4서」에는 "영혼"과 불멸성에 대한 교리가 보이기는 하지만, 이것은 오직 하나님만이 행위자가 되는 부활의 개념과는 거리가 먼 것이었다. 이 작품은 순교자들이 가진 속죄적 힘을 높이 찬양하면서 엘레아자르와 소크라테스를 그 순교자의 반열에 두고 있다.

3. 「**지혜서**」(주전 40, 또는 주전 80-10)는 더 이른 시기에 나온 벤 시락의 「지혜서」(「집회서」로도 알려져 있는)와 혼동되어서는 안 된다. 이 책은 하나님에 대한 믿음을 수호하고 우상을 공격하지만 그리스적인 수사학 방법을

사용해서 그렇게 하고 있다. 「마카베오4서」와 마찬가지로 「지혜서」도 부활보다는 불멸성 개념을 가르친다. 우상숭배에 대한 비판은 바울의 로마서 1:18-32과 유사하다. 「지혜서」의 1-5장, 특별히 14:24-26와 13-15장 또한 이 점을 잘 보여주는데, 아마도 이 책은 회당에서 이루어지던 설교의 표준적 모델을 제공하는 듯하다. 「마카베오4서」와 필론의 저작처럼 「지혜서」도 그리스어를 사용하던 유대인들의 플라톤주의에 대한 매혹을 잘 설명하기는 하지만, 유대교 성경해석의 일차적 모델로는 볼 수 없다.

4. **「아리스테아스 서신」**(주전 100)은 이미 우리가 본 대로 70인경의 기원에 대한 목격자적 설명을 제시한다고 주장하고는 있다. 하지만 실제로 이 문서의 내용은 익명의 저자가 알렉산드리아 유대인의 목소리를 통해 헬레니즘 문화권의 독자들에게 유대교의 경전을 변호하는 것이다. 여기서 저자의 지향점은 모세 율법이 당대 가장 고급의 교육을 받은 그리스인들이 공유하는 철학적 준칙과 일치함을 증명하는 것이었다. 따라서 이 폭넓은 독자층에게 임의적이거나 명백하게 특수 문화적 요소로 느껴질 수 있는 것은, 이러한 인상을 주는 것을 피하기 위해 무엇이든 재해석되었을 것이다. 예를 들어 "모든 짐승 중 굽이 갈라져 쪽발이 되고 새김질하는 것"(레 11:3)에 대한 규정은 현명한 분별력을 발휘하는 일에 관한 알레고리로 이해된다. 「마카베오4서」와 「지혜서」에서도 이러한 알레고리적 해석의 흔적이 발견되지만 이 책의 수준과는 비교할 수 없다.

5. 알레고리적 해석의 고전적인 유대인 주창자는 **알렉산드리아의 필론**(Philo of Alexandria, 주전 20-주후 50)이다. 필론의 사상이 과연 디아스포라 시대의 헬라화된 유대 사상의 큰 줄기를 대표하는 것인지[굿이너프(E. R. Goodenough)], 아니면 이 철학자는 개성적이고 비전형적인 인물일 뿐인지[바레트(C. K. Barrett)]에 대해서는 전문가들의 의견이 일치하지 않는다. 무엇보다 필론은 변증론자로서 "거룩한 말씀" 또는 "신적인 말씀"으로서의 성경의 권위를 확신하는 인물로, 교육받은 그리스인 계층에게까지 성경을 권유하려 시도했다.[17] 그는 모세를 숭배하는 동시에 "위대한 플라톤"에 대해

말했으며 호메로스, 핀다로스, 에우리피데스를 위시한 여러 그리스 작가를 인용했다. 필론은 제논, 클레안테스, 피타고라스, 특별히 플라톤의 철학에 흠뻑 빠져 있었다. 그는 그리스와 유대 두 세계에 속한 사람인 동시에 신성한 텍스트에 대한 알레고리적 해석에 있어 타의 추종을 불허하는 인물이다.

하나님께 부적합하게 보이는 진술이 나오거나 하나님의 지혜와 초월성을 훼손하는 듯이 보이는 진술이 나올 때 필론은 그 텍스트의 "표면적" 의미(문자적 의미)를 배제시킨다. 따라서 아담이 하나님으로부터 "숨는다"(창 3:8)는 것은 말이 되지 않는다. 왜냐하면 이렇게 말하는 것은 하나님이 무엇인가를 모를 수도 있을 가능성을 전제하기 때문이다. 아담은 하나님의 전지함으로부터 결코 "숨을" 수 없다. 이런 경우에는 "다른"(allos) 의미를 찾아야만 하는 것이다. "하나님이 과일 나무를 심었다"(창 2:8-9)의 표면 의미도 교육받은 알렉산드리아인, 그리스인, 로마인들은 받아들이기 어렵다. 이렇게 문자적으로 이해하면 이 구절은 순전한 "어리석음"일 뿐이다. 그러므로 이 텍스트는 알레고리적으로 하나님이 영혼 안에 덕(德)을 심는 것으로 해석된다.[18] 같은 논리로 바벨탑 이야기(창 11:1-9)에서 언어의 기원을 설명하는 표면적 의미는 별로 중요하지 않으며, 중심 내용은 하나님의 통치와 인간의 어리석음에 대해서다.[19] 필론은 어떻게 가인이 아내를 발견하고 "도시"를 건설할 수 있었는가(창 4:17)에 대해 추정되는 "현대적" 난제들을 다루는 작업을 알레고리적 해석이라고 부른다.[20] 창세기 1:1-2:3과 2:4-25의 창조에 대한 두 가지 설명은 각각 천상적이고 "영적인" 아담(창 1:27)과 지상적이고 육체적인 아담(창 2:7)을 가리킨다.[21] 그리고 텍스트에 나타나는 숫자는 수적인 실제적 차원의 양이 아니라 상징적 차원의 양을 가리

---

17 Philo, *On Change of Names* 8; *The Heir of Divine Things* 53; and *On the Life of Moses* 3.23.

18 Philo, *On Husbandry* 8-9.

19 Philo, *On the Confusion of Tongues* 38.

20 Philo, *On the Posterity and Exile of Cain* 11, 14.

21 Philo, *On Allegorical Interpretation* 3.12, 3.16.

킨다. 예를 들어 1이라는 숫자는 유일하신 하나님을 가리킨다.[22]

필론의 해석학이 변증적 관심에서 비롯된 것이고, 또한 지상적 영역과 영적 영역 사이에 있는 플라톤적 대조를 전제하는 것이 사실이지만, 이 철학자는 텍스트의 본성이나 장르로부터 자신의 방법론을 방어하려 시도한다. 왜냐하면 필론의 논증처럼 뱀이 말을 한다는 것(창 3:1)은 믿을 수 없는 일이기 때문에, 만약 이 구절이 필연적으로 있어야 한다면 그것은 뱀에 대한 진술 이상의 것이 함축되어 있기 때문이다. 나아가 필론은 모세오경이 일차적으로 우연적이고 특수한 상황에 대해 이야기하고 있지 시공간을 초월한 광대한 원리를 설명하는 텍스트가 아니라는 사실을 믿지 않았다. 예를 들어 필론은 갈대아 우르에서의 아브라함의 여정(창 12:1-25:8)을 인간의 영혼 혹은 정신 속에서 지혜가 자라가는 여정으로 해석한다. 또한 야곱이 자기 지팡이만 가지고 요단을 건넌 일(창 32:10)은 그의 비열함(요단으로 표상됨)이 훈련(지팡이로 표상됨)을 통해 극복됨을 의미한다.

필론의 성경해석을 지배하는 중심 개념은 하나님의 초월성이었다. 헨리 채드윅(Henry Chadwick)은 "1세기의 비그리스도인 저술가들 가운데 필론은 당시 한창 발흥하고 있던 기독교의 역사가가 가장 많이 배워야 했던 인물 중 하나다"라고 썼다.[23] 필론은 성경과 유대교에 충실하려 한 동시에 플라톤주의, 스토아주의, 신(新)피타고라스주의를 포함해 그리스 철학에 정통해 있던 로마의 지식인 계층에게 유대교를 권유했다. 때때로 이 철학자는 성경을 알레고리화될 수 없는, 역사적 핵심을 가진 것으로 간주하기도 했다. 필론의 영향력은 교부들에게 간접적으로 전달된다. 또한 그는 이교적 우상숭배와 그것의 결과(참조. 롬 8:18-32)에 대한 바울의 비난을 공유한다. 사도 바울과 마찬가지로 필론도 우리의 시민권은 하늘에 있다는 것과 하나님에 대한 우리의 현재 지식은 일그러진 거울에 비추어봄과 같음을 말했다.

---

22 Philo, *On Allegorical Interpretation* 2.1.
23 Henry Chadwick, "St. Paul and Philo of Alexandria," *Bulletin of the John Rylands Library* 40 (1965-66): 288; 참조. pp. 286ff.

필론이 남긴 문헌은 방대한 주제를 망라하는 동시에 그 양도 상당하다.

6. **플라비우스 요세푸스**(Flavius Josephus, 주후 37-100년경)는 예루살렘의 제사장 가문에서 태어났으며 바리새인, 사두개인, 에센파의 방법들을 공부했다. 열아홉 살에 바리새인이 되었으며[24] 서른두 살에(주후 64) 로마로 여행했는데, 이때 감금 상태에 있던 제사장들을 석방시키려 노력했다.[25] 이 일에 성공하고 유대로 돌아온 요세푸스는 로마와 벌이는 전쟁에 대해 반대했으며, 예루살렘이 포위된 기간에도 유대인들에게 티투스 황제에게 항복할 것을 권유했다. 전쟁 후 요세푸스는 티투스 황제와 함께 로마로 가서 제국으로부터 로마 시민권, 수입, 부동산을 하사받았다. 그의 모든 저술, 특히 『유대 전쟁사』(*The Jewish War*)와 『생애』(*Life*)는 로마에 대한 강경한 찬성론을 보여준다. 『유대 고대사』(*Antiquity of the Jews*)는 20권의 방대한 분량으로 유대인의 역사를 천지창조에서부터 다룬 역작이다. 하지만 성경해석자로서 요세푸스는 로마에 적대적인 몇몇 부분을 성경으로부터 삭제했다는 오점을 남긴다.

3. 그리스도 당시의 유대 묵시문학

이제 우리는 묵시문학(주전 200-주후 100년경) 중 가장 중요한 몇몇 저작을 간략히 살펴봄으로써 결론을 맺고자 한다. 묵시문학의 일반적 견해에 따르면 이 세계는 너무 악하여 개혁되는 것은 불가능하다. 따라서 인류는 하나님이 새 창조와 부활을 가져오실 때를, 즉 하나님이 역사 속으로 결정적으로 뚫고 들어오실 때를 기다려야 한다. 이 일은 곧 일어날 것이다.

1. 상대적으로 초기에 속하는 묵시적 문헌 중 하나는 「에녹1서」 37-71

---

24 Josephus, *Life* 2.12.
25 Josephus, *Life* 4.17-19.

장(주전 100-80년경)이다. 이 문서는 두 시대와 심판을 묘사하고 있으며 메시아적 함축을 가지고 있다.

2. 우리 관심사에 더 직접적인 흥미를 유발시키는 저술은 익명의 저자가 쓴 「**솔로몬시편**」(주전 50-40년경)이다. 폼페이우스에 의한 예루살렘 정복이 아직도 생생하게 마음속에 남아 있던 시대에, 「솔로몬시편」은 성경 구절의 직접적 준거 폭을 확대해서 현재에 적용함으로써 침략자들과 적들에 항거했다. 하나님이 다윗과 맺은 언약이 송축되는 가운데, 예루살렘을 모든 이방인들, "라틴 사람들"로부터 정화할 오실 왕에 대한 희망이 기원된다. 성경을 현재에 적용하는 이러한 해석은 부분적으로 쿰란의 페쉐르 해석을 상기시킨다.

3-4. 「**에스라4서**」와 「**바룩2서**」(「바룩의 묵시록」, 주후 50-90년경) 또한 종말론적 전망을 보여준다. 「에스라4서」는 다니엘서에 포함된 묵시적 텍스트를 상기시키는데, 즉 "심해로부터 나온 사람 같은 이가" "하늘의 구름 속으로 날아가고", 약속된 때가 차면 다윗의 사자가 남은 자들을 해방시킨다는 부분이 그러하다(참조. 출 13:3; 갈 4:4). 이 심판은 세상에 대한 추수다. 「바룩2서」에 대해서 클라우스너(J. Klausner)는 이렇게 평한다. "위경 중에 이토록 풍성한 메시아적 소망이 드러나는 텍스트는 없다."[26] 「에스라4서」는 비전에 집중한 「에녹2서」와는 대조적으로, 이스라엘을 다루시는 하나님을 묘사함에 있어 "역사적" 관점을 취한다. 의심할 여지없이 비전의 전달에 집중하는 책들은 상징적 해석에 적합하다. 알베르트 슈바이처를 위시한 많은 연구자들은 「에스라4서」와 「바룩2서」를 바울 이해를 위한 가장 중요한 책으로 간주한다.[27] 이 비전적 묵시들은 요한계시록과 매우 유사하다. 「바룩2서」와는 달리 「에스라4서」는 아담의 타락을 전 우주적 재앙으로 묘사하고 있다.

5-6. 「**열두 족장의 언약**」(*Testaments of the Twelve Patriarchs*)은 창세기

---

26 J. Klausner, *The Messianic Idea in Israel*, trans.W. F. Stinespring (London: Allen and Unwin, 1956), p. 331.

내러티브의 자유로운 확장을 포함한 책으로, 도덕적 훈계와 더불어 덕과 악덕의 사례들을 제시한다. "성경의 역사적 내러티브는 윤리적 지침을 제공하기 위해 하가다 미드라쉬의 방식으로 채워져 있다."[28] 「희년서」는 실제로 성경적 이야기를 재기술한다. 즉 창세기 1장에서 출애굽기 12장까지의 소재를 자신의 목적을 따라 전개시킨다. 「희년서」는 "해석"과는 거리가 멀어서, 어떤 사람은 이 책이 성경에 대한 어떠한 직접적 지식도 전제하고 있지 않다고 본다. 하지만 고펠트(L. Goppelt)를 비롯해 몇몇 연구자들은 「희년서」를 "성경의 하가다적 취급에 대한 고전적 모델"로서 이해한다.[29]

4. 해석의 그리스적 뿌리: 스토아학파

주전 6세기와 7세기 사이에 그리스에서 논의된 가장 초창기 쟁점은 알레고리적 해석 방법에 대한 것이었다. 과연 호메로스와 헤시오도스의 텍스트에 대한 알레고리적 독해는 정당한 것인가? 성경 텍스트에 대한 알레고리적 해석 또한 초기 교회에서 논쟁의 주제가 되었으며, 이 논쟁은 종교개혁 시대에 다시 되살아나게 된다.

고대 그리스에서 알레고리적 해석의 기원은 주전 6세기에 활약했던 레기움의 테아게네스(Theagenes of Rhegium)와, 지리학자이자 역사학자였던 헤카타에우스(Hecataeus)에게서 발견된다. 테아게네스는 주전 525년경에 왕성하게 활동한 인물로 그의 저술은 현존하지 않는다. 하지만 믿을 만한 전승에 의하면 테아게네스는 다신론과 의심스런 도덕주의를 공격하는 합

---

27 Albert Schweitzer, *The Mysticism of Paul the Apostle*, trans. W. Montgomery (London: Black, 1931), 3장.

28 Leonhard Goppelt, *Typos: The Typological Interpretation of the Old Testament in the New*, trans. D. H. Hadvig (Grand Rapids: Eerdmans, 2006), p. 25. 『모형론: 신약의 구약해석』(새순출판사 역간).

29 Goppelt, *Typos*, p. 25.

리주의자들에 맞서 "신성하고" 숭배받는 텍스트를 수호한다는 일차적 목적을 품고 호메로스를 알레고리적으로 해석했다. 테아게네스는 그리스 신전의 신들과 여신들 사이에 일어나는 전쟁과 질투에 대한 호메로스의 이야기를 자연의 힘에 대한 알레고리 또는 미덕의 행위를 격려하는 신화로 해석한다. 예를 들어 아폴론과 헤파이스토스는 자연의 요소 중 불을 상징하며 포세이돈은 물을, 헤라는 공기를 표상한다는 식이다.

주전 5세기 람프사쿠스(또는 람프사코스)의 메트로도루스(Metrodorus of Lampsacus)는 호메로스의 신들에 대한 이야기를 인간 신체의 일부를 지시하는 알레고리로 이해했다. 아폴로는 담즙을 의미하고 데메테르는 간을 표상한다는 식이다. 이러한 알레고리적 코드는 생리학의 범위를 넘어서 있다. 신들에 대한 이야기 자체가 권위 있는 문헌의 뒷받침을 얻어, 진지한 철학적 시스템으로서의 우주와 인간의 질서를 반영하고 있는 것이다. 스토아학파의 창시자인 제논(주전 334-262년경)은 이런 방식으로 헤시오도스를 읽어 낸다. 클레안테스(주전 331-232년경)는 파르테논을(제우스를 제외) 자연의 힘으로, 제우스를 자연을 지배하는 신적 힘으로 해석했다.

초기 스토아철학자와 수사학자들도 알레고리적 해석을 활용했다. 하지만 플라톤(주전 428-348년경)은 알레고리적 해석을 사용하는 데 엄격한 제한 설정이 필요하다는 태도를 보였다. 즉 알레고리적일 수도 아닐 수도 있는 텍스트를 **알레고리적으로 해석한 것**(allegorical interpretation of texts)과, 그 자체로 **알레고리적인 텍스트**(allegorical texts)를 구분해야 한다는 것이다. 알레고리적 해석이란 텍스트의 문법적이고 정상적인, 일상의 "사전적" 의미로부터 "다른"(allos) 의미를 전제할 수 있다고 믿는 해석학적 절차를 지시한다. 그러나 알레고리적 해석은 근본적으로 독자나 해석자가 텍스트의 기저를 이룬다는 입장과는 구별된다. 플라톤과 동시대 고전 저술가들가들은 알레고리아(allegoria)보다는 휘포노이아(hyponoia, 숨겨진 의미 또는 표면 아래의 심층 의미)라는 단어를 선호했다. **알레고리적 텍스트**란 일상적이고 평범한 언어를 사용해서 상징적이거나 첨가적인, 일상 바깥에 있는 의미를 실어나르는 텍스트를 의미한다.

플라톤은 호메로스의 몇몇 구절들이 문자적·묘사적·지시적 언어보다 더 심층적인 신화론적 의미를 전달할 수도 있음을 인정했다. 그럼에도 플라톤은 **절도를 잃은** 알레고리적 해석이 "촌스러운 종류의 지혜"를 내비친다며 반대했다.[30] 「파이드로스」(*Phaedrus*)에서 소크라테스의 입을 빌어 플라톤은 공상의 제멋대로의 비행에 반대하면서 이성적 해석을 주장하고 있다.

주후 1세기에 헤라클레이토스(Heracleitus or Heraclides)와 코르누투스(Cornutus)는 초기 스토아주의자와 플라톤주의자들이 각각 활용한 해석의 원리에 대해 논의했다. 헤라클레이토스는 아킬레우스의 머리카락을 잡아당기는 아테네 여신이나 제우스에 대항하여 음모를 꾸미는 신들에 대한 호메로스의 텍스트를 단순하고 실제적인 묘사로 이해하는 독법에 대해 동정 어린 표정을 짓는다. 이런 문자적 독법은 텍스트를 오해하며 그 가치를 떨어뜨린다. 헤라클레이토스에 의하면 전자의 예는 다만 아킬레우스의 주관적 미결정 상태나 심리 상태를 기술하며, 후자는 공기(헤라), 태양(아폴로), 물(포세이돈), 창공(제우스)의 상호작용을 묘사한다. 실제로 헤라클레이토스는 주장하기를, 호메로스는 "이것을 말하면서 다른 것을 의미하도록 의도한다.…바로 이것을 두고 알레고리라고 부른다(*allēgoria kaleital*)."[31] 따라서 "표면 아래"의 심층 의미를 보는 독자들은 호메로스가 삶에 대한 심오한 철학을 전달함을 인식할 것이다.

플라톤주의 철학자들에게 알레고리적 해석에 대한 평가는 입장에 따라 나뉘는 경향을 보인다. 왜냐하면 이론적 차원에서의 거부와 실제적 차원에서의 수용 사이에 태도의 차이를 보이기 때문이다. 여기에 대해 플루타르코스는 신중한 태도를 취한다. 일단 플루타르코스는 텍스트에 나타나는 세상의 본성으로부터 너무 성급하게 우주론적인 원리를 읽어내는 독법에는 반대한다. 하지만 신화가 밋밋하고 객관적인 묘사로부터 상징적이거

---

30 Plato, *Phaedrus* 229e.

나 실제적인 의미를 전달할 수 있다는 원리는 수용한다. 탈신화화를 논의할 장에서 우리는 다시 이 지점으로 되돌아올 것이다. 즉 "신화"는 사건이나 사태를 "객관적으로" 기술하기보다 인간의 **태도**를 상황 안으로 초대하거나 자극하는 데 더 많이 관여한다는 오래된 인식에 호소하는 루돌프 불트만의 견해에 주목할 것이다.

그리스 사상가들이 호메로스와 헤시오도스의 저술에 알레고리적 해석을 적용한 반면, 유대 사상가들은 이미 살펴보았듯 히브리어 성경 자체가 가진 알레고리적 해석에 의지했다. 논쟁의 여지는 있을지 모르지만 구약의 몇몇 구절은 그 자체로 이미 알레고리적 텍스트다. 예를 들어 에스겔 17:1-10에 나오는 큰 독수리, 삼나무, 포도나무는 각각 바벨론왕, 유다왕, 그들 사이에 얽혀 있는 정치적 관계를 알레고리적으로 표상한다고 간주된다. 에스겔서는 상징과 은유로 가득 한 텍스트로서 여기서는 확장된 의미, 심지어 알레고리적 의미조차 특수해 보이지 않는다.

그럼에도 좀 더 체계를 갖춘 알레고리적 해석을 촉발한 것은, 텍스트가 속한 장르에 대한 관심보다는 신적 초월과 신인동형론을 범하지나 않을까 하는 염려 때문이었다. 주전 2세기 초반 아리스토불루스(Aristobulus)는 신인동형론적 언어로 하나님을 묘사하는 듯 보이는 성경 구절에 대해 같은 관심을 보였다. 이런 구절 안에는 "하나님의 손"을 행동하는 하나님의 능력을 지시하는 것으로 이해될 수 있는 명백한 은유뿐만 아니라 시내 산으로 "강림하는 하나님"이나 천지 창조 후 제7일에 "안식하는 하나님"(창 2:2) 같은 부분도 포함된다. 아리스토불루스는 이 안식을 행동의 중단이 아니라 영원한 질서의 정립으로 읽는다. 핸슨(R. P. C. Hanson)은 이것을 두고 알레고리적 해석이라기보다 "알레고리의 경계에서 흔들림"이라고 했는데, 이는 정확한 표현이다. 어쨌든 핸슨은 아리스토불루스가 "헬레니즘의 모델로부터 자신의 알레고리를 빌려온다"는 평가를 덧붙인다.[32]

---

31 Heracleitus, *Quaestiones Homericae* 22.

움베르토 에코도 여기에 대해 통찰력 있는 논평을 제시했다. 에코의 지적에 따르면 필론은 텍스트의 초점을 특수하고 시간에 매여 있는 상황으로부터 일반적이고 철학적인 원리의 차원으로 **확대시키기 위해** 알레고리적 해석을 활용했다. 하지만 대조적으로 알레산드리아의 교부들이 사용한 알레고리는 역효과, 다시 말해 텍스트의 초점이 특히 **기독론적** 적용에 있어 **협소해지는** 역효과를 낳았다.[33] 또한 에코는 기독교 이전의 알레고리적 해석에서는 철학적이고 세속적 의미가 보다 "종교적인" 의미를 대체했지만, 초기 기독교의 알레고리적 해석에서는 종교적 의미가 세속적이고 평범한 의미를 대체해버리는 경향을 보임을 암시했다.

제5장에서 신약과 2세기의 해석을 논의할 때 우리는 알레고리적 해석과 **예표론**(typology)의 활용 사이의 관계를 검토할 것이다. 또한 제6장에서 3세기부터 13세기까지의 상황을 살펴볼 때, 제7장에서 종교개혁, 계몽주의, 성서비평의 발흥을 검토할 때 등등에서는 그 이상의 내용을 보게 될 것이다.

5. 참고 도서

Hanson, R. P. C., *Allegory and Event: A Study of the Sources and Significance of Origen's Interpretation of Scripture* (London: SCM, 1959), pp. 11-64.

Jensen, Alexander, *Theological Hermeneutics*, SCM Core Text (London: SCM, 2007), pp. 9-23.

Patte, Daniel, *Early Jewish Hermeneutic in Palestine*, Society of Biblical Literature Dissertation Series 22 (Missoula: Scholars Press, 1975), pp. 49-129.

---

32 R. P. C. Hanson, *Allegory and Event: A Study of the Sources and Significance of Origen's Interpretation of Scripture* (London: SCM, 1959), p. 43.

33 Umberto Eco, *Semiotics and the Philosophy of Language* (London: Macmillan, 1984), pp. 147-48.

HERMENEUTICS

제5장

신약과 2세기

신약은 해석에 대해 다음과 같은 최소 세 가지의 쟁점을 제시한다. 첫째, 몇몇 성경 구절은 예수와 구약을 하나님이 세상을 다루시는 방식에 대한 **준거 체계**(frame of reference)로 간주한다. 둘째, 어떤 텍스트들은 특정 견해를 나타내기 위해 **예표론적**(typological)이거나 알레고리적인 해석을 사용하는 듯 보인다. 셋째, 또 다른 구절들 예를 들어 마태복음 1-3장에 나타난 텍스트군(群)들은 **나사렛 예수**를 선지자와 구약의 저자들이 오랫동안 예언해온 바로 그 존재와 동일시한다. 먼저 우리는 구약을 예수 그리스도의 복음을 해석하기 위한 준거 체계 또는 유의미한 **선이해**를 제시하는 것으로 간주하는 견해들을 검토할 것이다. 왜냐하면 실제로 구약이야말로 신약 시대 교회의 성경이었기 때문이다.

1. 준거 체계 또는 선이해로서 구약: 바울과 복음서들

바울 이전의 정식들(pre-Pauline formulae) 중 가장 이른 시기의 것에서부터 논의를 시작해보자. 우리는 전승에 따르면 그것이 심지어 바울 서신보다 더 이른 시기의 것임을 알 수 있다. "성경대로 그리스도께서 우리 죄를 위하여 죽으시고 장사 지낸 바 되셨다가 사흘 만에 다시 살아나사"(고전 15:3-4). 물론 앞의 텍스트가 절대적으로 어떤 특정 구절과 일치한다는 말은 아니다. 하지만 이 구절은 우리에게 그리스도의 죽음과 부활을 이해하는 열쇠가 "성경[들]대로"(*kata tas graphas*, 복수형 "성경들")라는 구절에 있음을 말해준다. 울리히 루츠(Ulich Luz)는 이렇게 쓰고 있다. "바울에게 구약은 일차적으로 이해의 대상이 아니다. 그에게는 구약 자체가 이해를 창조해낸다."[1] 여기서 중대한 지점은 "사흘째 되는 날"(호 6:2)에 대한 단 하나의 증거 텍스트가 아니라, 구약 전체의 원리 즉 하나님이 그의 종으로 고난을 겪게 하시지만 최종적으로 그 종의 무죄함을 증명해주신다는 원리다.[2]

앤더스 에릭슨(Anders Eriksson)은 바울의 논증과 교회에 있어 바울 이전에 존재했으며 공유되었던 사도적 전통이 얼마나 중요한가를 증명한 바 있다.[3] 유대의 성경 즉 구약의 역사적 지평은, "때가 충분히 찼을 때"(갈 4:4) 하나님이 그리스도를 통해 하실 일을 이해하는 데 있어 근본적인 바탕을 제공했다. 누가에 따르면 예수는 제자들에게 "모세의 율법과 선지자의 글과 시편에 나를 가리켜 기록된 모든 것이 이루어져야 하리라"고 말씀하고 "그들의 마음을 열어 성경을 깨닫게 하셨다"(눅 24:44-45). 한편 누가복음 24:26-27에서는 같은 문제가 역으로 표현된다. "그리스도가 이런 고난을 받고 자기의 영광에 들어가야 할 것이 아니냐 하시고 이에 모세와 모든 선지자의 글로 시작하여 '모든 성경 안에서'(*en pasais tais graphais*) 자기에 관한 것을 '그들에게 설명하셨다'(*diermēneusen autois*)."[4]

이런 사실은 해석학에 대한 현대적 논쟁에 시사하는 점이 크다. 2세기 마르키온(Marcion) 이후부터(나중에 다시 언급될 것임) 수많은 사람들은 실

---

1 Ulrich Luz, *Das Geschichtsverständnis des Paulus* (Munich: Kaiser, 1968), p. 134.
2 Anthony C. Thiselton, *The First Epistle to the Corinthians: A Commentary on the Greek Text*, New International Greek Testament Commentary (Grand Rapids: Eerdmans; Carlisle: Paternoster, 2000), pp. 1186-1203.
3 Anders Eriksson, *Tradition as Rhetorical Proof: Pauline Argumentation in 1 Corinthians* (Stockholm: Almqvist & Wiksell, 1998), 특히 pp. 86-97, 332-78.
4 Richard Palmer, *Hermeneutics: Interpretation Theory in Schleiermacher, Dilthey, Heidegger, and Gadamer* (Evanston, Ill.: Northwestern University Press, 1969), pp. 23-26. 『해석학이란 무엇인가』(문예출판사 역간).

제적으로 구약을 한편에 제쳐놓았다. 구약이야말로 예수와 신약 시대 교회의 경전을 구성하는 원천이었다는 사실을 모르거나 무시하면서 말이다. 하지만 신약을 올바르게 이해하기 위한 여정으로 가는 적절한 선이해는 구약 또는 히브리어 성경에 의해 형성된다. 만약 슐라이어마허가 신약, 칸트, 철학, 계몽주의, 당대의 독일 문화에 심취한 만큼 구약에도 정통했더라면 아주 다른 신학을 집필할 수 있었을 것이다. 사실 그는 구약을 제외한 다른 대부분의 신학 분과를 가르쳤다. 불트만 역시 이러한 결핍에 있어 슐라이어마허보다 더 심각한 문제를 가지고 있을 것이다.

A. T. 핸슨, 오토 미헬(Otto Michel), 울리히 루츠, 롱게네커, 무디 스미스(Moody Smith), 애게슨(J. W. Aageson)을 위시해 이 분야 전문가들에 따르면 신약 저자들은 다양한 측면에서 히브리어 성경이 그리스도의 오심, 그의 사역, 복음서들을 해석하는 데 선이해 또는 준거 체계를 제공한다고 간주했다.[5] 예를 들어 바울은 주요 서신에서 복음을 "하나님이 선지자들을 통해 그의 아들에 대해 성경에 미리 약속하신 것"(롬 1:2)으로 이해한다. 동일한 생각이 로마서 3:21-22에서도 반복되고 있다. 로마서 15:4에서 바울은 독자들에게 이 기록이 "우리의 교훈을 위해서"이고 "성경의 위로"를 제시한다고 말하고 있다. 로마서 4:1-15에서는 아브라함의 예가 인용되는데, 바울은 그를 "우리 조상"(4:1)이라 부른다. 왜냐하면 아브라함은 하나님의 약속의 기초로 의롭게 여김을 받았기 때문이다. 로마서 9-11장은 "나의 형제 곧 골육의 친척"(9:3)인 이스라엘에 대한 부분이다. 많은 사람들, 그중에서도 특히 알베르트 슈바이처 같은 이는 로마서나 갈라디아서에서 틀림없이 구약에 대한 편견에 호소한 참조가 발견되리라고 주장했다. 왜냐하면 로마서나 갈라디아서 본문에서 부분적으로 바울은 구약에 대한 준거를 기

---

5 참조. 예를 들어 J. W. Aageson, *Written Also for Our Sake: Paul and the Art of Biblical Interpretation* (Louisville: Westminster John Knox, 1993), Richard N. Longenecker, *Biblical Exegesis in the Apostolic Period* (Grand Rapids: Eerdmans, 1975).

대하는 유대인 그리스도인들, 특히 "유대교화를 주장하는 이들"(Judaizers)
에 대해 다루고 있기 때문이다. 하지만 고린도전후서는 이런 범주에 들어
가지 않는다. 고린도전서 10:1-13에서 바울은 이스라엘을 기독교 교회의
모형 정도가 아니라 그 이상으로 일컫는다. 바울은 "이러한 일은 우리의 본
보기가 되기 위해 일어났다"(고전 10:6)라고 쓰고 있다. 또한 이러한 일들이
기록된 것은 "우리를 깨우치기 위해서"(10:11)라고도 했다. 고린도후서
1:20에서 바울은 구약에 기록된 대로 그리스도 안에 있는 하나님의 약속을
확증하는 한편, 고린도후서 3:14-18에서는 옛 언약[언약(covenant) 또는 약
속(testament); *"diathēkē"*는 둘 다 의미할 수 있다]을 가리고 있던 베일이 그리
스도인들에게는 벗겨졌다고 말한다.

　이러한 준거 체계는 개별 텍스트의 차원 그 이상으로서 다음과 같은 주
요한 주제로까지 확대된다. 바울에게 그리스도는 새로운 아담 또는 "마지
막"(종말론적) 아담이다(롬 5:12-21; 고전 15:45-50). 복음은 새 창조를 일으
킨다(갈 3:27-28; 고후 5:17). 교회는 "영적" 이스라엘이다(롬 9:4-5). 바울은
창세기 15장에서 아브라함의 예를 포착한다(참조. 갈 4:21-31).[6] 톰 홀랜드
(Tom Holland)는 자신의 최근 연구에서 바울의 사상이 구약에 얼마나 의지
하고 있는지를 선명하게 보여준 바 있다.[7] 올리브나무 같은 여러 은유들은
그것의 구약적 배경 지식 없이는 이해하기 어려울 것이다(롬 11:17-24).

　공관복음에서 예수가 세례 받은 사건은 예수를 하나님의 백성으로서
의 이스라엘과 진정한 연대의 관계 속으로 들어가게 한다. 이사야 40-55장
과 여러 편의 시편(시 2:7; 막 1:11)과 일치되게, 예수는 하나님의 종이자 아
들로 불렸다. 변화산에서 나타났던 모세와 엘리야는 각각 율법과 선지자를

6　이런 주제에 대해서는 Leonhard Goppelt, *Typos: The Typological Interpre-
tation of the Old Testament in the New*, trans. D. H. Hadvig (Grand Rapids:
Eerdmans, 2006), pp. 127-52.

7　Tom Holland, *Contours of Pauline Theology: A Radical New Survey of the
Influences on Paul's Biblical Writings* (Fearn, Scotland: Christian Focus, 2004).
『바울신학개요』(크리스챤다이제스트 역간).

표상한다. 산상설교는 구약과의 다양한 비교를 전제한다. 예수도 자신을 자주 모세와 대조시켰다. 말하자면 예수는 새로운 모세다. 예수의 몇몇 기적들은 구약의 기적 사건과 평행을 이룬다고 추정된다. 물론 그의 기적 전부를 "되돌려 다시 읽기"(reading back) 기법으로 치부할 수는 없겠지만, 나인성의 죽은 청년을 다시 살리는 예수의 기적(눅 7:11-17)과 열왕기상 17:17-24의 엘리야의 부활 기적은 확실히 평행을 이룬다고 볼 수 있다. 이두 에피소드에서 죽은 자는 단순히 "과부의 아들"일 뿐이다. 하지만 "많은 사람을 위한 대속물"(막 10:45)로서의 예수의 죽음은 구약의 빛에 비추어 이해된다(눅 24:26-27, 44-45). 특히 마태복음에서 예수는 다윗의 아들이다 (마 12:23). 그는 "인자"(막 2:10)이기도 한데 이는 다니엘 7장에서 준거점을 찾을 수 있다.[8] 복음서들에서도 예수는 마지막 아담이면서 죄가 없지만 고통받는 존재다.[9] 주의 만찬은 유월절 식사라는 컨텍스트 안에서 일어난다.

사도행전에서 오순절과 성령의 공동체적 선물(행 2:14-21)은 요엘 2:28-32, 예레미야 31:33-34과 결부된 에스겔 36:27-32의 텍스트, 즉 종말론적 약속이 의미를 획득하는 이런 일련의 텍스트의 빛에 비추어서만 이해 가능하다. 사도행전 6:1-6에서 열두 사도의 임명은 아마도 출애굽기 18:17-23을 반영한다. 사도행전 전반부에 나타나는 "열두" 사도는 아마도 이스라엘의 열두 지파를 반영한다.

"태초에 말씀이 계시니라"라는 요한복음의 서언 또한 창세기 1:1-5의 창조 기사를 준거점으로 하고 있다.[10] 말씀이란 그분을 통해 "만물이 지은 바 된"(요 1:3) 그리스도를 가리킨다. "장막" 또는 "초막"(skēnē)이란 단어는

---

8 참조. Maurice Casey, *The Son of Man: The Interpretation and Influence of Daniel 7*. (London: SPCK, 1979); A. J. B. Higgins, *The Son of Man in the Teaching of Jesus* (Cambridge: Cambridge University Press, 1980); Seyoon K. Kim, *The "Son of Man" as the Son of God* (Tübingen: Mohr, 1983); Anthony Tyrrell Hanson, *The Living Utterances of God: The New Testament Exegesis of the Old* (London: Darton, Longman and Todd, 1983), pp. 27-63, 177-89.
9 참조. Goppelt, *Typos*, pp. 61-106.

출애굽기 33:9, 민수기 12:5의 하나님의 영광의 장막과 관계된다. 기적의 책이라 할 수 있는 이 요한복음에서(요 1:19-12:50) 예수는 만나의 원천 혹은 생명의 양식으로서 "하늘로부터 온 떡"(요 6:32. 참조. 6:35, 41, 48, 50, 51)이다. 요한복음 6장의 떡에 대한 담화에 필수적인 **선이해**를 제공하는 것은 구약의 모세 이야기다.[11] 인자는 모세에 의해 광야에서 뱀이 "달렸던" 것처럼 십자가에 "달리실" 것이다(요 3:14).[12] 이 복음서에서 초막절(요 7:2), 특히 유월절(요 2:13; 6:4; 11:55; 12:1; 13:1; 18:28; 19:14; 그리스어로 "to pascha")은 중요한 역할을 감당한다. 원래 이 절기들은 유대의 구약적 축제였다. 예수는 참 성전이자 참 포도원이며 물이 나오는 참된 반석이다. 또한 수난의 책이라 할 수 있는 이 요한복음에서(요 13:1)에서 예수는 유월절의 희생 제물이다.[13]

2. 히브리서, 베드로전서, 요한계시록: 선이해로서 구약

이제 우리는 구약의 암시로 가득한 히브리서를 간략히 살펴볼 것이다. 또한 베드로전서 1장도 검토할 것인데 이 텍스트에는 기독교 개종자들에게 그들이 받은 새로운 생명의 특성과 히브리어 성경 또는 구약의 중요성을 동시에 상기시키는 힘이 있다. 이 단락의 말미에서는 요한계시록도 대략적

---

10 Rudolf Schnackenburg, *The Gospel according to St. John*, 3 vols. (London: Burns and Oates; New York: Herder and Herder, 1968-82), 1:236-41을 보라.

11 Joachim Jeremias, "Mōusēs," in *Theological Dictionary of the New Testament*, ed. G. Kittel, vol. 4 (Grand Rapids: Eerdmans, 1967), pp. 873-74. 참조. pp. 864-74; T. F. Glasson, *Moses in the Fourth Gospel* (London: SCM, 1963). Hanson, *Living Utterances of God*, pp. 111-32; Goppelt, *Typos*, pp. 165-98; P. Borgen, *Bread from Heaven: An Exegetical Study of the Concept of Manna in the Gospel of John* (Leiden: Brill, 1965); Raymond Brown, *The Gospel according to John*, 2 vols. (New York: Doubleday; London: Geoffrey Chapman, 1966 and 1971), 1:273-304.

12 Longenecker, *Biblical Exegesis*, pp. 153-54; 참조. pp. 152-57.

13 Longenecker, *Biblical Exegesis*, p. 154; 참조. Goppelt, *Typos*, pp. 188-94.

으로나마 훑어볼 것이다. 히브리서는 바울이 쓴 것이 아니다. 초대교회의 초창기 시절 한 주요한 신학자가 쓴 것으로 추정되지만 그 이름은 지금은 소실되어 찾을 수 없다. 몇몇은 히브리서의 저자로 아볼로나 브리스길라를 거론하기도 한다. 여기서 우리는 앞서 언급한 세 가지 사항에 덧붙여 신약 안에 있는 세 가지(또는 두 가지) 특징적 전통을 검토할 것이다.

명백하게 히브리서 전체의 중심은 중보자 또는 대제사장으로서의 예수의 개념이다. 바울의 이신칭의나 화해론, 요한의 새 생명 의미과는 다르게 히브리서의 주제는 예전적 방법론(liturgical approach)의 모델을 기반으로 한 하나님 개념에의 접근이다.[14] 이는 레위기 16장에 나타난 속죄일에 기반한 속죄소에 대한 접근을 포함하고 있다. 히브리서는 하나님께 나아가는 길을 열어주는 대제사장으로서의 예수를 소개함으로써 시작되는데 "오늘날"을 강조하기 위해 시편 2:7을 인용한다(히 1:5). 도입부 이후로 이어지는 설교에서는 사무엘하 7:14, 신명기 32:43, 시편 104:4, 45:6-7, 102:25-27이 인용되는데, 이 모든 인용문은 열 개 남짓한 절 속에 전부 삽입되어 있다. 히브리서라는 편지 혹은 설교의 핵심이 들어 있는 준거 체계는 시편 110편(70인경으로는 109편)으로서 히브리서 1:3, 10:12, 12:2에 인용된다. 윌리엄 레인(William Lane), 반호예(A. Vanhoye) 등의 저자들은 이미 히브리서의 설교적 특성과 시편 110편의 중요성을 강조한 바 있다. 여기서 예수는 약속의 땅으로 완전하게 진입한다는 이스라엘의 소망을 이루는 데 실패했던 천사들과 모세(히 3:1-19), 여호수아(4:1-13)와 대조를 이룬다. 여호수아(Joshua)라는 이름은 예수(Jesus)의 그리스어 형태다.

히브리서의 저자는 진정한 대제사장의 네 가지 자격 요건을 열거한다. 아론의 반열에 속한 대제사장처럼 예수는 인간성과 충만한 유대를 이루며 살아갔으며 하나님의 부르심을 받은 자였다. 그러나 아론 계열의 대제사장

---

14 William L. Lane, *The Epistle to the Hebrews*, 2 vols., Word Biblical Commentaries, vol. 47 (Dallas: Word, 1991), and H. W. Attridge, *Commentary on the Epistle to the Hebrews* (Philadelphia: Fortress, 1989).

이 매번 자기를 위해 제물을 드리는 것과는 대조적으로, 오직 예수만이 "영원"하시며 모든 사람의 죄를 위해 "영 단번에" 희생 제물을 드릴 수 있었다. 그러므로 예수는 "멜기세덱의 반차를 좇은"(창 14:17-20) 완전한 제사장–왕으로서 모든 죄에 대해 스스로를 "영 단번에"(*ephapax*) 내어주었다. 그로 인해 이제 우리들은 "담대히"(히 4:14-16) 은혜의 보좌로 나아갈 수 있으며 옛날 이스라엘인들이 그랬던 것처럼 최후의 종말론적 영광을 바라보며 믿음 안에서 인내할 수 있다(히 11:1-3, 13-40). 멜기세덱은 아브라함을 축복한 대제사장이자 왕으로서(창 14:19) 아브라함으로부터 십일조를 받는데(14:20) 이로써 그의 "우월성"이 입증된다(히 7:4-7). 예수처럼 멜기세덱도 언제나 또는 (성경 텍스트에서 볼 수 있듯) "영원한" 제사장이다(히 5:6; 시 110:4). 동시에 저자는 구약 또는 옛 언약의 예배의 부적합성을 강조하고 있다(히 9:1-10). 이미 "더 나은" 어떤 것이 약속되어 있다. 믿음을 이야기하는 히브리서 11장은 구약으로부터 뽑은 사례 연구로 가득 차 있다. 독자나 청자가 실족하거나 실패해서는 안 되었던 것이다. 그들은 세상 속에서의 거짓된 안전을 버려야만 했다(히 11:9-13). 동시에 예수는 믿음의 완전한 모범을 제시한다(히 12:1-3).[15]

다음으로 **베드로전서**에 대해서 살펴보자. 이 텍스트가 오직 **유대인** 그리스도인이나 유대교 개종을 주장하는 그리스도인을 대상으로 쓰인 것이라는 주장은 설득력이 없다. 베드로전서의 독자나 청자는 새로 개종한 이들이었고, 저자는 개종자들에게 복음을 이해하는 준거 체계로서의 구약을 가르칠 목적으로 이 서신을 집필했다.[16] 베드로전서 2:4-10은 이 공동체가

---

15 Robert Jewett, *Letter to Pilgrims: A Commentary on the Epistle to the Hebrews* (New York: Pilgrim Press, 1981), and Ernst Käsemann, *The Wandering People of God: An Investigation into the Epistle to the Hebrews*, trans. R. Harrisville and A. Sandberg (Minneapolis: Augsburg, 1984).

16 참조. Edward G. Selwyn, *The First Epistle of St. Peter: The Greek Text with Introduction, Notes, and Essays*, 2nd ed. (London: Macmillan, 1947); Francis W. Beire, *The First Epistle of Peter: The Greek Text*, 3rd ed. (Oxford: Blackwell, 1970); Ernest Best, *1 Peter* (London: Oliphants, 1971).

자체로 거룩한 제사장이자 영적인 성전이며 하나님의 참된 백성이라고 말한다. 하지만 구약의 준거 없이는 청자나 독자는 결코 이 텍스트를 완전히 이해할 수 없을 것이다. 베드로전서 1:18은 개종자들에게 그들이 해방되고 구속되었다고 선언한다. 물론 그리스-로마 세계에서 통용되는 노예 매매 현상도 도움을 줄 수 있겠지만, 무엇보다 그리스도를 통한 구원을 완전하게 이해하기 위한 준거 텍스트는 구약의 애굽으로부터의 해방 이야기다(참조. 2:10, 25). 그리스도의 보혈에 대한 언급(1:2, 19)은 구약의 희생 제사에 대한 이해를 전제하지 않고는 제대로 이해될 수 없다. 고난과 신원의 주제 또한 구약에 준거점을 가지며(1:11) 약속과 희망의 주제에도 동일한 사항이 적용된다(1:3-5, 10, 11). 히브리서에 인용된 구약 구절은 9개지만(1:16, 24, 25; 2:6 등) 이만큼 명시적이지 않은 암시까지 꼽는다면 무려 30개 이상이 추가될 것이다.

다음으로 **요한계시록**의 경우 이 책에 나타난 상징체계는 구약의 다양한 상징의 배경이 설명되지 않는다면 당혹감을 불러일으킬 정도로 복잡하다. A. T. 핸슨은 이렇게 적고 있다. "요한계시록에서 우리는 매번 기괴한 상징과 마주친다. 입에서 날카로운 칼이 튀어나온 형상(계 1:16), 여섯 날개를 가진 네 생물(4:8), 사자 머리와 뱀 같은 꼬리를 가진 말(9:17-19), 붉은 빛 짐승 위에 자리 잡은 음녀와 일곱 머리가 달린 짐승(17:3-4), 한 개의 통진주로 만들어진 문(21:21) 등이 그 예다. 이런 상징들은 일견 기괴해 보이지만 모두 성경으로부터 온 것들이다."[17]

요한계시록의 저자가 구약을 활용하는 것은 그리스도 안에 있는 충만함에 대한 명시적 인용을 하기 위해서도 내세운 교리를 입증하기 위해서도 아니다. 저자는 구약에 나타난 신적 계시와 그리스도와의 연속성을 강조하면서 구약을 상징을 담은 풍부한 레퍼토리로 취급한다. 예수는 "처음이며 마지막이요 죽었다가 살아나신"(계 2:8) 분인데, 이사야 44:6에는 "나는 처

---

17 Hanson, *Living Utterances of God*, p. 159; 참조. pp. 159-77.

음이요 나는 마지막이라 나 외에 다른 신은 없느니라"라는 유사한 구절이 있다. 또한 요한계시록 13:1-8에는 열 개의 뿔과 일곱 개의 머리를 가진 짐승, 즉 표범, 곰, 사자의 특성을 동시에 가진 기이한 짐승이 바다에서 올라온다. 여기에 대해 핸슨은 "이런 희한한 특성 대부분은, 연속해서 점점 더 끔찍한 짐승이 출현하는 다니엘 7:1-7에서 따온 것이다"라고 논평했다.[18] 다니엘서에 나오는 짐승들은 이스라엘을 노예로 삼은 거대 제국들을 상징한다. 반면 요한계시록에서 짐승은 교회의 대적을 상징하고 있다.

요한계시록 19:11-16에는 피에 젖은 옷을 입은 채 백마 위에 앉아 심판을 선언하고 전쟁을 이끌고 있는 한 사람이 나온다. 핸슨의 지적에 따르면 이 텍스트는 이사야 63:1-6에서 발견되는 하나님을 묘사하는 음산한 그림, 즉 피에 더럽혀진 옷을 입은 채 이스라엘의 대적 에돔에게 원수를 갚으시는 그분에 대한 묘사와 관계가 있다. "요한계시록 19:11-16에 나오는 형상은 분명히 부활하고 승리하신 그리스도의 형상이다. 따라서 그의 옷을 적신 피는 십자가에서 흘리신 그리스도 자신의 피다."[19] 요한계시록 4-5장의 비전은 대체적으로 이사야 6장과 에스겔 1장을 기반으로 하고 있다. 날개 달린 피조물들과 천사들, 찬가의 내용이 그것을 뒷받침한다. 여기에 대해 핸슨은 이렇게 쓰고 있다. "불이 타오르는 램프, 번개, 수정으로 된 바다, 무지개 색깔, 살아 있는 피조물의 다양한 특징들은 에스겔서의 비전으로부터 유래한다."[20] 저자인 요한은 자신을 위한 선이해로서 이 두 개의 유명한 상징적 비전을 결합시켰다.

핸슨의 주장에 따르면 앞에서 살펴본 이러한 성경 활용은 소위 페쉐르

---

18 Hanson, *Living Utterances of God*, p. 160. 참조. George B. Caird, *The Revelation of St. John the Divine* (London: Black, 1966), pp. 161-69; 또한 케어드가 창 1:2; 7:11; 욥 28:14; 38:26에 대해 언급한 부분을 보라.
19 Hanson, *Living Utterances of God*, p. 160. Caird, *Revelation*, pp. 239-48 참조.
20 Hanson, *Living Utterances of God*, p. 161. 참조. Caird, *Revelation*, pp. 13, 60-77. 케어드는 왕상 22:19-21; 렘 23:18; 시 18:10; 사 65:17; 66:22 등 수많은 관련 구절들을 덧붙인다.

주해보다는 **예표론**과 밀접하게 연관된다. 요한계시록의 저자는 구약의 언어를 집어넣어 자신의 비전을 펼치고 있는데 이때 구약의 언어는 기독교 시대와 구약 시대, 그리고 자신의 비전 안에서 벌어지는 사건들을 설명하는 해석 체계가 된다. 요한계시록에서 발견되는 많은 은유들은 구약 속에 그 기원을 가진다. 예를 들어 두루마리를 여는 행위는 감추어두었던 계획을 실행하기 시작한다는 의미를 나타내는 평범한 은유다. 무시무시한 짐승은 폭압 세력 또는 제국과 연관된 자연적 상징이거나 은유가 된다. 이러한 은유들은 종말론적 배경에서도 공통적으로 나타난다. 비록 저자들은 예언자 요한의 "창조적 자유"에 대해 말할지 모르지만 이런 발언은 교리를 입증할 목적이라기보다 이해를 개방시킬 목적인 것이다. 케어드(G. B. Caird)에 따르면 "상징체계는 구약으로부터 도출된 것이지만 철저하게 새로운 의미를 전달하기 위해 변형된다. 예를 들어 스가랴는 두 가지 비전, 즉 네 기수가 나오는 비전과 네 병거가 나오는 비전을 전했다…(슥 1:8-11; 6:1-8). 하지만 요한의 비전 속에서는 네 개의 색깔이 역할의 차이를 지시한다."[21] 따라서 구약과의 연속성과 차이가 동시에 존재한다.

3. 신약은 알레고리적 해석이나 예표론을 활용하는가?

수많은 학자들은 신약 저자들이 구약의 알레고리적 해석을 사용했다고 주장한다. 하지만 이 문제는 생각보다 훨씬 복잡하다. 가능한 반론 중 하나는 신약 저자들은 알레고리가 아니라 예표론을 사용했다는 주장일 것이다. 하지만 이런 주장 또한 복잡하기는 마찬가지다. 알렉산더 젠슨(Alexander Jensen)은 신약 저자가 진지하게 사용하기에 예표론은 너무 현대적인 색채를 가진다고 본다.[22] 다른 한편으로 레온하르트 고펠트에게는 예표론의 사

---

21 Caird, *Revelation*, pp. 79-80.

용이 본질적이고 매우 중요한 것이 된다. 또한 R. 핸슨은 예표론이 **사건들** 사이의 평행적 관계에 기반하는 데 반해 알레고리는 사물, 인간 또는 **개념들** 사이의 평행적 관계를 반영하는 것으로 보았다.[23]

넓게 보아서 필론의 시대는 바울이 초기 서신을 집필하던 시기와 일치한다. 바울과 다른 신약 저자들은 구약을 알레고리적으로 해석했던 것일까? 갈라디아서 4:21-31에서 바울은 창세기 16:1-16, 17-18장, 21:1-21에서 발견되는 하갈과 사라 사이의 대조를 논의하고 있다. 하갈과 이스마엘, 사라와 이삭, 이 각각의 모자의 지위와 중요성에 대해 바울은 이런 논평을 남긴다. *"hatina estin allēgoroumena."* NRSV는 이 문장을 "지금 이것은 하나의 알레고리다"(갈 4:24)라고 번역한다. 엄밀히 말해 그리스어로는 "알레고리"가 동사적 형태(*allēgoroumena*)로 되어 있지만 말이다. 같은 지점에 대해 브루스(F. F. Bruce)는 자신의 갈라디아서 주석에서 이렇게 정확하게 지적한다. "바울이 의미한 것은 필론이 논의했던 의미의 알레고리가 아니다.…알레고리를 말하면서 바울이 마음에 품었던 것은 통상적으로 예표론으로 불리는 형태의 알레고리였다."[24] 오토 미헬과 레온하르트 고펠트는 같은 내용을 한층 더 강조한 바 있다.[25] 반면에 앤드류 라우스(Andrew Louth) 같은 이는 알레고리와 예표론 사이의 엄밀한 구분을 거부하면서 바울이 사용한 것은 알레고리라고 주장한다.[26] 사실 라우스의 이런 견해에는 더 자세히 검토해야 할 신학적 논제가 담겨 있는데 우리는 이것을 제15장에서 다시 언급할 것이다.

---

22 Alexander Jensen, *Theological Hermeneutics*, SCM Core Text (London: SCM, 2007), pp. 15-25.
23 Richard P. C. Hanson, *Allegory and Event: A Study of the Sources and Significance of Origen's Interpretation of Scripture* (London: SCM, 1959), p. 7; Goppelt, *Typos*, 전체를 참조하라.
24 F. F. Bruce, *The Epistle to the Galatians: A Commentary on the Greek Text* (Grand Rapids: Eerdmans; Carlisle: Paternoster, 1982), p. 217.
25 Otto Michel, *Paulus und seine Bibel* (Gutersloh: Bertelsmann, 1929), p. 110; Goppelt, *Typos*, pp. 151-52.

실제로 필론이 의미하는 바대로의 알레고리와 예표론 사이에는 큰 차이가 존재한다. 알레고리는 **두 개의 세트를 이룬 개념들**(two sets of ideas) 사이의 평행, 일치, 공명을 상정한다. 반면에 예표론은 (넓게 보아) **두 개의 세트를 이룬 사건들 또는 사람들**(two sets of events or persons) 사이의 평행이나 일치를 상정한다. 그러므로 이 둘 모두를 젠슨처럼 "예시"(prefiguration)로 부르는 것은 적절하지 못하다. 제임스 스마트는 알레고리와 예표론의 차이를 신학적 용어로 이렇게 표현했다. "예표론은 사건의 역사적 실재성과 단단히 결합되어 있다는 사실 때문에 알레고리와 구별된다. 하지만 알레고리는 역사적 실재를 중시하지 않으며 오히려 역사로부터 원래 사건과는 아무 관련이 없는 현재적 의미를 도출하고자 한다."[27] R. 핸슨도 유사한 지적을 한다. 핸슨에 따르면 바울의 목적은 "시간을 초월한" 도덕이나 철학적 진리로 이행하기 위해 "이 구절의 의미를 역사적 컨텍스트로부터 해방시키는 것이 아니다."[28]

몇몇 연구자들은 바울이 앞의 갈라디아서 텍스트에서 "알레고리"를 사용했다고 주장한다. 하지만 이미 필론이 "알레고리"에 대해 상이한 의미를 발전시킨 만큼 (오해를 피하고 싶다면) 이 단어를 반복하는 것은 현명한 처사가 아닐 것이다. 고펠트 또한 예표론적 해석을 다룬 저서에서 같은 지점을 지적하고 있다. "필론에게 있어 알레고리화한다는 것은 가시적 세계로부터 더 상층의 개념의 세계로(자주 육체와 영혼의 유비가 사용된다) 진보하는 것과 같다."[29] 『예표론에 대한 논고』(*Essays on Typology*)라는 고전적 저술에서 램프(Geoffrey Lampe)와 울콤브(K. J. Woollcombe)는 예표론을 "구약의 특정한 사건, 인간, 사물과 신약의 유사한 사건, 인간, 사물 사이에 역사적 연결을 정립"하는 것으로 정의했다.[30] 애게슨을 위시한 일군의 학자들이 주

---

26 Andrew Louth, *Discerning the Mystery: An Essay on the Nature of Theology* (Oxford: Clarendon, 1983), pp. 138-39.

27 James Smart, *The Interpretation of Scripture* (London: SCM, 1961), p. 123.

28 Hanson, *Allegory and Event*, p. 82.

29 Goppelt, *Typos*, p. 52.

도한 최근의 연구 또한 앞의 공리를 확증해주고 있다.[31] 사실 필론은 창세기의 본문에 대한 보다 완성된 알레고리적 해석을 제시한 바 있는데 이 해석은 분명 바울과는 아주 다르다. 필론의 해석에 따르면 아브라함, 사라, 이삭은 참된 하나님을 탐색하는 여정에 있는 미덕과 지혜를 표상한다. 반면 하갈은 같은 목적을 가진 순례자의 집단 중 더 낮은 단계를 표상한다. 하갈의 아들 이스마엘은 소피스트들의 자의적 논증을 표상한다.[32] 하지만 바울의 접근법은 이와는 전적으로 다르다.

바울이 갈라디아서를 집필했던 역사적 상황에서 볼 때 다음은 의심할 여지가 없는 사실이다. 즉 당대의 유대인이라면 누구나 스스로를 이삭의 합법적 계승자로 보이기 위해서는 유대 율법과 언약의 증거를 지켜야 한다고 굳게 믿었다. 유대교 언약 바깥으로 나간다는 것은 마치 하갈이 그랬던 것처럼 황야에 버려짐을 의미한다. 하지만 바울은 이러한 주해를 뒤집는다. 이삭의 존재가 의미하는 더 심오한 의미는 그가 "자유로운" 자라는 데 있다. 반면 하갈과 이스마엘은 노예로 예속된 자다. 따라서 더 심오한 대조는 율법과 복음 사이의 대조 또는 종 된 상태와 은혜 사이의 대조다. "하갈은 시내 산과 일치하니 노예 상태의 자녀를 낳았다"(갈 4:24b). 하지만 사라는 "위에 있는 예루살렘과 일치하니 자유로운 자요 우리의 어머니라…형제들아 너희도 이삭과 같이 약속의 자녀라"(갈 4:26, 28). 결국 바울의 논증은 이렇게 결론을 맺는다. "우리는 여종의 자녀가 아니요 자유 하는 여자의 자녀니라"(4:31).

바울은 먼저 갈라디아인들이 사용했음직한 성경 본문을 하나 취한다. 그리고는 브루스가 다른 "의미의 차원"이라고 명명했던 단계로 움직여감으

---

30 Geoffrey W. H. Lampe and K. J. Woollcombe, *Essays on Typology* (London: SCM, 1957), p. 39.

31 Aageson, *Written Also for Our Sake.*

32 Philo, *On Abraham* 11.53, 54; 33.177; *On Flight and Finding* 30.166-68; 38.208-11; *On the Change of Names* 39.216-19; 참조. Bruce, *Galatians*, p. 215.

로써 이 텍스트로 하여금 갈라디아에서 예상되던 것과는 완전히 다른 방향을 가리키도록 만든다. 하지만 노예 상태와 자유의 개념, 약속과 유산의 개념은 초시간적이고 추상적인 의미로 탈색됨 없이 여전히 텍스트의 역사적 사건의 차원에 충실히 머무르고 있다.

또한 바울은 고린도전서 9:8-10에서 "곡식을 밟아 떠는 소에게 망을 씌우지 말라"는 신명기 25:4을 활용하면서 알레고리적 해석을 도입했다는 혐의를 받은 바 있다. 예를 들어 한스 콘첼만(Hans Conzelmann)은 신명기 25:4이 전적으로 동물 보호를 목적으로 쓰인 텍스트이며 따라서 "바울의 주해와는 정반대된다"고 주장한다.[33] 그리스어 *pantōs*(고전 9:10)를 "우리를 위해 쓰인"으로 옮긴 RSV의 번역은 신명기 25:4의 직접적 의미를 배제할 수도 있는 번역이다. 차라리 이 단어는 "물론", "분명", "확실히"로 번역하는 것이 낫다. 여기에 대해 리처드 헤이스(Richard B. Hays)는 다음과 같은 정확한 이해를 제시한다. 즉 앞의 텍스트를 통해 바울이 의미하고자 했던 것은, 사도가 보기에 궁극적으로 성경의 목적은 보다 직접적이고 우연적인 예를 포함하지만 그것을 넘어서는 의미에서 하나님의 종말론적 백성을 섬기기 위해서라는 것이다.[34] 애게슨 또한 앞의 구절을 이해함에 있어 여기서 바울은 컨텍스트를 확장하여 격려나 인정의 희망도 없이 끝없이 반복적인 노동에 처한 상태를 지시한다고 보았다.[35] 이러한 평행 관계는 알레고리적이라기보다는 예표론적이다. 여기에 대해서는 나의 다른 저서에서 자세히 논의한 바 있다.[36]

아돌프 윌리허는 예수의 가르침과 선포에서 비유와 알레고리를 예리하게 구분하려고 시도했다. 하지만 요아킴 예레미아스를 위시한 다른 학자

---

33 Hans Conzelmann, *1 Corinthians: A Commentary*, Hermeneia (Philadelphia: Fortress, 1975), pp. 154-55.
34 Richard B. Hays, *First Corinthians* (Louisville: John Knox, 1997), p. 151. 『고린도전서』(한국장로교출판사 역간).
35 Aagerson, *Written Also*, pp. 49-53.
36 Thiselton, *First Epistle*, pp. 685-88.

들은, 물론 알레고리와 비유는 그 역학과 기능에 있어 명백한 차이점을 가지지만 어떤 경우에는 둘이 겹칠 수 있는 경계선이 있음을 정확하게 지적했다. 예를 들어 마가복음 12:1-9(마 21:33-41과 평행 구절)은 비유로 시작하는 듯 보인다. 하지만 이사야 5:1-2의 빛에 비추어보면(여기서 이스라엘은 포도원으로 묘사됨) 아들이자 상속자를 포도원 밖으로 내몰아 죽여버리는 세부 사항(막 12:6-8)은 예수의 죽음에 대한 알레고리적 표상이 된다.

같은 지점이 마태복음 22:2-10의 혼인 잔치 이야기에도 나타난다. 처음에 이 텍스트는 누가복음의 비유와 평행 구절을 이루는 것으로 보이지만 결론에 있어 그 진정한 내용은 왕이 "군대를 보내어 살인한 자들을 진멸하고 동네를 불사른다"(마 22:7)라는 알레고리적 전회인 것이다. 하지만 두 가지 예시 중 어느 것도 구약이라는 신성한 텍스트를 앞에서 논의한 의미대로 알레고리적으로 해석한 것이 아니다. 오히려 두 텍스트는 예수가 비유적 담화에서 사용하던 통상적 형태 대신 알레고리적 형식을 비전형적으로 사용한 예다(겔 17:1-10과 마찬가지다). 다시 말해 이 예들은 제3장에서 살펴본 대로 다른 해석학적 역학을 가지는 것이다.

그랜트(R. M. Grant)를 포함해 몇몇 연구자들은 신약 저자들이 알렉산드리아 스타일로 알레고리적 해석을 활용했다고 주장하고 있지만 이러한 판단은 극단적인 조심스러움을 초래한다. C. H. 도드는 초기작이지만 이제는 고전이 된 연구서 『성경을 따라』(According to the Scriptures)에서 이렇게 선언했다. 신약 저자들은 "구약의 첫 번째 역사적 의도로부터 시작되는 가이드라인을 따라 구약을 해석했으며, 이 가이드라인들을 **전체적으로** 조망했다.…즉 그들이 고려한 것은 **전체적 컨텍스트**였으며 그것은 역사에 대한 이해에 기반한 것이었다."[37] 결국 도드는 신약 저자들의 해석은 "일반적으로 구약 저자들의 의도와도 일치했다"고 결론 내린다.[38]

---

37 Charles H. Dodd, *According to the Scriptures* (London: Collins/Fontana, 1965), pp. 109, 126, 도드 강조.
38 Dodd, *According to the Scriptures*, p. 130.

사실 앞에서 언급한 문제들, 즉 구약의 지위, 알레고리적 해석의 자리와 역할, 알레고리와 예표론의 구분, 페쉐르 방식에서 현재를 지시하기 위한 원텍스트의 확장 등은 성경해석학의 영원한 쟁점이다. 이 모든 난제들은 교부 시대와 중세를 아우를 뿐 아니라 심지어 계몽주의와 성경 비평이 발흥한 근대 이후에도 지속되고 있다. 하지만 이제 우리는 신약의 다른 쟁점들로 넘어가야 한다.

4. 바울의 텍스트 중 "난해한" 본문: 70인경인가, 히브리어 성경인가?

신약 저자들은 70인경이나 구약의 그리스어 번역본을 자주 활용했다. 하지만 처음부터 힐렐에서 아퀼라에 이르는 유대인 랍비들은 이 버전들이 히브리어 성경의 부정확한 번역이라고 비판했다. 그럼에도 신약의 대부분이 그리스어 사용자를 대상으로 집필되었다는 사실을 상기할 때, 우리는 어렵지 않게 신약 저자들이 자주 70인경을 사용했을 것임을 이해할 수 있다. 또한 2세기 이후의 초기 교회도 정기적으로 70인경을 읽었을 것이다. 이런 현상은 오늘날의 저술가들이 그리스어나 히브리어 성경보다 NRSV 성경을 선택하는 것과 같은 이치다. 70인경의 번역이 정확하지 않다는 비판 덕분으로 이 그리스어 역 성경은 심마쿠스(Symmachus)로 알려진 두 번째 판본을 가지게 된다. 제롬이 성경을 라틴어로 번역해 불가타를 내는 데 사용되었던 버전이 바로 이 심마쿠스다. 한편 테오도티온(Theodotion)으로 명명된 그리스어 역 세 번째 버전이 있는데 이는 70인경의 팔레스타인 개정판으로 그 일부는 2세기보다도 더 오래된 것이다.

크리스토퍼 스탠리(Christopher D. Stanley)는 바울 서신에 대한 연구에서 구약의 인용구를 섬세하게 비교하면서 이것들이 각각 히브리어 성경에서 온 것인지 70인경에서 온 것인지에 대해 논의한 바 있다.[39] 여기서 우리는 스탠리의 체제를 대충 따라가며 살펴볼 것이다.

1. 스탠리는 하박국 2:4b을 인용한 로마서 1:17에 대해 숙고한다. 바울의 언어 사용은 70인경과 유사하지만 70인경에서는 사용되는 "*mou*"(나의)라는 단어는 빠져 있다. 스탠리는 이런 현상이 70인경에 대한 세 가지 다른 사본 독해 사이의 관계에 달려 있다고 지적한다. 그러나 이런 사실과는 무관하게 만약 "*mou*"가 바울의 저술 속에서 사용되었다면 오히려 "사도의 논증과 어울리지 않았을 것이다."[40]

2. 로마서 2:24에서 바울은 이사야 52:5을 인용한다. 그러나 사도의 텍스트는 70인경과는 다른 언어의 순서를 가진다. 몇몇 단어들은 2인칭 복수로 변화되어 나타나는데 이런 변화는 바울의 논증을 강화시키는 효과를 가져온다. 유대인들의 위선적 행위는 이방인들로 하여금 하나님의 이름을 모독하도록 만들었다. "*dia pantos*"의 역할은 70인경 전통에서 나온 변형체들에 기인할 수 있다. 또한 "*mou*"에 대한 "*tou Theou*"(하나님의)라는 단어는 하나님이 자신을 3인칭으로 지시하는 것을 피하도록 만든다. 하지만 "이방인들 중에서"는 70인경의 대부분의 사본들과 일치한다.

3. 로마서 3:10-12은 시편 13:1-3(70인경)에서 인용된 것이다. 시편 52편도 유사한 구절을 담고 있다. 바울은 "기록된 바 의인은 없나니 하나도 없으며 깨닫는 자도 없고 하나님을 찾는 자도 없고 다 치우쳐 함께 무익하게 되고 선을 행하는 자는 없나니 하나도 없도다"라고 선언한다. "의인은 없나니 하나도 없으며"라는 대목은 바울이 첨가한 것으로 간주되는데 이는 사도의 논변의 일부이지 인용의 일부는 아니다. 70인경에는 "*aphrōn*"(어리석은)라는 단어가 있었지만, 이것은 바울의 논증과는 어울리지 않는 단어다. 또한 "의인"이라는 단어의 삽입은 바울의 요점을 잘 나타내준다. 스탠리는 로마서에서 기타 다른 구절들도 연구하고 있다. 하지만 우리로서는

---

39 Christopher D. Stanley, *Paul and the Language of Scripture: Citation Technique in the Pauline Epistles and Contemporary Literature*, Society for New Testament Studies Monograph Series, no. 69 (Cambridge: Cambridge University Press, 1992).

40 Stanley, *Paul*, p. 84.

바울의 방법론에 대해 이미 충분한 실례를 보았다. 다음으로는 고린도전서 1장을 살펴보자.

4. 고린도전서 3:19은 욥기 5:13을 암시하고 있다. 바울은 "자기 궤휼"이라는 말을 사용한다. 그리스어로 이 말은 **어떤 일(모든 일)에도 착수할 수 있음**을 의미하지만 **교활함** 또는 **꾀바름**도 지시한다. 하지만 바울은 히브리어 텍스트에 나온 단어 *"ārmāh"*에 더 근접해 있는 듯 보인다. 이와 유사하게 "궤휼"과 관련해서도 사도는 히브리어 *"lākad"*를 번역한 *"drassomai"* (붙잡다)란 단어를 사용한다. 또한 "급작스레 붙잡는다"라는 의미의 *"katalambanein"*(강조를 나타내는 *"kata"*를 붙임)도 사용한다. 이렇게 사도 바울은 욥기 5:13의 히브리어 텍스트가 묘사하는 그림을 전달하는 것이다. 브렌트 샬러(Brendt Schaller)는 바울의 인용이 히브리어 마소라 텍스트와 밀접한 관련이 있다고 주장했다.[41] 스탠리는 한 걸음 더 나아간 입장을 보인다. 즉 바울의 인용과 70인경은 각각 히브리어 텍스트에 대한 독립적 버전임을 논증했던 것이다.[42] 앞에서 논의한 고린도전서 3:19은 바울이 히브리어 성경을 사용했다는 개연적 가능성을 암시하는 대여섯 개의 텍스트 중 하나에 불과하다.

5. 콘첼만과 상프트(C. Senft)에 따르면 고린도전서 9:8-10은 "하늘의 것에 관한 하나님의 관심에 대해…바울의 주해와는 반대되는" 반면, 사도가 인용했던 신명기 25:4은 동물 보호와 관계된다.[43] 하지만 신명기 25:4을 둘러싸고 있는 더 큰 컨텍스트인 신명기 24장과 25장(특히 24:6-7, 10, 22; 25:1-3)을 잘 읽어보면 여기서 강조되는 것은 인간 존재를 위한 존엄과 정의임을 알 수 있다. 신명기 25:1-10은 계대 혼인(levirate marriage)에 대한 내용이며 이런 이유로 바울은 신명기 25:4에 대해 이렇게 쓰고 있다. "오로

---

41 Thiselton, *First Epistle*, p. 322.
42 Stanley, *Paul*, pp. 190-94.
43 Conzelmann, *1 Corinthians*, pp. 54-55; C. Senft, *La Première Epître de S. Paul aux Corinthiens*, 2nd ed. (Geneva: Labor et Fides, 1990), p. 119 n. 17.

지 우리를 위하여 말씀하심이 아니냐?"(고전 9:10) 따라서 슈타브(Staab)에 따르면 신명기 25:4은 "바울이 제시하려는 바로 그 요점을 위한 세련된 은유로서 기능한다. 이리저리 끌려다니며 곡식을 떠는 소에게 잔인하게도 먹지 못하도록 입에 망을 씌어서는 안 된다. 소의 덕분으로 우리가 음식을 얻을 수 있기 때문이다.…복음을 전하는 사도의 경우도 이와 마찬가지다."[44] 헤이스와 고든 피(Gordon Fee)와 나는 더 넓은 컨텍스트를 관망하는 이러한 방법론을 지지한다.[45] 도드는 바울과 다른 신약 저자들이 구약을 인용하면서 자신들 고유의 컨텍스트로 옮겨와 사용했다고 주장한다.

6. 고린도전서 14:21은 이사야 28:11-12을 인용한다. 하지만 이 인용문은 70인경도 히브리어 성경도 정확하게 반영하고 있지 않다. 스탠리는 이것을 잠재적으로 해결 불가능한 문제로 여기면서 "바울의 인용문 전체에서 가장 큰 도전을 던져주는 문제 중 하나"로 보았다.[46] 하지만 오리게네스는 아퀼라의 텍스트에서 바울의 언어를 만난 적이 있다고 주장한다.[47] 나아가 바울은 주해와 적용을 결합시키고 있는지도 모른다. 바울은 "내가 다른 방언으로(en heteroglossōis) 말하는 자와 다른 입술로 이 백성에게 말할 것"이라고 쓰고 있는데, 이 인용문에는 70인경과 여섯 군데나 다른 부분이 존재한다. 하지만 인용된 대로의 텍스트는 "이방인이나 외인이 된" 감정, 즉 앗스르에서 포로 된 이스라엘인이나 많은 이들이 "방언을 말하는" 교회 공동체 내에서의 그리스도인들의 감정을 잘 전달하고 있다. 이런 자들은 이방인으로서 그곳에 "속해 있다"고 느끼지 못했던 것이다. 바로 이것이 바울의 논점이다.[48]

---

44 W. Staab, *Der Bildersprache des Apostels Paulus* (Tübingen: Mohr, 1937), pp. 81-82.

45 Hays, *First Corinthians*, p. 151; Richard B. Hays, *Echoes of Scripture in the Letters of Paul* (New Haven: Yale University Press, 1989), pp. 165-66; Gordon D. Fee, *First Epistle to the Corinthians* (Grand Rapids: Eerdmans, 1987), p. 408. Thiselton, *First Epistle*, pp. 684-88.

46 Stanley, *Paul*, p. 198.

47 Origen, *Philocalia* 9.

스탠리는 로마서에서 45개의 인용문과 고린도전서에서 12개의 인용문을 검토했다. 하지만 우리는 각 책에서 3개씩만 살펴보았다. 어쨌든 우리가 검토한 인용문들이 대표적 사례일 것이다.

5. 복음서, 베드로전서, 히브리서의 구약 인용

많은 학자들이 복음서 특히 마태복음의 구약 사용이 특이함을 언급했다. 프랜스(R. T. France)의 『예수와 구약』(*Jesus and the Old Testament*), 로버트 건드리(Robert H. Gundry)의 『메시아적 희망에 대한 특별한 언급을 가진 마태복음에서 구약 사용』(*Use of the Old Testament in St. Matthew's Gospel with Special Reference to the Messianic Hope*), 더글라스 무(Douglas J. Moo)의 『복음서의 수난 내러티브에서 구약 사용』(*Old Testament in the Gospel Passion Narratives*), 크리스터 스탠달(Krister Stendahl)의 『마태 학파와 그들의 구약 사용』(*School of St. Matthew and Its Use of the Old Testament*) 같은 책들이 그런 책들이다. 또한 도널드 해그너(Donald H. Hagner)도 이 주제에 대해 여러 편의 논문을 발표한 바 있다.[49] 하지만 우리로서는 대부분의 논의를 전문가들의 몫으로 남겨놓을 수밖에 없다.

1. **마태복음**에는 60개 이상의 명시적 구약 인용이 있으며 구약을 암시하는 부분도 많다. 특히 마태는 예수 그리스도의 인격과 사역을 구약의 성취와 연관시킨다. 이런 연관은 복음서 기자의 부가적 언급을 통해 이루어

---

48 Thiselton, *First Epistle*, pp. 1120-22.

49 R. T. France, *Jesus and the Old Testament* (London: Tyndale Press, 1971); Robert H. Gundry, *The Use of the Old Testament in St. Matthew's Gospel with Special Reference to the Messianic Hope* (Leiden: Brill, 1967); Douglas J. Moo, *The Old Testament in the Gospel Passion Narratives* (Sheffield: Almond, 1983); Krister Stendahl, *The School of St. Matthew and Its Use of the Old Testament*, 2nd ed. (Lund: Gleerup, 1968); Donald H. Hagner, *The Gospel of Matthew*, 2 vols. (Dallas: Word, 1993), 1:liii-lvii.

지거나 또는 스탠달에 따르면 마태의 제자들로 구성된 "학파"에 의해 이루어진다. 예로 들 수 있는 표준적 정형구는 마태복음 1:22-23에 나타난다. "이 모든 일이 된 것은 주께서 선지자로 하신 말씀을 이루려 하심이니 이르시되 보라 처녀가 잉태하여 아들을 낳을 것이요 그의 이름은 임마누엘이라 하리라 하셨으니 이를 번역한즉 하나님이 우리와 함께 계시다 함이라."

앞의 인용의 원천은 이사야 7:14이다. 70인경의 이사야 텍스트는 한 "처녀"(parthenos)에 대해 말하고 있으며 아하스 왕과 새로운 왕이 태어날 다윗의 혈통, 즉 이스라엘에게 승리와 평강을 가져올 새 왕에 대해 암시한다. 이런 내용은 예수가 다윗의 자손이라 불리는 것과 연관된다. 이사야 7:14에 사용된 히브리 단어는 "처녀"(virgin)가 아니라 그저 "젊은 여성"(almâ)일 뿐이다. 스탠달은 구약의 성취라는 양상은 마태 "학파"의 생산물일 뿐 아니라 제4장에서 논의된 유대교의 페쉐르 주해("이것은 저것이다"라는 식)를 표상한다고 지적했다. 하지만 모든 학자들이 스탠달의 논증을 받아들이는 것은 아니다. 일부 급진적 연구자들은 마태와 그의 제자들이 구약의 예언과 맞아떨어지도록 만들기 위해 사건들을 재구성했을 것이라고 주장한다. 하지만 이런 견해는 명석한 논증보다는 "초자연적인 것"에 대한 가정에 의지하고 있다.

마태는 통상적으로 "~하게 하려고"라고 번역되는 그리스어 전치사 "hina"를 사용하고 있다. 그런데 램프, 프레드릭 댄커(Frederick Danker), 모울(C. Moule)의 연구에 따르면 마태의 컨텍스트 속에서 "hina"가 나타나는 36개의 경우 중 16개는 구어체 그리스어를 사용한 마가복음으로부터 가져온 것이다. 마가복음에서 전치사 "hina"는 신약의 그리스어와 헬레니즘 그리스어, 코이네 그리스어에는 있었던 목적 지향적 의미를 상실하고 있다. 그리하여 이 전치사는 결론이나 결과를 나타내는 등 더 광의의 차원에서 사용된다.[50]

2. 또 다른 인용 정형구는 마태복음 2:15(2:5-6은 생략), "내 아들을 애굽에서 불렀다"는 구절이다. 이 인용의 원천은 호세아 11:1이며 70인경보

다는 히브리어 성경인 마소라 사본을 더 많이 반영하고 있다. 호세아는 "출애굽", 즉 이스라엘이 "애굽으로부터" 탈출하는 사건을 암시하고 있다. 하지만 대조적으로 마태복음에서 예수는 "애굽으로" 피신한다. 그럼에도 사건들은 자주 예언 속으로 편입된다. 어쨌든 "애굽으로부터" 나오기 위해서 예수는 그전에 먼저 하나님의 백성과 연대를 이루기 위해 "애굽으로" 들어가야 했다. 이를 두고 해그너는 "예표론적 상응(typological correspondance)의 문제"로 본다.[51] 울리히 루츠 역시 "예표론"을 거론하는 데 동의한다.[52]

3. 핸슨은 이사야 53:4, "그는 실로 우리의 질고를 지고 우리의 슬픔을 당하였거늘"의 텍스트를 인용한 마태복음 8:17에 나타난 인용 형식의 문제를 연구했다. 핸슨의 논증에 따르면 70인경은 이 텍스트를 "영적으로 만들어서" 본문이 우리의 "죄"를 지시하도록 만들었다. 하지만 해그너, 스탠달, 루츠는 마태가 직접적으로 히브리어로부터 번역했고 그 의미를 잘 이해했다고 믿는다.

4. 마태복음 21:4-5에서 복음서 기자는 스가랴 9:9의 "겸손하여서 나귀를 타시나니 나귀의 작은 것 곧 나귀 새끼니라"라는 말씀을 인용한다. 만약 히브리어에 대한 지식이 없는 사람이라면 마태의 텍스트를 두고 예수가 두 마리의 동물을 타고 있다고 믿을 것이다. 하지만 히브리어를 아는 사람이라면 금방 이것이 처음 행의 내용을 두 번째 행이 반복하고 있는 시적 평행구(poetic parallelism)임을 알아차릴 것이다. 시적 평행구의 예로는 "주의

---

50 P. Lampe, "Hina," in *Exegetical Dictionary of the New Testament*, ed. Horst Balz and G. Schneider, 3 vols. (Grand Rapids: Eerdmans, 1981), 2:188-90; W. Bauer and Frederick W. Danker, eds., *Greek-English Lexicon*, 3rd ed. (Chicago: University of Chicago Press, 2000), pp. 475-77, 약자로 BDAG; C. F. D. Moule, *An Idiom Book of New Testament Greek*, 2nd ed. (Cambridge: Cambridge University Press, 1959), s.v. "hina."

51 Hagner, *The Gospel of Matthew*, 1:36.

52 Ulrich Luz, *Matthew 1-7: A Commentary*, trans. W. C. Linns (Minneapolis: Augsburg Fortress; Edinburgh: T. & T. Clark, 1989), pp. 146-47.

앞에는 기쁨이 충만하고 주의 우편에는 영원한 즐거움이 있나이다"가 있다. 마태복음에 대한 탐구는 이쯤에서 그쳐야겠다.

5. 상대적으로 **마가**에게는 마태만큼 구약에 대한 관심과 전문적 지식이 없는 듯 보인다. 하지만 마가 역시 구약을 예수와 복음에 대한 준거 체계로 이용한다. 어쨌든 이 복음서에는 한 가지 악명 높은 구약 인용인 마가복음 4:12이 포함되어 있다. 여기서 마가는 천국의 비유는 오해되었는데 그 이유는 "이는 그들로 보기는 보아도 알지 못하며 듣기는 들어도 깨닫지 못하게 하여 돌이켜 죄 사함을 얻지 못하게 하려 함이라(*hina*)"고 말한다. 이 인용은 이사야 6:9-19(70인경)에서 유래한 것으로 더 정확하게는 이사야 6장의 타르굼에서 끌어다 쓴 것이다.[53] 문제는 인용 자체가 아니라 마가가 인용문의 도입을 "*hina*"로 시작했다는 데 있다. 반면에 마태복음 13:14-15의 경우처럼 "*hoti*"("왜냐하면", 13절)를 가진 평행구들은 "*hina*"를 생략한다. 몇몇 연구가들은 원래의 "*hina*"를 검토했는데, 이 말은 비유가 시기상조의 믿음을 예방함을 의미할 수 있었다. 하지만 마태는 가능한 오해를 피하기 위해 이 단어를 변형시켰다.

6. 복음서 기자 가운데 **누가**만이 누가복음 22:37의 수난 내러티브에 직접적으로 인용된 이사야 53:12, "범죄자 중 하나로 헤아림을 받았음이니라"라는 말씀을 예수와 연관시킨다. 이 인용구는 (사소한 변형을 제외하고) 그리스어 상용자를 위해 번역됐다고 간주되는 70인경과 대체적으로 일치한다. 누가의 독자들이 이방인 또는 이방 출신 그리스도인들이었음은 명백하지만 그럼에도 누가 역시 마태와 마가와 마찬가지로 구약을 복음 선포에 대한 준거 체계로 간주했으며, 구약을 자주 인용하거나 암시했음은 주지할 필요가 있는 사실이다. 복음서 기자로서 누가의 관심은 세상을 향한 하나

---

53 Longenecker, *Biblical Exegesis*, p. 59; Charles E. B. Cranfield, *The Gospel according to St. Mark: A Commentary*, Cambridge Greek Testament (Cambridge: Cambridge University Press, 1959), pp. 155-58; 참조. Morna D. Hooker, *The Gospel according to St. Mark* (Peabody, Mass.: Hendrickson; London: Black, 1991), pp. 130-31.

님의 섭리적 목적에 있으며 그리스도를 아브라함, 모세, 다윗에 대한 예표적 인물로 이해한다. 누가의 성경 사용은 프랑수아 보봉(François Bovon)의 인상적인 연구 작업에서 자세히 기술되고 있다.[54]

7. 핸슨의 주장에 따르면 **요한**은 여느 바리새인처럼 "성경은 폐하지 못한다"(요 10:35)는 점을 굳게 믿고 있었다. 요한의 텍스트 중 "헛되이 성경을 상고한다"(요 5:39-40, 46-47)는 말은 결코 "성경을 연구하는 일이 헛됨을 의미하지는 않는다."[55] 핸슨이 상기시키는 바처럼 요한은 성경에서 유래하는 전통적 인용구를 사용한다(예를 들어, 사 40:3에서 유래하는 요 1:23의 "광야에서 외치는 자의 소리"). 때로는 구약이 도입부 정형구와 함께 인용된다(예를 들어, 요 17:12은 아마도 시 41:9이나 109:8에서, 요 19:28-29은 시 69:21에서 인용한 것이다). 동시에 성경의 명시적 인용도 있고(요 2:17은 시 69:9a을 직접 인용한다), 요한의 사유의 토대를 제공하는 것으로서 구약에 대한 미묘한 암시도 있다. 아마도 이 점은 요한복음의 가장 두드러진 특징일 것이다. 예를 들어 요한복음 1:14의 "말씀이 육신이 되어 우리 가운데 거하시매 우리가 그의 영광을 보니…"는 출애굽기 34:6의 언어를 재생산하고 있다. 여기에 거론되는 하나님은 사랑(또는 은혜)과 신실함(또는 진리)으로 충만한 분이다. 요한이 사용하는 언어의 의미심장함은 출애굽기 34:6의 빛에 비추어볼 때, 다시 말해 오늘날의 표현대로 상호텍스트적 공명(intertextual resonance) 속에서 볼 때 선명하게 드러난다. 같은 논리로 요한복음 1:51의 텍스트("하늘이 열리고 하나님의 사자들이 인자 위에 오르락 내리락 하는 것을 보리라")의 배경은 창세기 28:1-16(야곱의 내러티브)에서 찾을 수 있다.[56]

8. **베드로전서**는 선지자들을 성령의 영감을 받은 자들로 분명하게 이

---

54 François Bovon, *Luke the Theologian*, 2nd ed. (Waco, Tex.: Baylor University Press, 2006), pp. 87-122; 참조. Joel Green, *The Gospel of Luke* (Grand Rapids: Eerdmans, 1997), pp. 51-59.
55 Hanson, *Living Utterances of God*, p. 123.
56 참조. Brown, *Gospel according to John*, pp. 88-92.

해한다(벧전 1:10-12). 베드로전서 1:19과 2:22-25은 이사야 52:13-54:12 의 네 번째 종의 노래를 인용하고 있다. 예수는 귀한 피를 흘리신 어린 양 이다. 베드로전서 2:6-8은 이사야 28:16, "건축자들이 버린 그 돌이 모퉁 이의 머릿돌이 되고"를 인용한다. 베드로전서 2:9에서 저자는 "택하신 족 속"에 대해 이사야 43:20을 인용한다. 그런데 가장 "난해한" 구절은 노아와 "옥에 있는 영들에게 선포하는" 그리스도에 대해 말하는 베드로전서 3:19- 22이다. 어네스트 베스트(Ernest Best)는 200쪽이 안 되는 간략한 자신의 주석서에서 앞의 구절에 대해 무려 16쪽을 할애하며 설명을 시도한 바 있 다.[57] 이 텍스트를 죽음과 부활 사이에 있는 그리스도가 하데스에 머무는 영혼들에게 복음을 선포했다고 이해함은 그리 일반적 해석이 아니다. 어떤 해석에 따르면 베드로전서 3:19의 "영들"은 창세기 6:1-4 또는 「에녹1서」 의 타락한 천사로 간주된다. 아우구스티누스는 그리스도가 "전파하신" 것 이 성육신 이전에 일어난 일이라고 생각했다. 반면에 다른 많은 사람들은 이 일이 그리스도의 승천 이후에 일어난 일이라고 믿는다. 베드로전서 4:6 은 복음이 죽은 자들에게 선포되었다고 말한다. 그런데 이것은 "복음이 기 록되던 시기에 죽은 자들"을 의미할 수 있다. 베드로전서 3:19-22은 창세 기 6:12-9:29의 노아 내러티브를 지시하는 것이 분명한데, 아마도 최근에 세례를 받은 독자나 청자를 염두에 둔 것 같다. 노아 이야기의 관점에서 본 다면 세례 받은 자들은 옛날의 삶을 죽음에 처하게 하고 성령 안에서 다시 살아난 자들이라 할 수 있다(벧전 3:18). 노아 이야기는 깨끗하게 됨과 새로 운 생명에 대한 유비 또한 예표로서 도입되었던 것이다. 앞에서 설명했던 그리스도의 선포는 아마도 "복종하지 않았던 자들", 그리하여 지금 복음 기록의 시대에 "감옥"에 있는 자들에 대한 것이라고 이해된다. 이 구절이 직접적으로 하데스로 하강하는 것을 지시할 필요는 전혀 없다. 지옥으로 내려간 그리스도의 교리에 대한 가장 초기의 언급은 유스티누스(Justin)의

---

57 Best, *1 Peter*, pp. 135-50. 참조. Selwyn, *First Epistle*, pp. 313-62.

「트리포와의 대화」(*Dialogue with Trypho*) 72에 나타난다. 이레나이우스도 이 교리에 대해 알고 있었지만 베드로전서의 텍스트와 연관시키지는 않았다. 노아라는 인물은 에스겔 14:14, 20, 「지혜서」 10:4 등의 텍스트를 특징 짓는다.

9. **히브리서**의 저자는 다양한 방식으로 뛰어난 기술을 사용하여 구약을 활용한다.[58] 구약의 인용은 히브리서의 논증을 이끌어가는 주축이라 할 수 있다. 그중에서도 가장 중요한 인용구는 시편은 110:1-4이다. 부캐넌(G. W. Buchanan)은 히브리서 1장에서부터 12장까지 전체 텍스트는 시편 110편에 대한 한 편의 설교라고 주장한 바 있다. 또한 시편 8:4-6, 95:7-11, 예레미야 31:31-34도 주목할 가치가 있는 텍스트다.[59] 히브리서 2:5-18은 여기에 대한 설명으로 시작된다. 멜기세덱이라는 주제는 히브리서 7:1-19에서 설명되고 있는데 이 텍스트는 창세기 14장과 더불어 시편 110편도 반영한다. 앞에서 이미 우리는 예수가 유일한 왕적 대제사장으로 간주됨을 보았다. 예수는 아론 계열의 제사장이 아니라 "멜기세덱의 반차를 좇는" 우리의 대제사장이다. 시편 95:7-11은 독자나 청자에게 아주 중요한 대목인 "오늘"을 강조하고 있다. 히브리서 8:1-10:31은 예레미야 31:31-34의 새 언약을 강조한다. 지면 관계상 이제 2세기의 해석학으로 넘어가야 한다.

6. 2세기의 해석과 해석학

신약의 빛에 비추어보았을 때 마르키온과 관련된 2세기의 첫 번째 해석학적 투쟁이 구약의 지위에 대한 문제였다는 사실은 놀라운 일이 아닐 수 없

---

58 Lane, *Epistle to the Hebrews*, 1:cxii-cxvii, and L. D. Hurst, *The Epistle to the Hebrews: Its Background of Thought*, Society for New Testament Studies Monograph Series, no. 65 (Cambridge: Cambridge University Press, 1990).

59 George B. Caird, "The Exegetical Method of the Epistle to the Hebrews," *Canadian Journal of Theology* 5 (1959): 44-51.

다. 이 논쟁에는 2세기의 여러 학자들이 연루되었는데 그중에는 기독교적 견해를 수호했던 이레나이우스와 마르키온을 위시한 몇몇 영지주의자들도 포함된다. 유스티누스와 다른 변증가들은 좀 더 간접적인 방식으로 논쟁에 참여했다.

마르키온(Marcion, 85-160년경)은 소아시아의 폰투스에서 태어났고 140년경 로마에 당도한다. 마르키온은 영지주의자 교사의 영향 아래 있었는데 이 교사는 기독교의 하나님과는 대조되는 유대인들의 하나님이 유대인의 성경 또는 구약을 영감했다고 믿었다. 마르키온은 문자적 의미를 주장하면서 알레고리적 해석을 따라 성경을 재해석하는 것을 반대했다. 또한 구약은 오직 유대인을 위한 경전이며 그리스도인과는 상관없는 텍스트라고 주장했다. 그리고 스스로 다시 정경을 확립했는데 이 정경에는 누가복음을 제외한 모든 복음서가 배제되었으며 그나마 누가복음도 많은 부분 잘려나가 있다. 마르키온은 목회 서신을 제외했지만 바울의 10개의 편지는 유대교의 영향을 제거하는 방향으로 편집하여 남겨놓았다. 주후 144년 로마 교회에서 파문되자 마르키온은 자신만의 "교회"를 설립했다.

이레나이우스에 따르면 마르키온은 "율법과 선지서가 선포하는 하나님은 우리 주 예수 그리스도의 아버지가 **아니다**"라고 가르쳤다.[60] 또한 마르키온은 예수의 아버지는 "세상을 만든 하나님 위에 있는 존재이며…그가 우리 주님의 출생에 관계하여 기록된 모든 것을 제거함으로써 누가복음을 훼손했다"고 말했다."[61] 테르툴리아누스도 "폰투스의 이단이 두 명의 하나님을 만들어냈다"고 쓰고 있다.[62] 테르툴리아누스 자신은 하나님의 단일성을 주장했던 것이다.[63] 또한 테르툴리아누스는 이렇게 묻는다. 어째서 계시

---

60 Irenaeus, *Against Heresies* 1.18.1. 참조. E. C. Blackman, *Marcion and His Influence* (London: SPCK, 1948), and R. Joseph Hoffmann, *Marcion: On the Restitution of Christianity* (Chico, Calif.: Scholars Press, 1984).

61 Irenaeus, *Against Heresies* 1.18.2.

62 Tertullian, *Against Marcion* 1.2.

63 Tertullian, *Against Marcion* 1.3과 8.

가 바울과 함께 시작되어야 하는가? 실제로 예수는 창조주를 계시했고 예수 또한 선지자에 의해 예언된 존재가 아닌가?[64] 안식일을 지키라는 명령을 포함하여 구약에 드러난 수많은 율법은 선하다.[65] 하나님은 구약에서 언약을 하셨고 모세는 그리스도를 "예표하는" 참된 종이었다.[66]

영지주의의 저술가들은 상당히 많은 부분 신약의 언어를 사용했다. 그들이 활동한 연대나 개념 정의는 아주 복잡하며 논쟁을 촉발한다. 대부분의 학자들은 영지주의가 2세기의 가장 강력한 사상운동으로서 이후에도 영향력을 미쳤다는 데 동의한다. 1945년에 이집트의 나그함마디(Nag Hammadi)에서 발견된 고대 문서 중에는 영지주의적 저술들도 다수 포함되어 있었다. 그 외에 영지주의에 대한 우리 지식의 주요 원천은 교부들에게 있다. 아마도 영지주의 안에서 가장 널리 알려진 분파는 발렌티누스파이며, 마니교도들은 최소한 아우구스티누스 시대까지 존속했다. 한스 요나스(Hans Jonas)의 연구는 영지주의의 우주론적·신화론적 사변의 배후에는 실존주의적 목적이 있음을 잘 보여주었다.[67] 일반적으로 영지주의자들은 반(反)유대주의였으며 "세트파"(Sethian 또는 Scithian)는 많은 구약의 특성들을 웃음거리로 만들었다.[68] 하지만 우주론과 창조에 대한 관심으로 인해 구약을 활용하기도 했다. 비록 창조를 이룬 이가 예수의 아버지가 아니라 데미우르고스라고 보았지만 말이다.

영지주의가 신약의 언어를 사용했다는 사실에 대한 가장 강력한 주창자는 아마도 새뮤얼 라오이클리(Samuel Laeuchli)일 것이다.[69] 라오이클리

---

64 Tertullian, *Against Marcion* 1.19과 20.

65 Tertullian, *Against Marcion* 2.18과 21.

66 Tertullian, *Against Marcion* 2.26.

67 Hans Jonas, *The Gnostic Religion: The Message of the Alien God and the Beginnings of Christianity*, 2nd ed. (Boston: Beacon Press, 1963).

68 "Tractate Seth," in *Nag Hammadi Codex*, ed. James M. Robinson and others (Leiden: Brill, 1972-84), 7.2.

69 Samuel Laeuchli, *The Language of Faith: An Introduction to the Semantic Dilemma of the Early Church*, introduction by C. K. Barrett (London: Epworth, 1965; Nashville: Abingdon, 1962).

는 발렌티누스파를 포함해 영지주의의 텍스트에는 신약의 용어가 가득함을 증명했다. 예를 들어 다음과 같은 신약의 용어들은 영지주의적 저술에 광범위하게 나타난다. *kosmos*(우주); *plērōma*(충만); *gnōsis*(지식); *aiōn*(세대); *sophia*(지혜); *agapē*(사랑); *alētheia*(진리); *patēr*(아버지); *huios*(아들); *heis* 또는 *hen*(하나); *dikaiosunē*(의); *sarx*(살); *pneuma*(영); *sōma*(몸); *mustērion*(신비); *phōs*(빛); *chronos*(시간); *zōē*(생명) 등등.[70] 또한 신약의 문장과 유사한 문장들도 많이 발견된다. 라오이클리는 바실리데스(Basilides), 발렌티누스(Valentinus), 「진리의 복음」, 「플로라에게 보낸 서신」, 「테오도투스로부터의 인용」, 「요한 외경」 등도 조심스럽게 인용한다. 라오이클리는 많은 용어의 연원이 바울 서신이나 공관복음에 있음을 증명한다. 하지만 동시에 **"원래의 프레임 속에 있던 의미(다시 말해 성경 속에 있던 의미)와 그것이 삽입된 새로운 프레임 속의 의미 사이에는 긴장 관계가 존재한다"**고도 주장했다.[71] 그는 이렇게 덧붙인다. "같은 단어가 다른 함축을 가진다. 문장들은 전혀 다른 빛에 비추어 의미를 가진다."[72] 비트겐슈타인의 주장처럼 한 단어의 사용이 그 단어의 표면상의 양상과 항상 대응하는 것은 아니다.

이레나이우스는 영지주의자들이 원자론적이고 비일관적인 방식으로 성경을 사용했음을 지적한 바 있다. "영지주의자들은 그들의 고유한 체계를 뒷받침하려고 성경을 악용하고 있다."[73] 이레나이우스의 유명한 텍스트 속에는 이런 주장도 나온다. "영지주의자들은 성경의 질서와 연결성을 무시한다.…마치 귀한 보석들을 모자이크하여 아름다운 왕의 형상을 표현한

---

70 Laeuchli, *The Language of Faith*, pp. 15-55. 참조. Elaine Pagels, *The Johannine Gospel in Gnostic Exegesis* (Nashville and New York: Abingdon, 1973), and Pagels, *The Gnostic Paul: Gnostic Exegesis of the Pauline Letters* (Philadelphia: Fortress, 1975).
71 Laeuchli, *The Language of Faith*, p. 19, 티슬턴 강조.
72 Laeuchli, *The Language of Faith*, p. 19.
73 Irenaeus, *Against Heresies* 1.9.1; 참조. 1.3.1.

보물을 본 사람이…그 보석들의 배열을 흩뜨리고 재배열하여 개나 여우의 형태를 만든 다음 그것이 아름다운 왕의 형상이라고 주장하는 것과 마찬가지다."[74] 이레나이우스는 성경의 컨텍스트와 장르에 주의를 기울일 것과, 동시에 성경의 다른 부분들에도 주의할 것을 요청한다.

영지주의자들이 자신들만의 합리성을 주장했으며 모든 것을 기독론적으로 해석한 교부들에게 반박했음은 의심할 여지가 없는 사실이다. 초기 교회의 변증가였던 순교자 유스티누스(Justin, 100-165년경)는 그리스도 안에서 계시된 대로의 이성의 보편적 로고스를 주장한 바 있다. 그의 「트리포와의 대화」는 아마도 130년이나 135년에 기록되었을 것이다. 유스티누스는 처음에는 에베소에서, 나중에는 로마에서 가르쳤다. 그리고 자신의 변증을 로마 황제 안토니우스 피우스와 이 황제의 양아들이자 왕위 계승자인 마르쿠스 아우렐리우스에게 전달했다.

유스티누스의 「제일 변증」(*First Apology*)과 「제이 변증」(*Second Apology*)은 구약을 상당히 많이 참조하고 있다. 유스티누스는 창세기 49:10-11을 그리스도에 대한 알레고리로 이해하고, 「트리포와의 대화」에서는 미가 4:1-7을 그리스도의 두 번째 재림을 가리키는 텍스트로 본다.[75] 창세기의 레아는 이스라엘을, 라헬은 교회를 예표한다.[76] 또한 그는 율법만으로는 구원에 이를 수 없음을 인정하지만 그럼에도 율법을 도덕의 안내자로 해석한다. 영지주의와 이단 사이의 관계에 있어 유스티누스가 언급한 가장 중요한 지점은 모든 인간 안에 있는 로고스(이성), 즉 그리스도 안에서 완전하고 참된 표현에 도달한 로고스에 대한 주장이다. 쇼트웰(W. A. Shortwell)은 유스티누스의 성경 사용에 대한 연구에서 바로 이 점을 강조

---

74 Irenaeus, *Against Heresies* 1.8.1. Kendrick Grobel, *The Gospel of Truth: A Valentinian Meditation on the Gospel* (London: Black, 1960), and Werner Foerster, *Gnosis: A Selection of Gnostic Texts*, trans. R. McL. Wilson, 2 vols. (Oxford: Clarendon, 1972)도 보라.

75 Justin, *Apology* 1.52.43; 53.1-6; *Dialogue* 109.1; 110.1-6.

76 Justin, *Dialogue* 134.3-6.

한 바 있다.[77]

유스티누스에 따르면 신적 계시는 다음과 같은 두 가지 형식, 즉 로고스인 그리스도 안에 있는 하나님의 계시와 기록된 텍스트로서의 성경, 이 두 가지 형식을 취한다. 그는 성경을 성령의 영감의 결과로서 간주한다.[78] 유스티누스는 이사야 7:14의 "처녀가 잉태하여"라는 구절과 시편 22편의 십자가에서의 신음을 포함해 여러 구약 구절을 자주 인용한다.[79] 그는 70인경을 "성경"으로 부르면서 그것을 사용했다. 또한 그리스도를 "예표하는" 구약의 여러 인물과 사건을 인정하면서 명시적으로 "예표"(예를 들어, 신 21:23)라는 용어를 사용하기도 했다. 어떤 사람들은 이것을 알레고리로 기술했는데, 유스티누스는 이 알레고리를 사용하는 동시에 유비를 사용하기도 했다.[80] 그에 따르면 구약은 "예언"하고 "선포"한다. 유스티누스는 *sēmainō*("의미한다")라는 단어를 자주 사용하며 *sēmeion*("징표")도 28번이나 사용했다.[81] 「트리포와의 대화」 96.4에서 "예표"와 "징표"는 다함께 모세가 만든 대비책을 지시한다. 쇼트웰에 따르면 "예표"란 단어는 모세가 든 구리뱀을 포함해서 유스티누스의 저술에서 18번 나타난다.[82]

마지막으로 유스티누스는 사도행전, 로마서, 고린도전서, 갈라디아서, 빌립보서, 골로새서, 데살로니가후서, 심지어는 히브리서와 요한일서를 망라하여 신약을 사용하고 있으며 선지서와 함께 복음서를 사도들의 "회고록"이라 일컫는다. 또한 문자적 해석을 자주 활용하지 않았는데 그가 가장 자주 사용한 것이 알레고리인지 예표론적 해석인지는 지금도 논쟁거리다. 어쨌든 성경은 유스티누스의 논증에 준거 체계를 제공했으며 개별적 구절

77 Willis A. Shotwell, *The Biblical Exegesis of Justin Martyr* (London: SPCK, 1965), pp. 2-3.
78 Justin, *Dialogue* 7, 32, 34.
79 Justin, *Dialogue* 98-106 (on Ps. 22); *Dialogue* 4.1; 68.7 (on Isa. 7); 또한 *Apology* 1.25.
80 Justin, *Dialogue* 129.2.
81 Justin, *Dialogue* 14.7; 21.2; 42.5; 66.1; 또한 Shotwell, *Exegesis*, p. 15.
82 Justin, *Apology* 1.60.3, 5; 참조. Shotwell, *Exegesis*, pp. 18-19.

들은 그리스도 안에 나타난 하나님의 행적을 예표하고 있다.[83]

아리스티데스(Aristides)는 2세기의 변증가지만 우리에게 널리 알려진 것은 주로 다른 학자들에 대한 그의 저술이다. 테오필루스(Theophilus)는 2세기 후반의 변증가로, 안타깝게도 마르키온을 반박한 그의 저술은 소실되어 오늘에 전하지 않는다. 타티아누스(Tatian)는 유스티누스의 제자다. 테르툴리아누스(160-225년경)는 주로 3세기에 활동한 저술가다. 속사도(subapostolic) 시대의 몇몇 저술과 알렉산드리아의 클레멘스(150-215년경)의 저술은 자세히 살펴볼 필요가 있다. 속사도 시대의 저술 가운데 「바나바서신」(75-150년경 집필)은 구약을 사용하고는 있지만 너무 지나치게 알레고리적이다. 아마도 알렉산드리아인이었을 「바나바 서신」의 저자는 동물을 죽이는 희생 제사를 유대교의 잘못된 산물로 간주한다. 하지만 알레고리 활용에 대해서는 구약이 그리스도를 지시한다고 믿는다. 예를 들어 저자는 속죄일의 붉은 암송아지를 그리스도에 대한 예표 또는 형상으로 간주한다.[84] 또 사막의 바위에서 흘러나온 물은 그리스도인의 세례에 대한 은유 또는 알레고리다.[85] 마찬가지로 「클레멘스 1서」 저자인 로마의 클레멘스(Clement of Rome)는 여호수아 2장의 라합의 "붉은 밧줄"이 그리스도의 보혈을 예표한다고 기록한 바 있다(96년경).[86]

앞과 대조적으로 **안디옥의 이그나티우스**(Ignatius of Antioch, 35-110년경)는 알레고리도 예표론도 사용하지 않는다. 하지만 자주 복음서의 내용을 풀어서 설명했으며 그리스도와 관련되어 기록된 부분에는 모호한 점이 있을 수 없다고 주장했다.[87] 「디다케」(Didache, 정확한 시기는 알 수 없지만 대

---

83 Shotwell, *Exegesis*, pp. 29-47, and L. W. Bernard, *Justin Martyr: His Life and Thought* (Cambridge: Cambridge University Press, 1967).

84 *Barnabas* 8.

85 *Barnabas* 11.

86 *1 Clement* 12.

87 Ignatius, *Epistle to the Philadelphians* 8.2; 참조. Hanson, *Allegory and Event*, p. 101.

략 2세기 초에 집필됨, 분도출판사 역간)에서 이그나티우스는 알레고리적 해석도 예표론도 거의 사용하지 않았다. 하지만 다윗을 그리스도를 통해서만 이해할 수 있는 존재로 말하고 있으며, 다른 부분에서는 말라기 1:11, 14을 적용한다.[88]

이레나이우스는 이사야 45:1을 인용하여 "나의 기름부음 받은 고레스"가 그리스도를 지시한다고 주장한다. 핸슨의 논증에 따르면 이레나이우스는(또한 유스티누스도) 알렉산드리아 학파의 알레고리화의 흔적을 전혀 보이지 않는다. 하지만 그런 이레나이우스도 에덴의 나무와 십자가 사이에 존재하는 **예표론적** 상응 관계에 주목했다. 또한 메시아의 시대에 도래할 동물들 사이의 평화와 조화를 기술하기 위해서 이사야 11:6-9을 알레고리화했다.[89] 후기 저술에서 이레나이우스는 기독론적 초점을 제시하기 위해 알레고리적 해석으로 더 깊숙이 들어간다. 선한 사마리아인 이야기에서 그는 상처 입고 강도당한 사람을 아담으로, 여관을 교회로 해석하며 다른 요소들도 이처럼 알레고리적으로 이해한다.[90] 하지만 이레나이우스가 컨텍스트와 장르에 대해 강조했다는 사실, 구약과 신약의 통일성 및 "신앙 규범"에 관해 저술했음은 잊어서는 안 된다.[91] 그는 영지주의자들이 강조하는 "비밀스런" 전통 따위는 존재하지 않으며 전통이란 공적인 동시에 확인 가능한 것이라고 주장했다. 또한 이레나이우스는 네 권으로 이루어진 복음서가 교회의 "정경적" 복음임을 선언했다.[92]

이레나이우스와는 대조적으로 알렉산드리아의 클레멘스는 비밀스런 유사 영지주의적 전통을 믿었다. 영지주의적 전통은 명료하거나 개방적일 수 없었는데, 왜냐하면 진리는 오직 "수수께끼와 상징, 알레고리와 은유 또

---

88 *Didache* 9.2, 14.2.
89 Irenaeus, *Against Heresies* 5.23.4을 보라.
90 Irenaeus, *Against Heresies* 4.30.3, 4; *Fragments* 52; *Against Heresies* 3.17.3.
91 Irenaeus, *Against Heresies* 1.10.1, 2.
92 Irenaeus, *Against Heresies* 3.11.8.

는 이와 유사한 형상들에 의해" 전달되기 때문이다.[93] 흔히 베일에 싸인 가르침이 질문을 자극한다는 주장도 있었다. 기본적으로 성경의 스타일은 비유적이다. 핸슨의 주장에 따르면 "알렉산드리아의 클레멘스와 더불어 알레고리는 알렉산드리아뿐 아니라 필론 계열의 작가들에게까지 대담한 영향력을 미치게 된다."[94] 어느 곳에나 감춰진 의미가 산재해 있었다. 클레멘스는 창세기의 사라를 지혜로, 하갈을 세속적 지혜로 암시했다.[95] 또한 에덴동산의 생명나무는 "신적 사고"를 의미한다.[96] 클레멘스의 성경해석은 유스티누스, 특히 이레나이우스와 선명한 대조를 이룬다. 클레멘스는 오리게네스와 그 계승자들을 위한 길을 예비했다고 할 수 있지만 그 양상은 대부분의 신약 저자들과 다르다. 이렇게 제5장에서 우리는 기독교적 해석과 몇몇 주요 논점들에 대한 대답에는 폭넓고 다양한 범위가 존재함을 확인할 수 있었다.

7. 참고 도서

Goppelt, Leonhard, Typos: *The Typological Interpretation of the Old Testament in the New* (Grand Rapids: Eerdmans, 1982), pp. 61-106, 127-40, 161-70, and 179-85.

Hanson, Anthony Tyrrell, *The Living Utterances of God: The New Testament Exesis of the Old* (London: Darton, Longman and Todd, 1983), pp. 44-132.

Longenecker, Richard, *Biblical Exegesis in the Apostolic Period* (Grand Rapids: Eerdmans, 1975), pp. 51-75 and 104-57.

McKim, Donald K., ed., *Dictionary of Major Biblical Interpreters* (Downers Grove, Ill., and Nottingham: IVP, 2007), s.v. "Marcion," "Gnosticism," "Justin," "Irenaeus."

---

93 Clement, *Stromata* 5.4.1-3; 참조. 5.5-8.
94 Hanson, *Allegory and Event*, p. 117.
95 Clement, *Stromata* 5.12.80.
96 Clement, *Stromata* 5.11.72.

HERMENEUTICS

제6장

3세기에서 13세기까지

신약과 2세기

風 리쾨르의 해석학

3세기에서 13세기까지

해석학적 방법의 예

율리아나마리우스 루터

융이아이마마의 루터

해석학의 목표와 영역

문헌학, 성서학, 문학이론, 신화적 지아의 역사에서 본 해석학

고대 세계에서 시작된 영향한 질문의 유산: 위대교의 고대 그리스

루돌프 불트만부터 슈나이다 람신학까지

에라스뮈스-필로모크 가다머의 해석학: 두 대표 인물들

20세기 중엽의 림건: 바르트, 신해석학, 구조주의, 발구조의, 정신소 바의 의미론

종교개혁, 계몽주의, 성서비평의 발흥

페미니즘 해석학과 우머니즘 해석학

1. 로마 전통: 히폴리투스, 테르툴리아누스, 암브로시우스, 히에로니무스

1. 테르툴리아누스와는 별개로, **히폴리투스**(Hyppolytus, 170-236년경)는 3 세기에 활동한 초기 서구 라틴 신학의 주요한 성경학자 가운데 한 사람이 다. 일부 학자들은 그를 3세기 초기 로마 교회의 가장 중요한 신학자로 간 주한다. 히폴리투스는 로마 주교 칼리스투스를 이단으로 배척했으며 이 주 교의 적수가 되는 대립 주교로 로마에서 선출되었다. 해석학 측면에서는 기 독론적 해석을 활용했고 그리스도인들에게 구약이 갖는 가치를 강조했으 며, 사도 전승과의 일치를 존중하고 수많은 주해적 저술을 남겼다.

　히폴리투스는 가장 초창기 주석가 가운데 한 사람이었다. 그의 광범위 한 주석은 창세기 27장과 29장(야곱 내러티브), 신명기 33장(모세의 축복), 사무엘상 17장(다윗과 골리앗), 아가 1-3장, 다니엘서, 요한계시록 19-22장 을 아우른다. 특히 이 신학자는 예언과 묵시에 지대한 관심을 기울였다. 하 지만 상당 부분의 저술이 소실되고 말았다. 히폴리투스는 기독론적 해석에 초점을 맞춘 유스티누스와 이레나이우스를 추종했는데, 특히 사도신경의 전통과 "신앙 규범"을 강조한 이레나이우스의 모범을 따랐다. 또한 구약의 지위에 대해서도 전혀 의심하지 않았다. 묵시에 대한 그의 주석 중 상당 부 분은 「그리스도와 적그리스도에 대한 논고」(*Treatise on Christ and the Antichrist*)에 잘 나타나 있는데, 이 주석서는 마가복음 13:14-37, 데살로니가후서 2:1-11, 요한계시록 12:1-6 등을 다루고 있다.[1] 또한 「주석 단편들」(Fragments from Commentaries)에도 몇몇 글들이 남아 있다. 히폴리투스의 주석은 그리스어 텍스트를 대상으로 한다.

2. **테르툴리아누스**(Tertullian, 160-225년경)는 기독교로 개종한 북아프리카인으로 카르타고에서 법학과 수사학 교육을 받았다. 197년경 40세 나이를 전후하여 기독교로 회심하지만 말년으로 가면서 몬타누스파에 가담한다. 초기 저술에서 테르툴리아누스는 주로 신앙 변증에 집중했는데, 신앙에 있어 충분히 엄밀하지 못하다고 간주되는 그리스도인들에 대해 반박하는 글을 썼다. 중기와 후기 저술에서는 이단이나 신앙에 있어 "변절"로 여겨지는 문제들을 비판하기 위해 성경을 사용했다. 삼위일체에 대한 저술 및 「프락세아스에 반박하며」(Against Praxeas)는 몬타누스주의에 경도되었던 그의 후기 시대를 대표한다. 테르툴리아누스는 사도적 가르침의 중요성을 강조했으며 세속 철학과의 타협에 저항했다. 그의 저술 가운데 상당 부분은 논쟁적이다.

테르툴리아누스는 초기와 중기의 저술인 「이단에 반대하는 규정」 및 「마르키온에 반박하며」에서 영지주의자들과 마르키온을 공격했으며 이들의 성경 오용으로부터 성경을 수호하려 노력했다. 그는 성경을 **"호기심"을 충족시키기 위해서** 읽을 수도 있다는 생각 자체를 거부한다. **성경은 교회에 속한 것이다.** 테르툴리아누스는 구약에 대한 마르키온의 공격에 대항하여 열성적으로 구약 사용을 옹호했다. 그의 주장에 따르면 그리스도는 모세가 발화한 내용 속에 현존한다. 성경은 하나님이 최초부터 자신을 창조주로 계시하신다는 사실을 입증한다. 하지만 마르키온은 부당하게도 이런 오랜 계시를 최근의 것으로 줄여버렸다.[2] 창조주는 다른 어떤 신이 아니라 예수 그리스도의 아버지다(2.2.1). 하지만 테르툴리아누스는 이런 반어적인 질

---

1 Hippolytus, *Treatise on Christ and the Antichrist* 63, 61.
2 Tertullian, *Against Marcion* 1.25.1-4. 이하 본문 괄호 안의 숫자는 이 책의 단락을 나타낸다.

문을 한다. 하지만 하나님은 "언제나 숨겨진 채로 있기를" 바라는 분인가? 율법은 백성을 하나님께 의존하도록 만드는 것을 포함해 여러 기능을 한다. 이 신학자는 성경을 문자적으로 이해한다. 예를 들어 하나님의 "후회"나 심경의 변화는 알레고리를 통해 유야무야되지 않는다(2.19.1). 하나님이 맹세를 한다거나 분노를 표현한다는 것이 구약을 폐기하는 근거가 되지는 못한다. 나아가 그리스도의 오심은 약속되었고 공표된 것이었다(2.24.1). 성경은 마르키온의 가현설을 입증하지 않는다(3.2, 7, 17-19, 5.4). 누가복음은 그것이 쓰인 대로 보호되어야 한다. 테트툴리아누스는 신약으로부터 은혜의 본질을 설명한다(4.2, 5). 또한 마르키온에 대한 반박에 적용할 수 있도록 고린도전서를 본문 순서를 따른 연속 주석(running commentary)으로 해석하기도 했다(5.5-10).

테르툴리아누스는 교리와 성경 해설을 씨실과 날실처럼 엮으며 글을 쓴다. 또한 성경에 근거해서 부활, 은혜, 하나님의 단일성 교리를 수호한다.[3] 그는 악의 문제에 대한 이교도적 호소력에 골몰하기도 했다. 그리고 엄정한 윤리를 위한 기초를 성경 안에서 찾는다. 테르툴리아누스는 자신의 성경 이해가 올바르다고 자신했을 뿐 아니라 자신이 이해하는 바대로의 성경이 교리를 지지하고 교리와 일치함을 믿었다. 그의 수사법은 비타협적이고 매우 완강했다.

3. **밀라노의 암브로시우스**(Ambrose of Milan, 338-397년경)는 4세기 상황을 대표하는 인물이다(북아프리카의 테르툴리아누스의 계승자인 키프리아누스를 성경해석과 관련해 별 신통치 않은 기여를 한 인물로 치부해버린다면 이렇게 규정해도 상관없을 것이다). 로마에서 교육을 받은 암브로시우스는 대중적인 지지를 받는 가운데 밀라노 주교로 선출되었다. 그는 라틴어만큼이나 그리스어에도 정통했으며 필론, 오리게네스, 아타나시우스, 바실리우스(Basil)의 성경해석을 연구했다. 암브로시우스는 본질적으로 목회자이자 가르치

---

3 Tertullian, *Apology* 17.

는 역할을 수행한 주교였다. 실제로 세 권으로 된 「성직의 의무에 대하여」 (On the Duties of the Clergy)라는 책에서 그는 주교나 교사의 역할에 대해 다음 성경 구절을 인용하면서 자신의 주장을 펼친다. "그가 혹은 사도로, 혹은 선지자로, 혹은 복음 전하는 자로, 혹은 목사와 교사로 주셨으니"(시 34:11 엡 4:11).[4]

암브로시우스의 대부분의 성경해석은 그의 설교 사역에서 주로 나타나며 여타 다른 사람들에 의한 기록도 남아 있다. 이 신학자는 창세기 1:1-26, 사무엘서 일부와 열왕기상 일부(엘리야와 다윗), 시편, 이사야서, 아가서, 누가복음 일부에 대한 주석도 남겼는데 그의 주석의 주된 목적은 설교를 통해 그리스도를 전하거나 그리스도인의 실제적 삶에 도움을 주는 것이었다. 창세기 1장의 주석에서 암브로시우스는 부활을 언급하면서 이 부활은 하나님이 무로부터 만물을 창조하신 것만큼이나 경이로운 일임을 주장한다.[5] 또한 다음의 성경 구절에서 보듯 삼위일체의 세 위격이 창조에 함께 관여했다고 썼다. "태초에 **하나님**이 천지를 창조하시니라"(창 1:1). "**하나님의 신**은 수면에 운행하시니라"(창 1:2). "우리의 형상을 따라 우리의 모양대로 우리가 사람을 만들자"(창 1:26).[6] "다만 **말씀**으로만 하옵소서 그러면 내 하인이 낫겠삽나이다"(마 8:8). 다윗은 시므이가 자신을 저주할 때도 인내하며 분을 내지 않는 모습을 보여주었다(삼하 16:12).[7] 암브로시우스는 시편 118편을 설명하면서 6절의 본문, "여호와는 내 편이시라 내게 두려움이 없나니 사람이 내게 어찌할꼬"를 강조한다.[8] 또한 아가서에 대해서는 기독론적 해석을 제시한다(아 1:2, 3).[9] 요한의 말을 포함하여 신약을 자주 언급하며 이사야서의 한 구절, "너희 죄가 주홍 같을지라도 눈과 같이 희어질

---

4 Ambrose, *Three Books on the Duties of the Clergy* 1.11.
5 Ambrose, *On Belief in the Resurrection* 2.2.84.
6 Ambrose, *Of the Holy Spirit* 2.1.1–3.
7 Ambrose, *Duties of the Clergy* 1.48.245.
8 Ambrose, *Of the Christian Faith* 5.3.42.
9 Ambrose, *On the Mysteries* 6.29.

것이요"(사 1:18)도 인용했다.[10] 암브로시우스는 성경의 다양한 텍스트를 신중하고 책임감 있게 활용하는데 이런 그의 작업은 그리스도를 높이는 목적과 동시에 도덕적 가르침과 영적이고 "헌신적인" 목적을 가진다.

4. **암브로시아스터**(Ambrosiaster) 또는 위(僞)암브로시우스(pseudo-Ambrose)도 4세기를 특징짓는 인물이다. 암브로시아스터에 대해서는 많은 것이 알려져 있지 않다. 주로 다마수스(Damasus)가 로마 주교로 있던 기간(366-384)에 저술 작업을 했으며 성경 해설의 단편들과 더불어 13권으로 된 바울 서신 주석을 남겼다. 암브로시아스터는 성인기의 대부분을 로마에서 보냈으나 유대교와의 친밀감을 보여주었다. 또한 주교와 장로는 "하나의 계율"을 공유해야 한다고 주장했다. 그는 성경의 "문자적" 의미를 존중한 섬세한 주석가였으며 개별적 성경 구절이 담고 있는 역사적·언어학적 컨텍스트를 면밀히 관찰했다.[11]

5. **히에로니무스**(Jerome, 340-420년경)은 4세기와 5세기를 연결하는 인물로서 인상적일 정도로 뛰어난 번역가이자 본문 비평학자였다. 그는 필론, 알렉산드리아의 클레멘스, 특히 오리게네스의 강력한 영향을 받았으며 안디옥 학파의 일원인 디오도루스, 테오도루스, 크리소스토무스와도 친밀한 관계를 맺었다. 히에로니무스는 히브리어와 유대적 해석 방법에 정통한 당대의 몇 안 되는 인물 중 하나였다. 실제로 그는 히브리어, 그리스어, 라틴어로 **텍스트를 정립**하는 어려운 작업을 했으며 히브리어와 그리스어 성경에 대한 라틴어 **번역**(불가타)을 내놓았다. 성경 비평과 번역 작업에 더하여 성경에 대한 광범위한 주석을 기술하기도 했는데 그의 주석은 모호한 부분을 명확히 설명하는 것을 목적으로 한다. 테르툴리아누스의 입장과는 다르게 히에로니무스는 독자들에게 다양한 전통들과 선택지를 보여주고 싶어했다. 이 신학자는 성경해석이 "사랑의 노동"인 동시에 "위험천만하면

---

10 Ambrose, *On the Mysteries* 7.34.
11 참조. A. Souter, *A Study of Ambrosiaster*, Texts and Studies 7 (Cambridge: Cambridge University Press, 1905).
12 Jerome, preface to *The Four Gospels* 1.

서도 주제넘은" 일임을 인정했다.[12]

히에로니무스는 알레고리적 해석을 통해 성경 텍스트의 "영적인" 의미를 찾아가는 알렉산드리아식 방법론에 대해 충분히 알고 있었다. 하지만 그는 역사적 컨텍스트 안에서 발견되는 성경의 **문자적 의미**를 해석의 시작점으로 삼았다. 그런 후에는 자주 오리게네스에게서 끌어낸 "영적인" 해석으로 이행하기도 했다. 히에로니무스의 신약 주석 중 현존하는 것으로는 마태복음, 갈라디아서, 에베소서, 디도서, 빌레몬서 주석이 있으며 구약 주석으로는 이사야서, 예레미야서, 에스겔서, 다니엘서, 요나서, 소선지서가 있다. 또한 19세기 초부터 전개된 "신약 개론"이라는 분야를 위해서도 다소간 기여했다고 할 수 있다.[13] 히에로니무스는 이사야의 시(詩)에 주목했으며 이사야를 예언자라기보다 복음 전도자로 불렀다.[14] 이후로 이 신학자는 로마의 유력한 여성들의 멘토가 되었으며, 384년에 로마를 떠나 수사의 삶을 살기 위해 안디옥과 이스라엘 성지로 떠났는데 이는 부분적으로 로마에서 일어난 스캔들 때문이었다. 그는 성경에 대한 무지가 곧 그리스도에 대한 무지라고 주장했다.[15] 또한 "단어"가 아니라 "의미"를 번역한다고 말함으로써 "문자적" 의미에 대한 자신의 관심을 제한한다.[16] 클레멘스처럼 히에로니무스도 성경을 모호함과 신비로 가득한 책으로 이해한다.[17]

2. 알렉산드리아 전통: 오리게네스, 아타나시우스, 디디무스, 키릴루스

1. **오리게네스**(185-254년경)는 17살의 어린 나이로 클레멘스의 뒤를 이어 알렉산드리아 신학교의 교장이 되었다. 경이로운 생산력을 지닌 창의적이

---

13 Jerome, *Matthew* 1.
14 Jerome, *Isaiah*, preface.
15 참조. Jerome, *Letter 47: To John the Oeconomus*.
16 Jerome, *Letter* 126.29; *Letter* 112.19.
17 Origen, *Commentary on John* 10.11-13.

며 다재다능한 학자로 알려진 오리게네스는 변증가이자 설교자였고 철학적 신학자이자 본문 비평가 및 성경 주석가였다. 그의 수많은 저술 가운데 4분의 3은 성경을 해설한 것이다. 교회사가인 유세비우스의 증언에 따르면 오리게네스의 생산력이 얼마나 엄청났던지 그의 돈 많은 친구 암브로시우스는 오리게네스를 위해 7명의 속기사와 여러 명의 여성 필사자에게 급여를 주어야 했다.[18] 오리게네스는 당대 로마 제국의 가장 위대한 문명 도시였던 알렉산드리아에서 그리스 철학 전통, 주해의 방법론, 기독교 교리를 교육받았다. 또한 그는 고전 문헌과 그리스 철학에도 매우 해박한 인물로, 다양한 형태의 영지주의의 주창자들과 토론을 벌이기도 했다. 하지만 그의 사변은 정통 교리로부터 실질적으로 또는 잠정적으로 일탈해갔으며 그 결과 553년 제5차 공의회에서 이단 선고를 받는다. 후에 오리게네스의 수많은 저술은 금지되거나 소실된다.

오리게네스의 핵심적 관심사는 성경을 구성하는 것이 무엇이며 성경이 어떻게 이해되어왔는가 하는 문제다. 이 신학자의 주요 성과 가운데 하나는 성경을 원어와 5개의 번역판, 총 6개의 칸으로 구성해 철저하게 비교한 6개 언어 대조판 성경(Hexapla)을 편찬한 것이다. 첫 번째 칸은 오리게네스의 시대에는 널리 알려져 있지 않았던 히브리어 구약 텍스트를 담고 있다. 두 번째 칸은 히브리어를 그리스어로 음역한 내용을 담고 있다. 나머지 네 칸에는 다양한 판본의 70인경이 나와 있는데 아퀼라 판본과 심마쿠스 판본, 개역 70인경, 테오도티안 판본이 바로 그것이다. 이 거대한 기획은 30여 년간 지속된 집약적 수고의 결정체라 할 수 있으며 최고의 성경 텍스트를 정립하고자 한 오리게네스의 끈기를 보여주는 증거물이라 할 수 있다. 하지만 이 6개 언어 대조판 성경을 검토한 트리그(J. W. Trigg)는 오리게네스의 히브리어 지식이 초보적 수준에 머물렀고 대체적으로 간접적 지

---

18 Eusebius, *Ecclesiastical History* 6.25.2.
19 Joseph W. Trigg, *Origen: The Bible and Philosophy in the Third-Century Church* (London: SCM; Louisville: John Knox, 1983, 1985), pp. 82-86.

식에 의지한 것에 불과하다고 주장했다.[19] 오리게네스는 사도적 전통이나 "신앙 규범"이 중요하다는 것과 성경이 성령의 감동으로 쓰인 것임을 믿었다.[20] 일설에 의하면 그는 성경의 모든 책에 대한 주석을 썼다고 전해진다. 히에로니무스는 오리게네스의 저술을 두 가지 종류의 주석, 즉 스콜리아(*Scholia*, 일반 주석) 또는 난외주(marginal notes)와 설교로 분류했다. 228년에서 231년까지 오리게네스는 「요한복음 주석」, 「창세기 주석」과 다른 성경 해설집, 「잡문집」, 「원리론」(*De principiis*) 등을 집필했는데, 「요한복음 주석」은 그의 성경 주석 중 최고 수준의 책이며 「원리론」은 신학과 교리에 대한 대표적 저서다.

231년 알렉산드리아 주교의 적개심 때문에 오리게네스는 이 도시와 도시의 빼어난 도서관을 떠나 카이사레아로 가게 된다. 하지만 이내 「순교에 대한 권고」(*Exhortation to Martyrdom*) 같은 주석을 쓰기 시작한다. 238년에서 240년 사이에는 「에스겔 주석」을 썼다. 241년에서 245년 사이에는 구약에 대한 설교와 신약 주석을 집필했고 기념비적 작품인 6개 언어 대조판 성경도 완성한다. 245년부터 사망할 때까지 오리게네스는 「켈수스 반박」(*Against Celsus*)이라는 변증서를 썼는데, 켈수스는 기독교를 강하게 비판했던 이교도였다. 오리게네스의 사후, 나지안조스의 그레고리우스(Gregory of Nazianzus)와 바실리우스는 이 신학자의 저술을 요약·편집한 「필로칼리아」(*Philocalia*)를 펴내게 된다.

오리게네스는 성경의 모든 단어가 심오한 의미를 가진다고 주장했다. 실제로 이 신학자에게 모든 역사적 구절은 육체에 비교되는 문자적 의미, 영혼에 비교되는 도덕적 의미, 정신에 비교되는 영적 의미를 가진다.[21] 그의 주해 방법은 주로 알렉산드리아의 필론에게서 빌려온 것이었다(필론에 대해서는 이미 제4장에서 논의한 바 있다). 오리게네스는 제안하기를 의미는

---

20 Origen, preface to *De principiis* 4; 참조. *De principiis* 1.3; 4.1. Hexapla의 전체 텍스트는 현존하지 않으며 부분적으로 재구성된 판본만 현재 남아 있다.

21 Origen, *De principiis* 4.2.4. Trigg, *Origen*, pp. 125-26, 204-5.

사다리와 같다고 했다. 가장 낮은 사다리의 출발하는 칸은 "육체" 또는 "문자적 의미"를 구성한다. 이러한 문자적 차원에서 성경은 모순을 포함할지도 모른다. 하지만 오리게네스에 따르면 "물질적 오류 속에는 종종 영적 진리가 보존되어 있다. 언어적으로는 서로 반대되는 진술들이 만들어지지만 영적인 차원에서 보면 이 진술은 참이다."[22] 따라서 오리게네스는 자주 알레고리적 의미를 변증의 도구로 활용한다. 그의 사상은 때로는 필론과, 때로는 클레멘스와 유사하게 들린다. 필론처럼 오리게네스는 하나님이 에덴에 나무를 심으셨다는 진술의 문자적 의미를 말소해버린다.[23] 문자적 차원에서 이 신학자는 헤시오도스와 창세기를 긍정적으로 비교한다. 또한 클레멘스처럼 오리게네스도 성경을 모호함과 신비로 가득한 텍스트로 본다. 자신의 위대한 저술 「원리론」에서 오리게네스는 이렇게 쓰고 있다.

> 성경을 다루고 성경에서 의미를 추출하는 타당한 방식은 다음과 같다.…이것은 삼중의(trissōs) 방식으로…단순하고 무식한 사람은 성경의 "육체"…그 명백한 의미에 의해 교화될 수 있다. 그리하여 그는 "영혼"에 의해 상승하게 되는 것이다(apo tēs hōsperei pseuchēs autēs). 완전한 인간(ho teleios)은…세상의 지혜를 통해서가 아니라…신비 속에 있는 하나님의 지혜, 감추어진 지혜에 의해…영적인 법칙으로부터…영으로부터(tou Pneumatos) 배운다.[24]

나아가 오리게네스는 "육신을 따라 유대인들이 예시와 그림자(hupodeigma kai skia)로서 어떤 천상의 것들을 섬겼는지 보여줄 수 있다면 해석은 '영적인' 것이라고 했다."[25]

---

22 Origen, *Commentary on John* 10.4.

23 Origen, *Against Celsus* 4.38, 39.

24 Origen, *De principiis* 4.2.4 [Greek, Jacques-Paul Migne, *Patrologiae Graecae Cursus Completus*, 81 vols. (Paris: Garnier, 1856-61; reprint, 1912), vol. 11, col. 364].

25 Origen, *De principiis* 4.2.4 (Migne, vol. 11, col. 264).

오리게네스는 성경 전체가 일관성 있고 조화로우며 "하나님의 완전한 도구"라고 믿었다.[26] 성경 속의 모든 것은 의미를 지닌다. 오리게네스는 아가서가 드라마로 쓰인 결혼의 시라고 믿는다. 아가서에 대한 그의 주석과 설교집은 이 책의 "영적인" 의미를 잘 보여준다. 여기서 이름들은 그 "내적 인간"에 적용된다.[27] "무형의" 텍스트의 말씀(*logoi*)은 독자를 "영적인 사고"(*pneumatika noēta*)로 이끌어준다.[28] 신약에 대한 오리게네스의 해설은 플라톤의 영향을 받았는데 특히 로고스가 자주 언급되는 요한복음을 다룰 때 그 영향력은 두드러진다. 실제로 로고스는 성령의 세계다(*ho kosmos noētos*).[29] 하나님의 아들은 영원하고 불변하는 존재인데 이는 우연적이고 물질적인 모사품과 이데아나 형상의 왕국 사이의 플라톤적 대조와 일치되는 개념이다. 로고스로서의 그리스도는 진리인 동시에 지혜다. 몇몇 학자들은 이 대목이 지나치게 영지주의적인 주해라고 간주한다. 심지어 오리게네스는 (플라톤과 마찬가지로) 영혼은 영원하며 따라서 말씀으로서의 그리스도도 선재(先在)한다고 생각했다. 비록 "성자가 존재하지 않았던 때는 없었다"고도 주장했지만 이 신학자는 일종의 종속설(subordinationalism), 즉 성자가 성부에 비해 열등하고 성령이 성자에 비해 열등하다는 사상을 가르쳤다.[30]

우리는 오리게네스가 성경의 "영적" 의미를 탐구하면서 "문자적 의미"를 느슨하게 놓아버렸다는 식의 이야기를 자주 듣는다. 이런 논리에서 보면 "안디옥" 학파(이제부터 설명될 것임)의 반박을 공감할 수 있기도 하다. 하지만 오리게네스가 영적 의미를 추구한 것은 카렌 조 토르에센(Karen Jo

---

26 Origen, *Commentary on Matthew* 2; 참조. R. B. Tollinton, ed., *Selections from the Commentaries and Homilies of Origen* (London: SPCK, 1928), pp. 47-49.

27 Origen, *Commentary on the Song of Songs* 2.21.

28 J. Christopher King, *Origen on the Song of Songs as the Spirit of Scripture: The Bridegroom's Perfect Marriage Song* (Oxford: Oxford University Press, 2006), p. 74.

29 Origen, *Commentary on John* 19.5; 참조. *De principiis* 2.3.

30 Origen, *De principiis* 4.28; 참조. 1.3.

Torjesen)의 지적처럼, 부분적으로는 독자들을 위한 목회적 관심 때문이었다.[31] 크리소스토무스를 위시한 안디옥 학파가 일차적으로 성경의 **저자**나 **기록자**의 목적과 의도에 관심을 집중한 반면, 오리게네스로 대표되는 알렉산드리아 학파는 주로 **독자**와 독자에게 미치는 텍스트의 **효과**에 집중했다. 실제로 변증 분야에 대한 오리게네스의 열성은 그의 목회적 관심만큼이나 지대한 것이었다. 영지주의에 대항해 기독교 신앙을 방어하기 위해서는 구약의 합리성을 "구출"하는 방법론을 구사한 필론과 클레멘스를 따라가는 것이 용이한 길이었던 것이다. 오리게네스의 복음서 해석은 아가서나 레위기에서만큼 텍스트의 "육체적인" 의미를 묵살하는 방향으로는 나아가지 않는다. 마태복음에서 오리게네스는 재판받는 예수와 "멀찍이 떨어져 서 있는" 베드로에 대해 언급했다.[32] 수난의 장면에 나오는 거짓 증인들은 "예수가 죄를 짓지 않았음"을 (역설적으로) 보여준다.[33] 대제사장은 "옷을 찢었는데" 이는 그의 영혼의 수치와 헐벗음을 나타낸다.[34]

앙리 드 뤼박(Henri de Lubac)은 오리게네스의 다음과 같은 문장, "모든 성경에는 영과 혼 사이의 차이가 존재한다"를 인용한다.[35] 뤼박의 주장에 따르면 오리게네스의 대담한 삼분설(三分說)은 중세의 주해를 풍성하게 해주었는데 이 이론은 데살로니가전서 5:23과 로마서 8:16을 토대로 하고 있다[하지만 결론적으로 말해서 이 주장은 사실과 다르다. 살전 5:23의 "영과 혼과 몸"이라는 구절은 단순히 "너희의 모든 전체 존재"(your whole self)를 의미한다. 또한 롬 8:16의 "성령이 친히 우리 영과 더불어 우리가 하나님의 자녀인 것을 증언

---

31 Karen Jo Torjesen, *Hermeneutical Procedure and Theological Method in Origen's Exegesis* (Berlin: Walter de Gruyter, 1986), 특히 pp. 36 이하를 보라. 참조. Gerald Bostock, "Allegory and the Interpretation of the Bible in Origen," *Journal of Literature and Theology* 1 (1987): 39-53.

32 Origen, *Commentary on Matthew* 105.

33 Origen, *Commentary on Matthew* 107.

34 Origen, *Commentary on Matthew* 112.

35 Origen, *Commentary on John* 32.18 (455); *De principiis* 2.8.4 (162). 참조. Henri de Lubac, *Medieval Exegesis*, 2 vols. (Grand Rapids: Eerdmans; Edinburgh: T. & T. Clark, 2000), 1:142.

하시나니"라는 구절도 다만 "우리와 더불어", "우리의 내적 자아와 더불어"를 의미한다]. 어찌 되었든 뤼박은 오리게네스의 영향력을 크고 긍정적으로 보고 있다.

2. **아타나시우스**(Athanasius, 296-373년경)는 4세기의 가장 중요한 신학자 중 한 사람이다. 알렉산드리아에서 교육받았으며 319년에 부제(deacon)가 되어 325년의 니케아 공의회에서 핵심적 역할을 담당했다. 또한 알렉산더를 이어 366년까지 알렉산드리아의 주교로 섬겼고 아리우스파에 반대하여 칼케돈의 정통 기독론을 방어하는 데 결정적인 영향력을 행사했다. 아타나시우스는 성부와 성자의 관계의 본질에 관한 "동일본질"(*homoousion*) 조항을 방어함으로써 콘스탄티노플 공의회와 니케아 신조의 초석을 놓았다. 동시에 그는 성경 주석가로서보다는 조직신학자나 변증가로 더 잘 알려져 있다.

사실 아타나시우스는 주로 변증적이고 신학적인 목적을 위해 성경을 사용했다. 비록 개별적 구절들이 성경 전체의 조망과 함께 사용되어야 함을 강조하기는 했지만 말이다. 성경의 구절들은 신앙 규범(*regula fidei*)과 일치하는 방향으로 해석되어야 한다. 예를 들어 "지혜로 땅에 터를 놓으셨으며"(잠 3:19)라는 구절은, "지혜"가 창조된 세계보다 먼저 존재했으며 그리스도가 우리의 지혜이기 때문에 그리스도가 창조 이전에도 존재했음을 보여줌으로써 아리우스파를 논파하는 데 도움을 준다.[36] 그리스도인들은 성경을 상고하여 심판자로서 오실 그리스도의 재림을 준비해야 한다.[37] 아타나시우스는 이렇게 쓰고 있다. "만일 그들(아리우스주의자들)이 성경을 부정한다면 그 즉시로 그들은 자신들의 이름에 대해 이방인이며…그리스도의 대적이다. 하지만 만일 그들이 성경의 말씀이 신적 영감에 의한 것임을 인정한다면 그들로 터놓고 말하도록 기회를 주자.…아마 그들은 하나님이

---

36 Athanasius, *Against the Arians*, discourse 2.22.73.
37 Athanasius, *Incarnation of the Word* 56.

신적 지혜 없이 존재하며 '그리스도가 존재하지 않았던 때도 있었다'고 말할 것이다."[38] 컨텍스트를 무시하며 요한복음 1:14을 이용한 아리우스주의자들처럼 "어떤 거룩한 성경도" 그렇게 "구세주의 말을 이용하지 않았다."[39] 때때로 아타나시우스 자신도 성경을 부정확하게 인용하는 듯 보인다.[40] 비록 구약을 일차적으로 그리스도에 대한 텍스트로 이해하기는 했지만 아타나시우스는 오리게네스보다는 성경의 "육체적" 의미를 존중하는 것 같다.

3. **소경 디디무스**(Didymus the Blind, 313-397년경)는 오리게네스의 주해 전통을 따라 성경을 해석했다고 알려져 있다. 그는 니케아 신조를 옹호했고 히에로니무스와 함께 금욕적 수도사 운동의 지도자였다. 현존하는 디디무스의 저술로 볼 때 이 신학자의 입장은 오리게네스와 아주 밀접하게 연관되어 있다. 1941년에는 창세기 주석, 욥기 주석, 스가랴 주석, 시편 20편, 40편 강해를 포함한 텍스트들이 새롭게 발견되기도 했다. 디디무스는 텍스트의 독자에게 관심을 두는 알렉산드리아의 변증적·목회적 전통을 계승한다. 그는 독자가 "영적인" 성숙과 이해에 있어 진보하는 데 관심을 두었다. 또한 해석은 문자적인 동시에 "영적인"(자주 비유적인) 차원에서 발생했다. 디디무스는 자신의 적수들에게 "문자주의자"라는 꼬리표를 붙였으며 안디옥 학파의 주창자들과 격렬한 논쟁을 벌였다.

4. **알렉산드리아의 키릴루스**(Cyril of Alexandria, 388-444년경)는 이 도시의 대주교(또는 총대주교)였으며 니케아 신조를 옹호하는 기독론으로 유명하다. 또한 그는 문자적인 것을 넘어서 더 상위의 의미 차원을 탐색하는 알렉산드리아의 주해 전통에서 훈련을 받았다. 구약에 대한 그의 작업은 주로 기독론과 연관된 것이지만 신약에 대한 저술에서는 오리게네스보다 더 제한적이고 조심스러운 접근을 보여준다. 키릴루스는 안디옥 학파 및 시리아 교회와 갈등했는데 이 갈등은 단순히 주해 방식의 영역에 국한되지

---

38 Athanasius, *De decretis* (or Defense of the Nicene Definition) 4.
39 Athanasius, *Against the Arians*, discourse 1.4.11.
40 Athanasius, *Defense of His Flight* 13, 17.

않는다. 즉 그는 기독론과 관련해서 콘스탄티노플과 시리아의 대주교 네스토리우스와 격렬하게 대립하여 네스토리우스뿐 아니라 그의 스승인 안디옥 학파의 주석가 몹수에스티아의 테오도루스에 대해서도 비난했다. 결국 이 둘은 에베소 공의회에서 정죄를 당한다(431). 그러는 동안 키릴루스는 오리게네스의 주해를 기반으로 하여 이사야서, 소선지서, 마태복음, 누가복음, 요한복음, 로마서, 고린도전후서, 히브리서 주석을 펴냈다.[41]

3. 안디옥 학파: 디오도루스, 테오도루스, 요하네스 크리소스토무스, 테오도레투스

1. **타르수스의 디오도루스**(Diodore of Tarsus, 330-390년경, 연대 불확실)는 일반적으로 안디옥 학파의 성경해석에 기초를 놓은 사람으로 간주된다. 안디옥 학파가 저자보다는 독자의 측면을 중요시한 오리게네스의 주해 방식에 반대한 것은 그리 놀라운 일이 아니다. 안디옥 학파는 오리게네스가 추구하는 성경 텍스트의 "영적인" 의미가 너무 쉽게 **해석자 또는 독자의 관심의 거울**로 변해버림을 지적했다. 디오도루스가 썼듯 우리는 "알레고리적 의미보다는 텍스트의 역사적 이해"를 선호한다.[42]

"역사적"이나 "문자적"이라는 말을 썼다고 해서 안디옥 학파가 은유나 비유, 예표론적 독해를 거부한 경직된 문자주의자였다고 가정해서는 안 된다.[43] 디오도루스에게 "역사적" 의미란 텍스트와 저자가 삶의 상황 또는 배

---

41 참조. 예를 들어 Cyril, *Commentary on the Gospel according to St. John*, ed. T. Randell (Oxford: J. Parker, 1885), 이사야서를 선별적으로 추려낸 N. Russell, ed., *Cyril of Alexandria* (London: Routledge, 2000).

42 Dimitri Z. Zaharopoulos, *Theodore of Mopsuestia on the Bible: A Study of His Old Testament Exegesis* (New York: Paulist, 1989), p. 12에서 인용.

43 James D. Wood, *The Interpretation of the Bible* (London: Duckworth, 1958), p. 59.

경에 의해 조건 지워짐을 뜻한다. 그는 이것을 주해를 위한 지배적 원리로 보았다. 378년 타르수스의 주교로 임명되기 전까지 디오도루스는 안디옥과 시리아의 신학교 교장으로 있었다. 그는 이렇게 선명하게 자신의 입장을 밝힌다. "결코 테오리아(*theoria*, 알레고리)라는 더 고차원적인 해석을 금지하는 것은 아니다. 왜냐하면 역사적 내러티브가 테오리아를 거부하는 것은 아니기 때문이다.…하지만 테오리아(알레고리)가 역사적 토대를 제거해 버리지 않도록 주의해야 한다. 그렇게 되면 결과는 테오리아가 아니라 알레고리로 끝날 것이기 때문이다."[44]

분명히 테오리아와 알레고리의 구별은 미세하면서도 결정적으로 중요한 사안이다. 디오도루스가 기독론 논쟁에 개입한 까닭에 이 신학자의 저술의 대부분은 소실되고 말았다. 근래에 와서야 비로소 「시편 주석」이 발견되었는데, 이 주석은 올리버(J. M. Oliver) 등에 의해 편집되었다.[45] 아리우스주의자들은 여러 신학자들을 파괴하고 마는데, 디오도루스 또한 자신과 연관된 테오도루스가 심판대에 오르자 함께 정죄를 당했다. 아폴로나리우스 또한 디오도루스에 반대했다. 양 진영 모두 디오도루스를 발단기 네스토리우스주의자(예수 그리스도가 "동일본질"의 두 본성이 아닌 두 가지 구별되는 위격을 가진 존재로 보는 교리)로 규정하여 비난했던 것이다. 하지만 실제로 디오도루스는 니케아 신조의 기독론을 주장했으며 제1차 콘스탄티노플 공의회(381)에 결정적으로 기여했다.

2. **몹수에스티아의 테오도루스**(Theodore of Mopsuestia, 350~428년경)는 안디옥의 신학교에서 디오도루스에게 배웠으며 크리소스토무스의 친구이기도 했다. 392년 시칠리아 몹수에스티아의 주교가 되기 전까지 거의 10년 동안 그는 안디옥 학교에서 공부했다. 에베소 공의회에서 알렉산드리아

---

44 Diodore, preface to *Commentary on the Psalms*; 참조. J. N. D. Kelly, *Early Christian Doctrines*, 5th ed. (London : Black, 1977), pp. 75-79.
45 참조. J. M. Oliver, ed., Diodore : *Commentary on the Psalms*, in *Corpus Christianorum, Series Graeca*, 6 vols. (Turnhout : Brepols, 2006).

의 키릴루스가 네스토리우스 이단을 고발하자, 디오도루스와 함께 테오도루스도 비난을 당하게 된다. 하지만 그가 진짜로 네스토리우스의 견해를 지지했는가 하는 데는 의문의 여지가 많다. 테오도루스는 그리스도가 완전한 하나님인 동시에 "완전한" 인간임을 명확하게 주장했다. 물론 이 두 본성이 한 위격 안에서 **어떤 방식으로** 연합되는가에 대해서는 그의 견해가 불명료한 것이 사실이지만 말이다. 테오도루스는 오직 성경의 언어만을 사용했으며 형이상학적 사변의 활용을 거부했다.[46]

테오도루스는 성경의 거의 모든 책들을 주해했는데 각 책들의 저술 시기와 저자에 대한 연구, 텍스트의 구조와 통일성, 역사적 배경, 정경성, 영감성 등등을 검토했다. 하지만 아쉽게도 네스토리우스주의와 연관되는 바람에 그의 주석 가운데 아주 일부만이 보존되어 있다. 에데사의 랍불라 (Rabboula of Edessa)는 테오도루스를 파문한 첫 번째 인물이었다. 테오도루스는 창세기에 대한 세 권의 책을 썼는데 포티우스(Photius, 819-915)는 그 첫 번째 책을 인용하고 있다.[47] 또한 출애굽기 25:8-20의 언약궤에 대한 텍스트를 포함해 출애굽기 주석의 발췌본과 사사기 13:25, 16:17 주석에서 뽑아낸 발췌본도 현존한다. 테오도루스가 시편, 사무엘상하, 욥기, 전도서, 아가서에 대해서도 저술했음은 널리 알려진 사실이다. 신약과 관련해서는 마태복음, 누가복음, 요한복음, 바울 서신을 주해했다는 암시를 발견할 수 있다.[48]

성경의 각 책에 대한 테오도루스의 결론은 대부분 근대의 역사비평과 일치한다. 그는 몇몇 시편의 제목을 거부했으며 또 어떤 시편들은 마카베오 왕조 때 집필된 것이라고 보았다. 또한 테오도루스는 각각의 시편들이 각각 다른 관점들을 나타낸다고 주장했다. 다른 한편으로 이 신학자는 성

---

46 Zaharopoulos, *Theodore*, pp. 18-26.

47 Migne, *Patrologia Graeca*, 103:72; 참조. 66:123-632.

48 H. B. Swete, ed., *Theodori episcopi Mopsuestini In epistolas beati Pauli commentarii* (Cambridge: Cambridge University Press, 1880-82).

경이 하나님의 감동으로 쓰인 것이라는 견해(딤후 3:16)를 당대의 교회와 공유했다. 자하로풀로스(D. Zaharopoulos)는 테오도루스의 주해 방법과 그의 성경 영감설을 연관시킨다. 자하로풀로스에 따르면 "테오도루스의 일차적 주해 원리는 다음과 같다. 즉 성경이 하나님의 영감으로 쓰인 것이기 때문에, 하나님께 합당하지 않거나 인간에게 무가치한 것이란 이 책에 있을 수 없다고 믿는다."[49] 테오도루스는 필론과 오리게네스의 알레고리 사용을 전적으로 거부하지는 않았다. 하지만 알레고리가 성경 전체를 지배하거나 역사적 현실을 축소해서는 안 된다고 주장했다. 진정한 테오리아는 알레고리가 아니라 예표론에 해당한다. 이 신학자는 몇몇 시편, 특히 시편 2편과 110편에 대한 기독론적 주해를 인정하는데 그것은 이 시편들이 사도행전과 히브리서에서 기독론적으로 활용되었기 때문이다. 하지만 대부분의 경우 테오도루스의 주해에는 예표론적 해석이 억제되어 있으며 자주 나타나지도 않는다. 그는 시편 68편을 기독론적으로 독해하는 것에 동의했는데 "사로잡힌 자들을 사로잡고"(시 68:18)라는 구절을 에베소서 4:8의 그리스도에게 적용한다는 토대에서 인정한다고 했다.[50] 흔히 테오도루스는 안디옥 학파 중에서 가장 학식 있는 학자로 일컬어진다.

3. **요하네스 크리소스토무스**(John Chrysostom, 347-407년경)는 친구와 함께 디오도루스 밑에서 수학했으며 동시대인인 테오도루스와도 가깝게 지냈다. 생애 초반부에 이미 그는 수도자적 삶으로 부르심을 느낀다. 또한 안디옥의 교회에서 장로로 섬겼는데 여기서 했던 설교 덕분에 크리소스토무스는 "황금의 혀"(*Chrysostoma*)라는 유명한 별칭을 얻게 된다. 특히 주목할 만한 설교 중 하나는 「입상들에 관하여」(*On the Statues*, 387)로서 이 탁월한 설교는 후에 황제의 입상이 끌려내려가는 계기가 되었다. 크리소스토

---

49 Zaharopoulos, *Theodore*, p. 106.
50 Theodore, *Commentary on the Psalms* 688; Dudley Tyng, "Theodore at Mopsuestia as an Interpreter of the Old Testament," *Journal of Biblical Literature* 50 (1931): 301; 참조. 298-303.

무스는 정기적으로 성경에 대해 설교했는데 이로써 초기 교회에서 "전 세계 기독교 세계의 가장 위대한 강해 설교자"라는 명예를 얻는다. 스스로 전혀 원하지 않았음에도 398년에 그는 콘스탄티노플의 대주교(또는 총대주교) 자리에 올랐다. 여기서 그는 타락한 제국의 법정, 성직자, 교회 전반을 개혁하려 했다.

크리소스토무스는 알레고리적 해석에 반대하면서 오리게네스의 가르침을 비난했다. 그의 명료한 연설은 특히 알렉산드리아의 대주교 테오필루스, 여제 에우도키아 같은 적대자를 만들어내었다. 결과적으로 크리소스토무스는 이단 선고와 함께 자신의 교구에서 쫓겨났으며 404년에 공적 차원에서 퇴임했다. 서방 교회와 지지자들에도 불구하고 크리소스토무스는 폰투스로 강제 이주당했으며 결국 거기에서 사망한다. 보다 현대적인 비평 텍스트와 더불어 크리소스토무스의 저술은 『니케아와 후기 니케아 교부들』(Nicene and Post-Nicene Fathers, 첫 번째 니케아 후기 시리즈) 중 6권을 차지한다.[51]

친구 테오도루스처럼 크리소스토무스도 교회의 구약인 70인경에 전적으로 의지했다. 크리소스토무스는 주해에서 장르와 성경 저자의 스타일을 설명했는데, 예를 들어 갈라디아서를 두고는 "맹렬함과 동시에 높은 기개로 충만하다"고 썼다.[52] 또한 갈라디아서 1:4의 "우리 죄를 대속하기 위하여 자기 몸을 주셨으니"라는 구절에 대해서는 "율법은 우리를 구원하지 못할 뿐 아니라 우리에게 유죄 선고를 내릴 수도 없다"고 주해했다.[53] "다른 어떤 복음도 없다"(갈 1:7)라는 구절에서는 기만의 가능성과 사복음서의 통일성에 대해 논의하고,[54] "내가 곧 혈육과 의논하지 아니하고"(갈 1:16)라는 텍스트에 대해서는 "하나님께 가르침을 받은 사람이 이후에 사람들에게 자문

---

51 Philip Schaff, ed., *A Select Library of the Nicene and Post-Nicene Fathers*, vols. 9–14, 1st ser. (1889–: reprint, Grand Rapids: Eerdmans, 1978–94).

52 John Chrysostom, *Commentary on Galatians*, on 1:1-3.

53 John Chrysostom, *Commentary on Galatians*, on 1:4.

54 John Chrysostom, *Commentary on Galatians*, on 1:7.

을 구하는 것이 얼마나 불합리한 일인지"를 논의한다.[55]

고린도전서 1장에 대한 크리소스토무스의 작업은 형식상 "설교"로 불리지만 실제적으로는 간략한 주해에 적용된 설교를 결합시키고 있다. 그는 고린도전서의 전체의 논조를 이렇게 단번에 포착해낸다. "지금 여기서는 부르시는 그분만이 모든 것이다. 부르심을 받은 사람은 아무것도 아니다.…다른 어떤 서신에서도 그리스도의 이름이 이렇게 계속 나타난 적은 없다. 그런데 이 편지에서는 얼마 되지 않는 구절 속에 그의 이름이 여러 번 불린다."[56] 바울이 독자들에게 "모두가 같은 것을 증언한다"라고 한 부분에 대해서 크리소스토무스는 "여기에는 어떤 교회 분리도…여러 영역으로 나뉘어짐(schismata)도 없다"고, 교리적인 분열을 암시하는 어떤 기미도 없다고 간결하게 설명한다.[57] "십자가의 어리석음"(고전 1:18)에 대해서는 이런 주해를 남긴다. "이보다 더 경이로운 것은 없다. 왜냐하면 십자가는 멸망해가는 사람들이 구원에 이르도록 하는 것들을 전혀 인식하지 못한다는 표지이기 때문이다."[58] 크리소스토무스는 오늘날 용어로 하자면 "내적 문법"이라 할 수 있는 문제가 존재함을 깊이 이해하고 있었다.

크리소스토무스의 논평에서 우리는 간결하면서도 진지한 주해, 역사적 배경과 동시에 장르와 언어에 주목하는 주해의 모델을 발견할 수 있다. 갈라디아서 4:22-31의 논쟁적 부분에서 그는 24절에 대해 다음과 같이 말한다. 즉 바울은 "예표를 알레고리라고 부르고 있다"면서 그 장이 끝날 때까지 "예표"라는 단어를 사용한다.[59] 크리소스토무스는 주해를 설교에 폭넓게 적용하지만 냉철하고 진지한 태도를 잃지 않았으며 텍스트에서 극단적

---

55 John Chrysostom, *Commentary on Galatians*, on 1:16.

56 John Chrysostom, *Epistles of Paul to the Corinthians*, hom. 1.1, 2.7 (고전 1:1-5 에 대한 부분).

57 John Chrysostom, *Epistles of Paul to the Corinthians*, hom. 3.1 (고전 1:10에 대한 부분).

58 John Chrysostom, *Epistles of Paul to the Corinthians*, hom. 4.2.

59 John Chrysostom, *Commentary on Galatians*, on Gal. 4:24.

으로 멀리 떨어지지 않았다. 예를 들어 「마태복음 설교」(*Homilies on Matthew*)에서 이 신학자는 비유의 목적을 연구한다(마 13:34, 45). 씨 뿌리는 자가 뿌리는 씨는 하나님의 말씀이라고 설명하면서 크리소스토무스는 이 비유를 통해 사역자에게 성경의 책들 전부를 연구하도록 권면하고 있다.[60] 「입상들에 관하여」는 "부자들"에 대한 정확한 주석을 담고 있지만 이 것을 제국의 호화로운 입상에 적용하는 데는 소극적이다.[61] 언제나 크리소스토무스의 관심은 "사도의 목소리" 또는 "천상의 나팔 소리"를 듣는 것이었다.[62] 알렉산드리아의 클레멘스의 입장과는 달리, 그에게 은폐는 신비가 아니라 **무책임성**이었다.[63]

크리소스토무스는 이런 말을 남겼다. "신성한 성경 저자들은 자기 시대에 직접적인 중요성을 가진 문제를 고심해서 다루었다.…그리스도가 죽음에서 부활하셨음과…그가 하나님께로 보내졌고 하나님으로부터 왔음을 선포하는 것이 저자들의 직접적 목적이었다."[64] 성경 저자의 의도가 일차적인 것으로 남긴 하지만 이 의도는 "적용"도 허용한다. 몇몇 학자들에 의하면 크리소스토무스는 안디옥 학파의 동료들과 가깝지만 주해와 해석을 이해하는 방식에 있어서는 알렉산드리아 학파와도 그렇게 다르지 않은 유력한 중재자였다.

4. **키루스의 테오도레투스**(Theodoret of Cyrrhus, 393-460년경). 테오도레투스는 안디옥에서 태어나 교육받았으며 이 도시에서 수도자의 삶에도 입문하게 된다. 자신의 소망과는 반대로 423년에는 안디옥에서 동쪽으로 130킬로미터 떨어진 시리아 키루스의 주교가 되었다. 테오도레투스는 당대의 기독론 논쟁에 열심히 참여했으며 네스토리우스의 친구이자 조언자였다. 이런 사실 때문에 알렉산드리아의 키릴루스는 그를 적대했으며, 키

---

60 John Chrysostom, *Homilies on Matthew*, hom. 47.1-3.
61 John Chrysostom, *Concerning the Statues*, hom. 2.13.
62 John Chrysostom, *Concerning the Statues*, hom. 1.1.
63 John Chrysostom, *Concerning the Statues*, hom. 16.3.
64 John Chrysostom, *Commentary on the Acts of the Apostles*, hom. 1.1, 2.

릴루스의 후계자는 그리스도를 두 명의 하나님의 아들로 분리한 것에 대해 테오도레투스에게 이단 선고를 내렸다. 이런 까닭으로 그의 저술 중 일부만이 현존한다.

테오도레투스의 주요한 작업은 성경 주해였다. 이 신학자는 오리게네스, 디오도루스, 몹수에스티아의 테오도루스를 인용했으며 모세오경, 여호수아서, 사사기, 열왕기상하, 역대상하에 대한 주석을 썼다. 테오도레투스는 그리스어와 시리아어를 알았으며 히브리어를 알고 있었는지에 대해서는 논란이 있다. 예를 들어 그는 창세기 1:2의 프뉴마(*pneuma*)나 루아흐(*ruach*)가 "영"이라기보다 "바람"이라고 주장한다. "하나님이 보시기에 좋았더라"(창 1:18, 25)라는 구절에 대해서는 하나님의 창조에서 결점을 찾는 일은 은혜를 모르는 일이라고 논평한다. "너희가 그것을 먹는 날에는…하나님과 같이 되어 선악을 알 줄 하나님이 아심이니라"(창 3:5)라는 텍스트는 역설이다.[65] 또한 시편, 예레미야서, 아가서, 누가복음, 서신서에 대한 주해와 여러 편의 설교의 단편이 남아 있다.

테오도레투스의 주해는 주로 역사적이고 "문자적"인 차원에 머물지만 아가서의 연인들에 대해서는 그리스도와 교회로 해석한다. 그는 "더 완전한" 의미를 항상 거부하지는 않았다. 테오도레투스도 때때로 비유적이거나 은유적인 언어, 예표론, 알레고리를 이용하지만 주석가 개인의 생각이 텍스트 안으로 침입하는 것에 대해서는 엄격하게 비판했다.

4. 중세로 가는 다리: 아우구스티누스와 대 그레고리우스

1. **히포의 아우구스티누스**(Augustine of Hippo, 354-430)는 그리스도인인 어머니 모니카와 이교도 아버지 사이에서 태어났으며 북아프리카에서 양육

---

65 Theodoret, *Commentary on Genesis*, questions 8, 10, and 40.

되었다. 청년 시절을 이교도로 보냈지만 모니카의 기도와 밀라노의 암브로시우스의 설교를 통해 기독교 신앙으로 이끌렸다. 결정적 회심은 386년, 밀라노 교회에서 들은 찬송가 구절로 인해 마음이 깊이 움직인 사건에서 이루어졌다. 이교도 시절에 마니교에 심취했던 아우구스티누스는 아프리카로 돌아온 388년 이후, 「창세기에 대하여」와 「마니교 반박」을 집필한다. 여기서 그는 알레고리적 해석을 활용했다. 회심과 성직자 준비 기간을 보낸 후 아우구스티누스는 본격적으로 시리즈로 된 성경 주석을 쓰는데 여기에는 창세기, 마태복음, 로마서, 갈라디아서(여기까지 394년 저술임), 로마서 개정판(394-395)이 포함되어 있다.

아우구스티누스의 성경 주석은 414-417년에 쓴 「시편에 대하여」와 「요한의 성경 저술에 대하여」에서 "정점"에 이른다.[66] 또한 「기독교 교리에 대하여」, 「삼위일체론」, 「엥키리디온」, 「신조에 관하여」, 「마니교 반박」, 「도나투스파 반박」, 「신국론」 같은 교리에 대한 논문과 「결혼에 대하여」, 「과부에 대하여」, 「금욕에 대하여」 등과 같은 도덕적 논고를 위시해 수많은 빼어난 저술을 남겼다. 그중에서도 가장 유명한 작품은 신학적 자서전인 「고백록」이다. 설교와 주석 또한 기독교 세계 전체에서, 아니면 적어도 교부들 가운데 최고 수준으로 꼽히는 작품이지만 오늘날 우리들에게는 그리 잘 알려져 있지 않다. 아우구스티누스의 성경에 관한 저술에 대해 R. M. 그랜트는 이렇게 쓴다. "아우구스티누스는 단순한 전통주의자는 아니지만 신앙 규범의 권위를 존중한다.…주석가는 문자적 진술과 비유적 진술을 구별해야 한다. 만일 주석가가 아직도 혼동이 된다면 신앙 규범을 참조해야 한다."[67] 성경에 대한 이해는 "하나님 자체를 즐거워하는 것을 목적으로 하는"

---

66 참조. Gerald Bonner, "Augustine as Biblical Scholar," in *The Cambridge History of the Bible*, ed. P. R. Ackroyd and C. F. Evans (Cambridge: Cambridge University Press, 1970), 1:543; pp. 541-63.
67 Robert M. Grant, *A Short History of the Interpretation of the Bible*, rev. ed. (London: Black, 1965), p. 87. Augustine, *On Christian Doctrine* 3.2을 보라; 참조. 3.5.

사람에게서 나온다.[68] 성경에 나오는 명령은 그것이 범죄나 악을 명하는 것처럼 보이는 것이 아니라면 비유적인 것은 없다. 예를 들어 "인자의 살을 먹지 아니하고"(요 6:53)라는 구절은 문자적으로 식인(食人)을 명령하는 것이 아니라 비유적인 의미를 가진다.

시편 40:6에서 아우구스티누스는 70인경을 따르고 있지만 하나님이 성육신의 "몸"뿐만 아니라 교회의 "몸"도 준비하심을 이해하고 있다. "나를 주 앞에서 쫓아내지 마시며"(시 51:11)라는 텍스트에 대해서는 이 고백의 기도 자체가 "성령이다.…[그렇게 해서] 당신과 하나님은 연합된다"고 쓴다.[69] "말씀이 육신이 되어"(요 1:14)에 대해서는 이렇게 적고 있다. "은혜로 말미암아…말씀 자체가 먼저 인간으로 태어나기를 택하셨다. 당신이 하나님으로부터 다시 태어나 구원에 이르도록 하기 위해서…하나님이 '인간'으로 태어나기를 원하신 데에는 이유가 있다. 왜냐하면 하나님은 나[우리]를 중요하게 여기셨고 그래서 나를 불멸하게 만들기 원하셨다."[70] "애통해하는 자는 복이 있으니"(마 5:4)라는 말씀에 대해 아우구스티누스는 이렇게 논평한다. "애통은 소중히 사랑하던 것을 잃어버린 데서 오는 슬픔이다."[71]

크리소스토무스와 여러 지점에서 유사하게, 테오도루스와 아우구스티누스는 간결하고 진지한 역사적 주해를 제시하지만 그렇다고 주해의 "적용"을 배제하는 것은 아니다. 이런 점은 아우구스티누스가 "신앙 규범"을 존중했으며 죄와 은혜의 개념을 강하게 강조한 사실에서도 확인된다. 종교 개혁자들이 아우구스티누스에게서 높이 평가한 부분도 이런 지점이었다. 제임스 우드(James Wood)는 이렇게 쓰고 있다. "지칠 줄 모르는 아우구스티누스의 생동감 있는 정신은 알레고리에 완전히 만족하지 못한다. 계속 진보하는 그의 지성은 기록된 말씀의 요구를 무시할 수 없었을 것이다. 알

---

68 Augustine, *On Christian Doctrine* 3.10.16. 『그리스도교 교양』(분도출판사 역간).
69 Augustine, *On the Psalms*, Ps. 51편, 제16장.
70 Augustine, *On the Gospel of John* 2.15.
71 Augustine, *On the Sermon on the Mount* 1.2.5.

레고리적 해석은 과정상의 한 단계에 불과하다."[72] 아우구스티누스 자신은 이렇게 말한다. "만일 성경의 권위가 흔들리기 시작하면 신앙 자체가 흔들릴 것이다. 신앙이 흔들리는 경우 사랑도 차갑게 식을 것이다."[73] 그도 때때로 의미들이 모호할 수밖에 없음을 인정한다. 하지만 이런 난점은 우리를 교만에 빠지지 않도록 돕는다.[74] 학술적인 엄정성은 하나님 사랑과 이웃 사랑과 결합되어야만 한다. 우리에게는 역사와 철학의 지식을 교육받는 것도 필요하지만 하나님과의 교제도 필수적이다.[75] 그런데 하나님과의 교제가 가능하기 위해서는 많은 공부가 아니라 단순히 그럴 수 있는 능력이 필요하다. 또한 해석자는 정직해야 한다.

로버트 마커스(Robert Marcus)는 아우구스티누스와 로마의 대 그레고리우스를 선명하게 비교한 바 있다. 이 두 신학자는 모두 기호를 연구한다는 공통점을 가졌지만, 아우구스티누스는 그리스 사상과 기독교 간의 폭넓은 혼합 전통의 계승자로 남아 있다. 언어에 있어 기호와 기표의 문제를 사유했던 소쉬르가 출현하기까지, 이 분야에 있어 아우구스티누스만큼 정교한 연구를 행한 학자는 없었다. 아우구스티누스의 시대에서 100년쯤 지난 때에 그레고리우스는 더 협소해진 교회 전통 속에서 저술을 하게 된다. 마커스는 이렇게 쓰고 있다. "그레고리우스는 아우구스티누스로 하여금 알레고리를 불신하게 만들었던 그런 주저와 고민을 전혀 가지고 있지 않았다.…정반대로…그레고리우스와 더불어 우리는 전혀 다른 주해의 세계로 들어가게 된다."[76]

2. **대 그레고리우스**(Gregory the Great, 540-604년경)는 오로지 교회의 목소리만 들리던 시대에 속한 인물이다. 그는 자신의 재산을 가난한 사람

---

72 Wood, *Interpretation of the Bible*, p. 65.
73 Augustine, *On Christian Doctrine* 1.37.
74 Augustine, *On Christian Doctrine* 2.6, 7.
75 Augustine, *On Christian Doctrine* 1.35, 36; 2.16.23; 2.28.42; 또한 2.40.60.
76 Robert Markus, *Signs and Meanings: World and Text in Ancient Christianity* (Liverpool: Liverpool University Press, 1996), p. 48.

들에게 나누어주고 수도사의 삶에 입문했다. 585년에는 몸담고 있던 수도원의 원장이 되었으며 나중에는 로마의 대주교 즉 교황이 된다. 대 그레고리우스의 저술에는 실용적 경향이 엿보이며, 교황으로 재임하던 시기의 특징적 업적은 영국 선교다.

중세 시대를 강력하게 지배하던 것은 알렉산드리아의 영향, 특히 그중에서도 오리게네스의 사상이었고 이 신학자의 사상은 루피누스에 의해 라틴어로 번역되어 전파되었다. 대 그레고리우스는 「욥기의 도덕」에서 오리게네스가 말한 해석의 세 가지 차원을 강조했다. 또한 에스겔서와 열왕기서에 대한 성찰을 글로 남겼으며 복음서에 대한 40편의 설교도 작성했다. 대 그레고리우스는 그리스도를 구약을 포함해 성경 전체의 준거점으로 간주한다. 따라서 그는 오리게네스의 세 가지 차원의 주해에서 귀중한 도구를 발견할 수 있었다. 대 그레고리우스는 욥기를 역사적 차원에서 해설한 다음 거기에 "도덕적" 또는 "신비적" 해석을 부여했다. 앞에서 본 것처럼 로버트 마커스는 알레고리에 대한 대 그레고리우스의 관점이 아우구스티누스의 그것과는 다른 이유를 제시한 바 있다.

흔히 대 그레고리우스는 독창성이 없다는 평가를 받는다. 하지만 교부 시대의 성경해석, 특히 오리게네스의 사상이 중세로 매개될 수 있었던 것은 대 그레고리우스와 그의 작업 덕분이었다. 뤼박에 따르면 그레고리우스와 오리게네스의 혼합 덕분에 "그리스도에 대한 신앙"으로서의 "영적 이해"는 "신비" 또는 "신앙의 규칙"과 결합될 수 있었다.[77] 뤼박의 논의를 계속 따라가자면 대 그레고리우스는 중세의 주해가들 중에서도 가장 위대한 거장인 동시에 탁월한 교회의 설교자며 명료한 성경 해설자다. 또한 그는 "네 가지 의미"의 전문가이기도 하다. 뤼박의 관점에서 보면 대 그레고리우스의 영향력은 뤼박이 두 쪽에 걸쳐 인용한 엄청난 찬사에 필적한다. 세

---

77 Henri de Lubac, *Medieval Exegesis*, vol. 2, *The Four Senses of Scripture*, trans. E. M. Maeierowski (Grand Rapids: Eerdmans; Edinburgh: T. & T. Clark, 2000), p. 118.

비야의 이시도루스(Isidore of Seville), 재로의 비드(Bede of Jarrow), 솔즈베리의 요한(John of Salisbury), 아퀴나스 등등의 사상가들이 그의 영향 아래 있다.

앞에서 나열한 저술가들 중 일부는 "그레고리우스적인" 성경의 사중의 의미에 있어 그를 신뢰한다. 『신곡』의 저자인 단테(1265-1321)는 이를 다음과 같이 요약했다. 문자적인 것은 세계에 대한 일차적 감각 경험에 집중하며 모든 지식의 기초다. "알레고리적 차원은 자신을 둘러싼 세계를 객관적인 것으로 간주하는 **관조적 이성**(contemplative reason)의 중심부를 차지한다.…세 번째 차원인 도덕적 차원은 신앙의 차원인데 이것은 이성을 초월하는 동시에 이성을 완성시킨다. 또한 신비적 차원은 **지복에 대한 비전**(beatific vision)의 핵심에 자리한다."[78] 단테가 제시한 또 다른 버전의 설명은 다음과 같다. "문자적 의미는 과거에 일어난 사건을 당신에게 가르친다. 알레고리적 의미는 믿어야 하는 것을, 도덕적 의미는 행해야 하는 것을, 신비적 의미는 (미래의 삶 속에서) 소망해야 하는 것을 가르친다."[79] 예를 들어 "예루살렘"은 문자적 차원에서는 물리적으로 존재하는 도시를, 도덕적이거나 알레고리적인 의미에서는 교회를, 신비적 차원에서는 교회의 승리나 종말론을 의미한다. 때때로 알레고리적 차원은 교훈적 차원(tropological level)으로도 불린다. 따라서 「에스겔서 설교」(*Homilies on Ezekiel*)에서 그레고리우스는 "안팎에 글이 있는"(겔 2:10) 두루마리의 안에 쓰인 것은 영적인 이해로, 바깥에 쓰인 것은 문자적 이해로 해석한다.[80] 동시에 이것은 천상의 보이지 않는 것들을 약속하는데 이는 신비적 의미가 암시하는 바다.

---

78 Northrop Frye, *The Great Code: The Bible and Literature* (New York and London: Harcourt Brace Jovanovich, 1982), p. 223.
79 James Atkinson, *Martin Luther and the Birth of Protestantism* (London: Penguin Books, 1968), p. 91.
80 Gregory, *Homilies on Ezekiel* 1.9.30.

5. 중세: 비드로부터 리라의 니콜라우스까지 9명의 인물

1. **재로의 비드**(Venerable Bede of Jarrow, 673-736)는 노섬브리아 재로 몽크턴의 베네딕트회 수도사였다. 나중에 성직자가 되었는데 이름 앞에 붙은 "거룩한"(the Venerable)이라는 호칭은 사실 더럼 성당에 그의 시신이 안치된 후에 붙여진 것이라고 할 수 있다. 재로의 비드는 엄청난 분량의 책을 썼는데 그중 가장 유명한 작품은 「영국인의 교회사」(*Ecclesiastical History of the English People*)다.

비드는 교부 문헌에 정통했으며 성경 주석에는 다중적 의미와 알레고리적 방법을 활용했다. 「영국인의 교회사」의 부록에서 그는 이렇게 논평한다. "나는 일생을 이 수도원에서 보내면서 내 존재 전체를 성경 연구에 바쳤다."[81] 그의 주석의 범위는 창세기 1-20장, 출애굽기 24:12-30:21, 사무엘서, 열왕기서, 아가서, 에스라서, 느헤미야서, 토빗서, 마가복음, 누가복음, 사도행전, 공동 서신서들, 요한계시록을 망라한다. 비드는 누가복음에 대한 주석에서는 히에로니무스의 방법론을 차용하지만 구약을 위한 주석에서는 필론과 오리게네스의 방법론을 활용하고 있다. 예를 들어 불가타 성경에서 사무엘상의 도입부 *"fuit vir unus"*(거기 한 사람이 있었다)는 문장은 일차적으로 엘가나를 지시하는 것으로 이해된다. 두 번째 차원으로는 선택된 자들의 집합을 의미한다. 세 번째 의미의 차원, 즉 도덕적 의미로는 결코 두 말을 하지 않는 사람을 가리킨다. 네 번째로 이 문장은 그리스도를 지시한다. 따라서 이렇게 의미에는 네 개의 차원이 있음을 알 수 있다. 통상적으로 재로의 비드는 절별(verse-by-verse) 주석을 제시한다. 또한 히에로니무스와 여타 교부들의 자료를 광범위하게 활용하고 있는데 이는 비드의 목적이 영국 교회를 전적으로 교부 전통과 로마 교회의 전통과 일치하게 만드는 것이었기 때문이다.

---

81 Bede, *Ecclesiastical History* 5.24.

2. **요크의 앨퀸**(Alcuin of York, 735-804년경)은 교육자였다. 그는 교부 문헌에 직접 접근하지 못하는 학생들을 위해서 간추린 교부 문헌을 편찬했고 이를 자신의 성경 주석에 활용했다. 앨퀸의 두 번째로 중요한 성취는 성경 텍스트의 표준화 및 교정 작업인데 그는 이 결과물을 800년 샤를마뉴 대제의 대관식에 제시했다.

3. **클레르보의 베르나르**(Bernard of Clairvaux, 1090-1153)는 1115년에 성직자가 되었으며 나중에 클레르보의 수도원장이 된다. 그의 가장 영향력 있는 저술은 「아가서 설교」인데, 여기서 오리게네스와 알렉산드리아 학파의 알레고리 전통이 도입되었다. 아가서의 문자적 의미는 솔로몬의 결혼과 연관된다. 알레고리적 의미는 그리스도와 교회에 관련된다. 도덕적 의미의 차원은 그리스도와 교회의 연합에서 유래하는 실제적 삶에 대해서이다. 앙리 드 뤼박은 아가서에서도 마찬가지지만 예레미야애가를 비롯해 베르나르의 저작에 나타난 오리게네스의 심원한 영향력을 추적하고 있다. 또한 베르나르가 동시대인인 아벨라르를 공격한 것은 유명한 사건이다. 클레르보의 베르나르는 성경의 책들, 특히 요한 서신과 바울 서신에 대해 세밀한 지식을 갖추고 있었다. 그는 사랑이라는 사도 요한의 주제를 설명하면서 하나님을 사랑하는 것을 강조했는데 왜냐하면 하나님이야말로 그리스도인의 삶의 중심이기 때문이다.

4. **휴고 폰 빅토르**(Hugo von Victor, 1096-1141)는 1115년에 파리 생 빅토르의 아우구스티누스 수도원에 들어갔으며 문법, 지리, 역사, 교리, 성경에 대한 글을 썼다. 스랍의 세 쌍의 날개(사 6:2)를 주석하면서 휴고 폰 빅토르는 이렇게 적고 있다. "성경은 역사, 알레고리, 비유론이라는 단어 속에서 이해된다. 이 요점들은…분리되어 있는데, 왜냐하면 이것은 영혼 안에 하나님 사랑과 이웃 사랑을 각각 따로 불붙이기 때문이다."[82] 「노아 방주

---

82 Hugh, *On Noah's Ark Moralia* 1.100.2; Migne, *Patrologia Latina*, 221 vols. (Paris, 1844-64), 116:24.

에 대한 도덕론적 의미」는 일부 단편만이 현존하지만 그의 방법론을 알 수 있는 귀중한 자료다. 역사적 의미란 사건이 어떻게 발생했는가를 설명하는 것까지 포함한다. 하지만 다수의 구절들은 미래에 사건들이 어떻게 일어날 것인지 지시하는 듯 보인다.[83]

휴고 폰 빅토르는 시편, 예레미아애가, 요엘서, 오바댜서의 주석을 작업하면서 역사적 의미에 초점을 맞추고 있다. 그때까지의 주해 전통은 역사적 의미를 간과하는 경향이 있었기 때문이다. 또한 「성경에 대해서」에서 휴고는 "하나님의 말씀의 외면적 형태"에 대해 말하면서 그것이 처음에는 "당신에게 먼지처럼 보일지" 모르지만 실제적으로 "이 말씀이 당신에게 말하는 바는 주의 깊게 배울" 가치가 있다고 했다.[84] 이런 그의 통찰력은 후에 생 빅토르의 앤드류(Andrew of St. Victor, 1175), 생 빅토르의 리처드(Richard of St. Victor, 1173)에게 전해져 발전되었다.

5. **페트루스 롬바르두스**(Peter Lombard, 1100-1161년경)는 롬바르디아에서 태어나 렝스로 이주했으며 1136년에는 파리로 가게 된다. 1159년 파리 주교로 선출되었고 시편과 바울 서신에 대한 주석을 썼다. 페트루스의 주요 저술은 삼위일체, 성육신, 창조, 죄 등 대부분 교리에 대한 것이다. 그는 자주 로마의 교부들, 특히 아우구스티누스를 인용한다. 또한 휴고 폰 빅토르에 의한 성경과, 불가타에 설명적 "주석"(*glossa*)이 붙은 「주해 전집」(*Glossa Ordinaria*)에서 많은 영향을 받았다. 페트루스는 성경에 접근하는 데 12세기의 누구보다 수도사적 전통보다는 스콜라적 측면을 발전시키는 역할을 했다.

비록 페트루스가 기독론적 의미와 도덕적 의미의 가능성을 반대하지 않은 것은 사실이지만, 이 신학자는 시편을 **상이한 유형**을 통해서 이해했으며 그 유형들을 기준으로 시편을 분류하기도 했다. 또한 명백한 텍스트

---

83 Migne, *Patrologia Latina*, 176:994. 참조. Lubac, *Medieval Exegesis*, p. 100.
84 Hugh, *On the Scriptures* 5.13-15.

상의 불일치에 관심을 기울였으며 각 시편을 하나의 전체로 살폈다. 이런 기반 위에서 페트루스의 직접적 목적은 경건 생활이 아니라 교리적이고 윤리적인 차원을 향하고 있다. 다른 중세의 학자들보다 훨씬 더 페트루스는 사도 바울의 서신에 역사적이고 문자적인 의미를 부여했다. 하지만 고린도전서 14:34-36의 여성은 침묵하라는 텍스트에 대해서는 이 사도의 명령이 우연적이고 특수한 상황에서 나온 것이라고 설명한다. 또한 고린도전서 7:1로부터 가정할 수 있는 독신 선호 사상도 마찬가지로 우연적 상황의 산물이라고 해석한다(여기에 대해서는 현대의 대부분의 주석가들도 이를 고린도라는 도시의 특정 사례로 이해하는데 이는 올바른 지적이라고 할 수 있다).

일부 학자들은 페트루스가 "과학적"이고 기술적 접근을 선호하면서 성경에 대한 좀 더 관조적이고 경건한 접근을 단념해버렸다고 비난한다. 하지만 바로 이 지점이 페트루스의 특징적 업적이 드러나는 대목이다. 그의 시대는 수도원이 쇠퇴하는 반면 대학이 생성되어 과거 수도원의 역할을 하기 시작하는 때였다. 12세기 말엽에는 이미 파리와 옥스퍼드에 대학의 형태가 잡혀 있었다. 저서 중에서도 「명제집」(*Book of Sentences*)은 후대에 지대한 영향력을 끼친 책이다. 페트루스는 해석학에서 기호와 기의에 대한 질문을 제기했으며 특히 휴고 폰 빅토르와 아벨라르에게서 강한 영향을 받았다.

6. **스티븐 랭턴**(Stephen Langton, 1150-1228년경)은 존 왕에 대항하여 잉글랜드의 귀족들을 도왔으며 이 사건은 결국 마그나 카르타 인권 헌장을 얻는 것으로 결판이 났다. 랭턴은 캔터베리의 대주교로 임명되지만 존 왕은 그를 1213년까지 잉글랜드로부터 추방한다. 이 기간 동안 랭턴은 파리에서 성경을 연구하고 가르치게 된다. 그는 성경을 교리와 목회적 차원에서 연구했으며 나중에는 파리 대학의 설립도 돕는다. 랭턴은 옥스퍼드와 케임브리지의 성서학에도 많은 영향을 미쳤다. 자신의 계승자들과 마찬가지로 랭턴 역시 성경의 **"네 가지 의미"**, 즉 문자적 · 알레고리적 · 도덕적 · 신비적 의미를 가르쳤다.

7. **보나벤투라**(Bonaventura, 1217-1284년경)는 수도원과 대학의 배경을 동시에 가지고 있는 인물이다. 처음에는 프란체스코회 수도원에, 1235년에는 파리 대학에 입학했으며 1243년에는 같은 대학 신학부에 들어갔다. 보나벤투라는 성경의 전체와 페트루스 롬바르두스의 저술을 연구했다. 그의 대표적 성경 관련 저술로는 누가복음 주석(1255-1256)과 전도서와 요한의 저작에 대한 작품이 있다. 그의 주해 방법은 휴고 폰 빅토르와 페트루스의 영향을 크게 받은 것이었다. 특히 그의 해석학은 매우 신학적인 것으로서 삼위일체와 성령에 초점을 맞춘다. 하지만 율법서, 역사서, 지혜 문학, 예언서 등 성경의 다양한 책들이 가진 독특한 기능 또한 인정했다. 보나벤투라는 성경을 다양한 지류들이 흘러들어 결국 하나로 합쳐지는 큰 강과 같은 것으로 보았다. 또한 성경은 교리를 가능하게 하는 거울이자 사다리이기도 하다. 보나벤투라는 하나님이 하나이자 동시에 셋인 것처럼 성경의 이해 방식에도 "다수"의 방법론이 존재한다고 보았다.[85] 그는 **교리와 성경을 함께** 다루었으며 제2차 바티칸 공의회까지 아퀴나스를 훌륭하게 보충하는 역할을 했다.

8. **토마스 아퀴나스**(Thomas Aquinas, 1225-1274)는 보나벤투라보다 몇 살 어린 동시대인으로 서양의 중세 신학자들 가운데 가장 존경받고 영향력 있는 신학자다. 많은 로마가톨릭 신자들은 아직도 그의 가르침을 규범으로 삼고 있다. 도미니크 수도회의 철학자이자 신학자인 아퀴나스는 이탈리아 나폴리 지역의 아키노 근방에서 태어났다. 어린 시절 베네딕트 수도원으로 보내지지만 곧 나폴리 대학으로 옮겨져 도미니크 수도회 소속으로 편입된다. 이후 파리 대학과 쾰른 대학에 입학하여(1248-1251) 알베르투스 마그누스(Albert the Great)의 영향을 강하게 받는다. 파리 대학에서는 강사 자격으로 이사야서와 예레미야서, 페트루스 롬바르두스의 「명제집」을 가르쳤다. 1259년에는 이탈리아의 도미니크 수도회로 돌아간다. 1265년 로마의

---

85 Bonaventura, *prologue to Breviloquium* 4.2.

요청을 받은 아퀴나스는 「신학 대전」(Summa Theologiae)을 집필하기 시작하는데 이 책은 여러 권으로 구성된 포괄적 조직신학서라고 할 수 있다.

아퀴나스는 성경의 저자가 성령이라고 믿었으며 성경의 문학적이고 언어적인 다양성에 주의를 기울였다. 자주 그는 성경에 대한 최초의 참된 학문적 주석가 또는 해설자로 평가받는다. 아퀴나스는 신학을 "과학적"인 것으로 간주했지만 동시에 신학은 성경을 기반으로 삼는다고 주장했다. 실제로 그는 아리스토텔레스의 철학과 4원인설이 성경과 성례를 포함해 신학의 모든 주제에 적합한 이론이라고 보았다. 화체설에 대한 아퀴나스의 견해는 아리스토텔레스의 구분, 즉 실체와 "우연"(감각을 통해 파악될 수 있는 것) 사이의 구별에 기반하고 있다.[86] 성경에 대해서는 최종적 원인(final cause)은 하나님의 목적을 반영할 수도 있지만 작용적 원인(efficient cause)은 인간 저자가 이용한 수단을 나타낸다고 생각했다.

아퀴나스는 오리게네스의 삼중적 의미에서 최초로 유래했으며 전통적으로는 그레고리우스에게서 유래한 사중적 의미에 매우 "상식적" 접근을 적용했다. 문자적 의미는 모든 것의 토대를 이루는 의미였다. 반면 다른 "의미들"은 **교리의 핵심**을 논증하기 위한 토대로는 이용될 수 없었다. 하지만 도덕적·영적·교훈적 의미와 신비적·종말론적 의미 역시 거부되지는 않았다. 이 의미들도 적절하고 억지로 도출된 것이 아니라면 담당해야 할 역할이 있었다.

「신학 대전」과 「대이교도 대전」(Summa contra Gentiles)이 널리 알려지기는 했지만 아퀴나스의 저작의 4분의 1은 성경 주석이다. 그는 사복음서와 요한 서신, 갈라디아서, 에베소서, 히브리서에 대한 주석을 썼는데 현재 이 글들은 영어로 번역되어 있다. 예를 들어 에베소서 1:1에 대해서는 이렇게 썼다. "사도 바울은 에베소인들, 즉 그리스의 일부였던 소아시아인들에

---

86 Thomas Aquinas, *Summa Theologiae*, Latin and English, Blackfriars edition, 60 vols. (London: Eyre and Spottiswood; New York: McGraw-Hill, 1963), vol. 58, qu. 75-77, pp. 53-195. 『신학 대전』(성바오로딸 역간 중).

게 편지를 썼다.…사도행전 19:1에서도 알 수 있듯 바울은 이 지방에서 몇몇의 제자를 발견했다."[87] 현대적 주석에서와 같이 아퀴나스는 저자와 독자의 역사적 상황에 관심을 둔다. 또한 도입부의 안부 인사, 내러티브, 권면, 결말의 장르를 각각 정의하고 구분한다. "하나님을 찬양하리로다"와 같은 안부 인사의 형식은, 독자들이 그리스도를 통해 변화된 사람들이었으므로 나올 수 있었다.

또한 로마서에 대해서 아퀴나스는 텍스트에 나타난 예정과 선택을 섬세하게 비교하여 하나님의 목적과 그의 은혜의 영광에 최종적 목적이 있다고 간주한다(1:4, 5). 제2장에서는 "하나님의 기뻐하심"이라는 주제를 포착한다(1:6). 여기서 그는 역사적 배경과 언어가 문자적 의미로 설명되는 절별 주석을 제시한다.

「요한복음 주석」(Commentary on John)에서도 유사한 종류의 비평이 제공된다. 프롤로그에서 아퀴나스는 예수가 육신으로 행했던 바를 통해서도 설명되듯 그것은 인자의 신성을 나타내는 것이었다고 논평한다(요 1:1-14). 그리스도의 선재는 "철학자" 안에 있는 로고스(아리스토텔레스)와 연결되며 고린도전서 10:4과도 일관성을 이룬다. 복음은 이성과 모순되지 않는다. 하나님의 말씀은 인간의 언어와는 다른데 왜냐하면 말씀은 완전하고 하나님의 행위여서 우리 인간과는 다른 본성을 지니기 때문이다. 여기서 "성자"가 아니라 "말씀"을 사용하는 것은 "출생"이란 개념을 회피하게 해준다.[88] 나중에 두 명의 제자가 더 많은 것을 가르쳐달라고 청할 때 예수는 "와서 보라"(요 1:39)고 말한다.

---

87 Thomas Aquinas, *Commentary on the Epistle of Paul to the Ephesians*, trans. F. R. Larcher, Aquinas Scripture Commentaries 2 (Albany, N.Y.: Magi Books, 1966), chapter 1, lecture I. 참조. Aquinas, *Commentary on Paul's Epistle to the Galatians*, trans. F. R. Larcher (Albany, N.Y.: Magi Books, 1966), pp. 1-10; and Thomas G. Weinandy, Daniel Keating, and P. Yocum, eds., *Aquinas on Scripture: An Introduction to His Biblical Commentaries* (London: T. & T. Clark, 2005).

앞에서 소개한 요소들은 현대적 주석에서 발견되는, 일종의 역사적이고 설명적인 주석의 특징이다. 아퀴나스는 교부 문헌을 활용하고 초기 교회의 최고의 주석가 중 한 사람인 크리소스토무스를 인용했다. 또한 욥기, 이사야서, 예레미야서, 예레미야애가에 대한 수많은 주석을 썼으며 마태복음에 대한 교리적 해설도 썼다. 이미 트리엔트 공의회가 아퀴나스의 권위를 합법적인 것으로 인정한 바 있지만, 성서위원회의 문서『교회의 성경해석』(*Interpretation of the Bible in the Church*, 1994)은 그 광범위한 부분이 개신교 성경해석과 일관성을 이룬다.

9. **리라의 니콜라우스**(Nicholas of Lyra, 1270-1349년경)는 30세의 나이에 파리로 온 프란체스코회 수도사였다. 1309년에 파리 대학을 우등 졸업하고 교수로서 가르칠 권리를 얻게 된다. 니콜라우스는 성경 텍스트의 문자적 의미에 주의를 기울였는데 그의 성경에 대한 절별 주석은 교부와 중세의 자료에 정통한 그의 풍부한 지식을 증명한다. 하지만 히브리어와 랍비의 주해에 대해서는 깊은 지식을 갖추지 못했다. 니콜라우스는 휴고 폰 빅토르와 아벨라르를 면밀히 연구했지만 확실히 대학이라는 새로운 전통에 속한 자였다. 「도덕적 설교론」(*Postilia moralis*)은 "영적 의미"의 전통은 지키고 있지만 신학과 교리의 컨텍스트 안에서 문자적 또는 역사적 의미에 우위성을 부여한다. 유대 전통에서 내려오는 주석을 전유하는 작업에서 니콜라우스는 해석의 방법들을 당대의 세계 안으로 가져오기 위해 많은 노력을 기울였다. 내 견해로는 교부 시대와 중세의 주해를 대략 검토하는 이 장의 결론으로서 세심하고 정확한 판단력을 가진 니콜라우스로 마무리 짓는 것이 더할 나위 없이 적절해 보인다. 앙리 드 뤼박에 따르면 다음과 같은 유사 스콜라적 경구는 니콜라우스에게서 유래한다. "문자는 사건을 지시한다. 알레고리는 당신이 믿어야 할 바를 가르친다. 도덕은 당신이 행해야 할

---

88 Thomas Aquinas, *Commentary on John*, trans. J. A. Weisheipl and F. R. Larcher, Aquinas Scripture Commentaries 3 and 4 (Albany, N.Y.: Magi Books, 1966, 1998), 23-25절.

바를 가르친다. 신비적 해석은 당신이 목적으로 지행해야 할 바를 의미한다."[89] 길리안 에반스(Gillian R. Evans)는 페트루스 롬바르두스의 주석을 "표준적 저술"이자 "종교개혁으로 나아가는 길"로 간주했다.[90]

6. 참고 도서

Grant, Robert M., *A Short History of the Interpretation of the Bible*, 3rd ed. (London: Black, 1965; rev. ed., Philadelphia: Fortress, 1984), pp. 57-101 (1965 ed.) or 59-91 (1984 ed.).

Hanson, Richard P. C., *Allegory and Event: A Study of Sources and the Significance of Origen's Interpretation of Scripture* (London: SCM, 1959), pp. 133-61.

McKim, Donald K., ed., *Dictionary of Major Biblical Interpreters* (Downers Grove, Ill., and Nottingham: IVP, 2007), 이 주제에 대해 논의된 논문들.

Smalley, Beryl, *The Study of the Bible in the Middle Ages* (Oxford: Blackwell, 1952, 1964), pp. 1-25, 83-106, and 281-92.

---

89 Lubac, *Medieval Exegesis*, 1:1.
90 Gillian R. Evans, *The Language and Logic of the Bible: The Road to the Reformation* (Cambridge: Cambridge University Press, 1965), p. 95.

제7장

종교개혁, 계몽주의, 성서비평의 발흥

제7장은 신학자에게 가장 난해한 딜레마를 던져준다. 리라의 니콜라우스와 존 위클리프는 우리를 오리게네스와 알레고리화로부터 멀리 떼어놓긴 했지만 그렇다고 알레고리를 전적으로 거부한 것은 아니었다. 성경의 명징성에 대한 에라스무스와 루터의 논쟁도 오해를 불러일으킬 소지가 있지만, 진짜 큰 딜레마를 던져 준 것은 계몽주의였다. 한편으로는 가장 철저한 성서학자라 할지라도 신학만으로는 모든 해석학적 질문을 제시할 수 없다는 데 동의할 것이다. 신앙의 필요성을 강조하는 것이 역사와 언어, 성경 저자의 개인성에 대한 질문들을 미리 규정하는 행위는 아닐 것이다. 분명 우리는 "구약 개론" 또는 "신약 개론"에 해당하는 무엇을 필요로 하고 있다. 하지만 다른 한편으로는 이런 점도 있는데, 제믈러(J. S. Semler) 같은 학자들은 성경 주해와 정경을 신학으로부터 분리시키기를 너무도 열망한 나머지 성경의 권위와 신적 영감은 오로지 이론적인 차원에서만 용인받는 것으로 축소시켰다. 그리하여 많은 계몽주의 사상가들은(비록 전부는 아니지만) 성경을 세속적 문학 작품 또는 순전한 인간의 저술로 간주하며 접근하는 태도를 가지게 되었다.

순수하게 가치중립적인 탐구라는 신화는 이미 프랜시스 왓슨을 위시한 많은 사상가들에 의해 파괴되었다. 이런 측면에서 보자면 전통에 대한 계몽주의의 태도 속에는 순박하고 단순한 무엇인가가 있다고 할 수 있다. 하지만 나중에 슐라이어마허가 동의한 것처럼, 해석학은 이미 도달한 신학적·기독교적 교리의 결론을 보증하기 위해 사용되는 도구적 분야가 아니다. 해석학에서 우리는 칸트의 "자율성"보다는 "통전성"을 추구하는 것이다. 하지만 논점들은 극도로 복잡하다. 따라서 이 장에서는 종교개혁, 계몽주의, 성서비평의 발흥에서 구체화된 여러 다양한 태도들을 검토할 것이다.

1. 종교개혁: 위클리프, 루터, 멜란히톤

1. **존 위클리프**(John Wycliffe, 1328-1384). 위클리프는 옥스퍼드 베일리얼 칼리지에서 공부했으며 성직자로 서품을 받은 후 1372년에 신학박사 학위를 취득한다. 이후 베일리얼 칼리지의 학장으로 선출되었으며 국왕 에드워드 3세에 의해 레스트셔 루터워스의 교구장으로도 임명되어 사망 직후까지 봉직한다. 위클리프는 성경의 권위를 종교개혁의 근거로 삼았으며 성경이야말로 모든 그리스도인들에게 최고의 권위라고 주장한다. 따라서 모든 교회 의회 및 종교적 경험에 대한 시금석은 성경이 된다.

마르틴 루터를 종교개혁의 출발점으로 보는 경향이 강하지만 위클리프의 후기 저술을 보면 이미 그가 교황제를 폐지할 것과 화체설 교리를 거부할 것을 암시함을 알 수 있다. 위클리프는 이와 같은 개혁이 성경의 진리와 일치하며 초기 교회 특히 아우구스티누스, 암브로시우스, 안셀무스와 노선을 같이 하는 것이라고 보았다. 이런 개혁적 노선으로 인해 1382년 캔터베리 대주교는 그를 고발했으며 옥스퍼드의 수많은 학자들도 그에게 이단 판정을 내렸다. 사망하기 2년 전 위클리프는 루터워스 교구의 사목 사역에서 은퇴한다. 위클리프의 추종자들은 후에 롤라드파(Lollards)라는 이름으로 불리며 계속 활동했다.[1]

---

1 John Wycliffe, *On the Eucharist, trans.* F. L. Battles, Library of Christian Classics, vol. 14 (London: SCM; Louisville: Westminster, 1963), 3.2, 1.1-2; pp. 61-62.

옥스퍼드 취임 강연에서 위클리프는 성경해석이 하나님이라는 신적 저자의 의도를 따라 이루어져야 함을 역설했다. 그렇게 되기 위해서는 도덕적 태도와 마음의 의로움이 요구되는 동시에 철학적 훈련과 사회적 덕망도 수반되어야 한다.[2] 1377년에서 1378년 사이, 옥스퍼드에서 위클리프는 성경의 권위에 대해 강의하며 저술을 하게 되는데 그 결과물이 바로 『성경의 진리에 대하여』(On the Truth of the Holy Scripture)다. 위클리프는 성경을 그리스도의 몸인 교회를 지도하기에 충분한 하나님의 율법으로 보았다.[3] 그는 성직자들이 성경에 대해 얼마나 무지한지 발견하고 충격을 받기도 했다. 그리하여 누가복음과 사도행전의 텍스트를 기반으로 성직자가 가져야 할 가난과 자기 훈련을 설명하는 『목회의 직무』(Pastoral Office)라는 책을 썼다.[4] 위클리프는 성경의 문자적이고 역사적인 의미를 강조했지만 성경에 은유도 포함되어 있음을 인정했다(예를 들어 계 5:5에 나오는 "유다의 사자" 같은 경우). 또한 알레고리적일 수 있는 도덕적 의미를 허용했으며, 리라의 니콜라우스와 마찬가지로 성경 텍스트 속에 있는 다양한 유형과 기능에도 주의를 기울였다.

위클리프는 신약을 당대의 생생한 영어로 번역했으며 욥기, 전도서, 시편, 아가서, 예레미야애가를 위시하여 많은 선지서에 대한 주석을 썼다. 이 신학자는 성경의 진리, 영감, 권위, 충분성을 한결같이 강조했다. 그리하여 위클리프는 종교개혁의 길을 예비하는 선구자적 역할을 감당했으며 특히 설교에서 성경 사용에 대해 깊은 관심을 가졌다.

2. **마르틴 루터**(Martin Luther, 1483-1546). 독일 작센의 아이슬레벤에서 출생한 마르틴 루터는 독일의 가장 오래되고 권위 있는 대학 중 하나인 라

---

2 Beryl Smalley, *The Study of the Bible in the Middle Ages* (Oxford: Blackwell, 1964), p. 274.

3 John Wycliffe, *On the Truth of the Holy Scripture* (Kalamazoo, Mich.: Mediaeval Institute, and Western Michigan University, 2001), 1.55, 148, 245.

4 John Wycliffe, *The Pastoral Office*, trans. F. L. Battles, Library of Christian Classics, vol. 14 (London: SCM; Philadelphia: Westminster, 1963), 1.5, 15, 2.1.1, 특히 pp. 36, 43, 58.

이프치히 남서부의 에르푸르트 대학에 입학한다. 거기서 루터는 문법, 수사학, 논리학을 공부했는데 이를 통해 언어의 기술을 습득했다. 에르푸르트 대학 시절 신학 분야에서 강력한 영향력을 끼친 근원은 리라의 니콜라우스였다.[5] 1505년 22세의 나이로 에르푸르트에 있는 아우구스티누스 수도회에 입회한 루터는 2년 동안 수도사와 부제 시절을 거쳐 사제 서품을 받는다. 페트루스 롬바르두스와 마찬가지로 루터는 성경을 집중적으로 연구했다. 1508년 개교한 지 얼마 안 된 비텐베르크 대학에서 철학을 가르치기 시작했고 1509년에는 성서 교육에 몸담았다. 1512년 성서학 교수가 된 루터는 슈타우피츠(Staupitz)의 영향을 받게 된다. 슈타우피츠는 그에게 박사 과정을 공부할 것과 영적 투쟁에 대한 조언을 주었다.

제임스 앳킨슨(James Atkinson)에 따르면 종교개혁의 의식이 막 동틀 무렵인 1513년 4월과 5월에 루터는 시편을 강의하고 있었다.[6] 그러다가 "주의 공의로 나를 건지소서"(시 31:1)라는 구절에 이르게 된다. 이 구절의 묵상을 통해 루터는 갑자기 자신이 바울과 그의 "의"의 개념을 "증오"하고 있음을, 특히 이 양자가 함께 등장하는 로마서 1:16-17에 근거해 그렇게 함을 깨달았다. "주의 공의로 나를 건지소서"라는 말씀은 시편 71:2에서 반복된다. 루터는 순종하는 수도사인 자신의 의(義)조차도 아무것도 아니라는 기록을 남긴다. 처음에 루터는 하나님의 의가 자신을 정죄한다고 생각했다. 하지만 이내 하나님의 의는 심판이 아니라 은혜로만 의롭다고 칭하는 그리스도의 의를 의미함을 깨달았다. 인류 전체는 이 사실을 선명하게 이해하고 선물로 받아들여야 한다.

루프(E. G. Rupp)와 벤저민 드루어리(Benjamin Drewery)는 루터가 자신만의 언어로 표현한 "돌파구"를 묘사한 바 있다. 루터는 이렇게 썼다. "'의인은 믿음으로 살리라.' 나는 하나님의 의가 오직 하나님의 선물로 살

---

5 참조. James Atkinson, *Martin Luther and the Birth of Protestantism* (London: Penguin Books, 1968), pp. 32-33.
6 Atkinson, *Birth of Protestantism*, p. 76.

아가는 사람 안에 있는 의라는 사실을 깨닫기 시작했다.···나는 이제 막 새롭게 다시 태어났음을, 열린 문을 통해 낙원 그 자체로 들어왔음을 느꼈다."[7] 이런 증언은 제10장에서 검토할 바르트의 "성경의 새롭고 낯선 세계"와 매우 유사하다.

초기 저술(1517-1521)에서 루터가 강조한 것은 **하나님**의 사역으로서의 믿음이다. "믿음이란···우리의 것이라기보다 하나님의 사역이다."[8] 『하이델베르크 논쟁』(*Heidelberg Disputation*, 1518)에서는 "신학자라는 이름이 부끄럽지 않으려면 고난과 십자가를 통해서야 비로소 나타나는 하나님에 대해···이해하는 사람이어야 한다.···영광을 추구하는 신학자는 악을 선으로, 선을 악으로 부른다. 하지만 십자가의 신학자는 선과 악을 그 정확한 이름으로 일컫는다"라고 고백한다.[9]

가톨릭교회는 루터의 성경해석에 설복되지 않은 반면 독일과 북유럽 국가들은 비텐베르크의 이 신학자를 주시하기 시작한다. 루터는 인문주의자인 에라스무스가 그리스도와 영광, 하나님의 은혜에 합당한 지위를 부여하지 않았다고 논평했으며 에라스무스를 "이중인격자"라고 비난했다.[10] 그러는 와중에도 루터는 1516년에서 1521년 사이에 대학에서 로마서, 갈라디아서, 히브리서를 강의했으며 시편은 두 번 강의했다.

루터의 초기 시편 강의는 리라의 니콜라우스와 페트루스 롬바르두스의 방법을 따랐으며 널리 보급되어 있던 중세의 "네 가지 의미"를 활용했다. "네 가지 의미"에 따르면 문자적 의미는 역사 속에 펼쳐지는 하나님의

---

7 E. G. Rupp and Benjamin Drewery, eds., *Martin Luther: Documents of Modern History* (London: Arnold, 1970), p. 6; Atkinson, *Birth of Protestantism*, p. 77.

8 Martin Luther, *Commentary on the Epistle to the Hebrews*, in *Luther's Early Theological Works*, ed. James Atkinson, Library of Christian Classics, vol. 16 (London: SCM, 1962), p. 201. 참조. p. 25.

9 Martin Luther, *The Heidelberg Disputation* 20 and 21, in *Luther's Early Theological Works*, pp. 290, 291. 참조. Luther, *Heidelberg Disputation* 23.

10 Atkinson, *Birth of Protestantism*, p. 89.

사역을 전해준다. 문자적 의미 외에 다른 의미들 속에는 신자들의 공동체에 의한 전유 행위가 기록되어 있다. 신비적 의미가 존재하는 이유는 인간의 이해가 언젠가는 더 큰 천상의 이해에 의해 완성될 것이기 때문이다. 시편 51편과 92편에 대한 글을 쓰면서 루터는 자기 자신을 믿지 말아야 할 필요성을 강조하기도 했다. 약함 속의 강함은 로마서에 대한 초기 주해의 중요 주제다. 로마서 1:1에 대해 그는 이렇게 적고 있다. "우리는 하나님이 우리를 정의롭고 지혜로운 자로 간주할 것을 기다려야 한다."[11] 동시에 루터는 기독론적 의미를 수용하는 것도 잊지 않는다. 그에 따르면 "성경의 모든 단어 안에서 그리스도의 이름이 크게 울려 퍼지며" "성경 전체의 모든 부분이 그리스도에 대해 다루고 있다."[12]

『로마서 주석』(1516-1517)을 보면 루터가 세부 사항에 기울이는 관심을 느낄 수 있다. 비록 보름스 의회 사건보다 7년이나 앞선 저술이기는 하지만 이 책은 루터의 중기 사상의 성숙한 신학을 포함하고 있다. 로마서와 관련해서 그는 이렇게 썼다. "이 편지의 목적은 인간이 이해할 수 있는 모든 지혜와 의를 허물어뜨리는 것이다.…우리 자신으로부터는 나오는 것과는 다른…그런 의와 지혜를 통해 하나님은 우리를 구원하고자 하신다.…우리는 하나님의 순수한 자비를 기다려야만 한다."[13] 루터는 로마서 1:16의 "하나님의 능력"에 대해서 이 능력은 물리적 힘이 아니라 세상의 눈에는 어리석음으로 보이는 무엇이라고(참조. 고전 1:18-25) 재정의했다. 또한 의로운 자가 되는 것과 하나님 앞에서 의롭다 칭함을 받는 것은 같은 것이라고도 썼다(롬 1:17; 4:16-25). 로마서 4:7에서는 "실제적 죄"란 "공로"인데 공로는 우리를 구원하지 못한다고 관찰했다. 이 오류는 펠라기우스주의와 유사하다. 루터는 율법을 성취하지 못하는 인간의 무능력을 강조한 바울의

---

11 Gordon Rupp, *The Righteousness of God: Luther Studies* (London: Hodder and Stoughton, 1953), p. 134.

12 Atkinson, *Birth of Protestantism*, pp. 101, 116.

13 *Luther's Works*, ed. J. Pelikan, 56 vols. (St. Louis: Concordia, 1955-); in German, Weimarer Ausgabe (Weimar Edition; WA로 약칭.) 56:157-59.

견해를 제시한다. 특히 로마서 7:18, "원함은 내게 있으나 선을 행하는 것은 없노라"의 텍스트와 관련하여 "인간 전체는 육이다"라고 쓴다.[14]

루터의 이런 강조는 로마서의 "문자적" 메시지와 잘 부합한다. 『갈라디아서 주석』(1517)에서는 교황에 대한 내용이 많은 비중을 차지하고 있는데 이는 오로지 믿음이나 전유를 통해 하나님의 은혜를 받아들이는 행위와 "공로"를 구별하기 위해서다. 같은 해 루터는 95개조 반박문을 작성했으며 1518년에는 아우구스부르크의 추기경 카예탄(Cajetan)과 논쟁을 벌였다. 이 논쟁에 대해 루터는 카예탄이 자신의 견해에 반대하는 성경 말씀을 하나도 제시하지 못했다고 증언한다. 또한 라이프치히의 에크(Eck)와도 대치하는데 여기서도 성경 말씀을 활용하여 승리를 거둔다. 1521년 루터는 보름스 의회에서 황제 앞으로 불려나가게 된다. 여기서 루터는 자신의 진리 주장을 지지하는 증언을 성경에서 이끌어내었고 결국 황제는 그를 쫓아내고 만다. 추후에 루터는 이 사건에 대해 자신이 한 일은 하나님의 말씀을 가르치고 전한 것이 전부였다고 회상한다. "나는 아무것도 하지 않았다.··· 말씀이 모든 것을 다 이루었다."[15]

1521년 이후로 루터는 신명기, 소선지서, 전도서, 요한일서, 디도서, 디모데전서, 이사야서, 아가서(1531)에 대한 주석을 썼다. 그는 성경의 알레고리적 또는 "영적" 의미와 다층적 의미 주해를 거부했다.[16] 많은 학자들은 루터의 가장 위대한 작품으로 건실하고 정확한 독일어 성경 번역을 꼽기를 주저하지 않는다.[17] 1519년부터 몇 개의 성경 구절을 번역하기 시작함으로써 개시된 이 작업은 루터가 바르트부르크에서 갇혀 지내는 동안 대부분 이루어졌다. 드디어 1534년에 독일어 번역 성경이 출간되는데 많은 사

---

14 Luther, WA 56:343.
15 Gordon Rupp, *Luther's Progress in the Diet of Worms, 1521* (London: SCM, 1951), p. 99과 Atkinson, *Birth of Protestantism*, p. 182에서 인용.
16 A. Skevington Wood, *Captive to the Word: Martin Luther, Doctor of Sacred Scripture* (Exeter: Paternoster, 1969), p. 83.
17 예를 들어 Wood, *Captive to the Word*, p. 95.

람들은 이 일을 "문헌사의 가장 큰 사건"으로 간주한다.[18] 루터는 모든 그리스도인이 성경에 접근할 수 있어야 한다고 믿었다. 원어 텍스트를 기반으로 한 그의 세밀한 번역은 표준적 독일어 번역 성경이 되었다.

그동안에도 루터는 로마와의 기나긴 투쟁이라는 컨텍스트 안에서 성경을 해석하기를 멈추지 않았다. 로마가톨릭은 성경의 지위에 대해 교부 및 아퀴나스의 개념에 전적으로 의존하고 있었다. 이렇게 루터는 한편으로 로마와 투쟁하는 동시에 다른 한편으로는 급진적이고 좌파적인 종교개혁자들 혹은 카를슈타트(Karlstadt)와 뮌처(Münzer) 같은 열광주의자들(Schwärmerei)과도 투쟁했다. 『교회의 바벨론 포로 상태』(*Babylonian Captivity of the Church*)에서 이 신학자는 성경에 기반하지 않은 모든 신학에 반대한다고 선언한다.

『해석학의 새 지평』에서 논의한 내용을 반복하고 싶지는 않지만 다음과 같은 한 가지 사항은 거듭 언급해야겠다. 수많은 주해 작업에서 확인되는 것처럼 루터가 성경의 **명징성**을 내세운 것은 사실이지만 그렇다고 성경 주석이 불필요하다고 주장하는 것은 아니다. 실제로 루터는, 성경이 너무도 복잡하고 그 논증은 너무도 다층적인 면을 가지기 때문에 성경을 **탐사**하는 것 이상은 할 수 없다고 주장한 에라스무스의 주장에 대응하려 한 것이었다. 루터는 에라스무스의 이런 견해를 회의주의의 한 형태로 간주했으며 성경은 **행함**을 위해 충분한 기반을 제공한다고 주장했다. 루터와 에라스무스 논쟁에 대한 세부 사항은 『해석학의 새 지평』에서 이미 설명했으며 후기 루터에게서는 알레고리에 대한 의구심이 점증했음도 그 책에서 지적했다.

3. **필립 멜란히톤**(Philip Melanchton, 1497-1560). 루터보다 14년 후에 태어난 멜란히톤은 루터의 친구자 지지자, 조력자로 유명해졌다. 루터의 이름과 나란히 소개되는 경향이 있지만 멜란히톤은 자기만의 특질도 가지

---

18 Kenelm Foster, in *The Cambridge History of the Bible*, vol. 3, ed. S. L. Greenslade (Cambridge: Cambridge University Press, 1963), p. 103.

고 있다. 이 신학자는 1509년에 하이델베르크 대학에 입학했으며 졸업하는 즈음에는 그리스어에 정통한 자로 이름을 날렸다. 튀빙겐 대학으로 옮겨와서 공부를 계속했으며 저명한 히브리어 학자 로이힐린(J. Reuchlin)에게서 히브리어를 배웠다. 그후 그리스어 문법책을 출간한 멜란히톤은 1518년에 비텐베르크에서 고전을 가르치는 교수직을 제안받았고 바로 이 대학 도시에서 루터를 만났다.

멜란히톤은 루터가 초기 저술을 작성하던 시기에(1518-1521) 그를 전적으로 지지했다. 그리하여 루터가 일시적으로 바르트부르크성에 칩거했을 때에는 루터의 사상을 유포하는 선도적 역할을 맡았다. 하지만 1529년에 멜란히톤이 성만찬에 대한 이론을 발표했을 때 루터는 그 이론에서 츠빙글리(Zwingli)의 가르침의 흔적을 발견했다. 츠빙글리에 격렬하게 반대했던 루터에 비해 멜란히톤은 상대적으로 반감이 덜했던 것이다.[19] 멜란히톤은 종교개혁자들 사이에 평화와 화합이 이루어지기를 열망했다. 1530년에는 아우크스부르크 신앙고백을 작성하여 황제에게 제출했는데 여기에는 온 독일 개신교도가 동의한 교리적 선언이 담겨 있다. (여기에는 루터와 멜란히톤은 포함되지만 스위스의 종교개혁자 츠빙글리는 빠져 있다.) 아우크스부르크 신앙고백은 역사상 최초의 개신교 신앙고백으로 오늘날도 정통 루터교 교리의 진술로 간주된다.

루터가 주로 주석 작업에 집중한 반면, 멜란히톤은 조직신학을 정립했다. 아마도 그의 작업은 성경을 기반으로 한 최초의 개신교 조직신학일 것이다. 하지만 멜란히톤은 자신의 그리스어와 히브리어 지식을 활용하여 루터의 독일어 성경 번역을 돕는 데 막대한 시간을 쏟기도 했다. 그는 로마서와(1522)와 요한복음(1523)을 강의하기 위해 비텐베르크로 돌아갔으며 얼마 후 마태복음에 대한 저술을 출간했다(1558). 때때로 알레고리를 이용하기도 했지만 멜란히톤은 주로 성경 텍스트의 문자적 의미에 천착했다. 그

---

19 Atkinson, *Birth of Protestantism*, pp. 273-74.

의 방법론은 루터의 중·후기 신학을 충실히 반영하고 있는데 어떻게 보면 둘 중 멜란히톤의 신학이 더 비판적이고 엄정하다고도 볼 수 있다.

2. 계속되는 종교개혁: 윌리엄 틴데일과 장 칼뱅

1. **윌리엄 틴데일**(William Tyndale, 1494-1536년경)은 히브리어와 그리스어 성경을 최초로 영어로 번역했다(1525-1535). 틴데일의 이 번역판은 커버데 일 역(1535-1536)과 함께 1611년에 나올 킹제임스판에 영향을 끼쳤다. 윌리엄 틴데일은 영국 글로스터셔에서 출생하고 옥스퍼드의 막달라 마리아 홀에서 교육받았으며 케임브리지에서 신학 연구 과정을 마쳤다. 그후 리틀 소드베리에서 사역했으며 런던의 툰스톨 주교의 지지를 얻는 데 실패하자 1524년에는 독일로 이주했다. 틴데일에게 가장 깊은 영향을 준 것은 루터 의 신학이었다.

틴데일은 루터의 신학을 발전시키고 전파했다. 그는 오늘날 우리가 성 경 텍스트의 언술 행위(speech-act), 수행적 혹은 의미 수반 발화적 기능 (performative or illocutionary function)이라고 부르는 것들을 선취했다고 할 수 있다(언어의 수행적 기능에 대해서는 제17장에서 논의할 것이다). 틴데일에 따르면 성경은 "하나님의 약속"을 전달한다. 그러므로 "이 책은 사람의 마음을 기쁘게 하며" "우리를 하나님의 상속자로 일컫는다."[20] 나는 틴데일의 저술 중 대략 열 쪽 분량 안에 그가 성경에 의해 수행된 언술 행위의 예를 18개 이상이나 들고 있음을 보인 바 있다.[21] 거기서 인용된 예는 이름을 짓

---

20 William Tyndale, *A Pathway into the Holy Scripture*, in Tyndale, *Doctrinal Treatises and Introductions to Holy Scripture* (Cambridge: Cambridge University Press, Parker Society, 1848), pp. 7-29.

21 Anthony C. Thiselton, "Authority and Hermeneutics: Some Proposals for a More Creative Agenda," in *A Pathway with the Holy Scripture*, ed. Philip E. Satterthwaite and David F. Wright (Grand Rapids: Eerdmans, 1994), pp. 107-41, 특히 pp. 117-20.

고 지정하고 약속하고 주고 저주하고 죽이고 생명을 부여하는 등등의 행위
다. 다음과 같은 말이 틴데일로부터 유래한다고 알려져 있다. "하나님이 내
생명을 지켜주신다면 나는 쟁기질하는 소년을 데려다가 당신보다도 더 성
경에 정통하도록 만들겠다."[22] 틴데일은 불가타 성경과 루터의 독일어 성경
과 함께, 에라스무스가 편집한 그리스어 성경을 많이 참조했다. 그는 자신
의 영어가 라틴어보다도 그리스어에 더 가깝다고 주장하기도 했다. 틴데일
이 남긴 또 다른 경구로는 "주님, 영국왕의 눈을 열어주소서" 같은 문장이
있다.

2. 장 칼뱅(Jean Calvin, 1509-1564). 프랑스의 북부 피카르디에서 태어
난 칼뱅은 파리에서 교육받았으며 1528년부터는 오를레앙에서 법률을 공
부했다. 이내 종교개혁신학의 열렬한 지지자가 되어 프랑스에서 추방된
(1535) 칼뱅은 스위스의 바젤로 이주했다. 칼뱅의 대작 『기독교 강요』(초
판)는 1536년에 집필이 시작되었다. 같은 해 스트라스부르를 향해 가던 칼
뱅은 잠시 제네바로 우회하여 들렀다. 여기서 파렐(W. Farel)을 만나게 되
는데 그는 칼뱅에게 제네바에 머물러 이 도시가 교황을 거부하도록 이끌라
고 제안했다. 칼뱅은 성경 연구에 몰두할 수 있는 평화와 고요를 원했지만,
교회를 인도하라는 요청을 받아들여 제네바를 개혁하고 다스리는 일에 몰
두했다. 또한 성경 전권을 목표로 삼아 주석도 쓰게 되었다. 이후에 나온
『기독교 강요』 증보판은 아퀴나스의 「신학 대전」, 슐라이어마허의 『기독교
신앙』, 바르트의 『교회 교의학』에 비견되는 대작이다. 하지만 이 신학자의
의도는 성경 주석과 구별된 신학을 제시하는 것이었다. 칼뱅은 최초의 "근
대적" 성경 주석가로 불리기에 부족함이 없다. 그의 주해들은 다른 누구의
작업보다 더 큰 영향력을 미쳤다.

칼뱅의 첫 번째 주석은 1540년에 나온 로마서 주석이었다. 서문에서
그는 멜란히톤과 마르틴 부처(Martin Bucer)가 자신의 작업에 기여한 바를

---

22 Greenslade, *Cambridge History*, 3:141-42.

인정하지만 동시에 이들보다 더 멀리 나아가야 할 필요도 인식하고 있었다. 칼뱅은 주석가의 주요 덕목으로 "명료한 간결성"과 "설명의 대상이 되는 저자의 정신"을 펼쳐 보여주는 능력을 꼽는다.[23] 그는 "저자가 의도한 의미"를 고집하며 이와 같이 설정된 한계에서 벗어나서는 안 된다고 주장한다.[24] 칼뱅은 법률을 공부했던 경험으로부터 유익을 얻었다. 어떤 법률에 관계된 실제적 적용뿐만 아니라 그 법이 생성된 역사적 상황의 중요성을 강조하는 태도를 자신의 주석 작업에 적용했던 것이다.

『기독교 강요』 최종판은 1560년, 칼뱅이 죽기 4년 전에 완성되었다. 이후로 이 기념비적 저서는 신학과 성경에 대한 해석학적 열쇠의 역할을 했다. 『기독교 강요』 1권 6장부터 10장까지에서는 주로 성경의 역할 규정이 논의된다. 칼뱅은 성경을 안경에 비유하면서 나이든 사람이 무엇을 선명하게 볼 수 있기 위해서는 안경이 필요하다고 설명한다. 동시에 칼뱅은 성경과 성경해석의 초점을 **하나님에 대한 비전**(vision of God)에 집중시키고 있다.[25] 성경은 하나님의 성령에서 유래한다(7장). 성경의 신뢰성은 이성으로도 충분히 자명한 것으로 입증된다(8장). 신약에서 처음 세 개의 복음서는 비교적 소박한 스타일의 내러티브를 사용하지만 대조적으로 요한복음은 "위풍당당하게 꾸짖는가 하면" "벼락보다 더 무섭게 내리친다."[26] 또한 광신도들에 대해서도 쓰고 있는데 이들이 복음서를 사적인 계시로 전복시키려는 것은 잘못이라고 주장한다(9장). 이런 점에서 칼뱅의 관점은 이레나이우스에 가깝다. 성경은 다른 "신들"을 거부함으로써 우리를 하나님의 진리로 이끈다(10장).

---

23 John Calvin, *The Epistles of Paul to the Romans and the Thessalonians*, trans.R. Mackenzie, ed. T. F. Torrance (Edinburgh: Oliver and Boyd, 1964) 서문.

24 Calvin, *The Epistles of Paul to the Romans and the Thessalonians* 서문.

25 John Calvin, *Institutes of the Christian Religion*, trans. Henry Beveridge, 2 vols. (London: James Clarke, 1957), 1.6.1; vol. 1, p. 64. 『기독교 강요』(생명의 말씀사 역간).

26 Calvin, *Institutes* 1.8.11; vol. 1, p. 81.

로마서 주석 다음으로 칼뱅은 창세기 주석, 여기에 조화를 이루는 것으로서 출애굽기에서 신명기에 이르는 모세오경의 책들에 대한 주석, 그리고 이사야서, 예레미야서, 예레미야애가, 에스겔서, 소선지서, 욥기, 사무엘서, 여호수아서 주석을 발표했다(1564). 또한 요한이서, 요한삼서, 요한계시록을 제외한 신약 전체에 대한 주석도 썼다.[27] 구약 주석은 대개 강의를 기록한 것이었고 신약 주석은 따로 집에서 구술한 것이었다. 그의 엄청난 작업량에서도 엿볼 수 있듯 칼뱅은 자신을 아끼지 않았고 건강과 힘의 한계를 넘어 과로했다. 그는 에라스무스와 르네상스 인문주의 정신을 따라 텍스트의 "자연적" 의미 또는 "문자적" 의미를 강조했다. 칼뱅은 선언하기를 "알레고리는 인문주의적 해석의 정전에 대립한다. 저자의 정신을 정확히 포착하려는 열망인 문자주의가 (인문주의적 해석의) 그 본질이다"[28]라고 표명했다. 그의 주된 관심은 "하나님의 영광"이었지만 프랑스와 다른 지역에서 박해당하는 동료 개신교도들에게도 항상 마음을 쏟았다.

파커(T. H. L. Parker)에 따르면 알레고리에 대한 칼뱅의 반박은 "알레고리적 의미(*sensus allegoricus*) 자체에 대한 것이 아니라 확장된 은유라는 과도하게 발전한 알레고리 사용에 대한 것이다."[29] 다니엘 10:5-6에 대해 칼뱅은 이렇게 썼다. "알레고리가 이치에 맞는 그럴듯한 것이라는 사실은 알고 있다. 하지만 우리가 성령이 가르치는 바를 면밀히 숙고한다면 알레고리 같은 사변은 사라져버릴 것이다."[30] 하지만 창세기 15:11에 대한 그의 해석은 거의 알레고리에 가깝다. 칼뱅은 예표론에 대해서도 경계했다. 물론 참된 **예표론**에서는 사건과 인물들 안에 펼쳐진 하나님의 섭리적 질서와

---

27 Joseph Haroutunian and Louise Pettibone Smith, eds., *Calvin's Commentaries*, Library of Christian Classics, vol. 23 (London: SCM; Philadelphia: Westminster, 1958), p. 16.
28 Haroutunian and Smith, *Calvin's Commentaries*, p. 28.
29 T. H. L. Parker, *Calvin's Old Testament Commentaries* (Edinburgh: T. & T. Clark, 1986), p. 70.
30 Parker, *Calvin's Old Testament Commentaries*, p. 71.

순서를 볼 수 있음을 인정했다. 그리스도와 다윗, 유월절과 유월절 어린 양은 좋은 예가 될 수 있다. 고린도전서 10:1-6에서 칼뱅은 교회와 이스라엘 사이에 있는 섭리적 평행 관계를 이해하고 있다.

구약과 신약 모두에서 칼뱅은 성경의 역사를 건전한 방식으로 존중한다. 이런 존중은 신적 섭리와 두 언약 사이의 연속성을 이해하는 방식에서 드러난다. 구원의 언약을 부각한다는 것은 그리스도를 예비하는 행위였다.[31] 율법은 "위반을 명백한 것으로 만들기 위해" 주어졌다.[32] 여호수아서는 언약 관계에서 낮은 지점을 증언하고 있는데 하나님의 백성의 연약함과 오류 가능성을 다룬다. 창세기 25:1에 대해서 칼뱅은 아브라함의 오류 가능성을 수용하면서도 육신이 죽기도 전에 "죽은 자"로서 보냈던 38년간의 시간이 가진 은유적 힘을 인정하고 있다. 창세기 6장에 대해서는 노아 방주의 구조는 길게 논의할 필요가 없다고 말한 다음, 방주의 역사적 세부 사항을 검토하고자 한다. 이렇게 칼뱅은 신적 섭리라는 줄기를 인물들과 사건들을 서로 연결시키며 흘러가는 것으로 이해한다.

신비적 의미에 대해서도 칼뱅은 이 차원이 사라져서는 안 된다고 보았다. 누가복음 12:50에 대해 이 텍스트를 읽은 독자는 "하늘의 복되고 영원한 안식처"를 묵상해야 한다고 썼다. 이런 소망은 독자들로 하여금 현재의 고난을 이기도록 만들 것이다. 또한 칼뱅은 고린도후서 5:7에서 그리스어 "*eidos*"(형상)를 "보는 것"으로 번역하여 "믿음으로 행하고 보는 것으로 행하지 아니함이로라"로 옮긴다. "지금 우리가 소망하는 것은 로마서 8:24의 말씀처럼 감추어져 있다."[33] 결론적으로 칼뱅은 주해를 근대로 진입하게 만든 인물이다.

---

31 John Calvin, *The Epistles of Paul to the Galatians, Ephesians, Philippians, and Colossians*, trans. T. H. L. Parker (Edinburgh: Oliver and Boyd, 1965), pp. 58-59.
32 Calvin, *Galatians, Ephesians*, p. 61.
33 John Calvin, *The Second Epistle of Paul to the Corinthians; The Epistles of Paul to Timothy, Titus, and Philemon*, trans. T. A. Smart (Edinburgh: St. Andrews Press, 1964), p. 69.

3. 개신교 정통주의, 경건주의, 계몽주의

이제 막 발흥한 종교개혁의 직접적 영향 속에서 16세기와 17세기에는 개신교 정통주의가 만개한다. 이 시기와 대비하여 존 헨리 뉴먼은 18세기를 "사랑이 식어가는" 시기로 특징지은 바 있다. 18세기는 계몽주의와 "세속적" 사상들이 가져온 전면적 충격과 그것의 역류라고 할 수 있는 경건주의와 덜 합리적인 기독교적 헌신의 물결이 공존하던 시기였다. 18세기 후반에서 19세기 초반에는 성서비평의 첫 번째 단계와 초기 낭만주의가 나타난다. 먼저 우리는 개신교 정통주의를 간략히 살펴볼 것이다.

1. **마티아스 플라키우스 일리리쿠스**(Mathias Flacius Illyricus, 1520-1575)는 에라스무스와 르네상스 인문주의의 영향을 받은 후 1541년에 비텐베르크 대학으로 간다. 비텐베르크 대학의 히브리어 교수로 임명된 일리리쿠스는 거기서 바울 서신도 강의했다. 루터와 멜란히톤을 추종했으며 예나에서 교수직을 맡으면서 로마가톨릭에 대항하여 개신교 정통주의를 수호하는 글을 썼다. 1567년 일리리쿠스는 『성경의 열쇠』(*Clavis Scripturae Sacrae*)라는 제목의 해석학에 대한 책을 내놓는데 여기서 그는 아리스토텔레스의 수사학과 오리게네스부터 당대에 이르는 주해들을 활용한다. 이 책은 100년간 10판이 발간되는 등 매우 영향력 있는 저술로 통했다. 또한 일리리쿠스는 성경 전체의 "열쇠"가 그리스도라고 주장하면서 예표론적 주해를 활용하기를 주저하지 않았다.

2. **크리스티안 볼프**(Christian Wolff, 1679-1754)는 성서학자가 아니라 철학자였다. 할레에서 볼프는 경건주의와 계몽주의 철학에 친밀하게 접했다. 그는 엄청난 양을 집필하는 저술가로 유명했으며 저자의 의도(Absicht)의 다원성 개념을 해석학에 도입했다. 예를 들어 이 개념에 따르면 같은 저자는 다양한 의도를 가지고 다양한 종류의 "이야기"를 할 수 있다. 볼프의 시대는 해석학이 유행하기 시작하던 때였다. 1654년 스트라스부르에서 출간된 단하우어(J. C. Danhauer)의 『해석학』(*Hermeneutics*)은 그 결정적 증거

다. 바로 여기서 라틴어에서 유래한 "해석의 이론"(theory of interpretation)
이 아니라 그리스어 어원을 가진 "해석학"(hermeneutics)이라는 용어가 최
초로 사용되었다. 제네바의 투레틴(J. A. Turretin)이 1728년에 내놓은 저술
은 개신교 정통주의의 또 다른 예다.

3. **클라데니우스**(J. M. Chladenius, 1710-1759)는 1742년에 해석학에 대
한 자신의 주저 『이성적 담론과 책에 대한 정확한 해석 입문』(*Introduction
to the Correct Interpretation of Reasonable Discourses and Books*)을 내놓는
다. 이 책이 기여한 가장 중요한 지점은 저자의 입장에서 "관점"(Sehe
Punckt)을 이해한 것이다. 어떻게 보면 클라데니우스의 이 저술은 **역사적**
이해에 대한 최초의 인정이라 할 수 있다. 해석자는 역사적 저자와 역사적
해석자의 관점에서부터 텍스트를 해석하는데, 역사적 저자와 역사적 해석
자는 둘 다 역사 속의 자신의 위치에 의해 제한되고 조건화되는 존재다. 때
로는 하나의 공동체가 공통의 관점을 공유하기도 한다.[34]

4. **초기 경건주의자: 슈페너, 프랑케, 벵엘.** 이 그룹은 갱신, 개혁, 선교
에 열정적이었다. 물론 벵엘은 예외로 쳐야겠지만 그들은 종교개혁자들이
가졌던 지적 관심과 엄밀함이 결여된 경향을 보였다. **슈페너**(P. Spener,
1635-1705)는 통상적으로 초기 경건주의 운동의 기초를 놓은 인물로 평가
받는다. 그는 성경을 중시했으며 연구, 기도, 성령에 대한 개방성을 가지고
이 책에 접근할 것을 주장했다. 또한 고독한 개인이 아닌 **공동체**를 이상적
으로 간주했다.

아우구스트 프랑케(August H. Francke, 1663-1727)는 성경의 중심성을
강조하는 동시에 갱신과 회심, 선교의 필요성을 역설했다.[35] 때로 이런 것
들은 과거의 죄에 대한 슬픔과 동반되어야 했다. 프랑케는 할레 대학 시절

---

34 참조. Kurt Mueller-Vollmer, ed., *The Hermeneutics Reader* (Oxford:
   Blackwell, 1985), pp. 7-8 and 54-71.
35 Peter C. Erb, *Pietists: Selected Writings* (London: SPCK; New York: Paulist,
   1983), pp. 9 and 128-34을 보라.

많은 그룹을 창립했는데 볼프도 여기서 이 그룹을 만나게 된다. 비록 형식적으로는 신학자가 아니지만 프랑케는 해석학에 대한 몇 권의 책을 남긴다. 그는 성경 텍스트의 역사적 의미는 겉껍질에 불과하며 말씀 또는 "씨앗"이 실제적이고 영적이라고 주장했다. 또한 성경은 공동체 안에서 해석되어야 한다고 보았다.

요한 벵엘(Johann A. Bengel, 1687-1752)은 신약학자이자 본문 비평학자였다. 대개 경건주의자로 분류되기도 하지만 정통 루터파로 간주되기도 한다.[36] 1734년에 발표된 벵엘의 저술은 텍스트 비평의 정초가 되었다. 1742년에 나온 『신약에 대한 예지』(Gnomen Novi Testamenti)는 지금도 영어 개정판으로 현존하고 있다. 간명한 벵엘의 저술은 오늘날에도 여전히 유용하다.

5. **후기 경건주의자**로는 프리드리히 외팅어(Friedrich Oetinger, 1702-1782), 친첸도르프 백작(Nicholas Ludwig Count von Zinzendorf, 1700-1760), 존 웨슬리(John Wesley, 1703-1791)와 찰스 웨슬리(Charles Wesley, 1707-1788) 형제가 포함된다. 이들의 생애는 18세기에 걸쳐 있으며 계몽주의와 발흥하는 성서비평과 동시대를 살았지만 그럼에도 둘 중 어느 조류와도 심정적으로는 공감하지 않았다.

프리드리히 외팅어는 또 다른 경건주의자 뵈메(Boehme)에게 이끌렸으며 이성보다는 실천적 삶에 더 관심을 가졌다. 가다머는 외팅어의 경건주의를 계몽주의적 합리론과는 대조적인 것으로 평가한다. 즉 이해는 머리가 아닌 가슴에서 일어난다. **친첸도르프 백작**은 슈페너와 프랑케의 영향을 받은 급진적인 경건주의자였다. 1722년 후스파의 후예인 보헤미아 형제단 또는 모라비아 교도의 곤궁을 들은 친첸도르프는 이들에게 자신의 토지를 제공함으로써 안전하게 보호한다. 나중에 이들은 헤른후트(Herrnhut), 즉 주님의 야경꾼이라는 칭호를 얻었다.

---

36 Erb, *Pietists*, p. 23.

친첸도르프와 모라비아 교도들은 **웨슬리 형제**에게 큰 감화력을 미쳤으며 슐라이어마허에게도 영향력을 끼쳤다. 존 웨슬리가 처음으로 모라비아 교도들을 만난 것은 미국의 조지아주를 향해 가는 배에서였다. 웨슬리에게 주요한 영향을 끼친 원천으로는 루터의 『로마서 서문』, 영국성공회, 모라비아 교도들을 꼽을 수 있다. 『로마서 서문』으로부터 웨슬리는 로마서 1:16-17에 대한 루터의 이해를 받아들인다. 웨슬리는 이렇게 증언하고 있다. "나는 마음이 강하게 뜨거워지는 것을 느꼈다. 또한 구원을 위해 그리스도를, 오로지 그리스도만을 신뢰함을 느낄 수 있었다." 성경해석에 있어 웨슬리는 성경의 불명료한 구절은 더 명료한 구절의 빛에 비추어 해석된다고 믿었다. 그는 벵엘의 그리스어 텍스트를 사용했으며 『성경 주석』(*Notes on the Bible*)을 쓰게 된다.

6. **계몽주의**(Enlightenment). "계몽주의"는 독일어 단어 "aufklärung"에서 유래하며 18세기 사상의 대부분을 특징짓는 개념이다. 임마누엘 칸트(1724-1804)는 권위의 보호로부터 해방되어 스스로 사고할 수 있는 성숙한 자율성과 자유를 가진 근대인의 계몽에 대해 말한 바 있다. 본회퍼보다 훨씬 이전에 이미 칸트는 새 시대의 도래를 선언했던 것이다. 영국에서 계몽주의 운동은 존 로크(1632-1704), 데이비드 흄(1711-1776), 뉴턴(1642-1727)을 위시한 이신론자들(1624-1793년경)에게로 거슬러 올라간다. 통상적으로 유럽 대륙에 처음 계몽주의의 씨를 뿌린 인물로는 데카르트(1596-1650)와 스피노자(1632-1677)가 거론된다. 이런 철학자들을 제외하고 성경 연구 분야에서 제믈러(1725-1791)와 에르네스티(J. A. Ernestil, 1701-1781)도 중요 인물이다.

계몽주의 시대에 대한 전문 서적 중 권위 있는 책을 참조하고자 한다면 레벤틀로우(Henning Graf Reventlow)의 『성경의 권위와 근대 세계의 발흥』(*Authority of the Bible and the Rise of the Modern World*)을 추천할 수 있겠다. 이 책은 종교개혁, 에라스무스, 마르틴 부처로부터 시작하여 최초의 이신론자들을 거쳐 계몽주의의 여명 속에서 일어난 성서비평의 발흥에 이르기까지 변화들을 추적하고 있다. 종교개혁을 검토한 후 레벤틀로우는 초기 이신론자인 에드워드 허버트 경(Lord Herbert of Cherbury, 1582-1648)에서 새로운 논의를 시작한다. 허버트 경은 옥스퍼드에서 수학한 후 영국 대사로 루이 13세의 궁정에서 일했다. 그는 "모든 사람에게 타당한 하나의 자연종교"라는 자신의 핵심 사유를 방어하는 글을 썼는데 이는 기독교의 하나님과 대비되는 개념이다.[37] 모든 인간은 본성상 합리적인 지식과 판단을 할 수 있는 능력을 부여받았다. 따라서 어떤 특정한 신앙에 의존할 필요가 없다.

그런 다음 레벤틀로우는 토마스 홉스(1585-1679)를 검토한다. 1640년부터 1653년까지 망명 중이었던 홉스는 『리바이어던』(Leviathan)을 발표한다. 정치철학에 있어 홉스는 인류의 자연적 능력을 윤리학의 기반으로 삼는다. 따라서 "하나님"은 윤리학에서 불필요한 존재다. 그는 매우 복합적인 사상가였다.

레벤틀로우에 따르면 영국의 관용적 자유주의자는 케임브리지 플라톤주의의 상속자라고 할 수 있다. 퀘이커 교도들과 더불어 이들은 1688년의 자유방임적 정신과 일치를 이룬다.[38] 이들은 명목상 영국성공회 신자들이지만 교회의 지나치게 협소한 교리를 공격했다. 인간의 의식은 자유로워져야 한다. 이런 이유로 앞에서 소개한 두 사상운동 모두 특수한 권위에 호소하는 행위로부터 떨어져나오는 과정을 급속도로 진척시켰다. 이들의 믿음은 이른바 존 로크의 사상에 뿌리를 두고 있다. 하지만 로크는 합리적인 것을 믿었을 뿐 합리주의를 신봉하지는 않았다.

다음으로 레벤틀로우는 이신론 논쟁을 검토한다. 여기에는 존 톨랜드 (John Toland)와 그의 저서 『신비적이지 않은 기독교』(Christianity Not Mysterious)가 주된 영향을 미쳤다. 이 책에서 톨랜드는 데카르트와 마찬가지로 "모든 확실성의 유일한 토대는 이성이다.…계시된 것이라 할지라도…

---

37 Henning Graf Reventlow, *The Authority of the Bible and the Rise of the Modern World*, trans. John Bowden (London: SCM, 1984), p. 189.

38 Reventlow, *Authority*, p. 224; 참조. pp. 223-85.

예외가 되지 않는다"고 주장했다.[39] 그런 다음 레벤틀로우는 스스로를 독실한 그리스도인 또는 유니테리언이라고 여겼던 아이작 뉴턴 경의 영향력을 지적한다. 선배가 되는 로버트 보일과 프랜시스 베이컨과 마찬가지로 뉴턴은 세상을 하나님이 만드신 기계로 간주했다. 우주 자체가 하나님의 완전한 섭리를 표현하고 있다. 이런 완벽한 기계를 수리하기 위해 가끔씩 특별한 개입(기적)이 필요하다고는 할 수 없다. 하지만 이신론의 전성기 동안 하나님은 부재지주로 간주되었고 우주와 인류는 "자체의 힘으로" 굴러가도록 남겨졌다. 즉 그들에게는 기적적 섭리가 필요하지 않았다.

이신론과 합리주의는 17세기 말에서 18세기로 확장된다. 1698년 매튜 틴들(Matthew Tindal)은 "기독교적" 이신론의 입장에서 『언론의 자유』(*Liberty of the Press*)를 펴냈다. 틴들은 국가가 공적 커뮤니케이션의 영역에서 교회를 통제해야 한다고 믿었다. 앤서니 콜린스(Anthony Collins, 1676-1729)는 『자유사상에 관한 담론』(*Discourse on Free Thinking*, 1713) 속에서 기적이나 예언에 대해 공격적으로 반증함으로써 계몽주의와 이신론적 접근을 더욱 발전시켰다. 이어 데카르트의 합리론을 영속화시켰다고 할 수 있는 인물은 『변신론』(*Essays on Theodicy*, 1710)과 『모나드론』(*Monadology*, 1714)을 쓴 라이프니츠(1646-1716)다. 라이프니츠의 저서들은 자기동일성의 철학을 추구하며 근본적으로 개인주의적이다. 한편 크리스티안 볼프는 『신, 세계, 인간 영혼과 만물에 관한 합리적 사유』(*Rational Thought concerning God, the World, the Human Soul, and All Things*, 1720)에서 계몽주의적 정신을 가속화했으며 틴들은 『창조만큼이나 오래된 기독교』(*Christianity as old as Creation*, 1730)라는 이신론적 저서를 출간했다. 토마스 첩(Thomas Chubb, 1679-1746)의 『이성에 관한 담론』(*Discourse concerning Reason*, 1731)은 기도와 예언, 기적을 공격한 책이다. 지금까지 소개한 이신론 전통과 유사하지만 그보다 더 광범위한 차원에서 조셉 버틀러

---

39 Reventlow, *Authority*, p. 297; 참조. pp. 294-327.

(Joseph Butler, 1692-1752)는 이성의 한계에 대해 논의했는데 그의 주요 사상은 『종교의 유비』(*Analogy of Religion*, 1736)에 잘 나타나 있다. 또한 데이비드 흄도 『인간 본성에 관한 논고』(*Treatise on Human Nature*, 1739-1740)라는 회의주의적인 저술에서 기적에 대한 의심을 표현하고 있다.

1694년에서 1778년에 이르는 시기에 계몽주의적 사유는 다음 단계로 확대된다. 이 국면은 흄의 후기 저술과 볼테르의 『철학 사전』(*Philosophical Dictionary*)에서 선명하게 관찰할 수 있다. 이제 교회는 전면적 공격을 받고 모든 종류의 권위는 의심의 대상이 된다. 1762년 장 자크 루소(1712-1778)는 『사회계약론』(*Social Contract*)을 발표했는데 여기서 그는 인간의 "권리"가 전적으로 사회적 관습에 의존함을 논증했다. 이러한 계몽주의의 충격이 신학과 성경 연구에 어떻게 작용했는가에 대해서는 레싱(G. E. Lessing)의 작품이나 익명의 저자가 쓴 『볼펜뷔텔 단편』[*Wolfenbüttel Fragments*, 후에 라이마루스(Reimarus)의 작품으로 알려졌음]을 참조하면 좋다. 하지만 무엇보다 상황의 전환점으로 작용한 것은 제믈러의 저술이었다. 또한 칸트의 세 권의 철학적 『비판』(*Critiques*, 재판을 기준으로 각각 1787, 1788, 1790년에 발간됨)도 신학에 대해 심오한 함축을 가진다. 이 모든 사태의 진정한 절정은 1789년의 프랑스 혁명이며, 관찰자에 따라서는 1776년의 미국 독립 선언을 꼽기도 할 것이다.

1784년에 칸트가 제공한 정의에 따르면 계몽주의란 "스스로 초래한 미성숙, 타인의 감독 없이는 자신의 지성을 사용하지 못하는 무능력함으로부터 탈출하는" 해방이다. 계몽주의적 인간은 자기 충족적이고 자율적이며 자유롭다. 충분히 예측할 수 있는 결과지만 이런 지적 분위기는 성경해석에는 가혹한 결과를 초래한다. 전부는 아니지만 다수의 사람들이 자유와 객관성을 성경 연구의 핵심으로 간주하게 되었다. 마크 보왈드(Mark Bowald)의 최근 논증에 따르면 이런 경향은 성경 저자로서의 하나님을 실제적으로는 배제하는 결과를 초래한다(제17장을 보라).[40] 보왈드의 논지가 전부 맞는 것은 아니지만 성경해석의 적용의 문제에서는 정확하다고 할 수 있다. 실제의 문제는 그가 제시한 "해결책"보다 훨씬 복잡하지만 어쨌든 일반적 논점은 유효하다고 볼 수 있다. 하지만 나는 보왈드가 철학과 칸트에 집중하는 대신 계몽주의적 사고와 성서비평의 발흥에 대해 중점적으로 논의하는 것이 더 나았으리라고 본다.

물론 이 시대의 기독교 전체가 계몽주의라는 경향으로 요약되는 것은 아니다. 예를 들어 윌리엄 로우(William Law, 1686-1761), 존 웨슬리, 조나단 에드워즈(Jonathan Edwards) 같은 인물과 함께 경건주의의 전통도 지속되고 있었다. 하지만 대체로 이들은 소수였으며 다수는 반대 방향으로 나아간 것이 사실이다. 이후로 해석학의 중대한 도약은 19세기의 헤겔과 슐라이어마허와 함께 진행된다.

4. 18세기 성서비평의 발흥

성서비평의 아버지로 꼽히는 인물은 제믈러지만 그의 공헌이 있기 전에 다음 두 인물이 선구적 역할을 했다. 비록 이 두 명이 새로운 시대를 연 것은 아니지만 말이다. 리처드 사이먼(Richard Simon, 1638-1712)은 신실한 가톨릭 신자이자 성경학자인 동시에 프랑스의 오라토리오 수도회 일원이었다. 1678년에 사이먼은 성경에 대한 저작을 내놓았는데 이 책에서 저자는 모세오경 속에 나타난 두 전통이 도저히 양립 불가능함을 주장하면서 모세오경의 저자는 모세가 아닐 수도 있다는 입장을 피력했다. 사실 그의 의도는 성경에 전적으로 의존하는 개신교의 권위를 약화시키는 것이었다.

또 다른 선구자는 장 아스트뤽(Jean Astruc, 1684-1766)이다. 아스트뤽은 성경의 각 책이 필연적으로 문헌적 통일성을 가지는 것은 아니라는 스

---

40 Mark A. Bowald, *Rendering the Word in Theological Hermeneutics* (Aldershot and Burlington, Vt.: Ashgate, 2007), 특히 pp. 1-23, 163-83.

피노자의 견해를 수용했다. 1753년 이 학자는 스피노자의 이론을 창세기에 적용하여 창세기는 두 판본의 자료가 나중에 하나로 편집된 텍스트라고 주장했다. 또한 『원자료에 대한 추정』(*Conjectures on the Original Material*)에서는 모세는 판본들이 하나로 편집되기 전 자료로서 존재했던 여러 전통들 중 하나의 원저자라고 설명했다. 특히 아스트뤽은 다양한 하나님의 이름에 주목했다("*Elohim*"의 'E' 전통: "*Jahweh*"의 'J' 전통). 이렇게 그는 성서비평의 한 공리를 개척했다.

1. 제믈러(J. S. Semler)는 성서비평을 실제적으로 창시한 인물이다. 루터교 신자이며 할레 대학의 신학 교수였던 제믈러는 친첸도르프의 경건주의 그룹에는 그다지 긍정적으로 반응하지 않았다. 제믈러는 성경 텍스트와 정경이 전적으로 **역사적** 요인과 조건으로부터 유래한다고 주장했으며 신적 영감이나 교리에 대한 논증을 불신했다. 바로 이런 것이 계몽주의의 직접적 효과라고 할 수 있다. 제믈러가 레싱과 라이마루스의 극단적 회의론에 반대한 것은 사실이지만 이 신학자의 주해에도 신학적 요소는 배제되어 있다. 1771년에서 1775년 사이 그는 총 4권으로 구성된 『정경에 대한 자유로운 탐구』(*Treatise on the Free Investigation of the Canon*)를 집필했는데 여기서는 정경의 형성에 대해 **역사적 요소를 배타적으로** 강조하고 있다.[41]

충분히 예상되는 바처럼 제믈러는 성경의 "네 가지 의미"와 알레고리적 해석을 거부했으며 시편에서 그리스도에 대한 예표적 언급을 찾는 시도도 반대했다. 이런 그의 입장은 오늘날 종교사적 관점으로 불리는 입장과 유사하다고 볼 수 있다. 또한 제믈러는 특정 텍스트를 가차 없이 배제하면서 신약에 대한 본문 비평을 수행했다. "자유로운" 탐구에 대한 열망에도 불구하고 제믈러는 성경 영감설의 일정한 형태를 믿기는 했다. 하지만 성경에 쓰인 구체적 단어들이 영감되었다는 이론은 배척했다. 그는 성경 속

---

41 Johann S. Semler, *Abhandlung von freier Untersuchung des Canons*, 4 vols. (Halle: C. H. Hemmerde, 1771-75: 2nd ed. of vol. 1, 1776).

에서 하나님이 고대의 인류가 이해할 수 있을 정도로 인간적 차원에 "적응" 하셨다는 개념이나 진리의 계시 개념은 받아들였다. 제믈러는 넓은 의미에서 루터교 교리를 유지했지만 루터주의는 성경의 다양성과 독특한 장르, 전통들을 "쇠퇴"시킨다고 주장했다. 주해에 있어서도 성경 저자의 역사적 상황과 언어에 대한 이해는 그것의 "증명 가능한 활용"과 일치해야 한다는 점을 강조했다.

이렇게 제믈러가 신학으로부터 독립된 역사적 의미에 열중했기 때문에, 일부 학자는 그가 구약 또는 히브리어 성경을 기독교 종교의 기반으로서의 신약과 분리시켰다고 믿기도 한다. 제믈러는 성경 주해와 해석에 교의신학을 적용하는 것을 분명하게 반대했다. 통상적으로 제믈러는 합리주의자이자 이신론자로 간주되지만 그는 이신론을 공적으로 비판했으며 그리스도 안에 있는 하나님의 초자연적 연관성을 옹호했다. 하지만 **접근 방법**에서는 역사적 요인만을 강조했으며 결과적으로 역사비평적 방법론으로 불리는 성서 연구의 분야에 탁월한 공헌을 했다.

2. **요한 아우구스트 에르네스티**(Johann August Ernesti, 1707-1781)는 비텐베르크 대학에서 공부한 후 라이프치히로 이주했으며 1756년에는 라이프치히 대학 교수가 된다. 에르네스티는 고전 작품과 볼프의 철학을 결합시켰으며 성경에 대해서는 문법적이고 역사적인 주해를 강조했다. 신약 해석에 대한 대표적 저서(1761)에서 그는 비합리적 요인들은 배제되어야 한다고 주장했다. 또한 텍스트는 단일한 의미를 가짐을 역설했다. 에르네스티는 언어학적이고 문헌학적 방식으로 주해에 접근했지만 개별적 해석 과제 안에서는 성경에 모순이 없다고 믿었다. 만일 성경에 모순이 보인다면 상대적으로 더 명료한 구절에 의거해서 모순점을 풀어야 한다.

에르네스티는 성서비평이 지향하는 객관성 개념에는 기여했지만 기독교 신앙에 있어서는 유신론을 견지했다. 19세기에 큰 영향을 미친 이 신학자는 오늘날 주로 J. S. 바흐와의 논쟁을 통해 기억된다. 제믈러와 에르네스티의 차이점 덕분에 우리는 성서비평 내에 다양한 형태들이 공존함을 알 수 있다.

3. **요한 다비트 미하엘리스**(Johann David Michaelis, 1717-1791)는 할레의 경건주의 가정에서 태어나 할레 대학에 들어간다. 거기서 히브리어, 아람어, 아랍어, 에티오피아어를 공부한다. 1741년 영국을 여행한 미하엘리스는 영국과 독일 학문 사이에 다리를 놓는 역할을 했다. 하지만 그는 영국의 이신론을 접촉하면서 자신의 뿌리인 경건주의를 버리고 네델란드에서 만난 합리주의적 정통 개신교를 선택하게 된다. 1750년 미하엘리스는 괴팅겐 대학에서 동방 언어를 가르치는 교수가 된다. 또한 추밀원의 멤버로서 교회와 하노버 왕국에 막대한 영향력을 미치기도 했다.

미하엘리스는 성경 이외의 자료들, 특히 아랍어로 된 문헌을 통해 성경을 설명하려 했다. 그는 고대 이스라엘 문헌을 이해하기 위해 아랍어의 어원 형식뿐 아니라 아랍의 관습까지 활용한다. 1770년부터 1775년에는 4권으로 구성된 『모세 율법 주석』(*Commentaries on the Laws of Moses*)이 출간되었다.[42] 영국의 이신론자들과 마찬가지로 미하엘리스는 율법이 삶의 모든 분야에서 권위를 가지지는 않는다고 주장하지만 이 텍스트의 저자가 모세라는 전통적 입장은 옹호했다. 하지만 『신성한 신약 성서 개론』(*Introduction to the Divine Scripture of the New Testament*)에서는 성경이 영감 되었음과 신약 정경을 저술한 이는 사도라는 전통적 견해를 거부하게 된다. 예를 들어 미하엘리스는 복음서에 대해 마태복음과 요한복음은 사도에 의해 쓰였지만 마가복음과 누가복음은 그렇지 않다고 믿었다. 비록 앞의 복음서들이 여전히 기독교 정경의 위치를 가진다 해도 말이다.

4. **고트홀트 에프라임 레싱**(Gotthold Ephraim Lessing, 1729-1781)은 계몽주의 선두주자의 상징 같은 존재다. 초기의 레싱은 라이마루스의 『볼펜뷔텔 단편』의 출간을 감수한 것으로 유명해졌다. 레싱의 책 『현자 나단』(*Nathan the Wise*)은 사실상 종교를 인간이 창안한 도덕으로 묘사한다. 여

---

42 Johann D. Michaelis, *Commentaries on the Laws of Moses*, trans. A. Smith, 4 vols. (Göttingen: Vandenhoeck & Ruprecht, 1814).

기에 관련하여 레싱은 이런 유명한 경구를 남긴 바 있다. "역사의 우연적 진리는 절대로 이성의 필연적 진리에 대한 증명이 될 수 없다." 다시 말해 그에게는 이성적 진리는 영원하고 절대적인 것인 반면 역사적 진리는 일시적이고 우연적인 것이다. 레싱은 이 두 진리 사이에 "넓고도 추한 구렁"을 팠으며 기독교의 역사적 주장들을 묵살해버렸다. 성경 연구에 있어 이 학자는 마태복음의 배후에는 원래 아람어 원텍스트가 존재했으며 마가복음과 누가복음은 그 아람어 텍스트를 보충한 것이라고 가정했다(1788).

라이마루스에 따르면 예수는 합리적 진리를 가르친 선생이지만 그의 가르침은 종말론적 기대 때문에 어그러졌다. 하지만 예수가 회개를 요구했음을 잊어서는 안 된다. 예수의 단순한 가르침은 얼마 가지 않아 교리에 의해 "변질"된다(이것은 후에 하르낙을 위시한 자유주의자들이 발전시킬 주제이기도 하다).[43] 라이마루스는 자연종교와 이성에 대한 이신론자들의 주장이 옳다고 믿었다. "예수는 전혀 신비를 가르치지도 신앙 규정을 제시하지도 않았다."[44] 또한 복음서들이 심각할 정도로 비일관적이며 예수의 제자들은 부활에 대해 완전히 오해했다고 주장하기도 했다. 라이마루스는 예수의 생애에는 어떤 기적도 신비도 존재하지 않으며 그의 죽음 또한 자연적 사건에 불과하다고 보았다. 예수의 부활은 엉터리로 조작되었으며 그의 제자들은 세상을 속여 그것을 믿도록 만들었다.[45] 즉 부활 사건은 구약의 여러 예언을 적절하게 짜맞추어 고안한 결과다. 제믈러는 이런 레싱의 주장에 반대하면서 성서비평의 다양한 방법론을 증명하는 글을 썼다. 하지만 레싱의 사상은 오늘날에도 여전히 널리 전파되고 있다.

5. **요한 고트프리트 아이히호른**(Johann Gottfried Eichhorn, 1752-1827). 여기에는 요한 헤르더(Johann G. Herder, 1744-1803)를 포함시킬 수 있을지

---

43 *Reimarus: Fragments*, ed. Charles H. Tolbert, trans. R. S. Fraser (London: SCM, 1981), pp. 61-134 (sections 1-33).
44 *Reimarus*, p. 72.
45 *Reimarus*, pp. 240-69 (sections 55-60).

도 모르겠다. 비록 헤르더는 합리주의자라기보다 낭만주의의 선구자라고 하는 편이 더 적당하지만 말이다. 헤르더는 조로아스터의 가르침이 신약을 이해하는 열쇠라고 보았으며 성경 속에서 시문학의 중요성을 강조하기도 했다. 아이히호른은 성경 저자, 제작 연대, 장르, 역사적 상황에 대한 질문을 포함시켜 성경 "개론"을 쓴 가장 초창기 학자로 유명하다. 1788년 아이히호른은 미하엘리스의 후임으로 괴팅겐 대학의 교수로 임명되었다.

괴팅겐에서 아이히호른은 구약과 신약, 셈어, 문헌사를 가르쳤다. 그는 "새로운 개념의 창안자"(neologist)로서 넓은 의미에서는 성경의 영감과 계시 개념을 수용했지만 실제의 성경해석에 있어서는 명석한 이성으로 충분하다고 보았다. 이 신학자는 창세기의 초반 부분이 "신화론적" 성격을 가졌음을 강조했다. 또한 헤르더와 마찬가지로 창세기의 내러티브를 인류의 유년기에서 유래한 묘사의 형식으로 이해했다. 아이히호른은 아담과 하와가 에덴에서 쫓겨난 것은 하나님의 개입 때문이 아니라 천둥을 동반한 폭풍 때문이었을 것이라고 설명한다. 말하는 뱀의 등장 또한 유치한 단계의 묘사 또는 신화다. 아이히호른은 마태복음 배후에 존재하는 아람어 원자료를 가정하는 미하엘리스의 개념을 확장시켰다. 또한 아스트뤽에게서 창세기 내러티브의 배후에 있는 자료에 대한 개념을 끌어오기도 한다.

6. **요한 야콥 그리스바흐**(Johann Jakob Griesbach, 1748-1812)는 예나 대학에서 신약과 교회사를 가르쳤다. 주로 본문 비평을 가르쳤으며 벵엘의 방식을 따랐다. 그리스바흐는 알렉산드리아 전승과 서방 전승, 비잔틴 전승을 구별했다. 또한 그리스어 성경을 출간함으로써 무비판적으로 베자(Theodore Beza)의 초기 독법을 따르고 있는 "공준 본문"(*Textus Receptus*)을 독일에서는 처음으로 거부할 수 있었다. 그리스바흐를 유명하게 만든 것은 마가복음이 첫 번째로 작성된 복음서가 아니라고 주장하는 그의 공관복음에 대한 이론이었다. 즉 마가복음은 마태복음과 누가복음 뒤에 작성되었다는 것이다. 오늘날 학자들이라면 대부분 이 견해에 반대할 것이다. 물론 최근에 윌리엄 파머(William R. Farmer)가 그의 이론을 재검토하기는 했

다. 그리스바흐는 텍스트에 대한 역사적 해석보다 교의신학에 기반한 성경 해석을 거부했다. 하지만 그의 개인적 신앙은 정통 기독교에 충실히 머물렀던 것으로 보인다.

7. **요한 가블러**(Johann P. Gabler, 1753-1826)는 18세기 성서비평에 대한 우리 연구의 결론 격에 해당한다. 그는 아이히호른과 그리스바흐의 영향을 받았으며 알트도르프 대학의 신학 교수였다. 가블러는 (제믈러를 따라) 역사적 장르로서의 "성경신학", 하지만 교의신학의 토대가 될 수 있는 성경신학을 정립하려 했다. 각각의 성경 저자는 자신의 시대와 상황과 관련해서 이해되어야 한다. 또한 레싱의 "추한 도랑"도 극복될 필요가 있다. 교리는 시대와 장소와 관련해서 역사적으로 우연한 것이다. 하지만 자신의 시대와 장소에 위치한 성경에 대한 신학(theology of the Bible)은 "참된"(wahr) 성경신학(biblical theology)이다. 반면 "순수한"(rein) 성경신학이란 시대와 장소에 제한되지 않으며 "참된" 성경신학으로부터 추상화된 것이다. 가블러는 앞에서 검토한 7명 중 아마도 계몽주의에서 가장 멀리 떨어진 인물일 것이다. 하지만 그의 "보편적이고" 순수한 성경신학 개념은 오직 역사적 탐구로부터 도출된 것이라 볼 수 있다. 또한 특정 성경 구절에 대해서 소위 초자연적인 것을 배제하는 경향도 견지하고 있다. 어떤 학자들은 성서비평 이전의(precritical) 방법과 성서비평적 방법을 결합한 것에 대해 가블러를 비판한다. 어쨌든 그는 아이히호른과 함께 새로운 개념의 창안자로 일컬어지며 구약에 대한 "신화적" 접근을 발전시켰다.[46]

---

46 John Rogerson, *Old Testament Criticism in the Nineteenth Century: England and Germany* (London: SPCK, 1984), p. 17.

5. 19세기 성서비평의 대표자들

1. **빌헬름 데 베테**(Wilhelm De Wette, 1780-1849)는 19세기 성서비평의 새로운 시대를 열었다는 자부심을 가질 만한 인물이다. 모세오경의 저자가 모세 후대의 누군가라는 주장을 한 학자는 그가 최초가 아니었다. 하지만 데 베테는 사무엘서와 열왕기서를 섬세하게 재구성함으로써 이스라엘의 역사 및 종교 발전에 대해 완전히 새로운 "비평적" 설명을 제안한 최초의 인물이었다.[47] 그는 역대기를 이차적인 것으로 간주했다. 또한 레위기와 레위기의 율법은 바벨론 유배 이후 시기로부터 역투사된 것이라고 논증함으로써 이스라엘의 발전과 역사에 대한 이해를 완전히 다시 정립하려 했다.

데 베테에 시대 추정에 따르면 신명기는 주전 621년 요시아의 개혁 즈음에 작성되었다. 또한 시편에 대해서도 각 시의 장르와 배경이 다양함을 강조했다. 헤르만 궁켈(Hermann Gunkel)에 따르면 이는 양식비평의 시작을 알리는 신호라고 볼 수 있다. 데 베테는 바벨론 유배 이후 제사장 제도의 발전이 선지자적 종교의 순수성으로부터 "쇠퇴"한 결과라고 설명했다. 또한 신약 안에서 갈등하고 있는 세 가지 개별적인 전통, 즉 초기 유대-기독교적 전통, 바울 신학, 요한과 히브리서로 대변되는 알렉산드리아 전통을 구별하기도 했다. 데 베테는 구약의 민수기가 "신화적"이고 비역사적 텍스트라고 가정했다.

데 베테는 베를린 대학 재직 당시 슐라이어마허의 동료였다. 하지만 해석학의 초석을 놓는 작업은 슐라이어마허의 역할로 돌아갔다. 어쨌든 데 베테는 성서비평의 면모를 일신했다고 평가된다. 한때 그는 종교와 도덕을 동일시하는 입장에 가까워졌지만, 곧 성경 증언의 다양성을 통해 새로운 영적 삶과 하나님 백성으로서의 이스라엘의 정체성을 존중하게 되었음을 고백한다.[48] 계몽주의 사상가들과 마찬가지로 데 베테는 더 이상 역사를 하

---

47 참조. Rogerson, *Old Testament Criticism*, pp. 29-30, 34.

나님의 목적이 펼쳐지는 장으로는 보지 않는다.

2. **빌리암 파트케**(William Vatke, 1806-1882)는 사회에 대한 선지자적 관점과 바벨론 유배 이후 유대교의 의례적 시스템 사이의 대조 혹은 반정 립을 가정했던 데 베테의 견해를 더 예리하게 다듬기 위해 헤겔에게서 역사적 발전의 관점을 의식적으로 끌어온다. 파트케에게 주요한 영향력을 끼친 이는 데 베테와 게제니우스(Gesenius)다. 파트케는 1835년에 『성경 신학』을 출간했으며 슈트라우스와 공동 연구를 하기도 했다.

3. **칼 라흐만**(Karl Lachmann, 1793-1851)은 문헌학자이자 본문 비평학자로서 말년의 슐라이어마허와 함께 베를린 대학에서 독일 고전 문헌학 교수로 재직했다. 그는 1831년과 1842-1850년 두 번에 걸쳐 그리스어 성경을 출간했다(총 2권). 그리스바흐처럼 라흐만도 테오도르 베자를 따르고 있는 "공준 본문"을 거부했다. 하지만 마가복음에 대해서는 그리스바흐의 입장과는 반대로 이 복음서가 공관복음 중 가장 먼저 작성된 것으로 보았다.

4. **반대자: 에른스트 빌헬름 헹스텐베르크**(Ernst Wilhelm Hengstenberg, 1802-1869). 성서비평이 독일에서 어떤 도전도 받지 않고 전체 논의를 평정한 것은 아니다. 베를린 대학의 성경 주해 교수가 된 헹스텐베르크는 슐라이어마허의 신학과 비평학자들을 공격했다. 여기에 대해 로저슨(Rogerson)은 다음과 같이 논평한다. "'신비평'의 대표자들이 무조건 합리주의의 계승자인 것은 아니다.…또한 신앙고백적 정통주의 학자들이 무조건 초자연주의의 계승자인 것도 아니다.…양 진영은 모두 계몽주의에 뿌리를 두고 있다."[49] 헹스텐베르크는 풍부한 학식으로 "비평학파"에 반대했으며 여러 권의 주석서를 집필했는데 그 책들은 오늘날에도 여전히 읽히고 있다.

헹스텐베르크는 상당한 영향력을 미쳤다. 그의 저술은 영어로 번역되어 영어권에 성서비평에 대한 논쟁을 일으키기도 했다. 그의 저술 중 가장

---

48 참조. Rogerson, *Old Testament Criticism*, pp. 39-44.
49 Rogerson, *Old Testament Criticism*, p. 79.

유명한 것은 『구약의 기독론』(*Christology of the Old Testament*)이지만 『시편 주석』을 위시한 다른 책들도 오늘날까지 읽히고 있다.[50] 헹스텐베르크는 합리주의를 교회의 적으로 간주했다.

5. **다비트 프리드리히 슈트라우스**(David Friedrich Strauss, 1808-1874)는 젊은 시절 헤겔의 제자였으며 바우어의 가르침 아래에서 공부했다. 1835년 『예수의 생애』(*Life of Jesus*)를 내놓음으로써 저명한 학자로 알려진다.[51] 슈트라우스는 하이네(Heyne)를 참조했듯 헤겔의 관점, 즉 종교에서의 "표상"(representations)과 철학에서의 "비판적 개념"(Vorstellungen) 사이의 구별도 빌려왔다. 슈트라우스는 복음이 대체적으로 신화적인 것이지 역사적인 것은 아니라고 주장했다. **신화는 내러티브의 형식으로 제시되는 개념이다.** 기적과 초자연적 요소는 제거된다.[52] 헤겔의 "정신"(Geist)과 대조를 이루는 유사 유물론 때문에 슈트라우스는 헤겔 좌파로서 포이어바흐와 같은 카테고리에 들어간다.

나중에 슈트라우스는 『예수의 생애』의 개정판을 여러 번에 걸쳐 낸다. 제3판(1838-1838)과 제4판(1840)이 연이어 출간되었고 마지막으로 제5판이 1864년에 나왔다. 조지 엘리어트가 영어로 번역한 것은 제4판 개정판이다. 결과적으로 슈트라우스는 기독교를 포기하기에 이르며 슐라이어마허를 최후의 "교회" 신학을 만들어낸 자로 비난한다. 바우어와 니체는 슈트라우스의 책을 다방면에서 비판했다. 하지만 당대에 있어 슈트라우스의 책은 선풍적인 인기를 끌었다. 그가 신앙을 버린 추이는 『낡은 신앙과 새로운 신앙』(*Old Faith and the New*, 1872)에 잘 나타나 있다.

---

50 Ernst W. Hengstenberg, *The Christology of the Old Testament* (Edinburgh: T. & T. Clark, 1854-58); Hengstenberg, *Commentary on the Psalms*, 2nd ed. (Edinburgh: T. & T. Clark, 1849-52).

51 David F. Strauss, *The Life of Jesus Critically Examined*, trans. and ed. P. C. Hodgson (Philadelphia: Fortress; London: SCM, 1973).

52 Hans Frei, "David Friedrich Strauss," in *Nineteenth Century Religious Thought in the West*, ed. Ninian Smart et al. (Cambridge: Cambridge University Press, 1985), 1:215-60.

6. **페르디난트 크리스티안 바우어**(Ferdinand Christian Baur, 1792–1860) 는 1831년 「고린도 교회의 그리스도 당: 베드로계 기독교와 바울계 기독교 의 대립」이란 글을 썼다. 여기서 바우어는 고린도전서 1:11–13에서 "분열" (*schismata*)에 대한 바울의 분석을 검토했는데 그 결과 초대교회 안에는 게 바파와 바울파의 분열이 있었음을 가정했다. 하지만 이후에 나타난 뭉크(J. Munck)는 이 텍스트에 나타난 분열이 교리의 차이를 의미하는 "당파"가 아 님을 논증했다. 심지어 다른 학자들은 여기에 사용된 이름들이 가설적인 것일 뿐이라고 주장한다. 하지만 바우어는 자신의 주장을 토대로 초대교회 의 발전을 설명했다.

1835년 바우어는 목회 서신의 저자가 바울이라는 사실에 대해 의문을 표했으며 사도행전 일부의 신뢰성에 대해서도 논박했다. 바우어에 따르면 사도행전은 베드로 전통과 바울 전통 사이의 차이 문제를 해결하려는 "초 기 공교회적" 시도를 나타낸다는 것이다. 1853년 바우어는 주요 서신인 4 편의 텍스트(로마서, 고린도전서, 고린도후서, 갈라디아서)만이 바울이 저술한 진본임을 주장했으며 복음서 중에서는 마태복음이 최초로, 요한복음이 최 후로 집필된 것으로 보았다. 비록 슈트라우스를 역사가라고 공격하기는 했 지만 바우어 자신도 신약 교회의 발전에 있어 역사적·사회적 요인이 중요 함을 인식하고 있었다.

7. **벤저민 조웨트**(Benjamin Jowett, 1817–1893). 영국에서 19세기 독일 학문의 엄정함에 반응한 이는 거의 없었지만 두세 명의 예외는 존재했다. 조웨트는 1855년에 옥스퍼드 대학의 그리스어 담당 흠정 강좌 담당 교수로 임명된다. 급진적 성서비평에 대해서 어느 정도 유보의 입장을 취한 것은 사실이지만 『에세이와 리뷰』에 들어간 「성경해석에 대하여」라는 논고에서 조웨트는, 성경 또한 "여타 다른 책들과 마찬가지로" 해석되어야 한다고 주 장했다. 나중에 그는 영국성공회에서 자유주의적인 "광교회"(broad church)파의 핵심 인물이 된다.

8. **찰스 고어**(Charles Gore, 1853–1932)는 우스터, 버밍햄, 옥스퍼드에

서 주교로 사역했다. 옥스퍼드 대학에서 히브리어를 공부했으며 강력한 영향력을 가진 인물이 되었다. 고어는 자유주의적인 영국성공회-가톨릭을 대표한다. 1889년에 편집한『세상의 빛』(Lux Mundi)에서 고어는 성서비평이 나아가는 방향에 동의를 표하는 동시에 고교회(High Church)파적 전통을 유지하고자 하는 입장을 표명한다. 그는 발전 또는 "점진적" 계시라는 개념을 수용했으며 성령과 영감에 대한 저술에서는 논쟁적 수용점을 발견한다. 고어는 교부사를 "이상화된" 것으로 간주했으며 예수의 가르침에도 일부 오류가 있다고 믿었다.

9. **율리우스 벨하우젠**(Julius Wellhausen, 1844-1918)은 마르부르크 대학의 교수였다. 신실한 그리스도인으로 끝까지 남았음에도 불구하고 학문적 영역에서는 데 베테의 모세오경 비평을 따랐다. 벨하우젠의 가장 유명한 업적으로는 모세오경을 구성한다고 가정되는 원자료들을 JPDE 문서, 즉 야웨 문서(J), 사제 문서(P), 신명기 문서(D), 엘로힘 문서(E)로 분류한 작업이다. 오늘날까지 이 작업은 구약 연구에 있어 상투적 요소로 남아 있다. 신약에 대해 벨하우젠은 마가복음이 먼저 작성되었다고 주장했으며 주로 데 베테의 영향 하에서 자신의 사상을 형성해나갔다.

10. **브룩 포스 웨스트코트**(Brooke Foss Westcott, 1825-1901), 조셉 바버 라이트푸트(Joseph Barber Lightfoot, 1828-1889), **펜톤 호트**(Fenton John Anthony Hort, 1828-1892)는 "케임브리지 삼두정치"로 불린다.[53] 웨스트코트는 케임브리지의 트리니티 칼리지에서 라이트푸트와 호트의 선임 강사였는데, 곧 세 명은 평생 친구가 된다. 1870년에서 1890년까지 웨스트코트는 케임브리지 신학부의 흠정 강좌 담당 교수로 재직하며 1890년에는 라이트푸트의 뒤를 이어 더럼의 주교가 된다. 라이트푸트는 케임브리지 신학부의 존 헐스 석좌교수로 임명된다(1861). 1875년에는 레이디 마가렛 교수가,

---

53 William Baird, *History of New Testament Research*, 3 vols., vol. 2, *Jonathan Edwards to Rudolf Bultmann* (Minneapolis: Fortress, 2003), p. 60.

1879년에는 더럼의 주교로 임명된다. 한편 호트는 1878년에 존 헐스 석좌 교수가 된 후 레이디 마가렛 교수로 재직한다. 세 사람은 교회를 위한 헌신적 일꾼이었으며 영국성공회의 일원으로 성직 서임을 받았다.

웨스트코트는 요한 서신과 요한복음의 그리스어 텍스트에 대해 주석 작업을 했는데, 여기서 그는 텍스트 구성과 언어에서 가장 미세한 지점까지 철저히 언급하고 있다. 또한 저자의 문제 등 개론에서 다룰 수 있는 질문에 대해 논의했다. 특히 웨스트코트가 "여러 해에 걸쳐 어려운 노동을 하며" 집중한 것은 히브리서 주해였다. 여기서 그는 히브리서에 대한 본문비평적·역사적·언어학적·신학적 세부 사항들을 검토하고 있다. 이 신학자는 고교회 성직자로서 그리스도를 탁월하게 표현했으며 서신서의 기독론을 집중 탐구했다.

웨스트코트는 그리스어 텍스트를 사용하여 바울 서신에 대해 주해 작업을 했다. 갈라디아서와 빌립보서에 대한 주해에는 바울의 사도권 문제와 그의 회심(갈 1:15-17), 빌립보 교회에서의 사역 등 특정 지점에 대한 확장된 주석이 담겨 있다. 또한 가톨릭적 견해에 반대하여 모든 그리스도인이 하나님의 제사장임을 주장했다. 한편 호트는 "삼두정치"의 또 다른 축으로서 공관복음과 공동 서신에 집중했다. 베드로전서와 야고보서, 요한계시록에 대한 단편들을 써냈지만 건강 상태가 좋지 않아 악전고투해야 했다. 웨스트코트와 호트는 신약 본문 비평에 중대한 기여를 했는데 그 결정판이 바로 1881년에 나온 개정판 성경(Revised Version)이다.

윌리엄 베어드(William Baird)는 이런 정당한 평가를 내린 바 있다. "세 사람은 독일의 가장 위대한 거성에 견줄 수 있는 거인의 풍모를 갖춘 인물들이었다. 동시에 이 영국 학파는 신앙과 삶을 위해 성경 연구의 진보를 위해 헌신했던 교회의 일꾼이기도 했다."[54] 세 사람은 기독교 신학에 있어 성경 연구의 중요성을 이해했으며 이 두 가지가 분리되는 것에 반대했다. 또

---

54 Baird, *History*, 2:933.

한 이들의 모범은 마치 신학과 성서 연구 중 하나밖에 없다는 듯 "성서비평"이나 "역사비평적 방법"에 대해 일반화된 언급을 하는 것을 자제하도록 한다.

6. 참고 도서

Grant, Robert M., *A Short History of the Interpretation of the Bible*, rev. ed. (London: Black, 1965), pp. 102-32.

Greenslade, S. L., ed., *The Cambridge History of the Bible*, vol. 3, *The West from the Reformation to the Present Day* (Cambridge: Cambridge University Press, 1963), pp. 1-93 and 199-338.

McKim, Donald K., ed., *Dictionary of Major Biblical Interpreters* (Downers Grove, Ill., and Nottingham: IVP, 2007). 이 중 제7장에서 언급된 논문들을 보라.

제8장

슐라이어마허와 딜타이

프리드리히 슐라이어마허(Friedrich D. E. Schleiermacher, 1768-1834)는 헤겔과 키르케고르와 더불어 19세기의 가장 위대한 철학적 신학자 가운데 한 사람이다. "현대 해석학의 창시자"요 "현대 개신교 신학의 아버지"[1]로 불리는 슐라이어마허는 브레슬라우에서 프러시아 군대의 군목 아버지 밑에서 태어났다. 초기 교육은 모라비아 교도(또는 경건주의자들) 밑에서 이루어졌는데 처음에는 니에르케에서, 이후에는 독일 할레 근방의 바르비에서 계속되었다. 열여섯 살에 그는 경건주의 신앙을 따라 "그리스도 나의 구세주"라고 고백한다. 삶의 초년기부터 그는 설교자를 자신의 "고유한 직무"로 받아들였다.

슐라이어마허는 1796년에 베를린에 있는 자선병원의 원목이 되고 1804년에는 할레 대학의 교수로 가르쳤다. 또한 1810년에는 베를린 대학의 설립에도 깊이 관여하는데 이 대학 신학과 교수로 죽을 때까지 봉직했다. 그러면서 1809년부터는 매주일 베를린 삼위일체교회에서 목회자로도 섬기게 되었다. 젊은 시절 슐라이어마허는 경건주의적인 모라비안 계통보다 더 넓은 세계에서 교육받기를 갈망했다. 이에 아버지가 마지못해 동의하자 할레 대학에 입학하게 되었다. 슐라이어마허가 계몽주의 학문에 눈을 뜨고 기뻐하게 된 것은 바로 그곳에서였다. 그는 구약에는 별 신경을 쓰지

---

1 David E. Klemm, *Hermeneutical Inquiry*, vol. 1, *The Interpretation of Texts* (Atlanta: Scholars Press, 1986), p. 55, and Kurt Mueller-Vollmer, ed., *The Hermeneutics Reader* (Oxford: Blackwell, 1985), p. 72.

않은 대신 철학적 신학과 신학 분야, 특히 칸트, 레싱, 흄을 폭넓게 섭렵했다. 그는 칸트의 **초월철학**(어떻게 인식하는가 하는 문제뿐 아니라 어떻게 지식이 **가능한가** 하는 문제를 다룬)과 이성의 한계에 대한 연구, 그리고 키르케고르의 인격적 참여로서의 "주체성" 개념을 높이 평가하면서 자신의 연구의 중요한 토대로 삼았다.

바르트의 언급처럼 한편으로 슐라이어마허에게는 이런 측면도 존재한다. "우리가 찾아야 하는 슐라이어마허의 중심은…바로 여기에(설교 속에) 존재한다.…신앙을 일깨우는 회중 설교는 그의 삶에서 단연 가장 달콤한 욕망이었다."[2] 다른 한편으로 이 신학자는 보수적인 경건주의 모라비아 교도로 살았던 청년 시절의 편협함을 증오했다. 그는 자신의 생각을 타인에게 강요하면서 얻게 되는 유익은 없다고 믿었다.[3] 좋은 설교를 한다는 것은 "인상적으로 음악 연주를 시작하는 일"이나 "꺼져가는 불꽃을 다시 일으키는 일"과 유사하다.[4] 슐라이어마허는 몇 가지 보수주의적 신념은 포기했지만 "하나님-의식"과 예수 그리스도와의 개인적이고 직접적인 관계가 기독교의 본질이라고 주장했다.[5] 따라서 그는 계몽주의와 성서비평을 환영했으며 자신을 "더 높은 차원의 경건주의자"로 불렀다. 다시 말해 슐라이어마허는 하나님에 대한 전적인 의존성과 그리스도와의 인격적 관계를 믿는 동시에 신학과 계몽주의와 성서비평의 **초월적 가능성**을 탐구하는 일을 환영했다.[6]

---

2 Karl Barth, *The Theology of Schleiermacher: Lectures at Göttingen, 1923-24*, trans. G. W. Bromiley (Grand Rapids: Eerdmans, 1982), p. xiii. 참조. Claude Welch, *Protestant Thought in the Nineteenth Century*, 2 vols. (New Haven and London: Yale University Press, 1972, 1985), 1:59-60.
3 Friedrich D. E. Schleiermacher, *On Religion: Speeches to Its Cultured Despisers*, trans. John Oman (reprint, New York: Harper and Row, 1959), p. 119. 『종교론』(대한기독교서회 역간).
4 Schleiermacher, *On Religion*, pp. 119-20.
5 Friedrich D. E. Schleiermacher, *The Christian Faith*, trans. H. R. Mackintosh and J. S. Stewart (Edinburgh: T. & T. Clark, 1931; reprint, 1989), pp. 355-475. 『기독교 신앙』(한길사 역간).
6 Schleiermacher, *The Christian Faith*, p. 12.

1. 영향, 경력, 주요 저작

슐라이어마허는 해석학에서 거대한 전환점을 제시하는데 이는 20세기 후반의 가다머의 두 번째 전환점과 유사한 중요 지점이다. 그는 해석학을 "해석의 규칙들"로서가 아니라 "이해의 기술" 또는 "이해의 교리"로 정의한다.[7]

1. 슐라이어마허는 부분적으로 낭만주의 운동의 영향권 안에 있었다. 그는 해석학에서 "예감적"(divinatorisch)이고 "여성적"이며 초이성적인 요소를 강조했다. 하지만 "순수" 낭만주의에 대해서는 신중하게 보류했다. 다른 한편으로 슐라이어마허는 자신의 낭만주의가 프리드리히 슐레겔과는 전적으로 다른 길을 간다고 보았다. 비록 둘은 1797년경 베를린의 같은 집에서 함께 묵고 있는 사이였지만 말이다. 루돌프 오토는 슐라이어마허의 작업을 두고 "낭만주의에 대한 진정한 성명서"라고 분명히 말한 반면, 마르틴 레데커(Martin Redeker)는 낭만주의의 영향을 과대평가해서는 안 된다고 주장했다.[8] 결론적으로 슐라이어마허에게 낭만주의는 강력하기는 하지만 절대적인 요소는 아니었다. 제11장에서 다시 보겠지만 가다머는 슐라이어마허에 대한 비판에서 그의 낭만주의를 집중적으로 언급하고 있다. 실제로 슐라이어마허는 사물을 설명하는 방법에 있어 과학적이고 기계론적인 "분석"에 반대했다. 기계는 산산조각으로 나누어져도 다시 합체될 수 있다. 하지만 살아 있는 나비를 산산이 분해한 다음 다시 생명 있는 유기체적 개체로 되돌릴 수는 없다.

이런 측면에서 슐라이어마허는 영국 시인 윌리엄 워즈워스와 밀접한 관련성을 가진다고 할 수 있다. 1798년 워즈워스는 "우리는 해부하기 위해 살인한다"라는 글귀를 남겼다. 또한 "쓸데없이 끼어드는 우리의 지성은 사

---

7 Friedrich D. E. Schleiermacher, *Hermeneutics: The Handwritten Manuscripts*, ed. Heinz Kimmerle, trans. James Duke and Jack Forstman (Missoula: Scholars Press, 1977), pp. 35-79, 113.

8 Martin Redeker, *Schleiermacher's Life and Thoughts* (Philadelphia: Fortress, 1973), p. 61.

물의 아름다운 형상을 일그러뜨린다"라고도 쓰고 있다. 이신론의 기계론적 모델과 18세기의 합리론은 19세기에 와서는 **유기체적** 모델에 자리를 내주게 된다. 워즈워스는 분석적 체계는 차이만을 인지하는 반면 우리에게는 전체를 보는 시각이 필요함을 역설했다. 하지만 계몽주의가 약속한 것 같은 과학적 학문도 필수적이다. 이런 측면에서 슐라이어마허는 낭만주의에 대해 전적으로 동의하지 않았다.

2. 경건주의 신학교를 떠나 할레 대학으로 옮겨온 슐라이어마허는 숨통이 트였으며 어떤 강요도 없는 상태에서 자신만의 결론에 도달할 수 있음을 느꼈다. 친첸도르프 백작으로부터 유래한 모라비안적 신앙심은 새로운 성서비평에 대해 적대적이었다. 통상적으로 이런 독일의 전통은 경건주의로 불린다. 반면 영국에서는 웨슬리파나 퀘이커파와 연관되는데 자주 이런 그룹들은 정확한 교리를 확립하지 않는 경향을 띤다. 그리하여 머리의 종교가 아닌 마음의 종교로 표현되는 것이다. 슐라이어마허는 지적 통전성, 칸트, 성서비평에 대한 지대한 관심에도 불구하고 그리스도를 통한 하나님과의 인격적 관계에 대한 관심을 포기하지 않았다.

슐라이어마허는 경건주의를 전적으로 단념하려 하지 않으면서도 지적 세계에 대해 기뻐했다. 피셔(G. P. Fisher)와 게리쉬(B. A. Gerrish)는 이 신학자에게 "자유주의적 복음주의자"라는 근대적 라벨을 붙인 바 있다.[9] 하지만 "복음주의자"라는 칭호를 붙이기에 적합할 만큼 그가 인간의 죄성과 구약을 존중했는지에 대해서는 의문의 여지가 있다. 분명 슐라이어마허는 교회를 초월하여 "자유주의적인" 인물이었다. 그는 "하나님과의 관계성"을 끝까지 중요하게 간직했다.[10] 인간의 독립성을 방어하고 "자율성"을 인간 성숙의 표지라고 본 칸트와 계몽주의와는 대조적으로, 슐라이어마허는 하나님에 대한 전적인 의존감이 모든 참된 종교의 표식이라고 믿었다.

---

9 B. A. Gerrish, *A Prince of the Church: Schleiermacher and the Beginning of Modern Theology* (London: SCM, 1984), pp. 18-20.
10 Schleiermacher, *The Christian Faith*, p. 12.

3. 슐라이어마허에게 세 번째로 중요한 영향력은 칸트의 철학이다. 철학사에서 칸트의 비판철학은 중요한 분기점을 이룬다. 즉 칸트는 합리론과 경험론을 넘어섰으며 그 넘어섬의 자리에서 **초월적 비판철학**, 즉 철학의 근거와 가능성 자체에 초점을 맞추는 사유를 전개했다. 비록 회의론을 거부하기는 했지만 칸트는 흄의 논증을 존중했으며 라이프니츠가 골몰했던 난제도 인정했다. 이들은 인간 이성에게 너무 많은 것을 기대하는 것은 아닐까? 이성의 토대와 한계는 무엇일까? 칸트는 1781년에 『순수이성 비판』, 1788년에 『실천이성 비판』, 1790년에 『판단력 비판』을 차례대로 발표하는데[11] 여기서 앞서의 질문들을 각각 다른 형태로 검토한다.

슐라이어마허는 신학뿐만 아니라 신학의 가능성 자체에 대해서도 탐구했다. 다시 말해 해석학만이 아니라 이해 전반의 가능성에 대해서 연구했던 것이다. 칸트의 철학이 가져온 변화는 신학에 있어서도 새로운 사유 방식을 요구했다. 칸트가 이성의 한계 자체를 정의하려고 했다면 슐라이어마허는 이성의 자리에 "직접성"을 대신 대입했다고 할 수 있다. 이성의 역할은 직접적 경험이 무엇을 이해하고 발견하는지를 검토하는 것인 데 비해, 앞에서 언급한 직접성은 이해의 창조적 역할로 구성된다. 칸트의 주장에 따르면 전반적으로 정신이 경험에 무엇을 가져오는지에 따라 "경험"이라 불리는 것이 정의된다. 슐라이어마허는 이런 견해에 대체로 동의하지만 우리가 감각하는 것의 직접성 속에는 상실되는 요소가 있다는 사실을 덧붙였다. 하지만 이런 상실되는 요소를 존재론적 의미보다는 심리학적 의미에서 단순한 "감정"으로 환원하는 것은 타당한 행위가 아니다.[12]

4. 1799년에 나온 초기 저작 『종교론』에서 슐라이어마허는 "참된 종교는 무한한 것을 향한 의미이자 기호다"라고 썼으며[13] "경건은 형이상학적이

---

11 Anthony C. Thiselton, *A Concise Encyclopaedia of the Philosophy of Religion* (Oxford: Oneworld, 2002; Grand Rapids: Baker Academic, 2003), pp. 155-59 을 보라.

12 John Macquarrie, *Studies in Christian Existentialism* (London: SCM, 1965), pp. 31-44.

고 윤리적인 부스러기를 열망하는 본능일 수 없다"[14]고도 했다. 한쪽 극단에서 보면 그는 기독교 종교를 문화와 거의 동일시한다. 하지만 다른 한편에서 슐라이어마허는 종교의 "전문가들"인 설교가, 성직자, 신학자들에게물어보지도 않은 채 판단을 내리는 종교에 대한 "교양 있는 멸시자들"(cultural despisers)을 질타한다. "종교는 지식이나 학문이 아니다."[15] 실제로 그는 종교개혁과 계몽주의를 화해시키기 위한 근거를 준비한다.

5. 1800년에 슐라이어마허는 『독백』(Monologues)을, 1805년에는 『노트』(Notes)를 쓰기 시작한다. 나중에 이 단상들은 발전하여 1809-1810년하인츠 키머를레(Heinz Kimmerle)의 편집 하에 『해석학』(Hermeneutics)으로 출간되었다.[16] 이 모든 글들은 베를린 대학에서 행해진 강의 노트가 되었다. 얼마 지나지 않은 1812년에는 『성탄 전야: 성육신에 대한 대화』(Christmas Eve: A Dialogue on the Incarnation)라는 유쾌한 논고가 발표되었는데 이 글은 "비교(比較)적인"(남성적인) 것과 "예감적인"(여성적인) 것이무엇인가를 설명함으로써 자신의 해석학의 발전에 기여했다.[17] 놀랍게도슐라이어마허는 구약을 제외한 거의 모든 주제에 대해 강의했다. 일차적으로 그는 성경학자는 아니지만 자신이 가르쳤던 "신약 개론"이라는 새로운분과가 중요함을, 또한 이 과목이 신약을 설교하는 새로운 실천의 정점을 향해 학생들을 자극할 수 있다고 전심으로 믿었다. 슐라이어마허는 이후에 『철학적 윤리학』(Philosophical Ethics)을 집필했으며 1811년경에는 학생들을 위한 새로운 교과서로 『신학 연구 입문』(Brief Outline on the Study of Theology)

---

13 Schleiermacher, *On Religion*, p. 39.
14 Schleiermacher, *On Religion*, p. 31.
15 Schleiermacher, *On Religion*, p. 36.
16 Schleiermacher, *Hermeneutics*.
17 Schleiermacher, *Hermeneutics*, pp. 150-51; 또한 Friedrich D. E. Schleiermacher, "Die Weihnachtsfeier: Ein Gespräch," in *Werke*, vol. 4 (Aalen: Scientia Verlag, 1967; from the 2nd ed., Leipzig, 1928), 또한 *Christmas Eve: A Dialogue on the Incarnation*, trans. T. N. Tice (Richmond, Va.: John Knox, 1967).

도 썼다(출간은 1830). 1821년에는 이 신학자의 가장 위대한 저서라고 할 수 있는 『기독교 신앙』(*Christian Faith*, 재판은 1830-1831)이 출간되는데 이 책은 사상사적 측면에서 칼뱅의 『기독교 강요』와 비견되는 기독교 신학의 주요 고전 중 하나다.

베를린 대학 시절 슐라이어마허의 강력한 라이벌은 헤겔이었다. 둘은 신학의 목적에 있어 대립적인 견해를 갖고 있었다. 헤겔에게 신학은 지적 호기심을 전달하는 한 방식인 반면 슐라이어마허에게 신학은 전문적 성직자와 설교를 위한 훈련 과정이었다.

앞에서 검토한 대로 슐라이어마허에게 주요한 영향력을 끼친 근원은 다음의 다섯 가지, 즉 독실한 모라비안 전통 안에서 형성된 신앙, 낭만주의, 계몽주의 학문에 대한 개방성, 칸트 철학, 해석학이다. 하지만 슐라이어마허는 각각의 영역에서 전수받은 것을 아무런 변형 없이 무비판적으로 수용하지는 않았으며 이 영역들을 철저하게 비판했다. 슐라이어마허의 진정한 천재성은 이런 영향력을 거부한 것이 아니라 이 요소들을 넘어서기 위해 사유하고 이것들을 창조적 방식으로 결합시킨 것에 있다고 할 수 있다.

2. 슐라이어마허의 새로운 해석학 개념

슐라이어마허의 주장에 따르면 이전까지의 해석학은 성경해석을 위한 "**규칙들**"을 구성하는 것이었다. 그리고 대체적으로 이런 규칙들은 **이미** 도달한 완성된 이해를 **지지하기 위해** 필요했다. 다시 말해 규칙들의 역할은 새로운 이해를 창안하고 출발시키는 것이 아니었다. 하지만 슐라이어마허는 "해석학이란 사유 기술의 일부다"라고 선언한다.[18] 해석학에 대한 이런 선

---

[18] Schleiermacher, *Hermeneutics*, p. 97. 이하 본문 괄호 안의 숫자는 이 책의 페이지를 나타낸다.

언은 당시 가장 현대적이라고 일컬어지던 어떤 대학의 견해보다 훨씬 더 새로운 것으로서 해석학이라는 주제에 있어 큰 전환점으로 작용했다.

이리하여 철학적 해석학과 성경해석학은 직접적으로 결합된다. 한편으로 슐라이어마허의 주장에 따르면 성경 텍스트를 포함해 모든 텍스트에서 "이해의 기술"은 "최초의 독자들이 이 텍스트를 어떻게 이해했는가"를 포괄하는 작업을 필요로 한다. 그에 따르면 "오직 역사적 해석만이 신약 저자들이 자신의 시대와 장소에 어떻게 뿌리박고 있는가를 타당하게 보여줄 수 있다"(p. 104). 다른 한편으로 "해석학을 다루는 이전의 방식들은 이해의 일상적 차원, 즉 이해할 수 없는 대상과 맞닥뜨리기 전까지는 특수한 기술을 요구할 필요가 없는 그런 이해의 차원을 전제하고 있다"(p. 49). 따라서 해석학은 단순히 문헌학적인 것이 아니라 철학적인 것이 된다. 해석자는 "난해한 구절만이 아니라 쉬운 구절도 다루어야 한다"(p. 142, 또한 p. 97도 보라).

1829년의 두 개의 『아카데미 연설』(*Academy Addresses*)에서 슐라이어마허는 볼프(F. A. Wolf)의 해석학과 아스트의 해석학 교재를 검토했다. 그는 이들의 작업을 존중했으며 심지어 아스트의 경우 우리가 제1장 네 번째 단락에서 보았던 해석학적 순환 개념을 부분적으로 인식한 최초의 학자라고 인정했다. 하지만 볼프와 아스트는 둘 다 "과학적" 차원에 머물러 있었다(p. 179). 그들은 "사고들을 결합하는 저자의 방식"(p. 188)에 대해서도 검토해야 했으며 전체를 "예측"하는 것도 필요했다. 이런 작업은 개념들을 연구하는 것과도 연관된다. 슐라이어마허에 따르면 "예술적 생산의 영역에, 일반적으로 나는 시인(詩人)이 포함되는 것으로 본다.…예술가와 마찬가지로 심지어 철학자도 포함된다고 본다"(p. 205). 우리는 저자의 "사유 방식"(p. 207)을 검토해야 한다. 동시에 "우리 고유한 관점의 틀 밖으로 나올 수 있어야"(p. 42) 한다.

우리가 추구하는 것은 다만 의미만이 아니다. 비록 널리 인정되는 지점은 아니지만 슐라이어마허는 해석자가 "어떻게 말하는 방식이 고안되었는가"(p. 47) 하는 문제처럼, 텍스트의 **효과**에 대해 그리고 그 효과가 지향하는 목적에 대해서도 관심을 기울여야 한다고 주장했다. 우리는 "텍스트의 내용과 동시에 그 텍스트가 끼치는 영향의 전 범위"(p. 151)를 검토해야 한다. 때때로 이것은 "작업의 목적"(p. 151)이라고도 불린다. 슐라이어마허는 작업의 의미(sense of a work)와 작업의 요지(purport of a work), 다시 말해 작업이 실제적으로 하고 있는 행위 사이를 구분한다(p. 177). 하지만 이런 구별은 의미(meaning)와 의의(significance)를 구별했던 허쉬(E. Hirsch)의 구분과는 동일하지 않다.

따라서 슐라이어마허가 역사적 재구성의 목적을 구성의 역전으로 보았다는 리처드 팔머(Richard Palmer)의 개념은 어느 정도까지 도움이 된다. 비록 아직도 많은 부분이 언급되지 못한 채이지만 말이다.[19] 실제로 팔머는 이렇게 슐라이어마허를 인용한다. "해석은 구성의 역전(reverse of composition)이다."[20] 하지만 이것이 역사적 재구성 그 이상이며 영향력을 끼치는 독자의 의도를 포괄할 수 있는 것일까? 슐라이어마허의 해석학 개념은 저자와 독자 사이의 공통적인 어떤 것을 포함한다. 무엇인가가 이해된다는 것은 독자와 저자 사이에 어떤 공통적인 것이 존재한다는 의미다. 이해는 "저자의 입장에 자기 자신을 놓아보는 것"을 의미한다.[21]

슐라이어마허 이전의 해석학이 얼마나 배타적일 정도로 문헌학적인 것이었는지 현재의 우리로서는 파악하기 어렵다. 확실한 것은 이것이 부분적으로 계몽주의의 영향 때문이라는 사실이다. 아마도 교부 시대와 종교개혁 시대의 해석은 더 폭넓은 것이었겠지만 어느 누구도 슐라이어마허의 방식으로 문제를 제기하지는 못했다. 칼 바르트는 슐라이어마허가 내세운 주관적 경험이라는 자유주의적인 강조점에 대해서는 반대했지만 그의 심오

19 Richard E. Palmer, *Hermeneutics: Interpretation Theory in Schleiermacher, Dilthey, Heidegger, and Gadamer*, Studies in Phenomenology and Existential Philosophy (Evanston, Ill.: Northwestern University Press, 1969), p. 86. 『해석학이란 무엇인가』(문예출판사 역간).

20 Schleiermacher, *Hermeneutics*, p. 69.

21 Schleiermacher, *Hermeneutics*, p. 113.

한 영향력은 인정했다. 바르트는 프리드리히 2세를 묘사했던 다음과 같은 표현을 빌어와 그를 기린 바 있다. "슐라이어마허는 한 학파 정도가 아니라 새로운 시대를 연 인물이다."[22] 나아가 바르트는 이런 예측도 덧붙인다. "슐라이어마허는 모든 시대에 걸쳐 살아남을 것이다."[23]

3. 심리학적 해석과 문법적 해석: 비교적인 것과 예감적인 것; 해석학적 순환

슐라이어마허는 신약 개론이라는 새로운 학과가 학생들에게 **살아 있는** 성경 텍스트를 가져다줄 수 있을 것이라고 희망했다. 1805년 초기 『노트』 (*Notes*)에는 이렇게 적혀 있다. "해석자는 텍스트의 암시, 분위기, 이미지들이 속한 독특한 집합을 이해하기 위해 직접적 독자의 입장에 서도록 노력해야 한다."[24] 또한 중층적 의미, 유의어, 상징도 검토해야 한다(p. 51). 하지만 그런다고 다는 아니다. 해석은 삶 자체에 관심을 기울여야 한다. "모든 아이들도 일종의 해석학을 통해서만 단어의 이미를 이해하는 데 이른다"(p. 52). 슐라이어마허는 이런 말도 남겼다. "어떤 사람이 무슨 말을 하는지 이해하기 위해서는 먼저 그 사람을 미리 알고 있어야 한다. 하지만 사람은 무엇보다 그가 한 말을 통해서 알려진다"(p. 56). 이런 역설은 어떻게 설명될 수 있을까? "해석학적 순환" 개념은 부분적인 설명을 제공할 수 있을 것이다. "어떤 주어진 진술에 대한 이해는 언제나 선행하는 두 가지 요인, 다시 말해 인간에 대한 예비적 지식과 주제-문제에 대한 예비적 지식이 두 가지에 기반을 둔다"(p. 59). 이런 두 가지 지식이 "기술적이고…문법

---

22 Karl Barth, *Protestant Theology in the Nineteenth Century* (London: SCM, 1972; Grand Rapids: Eerdmans, 2002), p. 425.

23 Barth, *Protestant Theology*, p. 428; 참조. pp. 425-73.

24 Schleiermacher, *Hermeneutics*, pp. 43, 53. 이하 본문 괄호 안의 숫자는 이 책의 페이지를 나타낸다.

적인 해석을 구성한다. 그러므로 이것은 하나의 순환이다"(p. 61).

해석학적 순환은 다음과 같이 두 가지 방식으로 이해될 수 있다(pp. 99, 100, 110, 112-127). 첫 번째 방식은 텍스트나 작업의 부분과 전체 사이의 관계를 강조한다. 어떤 텍스트의 문법적인 부분을 이해하기 위해서는 전체에 대한 이해가 필요하다. 동시에 전체를 이해하기 위해서는 부분을 이해해야 한다. 바로 이런 방식으로 주석가들을 작업을 진행한다. 모든 구와 절은 검토되어야 한다. 하지만 구와 절에 대한 이해는 그것이 담겨 있는 전체 문장, 단락, 책 전체의 의미의 빛에 비추어 교정되어야 한다. 동시에 책 전체에 대한 우리의 이해는 단어, 구, 부분의 이해에 의존한다. 둘째로 모든 이해는 텍스트가 말한 바에 대한 잠정적이고 예비적인 이해를 기반으로 이루어진다. 불트만의 견해처럼 음악이나 수학 텍스트를 "이해하기 위해서는" 먼저 음악이나 수학에 대해 어느 정도 개념이 필요하다. 바로 이것이 예비적 이해, 독일어로 "Vorverständnis"(선이해)이다. 슐라이어마허, 딜타이, 하이데거, 불트만, 가다머는 이 용어를 양가적 의미로 사용한다.[25] 슐라이어마허에 따르면 "완전한 지식은 언제나 명백한 순환과 관련되는데 이 순환에서 모든 부분은 그것이 속해 있는 전체로부터 이해되며 그 역 또한 성립한다."[26] 그러므로 해석학적 순환은 그랜트 오스본의 훌륭한 논증처럼 점진적인 해석학적 나선 운동으로 이해된다면 더 효과적일 것이다.[27]

이것은 "비교적인"(comparative) 동시에 "예감적인"(divinatory) 방법을 요구한다. 슐라이어마허는 92쪽짜리 에세이 『성탄 전야: 성육신에 대한 대화』에서 최고의 방식을 설명하고 있다. 크리스마스 예배와 성찬을 마치고

---

25 Anthony C. Thiselton, "Hermeneutical Circle," in *Dictionary for Theological Interpretation of the Bible*, ed. Kevin J. Vanhoozer (London: SPCK; Grand Rapids: Baker Academic, 2005), pp. 281-82을 보라.

26 Schleiermacher, *Hermeneutics*, p. 113.

27 Grant R. Osborne, *The Hermeneutical Spiral: A Comprehensive Introduction to Biblical Interpretation* (Downers Grove, Ill.: InterVarsity, 1991), pp. 1-16, 366-96.

가정으로 돌아온 사람들은 이야기를 나누는데 각자는 각자의 방식대로 그리스도의 탄생을 경축한다. 남자들은 성육신의 개념적 난점에 대해 토론한다. 그들이 가진 "남성적" 원리는 대체로 비교와 분석이다. 여자들은 자신들이 직관적이고 초이성적인 방식으로 알고 있는 예수, 보다 더 직접적인 관계를 통해 알고 있는 예수에게 찬송을 드린다. 슐라이어마허는 "여성적" 원리가 옳다는 결론을 내린다. 비록 "여성적인" 예감의 원리와 "남성적인" 분석과 비교의 원리가 서로 상보적인 것이며 둘 다 필요하기는 하지만 말이다. 그러나 "여성적" 원리는 지금까지 교회에서 무시되어왔다.

"예감적 방법은 개인인 저자에 대한 직접적 이해를 얻고자 시도한다. 비교적 방법은 저자를 일반적인 유형으로 분류한다.…예감적 지식은 사람을 아는 데 있어 여성적인 능력이다. 반면 비교적 지식은 남성적 능력이라 할 수 있다. 각각의 방식은 서로를 참조하고 의존한다."[28] "해석학은 전체와 함께 시작되어야 한다."[29] 만일 두 방식 중 하나만 사용할 경우 어떤 일이 일어날까? 슐라이어마허의 언급에 따르면 예감적 방법만을 따를 경우 "애매모호함"에 머물게 될 것이다. 비교적 방법만을 사용한다면 "현학"의 위험에 처할 것이다.[30]

다시 한번 우리는 슐라이어마허의 접근법이 가진 참신함을 과소평가하고 싶은 유혹에 빠질지도 모른다. 하지만 "예감적" 방법이 대부분의 성서학 연구에 사용되고는 있는가? 슐라이어마허는 신약 텍스트를 이해하는 것은 친구를 이해하는 것과 유사하다고 쓰고 있다. 하지만 내가 아는 한 보수적인 동료들조차도 성경 구절의 이해에 대해서는 "성경 분석"이라는 용어를 사용한다. 마치 개인적 이해나 초이성적이고 직관적인 경청이 비록 "적용"이 덧붙여진다 하더라도 지적 활동의 영역에서는 설 자리가 없는 듯이 말이다.

---

28 Schleiermacher, *Hermeneutics*, p. 150.
29 Schleiermacher, *Hermeneutics*, p. 166.
30 Schleiermacher, *Hermeneutics*, p. 205. 티슬턴 강조.

일전에 한 학생이 던졌던 질문이 생각난다. 즉 슐라이어마허가 "문법적인 것과 심리적인 것", "비교적인 것과 예감적인 것"의 두 항을 같은 의미로 의도했는지에 대한 질문이었다. 나는 명확한 견해를 갖고 있지 못함을 인정할 수밖에 없었다. 슐라이어마허는 이런 식의 단선적인 균등화를 회피하는 듯 보인다. 나도 『해석학의 새 지평』에서 둘 사이의 차이를 설명하는 복잡한 도해를 제시한 바 있다.[31] "문법적" 해석은 주로 언어학적이며 비교적인 방법과 연관된다. "심리적" 해석은 저자를 이해하는 것으로서 예감적 방법과 관련된다. 슐라이어마허는 이렇게 적고 있다. "말하는 각각의 행위는 언어의 총체성과 연관되는 동시에 화자의 사유의 총체성과도 연관된다."[32] 가다머는 이해를 적용으로 동화시키는 경향을 보이며(제11장) 후기의 비트겐슈타인도 같은 모습을 보여준다.

하인츠 키머를레가 편집한 『해석학』이 나오기 전, 뤽케(Lücke)와 딜타이는 슐라이어마허의 해석학의 무게 중심이 심리적인 것에 쏠려 있다는 인상을 심어주었다. 하지만 키머를레의 판본은 슐라이어마허가 언어를 심리학만큼이나 중요하게 간주했음을 보여준다. 슐라이어마허는 저자의 특수성에도 관심을 가졌지만 동시에 일반적이고 "보편적인" 언어의 특성에도 집중했다. 『해석학의 새 지평』에서 나는 "전체로서의 언어"에 대한 슐라이어마허의 강조가 소쉬르의 랑그(시스템으로서의 언어의 잠재적 저장고)와 파롤(단어-사용, 작용 중인 언어) 사이의 구별을 미리 예고한 것이라는 논증을 펼친 바 있다.[33] 문법적인 것과 심리적인 것은 해석학적 과제의 다른 측면들을 묘사하는 편의적인 이름표일 뿐이며 둘은 모두 필수적이다. 동시에 둘은 서로 겹쳐지기도 하는데 왜냐하면 "해석학은 사유 기술의 일부분이며 따라서 철학적이다.…한 인격은 말함이라는 도구를 통해서 사유하기" 때문

---

31 Anthony C. Thiselton, *New Horizons in Hermeneutics: The Theory and Practice of Transforming Biblical Reading* (London: HarperCollins; Grand Rapids: Zondervan, 1992), p. 225.
32 Schleiermacher, *Hermeneutics*, pp. 97-98.
33 Thiselton, *New Horizons in Hermeneutics*, pp. 217-18.

이다.[34] 문법적인 것과 심리적인 것, 이 둘 중의 선택은 단순히 실천적 전략에 불과하다. 슐라이어마허에 따르면 "언어를 오로지 한 인격이 자신의 사고를 소통하는 수단으로 간주할 때는 심리학적 해석이 중요해진다. 문법적 해석은 최초의 난점들을 제거하기 위해서만 도입되는 것이다. 인격과 그 인격의 말하는 행위를 오로지 언어가 그 자체로 드러나는 경우로 간주할 때는 문법적 해석과 언어가 중요해진다."[35] 지금 다루고 있는 주제에 있어 의미심장한 언급이라 할 수 있다.

4. 확장된 주제 및 슐라이어마허에 대한 평가

1. 슐라이어마허는 해석의 과정이 결코 끝나지 않는 작업임을 확신했다. 해석자는 "언어적 역량"을 발전시키고 저자에 대한 온전한 지식에 이를 때까지, 그리하여 저자보다 더 나은 이해에 이를 때까지 언어와 저자를 연구하는 일을 계속해야 한다.[36] 그런데 저자보다 "더 잘" 텍스트를 이해하는 것이 가능한 것일까? 매년 내 수업 시간에도 이 질문에 대해서는 의견이 분분하다.

가끔 논문을 읽다가 저자에게 "실제로 당신이 글에서 의도했던 바가 무엇입니까?"라고 물어볼 때가 있다. 자주 저자들은 내가 글의 주제뿐만 아니라 의도에 대해서도 저자 자신보다 "더 잘" 이해하는 것처럼 보인다고 인정하곤 한다. 그렇다면 사도 바울에 대해서는 무슨 말을 해야 할까? 삼위일체 신학은 절대로 바울이 생각한 적도 없는 새로운 교리는 아닐까? 게르트 타이센(Gerd Theissen)의 『바울 신학의 심리학적 측면』(*Psychological Aspects of Pauline Theology*) 같은 책은 무엇을 말하고 있는가?[37] 프로이트는 현대 세계에서 무의식적인 것 또는 잠재의식적인 것의 영향력을 발견했

---

34 Schleiermacher, *Hermeneutics*, p. 97.
35 Schleiermacher, *Hermeneutics*, p. 99.
36 Schleiermacher, *Hermeneutics*, pp. 100–101, 112.

다. 만약 바울이라면 방언을 말하는 현상에 대해 "마음의 숨은 일"(고전 14:25)을 드러낸다는 설명을 포기할 것인가, 아니면 타이센처럼 검열을 해제하고 무의식을 표출한다는 설명을 거부할 것인가?(참조. 고전 12:10; 14:1-25) 과연 사도는 잠재의식의 신학이나 삼위일체 신학에 대해 "맞다, 바로 이것이 내가 말하려고 의도했던 것이다"라고 대답할 것인가? 이런 식의 논의를 따라가다 보면 해석학 수업을 듣던 학생들은 결국에는 "'저자보다 더 잘 이해한다'라는 것이 무슨 의미인지에 따라 다르다" 하는 식으로 답하고 만다.

2. 해석학이 지식 이론이나 인식론과 겹쳐진다고 한 슐라이어마허의 말은 지극히 타당한 지적이다. 해석학은 이해의 문제와 연관될 수밖에 없기 때문이다. 성경해석학과 고전적 해석학은 문헌학적인만큼 철학적이기도 하다. 해석학은 비교적이고 비판적인 성격을 가지는 동시에 예감적인 것, 직관적인 것, 초자연적인 것 또는 "여성적인 것"과 연관된다. 어떤 텍스트를 이해한다는 것은 한 사람의 친구를 이해하는 행위와 유사하다. 이러한 초월적 통찰은 동시에 경건주의와 칸트에 의지하고 있으며 우리로 계몽주의와 성서비평의 발흥보다 더 멀리 나아가도록 해준다. 토랜스(T. F. Torrance) 같은 저술가들은 신앙의 필요성을, 짐머맨은 하나님과의 교제의 필요성을 언급한 바 있다.[38]

3. 따라서 슐라이어마허의 다음과 같은 지적 또한 타당하다. 즉 텍스트의 "이해"는 "사유의 공동체를 요구한다.…말하는 행위는 모두 언어의 총체성과 화자의 사유의 총체성과 연관되어 있다."[39] 왜냐하면 이해는 "삶", 다

---

37 Gerd Theissen, *Psychological Aspects of Pauline Theology*, trans. J. P. Galwin (Philadelphia: Fortress; Edinburgh: T. & T. Clark, 1987), 특히 pp. 85-116, 202-393.

38 Thomas F. Torrance, *Divine Meaning: Studies in Patristic Hermeneutics* (Edinburgh: T. & T. Clark, 1995), and Jens Zimmermann, *Recovering Theological Hermeneutics: An Incarnational-Trinitarian Theory of Interpretation* (Grand Rapids: Baker Academic, 2004).

시 말해 공동체적인 삶과 연결되기 때문이다. 슐라이어마허는 이해의 본질에 대해 묻는 "일반적" 해석학과, 잠정적으로 **이미** 이해된 것을 지지하거나 논평할 의도를 가진 해석학 사이에는 중대한 차이점이 있음을 발견했다.[40] 이미 검토한 것처럼 슐라이어마허는 "해석학은 사유의 기술의 일부"라고 주장한다.[41] 해석학은 "타자"를 이해하기 위해 "우리 자신의 정신의 틀 바깥으로 나가는 일"과 관련된다(pp. 42, 109).

4. 그 이후의 딜타이, 하이데거, 가다머처럼 슐라이어마허도 해석학적 순환에는 증가와 팽창의 한계와 기회가 있음을 받아들였다. 여기서 다시 그랜트 오스본을 언급하는 것이 나을 것이다. 해석학적 순환은 "해석학적 나선"이라는 용어로도 표현된다. 확실히 이해는 "예비적인" 이해로 비약하는 것과 함께 시작된다. 이것은 원반을 뱅뱅 돌리기 위해 먼저 그것을 던져 올리는 것과 비슷하다. 정의상 이해는 완결적이거나 완전할 수 없으며 언제나 교정 가능성이 있고 잠정적이며 불완전하다. 나중에 비트겐슈타인이 말하겠지만 이해는 명확한 경계선을 가지지 않는다. 슐라이어마허는 완전한 이해란 불가능하다고 주장했다. 왜냐하면 "그러려면 텍스트 저자에 대한 완전한 지식과 동시에 언어에 대한 완전한 지식이 필요하기 때문이다.…하지만 두 경우 모두 완전한 지식이란 불가능하다"(p. 100). 따라서 이해는 항상 그런 것은 아니지만 대체적으로 시간이 걸리는 느린 과정이다(신앙에 이르는 일과도 비슷하다).

5. 앞의 언급 중 어느 것도 성령의 사역을 부정하지 않는다. 제시된 논점들은 교회의 타락 가능성이라는 종교개혁의 교리와 일치하거나 그것을 강조하고 있다. 심지어 제2차 바티칸 공의회조차 가톨릭교회의 공식 입장과는 상관없이 이 점을 인정한다. 여기에 대해 슐라이어마허는 "저자의 개

---

39 Schleiermacher, *Hermeneutics*, pp. 100–101, 112.
40 참조. Palmer, *Hermeneutics*, pp. 85–86.
41 Schleiermacher, *Hermeneutics*, p. 97. 이하 본문 괄호 안의 숫자는 이 책의 페이지를 나타낸다.

체성은 그 자체로 그리스도와의 관계의 산물이었다.···또한 기분과 관점의 변화도 성령의 산물이다"(p. 139)라고 썼다. 슐라이어마허는 성경의 저술에서 발견되는 장르의 변화를 인정하며 해석학에 있어 그 변화가 아주 중요하다는 사실을 강조한다. 이 변화에는 "바울은 변증법적 저자이며 요한은 역사적 저자"라는 사실도 포함된다(p. 134). 하지만 자주 이런 지점은 슐라이어마허에 대한 연구에서 충분히 강조되지 않았다.

6. 슐라이어마허는 잠재적 언어 체계 또는 언어의 저장소로서 랑그(langue)와 활성화된 언어 또는 작용 중인 발화로서의 파롤(parole)을 구별한 소쉬르의 특징적 작업을 앞서 예고했다고 할 수 있다(p. 12). 나아가 텍스트의 기원(텍스트 배후에 이르는 것), 내용(텍스트의 "안"에 있는 것), 텍스트의 영향(텍스트의 "전면"에 부각된 것)을 구별했다. 각각의 경우마다 해석자는 텍스트의 "창조성"을 포착하기 위해 질문해야 한다(pp. 108, 127, 151, 197, 204).

7. 가다머를 위시한 여러 학자들은 슐라이어마허가 텍스트와 해석자, 이 양자의 "역사성"(또는 역사적으로 조건화된 지위)을 강조하지 않았다고 비판한다. 하지만 텍스트와 관련해서 이런 비판은 과도하다고 할 수 있다. 슐라이어마허는 "이방인과도 같은 것"으로서 "타자적인 것"을 이해해야 함을 강조했다(p. 42, 아포리즘 8). 후자인 해석자에 대해서도 그는 "해석자의 정신은 자기 바깥으로 나갈 필요"가 있음을 여러 번 언급했다. 슐라이어마허는 헤겔을 동시대인으로 사귀는 혜택을 누렸지만 가다머나 하이데거를 읽어볼 기회는 가지지 못했다. 따라서 역사성에 대한 그의 가설적 사유에 대해서는 그저 추측만 가능할 뿐이다.

8. 어쨌든 슐라이어마허는 자기 시대를 뛰어넘는 측면을 가지고 있다. 그는 성서의 무한한 중요성과 해석학의 한계는 모순을 일으키지 않는다고 썼다. 슐라이어마허의 목적은 **창조성**을 포착하는 것이었다. 또한 텍스트의 배경, 내용, 영향이라는 세 차원의 구별과 강조도 현대의 철학자보다 앞서 선취된 업적이었다. 그럼에도 슐라이어마허의 배경에 대한 개념은 비판을

받는 또 다른 지점이다.[42] **의도**에 대한 그의 강조는 낭만주의와 낭만주의의 **기원**을 중시하는 경향에 기인하는 것은 아닌가? 슐라이어마허는 "발생적" 오류에 빠진 것은 아닌가?

　나로서는 "의도"(intention)를 "저자의 목적"으로 이해하는 견해에 근거한 모든 비판을 받아들일 수 없다. 예를 들어 고린도전서에서 바울의 "의도"가 십자가와 부활신학을 설명하는 것이었다고 말한다면, 그것은 사도의 접근 불가능한 "내면적 정신 과정"에 대해 주장한다는 의미가 아니라 그의 의식적 의도 중 일부를 이야기한다는 의미다. 따라서 슐라이어마허는 소위 말하는 "발생적 오류"에 빠지지 않았다고 할 수 있다. 『타자로서 자기 자신』에서 리쾨르는 여기에 대해 세 장(章)에 걸쳐 탁월하게 논의한 바 있다. 또한 월터스토프(N. Wolterstorff)도 이 개념이 해석학과 신적 담화라는 개념 속에 얼마나 필수적으로 남아 있는지에 대해 리쾨르보다 더 심화된 논의를 보여준다.[43]

　9. 그럼에도 슐라이어마허의 신학은 개인의 주관적 경험에 초점을 맞춘다. 이런 지적을 하는 목적은 그의 해석학을 과소평가하려는 것이 아니라 혹시 있을지 모르는 신학상의 약점에 대해 주의를 환기하려는 것뿐이다. 아마도 여기에 대해서는 후에 올 가다머와 리쾨르가 타당한 방식으로 교정책을 제시할 것이다. 하지만 만약 슐라이어마허의 통찰력이 없었다면 가다머와 리쾨르가 해석학에서 자신의 입장에 도달할 수 있었을지에 대해서는 미지수다.

---

42 Randolph W. Tate, *Biblical Interpretation: An Integrated Approach* (Peabody, Mass.: Hendrickson, 1991)의 여러 부분을 보라.

43 Paul Ricoeur, *Oneself as Another*, trans. Kathleen Blamey (Chicago and London: University of Chicago Press, 1992), pp. 88-168, and Nicholas Wolterstorff, *Divine Discourse: Philosophical Reflections on the Claim That God Speaks* (Cambridge: Cambridge University Press, 1995), pp. 130-71.

5. 빌헬름 딜타이의 해석학

빌헬름 딜타이(Wilhelm Dilthey, 1833-1911)는 해석학에서 슐라이어마허의 계승자로 널리 알려져 있으며 『슐라이어마허의 생애』(*Life of Schleiermacher*)를 쓴 전기 작가이기도 하다. 비스바덴에서 칼뱅주의 신학자의 아들로 태어난 딜타이는 하이델베르크와 베를린 대학에서 신학, 철학, 역사를 공부했다. 철학을 더 깊이 공부한 후 하빌리타치온(Habilitation, 교수 자격을 위한 논문)을 준비했으며 1866년에는 바젤 대학에서, 1882년에는 베를린 대학에서 교수가 된다. 딜타이는 해석학을 "Geisteswissenschaften"(인문과학 또는 인문학, 문학, 사회과학)의 토대로 삼으려 한 인물로 유명하다. 그는 최초로 해석학을 사회과학에 적용했으며 자신의 연구에 영감을 준 슐라이어마허를 열렬하게 지지했다. 딜타이의 독일어 전집은 26권에 이르는데 아쉽게도 그중 몇 권만이 영어로 번역되어 있다.[44]

딜타이는 해석학에서 "Geisteswissenschaften"의 정초를 마련하려 했다. 그는 이론들이 나오게 된 이전 토대를 찾으며 철학의 전통을 추적한다.

---

44 Wilhelm Dilthey, *Gesammelte Schriften*, 26 vols. (Göttingen: Vandenhoeck & Ruprecht, 1914-2005), 특히 vol. 5, *Die geistige Welt: Einleitung in das Philosophie des Lebens*, 1924; vol. 7, *Der Aufbau der geschichtlichen Welt in den Geisteswissenschaften*, 1927. 『정신과학에서 역사적 세계의 건립』(아카넷 역간); vol. 12, *Zur Preussischen Geschichte. Schleiermachers politische Gesinnung und Wirksamkeit*, 1936; and vols. 13 and 14, *Leben Schleiermachers*, 1966 and 1970. 영어 번역판으로는 *Wilhelm Dilthey: Selected Works*, ed. Rudolf A. Makreel and Frithjof Rodi, 6 vols.: vol. 1, *Introduction to the Human Sciences* (Princeton: Princeton University Press, 1989), unedited; vol. 3, *The Formation of the Historical World in the Human Sciences*; vol. 4, *Hermeneutics and the Study of History* (기획 중); and vol. 6, *Philosophy and Life* (미간행, 기획 중); Wilhelm Dilthey, *Introduction to the Human Sciences*, trans. R. J. Betanzos (Detroit: Wayne State University Press, 1988); 가장 유명한 판으로는 Wilhelm Dilthey, *Selected Writings*, ed. H. P. Rickman (Cambridge: Cambridge University Press, 1976), and H. A. Hodges, "Selected Passages from Dilthey," in *Wilhelm Dilthey: An Introduction* (London: Oxford University Press, 1944), pp. 109-56; Wilhelm Dilthey, "The Rise of Hermeneutics," trans. Frederick Jameson, *New Literary History 3* (1972): 229-441, and *Gesammelte Schriften*, 5:317-31.

그 결과 아직까지 누구도 철학의 주제와 해석자가 얼마만큼 **역사적으로 조건화되어 있는지에** 대해 충분한 관심을 기울이지 않았다고 믿게 된다. 딜타이는 오귀스트 콩트(Auguste Comte)의 실증주의가 너무 단순하다고 거부했으며 허버트 스펜서(Herbert Spencer)의 진화윤리학 또한 과장된 것으로 보았다. 딜타이는 급진적인 역사적 접근 방식을 시스템의 추구와 결합시킨다. 또한 정신(Geist)과 삶(Leben)에 대한 헤겔의 강조를 헤르더와 특히 슐라이어마허의 입장으로 대체하려 했다.

딜타이는 큰 야심을 가진 학자였다. 그는 베이컨이 자연과학의 정초를 놓았음을 인정했는데, 베이컨이 물리학 분야에서 했던 일, 칸트와 헤겔이 철학에서 했던 일과 동일한 업적을 "인문과학"에서 이루고자 했다. "과학"은 타당한 기반을 가진 명제들의 일관성 있는 복합체다. 딜타이의 주장에 따르면 인간 삶에 대한 명제들은 자연적 세계에 대한 명제들과 구별된다. 인간의 자기의식은 도덕적·역사적·정신적 차원을 포함하며 이 차원들은 충분히 인식되어야 한다. **체험**(lived experience)은 인간 사회의 배후에 놓여 있다. 또한 정신의 과정과 내적 삶도 신중하게 받아들여져야 한다. 따라서 인문과학을 위해서는 자연의 인과적 연쇄만으로는 충분하지 않다. 인간은 오로지 역사 속에서만 자신을 인식할 수 있다.

딜타이는 "'인식하는 주체'(예를 들어 데카르트, 로크, 흄, 칸트)의 혈관 속에는 **살아 있는 피가 전혀 흐르지 않는다**"고 주장한다.[45] 앞에서 열거한 철학자들이나 헤겔과는 대조적으로 딜타이는 "삶"(Leben) 또는 "체험"(Erlebnis)을 인간의 핵심적 범주로 정립했다. "삶"이란 사회적 다양성이나 개인적 경험에 있어 인간의 활동과 경험이 공유되는 흐름이다. 서로 분리된 개인들을 하나로 묶어주는 "연쇄 관계" 또는 얽힘이 존재한다. 그리고 이런 "연관된 상태"(Zusammenhang)는 기호와 상징, 말과 글이라는 공동 언

---

45 Wilhelm Dilthey, *Gesammelte Schriften*, vol. 5, *Die geistliche Welt, Einleitung in das Philosophie des Lebens* (Leipzig and Berlin: Teubner, 1927), p. 4.

어 속에서 또한 인간의 관습과 법과 같은 제도 속에서 표현된다. 이런 종류의 "표현들"(Lebensäusserungen)은 인간 삶의 주관적 경험을 객관화한다. 따라서 이 표현들은 "내적 관조가 발견할 수 있는 것…그 이상"을 담고 있다.[46]

딜타이는 다음과 같은 세 가지 지점에서 해석학에 기여했다. 첫째, 해석학을 **확장**시켜 법과 사회과학, 언어를 넘어선 모든 제도를 포함하도록 만들었다. 이전의 해석학이 언어에 적용되었다면 이제 해석학은 인간 사회 전체와 그 구체적 제도에 적용된다. 둘째, 딜타이는 해석과 해석의 대상들이 철저히 **역사 속 위치** 또는 **역사성에 의해 조건화**된다고 주장했다. 이런 입장을 통해 그는 헤겔과 하이데거 사이를 잇게 되며 가다머로부터 신뢰를 얻는다. 셋째, 딜타이는 "삶"을 해석 대상과 해석자 사이의 공통 매개로서 사용한다. 해석자는 자신의 입장 바깥으로 나와서 "공감"(Hineinversetzen) 또는 "이동"을 실행함으로써 타자의 경험을 "추체험"(nacherleben)해야 한다.[47]

희한한 사실은 같은 시기에 사우스웰과 노팅엄의 초대 주교를 역임한 조지 리딩(George Ridding)이 성직자들을 위한 장황한 회고담을 준비하고 있었는데, 그 속에서 주교는 딜타이의 논점과도 유사하게 타자처럼 느끼고 사고하기 위해 자신의 입장 바깥으로 나와야 한다는 개념을 정식화했다는 점이다. 하지만 딜타이와 리딩은 둘 다 "타인의 감정을 자신의 것으로 측정하는 일"만큼이나 자아와 타자 사이의 **차이**를 느끼는 것도 강조했다.[48] 에른스트 푹스와 만프레드 메츠거(Manfred Metzger)에 따르면 모든 개인은 유일하기 때문에 우리는 타자의 경험을 절대 "추체험"할 수 없다. 그럼에도 딜타이의 주장처럼 이런 목표는 그만한 가치가 있다. 루터에 대한 해석에서 볼 수 있듯 딜타이는 역사적 간격과 차이를 인식하고 있었다. 그에 따르면 "이

---

46 Wilhelm Dilthey, *Gesammelte Schriften, vol. 7, Der Aufbau der geschichtlichen Welt in den Geisteswissenschaften* (Leipzig and Berlin, 1927), p. 206; Dilthey, Selected Writings, p. 219.

47 Dilthey, *Gesammelte Schriften*, 7:213–17; Selected Writings, pp. 226–27.

48 Bishop George Ridding, *A Litany of Remembrance: Compiled for Retreats and Quiet Days for His Clergy* (reprint, London: Allen and Unwin, 1959), p. 7.

해란 '너'의 안에 있는 '나'를 재발견하는 것이다.…이런 태도가 인식론의 전반적 문제를 해결하는 데 얼마나 공헌했는지에 대해서는 질문할 수 있다."[49]

가다머는 내적 성찰과 자기의식에서 벗어나 인류를 인간 삶의 흐름 속에 역사적으로 위치한 존재로 파악하려는 딜타이의 노력을 칭송한 바 있다. 딜타이는 슐라이어마허에게서 발견되며 최근에 하이데거, 불트만, 푹스, 가다머에 의해 새롭게 진보한 해석학적 순환 개념을 채택한다. 딜타이에 따르면 "전체는 전체의 개별 부분들을 통해 이해되어야 하며 개별 부분은 전체를 통해서 이해되어야 한다."[50] 하지만 가다머는 딜타이가 내딛는 다음 단계에 대해서는 강경하게 반대한다. 즉 딜타이는 "과학" 또는 일관적이고 보편적인 사유에 대해 가다머보다 훨씬 더 긍정적인 견해를 가지고 있었다. 딜타이는 인간 삶에서 나타나는 특수하고 개별적인 것과 마찬가지로, "연관성" 또는 상응의 패턴 또한 추적한다. 따라서 그는 **인간의 언어와 제도**의 "과학"을 정립하려 시도했다. 하지만 가다머는 언어와 제도는 인간의 개별성을 배신한다고 보았다. 실제로 헤르더를 위시한 낭만주의자들의 사유에서 볼 수 있듯, 삶의 표현은 개별적 인간의 "삶"을 통해 남겨진 전체적인 "퇴적물"이다. 하지만 가다머는 여기에 반대한다. 물론 그의 비평은 과장되었고 이론의 여지가 없는 것은 아니지만 이 지점에서 가다머의 언급은 분명 일리가 있다.

딜타이의 작업이 **사회과학**의 선택지 가운데 하나가 되었다는 사실은 전혀 놀랍지 않다. 앞에서 우리는 딜타이가 해석학을 인간의 모든 제도를 포괄하는 것으로 확장했음을 지적한 바 있다. 딜타이는 해석학을 특수한 종류의 "과학"으로 전환시키려 한 반면 하이데거와 가다머는 이를 거부한다. 어쨌든 이런 딜타이의 견해는 가다머의 입장보다 더 "객관적인" 접근을 시도한 하버마스와 에밀리오 베티의 "삶-세계"와 시스템에 대한 논의로 연

---

49 Dilthey, *Gesammelte Schriften*, 7:191; *Selected Writings*, p. 208.
50 Dilthey, *Gesammelte Schriften*, 5:336; *Selected Writings*, p. 262.

결된다. 따라서 오늘날 딜타이의 그늘에서 완전히 벗어나는 것은 불가능하다고 할 수 있다. 또한 "체험" 개념은 예술작품도 포함한다. 딜타이는 타당한 방식으로 해석학의 영역을 확장했으며 시대와 역사에 대해 정당한 관심을 기울였다. 이해의 방식으로서 "타인의 자리에 자신을 놓아보기"는 완전하게 실행되기는 불가능하다 해도 타자에 대한 관심을 표현하는 기독교의 심오한 목적이라 할 수 있다. 딜타이의 주장처럼 완전한 이해를 위해서는 "역사의 종말까지 기다려야" 함이 사실이다.[51] 우리는 오직 삶의 종말에서야 비로소 충만한 이해에 도달할 수 있다. 예수가 베드로에게 다음과 같이 말했을 때 그도 같은 것을 의도했을 것이다. "내가 하는 것을 네가 지금은 알지 못하나 이후에는 알리라"(요 13:7).

6. 참고 도서

Bauman, Zygmunt, *Hermeneutics and Social Science: Approaches to Understanding*(London: Hutchinson, 1978), pp. 27-41.

Mueller-Vollmer, Kurt, ed., *The Hermeneutics Reader* (Oxford: Blackwell, 1985), pp. 148-64.

Palmer, Richard E., *Hermeneutics: Interpretation Theory in Schleiermacher, Dilthey, Heidegger, and Gadamer, Studies in Phenomenology and Existential Philosophy* (Evanston, Ill.: Northwestern University Press, 1969), pp. 75-123.

Schleiermacher, Friedrich, *Hermeneutics: The Handwritten Manuscripts*, edited by Heinz Kimmerle, translated by James Duke and Jack Forstman (Missoula: Scholars Press, 1977), pp. 95-151.

Thiselton, Anthony C., *New Horizons in Hermeneutics: The Theory and Practice of Transforming Biblical Reading* (London: HarperCollins; Grand Rapids: Zondervan, 1992), pp. 204-53.

---

51 참조. Zygmunt Bauman, *Hermeneutics and Social Science: Approaches to Understanding* (London: Hutchinson, 1978), p. 41.

HERMENEUTICS

제9장

루돌프 불트만과 신약의 탈신화화

루돌프 불트만(Rudolf Bultmann, 1884-1976)은 20세기 신약학에서 가장 권위 있는 이름 가운데 하나다. 독일 비펠슈테데의 루터교회 목사의 아들로 태어난 불트만은 튀빙겐 대학과 베를린 대학에서 뛰어난 학문 경력을 쌓아 간다. 그에게 주요한 영향력을 끼친 스승으로는 윌리허와 크뤼거(Krüger)가 있다. 사도 바울의 웅변술에 대한 연구를 교수 자격(하빌리타치온) 논문으로 제출한 후 신약학 조교수가 된다. 1910년에 불트만은 바울의 비판적 문체에 대한 연구를 발표했으며 1921년에는 『공관복음 전승사』를 출간한다. 또한 같은 해에 마르부르크 대학의 신약학 교수가 된 그는 1923년부터 1928년까지 하이데거와는 철학에 대해, 한스 요나스와는 영지주의에 대해 공동 세미나와 연구 작업을 함께 했다. 이 신학자는 삶의 대부분을 마르부르크에서 보냈다.

1. 영향을 받은 근원과 초기 관심사

불트만은 해석학에서 중대한 의미를 갖는 인물이다. 하이데거와 함께 불트만은 텍스트를 **탈객관화**(de-objectifying texts)하는 것만이 종교적 텍스트를 이해하고 그것의 중요성을 오늘날 세계에 드러낼 수 있는 방식이라고 생각했다. 주로 불트만의 사상은 딜타이의 개념과 슐라이어마허, 딜타이, 하이데거가 정식화한 선이해 개념에 견고하게 기반하고 있다. 특히 1950년에는 딜타이를 준거점으로 삼아서 해석학의 모든 원리들을 설명한다. 불트만에 따르면 딜타이의 체계 내에서 해석학은 "문자의 형태로 고정된 모든 삶의 표현을 이해하는 기술"이다.[1] 이러한 해석학은 개별적 인간을 진정한 역사적 실재로 만든다. 하지만 우리는 이 역사적 지식을 획득하는 방법을 알고 있는가? 바로 이것이 "해석학의 문제"라고 할 수 있다.

불트만은 텍스트를 이해하기 위해서는 언어학적 사용 규칙을 검토하는 일이 필수적임을 인정하지만 동시에 신약 저자들을 "역사적으로 조건화된" 존재로도 보고 있다.[2] 그는 철학과 언어를 강조한 계몽주의의 입장에도 동의하지만, 해석학은 단순히 해석학적 "규칙들"이 아니라 이해의 기술이라고 보는 슐라이어마허의 주장도 따르고 있다. 불트만의 논증에 따르면 딜타이는 앞과 같은 생각을 전유하고는 있지만 딜타이나 슐라이어마허 모두 어느 한 가지 차원만을 취하고 있다.

불트만의 주장에 따르면 해석자에게는 "탐구자의 삶 가운데 기반이 되는 관심"이 필요하다. 만약 텍스트에 대한 생산적 질문을 하려 한다면 말이다. 이해를 위한 전제는 **"텍스트에서 표현되는 주제와···해석자 자신의 삶 사이의 관계다."**[3] 이 원리에 대한 불트만의 가장 유명한 설명은 『실존과 신앙』(*Existence and Faith*)에 실린 글 속에 나타난다.[4] "내가 음악 텍스트를 이해할 수 있는 유일한 경우는 음악과 관계를 가질 때다.···수학 텍스트를 이해할 수 있는 유일한 경우도 수학과 관계를 맺을 때뿐이다."[5] 즉 여기서

---

1 Rudolf Bultmann, "The Problem of Hermeneutics," *Zeitschrift für Theologie und Kirche* 47 (1950): 47-69; Bultmann, *Essays Philosophical and Theological* (London: SCM, 1955), p. 234에 재수록; 참조. pp. 234-61.

2 Bultmann, *Essays Philosophical and Theological*, p. 236.

3 Bultmann, *Essays Philosophical and Theological*, p. 236. 불트만 강조.

4 Rudolf Bultmann, "Is Exegesis without Presuppositions Possible?" in *Existence and Faith: Shorter Writings of Rudolf Bultmann*, ed. S. M. Ogden (London: Collins, 1964), pp. 342-52.

5 Bultmann, *Essays Philosophical and Theological*, pp. 242-43.

는 텍스트에 대한 "객관적"이고 가치중립적인 관찰이 거부되고 있다. 불트만이 보기에 이런 객관성의 추구는 쓸모없는 것인데도 앞서간 선생들에 의해 조장되었다.

불트만이 검토하는 주제와 텍스트에는 시와 예술, 신약이 포함된다. 이런 통찰에 있어 부분적으로는 빙켈만(J. J. Winckelmann)의 공헌도 인정해야겠지만 결정적 영향을 미친 인물은 하이데거다. 불트만에 따르면 해석에서 "객관성"은 더 이상 추구될 수 없다. "해석자에게 자신의 주관성에 대해 침묵하고 개별성을 소멸시키라는 요구는…상상할 수 있는 일 중 가장 불합리한 발상이다."[6] 이런 입장이 성경 저술에 적용되면 구원의 문제에서나 개인의 행복을 추구하는 문제에서나 하나님에 대한 실존주의적 지식이 어떤 형태로든 요구된다. 하지만 불트만은 선이해에 대해 바르트적인 의미를 주장하지는 않았다.

지금까지 살펴봤듯 불트만의 해석학은 슐라이어마허, 딜타이, 하이데거의 영향력 위에 세워졌다. 하지만 신약을 탈신화화하겠다는 그의 특수한 기획 이면에는 이와 동일하게 강력한 추동력이 또 하나 숨어 있는데, 여기에 대해서는 이미 『두 지평』에서 추적한 바 있다.[7] 불트만은 헤르만 코헨(Hermann Cohen, 1842-1918)과 파울 나토르프(Paul Natorp, 1854-1924) 등이 선도한 당대의 신(新)칸트주의적 사유의 영향권 안에 있었다. 칸트를 좇아 이들은 하나의 대상이 사유보다 선재하는 것처럼 그 대상을 사고하거나 거기에 대해 언급할 수 없다고 주장했다. 우리가 어떤 대상(Gegenstand)을 인식할 수 있는 것은 그것이 이미 우리의 사유의 대상일 때뿐이다. 코헨은 대상들이 어떤 의미에서는 "주어진다"고 말한 칸트의 가정에 도전했는데 이러한 칸트 사유의 확장은 중요한 것이었다. 당대의 학문을 선도한 학자

---

6 Bultmann, *Essays Philosophical and Theological*, p. 255.
7 Anthony C. Thiselton, *The Two Horizons: New Testament Hermeneutics and Philosophical Description with Special Reference to Heidegger, Bultmann, Gadamer, and Wittgenstein* (Grand Rapids: Eerdmans; Exeter: Paternoster, 1980), pp. 205-92.

인 헤르만 폰 헬름홀츠(Boltzmann), 하인리히 헤르츠(Heinrich Herts), 루트비히 볼츠만(Ludwig Boltzmmann)은 감각적 특질의 주관성을 주장했다. 공간 자체는 인간의 구성에 의존한다. 헤르츠의 접근 방식의 핵심은, 우리가 만들어낼 수 있는 것은 실재의 "모형들"(Bilder)이나 "표상들"(Darstelungen)뿐이라는 점이다(예를 들어 DNA는 자주 "모형"이라는 용어로 설명된다).

불트만에게 이런 입장은 실재와 만나는 방식으로서의 "대상을 기술하는 일"에 대한 근본적 평가절하를 의미한다. 실제로 불트만은 신약 저자가 의도한 것은 **실재를 기술하는 것**이 아니라 **자신의 신앙을 고백하는 것**이었다고 주장했다. 이리하여 그는 신칸트주의적 인식론(또는 지식 이론)과 독특한 19세기식 루터신학을 연결시켰다. **법**의 원리에 따라 사유는 데이터를 "객관화한다"(objectivieren). R. A. 존슨은 "인식한다는 것은 법의 원리를 따라 객관화하는 것이다"[8]라고 했다. 이때 법은 "행위", "묘사", "기록"과 연결되는 반면 "은혜"는 (불트만의 관점에서) 말 걸기 또는 증언과 연관된다. 이런 측면에서 보면 이것은 루터의 사상이라기보다 19세기식의 루터주의임을 말할 필요조차 없을 것이다.

여기에는 두 가지 영향력이 결합되는데 하나는 불트만이 1928-1930년에 하이데거와 한스 요나스와 친밀한 교류를 가졌다는 사실이다. 요나스의 주장에 따르면 영지주의자들은 행성들과 행성의 수호자를 "객관적" 실재로서가 아니라 영적 상승의 경험을 표현하는 수단으로 생각한다. 여기에 기반하여 불트만은 신약 저자들에게도 "객관적" 언어는 단순히 표현의 **신화학적 형태**였을 뿐이라고 결론 지었다. 신화의 뒤편에서 사유되는 "실재하는" 신약은 "케리그마", 복음 선포, 증언인 것이다.

두 번째 영향력은 불트만 자신의 양식비평에서 유래한다. 그는 양식비평 개념을 『공관복음 전승사』(History of the Synoptic Tradition, 1921)에서

---

8 Roger A. Johnson, *The Origins of Demythologizing: Philosophy and Historiography in the Theology of Rudolf Bultmann* (Leiden: Brill, 1974), pp. 49-50.

규정한 바 있다. 불트만에 따르면 공관복음의 언어의 실제적 목적은 묘사나 기록이 아니라 증언 또는 말 걸기다. 따라서 이를 가장 적극적으로 제시하는 최상의 방식은 **하나님에 대한** "객관적이고" "가치중립적인" 진리 대신 **하나님에게서 비롯된** 말 걸기를 이야기하는 것이다. 반면에 앞에서 본 것처럼 최악의 방식은, 언어가 기술적이거나 그렇지 않거나 **둘 중 하나**라고 주장하면서 양자가 섞이거나 겹칠 수도 있음을 무시하는 입장이다.

불트만에 따르면 "사실상 신약을 탈신화화하려는 우리의 급진적 시도는, 율법이 아니라 믿음으로 구원받는다는 사도 바울과 루터의 이신칭의 교리와 완전한 평행을 이룬다. 아니 어쩌면 인식론의 영역에서 이 교리를 논리적 결론까지 밀어붙인 결과라고 말하는 편이 나을지도 모르겠다. 이신칭의 교리처럼 탈신화화라는 우리의 시도는 모든 거짓 안전장치를 파괴해 버린다.…진짜 안전은 모든 안전장치를 버림으로써만 발견되는 것이다."[9] 보수적인 동료들이 신약의 신뢰성을 "변호"할 때, 불트만은 사람들이 가짜 안전에 의지하지 못하도록 "회의주의의 불길을 활활 지피는 것"을 자신의 소명으로 삼았다. 이리하여 이 신학자의 역사적 회의주의는 탈신화화의 기획과 **일관성**을 가지게 된다. 불트만은 "역사적 사실"에 대해서는 별 관심이 없었다. 예수의 생애에 대한 신학은 잘못된 것이며 이런 신학은 우리를 "육신을 따른 그리스도"로 인도한다.[10]

따라서 불트만에게 하나님은 인지적 지식의 영역 바깥에 존재한다. "하나님은 객관적으로 주어질 수 없으며"(Da ware Gott eine Gegebenheit), "인식 체계"의 너머에 존재한다.[11] 심지어 그리스도의 십자가를 믿는다는

---

9 Rudolf Bultmann, "Bultmann Replies to His Critics," in *Kerygma and Myth*, ed. Hans-Werner Bartsch, trans. R. H. Fuller, 2 vols. (London: SPCK, 1962, 1964), 1:210-11.
10 Rudolf Bultmann, *Faith and Understanding*, vol. 1 (London: SCM, 1969), p. 132.
11 Rudolf Bultmann, "What Does It Mean to Speak of God?" in Bultmann, *Faith and Understanding*, 1:60 (German ed., p. 32).

것도 "객관적 사건(ein objektiv anschaubares Ereignis)과 우리 자신을 관련 시킴을 의미하는 것이 아니라…예수와 함께 십자가 처형을 경험함을 의미한다."[12] 더 나아가 불트만은 "만일 우리가 신약의 객관화하는 표상들을 따른다면 사실상 십자가는 신화적 사건으로 이해될 것이다.…하지만 신약 안에서조차 십자가는 그것이 말한다고 가정되는 바를 절대 이야기하지 않는다"[13]고 썼다.

이러한 언급의 배후에는 알브레히트 리츨(Albrecht Ritschl, 1822-1889) 과 빌헬름 헤르만(Wilhelm Hermann, 1846-1922)이 있을 뿐 아니라 키르케고르와 하이데거의 목소리도 숨어 있다. 이에 따르면 신앙은 그리스도나 하나님에 대한 유사 객관적 진술을 향한 것이 아니라 하나님 자신의 순전한 말씀을 향하는 것이다. 즉 신앙의 대상은 과거의 역사(Historie)가 아닌 살아 있는 역사(Geschichte) 속으로의 참여인 것이다. 나아가서 불트만은 키르케고르로부터 "주관성은 곧 진리다"라는 개념을 끄집어내었다. 키르케고르에 따르면 **객관적 강조는 말해진 바와 관련이 있고 주관적 강조는 그것이 어떤 방식으로 말해졌는가와 관련이 있다.**…관심의 초점은 객관적으로는 사유의 내용에 맞춰지는 반면 주관적으로는 내적 측면…무한에 대한 열정에 맞춰진다. 또한 무한에 대한 열정은 진리다.…이러한 주관성이야말로 진리가 된다."[14]

따라서 불트만은 철학, 성서학, 신학의 영향을 받았다. 철학에서 불트만은 키르케고르와 하이데거의 영향만큼이나 신칸트주의적 지식 이론 및

---

12 Rudolf Bultmann, "New Testament and Mythology," in *Kerygma and Myth: A Theological Debate*, ed. Hans-Werner Bartsch, 2 vols. (London: SCM, 1953), 1:86 (German, vol. 1, p. 46); retranslated in Bultmann, *New Testament Mythology and Other Basic Writings*, selected, edited, and translated by Schubert M. Ogden (Philadelphia: Fortress, 1984), pp. 35-36.

13 Bultmann, "New Testament and Mythology," in *New Testament Mythology*, pp. 33-34; 참조. Bartsch, ed., *Kerygma and Myth*, 1:35-36.

14 Søren Kierkegaard, *Concluding Unscientific Postscript to the Philosophical Fragments* (Princeton: Princeton University Press, 1941), p. 181, 키르케고르 강조.

헤르츠, 헬름홀츠, 볼츠만의 "신"학문에서 심원한 영향을 받는다. 성서학에서는 "종교사 학파"와 시편에 대한 헤르만 궁켈의 해석에서 유래한 양식비평에서 강한 영향을 받았다. 신학에서는 리츨과 헤르만의 신앙 개념에서, 특히 원래의 루터신학과 상이점과 유사성을 동시에 보여주는 19세기의 루터주의로부터 영향받았다.

이렇게 해서 불트만은 증언에 충실하겠다는 최상의 의도를 가지고 성경을 탈객관화 또는 탈신화하는 작업에 접근하고 있다. 하지만 과연 그의 기획은 애초의 긍정적 의도만을 포함하고 있는가?

2. 불트만의 "신화" 개념

앞에서도 본 것처럼 불트만은 하나님에 대한 언어 또는 하나님이 말씀하신 언어를 탈객관화하는 작업에 열중한다. 하지만 불행히도 이는 그가 제시한 신화에 대한 양립 불가능한 세 가지 정의 중 하나일 뿐이다.

확실히 불트만은 신화를 인간적 태도를 전달하기 위해 기능하는 것으로, 하지만 마치 객관적 사건을 기술하듯 액면 가치를 주시하는 것으로 정의한다. 『케리그마와 신화』(*Kerygma and Myth*, 1941)에 실린 유명한 에세이의 도입부에서 그는 "신화의 실제적 목적은 세계를 있는 그대로의 객관적 상으로 기술하는 것이 아니다. 진짜 목적은 인간이 살아가는 세계에 대한 인간 자신의 이해를 표현하는 것이다. 신화는 우주론적 차원에서가 아니라 인류학적 차원에서, 아니 실존주의적 차원에서 **해석되어야** 한다"고 썼다.[15] 불트만의 논증에 따르면 하나님이 자신의 아들을 보내셨다는 예에서와 같이 신화학은 이 세계의 언어를 통해 "다른 세계"를 표현한다. 초월은

---

15 Bultmann, "New Testament and Mythology," in *Kerygma and Myth*, 1:10; 참조. Bultmann, *New Testament Mythology*, p. 9.

공간적 거리로서 표현된다. 한스 요나스는 1928년 마르부르크 대학에서 쓴 논문에서 이러한 신화 이해를 표현한 바 있다.[16]

문제가 되는 것은 불트만이 "신화"를 **유비**와 거의 동일한 것으로 정의하는 지점이 있다는 사실이다. 이는 신인동형론을 피하려는 시도지만 결과적으로 신인동형론적으로 보인다. 불트만에 따르면 "여기서 신화는 '종교사' 학파에 의해 대중화된 의미로 사용된다. 신화는 이 세계를 통해 다른 세계를, 인간의 삶을 통해 신적 세계를 표현하기 위한 이미지의 사용(Vorstellungsweise)이다."[17] 헬무트 틸리케(Helmut Thielicke)를 위시한 여러 학자들은 만일 신화가 유비와 동일하다면 탈신화화하는 작업이 어떻게 가능한지 질문한다. 틸리케는 모든 종교적 언어가 불가피하게 이 세계의 언어를 사용할 수밖에 없음에 대해 말한 바 있다. 왜냐하면 달리 우리가 사용할 다른 언어가 존재하지 않기 때문이다. "이런 사실은 교회의 기반 자체에 영향을 미친다."[18] 또한 틸리케는 "비성경적 원리는 성경해석에 적용된 현대의 세속 사상으로부터 파생된다"고 비판했다.[19]

불트만은 틸리케의 이러한 비판을 예상하고 있었다. 그는 신화에 대해 형식적 정의가 아니라 구식의 세계관의 언어로 신화를 정의하려 한다. 불트만의 주장에 따르면 신화는 초자연적 힘의 침입에서 비롯된 특이하거나 놀라운 현상을 설명한다. 바로 여기서 우리는 신화에 대한 그의 유명한 정의를 만나게 되는데 이 정의는 "세 층의" 우주라는 개념을 뒷받침하고 있다. "세계는 세 층으로 구성된 구조로 나타난다. 중심에는 지구가 있고 그 위로는 하늘이, 그 아래로는 지하 세계가 있는 구조다. 하늘에는 하나님과

16 Hans Jonas, *Gnosis und spätantiker Geist II, 1: Von der Mythologie zur mystischen Philosophie* (Göttingen: Vandenhoeck & Ruprecht, 1954), pp. 3-4. 제임스 로빈슨은 *Interpretation* 20:70–71에서 이 지점을 다루었다.

17 Bultmann, "New Testament and Mythology," in *Kerygma and Myth*, 1:10 n. 2; 참조. Bultmann, *New Testament Mythology*, p. 42 n. 5.

18 Helmut Thielicke, "The Restatement of the New Testament Mythology," in *Kerygma and Myth*, 1:138; 참조. pp. 138–74.

19 Thielicke, "The Restatement," 1:149.

천상의 존재인 천사들이 거주한다. 지하 세계는 지옥이다.…이러한 초자연적 힘은 자연의 흐름 안에 그리고 인간의 모든 사고와 의지와 행위 안에 개입한다.…기적은 결코 드물지 않다.…인간은 자신의 삶을 제어하지 못한다."[20] 이런 입장은 왜 신화가 해석되고 탈신화화되어야 하는가를 설명하는 데는 도움이 되지만 신화의 형식적 정의와는 완전히 모순되는 내용이다.

노팅엄 대학의 헵번(R. W. Hepburn)에 따르면 불트만은 정의라는 방식을 통해서는 양편을 모두 가질 수 없다. 신화에 대한 한편의 정의가 옳다면 그것은 탈신화화를 암시하는 반면, 다른 정의는 탈신화화의 불가능성을 암시한다.[21] 한 정의는 신화의 형식에 관심을 가지는 반면 다른 정의는 내용에 관심을 둔다. 거의 70년의 세월이 흐른 오늘날에 있어 우리는 인류가 자기 운명을 "제어"하지 못한다는 견해가 과연 "신화학적인" 것인지 질문을 제기할 수 있다. 포스트모던 계열의 작가들은 이 물음을 자주 묻고 있다. 나아가 존 맥쿼리(John Macquarrie)는 불트만의 기적에 대한, 시대에 뒤쳐진 견해를 비평의 초점으로 삼은 바 있다. 불트만은 "전깃불과 무선을 사용하고 현대 의학과 외과적 발견을 활용하는 우리가, 동시에 영과 기적으로 가득한 신약의 세계를 믿는다는 것은 불가능하다"고 썼다.[22] 여기에 대해 맥쿼리는 이렇게 논박한다. "오늘날 교육받은 그리스도인에게 기적이란 자연의 과정이 깨어지는 현상이 아니라 하나님이 믿음을 위해 자신을 계시하는 사건이다. '기적'은 종교적 개념이다."[23] 자신의 저서 『실존주의적 신학』 (*An Existentialist Theology*)에서 맥쿼리는 더 멀리 나아간다. 그의 주장에

---

20 Bultmann, "New Testament and Mythology," in *Kerygma and Myth*, 1:1; 참조. Bultmann, *New Testament Mythology*, p. 1.

21 R. W. Hepburn, "Demythologizing and the Problem of Validity," in *New Essays in Philosophical Theology*, ed. A. Flew and A. MacIntyre (London: SCM, 1955), pp. 227-42.

22 Bultmann, "New Testament and Mythology," in *Kerygma and Myth*, 1:5; 참조. Bultmann, *New Testament Mythology*, p. 4.

23 John Macquarrie, *The Scope of Demythologizing: Bultmann and His Critics* (London: SCM, 1962), p. 237.

따르면 불트만은 "반세기 전에나 인기를 끌었던 폐쇄된 우주라는 사이비 과학적 견해"를 선전한 인물이다.[24]

이 지점에 대해 발터 슈미탈스(Walter Schmithals), 프리드리히 고가르텐(Friedrich Gogarten), 슈베르트 오그덴(Schubert Ogden)은 불트만을 변호하려 한다. 이들의 논증에 따르면 "과학"과 "현대인"에 대한 불트만의 관심은 생략 가능한 세계에 대한 해석이 아니라 있는 그대로의 실재에 대한 설명에 기반하고 있다.[25] 오그덴은 과학적 탐구의 결과가 얼마나 변화하든지에 상관없이 방법론과 세계관은 일관성 있게 유지된다고 주장했다.

그럼에도 한 가지 예를 들어보자. 현대 의학 기술을 이용하는 것과 기적을 믿는 것, 이 양자 중에서 양자택일적으로 선택해야 하는가? 불트만은 탈객관화와 "현대인이 수용할 수 있는 것"의 정당화에 대한 주장 사이를 혼동시키는 위험을 무릅쓰고 있다. 이런 위험의 근본 원인은 "신화"에 대한 양립할 수 없는 삼중적 정의, 형식과 내용에 관련된 정의들이라 할 수 있다. 보이스 깁슨(A. Boyce Gibson)은 다음과 같은 논평에서 기적에 대한 한층 더 세련된 관점을 제시한 바 있다. "흄이 가정한 대로 자연법칙이 경험에 기반하고 있다면 위반의 문제는 제기되지 않는다. 왜냐하면 법칙들은 오로지 향상을 기록하는 성적표이기 때문이다. 어떤 일은 나중에야 발생할 수 있다.…처음에 발생하는 일은 (흄과 불트만에 따르면) 불신을 받게 된다."[26] 이런 관점은 약 천년 전에 정립된 것이다. 오래전에 아퀴나스는 "기적"을 자연에 반대되는(*contra naturam*) 것이 아닌 자연을 넘어선(*praeter naturam*) 것으로 정의했다. 20세기의 철학자 워녹(G. J. Warnock)과 신학자 데이비드

---

24 John Macquarrie, *An Existentialist Theology: A Comparison of Heidegger and Bultmann* (London: SCM, 1955), p. 168.

25 Walter Schmithals, *An Introduction to the Theology of Rudolf Bultmann*, trans. John Bowden (London: SCM, 1968), pp. 27-95, 특히 pp. 232-72, 또한 Schubert Ogden, *Christ without Myth: A Study Based on the Theology of Rudolf Bultmann* (New York: Harper and Row, 1961), pp. 38-39.

26 A. Boyce Gibson, *Theism and Empiricism* (London: SCM, 1970), p. 268.

케언즈(David Cairns)도 인과성으로 "경험되는 것"은 다만 사건들의 일관적 결합일 뿐이라고 말했다.[27] 적어도 이런 근거에서 볼 때 기적이 현대인에게 는 "불가능하다"고 본 불트만의 가정에 의문을 제기하는 것은 가능하다.

3. 실존주의적 해석과 탈신화화: 특수한 예들

불트만의 주장에 따르면 탈신화화는 신약 자체에 의해 요청되는 작업이다. 그는 신약 언어의 기술적 **드러남**(appearance)은 성경의 진짜 의도와 내용 을 오히려 감추고 방해한다고 말한다. "신화"는 현대인들에게 불필요한 걸 림돌, 신약 메시지에서 연원하지 않은 장애물을 추가적으로 제공할 뿐이 다. 신약의 원래 메시지는 케리그마 또는 선포이지 해석되어야 하는 신화 가 아니다. 불트만에 따르면 "원시 신화에 대해 신앙을 유지하려면 현대인 들은 지성을 희생시켜야 하는데 이는 신약 시대의 사람들에게는 요구되지 않았던 지점이다. 따라서 이는 추가적인 장애물이다."[28] 성경을 거부하는 것과 묵시문학에서 파생되는 "성경적 세계관을 거부하는 것"은 아주 다른 일이다.[29]

불트만의 목적, 즉 십자가의 거치는 것을 강조하기 위해 신앙을 방해하 는 거짓 장애물을 제거하는 것은 가치 있는 일이었다. 너무나 자주 십자가 는 복음으로부터 사람들을 떼어놓는 그리스도인들의 하위문화적 부산물로 간주되었다. 하지만 불트만은 자신의 견해를 구시대의 자유주의적 시도,

---

27 J. G. Warnock, "Every Event Has a Cause," in *Logic and Language*, ed. A. G. W. Flew, 2nd ser. (Oxford: Blackwell, 1966), 1:95-111, and David Cairns, *A Gospel without Myth? Bultmann's Challenge to the Preacher* (London: SCM, 1960), pp. 123-25.

28 Rudolf Bultmann, *Jesus Christ and Mythology* (London: SCM, 1960), p. 36; 참 조. Ogden, *Christ without Myth*, p. 63와 Schmithals, Introduction, pp. 255-57. 『예수 그리스도와 신화』(한국로고스연구원 역간).

29 Bultmann, *Jesus Christ and Mythology*, pp. 35-36.

즉 복음을 더 믿기 쉬운 것으로 만들기 위해 구미에 맞지 않은 진리를 제거하려한 자유주의적 시도와는 철저하게 구분한다. 그가 제시한 복음은 단순한 가르침이 아니라 케리그마 또는 말 걸기와 관련된다. 하지만 탈신화화의 특정한 몇몇 예에 주목한다면 분명 우리는 원재료의 양이 충분치 못함을 알게 될 것이다.

1. 불트만에게는 **십자가** 자체가 너무나 중요했다. 따라서 그는 십자가의 "신화적 성격" 안에 "우리 죄를 속하기 위해 자신의 피를 흘린 희생양" 개념을 포함시킨다. "이 희생양은 세상의 죄를 대속했다."[30] 십자가를 바라볼 때 "우리는 우리 자신과 세계의 바깥에서 발생하는 일, 다시 말해 객관적 사건과 관계한다"는 진술이 신화적이라는 지적은 절반만 참이다.[31] 십자가는 우리로 그리스도 안에 동참하도록 요구한다. 즉 십자가 사건은 순수히 "우리 바깥"에서 일어난 사건, 전적으로 우리와 아무 관련이 없는 사건이 아니다. 하지만 불트만에 따르면 "그리스도는 '우리를 위해' 십자가에 달렸는데 이는 희생이나 만족설적 의미에서가 아니다."[32] 어떤 학자들은 불트만이 신약에 대한 선이해로서 구약을 버리고 실존철학으로 대체했기 때문에 이런 식으로 밖에는 발언할 수 없었다고 주장한다. 불트만이 말하고자 원했던 것은 우리는 "우리 자신만의 십자가를 만들어내야 한다"는 것이었다. 그런데 이것들이 서로 배타적인 대안들인가?

2. **부활**의 경우도 결코 더 쉽지 않다. 사실 십자가의 경우와 동일하다고 볼 수 있다. 불트만에 따르면 **"실제적으로 부활에 대한 신앙은 십자가의 구원의 효력 안에서 신앙과 동일한 것이다."**[33] 또한 이런 명백한 선언도 있

---

30 Bultmann, "New Testament and Mythology," in *Kerygma and Myth*, 1:35; 참조. Bultmann, *New Testament Mythology*, p. 36.

31 Bultmann, in *Kerygma and Myth*, 1:36; 참조. Bultmann, *New Testament Mythology*, p. 35.

32 Bultmann, "New Testament and Mythology," in *Kerygma and Myth*, 1:37.

33 Bultmann, "New Testament and Mythology," in *Kerygma and Myth*, 1:41, 불트만 강조; 참조. pp. 38-43; 참조. Bultmann, *New Testament Mythology*, p. 39; 참조. pp. 36-41.

다. "십자가에 달리고 부활한 그리스도는 다른 어느 곳에서가 아니라 말씀이 선포되는 곳에서 우리를 만난다."[34] 비록 너무 값싼 풍자로 들리겠지만, 그렇다면 불트만과 추종자들에게 부활은 주일 오전 11시 하나님의 말씀이 설교되는 시간에만 일어나는 것일까? 하지만 이런 모욕적 평가에는 일종의 진리가 내포되어 있다. 불트만이 부활에 대한 이해와 믿음은 곧 "그리스도와 함께 살아 일어나는 것"을 의미한다고 본 것은 옳다. 하지만 동시에 맥쿼리의 지적, 즉 실제로 그리스도가 사망으로부터 부활하지 않았다면 그와 함께 살아 일어나는 일을 설교하는 것이 어떻게 의미를 가질 수 있느냐는 질문 또한 유의미하다.[35]

3. 불트만의 세 번째 특수한 예, 곧 **기독론**에 대한 그의 접근법은 많은 것을 밝혀준다. 한편으로 신약 안에는 기독론에 대한 실천적 차원이 존재한다는 불트만의 주장은 옳다. 요하네스 바이스의 주장처럼 "그리스도가 주님이시다"(초기 그리스도인들의 고백)의 통상적 사용과 의미가 가장 잘 드러나는 지점은 "나는 그리스도의 노예다"라는 말에서다. 은사파 회중이라면 "우리는 주의 보좌를 세우네"라고 노래하면서 같은 의미를 지시할 것이다. 하지만 이것들이 그리스도를 "주"로 부르는 행위가 의미하는 전부일까? 그리스도는 "…죽은 가운데서 부활하사 능력으로 하나님의 아들로 인정되셨으니 곧 우리 주 예수"다(롬 1:4). 그리스도의 주 되심은 교회나 개인에게가 아니라 하나님께 의존한다. 바로 이것이 불트만에 대한 칼 바르트의 비판이 가지는 무게다. 불트만은 신약 주해와 조직신학 사이의 통합성을 망가뜨림으로써 하나님의 사역의 기초인 케리그마 자체를 공허한 것으로 만들고 있다.[36]

1951년 세계교회협의회는 "예수 그리스도를 하나님이자 구원자로 인

---

34 Bultmann, "New Testament and Mythology," in *New Testament Mythology*, p. 39; 참조. Bultmann, in *Kerygma and Myth*, 1:41.

35 John Macquarrie, "Philosophy and Theology in Bultmann's Thought," in *The Theology of Rudolf Bultmann*, ed. Charles W. Kegley (London: SCM, 1966), p. 141.

정하는" 사람들로만 회원 자격 요건을 제한하는 것이 옳은가 하는 문제를 논의하는 자리에 불트만을 발표자로 초빙했는데 그가 한 대답은 『믿음과 이해』(*Glauben und Verstehen*, vol. 2, 1955)라는 책 속에 담겨 있다. 우선 불트만은 예수 그리스도가 명시적으로 "하나님"이라 불리는 곳은 요한복음 20:28의 도마의 고백뿐임을 지적한다. "따라서 다음과 같은 결정적 질문이 제기될 수 있다. 예수에게 붙여진 칭호들은 그의 본성에 대해 우리에게 무엇인가를 말하려는 의도를 가진 것인가, 아닌가? 만일 의도를 가졌다면 얼마만큼 그런 것인가? 또한 예수에 대한 기독론적 선포는 얼마만큼 나에 대한 선포도 되는 것인가? 예수가 하나님의 아들이기 때문에 나를 돕는 것인가, 아니면 나를 돕기 때문에 그가 하나님의 아들인 것인가?"[37]

어쨌든 불트만은 이 전통적 명제를 유의미한 것으로 간주한다. 불트만에 따르면 이 명제는 "하나님은 그분(그리스도), 오직 그분 안에서만 만날 수 있음"을 확증한다.[38] 하지만 이런 자신의 입장은 "참된 신 중의 신" 같은 니케아 신조의 구절을 외우는 것과는 다르다고 주장했다. 그리스인들은 객관적 "본성"에 관심을 가진 반면 히브리인들은 실존주의적 접근을 채택했다. 불트만의 결론에 따르면 "모든 면에서 '그리스도는 하나님이시다' 라는 규정은 하나님을 객관화될 수 있는 실재로 이해한다는 점에서 잘못된 것이다.…만일 '하나님' 이 하나님의 사역의 사건으로 이해된다면 정확할 수 있다."[39] 다시 한번 불트만이 자기 개입(self-involvement)에 대해 주장한 내용은 옳다. 하지만 그가 부정한 부분은 옳지 않다. 오스틴(J. L. Austin)의 지적처럼 실제로 자기 개입은 자주 사건의 상태라는 기반 위에서만 유효하다.[40] 나는 이 점을 『티슬턴의 해석학』에서 반복해서 주장했다.[41]

---

36 Karl Barth, "Rudolf Bultmann—an Attempt to Understand Him," in *Kerygma and Myth*, 2:83-132, 특히 pp. 84-85, 91-102.

37 Bultmann, "The Christological Confession," in *Essays Philosophical and Theological*, p. 280.

38 Bultmann, "The Christological Confession," p. 284.

39 Bultmann, "The Christological Confession," p. 287.

4. 불트만이 기독론, 십자가, 부활에 대해 말한 내용은 분명히 하나님 자체에도 적용된다. "어떤 사람들은 세계를 하나님의 행위를 실존적으로 만날 가능성이 희박한 공간으로 지각한다. 하지만 하나님의 행위는 그런 세계 내의 현상으로 이해될 수 없다.…하나님의 행위를 말하는 것은 동시에 나 자신의 실존을 말하는 것이기도 하다."[42] 심지어 하나님의 행위는 하나님이 말을 건네는 사람들에게만 한정되는 것처럼 보이기도 한다. 왜냐하면 불트만은 신앙이 부재하는 곳에는 하나님도 숨겨져 계시다는 루터적 통찰을 고집하기 때문이다. 하지만 여기에는 이 질문에 대한 에버하르트 윙엘(Eberhard Jüngel)의 설명에서 찾아볼 수 있는 어떤 조심스러움도 섬세함도 없다. 불트만에게는 모든 것이 "이것 아니면 저것"의 문제이지 "이것도 저것도 동시에 가능한" 논리는 거의 찾아볼 수 없기 때문이다.

5. 처음에는 **종말론**에 대한 불트만의 선언에 동의할 수 있을지도 모른다. 신약의 "하늘"은 일차적으로 공간적 실재가 아니다. 자주 설교자들이 말하듯 하나님을 발견할 수 있는 곳은 하늘이 아니다. 하늘을 발견할 수 있는 곳이 바로 하나님 안인 것이다. 만일 불트만이 이미지들의 유비적이고 상징적인 특성을 강조했다면 우리는 이런 견해에 동의할 수 있을 것이다. 하지만 "신화"의 범주는 우리를 너무 먼 곳으로 데려간다. 불트만에 따르면 "우리는 더 이상 예수가 구름을 타고 다시 오시는 것을 기다리거나 의인들이 공중으로 끌어 올려져 그분을 만나게 될 것을 희망할 수 없다"(살전 4:17). 더 나쁜 것은 『예수 그리스도와 신화학』(*Jesus Christ and Mythology*)에 나타난 내용인데 여기서 불트만은 종말론적 드라마 전체는 항간의 묵시문학으로부터 빌어온 것이라고 주장했다. "그리스도의 재림(*parousia*)은

---

40 Anthony C. Thiselton, "More on Christology: Christology in Luke; Speech-Acts-Theory and the Problem of Dualism in Christology," in *Thiselton on Hermeneutics: Collective Works with New Essays* (Grand Rapids: Eerdmans; Aldershot: Ashgate, 2006), pp. 99-116에도 같은 논의가 있다.
41 *Thiselton on Hermeneutics*, pp. 51-150.
42 Bultmann, "Bultmann Replies," 1:196.

신약이 기대한 방식으로는 절대로 일어나지 않았다. 역사는 종말에 이르지 않았던 것이다."[43] 이 지점에서 불트만은 당대에 유행한 신약 해석에 의존하여 슈바이처와 유사한 길을 따른다. 하지만 오늘날 케어드와 N. T. 라이트 같은 학자들은 더 나은 은유 이해를 기반으로 하여 앞과 같은 해석에 의문을 제기하고 있다.

불트만은 "하나님 나라" 개념이 초기 자료에서 이미 분명하게 입증된 것으로 묵시문학의 "종말론적 드라마"의 일부라고 주장한다. 바로 이것이 "세 층을 가진 우주", 악마의 힘에 의해 노예화된 세계라는 원시 신화와 혼동되기 시작했다는 것이다. 성령은 순전한 실재 또는 인격이다. 하지만 불트만의 견해를 따르면 성령은 오직 "새로운 삶의 가능성일 뿐이다.…성령은 초자연적 힘처럼은 활동하지 않는다."[44]

하지만 이러한 탈신화화의 특정 예들로 인해 불트만이 언급하고 해결하기를 원했던 문제에 대해 맹목적이 되어서는 안 된다. 그는 "그리스도의 출현"을 제거하려고 하지는 않았다. 나아가 불트만에 따르면 "나를 비판하는 자들의 요지는 내가 신약을 하이데거의 실존철학의 범주로서 해석한다는 것이다. 하지만 나로서는 그들이 실제적 문제를 놓치고 있는 것은 아닌지 의구심이 든다. 진짜로 그들이 알고 놀라워해야 할 것이 있다면 그것은 실존철학이 독자적으로 신약이 말하는 바를 이해하고 있다는 사실이다."[45] 불트만의 관점에서 "실제적 문제"란 신약은 추상적 실재에 대해 이야기하지 않는다는 점이다. 신약은 무엇인가를 "묘사"하지 않는다. 신약은 인류에게 말을 걸 뿐이다. 이때 인류는 하이데거의 현존재(Dasein)와 같은 존재로 방관자가 아니라 참여자로서의 존재다. 이런 인간은 역사적 믿음이라는 "행위"에 의해서가 아니라 은혜에 의해서, 그리스도 사건으로의 참여를 통

---

43 Bultmann, *Jesus Christ and Mythology*, p. 14; 참조. pp. 11-17.
44 Bultmann, "New Testament and Mythology," in *Kerygma and Myth*, 1:22; 참조. Bultmann, *New Testament Mythology*, p. 20.
45 Bultmann, *New Testament Mythology*, p. 23; 참조. Bultmann, "New Testament and Mythology," in *Kerygma and Myth*, 1:25.

해 의롭게 된다.

　　때때로 불트만을 비판하기도 했던 맥쿼리조차 불트만이 타당한 질문을 제기했으며 올바른 개념적 도식과 개념성(Begrifflichkeit)을 사용했다는 강점에 대해서는 인정한다.[46] 다시 말해 불트만은 신약 텍스트에 마땅히 제기해야 할 질문들을 제기한 것이다. 게다가 그는 거기서 발견한 모든 것에 대해 실체의 범주를 부과하는 것을 피했다. 예를 들어 실재로서의 "영혼"에 대한 언어가 아니라 먼저 "존재 방식"을 추구했다. 불트만에 따르면 "하이데거의 존재의 존재론적 구조 분석은 인간 삶에 대한 신약의 관점을 세속 철학의 버전으로 바꾼 것에 지나지 않아 보인다."[47]

　　여기서 불트만과 맥쿼리에게 "철학"은 주로 두 차례의 세계대전 사이 독일에 지대한 영향을 미쳤던 하이데거의 철학을 지시한다. 하이데거에 대한 자세한 논의는 가다머를 다루는 장에서 다시 이루어질 것이다. 영국의 길버트 라일(Gilbert Ryle) 같은 이는 하이데거 철학의 근본적 약점에 대해 반대했다. 하지만 하이데거는 "존재에 대한 그리스적 해석"을 거부하면서 그것을 보다 "역사적이고" "주관적인"(즉 주체와 연관된) 해석으로 대체했다. 하이데거에 따르면 "존재"는 추상적 "개념"이 아니라 손에 닿는 실재다. 인간은 존재를 현존재(Dasein) 또는 "거기 있는–존재"로서, 지금 여기의 역사적이고 구체적인 실존 속에서 만나게 된다. 이런 식의 길로 이끄는 자아 이해를 우리는 "실존주의적"이라고 부른다.[48] 나아가 하이데거는 "암묵적으로 현존재가 존재 같은 무엇을 이해하고 해석하려 할 때는 그것이 서 있는 지점으로서의 **시간**과 함께 이해하고 해석하게 된다"고 선언했다.[49] 따라서 "존재"에 대해 탐구하는 철학의 역사는 사라져야 한다. 현상학과 해석이 전통적 범주들의 자리를 대체해야 한다. 이렇게 우리는 본래적일 수도, 비본

---

46 Macquarrie, *An Existentialist Theology*, pp. 13-14; 참조. pp. 3-26.

47 Bultmann, in *Kerygma and Myth*, 1:25.

48 Martin Heidegger, *Being and Time*, trans. John Macquarrie and Edward Robinson (Oxford: Blackwell, 1962), pp. 32-33.

49 Heidegger, *Being and Time*, p. 39, 하이데거 강조.

래적일 수도 있는 현존재가 존재하도록 하는 방식과 함께 출발하게 된다.

4. 불트만의 전체 기획에 대한 비판

조반니 미게(Giovanni Miegge)의 지적처럼 불트만의 기획은 케리그마와 신화 사이의 날카로운 양극화에 기반한다. 미게는 케리그마가 내용인데 반해 "'신화'는 '전체 틀'(framework)을 제시한다"고 논증한 바 있다.[50] 나아가 불트만의 양식 비평에 의하면 케리그마조차도 원시 공동체의 신앙에서 비롯된 것이다. 계속해서 미게는 이렇게 쓴다. "부활한 예수에 대한 신앙은 역사의 예수로 거슬러 올라가 자신을 투사한다.…무엇보다도 헬레니즘 공동체에서 유래한 것은 퀴리오스(Kyrios)로서의 그리스도, 하나님의 아들로서의 그리스도에 대한 새로운 이해다.…그러므로 기독교적 신앙에 제시된 영지주의적 신화는…개념들과 이미지적 형식들을 위한 적절한 전체 틀이라고 할 수 있다."[51]

앞의 언급과 유사하게 케언스는 "역사적인 것으로부터 신앙을 철저하게 갈라놓는 일"이 가능함을 지적한다.[52] 물론 불트만의 역사적 회의주의와 역사적인 것으로부터의 도피는 구분되어야 마땅하다. 하지만 역사적 회의주의가 역사로부터의 도피를 가능하게 하는 것도 사실이다. 불트만의 19세기식 루터주의는 신약의 역사적 신뢰성에 대한 수호를 역사적이고 인식론적 "작업"으로 바꿔버림으로써 역사에 대한 회의를 그럴듯한 것으로 만들었다. 그의 신칸트주의는 이원론의 한편에는 "묘사"와 "기록"을, 다른 한편에는 "은혜", "말 걸기", "경청"을 위치시킨다. 하지만 스탠튼(G. Stanton)과

---

50 Giovanni Miegge, *Gospel and Myth in the Thought of Rudolf Bultmann*, trans. Stephen Neill (London: Lutterworth, 1960), p. 20.
51 Miegge, *Gospel and Myth*, pp. 26, 29, 31.
52 David Cairns, *A Gospel without Myth? Bultmann's Challenge to the Preacher* (London: SCM, 1960), p. 141.

영(N. G. Young)은 정말 신약 저자들이 나사렛 예수에 대한 "사실들"에 무관심했는지에 대해 의문을 표한다.[53] 우리로서는 공관복음이 역사적 기록을 제공하는 것도 사실이지만 이 텍스트가 현재에 영향력을 끼침도 부인할 수 없다. 이 두 측면은 배타적 선택지가 아닌 것이다.

『예수 그리스도와 신화학』에서 불트만은, 바울이 그리스도와 연합된 존재라는 실존론적 언어를 가지고 묵시적 기대의 "신화"를 대체하기 시작했다고 암시했다. 또한 사도 요한도 종말론적이고 우주적인 갈등을 "거짓 교사"의 개념으로 탈신화화했다고 주장했다. 불트만은 "이렇게 탈신화화를 위한 길은 이미 마련되어 있었다"(고후 5:17; 요 5:26; 요일 4:16)고 선언한다.[54] 하지만 만일 바울과 요한이 이런 방식으로 진리를 표현하고자 원했다면 왜 그들은 일관성을 가지고 그렇게 하지 않았을까? 바로 여기에 "동전을 던져 앞이면 내가 이기고 뒷면이면 네가 진다"는 식의 논리가 도사리고 있다. 게다가 도드의 주장에도 불구하고 바울에게는 미래에서 실현된 (현재적) 종말에 이르는 어떤 연대기적 연결 관계도 보이지 않는다. 비록 불트만 자신은 『역사와 종말론』(History and Eschatology)에서 그 답을 제시하려 했지만 별로 설득력이 없다.[55]

지금까지 우리는 불트만의 역사관에 대해 논의했다. 기적에 대한 그의 견해는 역사관과 연결되지만 구별되어야 할 지점이다. 판넨베르크는 기적적인 요소에 대한 믿음이 신화의 범주로 격하되는 과정에 대해 언급한 바 있다. "사건의 과정 속에서 일어나는 신적 개입을 인정하는 행위는…신화적이라고 할 수 없는 이해를 포함해, 세계에 대한 종교적 이해에서 근본적

---

53 Graham N. Stanton, *Jesus of Nazareth in New Testament Preaching*, Society for New Testament Studies Monograph Series, no. 27 (Cambridge: Cambridge University Press, 1974); 참조. Norman J. Young, *History and Existential Theology: The Role of History in the Thought of Rudolf Bultmann* (Philadelphia: Westminster, 1969).

54 Bultmann, in *Kerygma and Myth*, 1:208.

55 Rudolf Bultmann, *History and Eschatology* (Edinburgh: Edinburgh University Press, 1957), 3장과 4장. 『역사와 종말론』(대한기독교서회 역간).

인 부분이다."[56] "종말론은 신화적 특징들을 드러내 보이지 않는다."[57] 불트만이 하르낙과 윌리허 같은 초기 자유주의자들과 연합하려 하지 않았다는 사실은 기억할 필요가 있다. 불트만은 "근대인"이 쉽게 수용할 만한 "종교와 윤리에 관한 몇몇 기본 원리"를 수호한 적이 없다. 이런 경우 케리그마는 더 이상 케리그마가 아니기 때문이다. 그렇다면 역사가 없이는, 세계 안에서의 하나님의 사역이 없이는 어떤 케리그마도 존재할 수 없는 것인가? 불트만의 작업은 구시대적 언어관, 즉 언어를 기술적이거나 전달적이거나 **양자 중 하나**로 보는 언어관에 의존하고 있다. 이런 언어관과 함께 칼 빌러 (Karl Bühler)에게서 전수된, 언어에 대한 잘못된 전통 또한 불트만의 연구의 기반이 된다. 굳이 브라운의 "공손이론"(politeness theory)까지 언급할 필요 없이 비트겐슈타인, 오스틴, 서얼(Searle), 레카나티(Recanati)만 참조하더라도 우리는 언어가 기능에 있어 겹쳐져 있으며 발화 행위는 사건의 사태에 의존함을 알 수 있다.[58] 이런 입장에서 살핀다면 불트만의 신화 개념 자체는 극도로 자기모순적이면서 자멸적 양상까지 보인다고 할 수 있다.

불트만의 기획은 대단히 구시대적인 것으로 밝혀진다. 또한 수많은 비판들에 대해서도 답을 제공하지 못하고 있다. 어쨌든 불트만은 여러 가지 방식으로 "십자가라는 진정한 걸림돌"을 설명해보려 시도했다. 최후의 심판에 대한 텍스트의 진짜 의도는 책임성에 대한 부름이라고 지적한 부분에서는 불트만이 옳다. 하지만 최후의 심판에 담긴 미래적이고 지시적인 의미를 부정한 것에서는 그가 틀렸다. 그의 입장대로라면 케리그마는 허세에 지나지 않게 될 것이다. 이런 예시를 통해 우리는 소위 불트만 학파가 왜 좌파와 우파로 분열되고 말았는지 명쾌하게 이해할 수 있다. 불트만 우파

---

56 Wolfhart Pannenberg, "Myth in Biblical and Christian Tradition," in Pannenberg, *Basic Questions in Theology*, trans. R. A. Wilson (London: SCM, 1970-73), 3:14.

57 Pannenberg, *Basic Questions in Theology*, 3:68; 참조. pp. 71-74.

58 Thiselton *on Hermeneutics*, pp. 51-150.

비평가들의 주장에 따르면 기독론은 결코 구원론 속으로 용해되어 사라지지 않는다. 이런 주장은 사도 요한에 대한 논의와 요한복음 6장에 대한 주장에서 명확히 나타난다. 가톨릭 진영에 속한 요제프 블랑크(Josef Blank)에 따르면 "불트만에게 있어 거의 논의를 촉발하지 못한 부분이 있다면 그것은 요한복음 6장의 떡에 대한 담론이 본질적인 **기독론**이라는 점이다."[59] 우리로서는 사도 요한의 개념에 대한 불트만의 "헬레니즘적"이고 "영지주의적"인 관점이 심각할 정도로 구시대적이라는 점을 덧붙일 수 있겠다. 1세기 유대교 저술의 빈번한 특징인 이원론이 발견되는 쿰란의 빛에 비추어볼 때 특히나 그러하다. 르네 마를레(René Marlé) 역시 불트만에 대해 지적하면서 이 신학자가 "마르키온적"이지 않은 것은 분명하지만 구약의 내용에 더 주의해야 했다고 유감을 표한 바 있다.[60]

5. 이후의 논쟁 과정: 좌파와 우파

불트만의 기획을 비판한 몇몇 학자에 따르면 불트만은 논의를 충분히 발전시키지 않았다. 만약 신약의 언어가 많은 부분 신화론적이거나 상징적인 것이 사실이라면 왜 불트만은 십자가의 유일성이라는 주제에서 멈춰서 버렸는가? 헤르베르트 브라운(Herbert Braun), 칼 야스퍼스(Karl Jaspers), 프리츠 부리(Fritz Buri), 슈베르트 오그덴이 이런 견해를 지지한 학자들로서 불트만 "좌파"로 알려졌다.

헤르베르트 브라운은 1903년에 태어나 쾨니히스베르크와 튀빙겐 대학에서 교육받았다. 독일 내에서는 주로 신약과 쿰란 연구가로 알려져 있지

---

59 Josef Blank, in *Rudolf Bultmann in Catholic Thought*, ed. Thomas F. O'Meara and Donald M. Weisser (New York: Herder and Herder, 1968), p. 105, 블랑크 강조; 참조. pp. 78-109.

60 René Marlé, "Bultmann and the Old Testament," in *Rudolf Bultmann in Catholic Thought*, pp. 110-24.

만 독일 바깥에서는 급진적인 실존주의적 해석자, 즉 "하나님"의 존재조차 자기 이해를 위한 신화 또는 상징이 된다고 주장한 비평가로 유명하다.[61] 브라운에 따르면 하나님이나 예수는 인간성을 이해하는 수단이 되는 상징일 따름이다. 불트만과 마찬가지로 브라운도 이 세계에 객관적인 방식으로 개입하는 하나님 개념은 더 이상 신뢰할 수 없다고 보았다. 왜 예수나 하나님을 실재로 간주해야 하는가? 브라운에 따르면 슐라이어마허 이후의 개신교 신학이 나아가는 방향은 다음과 같다. 즉 우리 스스로 하나님 또는 예수라는 이름을 부여한 것들에 대해 다만 그것이 우리 경험의 표현의 방식에 지나지 않음을 인식하게 되었다는 것이다. 하지만 이제는 이런 이름 없이도 잘 해나갈 수 있게 되었다. 이런 단계 역시 탈신화화와 탈객관화의 거대한 기획의 일부에 속할 것이다. 브라운은 『신약의 이해에 대하여』에서 대중적 버전을 제시한 바 있다.[62]

많은 학자들이 브라운에게 격하게 반응했지만 그중에서도 헬무트 골비처(Helmut Gollwitzer)만큼 격렬한 대응을 한 이는 없었다.[63] 골비처는 단적으로 말해 브라운이 "유신론"을 거부한다고 주장했다. 정의상 유신론은 일종의 형이상학과 존재론을 요구한다. 게다가 브라운은 1세기 당시의 세계관에 대해 회의주의적이다. 판넨베르크, 맥쿼리, 헵번을 위시한 일군의 학자들은 불트만과 브라운에 의해 제시된 "신화" 개념 사용의 혼동을 비판한 바 있다. 골비처에 따르면 "하나님"이란 한 분의 인격적 신을 의미하며 그의 이름은 "대체될 수도 포기될 수도 없다."[64] 따라서 그는 이렇게 결론

---

61 Herbert Braun, "Der Sinn der neotestamentlichen Christologie," *Zeitschrift fur Theologie und Kirche* 54 (1957): 341-77; 참조. Braun, *Qumran und das Neue Testament* (Tübingen: Mohr, 1966).

62 Herbert Braun, "Vom Verstehen der Neuen Testamentes," *Neue deutsche Hefte*, November 1957, pp. 697-709; Braun, *Gesammelte Studien zum Neuen Testament und Umwelt* (Tübingen, 1962), pp. 243-309에 재수록.

63 Helmut Gollwitzer, *The Existence of God as Confessed by Faith*, trans. James W. Leitch (London: SCM, 1965), pp. 35-45.

64 Gollwitzer, *Existence of God*, p. 42.

내린다. "기독교적 신앙을 표현하는 것으로서의 유신론적 말하기 방식은 결코 다른 방식에 의해 중단될 수 없다."[65]

야스퍼스(1883-1969)는 신학자라기보다 주로 철학자이자 정신과 의사로서 저술 활동을 했다. 처음에는 법과 의학을 공부했으며 하이델베르크 대학에서 심리학 조교수로 가르쳤다. 마흔의 나이에 실존주의 철학자로 선회한 야스퍼스는 스위스 바젤 대학의 철학 교수가 된다. 심리학의 영역에서는 특히 편집증과 환상의 문제를 연구했으며 철학에서는 키르케고르와 니체의 깊은 영향을 받았다. 또한 실존의 철학과 개인의 자유를 강조했다.

야스퍼스에 따르면 종교는 진리 발견을 위한 적극적 역할을 수행할 수 있지만 그렇다고 배타적으로 되어서는 안 되며 탐구자에게 있어 참된 것이어야 한다. 각각의 탐구자들은 각각 다른 방식과 형태로 **초월**을 발견할 수 있다. 실존주의적 분석은 기독교보다는 "종교"를 발견할 것이다. 야스퍼스의 접근법은 분명히 다원주의적이다. 『케리그마와 신화』에 실린 에세이에서 야스퍼스는 자신이 이방을 떠도는 여행자처럼 느껴진다고 고백한 바 있다. 하지만 불트만의 접근법에 대해서는 "한 개인과 역사가로서 가졌던 자유주의적 성향에도 불구하고 실제적으로는 정통주의와 자유주의를 동시에 껴안고 있다"고 언급한다.[66] 『철학』(*Philosophy*)에서 야스퍼스는 논증하기를, 한 인간이 과학이나 경험론의 한계에 직면할 때 그는 절망에 빠질 수도 있고 아니면 신앙의 도약을 통해 어떤 초월이나 자기 초월을 선택할 수도 있다고 보았다. 하지만 **초월**이 반드시 인격신을 함축하지는 않는다. 세계의 "너머"에 놓여 있는 어떤 것일 뿐 인격신이 아닐 수도 있다.

불트만은 야스퍼스에게 자신은 실존철학을 포기하지 않았다고 대답한 바 있다. 즉 불트만은 전통적인 주체-객체의 도식 또는 개념적 도식을 넘어선 하이데거를 따르고 있다. 야스퍼스는 불트만이 여기서 직면하고 있는

---

65 Gollwitzer, *Existence of God*, p. 44.
66 Karl Jaspers, "Myth and Religion," in *Kerygma and Myth*, 2:174.

곤경을 이해하는 데 실패한다. 불트만에게 실질적 문제는 어떻게 성경을 해석하는가 하는 방법에서만 야스퍼스의 철학과 관련된다. 불트만은 신약의 유일성을 고수한다. 결국 그의 대답은 "주여 영생의 말씀이 주께 있사오니 우리가 누구에게로 가오리이까?"(요 6:68)인 것이다.[67]

불트만의 입장을 지지하는 데 있어 좌파와 우파 중간에 서 있는 학자는 극히 소수지만 이 중도파 중 대표자를 꼽으라면 프리드리히 고가르텐(1887-1967), 한스-베르너 바르취(Hans-Werner Bartsch, 1915-), 발터 슈미탈스(1923-)가 있다. 고가르텐은 1927년부터 예나 대학에서, 1933년부터는 괴팅겐 대학에서 신학 교수로 재직했다. 그는 『탈신화화와 역사』라는 책에서 불트만의 기획을 설명한 바 있다.[68] 슈미탈스는 마르부르크와 뮌스터에서 공부했고 마르부르크 대학에서 강의했으며 베를린 대학의 신약학 교수로 재직했다. 이 신학자는 『루돌프 불트만 신학 입문』을 비롯하여 영지주의와 고린도교회 등 다양한 주제에 대한 책을 저술했다. 또한 명백히 비기독교적인 정치관을 표명하기도 했다.

하지만 대부분의 학자들은 "우파적" 비판의 범주에 속한다. 불트만의 기획에 대한 초기의 대표적 비평가로는 헬무트 틸리케(1908-1986), 칼 바르트(1886-1968), 율리우스 슈니빈트(Julius Schniewind, 1883-1948) 등을 꼽을 수 있다. 틸리케는 세계관에 대한 불트만의 설명을 공격했다. 그뿐 아니라 만일 신화에 대한 불트만의 정의를 따른다면 우리는 무로부터의 창조(creatio ex nihilo) 개념을 부정할 수밖에 없다는 사실도 지적했다.[69] 틸리케에 따르면 "관건은 신약이 신화로부터 해방될 수 있느냐 아니냐가 아니라 인간의 사유가 그렇게 할 수 있느냐 아니냐다.…공간, 시간, 인과성은 객관

---

67 Rudolf Bultmann, "A Case for Demythologizing," in *Kerygma and Myth*, 2:194.
68 고가르텐의 저술 중 가장 널리 알려진 것으로는 *Christ the Crisis* (London: SCM, 1978)와 *Demythologizing and History* (London: SCM, 1955)이 있다.
69 Thielicke, "The Restatement," 1:144-45; 참조. pp. 138-74.

제9장 루돌프 불트만과 신약의 탈신화화 283

적 범주가 아니다."[70] 이런 식으로 틸리케는 불트만의 제안의 다양한 측면에 대해 질문을 던진다.

칼 바르트에 대해 언급하자면 초기의 바르트와 불트만의 접근 방식 사이에는 일종의 유사성이 존재했다. 이들은 변증법적 신학을 공유하고 있으며 바르트가 쓴 『로마서 강해』를 초기의 불트만이 지지했다는 사실에서도 알 수 있듯 둘 다 신약의 가치중립성이라는 가정을 거부한다. 그럼에도 바르트는 점점 더 불트만의 역사관과 존재론, 그외 많은 측면에 대해 불편한 감정을 가지게 되었다. 바르트는 신약으로부터 공리적 명제를 추출할 수 없다는 것에는 동의한다. 이 지점에서는 불트만이 옳았다. 또한 아돌프 하르낙이나 빌헬름 부세트(Wilhelm Bousset), 아돌프 윌리허를 자유주의자라고 할 때와 동일한 의미로 불트만을 자유주의적이라고 할 수 없다는 사실에도 동의한다. 케리그마는 인간의 주관적 경험이 아니라 하나님의 사역과 관련된다. 나아가 하나님의 구원 사역은 기독론에 기반을 두는데 불트만에게서는 기독론으로부터 도출된 구원론이 발견된다. 하지만 불트만은 "제3일"에 일어난 사건에 대해서는 충분한 주의를 기울이지 않았다. 그는 소위 루터주의에 너무 많은 빚을 지고 있다.[71]

불트만에 대한 슈니빈트의 공격 역시 바르트만큼이나 만만치 않다. "우리는 'Historie'는 버릴 수 없다. 'Historie'란 잠재적으로 현존하는 것이 아니기 때문이다. 또한 우리는 'Geschichte'는 받아들일 수 있다. 왜냐하면 그것은 우리에게 현재적이기 때문이다."[72] 슈니빈트의 논증에 따르면 종말론은 미래의 역사며 기독론은 필수적으로 중요하다. "영광 가운데 거하는 카이사르가 주님이자 구원자든지…아니면 나사렛 예수가 주님이자 구원자다."[73] 이런 논의와 관련해서는 에른스트 킨더(Ernst Kinder)부터 퀴네트(W.

---

70 Thielicke, "The Restatement," 1:158.

71 Barth, "Bultmann," 2:121-23.

72 Julius Schniewind, "A Reply to Bultmann," in *Kerygma and Myth*, 1:83; 참조. pp. 45-101.

Künneth)까지 여러 이름이 거명될 수 있을 것이다. 영국 학자로는 이언 핸더슨(Ian Henderson), 존 맥쿼리, 데이비드 케언스를 포함시킬 수 있다. 불트만은 자신이 하이데거로부터 배운 것은 신약이 말하는 내용이 아니라 신약이 말하는 방식이라고 말한 바 있다. 하지만 아무도 이 언급을 설득력 있다고 여기지 않을 것이다. 이언 핸더슨의 주장을 빌자면 신약을 해석하는 일은 암호를 푸는 일보다는 걸작을 해석하는 작업에 가깝다.[74] 누구도 본래적인 것을 저버릴 정도로 어리석지는 않다. 비록 심각하게 구시대적인 점이 있기는 하지만 불트만의 제안은 몇몇 긍정적 통찰력을 담고 있어 비판적 경청을 받을 만한 가치가 있다.

6. 참고 도서

Bultmann, Rudolf, "New Testament and Mythology," in *Kerygma and Myth: A Theological Debate*, edited by Hans-Werner Bartsch, 2 vols. (London: SCM, 1953), 1:1-44; 새로운 번역으로는 Bultmann, *New Testament Mythology and Other Basic Writings*, selected, edited, and translated by Schubert M. Ogden (Philadelphia: Fortress, 1984), pp. 1-44.

Jensen, Alexander, *Theological Hermeneutics*, SCM Core Text (London: SCM, 2007), pp. 115-34.

Thiselton, Anthony C., *The Two Horizons: New Testament Hermeneutics and Philosophical Description with Special Reference to Heidegger, Bultmann, Gadamer, and Wittgenstein* (Grand Rapids: Eerdmans; Exeter: Paternoster, 1980), pp. 227-92.

---

73 Schniewind, "A Reply to Bultmann," 1:91.
74 Ian Henderson, *Myth in the New Testament* (London: SCM, 1952), p. 31.

제10장

20세기 중반의 접근: 바르트, 신해석학, 구조주의, 탈구조주의, 제임스 바의 의미론

1. 칼 바르트의 초기와 후기 해석학

1. **배경과 경력.** 칼 바르트(Karl Barth, 1886-1968)는 스위스 바젤의 칼뱅주의 전통의 집안에서 태어났다. 베른에서 공부했고 나중에는 독일의 베를린, 튀빙겐, 마르부르크에서도 연구를 계속했다. 그를 가르친 선생들 가운데 유명한 이로는 빌헬름 헤르만, 아돌프 윌리허, 아돌프 폰 하르낙이 있는데 나중에 바르트는 이들의 자유주의에 반대하게 된다. 1911년부터는 스위스 자펜빌에서 목사로 사역하기도 했다.

1915년에서 1918년에 이르는 시기에 바르트는 고린도전서에 관한 책인 『죽은 자의 부활』(*The Resurrection of the Dead*)을 비롯하여 『하나님의 말과 인간의 말』(*The Word of God and the Word of Man*)에 수록될 논문 대부분을 저술한다. 특히 『하나님의 말과 인간의 말』을 구성하는 논문 「성경 속의 낯선 신세계」(The Strange New World within the Bible)는 바르트의 근본적 기획을 보여준다고 할 수 있다.[1] 이 저술들은 "자연종교"와 기독교 복음의 불연속성을 강조한다. "사람을 자랑하지 말라"(고전 3:21)를 강조한 바

---

[1] Karl Barth, *The Resurrection of the Dead*, trans. H. J. Stenning (London: Hodder and Stoughton, 1933; German, 1915-16); and Barth, *The Word of God and the Word of Man*, trans. D. Horton (London: Hodder and Stoughton, 1928).

르트는 고린도교회의 주요 결함이 "하나님을 믿은 것이 아니라 자신의 신앙이나 지도자, 영웅들을 믿는 무모함, 확신, 눈먼 열정"이었다고 주장한다.[2] 「성경 속의 낯선 신세계」에서 바르트는 "신세계는 자신을 우리의 일상 세계 안으로 투사한다.…성경의 내용을 형성하는 것은 하나님에 대한 인간의 생각이 아니라 인간에 대한 하나님의 생각이다."[3]

바르트의 이런 관점의 동기가 된 것은 자펜빌에서 아무런 도움이 되지 못했던, 스승들에게서 배운 자유주의 신학의 실패였다. 초기 스승들의 성서비평을 대체로 무시하면서 바르트는 1918년에 『로마서 강해』를 쓴다. 또한 1922년에 출간된 제2판에서는 스승들의 방법론을 공격하기도 했다.[4] 1925년에는 괴팅겐 대학, 1930년에는 본 대학의 교수로 임명된 바르트는 1934년, 고백교회의 바르멘 선언의 주요 저자로서 나치에 반대하여 그리스도의 유일한 주 되심을 선포한다. 예상대로 바르트는 1935년에 학교에서 해임되었으며 1962년에 은퇴할 때까지 바젤 대학 교수로 재직한다. 1932년부터 저술되기 시작한 『교회 교의학』은 바르트의 가장 주요한 책으로서 1968년 사망할 때도 여전히 작업 중이었다. 『교회 교의학』이 없었다면 『로마서 강해』가 국제적 명성을 선사한 유일한 저술이었겠지만, 이 대작을 통해 바르트는 전 세계에 심대한 영향력을 미치게 된다. 『교회 교의학』은 영어로 번역되었으며 14권짜리 전집에 이르고 있다.[5]

2. 해석학에 대한 바르트의 초기 접근. 『로마서 강해』 제2판이 나올 때까지 초기 시기(1915-1922)의 바르트의 입장은 변증법적 신학의 시기, 즉 하나님의 초월 또는 거룩한 타자성, 거룩하고 무한한 하나님과 유한하고

---

2 Barth, *Resurrection*, p. 17.

3 Barth, *The Word of God*, pp. 37, 43.

4 Karl Barth, *The Epistle to the Romans*, trans. E. C. Hoskyns (Oxford and London: Oxford University Press, 1933). 『로마서 강해』(한들출판사 역간).

5 Karl Barth, *Church Dogmatics*, ed. G.W. Bromiley, T. F. Torrance, and others, 14 vols. (Edinburgh: T. & T. Clark, 1957-75). 『교회 교의학』(대한기독교서회 역간).

타락한 인류 사이의 간극을 강조하는 신학의 시기로 요약될 수 있다. 우리 인간은 이런 하나님에 대해 직접적으로나 일의적으로 말할 수 없다. 그렇기 때문에 신적 계시는 우리를 향해 변증법적인 양자, 즉 은혜의 "예"와 심판, 위기, 타자성의 "아니오"를 동시에 전달하는 것이다.

『로마서 주석』(제2판, 1922)에서 바르트는, 만일 자신이 "시스템"이란 것을 가지고 있다면 그것은 키르케고르가 인간의 시간과 하나님의 영원 사이의 "무한한 질적 구분"이라고 부른 무엇이라고 말했다.[6] 계속해서 바르트는 "이러한 하나님과 인간 사이의 관계가…내게는 성경의 주제요 철학의 본질이다. 철학자는 인간 지각의 저 위기(KRISIS)를 제일운동자(Prime Mover)라고 부른다. 성경은 같은 교차로에서 예수 그리스도의 형상을 바라본다."[7] 그러므로 초기의 바르트에서 성경해석학의 이중적 의미란 첫째, 우리는 간접적으로나 변증법적으로 하나님께 듣고 말하기 위해서 "신앙의 유비"를 사용해야 한다. 둘째, 신앙의 유비의 언어는 그리스도 중심적이어야 하는데 왜냐하면 "위기"의 신학은 그리스도를 가리키기 때문이다. 바르트의 주석은 인문과학이나 인문과학의 토대로서의 일반적 해석학(딜타이와 같은)에 대해서는 별 관심을 기울이지 않는다. 바르트는 "우리는 심리학과 역사의 환상으로부터 깨어 일어나 성경을 향해 돌아선다"라고 선언했다.[8] 하지만 성경조차도 살아 계신 하나님의 자리에 "우상"으로 세워질 위험을 초래할 수 있다(롬 12:3). 로마서 8:5-9에 따르면 "육신의 마음"은 성령의 적이 될 수 있으며 모조품에 불과한 "평강"을 추구할 수 있다. 서문에서 바르트는 "나의 유일한 목적은 성경을 해석하는 것이다.…물론 어느 누구도 텍스트에 무엇인가를 더하지(einlegen) 않고는 그것으로부터 의미를 일으키지(auslegen) 못한다."[9] 따라서 바르트가 목표로 삼았던 것은 자기의 시

---

6 Barth, *Romans*, p. 10 (2nd ed., 독일어판, 1922).
7 Barth, *Romans*, p. 10.
8 Barth, *Romans*, p. 431.
9 Barth, *Romans*, p. ix.

대를 위한 신학적 주해였다. 독자는 새로워진 믿음과 순종 안에서 하나님의 말씀을 들어야 한다. 본질적으로 중요한 것은 신학적 내용이다. 고린도교회의 몇몇 신도들은 고린도전서 15장에 나타난 부활을 믿는 데 실패하는데 그 이유는 "하나님을 알지 못하는 자가 있기" 때문이었다(고전 15:34).[10] 성경은 "타자"인 동시에 "새로운, 훨씬 더 광대한 세계"다.[11]

바르트와 자유주의자 스승들을 서로가 서로 때문에 충격을 받았다. 헤르만, 윌리허, 하르낙은 바르트가 가치중립적 접근을 무시하고 성서비평을 건너뛴 듯 보인다는 점에서, 또한 성서비평을 주해의 예비적 단계로밖에는 여기지 않는다는 점에서 충격을 받았다. 바르트는 바르트대로 스승들의 접근법이 동시대 독자들에게서 파산 선고를 받은 상태라고 생각했다. 바르트의 주장에 따르면 자유주의는 전혀 "현대적"이지 않으며 예수와 바울의 케리그마를 진정한 케리그마가 아닌 무미건조한 "가르침"으로 변질시켰다. 놀랍게도 불트만은 이런 초기의 바르트를 지지했다. 신약은 "케리그마"지 진부한 "가르침"이 아니라는 견해에 동의했던 것이다.[12] 하지만 나중에 가서는 바르트의 신학이 지나치게 신화학적이라고 보고 그와의 동조를 깨기에 이른다. 어쨌든 바르트와 불트만 모두 하나님의 초월(또는 "타자성")을 강조했으며 신적 계시를 표현하는 기독교적 언어가 가진 간접적이고 유비적인 본성을 역설했다.

3. **바르트의 후기 해석학.** 제2차 세계대전과 나치즘의 위협이 증대함에 따라 바르트는 유비의 본성을 더 깊이 사유했다. 또한 그리스도 중심적 관점도 더욱 삼위일체적 성격을 띠게 되었다. 유비의 주제와 관련해서 바르

---

10 Barth, *Resurrection*, p. 190.
11 Barth, *The Word of God*, p. 42.
12 참조. James M. Robinson, "Hermeneutics since Barth," in *New Frontiers in Theology*, vol. 2, *The New Hermeneutic*, ed. James M. Robinson and John B. Cobb, Jr. (New York and London: Harper and Row, 1964), pp. 1-77, and Francis Watson, *Text, Church, and World: Biblical Interpretation in Theological Perspective* (Edinburgh: T. & T. Clark, 1994), pp. 1-14, 226-40, 243-45.

트는 에밀 브루너(Emil Brunner)의 입장과 결별하게 된다. 브루너는 결혼과 국가에 대한 율법을 강조하는 한편 회개의 가능성, 즉 아퀴나스가 설명한 바 존재의 유비(*analogia entis*)를 지시하는 것으로서의 회개의 가능성을 주장했다. 반면 바르트는 오직 신앙의 유비(*analogia fides*)만이 하나님의 초월과 타자성을 충분히 지킬 수 있다고 보았다. 이 주제는 매우 복잡하고 미묘하기 때문에 양편에 대해 많은 논의가 필요하다고 할 수 있다.[13]

앞의 주제에 대한 바르트의 중기와 후기 사유는 『교회 교의학 I/2』(영어판, 1956)의 19-21장, 약 400쪽에 달하는 분량 속에 잘 나타나 있다.[14] 19-21장 이전 장들에서 바르트는 인류를 하나님의 말씀, 하나님의 사랑, 하나님 찬양을 행하는 행위자로 설명한다. 그리고 19-21장에 와서는 인류가 성경의 독특성을 인식할 수 있다는 주제를 다룬다. 왜냐하면 성경을 통해 성령은 인간으로 하여금 교회의 주님으로서의 그리스도께 복종하게 하며 모세와 선지자, 복음 전도자와 사도들을 통해 전달된 말씀에 반응하도록 하기 때문이다.[15] 하지만 계시는 하나님의 계시에 대한 증언으로서의 성경에서 그 표현을 찾을 수 있으며 동시에 "삼위일체 하나님의 주 되심"에 대한 **증언**이기도 하다.[16] 성경에서 우리는 "인간의 음성으로 쓰인 인간의 언어"와 만나는데 이 인간의 언어는 계시를 증언하고 있다.[17]

나아가 바르트는 하나님의 말씀이 "교회를 위한" 것임을 강조한다. 따라서 『교회 교의학』의 20장과 21장에서 그는 말씀의 수용자로서의 교회의 본성에 대해, 또한 삼위일체 교리 안에서의 교회의 의미에 대해 논의하고

---

13 참조. Alan J. Torrance, *Persons in Communion: An Essay on Trinitarian Description and Human Participation with Special Reference to Volume One of Karl Barth's "Church Dogmatics"* (Edinburgh: T. & T. Clark, 1996).

14 Barth, *Church Dogmatics* I/2 (Edinburgh: T. & T. Clark, 1956), pp. 457-740 (German, pp. 505-990).

15 Barth, *Church Dogmatics* I/2, section 19.1, p. 457.

16 Barth, *Church Dogmatics* I/2, section 19.1, p. 458 (참조. 독일어판, p. 512).

17 Barth, *Church Dogmatics* I/2, section 19.1, p. 463.

18 Otto Weber, *Karl Barth's "Church Dogmatics": An Introductory Report*, trans. A. C. Cochrane (London: Lutterworth, 1953), p. 58.

있다. "성경해석학은 일반 해석학을 통해서는 그 자체로 구술될 수 없다."[18] 하지만 우리는 모든 역사적 특수성 안에서 인간의 언어를 통해 말씀을 전달받는다. 바로 이것이 "하나님의 계시"며 "신앙의 유비는…그것의 신비의 어둠과 빛 속으로 끌려들어간다."[19] 우리에 의해 이해된 것(예를 들어 해석에서)이 우리를 붙잡아준다. 다시 말해 우리 자신이 주인은 아니다. 교회는 이 증언을 성경의 일부로 확증하거나 정립한다. "성경은 교회에게 주어진, 교회를 위한 하나님의 말씀이다."[20] 하지만 성경이 계시에 대한 "증언"인 반면 정경은 교회를 통해 **인정을 받는다**(교회에 의해 만들어진 것은 아니다). 구약과 신약은 정경에 속한다. 성경은 계시에 대한 증언일 뿐 아니라 선지자와 사도들을 통한 교회에 대한 증언이기도 하다.

20장에 나타난 바르트의 논의에 따르면 교회는 자체의 "직접적이고 절대적이며 그 자체로 물질적인 권위"를 주장할 수는 없지만 "성경의 권위"를 매개한다.[21] 교회는 인간의 오류로부터 완전히 벗어나 무오하게 보존되지 않는다. 계시의 문제에서 결정적 사건은 그리스도의 부활이다. 바르트는 성경의 권위에 대한 표준적 성경 구절로서 디모데후서 3:14-17("네가 어려서부터 성경을 알았나니…모든 성경은 하나님의 감동으로 된 것으로…유익하니")과 베드로후서 1:19-21("오직 성령의 감동하심을 받은 사람들이 하나님께 받아 말한 것임이라")을 인용한다. 교회는 스스로를 자기 충족적으로 여길 수도, "순종하는" 교회로 여길 수도 있다. 후자의 경우 교회는 히틀러의 나치즘에 대항한 고백교회의 바르멘 선언에서와 같이 자기 신앙을 "고백"할 수 있다. 이때 교회는 하나님의 말씀의 "통치 아래" 있는 것이다.

바르트는 교회가 삼위일체적 차원을 가진다는 것을 보여준다. 성경의 "통치 아래에서" 교회의 순종은 성령에 대한 응답인 동시에 성부와 성자의 주 되심에 대한 인정이다. 성경에 대한 장들(『교회 교의학』 19-21장)은 먼저

---

19 Barth, *Church Dogmatics* I/2, section 19.1, p. 472.
20 Barth, *Church Dogmatics* I/2, section 19.2, p. 475.
21 Barth, *Church Dogmatics* I/2, section 20, p. 538.

"말씀의 자유"(21장)를 통해 사명 교리에 있어 "교회의 선포"로, "윤리학"(22장)으로, "경청하는 교회라는 기능으로서의 교의학"(23장)으로 전개된다. 이 대목들은 1부의 후반부를 구성하고 있다. 해석학은 이러한 목적들에 봉사하기 위해 존재한다. 여기서는 삼위일체가 근본적인 역할을 하며 유비와 교회도 그러하다.

4. **평가.** 바르트와 불트만의 길이 급진적으로 갈라진다는 것은 충분히 이해할 만한 일이다. 이들은 둘 다 초월적 하나님에 대한 언어가 유비적이라는 점에는 동의한다. 하지만 바르트는 누구보다 더 강력하게 하나님과 인간 사이의 철저한 불연속성에 주목한다. 그는 해석학을 자신의 성부·성자·성령 신학의 일부로, 즉 "위로부터의" 신학으로 제시했다. 바르트는 성경이 인간 저자에 의한 것이며 그리스도 중심적 계시에 대한 "증언"이라는 점, 따라서 해석학적 이해는 순종을 요구함을 강조하고 있다. 바르트는 교회와 정경의 역할에 중요성을 부여하는데 이런 입장은 후에 한스 프라이 (Hans Frei)와 브레버드 차일즈(Brevard Childs)에게로 계승된다. 물론 바르트의 통찰 없이는 불가능한 일이지만 이는 그의 신학적 사상의 일부에 불과하다. 상대적으로 바르트는 오늘날 해석학의 이슈에 대해서는 별로 언급하지 않았다. 이는 그의 신학적 관점을 유지하는 데 도움을 준다. 최근에 보왈드는 해석학에는 신적 행위에 대한 설명이 요구된다고 한 바 있는데 바르트는 바로 이 점을 잘 강조하고 있다.[22]

바르트가 그리스도 중심적 관점에서 삼위일체적 관점으로 이행하면서도 그리스도 중심적 관점을 뒷자리에 밀어두지 않았음은 사실이다. 바르트는 자신의 출신 배경 덕분에 성경에 대한 사랑에 굳건히 기반하고 있었다. 또한 역사비평적 방법론에 대한 그의 강한 거부감 때문에 성서비평은 맹목적으로 혹은 가치중립을 견지하고 있다는 착각 속에서 이루어져서는 안 됨

---

22 Mark Alan Bowald, *Rendering the Word in Theological Hermeneutics* (Aldershot and Burlington, Vt.: Ashgate, 2007).

을 확신했다.[23] 바르트는 나사렛 예수가 도덕적 진리나 보편적 금언을 "가르치는" 일 이상을 했음을 강력하게 주장했다. 초기 저술에서 그는 키르케고르를 선용했다.

바르트는 자신의 『안셀무스: 이해를 추구하는 신앙』(*Anselm: Fides Quaerens Intellectum*, 1930)이 『교회 교의학』의 가장 중요한 열쇠라고 설명했다. 그에 따르면 "믿음"은 하나님이 주도하는 과정이다. 1934년에 바르트가 브루너에게 "아니오"라고 쓴 것을 두고 많은 사람들은 너무 지나치다고 여기지만 이 사건은 로마에서의 특수한 상황 속에서 나온 것이다. 바르트는 기독교 신학에서의 자기비판의 필요성을 강조한다. 그는 "하나님은 러시아 공산주의, 플루트 협주곡, 죽은 개를 통해서도 우리에게 말씀하실 수 있다"고 믿었다.[24] 하지만 하나님이 말씀하시는 장소와 시간은 무엇보다 "그분이 성경의 말씀을 이루시며…그것을 참이 되게 하시는" 곳에서다.[25] 무엇보다 하나님의 말씀은 약속의 말씀이며 이 약속은 변혁의 사건으로 현재 안에서 실체화된다. 해석학의 실천 가능성이 무엇이든 간에 바르트가 보여준 이 폭넓은 관점은 참되다. 그의 관점에 따르면 "하나님은 오직 하나님을 통해서만 알려질 수 있다." 따라서 "이해는 하나님에게서 온다."

2. 푹스와 에벨링의 신해석학

예수의 비유를 다룬 장에서는 의도적으로 짧게 논의를 끝냈다. 같은 주제를 다른 데서 길게 다룰 것이기 때문이다. 앞에서 이 주제를 다루면서 살폈던 시대 이후로 이렇다 할 큰 발전은 이루어지지 않았다. 특히 하이데거의

---

23 참조. Telford Work, *Living and Active: Scripture in the Economy of Salvation* (Grand Rapids: Eerdmans, 2002), pp. 67-100.
24 Barth, *Church Dogmatics* I/1, section 3, p. 55.
25 Barth, *Church Dogmatics* I/1, section 4, p. 120.

언어 개념이 인정된 이후로, 또한 "발화 사건"(speech-event)이라는 지나치게 일반화된 개념이 오스틴, 존 서얼, 레카나티 등의 더욱 정교한 이론과 충분히 조화되지 못한 이후로, 1960년대 초반에 중시되었던 주제들이 전반적으로 관심의 대상에서 멀어졌다.

일반적으로 에른스트 푹스(1903-1983)와 게르하르트 에벨링(1912-2001)은 소위 "신"해석학의 창시자자 주창자로 간주된다. 푹스는 불트만처럼 루터교 신자면서 그의 제자였으며 본, 베를린, 튀빙겐, 마르부르크 대학에서 교육받았다. 에벨링처럼 푹스도 보른캄(G. Bornkamm)과 케제만(E. Käsemann)과 더불어 불트만이 역사에 대한 환원적 견해에 있어 너무 멀리 나갔음을 비판하면서 역사적 예수의 "새로운 탐구"의 기반을 놓았다. 푹스의 대표적 저서로는 『그리스도와 바울의 정신』(*Christ und der Geist bei Paulus*, 1932), 『해석학』(*Hermeneutik*, 1954), 『마르부르크 해석학』(*Marburger Hermeneutik*, 1968) 등이 있다.[26] 그는 실존주의적 해석학과 텍스트에 대한 자신의 특수한 관점을 융합하려 했는데 특히 예수의 비유를 다루는 텍스트에 관심을 가졌다. 푹스의 저서 가운데 지금까지 영어로 번역된 것은 『역사적 예수 연구』(*Studies in Historical Jesus*)뿐이다.

에벨링은 처음에는 튀빙겐에서, 나중에는 스위스 취리히에서 가르쳤다. 1960년에 그는 『말씀과 신앙』(*Word and Faith*)을 출간했는데 이 책에는 다양한 주제, 특히 교회사를 다룬 논고들이 묶여 있다.[27] 또한 『하나님의 말씀과 전통』(*Word of God and Tradition*), 『신학적 언어이론 입문』(*Introduction to a Theological Theory of Language*), 『신앙의 본질』(*Nature of*

---

26 Ernst Fuchs, *Hermeneutik*, 4th ed. (Tubingen: Mohr, 1970) and *Marburger Hermeneutik* (Tübingen: Mohr, 1968).

27 예를 들어 Gerhard Ebeling, *Word and Faith*, trans. J. W. Leitch (Philadelphia: Fortress; London: SCM, 1963).

28 Gerhard Ebeling, *The Word of God and Tradition*, trans. S. H. Hooke (London: Collins, 1968), and Ebeling, *An Introduction to a Theological Theory of Language* (London: Collins, 1973).

Faith), 『신학과 선포』(Theology and Proclamation), 『루터』(Luther), 『신학연구』(Study of Theology) 같은 책도 썼다.[28] 푹스와 에벨링은 둘 다 신해석학에 대해 많은 저술을 남겼는데 많은 경우 영어 번역본이 존재한다. 대표적인 번역본으로는 제임스 로빈슨과 캅(J. L. Cobb, Jr.)이 각각 한 권씩 편집한 『신학의 새로운 경계』(New Frontiers in Theology, 총2권)와 『신해석학』(New Hermeneutic, 1964)이 있다.[29]

푹스는 신약의 케리그마(선포)가 신앙을 가정하기보다 만들어낸다고 믿었다. 바르트처럼 푹스와 에벨링도 성령과 하나님의 말씀이 신앙을 창조하는 힘을 지닌다고 주장했다(히 4:12-13). 이들 모두는 텍스트 자체가 **삶을 영위**하게 되어 있다고 보았다. 하지만 변화된 상황에서 "**동일한** 말씀은 오로지 다르게 말해짐으로써 다른 때에 말해질 수 있다"라고도 했다.[30] 푹스와 에벨링은 예비적 이해와 선이해의 중요한 역할을 주장하면서 딜타이, 하이데거, 불트만을 추종한다.

이러한 살아 있는 말씀은 "언어 사건"으로서 청자나 독자들과 만난다. 푹스는 "Sprachereignis"[언어 사건(language event)]란 용어를 사용하는데 반해 에벨링은 "Wortgeschehen"[문자적으로 말 사건(word event), 더 넓게는 발화 사건(speech event)]을 선호한다.[31] 푹스의 논증에 따르면 언어 사건은 단지 인지적 사고 과정에서만 발생하는 것은 아니다. 텍스트 자체가 독자를 지시하고 형성한다. 따라서 언어 사건은 신선한 이해를 일으킨다. 또한 이것은 하나님이 자신을 보는 방식과 독자의 수렴점 또는 지평 사이에 일

---

29 Ernst Fuchs, "The New Testament and the Hermeneutical Problem," in *New Frontiers in Theology*, vol. 2, *The New Hermeneutic*. 참조. G. Ebeling, "Word of God and Hermeneutic," in *New Frontiers in Theology*, 2:78-110.

30 Gerhard Ebeling, "Time and Word," in *The Future of Our Religious Past: Essays in Honour of Rudolf Bultmann*, ed. James M. Robinson (London: SCM, 1971), p. 265; translated from *Zeit und Geschichte* (1964).

31 Fuchs, *Marburger Hermeneutik*, pp. 243-45, and *Studies of the Historical Jesus* (London: SCM, 1964), pp. 196-212; 참조. Ebeling, *Word and Faith*, pp. 325-32.

종의 "공감"과 "상호적 이해"를 만들어낸다. 따라서 텍스트는 단순한 대상이나 도구 이상이다. 언어 사건과 공감 또는 상호적 이해, 이 양자는 새로운 해석학의 중심을 이루는 개념이다. 에벨링의 언급처럼 "그러므로 언어의 기본 구조는 진술이 아니다."[32]

푹스와 에벨링의 입장은 신약의 저술을 묘사나 전달, 인지적 진술로 보지 않고 말 걸기 또는 "간접적" 담론으로 본다는 점에서 일치한다. 불트만과 마찬가지로 이들은 두 가지 담론 방식을 철저하게 분리했으며 둘이 겹치는 것조차 허용하지 않았다. 이 지점에서 보면 불트만과 신해석학은 모두 하이데거의 강력한 영향 하에 있다. 여기서 실존은 지나치게 개인적 "경험"에 의존한다. 푹스에 따르면 "우리는 자신의 개인적 인격에 타당하게 인정되는 것만을 참(true)으로 받아들여야 한다."[33] 에벨링 또한 해석학은 언어에 대한 이해라기보다 "다만 언어를 통한 이해"라고 주장했다.[34]

하지만 푹스와 에벨링은 언어의 적용과 언어가 가진 변혁적 행위, 즉 그 내용을 검토하거나 기술하는 것과는 대조되는 언어의 측면을 강조한다. 이는 이론과 토론의 문제가 아니다. 하나님의 말씀은 성경의 간접적 언어를 통해 독자를 **다스리고 형성한다**. 수많은 저술을 통해 푹스는 하나님의 말씀이 예수의 사랑과 은혜의 통치를 반영함을 주장했다. 실제적으로 예수의 비유는 영원한 삶으로 인도하며 그가 설교한 산상수훈은 단순한 설교가 아닌 진짜 축복을 가능하게 만든다. 가동 중인 텍스트의 언어 사건을 보는 것은 고양이 앞에 쥐를 던지는 것과 같다. 예수는 특히 비유 속에서 청자의 편에 서 있다. 제3장에서 이미 검토했던 것처럼 비유 안에서 사랑은 "불쑥 말을 뱉는" 제스처가 아니라 앞서 가서 만남의 자리를 준비하는 행위로 드러난다. 자주 이것은 텍스트의 "세계"를 제공하는 형태를 취하는데 이 세계 내에서는 "공동의 이해"가 이루어진다. 비유는 "하나님의 인애"에 이르는

---

32 Ebeling, "Word of God," p. 103.
33 Fuchs, "The New Testament," p. 117.
34 Ebeling, "Word of God," p. 93.

예수의 맹세와 언약을 전해준다.[35]

1. 푹스와 에벨링은 그들이 다루는 구절 속에 있는 **창조적** 차원을 끄집어낸다. 만일 이들이 하이데거와 불트만의 영향 아래 있지 않았다면 이들의 기획의 많은 부분은 영미철학에 속한 에반스(D. D. Evans)의 『자기 개입의 논리』(*Logic of Self-Involvement*)와 비교될 수 있으리라. 비록 푹스와 에벨링이 말하는 발화 행위는 오스틴과 에반스가 참된 "의미 수반 발화적" 수행("illocutionary" performatives)이라고 부른 것과는 다르지만 말이다. 푹스는 "경험적인 것은 아무리 높게 평가해도 지나치지 않다"고 인정하고 있다.[36] 단순히 공학적 구성을 검토하는 것으로도 이 점은 드러난다. 하지만 신약을 탈신화화하는 불트만의 기획을 암시하면서 그는 신약 안의 실존주의적 요소는 우리에게 "사실들" 이상의 것을 제공함을 보였다. 오직 자기 개입적인 것만이 진리의 성격을 지니고 있다. 1973-1974년에 저술되고 1977년에 출간된 신해석학에 대한 나의 연구를 검토하면서 스티븐 닐(Stephen Neill)은 이렇게 불평한 바 있다. 즉 내가 처음에는 신해석학에 대해 호의를 품고 있는 듯한 인상을 주다가 나중에는 그것을 갈기갈기 찢어버렸다는 것이다.[37] 하지만 이런 언급은 신해석학의 본질을 충실히 반영한다고 볼 수 있다. 많은 부분이 매력적이지만 또한 많은 부분이 오류인 것이다. 물론 신해석학은 심각한 논쟁을 불러일으켰다. 하지만 어째서 전체를 다 받아들이거나 아니면 전부를 거부해야 하는가? 신해석학은 언어 사건, "세계", "공동의 이해" 같은 개념을 창조적으로 사용했다. 하지만 푹스는 예수 그리스도의 부활이 "객관적" 역사라기보다 "언어학적 사건"이라고 주장하기도 했다. "자기 개입성"과 "사실"이 함께 존재할 수는 없는 것일까?

---

35 Fuchs, *Historical Jesus*, pp. 33-37.

36 Fuchs, "The New Testament," p. 115.

37 Anthony C. Thiselton, "The New Hermeneutic," in *New Testament Interpretation*, ed. I. H. Marshall (Exeter: Paternoster, 1972), pp. 308-33; 참조. Neill's review in *Church of England Newspaper*, 18 November 1977, p. 20.

2. 푹스와 에벨링 역시 성경 텍스트를 선택적으로 사용하는 경향을 보인다. 푹스는 비판적 연구가 "텍스트를 죽도록 만들 수 있음"을 암시했다. 하지만 "텍스트로 과녁을 명중시키려 하는" 이들의 시도 속에서는 리쾨르의 "비판-이후의 순진성"(post-critical naïveté)이 가진 미묘함은 찾아보기 힘들다(나중의 설명을 보라).[38] 푹스와 에벨링은 추론적 담론을 덜 중요시한 반면 찬송, 시, 은유, 비유 같은 장르에 집중하는 경향을 보였다. 『해석학』 및 다른 저술들을 보면 고린도전서 13장과 빌립보서 2:5-11이 집중적으로 논의되었음을 알 수 있다. 푹스와 에벨링의 역량은 "간접적" 언어라고 불리는 것에 있다고 할 수 있다. 하지만 고린도전서 15:3-6이나 3-8도 동일하게 해석자의 주의를 요한다.

3. 푹스와 에벨링의 언어관은 하이데거로부터 도출한 요소에 기반한 것으로 더 넓은 언어학적 전통을 무시했다고 볼 수 있다. 비록 푹스가 후기 하이데거의 영향을 명백히 부인하고는 있지만 『신학적 언어의 본질』 (*Nature of Theological Language*)에 나타난 "언어의 중독"이나 "파편화"에 대한 에벨링의 말들은 "인류가 존재로부터 멀어져 있다"고 한 하이데거의 선언에 많이 의지하는 듯 보인다. 내가 이미 논증했듯 실제로 언어의 능력의 개념 안에는 언어의 마법이라는 암시도 들어 있다.

하지만 언어에 대한 이런 주장을 좀 더 너그럽고 긍정적인 방식으로 이해하는 일도 가능하다. 창조적이고 본래적인 언어를 "모음 과정"(gathering)으로 말하는 대목에서 푹스와 에벨링은 고향의 언어(language of the home)가 우리의 공동의 이해를 하나로 결합시킬 수 있음을 염두에 두고 있었다. 이는 교회에도 적용된다. 이런 의미에서 타당한 언어와 해석을 공유하는 일은 깨어진 교회를 하나로 묶을 수 있다.

4. 무엇보다 신해석학은 "텍스트의 권리", 즉 노예, 해석자, 회중, 독자 공동체가 아닌 **주인**으로서의 "텍스트의 권리"에 주의를 집중한다. 신약을

---

38 Fuchs, *Historical Jesus*, pp. 196-98, 202.

해석하려고 할 때 문제가 되는 것은 단지 개념들을 조작하는 일만이 아니다. 에벨링에 따르면 "하나님의 말씀은…오직 끊임없이 새로워지는 해석 속에만 주어진다."[39] 푹스 또한 **"진리는 우리를 대상으로 삼는다"**고, "우리가 텍스트를 번역하기 전에 텍스트가 우리를 번역해야 한다"고 논평했다.[40]

하지만 푹스와 에벨링은 불트만 해석학파에 속하며 가능한 한 강력하게 성서비평을 강조한다. 이들은 "경험"에 기반한 신화학적이고 실존주의적인 해석을 촉구하고 있다. 한편으로 두 학자는 경청과 순종을 주장하며 교회를 하나님의 말씀에 봉사하는 존재로 본다. 다른 한편으로 이 사상운동은 오늘날 축소되는 경향을 보인다. 왜냐하면 실존주의적 해석과 하이데거가 더 이상 유행의 정점에 있지 않기 때문이며 부분적으로는 이 운동 자체가 내적 모순을 드러내기 때문이다. 하지만 이들은 로버트 펑크를 위시한 여러 미국 학자들에게 영향을 미쳤다. 아모스 윌더는 푹스와 에벨링의 언어관과 역사관 때문에 이렇게 주장한 바 있다. "푹스는 신앙의 내용을 정의하는 것을 거부한다. 직접성의 상실을 두려워하는 것이다.…말하자면 계시는 아무것도 계시하지 않는다!"[41] 폴 악트마이어(Paul Achtemeier)도 신해석학의 연구에 대해 유사한 결론을 내린다. 초기 기독교 선포의 성공은 그 선포의 내용이 **역사적으로 진리**였음에 기반해 있었다.[42] 하지만 스티븐 닐의 논평과는 반대로 그렇다고 우리가 신해석학으로부터 무엇인가를 듣고 배울 수 없는 것은 아니다. 다만 신해석학은 더 이상 새롭지가 않다. 또한 그 정점은 아마도 과대평가되었다고 할 수 있다.

---

39 Ebeling, *The Word of God*, p. 26.

40 Fuchs, "The New Testament," p. 143, 푹스 강조. 또한 *Zeit und Geschichte*, p. 277.

41 Amos Wilder, "The Word as Address and the Word as Meaning," in *New Frontiers in Theology*, 2:213; 참조. pp. 198–216.

42 Paul J. Achtemeier, *An Introduction to the New Hermeneutic* (Philadelphia: Westminster, 1969), pp. 156–57; 참조. pp. 149–65.

3. 구조주의와 성경 연구에 대한 적용

구조주의는 언어학에 있어서의 구조주의를 말하느냐 아니면 사회인류학이나 심리학에 있어서의 구조주의를 말하느냐에 따라 다양한 함의를 가질 수 있는 개념이다. **언어학**에서 구조주의는 궁극적으로 페르디낭 드 소쉬르(Ferdianand de Saussure, 1857-1913)의 작업으로부터 연원한다. 소쉬르는 언어의 일반적 체계 또는 구조로서의 랑그(langue)와, 그 구조 속에서 특별하게 선택되는 단어나 발화 행위인 파롤(parole)을 구분했다.[43] 이런 체계 또는 구조 내에서는 단어들의 내적 관계 특히 대조군의 관계가 결정적으로 중요하다. 예를 들어 우유의 계량 단위로서 "쿼터"(quarter)의 대조군으로 "파인트"(pint)를 선택할 때 이 관계는 계열체적(paradigmatic)이라 할 수 있다. 하지만 "우유"와의 관계에서 "쿼터" 또는 "파인트"의 기능을 선택할 때 이 관계는 통사론적(syntagmatic)이라 할 수 있다. 다른 예로 "하나님의 왕국"에서 "왕국"과 "하나님의"는 "통사론적"(선적) 관계 속에 있다. 하나님의 "감추어짐"은 하나님의 "나타나심"과 "계열체적" 관계에 있다.

구조주의는 성경 연구에 있어 두 가지 파생 효과를 갖는다. 첫째, 구조주의는 언어가 자율적이며, 역사나 삶과 관계하기보다 **내재적으로** 의미를 발생시킴을 함축한다. 둘째, 이 사상은 언어에 대한 "객관적" 과학으로 환영받았다. 많은 사람들이 실존주의와 실존주의적 해석의 주관성에 반대하여 반응했던 것이다. 이 사상에 따르면 언어는 인간의 태도나 경험과는 무관하게 체계나 구조로 기능한다.

구조주의는 **사회인류학**에서도 중요한 위치를 차지한다. 특히 클로드 레비-스트로스(Claude Lévi-Strauss)는 친족 항이 내포된 구조 또는 체계 안에 존재하는 대조 또는 **차이**에 기반하고 있음을 논증했다. 따라서 "형제"는

---

43 Ferdinand de Saussure, *Course in General Linguistics*, ed. C. Bally and A. Sechehaye, trans. R. Harris (London: Duckworth, 1983).『일반언어학 강의』(민음사 역간).

"자매"나 "아내"와는 다른데 그것은 전체 체계 내에서 "형제"의 위치 때문이다. 이와 유사한 논리로 자크 라캉(Jacques Lacan)은 나중에 **심리학**에서 구조주의적 체계를 작동시키게 된다.

이러한 세 가지 접근 가운데 성경적 구조주의에 가장 강력한 영향을 미친 것은 첫 번째 접근이다. 프랑수와 보봉이 1978년에 썼던 다음과 같은 글은 실존주의적 해석과 명확한 대조를 보이고 있다(비록 나중에는 자신의 관점을 변형시키지만). "저자나 독자, 역사와의 관련성으로부터 벗어나 우선 텍스트를 그 자체로 이해하자는 타당한 제안이 오늘날 나오고 있다.…텍스트는 단 하나의 문 또는 열쇠를 가지는 것이 아니다."[44] 소쉬르의 언어학은 요스트 트리어(Jost Trier)의 의미론적 장(field semantics)의 개념 형식으로 이어진다. 트리어의 설명에 따르면 "오직 전체의 부분으로서…텍스트는 하나의 장 안에서만 의미를 부여한다(nur im Feld gibt es Bedeutung)."[45] 예를 들어 아래와 같은 의미론적 "장" 안에서 "빨강"과 "노랑"의 의미론적 영역은, "주황"이 장의 한 부분으로 역할을 수행하는가 아닌가에 달려 있다.

빨강	노랑

빨강	주황	노랑

이러한 트리어의 개념은 레비-스트로스가 사회인류학에서 "장"(fields)이라고 부른 것과 크게 다르지 않다. 왜냐하면 트리어는 의미론적 분석에서 음식과 친족에 관계된 항들을 포함시키기 때문이다.

그 뒤 언어학과 의미론에서 수많은 학자들이 소쉬르와 트리어의 접근법을 지지하고 발전시켰다. 스티븐 울만(Stephen Ullmann), 존 라이언스(John Lyons), 유진 니다(Eugene Nida)가 이 통찰을 발전시켰으며 존 소여

---

44 François Bovon, introduction to *Exegesis: Problems of Method and Exegesis in Reading* (Genesis 22 and Luke 15), ed. François Bovon and Grégoire Rauiller, trans. D. G. Miller (Pittsburgh: Pickwick, 1978), p. 1; 참조. pp. 1-9.
45 J. Trier, *Der deutsche Wortschatz im Sinnbezirk des Verstandes: Die Geschichte eines sprachlichen Feldes* (Heidelberg: Winter, 1931).

(John Sawyer), 에르하르트 구트게만스(Erhardt Guttgemans), 케네스 버너 (Kenneth L. Burner), 니다가 이를 성서 사전학에 적용했다.[46] 각각의 단어는 하나의 장 또는 영역 내에서 기능하기 때문에 니다는(제임스 바와 함께)는 이런 결론을 내린다. "단어들은 그것들이 동시 발생(co-occurence)하는 다른 집합에서 가질 수 있는 모든 의미들을 수반하지는 못한다."[47]

같은 원리가 문학에서는 프로프의 러시아 형식주의로 나타나며 이를 발전시킨 이는 프랑스의 그레마스다. 이들은 "내러티브 문법"을 만들어냈다. 영웅과 악당의 이분법적 체계는 대부분의 이야기나 민간 설화에 본질적인 형식이다. 때로 이 이야기는 영웅을 돕는 조력자, 영웅에게 주어지는 과업, 그에게 대항하는 반대자, 공주의 결혼 승낙 등 승리에 대한 보답 같은 요소들로 보충되기도 한다. 『민간 설화의 형태론』(*Morphology of the Folktale*, 1928)을 쓴 프로프(Vladimir Propp, 1895-1970)는 상트페테르부르크에서 태어나 교육받았고 레비-스트로스와 롤랑 바르트에게 큰 영향을 미쳤다. 그는 내러티브가 하나의 체계를 발생시킴을 주장했는데 이야기의 성격과 행위들을 표준화된 "문법"과 연관시킴으로써 31개의 서사소(敍事素, narrateme)를 구분했다. 서사소의 예를 들면 다음과 같은 것들이 있다. 영웅이 집을 떠난다. 금지 사항이 영웅에게 전달된다. 악당이 등장한다. 영웅이 기만당한다. 영웅과 악당이 전투를 개시한다. 악당이 패배한다. 악당이 실체를 드러낸다. 영웅은 공주와 공주하고 왕위에 오르기도 한다. 이런 식으로 프로프는 31개의 사건을 제시했다.

아기르다스 그레마스(Algirdas J. Greimas, 1917-1992)는 리투아니아 출

---

46 John Lyons, *Introduction to Theoretical Linguistics* (Cambridge : Cambridge University Press, 1968), and Lyons, *Semantics*, 2 vols. (Cambridge : Cambridge University Press, 1977) : John F. A. Sawyer, *Semantics in Biblical Research* (London : SCM, 1972).

47 참조. E. A. Nida and Johannes P. Louw, *Greek-English Lexicon of the New Testament Based on Semantic Domains*, 2 vols. (New York : United Bible Societies, 1988, 1989), 또한 Erhardt Guttgemanns, *Forum Theologie Linguisticae* (Philadelphia : Pickwick, 1973).

신으로 거기서 교육받았다. 1936년에서 1939까지 3년간 프랑스에서 공부한 그레마스는 병역 의무를 위해 고국으로 돌아갔다가 1944년 다시 프랑스로 돌아온다. 프로프의 입장을 계승한 그레마스는 모든 내러티브의 기저를 이루는 "심층 구조"를 상정하고 그것을 찾았다. 의미는 언어학적 시스템 안에 있는 기호들 간의 관계(기호학)로부터 발생한다. 소쉬르처럼 그레마스도 언어와 세계 사이의 자의적 관계와 관습의 산물에 주목했다. 내러티브에서는 등장인물이 "발신자" 또는 "수신자"처럼 능동적이거나 수동적 대상으로 기능할 수 있다. 주체와 대상에 더하여 그레마스는 "조력자"와 "반대자"의 유형을 꼽는다. 민간 설화에서 이런 성격은 용이나 마법사로 나타날 것이다. 1966년에는 "행역자 모델"(actantial model) 개념이 제시되었다.[48] 내러티브의 축은 대개 심리학적인 것이다. 욕망, 힘, 지식 같은 것들이 이야기에서 자신의 역할을 수행한다. 발신자는 행위를 착수하게 한다. 반대자와 조력자가 개입할 수도 있다. 내러티브는 승리와 영웅에 대한 보상으로 끝난다. 행역자에 대해서는 더 세부적인 하위 범주가 있을 수 있다. 그레마스는 프로프의 31개의 서사소를 20개 또는 그 이하로 축소했다.

롤랑 바르트(Roland Barthes, 1915-1980)는 구조주의 진영의 공인된 지도자다. 프랑스 파리에서 성장하고 1939년에 소르본 대학을 졸업한 바르트는 병상의 시간을 보낸 후 문법과 철학 교사 자격을 얻는다. 1953년에는 『글쓰기의 영도』(*Writing Degree Zero*, 동문선 역간)가, 1957년에는 『현대의 신화』(*Mythologies*, 동문선 역간)가 간행되었다. 이어 구조주의로 선회한 바르트는 1967년에 『저자의 죽음』(*Death of the Author*), 1970년에 발자크에 대한 책인 『S/Z』(*S/Z*, 동문선 역간)를 집필한다. 1960년대 후반과 1970년대에는 데리다와 협력하여 후기구조주의와 마르크스주의를 연구했다.

바르트의 저술 가운데 가장 평이한 것은 『현대의 신화』다. 이 책을 구

---

48 A. J. Greimas, *Sémantique Structurale: recherche de méthode* (Paris: Larousse, 1966; reprint, Paris: Presses Universitaires, 1986).

성하는 논문들은 현대적 신화의 기저를 이루는 "심층 문법"을 보여주려는 목적으로 집필되었다. 바르트가 현대의 신화로 제시한 유명한 예는 무대 공연처럼 연출된 레슬링 시합이다.[49] 여기서 행위는 선과 악, 고통, 패배, 정의에 대한 사회적 통념을 넘어서서 이루어진다. 또한 정형화된 타입을 아주 과장하여 이끌어내고 있다. 또 다른 예는 군복을 입은 젊은 흑인의 사진이다. 이 사진은 표면적으로는 순진무구한 젊은이의 초상처럼 보이지만 실제로는 프랑스의 국기 아래서 희생하는 흑인을 보여줌으로써 제국의 영광이라는 관념을 전달하고 있다.[50]

후기 저술인 『기호학의 요소들』(Elements of Semiology, 불어판은 1964)에서 바르트는 특히 의복과 음식, 가구 시스템에 준거하여 소쉬르의 시스템 개념을 설명한다. 미니스커트와 롱스커트 사이에서 선택의 문제는 이념과는 상관이 없어 보일 수 있다. 또한 어떤 형태의 바지가 선택되느냐는 기후나 상대적 효용의 문제로 보일 수 있다. 하지만 대부분의 선택은 어떤 "심층적" 의미, 즉 타인들이 나를 어떻게 인식하기를 원하는가 하는 것을 투사한다. 동일한 논리가 가구의 선택이나 배치에도 적용된다. 다만 개인적으로 안락한 것을 선택한다는 표면적 의미 아래에는 우리의 사회적 열망이 감추어져 있는 것이다.[51] 『해석학의 새 지평』에서도 나는 바르트의 예를 활용한 바 있다.

사실 초기 저술인 『글쓰기의 영도』에서 이미 바르트는 구조주의의 전조를 보이고 있다. "영도"(zero)는 어떤 양식도 모델도 없는 글쓰기를 의미한다. 비록 완전히 "자연적"이고 "양식 없는" 글쓰기는 불가능하지만 말이다. 모든 것 안에는 사회적 계급 또는 권력의 의제가 변장을 한 채 기반으로 존재한다. 1967년경부터 바르트는 언어적 시스템 안의 "차이들"조차

---

49 Roland Barthes, *Mythologies* (London: Jonathan Cape, 1972), pp. 15-19.
50 Barthes, *Mythologies*, p. 116.
51 Roland Barthes, *Elements of Semiology* (London: Jonathan Cape, 1967), pp. 25-30, 58-66.

"자연적"이기보다는 고안된 것으로 보았다. 이리하여 구조주의에 대한 초점은 후기구조주의와 포스트모더니즘에 대한 초점으로 옮겨가게 되었는데 이는 특히 데리다와의 협력 덕분이었다(여기에 대해서는 제16장을 보라).

만약 언어학적 기호가 언어 시스템에서 발생하는 변별적 차이를 통해서만 의미를 가진다면 많은 학자들이 이 구조적 분석을 성경, 특히 성경의 내러티브에 적용하려 시도한 것은 그리 놀라운 일이 아니다. **차이** 또는 부재라는 시스템의 관계에 대한 소쉬르의 개념은 성경 텍스트를 접근하는 새로운 방법론을 약속하는 듯 보였다.[52] 예를 들어 다니엘 패트(Daniel Patte)는 갈라디아서 1:1-10을 구조적으로 읽으면서 하나님과 인간 사이의 이분법적 대립을 지적했다. 그러나 "발신자"로서 하나님은 중재자로서의 그리스도를 통해 "수신자"와의 화해를 이룬다.[53] 댄 오토 비아 또한 불의한 재판관 비유에 대한 구조주의적 분석을 제시한 바 있다. 이 내러티브는 결핍의 상태(정의의 결핍)로부터 시작하여 대립을 거쳐(재판관은 과부의 말을 듣기를 거부한다) 행복과 보상의 상태(재판관은 과부의 억울함을 풀어준다)로 변해간다. 여기서 하나님은 (발신자로서) 재판관에게 의무를 부여하는 존재다. 비록 처음에 과부가 주체가 되었을 때는 원칙이 거부되거나 위반되었지만 곧 재판관은 주체로서 정의를 전달한다. 이렇게 비아는 프로프와 그레마스의 **행역자**(actant) 개념을 발전시키고 있다.[54]

1970년대 후반 성경 텍스트에 대한 이런 식의 구조주의적 분석은 잡지 「세메이아」(Semeia: An Experimental Journal for Biblical Criticism)을 가득 채웠다. 특히 제9권(1977)에서는 댄 오토 비아, 메리 앤 톨버트, 버나드 스

---

52 참조. Jean-Marie Benoist, *The Structural Revolution* (London: Wiedenfeld and Nicholson, 1978), pp. 3-4.

53 Daniel Patte, *What Is Structural Exegesis?* (Philadelphia: Fortress, 1976), pp. 59-76.

54 Dan Otto Via, "The Parable of the Unjust Judge: A Metaphor of the Unrealised Self," in *Semiology and the Parables: An Exploration of the Possibilities Offered in Structuralism for Exegesis*, ed. Daniel Patte (Pittsburgh: Pickwick, 1976), pp. 1-32.

코트, 수잔 위티그(Susan Wittig), 존 도미닉 크로산이 예수의 비유에 대해 저술했다. 톨버트는 정신분석학을 이용하여 탕자의 비유(눅 15:11-32)를 연구했다. 그녀는 이 비유가 "소망을 충족시키려는 꿈을 표상"하며 두 아들은 "컴플렉스 단위의 요소들"을 나타낸다고 보았다.[55] 바르트와 마찬가지로 톨버트도 다중적 해석의 유효성을 믿었다. 큰아들은 프로이트의 초자아처럼 엄격한 도덕성을 반영하는 반면 아버지는 통합하는 중심을 표상한다. 작은 아들은 통일과 전체성을 열망하고 있다. 비아는 융의 관점을 차용하여 동일한 비유를 연구한 바 있다. 즉 대립, 결핍, 저주, 환영에 주목했던 것이다. 스코트는 누가복음 15:11-32에 대한 총괄적인 구조주의적 관점을 제시한다. 그는 큰아들을 바리새인의 표상으로 보지 않으면서 이런 식의 알레고리적 해석을 거부한다. 스코트에 따르면 아버지는 주체, 두 아들은 대상으로 볼 수 있으며 갈등하는 두 아들은 아버지의 계획에 대한 반대자를 구성한다고 할 수 있다. 스코트는 이 비유가 신화가 아니라 신화의 반대, 즉 가치의 전복이라고 결론 짓는다.

위티그 또한 다중적 의미 개념을 주장했다. 도드와 예레미아스의 견해와는 대조적으로, 비유는 다층적 형식과 다층적 의미로서 존재한다.[56] 위티그는 찰스 모리스(Charles Morris)의 기호이론 또는 기호학을 암시했다. 그녀에 따르면 비유와 텍스트는 의미를 발생시키는 다중적 "코드"(codes)를 가진다. 이 코드들은 각각 지리학적, 우주론적, 친족 항적, 경제학적일 수 있다. 그러나 하나의 시스템 이상이 한 번에 작동할 수 있다. 따라서 커뮤니케이션 시스템은 진술되지 않은 특정 진리들이나 가치를 내포할 수 있다. 기호의 수용자는 의도된 해석적 "코드"를 인식하지 못할 수도 있지만 의도된 코드와는 별개로 여러 다양한 방식으로 기호의 의미를 해독하기도

---

55 Mary Ann Tolbert, "The Prodigal Son: An Essay in Literary Criticism from a Psycho-Analytic Perspective," *Semeia* 9 (1977): 7; 참조. pp. 1-20; 참조. Mary Ann Tolbert, *Perspectives on the Parables* (Philadelphia: Fortress, 1979).
56 Susan Wittig, "A Theory of Multiple Meaning," *Semeia* 7 (1977): 75-103.

한다.[57] 우리는 독자반응이론을 다룰 제15장에서 위티그의 접근법을 더 자세히 살펴볼 것이다.

바르트는 사도행전 10-11장, 즉 이방인 백부장 고넬료와 교회로 이방인을 받아들이라는 비전을 받는 사도 베드로가 등장하는 텍스트에 대한 구조주의적 분석을 제시한 바 있다. 비록 바르트 자신은 무신론자지만 배제된 사람들을 교회로 포함시킨다는 이슈 속에서 자신의 정치학과 동일한 정신을 발견한 것이다. 바르트는 이 텍스트의 "코드"를 찾는다.[58] "코드"는 배후에 놓여 있는, 때로는 위장된 채 숨은 의미를 발견하게 하기 때문이다. 예를 들어 다른 논문에서 그는 발자크가 프랑스 중산층 엘리트적 표상을 투사하고 있다고 논증했다. 사도행전 10장의 분석에서 바르트는 "가이사랴에 고넬료라 하는 사람이 있으니 이달리야 부대라 하는 군대의 백부장이라"고 하는 내러티브의 코드를 검토한다. 여기서 역사적 코드는 의미소적 코드 즉 "신실한 사람"이라는 코드와 겹치고 더 나아가서는 연대기적 코드와 겹친다. 프로프와 그레마스를 참조하면서 바르트는 행위들의 코드를 분별해나간다. 그 뒤를 따르는 장면은 베드로의 질문과 거기 대한 대답이다. 꿈속의 비전에 대한 설명은 요약된 형태로 나타나며 짧게 반복된다. 바르트는 이 텍스트의 주요 흐름은 탐색이 아닌 커뮤니케이션이라고 결론 짓는다.

유사한 다른 예로 장 칼루(Jean Calloud)의 분석을 제시할 수도 있겠다. 칼루는 유혹을 주제로 하는 내러티브에 주목해서 연구를 진행했다.[59] 성령은 수신자인 예수에게 과제를 부과한다. 또 발신자인 사탄은 예수에게 텍스트들을 보낸다. 이 경우 하나님의 말씀은 조력자가 된다. 사실상 이 분석에서 칼루는 프로프나 그레마스를 베끼고 있다. 에드먼드 리치(Edmund Leach)는

---

57 Wittig, "Theory of Multiple Meaning," p. 91.

58 Roland Barthes, "A Structural Analysis of a Narrative from Acts X-XI," in *Structuralism and Biblical Hermeneutics: A Collection of Essays*, ed. and trans. Alfred M. Johnson (Pittsburgh: Pickwick, 1979), p. 117; 참조. pp. 109-39.

59 Jean Calloud, *Structural Analysis of Narrative* (Philadelphia and Missoula: Scholars Press, 1976), pp. 47-108.

좀 더 레비-스트로스의 계열에 가까운 접근법을 사용하여 탄생 내러티브를 분석했다. 예를 들어 그가 주목한 것은 엘리사벳과 마리아, 세례 요한과 예수 사이에 있는 대조다.[60] 바르트도 야곱과 천사의 씨름을 검토한 바 있지만(창 28:10-17) 이는 다른 데서 논의된 내용이므로 여기서는 다시 반복하지 않겠다.[61]

구조주의는 다음과 같은 세 요소가 대두될수록 몰락하기 시작한다. (1) 소위 구조라는 것은 언어의 다른 측면과 마찬가지로 자의적이다. 이 사실은 바르트의 후기 저술과 푸코, 데리다를 위시한 다른 학자들의 작업에서 선명하게 드러난다. 상대성에 대한 이러한 인식은 **후기구조주의**로 이어진다. 후기구조주의에서는 의미의 급진적 다원성이 한층 더 강조된다. (2) 구조주의가 과연 의미를 발견하는 데 도움이 되는가에 대한 의심이 대두되었다. 크렌쇼는 불의한 재판관에 대한 비아의 구조주의적 해석에 대해 "응수"한 바 있다. 크렌쇼(Crenshaw)에 따르면 "비아의 구조주의적 독해가 우리의 텍스트 이해에 실제적인 도움을 주는지에 대해서는 부정적이다. 나로서는 행역자의 역할 부여에 있어 객관적 규준이 결여되어 있다는 데에 불편한 마음을 금할 수 없다.[62] (3) 전반적으로 구조주의 운동은 텍스트를 **역사나 인간의 삶**으로부터 유리시킨다. 하지만 텍스트의 문학적 장르 연구와 마찬가지로 삶의 정황이나 역사적 배경, 컨텍스트를 검토하는 일은 성서학에서 전통적으로 중요하다.

그럼에도 바르트의 초기 접근법은 다른 학자들의 작업과 함께, 변장이나 위장된 표면 배후에 있는 "심층" 구조를 발견하는 것을 지향한다. 우리는 이런 주제를 리쾨르의 의심의 해석학에서 더 깊이 고찰하게 될 것이다.

---

60 Edmund Leach, "Structuralism and Anthropology," in *Structuralism: An Introduction, ed. David Robey* (Oxford: Oxford University Press, 1973), pp. 37-56.

61 Anthony C. Thiselton, "Structuralism and Biblical Studies: Method or Ideology?" *Expository Times* 89 (1978): 329-35.

62 J. L. Crenshaw, "Response to Dan O. Via," in *Semiology and the Parables*, p. 54.

또한 하버마스의 "관심"에 대한 강조와 가다머에 대한 비평도 언급하게 될 것이다. 소쉬르와 트리어가 강조한 것처럼 의미가 더 큰 전체 내의 "차이들"로부터 파생됨은 사실일 것이다. 그럼에도 해석학은 우리로 하여금 역사와 언어를 연구하도록, 또 필요하다면 신학도 연구하도록 요구한다.

4. 성경에 적용된 후기구조주의와 의미론

부분적으로 후기구조주의는 구조주의 아래 숨어 있었다고 볼 수 있다. 하지만 존 스터록(John Sturrock)의 관찰처럼 레비-스트로스와 라캉은 둘 다 "보편론자"인 반면(이들은 구조가 내재적이거나 "객관적"인 것이라고 믿는다) "데리다는…바르트와 푸코와 마찬가지로 사유의 초월적 시스템, 즉 그것의 지지자들에게는 지배 체계를 제공하는 것을 목적으로 삼는 그런 초월적 시스템에 대한 격렬한 반대자다."[63] 레비-스트로스와 라캉이 "보편론자"라면, 후기의 롤랑 바르트, 푸코, 데리다는 상대론자라 할 수 있으며 이들을 통해 후기구조주의가 널리 전파되었다. 소쉬르가 기표로서의 언어를 자의적이라고 규정했다면, "코드" 또는 텍스트의 내용이 전달되는 통로로서의 채널 또한 자의적이라 할 수 있다. 이것은 전적으로 인종, 사회 계급 등 여타 다른 관심의 주관적 태도를 반영한다.

1960년대 중반부터 롤랑 바르트는 점점 더 뚜렷하게 앞과 같은 접근을 강조했다. 텍스트는 독자의 관심에 대해 상대적인 것이므로 의미는 객관적일 수 없고 규정되지 않은 채로 "지연된다." 『텍스트의 즐거움』(*Pleasure of the Text*, 동문선 역간)에서 바르트는 텍스트를 "이름 짓기"(naming in language)를 무위화하는 것으로서 제시한다. 다중적 코드의 사용은 다중적

---

63 John Sturrock, ed., *Structuralism and Since: From Levi-Strauss to Derrida* (Oxford: Oxford University Press, 1979), p. 4.

관점을 허용하고 다중적 의미를 발생시키는 것으로 나타난다. 하지만 이 모든 작업이 함축하는 바는 아무것도 의미하지 않는 텍스트, 텍스트를 "소멸"시키는 작업이다. 이 경우 주체와 내용은 무위화된다.

케빈 밴후저(Kevin J. Vanhoozer)가 『이 텍스트에 의미가 있는가?』(Is There a Meaning in This Text?, IVP 역간)에서 주제로 삼았던 것도 바로 이 "소멸"이었다.[64] 그는 책의 제1부를 구성하는 세 장의 제목을 각각 "저자 무위화하기", "책 무위화하기", "독자 무위화하기"로 잡았다.[65] 밴후저에 따르면 바르트는 텍스트에 고정된 의미를 부과하기를 거부한다. "바르트의 이와 같은 거부는 반(反)신학적이라고 부를 만한 행동을 야기한다.…의미를 고정시키는 것을 거부하는 행위는 결국 하나님을 거부하는 것이다."[66] 같은 페이지에서 밴후저는 데리다로부터 "해체란 하나님의 죽음을 글로 옮긴 것이다"라는 문장도 인용하고 있다. 밴후저는 어떻게 해서 해체가 포스트모더니즘과 거의 동의어가 되었는지를 설명한다. 때때로 해체는 진지하면서도 적극적인 철학으로 간주되기는 하지만 이 사상운동은 여전히 포스트모더니즘으로부터 몇 발자국 떨어진 것으로 남겨져 있다. 데리다, 리처드 로티, 스탠리 피쉬의 포스트모더니즘은 20세기 중반이 되어서야 막 시작되었다. 따라서 포스트모더니즘에 대한 논의는 제16장으로 미뤄야 할 것이다. 푸코와 리오타르에 대한 논의도 거기서 이루어질 것이다.

이제 제임스 바의 의미론에 대한 고찰로 이 장을 마무리하겠다. 제임스 바는 에든버러, 맨체스터, 옥스퍼드에서 재직했으며 1961년에는 『성경 언어의 의미론』(Semantics of Biblical Language)을 출간했다.[67] 그 역시 소쉬르의 일반언어학에 기반하고 있는데 구조주의보다는 언어학적 방향을 유지

---

64 Kevin J. Vanhoozer, *Is There a Meaning in This Text? The Bible, the Reader, and the Morality of Literary Knowledge* (Grand Rapids: Zondervan, 1998).

65 Vanhoozer, *Is There a Meaning?*, pp. 37–196.

66 Vanhoozer, *Is There a Meaning?*, p. 30; 참조. Roland Barthes, "Death of Author," in *The Rustle of Language*, trans. R. Howard (New York: Hill and Wang, 1986), p. 54.

했다. 제임스 바는 소쉬르의 구분, 즉 (현재 순간에 대한) 공시적 언어 연구과 통시적(역사적) 언어 연구의 구별을 강조했다. 통시적 연구는 언어 의미의 연구가 아니라 언어 역사의 연구다. 구약학자로서 제임스 바는 "히브리적" 사유 방식과 "그리스적" 사유 방식 사이의 혼동에 대해, 또한 양자 간의 대조의 개념을 수호하고자 이 혼동을 오용하는 경향에 대해 가차 없이 공격했다. 그는 키텔(G. Kittel)이 편집한 『신약 신학 사전』(*Theological Dictionary of the New Testament*), 톨리프 보만(Thorlief Boman)의 『히브리적 사유와 그리스적 사유의 비교』(*Hebrew Thought Compared with Greek*), 요하네스 페데르센(Johannes Pedersen)의 『이스라엘: 삶과 문화』(*Israel: Its Life and Culture*)가 이런 오류를 퍼뜨린 장본인이라고 주장했다.[68]

동시에 제임스 바는 성경에 대한 언어학적 연구는 자주 과잉 선택적 예에 의존하며 일반언어학의 공인된 방법론들을 무시하는 경향을 띤다고 보았다. 예를 들어 히브리어가 그리스어보다 "더 구체적인" 언어라는 개념은 "힘을 가진 남자"(a man of strength) 또는 "진리의 말씀"(words of truth) 같은 선택된 예들에 의존하고 있다.[69] 특히 페데르센은 히브리어를 "원시적 언어"로 간주하는 오류를 범했다. 소쉬르는 언어 구조와 사유 구조의 관계가 자의적이며 관습에 따를 뿐임을 논증했지만 다른 많은 학자들은 이 양자가 서로를 반영한다고 가정했다. 페데르센, 보만을 위시한 여러 학자들의 성경 언어 연구는 언어학에 대한 무지 또는 무시를 방증한다. 제임스 바에 따르면 "문법적 성"(grammatical gender)은 언어 구조 가운데 사유 구조

---

67 James Barr, *The Semantics of Biblical Language* (Oxford: Oxford University Press, 1961).
68 Gerhard Kittel and Gerhard Friedrich, eds., *Theological Dictionary of the New Testament*, trans. G.W. Bromiley, 10 vols. (Grand Rapids: Eerdmans, 1964–76; German from 1933); T. Boman, *Hebrew Thought Compared with Greek* (London: SCM, 1960); and Johannes Pedersen, *Israel: Its Life and Culture*, 2 vols. (Oxford: Oxford University Press, 1926, 1940; 2nd ed., vol. 2, 1963). Barr, *Semantics*, p. 40.
69 Barr, *Semantics*, pp. 29–30.

를 반영하는 것으로 간주될 수 없는 가장 좋은 예다."[70] 히브리어가 그리스어보다 더 "역동적"이라고 보는 관념도 동일한 오류에서 비롯된 것이다.

또한 제임스 바는 언어학을 기반으로 하여 "어원으로 의미를 추적하는" 의심스런 작업도 공격한다. 흔히 어원학이 의미의 "본질"을 제공한다고 믿지만 이는 "의심쩍은 설교술적 속임수"일 뿐이다. 왜냐하면 통시적 언어 연구는 단어의 역사가 곧 의미는 아님을 논증하기 때문이다.[71] 키텔의 『신약 신학 사전』 서두의 배후에 숨겨진 원리들 또한 특별 공격의 대상이 되었다. 제임스 바는 스스로 "비합법적 전체성 전이"라고 이름 지은 것의 오류가 무엇인지를 강하게 비판한 바 있다. 비합법적 전체성 전이란 다양한 구절로부터 파생된 단어의 의미 총합을, 그 단어가 나타나는 곳마다 적용하는 방식으로 읽는 것이다.[72] 제임스 바는 "성경 신학"을 위한 한층 건전한 방법론을 제안함으로써 책의 결론을 맺는다.

제임스 바의 『성경 언어 의미론』은 성경해석에서 언어학의 활용 문제에 대해 명쾌한 빛을 던지고 있다. 이는 해석학을 위해 매우 가치 있는 기여라 할 수 있다. 제임스 바의 후기 저술 중 몇몇은 한층 더 부정적이다. 비록 여기저기에서 논의가 도를 지나치는 부분도 있지만 그가 주장했던 의미론을 훼손시킬 정도는 아니다.

5. 참고 도서

1. 바르트의 해석학에 대해

Barth, Karl, "Holy Scripture," in *Church Dogmatics* I/2, edited by G. W. Bromiley and T. F. Torrance (Edinburgh: T. & T. Clark, 1956), sect. 19, pp. 457-83.

---

70 Barr, *Semantics*, p. 40.
71 Barr, *Semantics*, pp. 114-60.
72 Barr, *Semantics*, pp. 218, 222; 참조. 키텔에 대해서는 pp. 206-62.

─────, "The Strange New World within the Bible," in Barth, *The Word of God and the Word of Man*, translated by D. Horton (London: Hodder and Stoughton, 1928), pp. 28-50.

Torrance, T. F., *Karl Barth: An Introduction to His Early Theology, 1910-1931* (London: SCM, 1962), pp. 63-95 and especially pp. 95-105 and 118-132.

Weber, Otto, *Karl Barth's "Church Dogmatics"; An Introductory Report*, translated by A. C. Cochrane (London: Lutterworth, 1953), pp. 57-72.

Work, Telford, *Living and Active: Scripture in the Economy of Salvation* (Grand Rapids: Eerdmans, 2002), pp. 67-100.

2. 신해석학에 대해

Achtemeier, Paul J., *An Introduction to the New Hermeneutic* (Philadelphia: Westminster, 1969), pp. 116-32 and 149-65.

Ebeling, Gerhard, "Word of God and Hermeneutic," in *New Frontiers in Theology*, vol. 2, *The New Hermeneutic*, edited by James M. Robinson and J. B. Cobb, Jr. (New York: Harper and Row, 1964), pp. 78-110.

Fuchs, Ernst, "The New Testament and the Hermeneutical Problem," in *New Frontiers in Theology*, vol. 2, *The New Hermeneutic*, edited by James M. Robinson and John B. Cobb, Jr. (New York and London: Harper and Row, 1964), pp. 111-163.

─────, *Studies of the Historical Jesus*, translated by A. Scobie (London: SCM, 1964), pp. 194-206.

Thiselton, Anthony C., "The New Hermeneutic," in *New Testament Interpretation*, edited by I. H. Marshall (Exeter: Paternoster, 1972), pp. 308-33.

3. 구조주의와 후기구조주의

Barthes, Roland, François Bovon, and others, *Structural Analysis and Biblical Exegesis*, translated by A. M. Johnson (Pittsburgh: Pickwick, 1974), pp. 1-33.

Johnson, Alfred M., ed., *Structuralism and Biblical Hermeneutics: A Collection of Essays* (Pittsburgh: Pickwick, 1979), pp. 1-28 and 109-44.

Sturrock, John, ed., *Structuralism and Since: From Lévi-Strauss to Derrida* (Oxford: Oxford University Press, 1979), pp. 1-15 and 52-79.

Vanhoozer, Kevin J., *Is There a Meaning in This Text? The Bible, the Reader, and the Morality of Literary Knowledge* (Grand Rapids: Zondervan, 1998), pp. 15-32.

4. 제임스 바의 의미론

Barr, James, *The Semantics of Biblical Language* (Oxford: Oxford University Press, 1961), pp. 21-45 and 206-46.

Thiselton, Anthony C., "Semantics and New Testament Interpretation," in *New Testament Interpretation*, edited by I. Howard Marshall (Exeter: Paternoster, 1977), pp. 75-88 (part of the essay).

제11장

한스-게오르크 가다머의 해석학: 두 번째 전환점

앞에서 우리는 슐라이어마허라는 첫 번째 위대한 전환점을 거친 후로 해석학은 과거와 결코 동일할 수 없음을 보았다. 가다머는 20세기를 위한 두 번째 전환점을 제공한다. 그가 제시한 해석학은 계몽주의적 이성주의와 결별하고 헤겔과 딜타이보다도 더 멀리 나아간 새로운 의미에서의 "역사적" 해석학으로서 하이데거로부터 깊은 영향을 받았다. 이 해석학은 과거에 해석학에 적용되어 온 가치중립적 "과학"(science) 개념을 거부했다.

1. 배경, 영향, 초창기

한스-게오르크 가다머(Hans-Georg Gadamer, 1900-2002)는 마르부르크에서 태어났다. 겨우 네 살의 어린 나이에 어머니를 잃었지만 그럼에도 가다머는 어머니로부터 희미한 "종교적 성향"을 전해 받았다고 한다.[1] 아버지 요하네스는 과학을 지향하는 사람으로서 아들도 과학을 공부하기를 원했다. 그는 인문학이나 문학 학과에 소속된 자들을 "시시콜콜한 주제로 수다나 떠는 교수들"(Schwätzprofessoren)로 우습게 보았던 것이다.[2] 하지만 아들

---

[1] Jean Grondin, *Hans-Georg Gadamer: A Biography*, trans. Joel C. Weinsheimer (New Haven and London: Yale University Press, 2003), p. 21.

이 대학에 입학했을 때는 다행히 교과목을 선택하는 데 선택의 자유를 허락했다.

가다머는 명문 학교에서 공부했고 생의 관심사라 할 수 있는 문학과 플라톤의 철학에 대한 논문들을 썼다. 브레슬라우 대학에 입학해서는 철학과 함께 문학과 언어를 폭넓게 공부했는데 이 시기에 특히 레싱, 칸트, 키르케고르를 열심히 읽었다. 신칸트주의자인 파울 나토르프와 니콜라이 하르트만(Nicholai Hartmann) 문하에서 배우기 위해 마르부르크 대학으로 옮겨온 가다머는 이성의 본성과 한계, 또 이성과 과학의 관계의 논쟁사를 철저하게 공부한다. 1919년 여름에는 리하르트 회니히스발트(Richard Hönigswald)의 과학 철학 수업을 듣게 된다. 이 수업을 통해 가다머는 신칸트주의에 더 깊이 입문하게 되는데 이 사상은 이성의 한계와 과학의 중요성의 양가성으로 특징 지워진다. 이런 경향은 같은 해 나토르프와 하르트만과 함께 연구하기 위해 마르부르크 대학에 입학함으로써 심화된다.

그러는 동안에도 가다머는 예술사에 대한 연구를 계속한다. 1922년까지 「플라톤의 대화편에 의거한 쾌락의 본성」(Nature of Pleasure according to Plato's Dialogue)이라는 논문을 작성했으며 같은 해 척수성 소아마비로 고생하기도 했다. 1922년은 가다머가 중요한 개념 구분을 하기 시작한 해이기도 하다. 즉 이때부터 그는 "고정된" 추상으로서의 "문제"와 특정 상황으로부터 유발된 구체적이고 유동적인 "질문"을 구별하게 되었다. 이런 개념 구별은 가다머의 위대한 저작 『진리와 방법』의 열쇠이기도 하다.[3] 『진리와 방법』의 한 구절에 따르면 "문제(problem)는 자신으로부터 촉발되는, 따

---

2 Hans-Georg Gadamer, "Reflections on My Philosophical Journey," in *The Philosophy of Hans-Georg Gadamer*, ed. Lewis Edwin Hahn (Chicago and La Salle, Ill.: Open Court, 1997), p. 3; 참조. pp. 3-63.
3 Hans-Georg Gadamer, *Truth and Method*, 2nd English ed. (London: Sheed and Ward, 1989), p. 376; German, *Wahrheit und Methode: Gründzuge einer philosophischen Hermeneutik* (1960; 2nd German ed. 1965, 5th German ed. 1986).

라서 그 의미의 발생으로부터 답의 유형을 요구하는 진정한 질문(question)
이 아니다. 문제는 오직 자신 안에서만 수용될 수 있는 대안이다."[4] 칸트에
게 있어 "문제"는 "하늘의 별과 같이" 고정된 지점으로만 존재한다.[5]

이듬해인 1923년 4월에서 7월까지 가다머는 프라이부르크로 가서 하
이데거를 만난다. 제자들로부터 철학의 "비밀스런 제왕"이자 "위대한 하이
데거"로 불리는 대가를 만났지만 가다머는 처음에는 실망하게 된다. 하지
만 단기간 마르부르크에 머무르게 된 하이데거는 로마가톨릭과 아퀴나스
주의의 추상적 "체계"와는 대조적인 "역사적" 지식 이론에 대해 작업하기
시작했다. 하이데거는 철학 외적인 영향이 자신의 사유 속에 작동함을 인
식했다. 한편으로는 "역사성"과 역사적 이성을 탐구하는 동시에, 다른 한편
으로는 "탐구에 있어 나를 동행해준 것은 젊은 루터의 사상과 아리스토텔
레스의 모델이었다.…거기에 키르케고르의 자극이 더해졌으며 후설은 새
로운 시야를 열어주었다"고 쓰고 있다.[6] 가다머는 "역사성"(모든 것은 역사
속의 주어진 자리에 의해 조건화된다)에 대한 하이데거의 강조점에는 흥미를
가졌지만 현상학으로 가는 통로라 할 수 있는 개인의식의 주체성 개념에
대해서는 그렇지 않았다.

1923년부터 『존재와 시간』(Being and Time, 까치 역간)이 출간된 1927
년까지 마르부르크 대학에서 하이데거는 불트만, 하르트만, 나토르프, 가
다머, 한나 아렌트(Hannah Arendt), 한스 요나스와 함께 작업했다. 1928년
에는 저명한 에드문트 후설(Edmund Husserl)의 교수직을 승계받기 위해 프
라이부르크로 돌아간다. 마침 그때는 독일을 황폐화시켰던 극심한 인플레
이션의 시대였는데 가다머는 어떻게 하이데거가 자신을 금전적으로 도왔는

---

4 Grondin, *Hans-Georg Gadamer*, p. 84.
5 Gadamer, *Truth and Method*, p. 377.
6 Martin Heidegger, *Phänomenologische Interpretationen ausgewählter Abhandlungen des Aristoteles zur Ontologie und Logik* (reprint, Frankfurt: Klostermann, 2005), 63:5, 그롱댕의 책에서 재인용.

지 개인적 기록으로 남겨놓고 있다. (1923년 11월 15일 독일 마르크화는 4조 달러로 올랐다. 실제적으로 독일 사람들은 아무것도 구매할 수 없었다.) 이 불경기 동안 하이데거는 가다머와 함께 "이해의 기술"에 있어 딜타이와 슐라이어마허를 연구했다. 앞에서 살폈듯 딜타이는 해석학이 인문과학 또는 정신과학을 위한 특수한 방법론을 구성한다고 암시한 바 있다.

하이데거는 아리스토텔레스의 윤리학에 대한 세미나를 진행하기도 했다. 『존재와 시간』을 저술하던 시기 동안 하이데거는 추상적 개념을 버리는 대신, 어떻게 고대 그리스인들이 원초적으로 또한 시간적 조건 안에서 존재를 경험했는가를 탐구했다. 이런 고대 그리스적인 존재 인식은 중세 스콜라주의의 "라틴화"와는 대조적인 양상을 보였다. 또한 하이데거는 시학(詩學)의 힘을 강조했다. 가다머는 하이데거의 이런 작업적 특성, 특히 예술에 대한 작업을 높이 평가한 바 있다. 1928년 가다머가 『필레보스』를 중심으로 플라톤의 변증법적 윤리학을 다룬 논문으로 교수 자격을 취득했을 때 이 논문을 심사한 이도 바로 그의 멘토자 스승인 하이데거였다. 이렇게 가다머는 전임 강사를 거쳐 나중에는 마르부르크 대학의 칼 뢰비트(Karl Löbith)의 조교수가 된다.

이 모든 내용의 토대 위에서 가다머는 『진리와 방법』과 해석학보다는 플라톤과 실천적 지혜(phronēsis)가 중요했다는 후기 진술을 하게 된다.[7] 하지만 초창기에 이루어진 하이데거와의 만남은 가다머의 해석학에 깊은 영향을 미쳤다. 첫째, 하이데거의 현존재(구체적인 상황 속 존재) 개념은 가다머가 추상적 문제와, 인간 삶을 조건화하는 역사적 구체성으로부터 촉발되는 질문들 사이를 구별한 데 영향을 미쳤다. 둘째, 하이데거와 가다머는 둘 다 개인의식이라는 후설의 출발점을 거부한다. 셋째, 둘은 모두 지혜를 칸트나 아리스토텔레스의 도구적 이성과는 다른 것으로 보았다. 실제로 "지혜"는 새로운 아리스토텔레스의 재탄생으로 이끌어주었다. 넷째, 하이

---

7 Gadamer, "My Philosophical Journey," pp. 9-10.

데거는 해석의 중심성을 믿었다. 『존재와 시간』에서 하이데거는 "해석 속에서…우리는 이것(쉽게 손닿는 곳에 있는 것)을 책상, 문, 자동차로서 '본다'"라고 썼다.[8] 이해에서 "순환"은 의미의 구조에 속해 있다. "**만일 우리가 이 순환을 악순환으로 본다면 그리고 그것을 피할 길을 찾는다면…그렇다면 이해의 행위는 근본에서부터 오해되고 있는 것이다.**"[9] 다시 말해 하이데거와 가다머에게 이해와 해석은 필연적으로 선이해에 기반한 것이며, 잠정적이고 역사적이며 시간적인 것이다. 바로 이것이 『진리와 방법』의 핵심 내용이다. 이 책에서 "방법"은 데카르트의 **합리론**과 계몽주의, 또한 중립적 출발점을 제공한다고 간주되는 인간의 의식을 폄하하며 되돌아보고 있다.

가다머와 하이데거에 따르면 이런 접근법은 상대적으로 과학과 기술의 진보는 이끌 수 있지만 삶의 진보를 위해서는 긍정적이지 않다. 삶은 가치중립적인 것이 아니기 때문이다. 하이데거와 불트만의 출발점은 한층 더 실존주의적이다. 하이데거는 사물들을 "지향 방향"으로서 정의한다. "쉽게 손닿는 가까이에 있음"은 이론적으로 파악되는 상태가 아니다. 따라서 망치는 만약 그것이 손닿는 가까이에 있는 상태라면 무엇인가를 두들겨 넣기 위해 존재한다.[10] 실제적인 관계가 망치를 어떤 목적을 위한 장치 또는 도구로 파악하게 하는 것이다. 길버트 라일(Gilbert Ryle)은 추상 능력이 우월한 문화의 증거라고 믿었으며 이런 믿음에 근거해 하이데거를 비판했다. 그러나 하이데거는 후기 비트겐슈타인과 마찬가지로 인간의 추상 능력을 신뢰하기는 하지만 이것이 의미와 진리의 핵심에 이르는 길은 아니라고 생각했다.[11]

---

8 Martin Heidegger, *Being and Time*, trans. John Macquarrie and Edward Robinson (Oxford: Blackwell, 1962), p. 188 (독일어판, p. 148. 참조. pp. 188-95).

9 Heidegger, *Being and Time*, p. 194 (독일어판, p. 153), 하이데거 강조.

10 Heidegger, *Being and Time*, p. 98 (독일어판, p. 69).

11 Gilbert Ryle, *Collected Papers*, 2 vols. (London: Hutchinson, 1971), 1:268 (from his review of *Being and Time*). 참조. Anthony C. Thiselton, *The Two Horizons: New Testament Hermeneutics and Philosophical Description with Special Reference to Heidegger, Bultmann, Gadamer, and Wittgenstein* (Grand Rapids: Eerdmans; Exeter: Paternoster, 1980), p. 198 n. 139.

가다머는 대상화와 일반화를 통해서는 존재와 진리에 접근할 수 없다고 본 하이데거와 키르케고르에 깊은 영향을 받았다. 또한 후기 비트겐슈타인이 "일반성에 대한 갈망"이라고 부른 것, 즉 "과학의 방법"도 거부했다.[12] 불트만과 마찬가지로 이들은 "탈객관화"의 필요성에 동의했던 것이다. 한스 요나스는 이런 사실을 영지주의자들 속에서도 발견했는데 이 영지주의자들의 우주론은 원초적 형태로 실존주의적이라고 볼 수 있다. 하이데거에 따르면 "의미 작용의 관계적 실재, 우리는 이것을 의의(significance)라고 부른다."[13] 반대로 데카르트는 세계를 기본적으로 존재론적 차원에서 규정하는 것이 **연장**(extension)이라고 본다. 데카르트에게 세계는 시공간적인 "외적" 실재다. 하지만 하이데거와 가다머에게 "세계"는 공간적인 것이라기보다 시간 속에 존재하는 역사적 인간에 의해 구성되는 것이다. 가다머가 "진리"와 "방법"을 역설적 대립 관계로 놓았을 때 그는 데카르트의 합리론적 개념으로서의 "방법"을 지시하고 있었다. 하이데거 역시 데카르트를 공격 대상으로 삼는다. 그의 출발점은 현존재 또는 "거기 있는-존재"(Being-there)다. 하이데거에게는 "돌을 던져 떨어진 거리" 또는 "담배 한 대 피울 만한 거리" 같은 표현이 "2킬로미터"나 "40킬로미터"보다 훨씬 더 "실제적인" 표현이다.[14]

하이데거와 가다머는 둘 다 진술보다는 이해가 앞선다고 주장한다. 하이데거에게 판단하는 형식의 언술이란 "파생적" 해석 방식이다.[15] 가다머에게 "진술"은 다양한 목적을 위해, 특히 프로파간다로 사용된다. 이때는 자주 목적이 진술보다 더 중요해지며 진술 자체는 전혀 객관성을 담보하지 못한다. 바로 이 지점에서 판넨베르크를 위시한 여러 학자들은 하이데거와

---

12 Ludwig Wittgenstein, *The Blue and Brown Books: Preliminary Studies for the "Philosophical Investigations"* (Oxford: Blackwell, 1969), p. 18. 『청색 책 · 갈색 책』(책세상 역간).
13 Heidegger, *Being and Time*, p. 120 (독일어판, p. 88).
14 Heidegger, *Being and Time*, p. 140 (독일어판, p. 105).
15 Heidegger, *Being and Time*, p. 195 (독일어판, p. 154).

가다머의 사유가 가진 아킬레스건, 즉 두 철학자가 인지적 명제를 평가절하했다는 혐의를 발견했다. 하이데거에 따르면 "커뮤니케이션이란 의견이나 소망과는 달리 경험을 전달하는 것이 전혀 아니다."[16] 하지만 언제나 그런 것인가? 같은 의구심을 후기 비트겐슈타인은 훨씬 더 조심스럽게 표현한 바 있다. "'기술'(description)이라 불리는 것은 특정 목적을 위해 사용되는 도구다."[17] "언어는 항상 한 가지 방식으로만 기능하며 사상—집과 빵, 선과 악, 그 외 무엇이든—을 전달한다는 동일한 목적을 위해 늘 봉사한다는 관념에서 급진적으로 탈피할 필요가 있다."[18] 바로 이것이 비트겐슈타인이 의미와 적용을 구별한 이유가 된다.

1930년대에 들어 가다머는 시 작품과 키르케고르, 플라톤을 더욱 폭넓게 읽는다. 1934년 나치에 연루된 하이데거는 프라이부르크 대학 총장으로 취임하지만 곧 반유대주의의 환상으로부터 정신을 차리게 된다. 같은 해 가다머도 킬 대학 교수가 된다. 1935년에 가다머는 마르부르크 대학의 교수로 지원했다가 거부당하는데 아마도 유대인을 도왔다는 혐의를 국가로부터 받았기 때문일 공산이 크다. 1936년에는 "예술과 역사" 강의를 시작하는데 이 강의의 내용은 나중에 『진리와 방법』의 핵심 주제가 된다. 그러면서 가다머는 "예술 작품의 근원"이라는 하이데거의 강의에도 참가했다. 1937년, 드디어 가다머는 마르부르크 대학의 교수가 되는데 처음에는 객원 교수, 라이프치히로 옮기기 바로 직전에는 (공식적 인정을 받은) 일반 교수가 된다.

라이프치히 대학으로 옮긴 후 가다머는 나중에 『진리와 방법』을 구성하게 될 관심사들을 연구하면서 그것을 강의로 발표했다. 즉 예술과 역사, 헤겔과 플라톤이 주요 주제였으며 칸트, 낭만주의, 아리스토텔레스, 릴케

---

16 Heidegger, *Being and Time*, p. 205 (독일어판, p. 162).
17 Ludwig Wittgenstein, *Philosophical Investigations*, German and English, English text trans. G. E. M. Anscombe (Oxford: Blackwell, 1967), 291절.
18 Wittgenstein, *Philosophical Investigations*, 304절.

의 시 작품, 소크라테스 이전 철학자들에 대해서도 가르쳤다. 가다머가 이런 행보를 보이는 사이 하이데거의 철학 역시 중대한 변화를 겪게 된다. 즉 초기의 실존주의로부터 사유의 전회(Kehre) 이후 시와 언어로 이행했던 것이다. 하이데거는 인류가 "존재 바깥으로 타락했다"고 믿기에 이른다.[19] 이리하여 하이데거의 사유는 점점 더 가다머와 갈라지게 된다. 하지만 예술의 계시적 힘과 중요성, 시의 창조적 능력, 이원론에 대한 거부, 해석학적 순환 같은 이슈에 대한 공통의 신뢰는 변하지 않는다. 가다머는 이렇게 고백했다. "나의 사명은 하이데거의 임무와는 달랐다.…하이데거는 가톨릭 사상보다도 더 전유적인 언어를 추구했다."[20] 1976년 하이데거의 장례식에서 가다머는, 하이데거에게 존재는 "하나님"과 같은 어떤 것이었다고 말했다. 비록 이런 설명에 동의하는 사람은 많지 않겠지만 말이다.

앞에서 살핀 내용은 가다머를 컨텍스트 속에서 이해하는 데 필수적인 것들이다. 하지만 언젠가 판넨베르크가 했던 말처럼 하이데거라는 단 한 명의 인물이 그토록 많은 사람들에게 강한 영향을 끼쳤다는 사실은 애석한 일이 아닐 수 없다. 하이데거는 사유 속에서 일어난 변화를 인식하고 있었다. 하지만 그것은 "전회"로 불렸지 전복은 아니었다. 『언어로 가는 길 위에서』(On the Way to Language)에서 하이데거는 이렇게 쓰고 있다. "내가 초기 입장을 떠난 이유는 그것을 다른 것으로 바꾸기 위해서가 아니었다. 이전의 관점 역시 동일한 길 위에서 만난 간이역이었기 때문이다. 지속되는 요소는…그 길이라고 할 수 있다."[21]

---

19 Martin Heidegger, *Introduction to Metaphysics* (New Haven: Yale University Press, 1959), p. 37. 『형이상학 입문』(문예출판사 역간). 후기 하이데거에 관해서는 Thiselton, *The Two Horizons*, pp. 327-42을 참조하라.

20 Grondin, *Hans-Georg Gadamer*, p. 24.

21 Martin Heidegger, *On the Way to Language* (New York: Harper and Row, 1972), p. 7.

2. 『진리와 방법』제1부: "방법"에 대한 비판 및 예술과 놀이의 "세계"

앞에서 우리는 가다머가 르네 데카르트(1596-1650)와 합리론자들의 "기술적 이성"과, 삶이나 해석학에서 요구되는 실천적 지혜(*phronēsis*)를 어떻게 구별하는지 살펴보았다. 『진리와 방법』에서 가다머는 "방법" 또는 데카르트의 합리론과 지암바티스타 비코의 "역사적" 전통 또는 로마적 공통 감각(*sensus communis*)을 구별하면서 논의를 시작한다. 사실 이런 종류의 구별은 잠재적으로 서구 철학을 뒤흔드는 사건이었다. 왜냐하면 비코의 전통은 헤겔과 딜타이가 도착하기까지, 세속적 계몽주의와 그 뒤를 잇는 합리론과 경험론 사이에 파묻힌 지하 세계 같은 것이었기 때문이다. 초기 사유에서 가다머는 플라톤으로부터 유익한 질문을 던지는 일의 중요성을 배웠다.

데카르트가 이해했던 대로라면 이성의 자리 안에 놓인다는 것은 무엇을 의미하는 것일까? 가다머는 해석학 연구가 "예술과 역사적 전통의 경험으로부터" 시작한다고 지적했다.[22] 제1부의 제목은 "예술의 경험 속에 나타나는 진리에 대한 질문"이다. 가다머는 정신과학과 인문학, 문학과 사회학에 있어 "방법"의 역할이 무엇인지 묻는다. 드로이젠, 밀, 또는 심지어 딜타이의 경우처럼 그것은 과학을 위한 것일 것이다. 하지만 인문학이나 정신과학은 교양(Bildung), 즉 (사람을) 형성하는 문화를 기반으로 삼고 있다. 가다머에게 교양은 문화 이상의 것을 촉발한다. 교양은 인간의 형성에 개입되기 때문에 윤리적인 것이라고 할 수 있다. 교양은 교육과 관계되며 "타자적인 것에 대해 자신을 개방시키는" 역할을 한다.[23]

소피스트들과는 다르게 비코는 고대의 지혜 또는 분별심(*prudentia*)을 보존한다. 그는 실천적인 삶에서 결정적인 중요성을 갖는 공동체적 감각을 발전시켰다. 이는 토마스 리드(Thomas Reid)와 스코틀랜드 철학에서의 "상

---

22 Gadamer, *Truth and Method*, p. xxiii.
23 Gadamer, *Truth and Method*, p. 17.

식"과도 연관되며 샤프츠베리(Shaftesbury)의 유머와 위트와도 무관하지 않다. 결국 이것은 "마음"을 강조하는 경건주의로 나타나는데 유럽 대륙에서 이런 경향의 대표자로는 외팅어를 들 수 있다. 외팅어는 볼프의 해석학이 너무 배타적으로 합리론적이라고 공격하면서 성경의 "보다 온전한 의미"를 선호했다. 하지만 독일 계몽주의와 칸트는 이런 전통으로부터 사람들을 멀리 떼어놓았다.

가다머는 인간의 판단력에 대한 칸트의 견해를 다루는 데 여러 쪽을 할애한다. 데카르트처럼 칸트도 개인주의자로서 공동체와 전통, 역사를 무시할 잠재성을 지니고 있다. 칸트는 공동체적인 것을 취향의 문제로 격하시킨다. 그러나 취향은 지식이나 진리가 아니라 "**미학**의 차원에서 전개해야 할 문제다."[24] 칸트가 남긴 중요한 유산은 미학을 주관화한 것이다. 주관화된 미학에서 "아름다움은 순전히 보는 사람의 관점의 문제"가 된다.[25] 하지만 미학 자체는 예술이 아니라 예술을 개념화한 것이다. 헤겔은 미학과 예술을 보다 더 직접적으로 "역사적" 체험(Erlebnis)에 연결시킨다. "기본적으로 체험한다는 것은 살아 있는 상태에서 어떤 일이 일어남을 아는 것을 의미한다."[26] 1905년에 딜타이는 삶의 경험과 시 작품에 우위성을 부여한 바 있다. 슐라이어마허, 헤겔, 딜타이, 슈테판 게오르게(Stefan George)는 "현대 대중사회 속의 삶의 기계화"를 거부하는 철학을 공유했다(p. 63). 이리하여 "Erlebnis"는 인식론적인 것이 된다. 상징은 형이상학적 배경을 가진 것으로 간주되며 알레고리에 대한 새로운 활용이 대두되기도 했다.

마찬가지로 **추상**은 미학적 의식의 일부로 남게 된다. "키르케고르는 내게 이런 입장이 타당하지 않음을 보여준 첫 번째 인물이었다. 많은 저술가에게 있어 미학은 세계관의 역사가 되었다." 하지만 가다머에 따르면 "**예**

---

24 Gadamer, *Truth and Method*, p. 41, 가다머 강조; 참조. pp. 30-42.
25 Gadamer, *Truth and Method*, pp. 42-55. 참조. Kant, *Critique of Judgement*, trans. Werner Pluhar (Indianapolis: Hackett, 1987).
26 Gadamer, *Truth and Method*, p. 61. 이하 본문 괄호 안의 숫자는 이 책의 페이지를 나타낸다.

술 언어와의 모든 만남은 완결되지 않은 사건과의 만남이며 이 만남 자체도 **사건의 일부가 된다**"(p. 99, 가다머 강조). 이는 후기 하이데거를 연상시키는 대목이다.

제1부 2장에서 가다머의 논지는 예술 작품의 존재론과 이 존재론이 해석학에 대해 가진 중요성으로 이동한다. 그는 "놀이"(play) 개념을 도입하는데 이 개념에 의하면 "놀이하는 사람이 자신을 놀이 속에서 상실할 때에만 놀이의 목적은 성취된다"(p. 102). "놀이되는 것, 즉 놀이의 주체로서 기능하는 것은 게임이다. 놀이의 (인간) 주체가 존재하는가 아닌가는 상관없다"(p. 103). 게임의 "규칙"은 게임을 하는 사람과는 무관하게 존재한다. "**놀이하는 자의 의식보다 놀이 자체가 우위성을 가진다는 사실은 근본적으로 인정된다**"(p. 104, 가다머 강조). 놀이하는 사람은 놀이 속에서 자기 자신을 상실한다. 즉 게임의 "규칙"은 놀이하는 자들이 행하는 방식과 이들이 살아가는 "세계"를 규정한다. 하지만 이런 양상은 단순한 구경꾼의 태도와는 근본적으로 다르다. "모든 놀이에는 어떤 과제를 가진 상태로 놀이를 이행하는 사람이 드러난다"(p. 107). 놀이를 하는 아이는 놀이에 자신을 준다. 어른은 보다 진지할 수 있다. 어쨌든 각자는 놀이 속으로 흡수된다. "놀이는 놀이의 영역 안으로 사람들을 끌어들인다"(p. 109).

가다머는 이런 통찰을 예술에 적용한다. "예술의 존재는 미학적 의식의 대상으로서 정의될 수 없다는 것, 그것이 나의 논지다.…**예술의 존재는 현전화 속에서 일어나는 존재 사건의 일부며 본질적으로 놀이로서의 놀이에 속해 있다**"(p. 116, 가다머 강조). 이런 주장의 존재론적 결과는 다음과 같다. 즉 이제 새로운 종류의 객관성이 대두되는데 그것은 데카르트의 합리론에서처럼 인간 의식 속에서가 아니라 놀이나 예술 속에서 발견되는 객관성이다. 각각의 "현전화"[presentation, 또는 수행(performance)]는 일어날 때마다 이전의 것과는 달라지지만 게임 또는 예술 작품의 본성 속에서 통일적이라고도 할 수 있다. 놀이나 예술 작품의 현재적 실재성은 그 현전화와 분리될 수 없다. 동일한 논리가 기념 의식과 함께 거행되는 축제에도 적용될 수 있다. 현실이나 존재론은 역사적이고 시간적인 사건을 추적한다. 하지만 축제는 기념되는 것 속에서만 존재한다고 할 수 있다. 가다머에 따르면 루터파 신학에서 살아 있는 말씀으로서 이 기능을 수행하는 것은 설교다. 가다머 주석가이자 번역자인 조엘 와인스하이머(Joel C. Weinsheimer)가 쓴 글을 읽어보면 이 점을 이해하는 데 도움이 될 것이다.[27]

앞에서 소개한 내용이 『진리와 방법』 제1부의 핵심이다. 우리는 데카르트처럼 개인의 의식을 통해 현실에 접근하는 것이 아니라 현실 속의 참여자가 됨으로써, 현실의 형성적 현전을 경험함으로써 접근한다. 게임, 축제, 음악회처럼 이럼 개념은 정확히 동일한 형식 속에서 복제되지는 않겠지만 비트겐슈타인이 "가족 유사성"(family resemblaces)이라고 부른 것을 반영한다고 할 수 있다. 가족 유사성은 음악을 예로 든다면 "악보"와 유사할 것이다. 가다머는 상(Bild), 원-형상(Ur-bild), 놀이(Spiel), 표상, 기호, 시간에 대한 논의로 제1부를 끝맺는다. 마지막 부분에서는 슐라이어마허와 헤겔의 해석학을 비교했는데, 전자에 대해서는 부적절하며 부분적으로 오류인 것으로 평가절하하고 후자에 대해서는 통합의 해석학을 달성한 것으로 인정했다.

가다머는 슐라이어마허가 과연 적절한 접근법을 제시한 것인지 의문을 표시하면서 헤겔의 길을 따라가려 한다. 그에게는 슐라이어마허가 텍스트의 **본래적** 의미에 집착하는 것처럼 보였다. 어쨌든 가다머는 슐라이어마허가 설명한 전체와 부분 간의 순환적 관계 개념은 받아들이지만 별로 새로운 착상이 아니라는 언급을 덧붙인다. 슐라이어마허는 제믈러와는

---

27 Joel C. Weinsheimer, *Gadamer's Hermeneutics: A Reading of "Truth and Method"* (New Haven: Yale University Press, 1985), p. 111; 참조. Georgia Warnke, *Gadamer: Hermeneutics, Tradition, and Reason* (Cambridge: Polity Press, 1987). 『가다머: 해석학, 전통 그리고 이성』(민음사 역간). Anthony C. Thiselton, *New Horizons in Hermeneutics: The Theory and Practice of Transforming Biblical Reading* (London: HarperCollins; Grand Rapids: Zondervan, 1992), pp. 313-30.

달리 자신만의 고유한 신학적 의제를 갖고 있었다. 딜타이는 나중에 모든 독단적인 목적을 포기했다. 하지만 볼프, 아스트, 슐라이어마허는 지나치게 해석학을 "기술적" 이성 또는 기술과 동일시하려 했다. 이들이 이해의 기술(art of understanding) 개념을 지지하려 한 것은 사실이지만 여전히 "슐라이어마허조차도 자신의 해석학을 테크닉이라고 부르고 있다."[28] 가다머는 슐라이어마허가 낭만주의에 압도되어 있는 동시에 계몽주의의 문화에도 충분히 개방적이지 않았다고 지적한다. 하지만 **공동체**에 대한 슐라이어마허의 강조와, 'Verständnis'(이해)는 'Einverständnis'(공동의 이해와 공유된 합의)에 가깝다는 견해에는 신뢰를 표시한다. 그럼에도 슐라이어마허는 인간 의식의 문제에 집중하면서 이해나 합의가 구체적으로 **어떤 내용을 가지는가**에 대해서는 무시했다는 약점을 가진다.

가다머는 이렇게 결론 내린다. "슐라이어마허적 의미에서 역사적 해석은 너무 주관주의적이다. 질문과 답변에는 최소한의 주의만 기울이고 있다. 결국 마지막에 가서 슐라이어마허는 18세기의 희생양으로 떨어지고 만다."[29] 하지만 딜타이는 문제를 다른 방식으로 보았다. 가다머는 문법적 해석에 대한 슐라이어마허의 "재기발랄한 논평"은 높이 평가했지만 막상 내용으로 들어갔을 때는 그가 교리에 의존해버린다고 비판했다.[30] 가다머에 따르면 이런 태도는 이해를 고립시키는 결과를 가져온다.

앞과 같은 가다머의 비판은 과장된 것일까? 논쟁의 여지는 있겠지만 이런 비판은 그가 예술적 사유와 예술 작품을 중심으로 다루었기 때문인 것으로 보인다. 가다머는 슐라이어마허가 칸트의 영향을 너무 강하게 받았다고 생각했다. 이미 살폈던 것처럼 슐라이어마허의 질문은 텍스트가 움직이도록 하는 것은 무엇인가 하는 것이었다. 나아가 성경 텍스트가 구체적 상황 속에 "뿌리박고 있는 상태"도 중요했다. 또한 슐라이어마허는 "자신을 다른 존재

---

28 Gadamer, *Truth and Method*, p. 178.
29 Gadamer, *Truth and Method*, p. 185.
30 Gadamer, *Truth and Method*, pp. 186-87.

로 변형시키는 것"에 대해 너무 "심리적이고" "주관주의적"이라고 평가했다. 조지아 원키의 지적처럼 가다머가 보기에 슐라이어마허는 여전히 "데카르트적 확실성", 방법, 인간 의식에 단단히 얽매여 있다.[31]

가다머는 슐라이어마허를 두고 역사적 낭만주의를 이끄는 목소리라고 평가한다. 비록 슐라이어마허가 해석학을 "오해를 피하는 기술"로 정의한 것은 사실이지만 그는 여전히 "과학적인 것"에 기울어 있다. "타자"에 대한 슐라이어마허의 언급은 단순히 상호 주관성과 기독교 교리에 의존한 것이었다. 자신도 모르는 사이에 슐라이어마허는 "해석자와 저자 사이의 구별을 무너뜨리며"[32] 결과적으로 문헌학에서 몇 발짝 더 나아가지 못했다. 그런데 과연 이런 거센 발언들이 슐라이어마허에 대해 공정한 평가인 것일까? 분명한 사실은 가다머가 슐라이어마허의 규준에 대한 강조를 빠트리고 있다는 것이다. 제13장에서 우리는 리쾨르가 이런 측면을 개선하고 있음을 보여줄 것이다. 가다머가 슐라이어마허의 주관성과 인간 의식에 대한 강조를 비판한 것은 타당하다. 하지만 가다머는 슐라이어마허가 랑케나 드로이젠, 딜타이를 오도했다고도 믿었다. 하지만 "방법론적인 측면에서 역사적 해석은 랑케에게서도…드로이젠에게서도 발견되지 않는다. 최초의 역사적 해석은 낭만주의적 해석을 의식적으로 채택하여 그것을 역사적 방법으로 확대한 딜타이에게서 찾아볼 수 있다."[33]

3. 『진리와 방법』 제2부: 인문학에서 진리와 이해

슐라이어마허를 비판함에 있어 부분적으로 가다머가 슐라이어마허의 동시대 경쟁자인 헤겔의 접근을 따르고 있음을 앞에서 이미 보았다. 헤겔은 해

---

31 Warnke, *Gadamer*, p. 6.
32 Gadamer, *Truth and Method*, p. 193.
33 Gadamer, *Truth and Method*, p. 198.

석자와 주체 양자를 역사 내에서 조건화하는 "역사적" 이성의 중요성을 인식하고 있었다. 동시에 저자의 상황과는 완전히 다를 수 있는 해석자의 역사적 상황에도 주의를 기울였다. 한 걸음 더 나아가 헤겔은 보편적 세계사를 믿었다. 반면 딜타이는 역사적 이성을 "순수 이성"으로 보았다. 그는 역사 안에서의 "실험적 지식"과 "입증 가능한 발견"에 관심을 가졌는데[34] 이는 "삶"(Leben)에 대한 딜타이의 관심의 일부라 할 수 있다. 후설에 대한 존경과 감탄에서도 엿보이듯 딜타이는 "의식"에 대한 흥미도 간직했다. 그는 헤겔의 역사적 이성을 사용하려고 시도하기는 했지만 여타 다른 관심과 비교해볼 때 미미한 정도였다고 할 수 있다. "역사적 의식은 예술과 종교, 철학이 특수하게 보유하고 있는 바를 전유한다."[35] 반면 헤겔은 역사적 의식을 끊임없이 변화하는 것으로, 소멸되지 않는 영원한 "존재"에 종속된 것으로 이해한다.

지속적으로 딜타이는 헤겔이 남겨둔 질문들, 특히 역사가 개인을 변모시키는 방식에 대한 쟁점과 씨름했다. 하지만 딜타이도 정신과학이나 인문학을 위한 **방법**을 역사적 이성 안에서 찾으려 했던 세속적 계몽주의의 후예임에 틀림없다. 하지만 헤겔이 본 것처럼 해석학은 복제가 아니라 변형을 목표로 한다. 항상 예술은 삶의 표현, 역사적 제도, 텍스트 그 "이상"이다. 딜타이는 스스로가 인식론적 차원에서 "인문 과학"을 적법한 것으로 만들고 있다고 믿었지만 실재에 있어서는 자신도 모르는 사이에 인문 과학의 심오한 측면을 배신했다. 딜타이는 "헤겔 철학에 대한 절반의 거부와 절반의 긍정"을 제공한다.[36] 그의 해석학은 역사적 경험 이상의 "해독"에 대한 것이다.

다음으로 가다머는 후설과 바르텐부르크(Paul Yorck von Wartenburg)로 넘어간다. 가다머에 따르면 결론적으로 이들은 해석학의 문제를 해결하

---

34 Gadamer, *Truth and Method*, p. 221.
35 Gadamer, *Truth and Method*, p. 229.
36 Gadamer, *Truth and Method*, p. 241.

지 못했다. 하이데거가 그랬던 것처럼 가다머도 후설의 『논리적 연구』(Logical Investigation)에 환멸을 느꼈다. 후설은 존재론 연구로부터 주관적으로 무엇인가를 도출하려 시도했으나 실패했다. 또한 의식에 대한 설명도 충분히 "역사적"이지 못한 채 지나치게 추상적으로 머물러 있었다. 후설의 주요한 기여는 해석학에서 중대한 요소인 **지평** 개념을 도입한 것이다. 지평 개념은 인간적 관점이 가진 역사성과 유한성으로 나아가는 길을 닦았다고도, 그것을 함축한다고도 할 수 있다. 나아가 지평은 고정적이거나 정태적이지 않고 우리가 전진할수록 우리와 함께 움직이는 어떤 것이다. 후설은 개념으로서 "지평"의 중요성을 온전히 실현시키지는 못했지만 "생활 세계"(life-world) 개념을 발전시켰다. 여기서 그는 역사적 경험의 가장자리에 이르게 된다. 생활 세계는 인격들의 "세계"라 할 수 있다. 하지만 가다머에 따르면 후설은 특유의 초월적 관념론으로 인해 결함을 안고 있다. 결국에 가서 "삶"은 주관성이 되어버리고 만다. 딜타이가 의미했던 "삶"과 전혀 다르지 않은 것이다. 동일한 원리가 바르텐부르크에게도 적용된다. "해석학적 현상학"의 기획은 오직 하이데거에 있어서만 상대적 성과를 이뤄냈다고 볼 수 있다.

하이데거는 이 문제를 전개할 기반을 마련했다. 모든 것은 오직 시간과 역사의 지평 안에서 이해되어야 한다. 하이데거는 적어도 출발점에서는 구체적인 인간 현존재와 함께 시작함으로써 근본적 존재론을 폐기해버렸다. 그는 존재를 "사물"이 아닌 사건으로 간주했는데 이는 이전의 철학들을 넘어서는 지점이다. 당연히 하이데거가 참조한 것은 고대 그리스인들이었다. 이 "전회"는 『존재와 시간』으로부터의 새로운 출발이라기보다 하이데거가 초기부터 품었던 목적의 실현이라고 볼 수 있다. 하지만 하이데거는 자신이 씨름하고 있는 문제가 지금까지 한 번도 해결된 적이 없는 문제임을 알았는데 이는 옳은 통찰이었다. 가다머의 논증에 따르면 하이데거는 처음에는 현존재의 역사성과 함께 출발해서 존재론을 향해 움직여가기를 시도했다. 이는 이전의 형이상학과 데카르트의 철학을 초월하는 것이었다. 이제

이해는 더 이상 방법론적 개념이 아니다. "텍스트를 '이해하는' 사람은…의미를 향해 자신을 투사할 뿐 아니라…완료된 이해는 지성적 자유의 새로운 상태를 구성하기도 한다."[37] 바로 이것이 딜타이를 넘어선 하이데거의 진보가 그토록 중요한 이유다. 실재에 있어 이해는 시간의 흐름 속에서 누적되고 간직된다. 다시 말해 이해는 세월이 흘러도 변하지 않는 스냅 사진처럼 개인적 주관성에 맞춰진 것이 아니다.『존재와 시간』에 나타난 "염려"와 "전회" 이후의 후기 하이데거에 관해 가다머는 몇 가지 질문을 던진다. 염려에 대한 강조가 잘못된 것은 아니지만 하이데거가 희망했던 것을 다 성취하지는 못할 것이다. 그럼에도 가다머는『존재와 시간』제2부, "시간성"에 대한 분석을 폭넓게 받아들이고 있다. 시간성(temporality)이란 구체적 시간(time)이 아니라 시간의 가능성을 위한 초월적 근거다. 가다머와 하이데거는 "전통"에 대해서도 입장의 차이를 보이는데 하이데거는 좀 더 비관적인 견해를, 가다머는 낙관적 견해를 표명한다. 하지만 둘 다 다른 방식으로 "현존"을 강조하며 현존의 주된 예로서의 예술의 중요성을 지적한다.

지금까지는 가다머가 슐라이어마허에서 하이데거에 이르는 해석학적 전통을 추적하는 것을 살폈다. 이제 우리는 가다머에게 매우 중요한 부분인 "해석학적 경험의 이론"에 이르렀다. 먼저 가다머는 전제, "편견" 또는 "선입견"(Vorurteile)의 문제를 언급한다. "계몽주의의 근본적인 선입견(또는 선판단)은 선입견 자체에 반대하는 선입견이다. 이는 전통에서 그것의 힘을 부정한다."[38] 이런 개념은 부정적 힘을 획득하게 되며 삶에서 너무 많은 것들을 가치판단적인 것이 아닌 것으로 만든다.

『단편들』(Kleine Schriften)에서 가다머는 통계라는 탁월한 예를 제시한다. 통계는 일견 객관적이고 중립적인 것으로 보이지만 실제로는 그렇지 않다. 모든 것은 목적과 표상화되는 방식에 의존한다. 이것은 다시 우리에

---

37 Gadamer, *Truth and Method*, p. 260.
38 Gadamer, *Truth and Method*, p. 270.

게 "선입견"의 역할을 환기시킨다. 가다머에 따르면 "**우리의 존재를 구성하는 것은 우리의 판단이라기보다 '선입견'(또는 '선판단')이다.**"[39] 또한 "통계에 의해 정립된 것은 사실의 언어인 것처럼 보인다. 하지만 이런 사실이 어떤 질문에 대답할 수 있는지, 또한 다른 질문들이 제기될 때 어떤 사실이 말하기 시작하는지 하는 것은 해석학적 질문들이다."[40] 따라서 모든 것은 해석학적이라 할 수 있다. "어떤 질문에 대한 대답으로서 이해될 수 없는 단언은 절대로 가능하지 않다."[41] 계몽주의에서 모든 것은 철저하게 미신으로부터 벗어나야 한다. 하지만 계몽주의 사상가들은 모든 것이 전통, 역사, 해석학에 의해 추동력을 얻는다는 사실을 인식하는 데 실패했다. 그리하여 이들은 순수하고 중립적인 의식이라는 "넌센스적 전통"을 키우기에 이르렀다.[42] 가다머는 "딜타이의 출발점이라 할 수 있는 자기반성과 전기(傳記)는 주요한 요소가 아니다"라고 관찰한다. 자기반성과 전기는 해석학적 문제를 위한 적절한 기초가 아니다. 가다머에 따르면 "역사가 우리에게 속한 것이 아니라 우리가 역사에 속해 있다."[43] 그리하여 다음과 같은 대결말에 이르게 된다. "**개인의 선입견은 그의 판단보다 훨씬 더 강력하게 그 존재의 역사적 실재를 구성한다.**"[44]

장 그롱댕(Jean Grondin)의 주장에 따르면 "역사가 우리에게 속한 것이 아니라 우리가 역사에 속해 있다"라는 가다머의 언급에 대해서 우리는 "이미 주어진" 부분, 역사적 유한성, 또는 하이데거가 "피투성"(Geworfenheit)이라 일컫은 개념이 어떻게 제기되었는지 상기해야 한다.[45] 가다머는

---

39 Hans-Georg Gadamer, *Philosophical Hermeneutics*, trans. David Linge (Berkeley: University of California Press, 1976), p. 9, 티슬턴 강조; 참조. pp. 3-17.
40 Gadamer, *Philosophical Hermeneutics*, p. 11.
41 Gadamer, *Philosophical Hermeneutics*, p. 11.
42 Gadamer, *Truth and Method*, p. 275.
43 Gadamer, *Truth and Method*, p. 276.
44 Gadamer, *Truth and Method*, pp. 276-77, 티슬턴 강조.
45 Grondin, *Hans-Georg Gadamer*, p. 57; Heidegger, *Being and Time*, pp. 172-79 (독일어판, pp. 134-40), 29절.

1918-1919년에 독일의 패배와 연합군의 승리, 1919년에는 러시아 혁명, 1922년에는 척수성 소아마비의 지독한 공격, 1923년에는 하이데거와의 숙명적인 만남, 1923-1924년에는 독일의 심각한 인플레이션 효과를 경험했으며 무엇보다도 1933년에는 나치즘과 히틀러, 제3제국을 경험했다. 역사적 유한성이나 "피투성"은 하이데거의 현존재에게는 죽음을 향한 존재 또는 타락을 의미한다. 가다머와 하이데거의 삶은 파란만장하고 통제 불가능한 사건으로 점철된 세월을 통과하는 시간이었다. 그럼에도 1914년에서 1933년 사이 대부분의 독일 학자들은 아직도 과학이나 기술적 진보를 통해 모든 문제가 해결되리라는 신념, 즉 계몽주의적 태도를 공유하고 있었다. 여기에 대한 가다머의 급진적 반발은 타이타닉호가 침몰한 1912년, 비교적 이른 시기에 시작된 듯 보인다.

가다머는 "권위와 전통의 복원"을 탐구한다.[46] 그에 따르면 권위는 **맹목적** 복종을 의미하지는 않는다. "권위는 인정(認定)에 근거한다. 즉 권위는 자신의 한계를 자각하면서 타인이 가진 더 나은 통찰력을 신뢰하는 이성의 행위에 의존한다."[47] 계몽주의는 이런 측면을 인식하지 못했으며 낭만주의도 마찬가지였다. 여기서는 전통과 역사적 연구 사이에 "반정립"이 존재했던 것이다. 가다머는 로마가톨릭 신학자 데이비드 트레이시(David Tracy)가 포착한 고전 작품의 예를 들고 있다.[48] 전통의 통찰력이 가지는 열매는 단순한 과거 역사로 망각되어서도 안 되지만 동시에 "초역사적" 진리

---

46 Gadamer, *Truth and Method*, pp. 277-85.

47 Gadamer, *Truth and Method*, p. 279.

48 시카고 학파의 트레이시가 쓴 책으로는 *Blessed Rage for Order: The New Pluralism in Theology* (New York: Seabury Press, 1971)가 있다. 여기서 트레이시는 신학의 본성과 신학 내 "Verstehen"의 위치에 대해 폭넓게 논의했다. 참조. David Tracy, *The Analogical Imagination: Christian Theology and the Culture of Pluralism* (London: SCM, 1981), Tracy, *Plurality and Ambiguity: Hermeneutics, Religion, and Hope* (London: SCM, 1987). 『다원성과 모호성』 (크리스천헤럴드 역간). 둘째 책은 "고전" 개념을 과제로 삼았다. 참조. 트레이시의 세 주요 저작에 대한 나의 논의로는 Anthony C. Thiselton, *The Hermeneutics of Doctrine* (Grand Rapids: Eerdmans, 2007), pp. 104-15.

로 군림해서도 안 된다.

이런 사실은 가다머로 하여금 시간적 간극과 영향사(Wirkungs-geschichte)를 연구하도록 인도한다. "지평들의 융합"에 대한 언급에도 불구하고 과거와 현재의 지평은 절대 완전하게는 결합되지 못하며 따라서 역사적이고 시간적인 간극은 존중되어야 한다. 역사적 텍스트 또는 상황에 대해 "마땅히 질문해야 할 올바른 질문"을 찾아내야 한다. 가다머는 후설과 하이데거의 "지평" 개념, 즉 "어떤 특수한 시점에서 보여지는 모든 것을 포괄하는 지평" 개념을 자기 것으로 흡수한다.[49] "지평은 우리가 그 안으로 움직여가는 어떤 것, 그러면서 우리와 함께 움직이는 어떤 것이다. 움직이고 있는 사람에게는 지평들이 바뀌어간다. 따라서 과거의 지평은…언제나 움직임 중에 있다."[50] 이런 식으로 텍스트를 읽는 작업은 역사적 의식을 발생시킨다. "예를 들어 만일 우리가 누군가의 입장이 되어본다면 그를 이해하게 될 것이다.…즉 자신을 타자의 자리에 놓아봄으로써…타자성을 인식하게 될 것이다."[51]

『진리와 방법』 제2부의 마지막 제목은 "해석학적 문제의 재발견"이다. 가다머에 따르면 "이해는 언제나 텍스트가 이해되도록 그것을 해석자의 현재 상황에 적용시키는 작업과 연관된다."[52] 이런 관점은 낭만주의적 해석학을 넘어서는 것이지만 그렇다고 경건주의로 회귀하는 것은 아니다. 왜냐하면 "적용"은 분리된 "제3의 것"이 아니라 이해에 통합적인 어떤 것이기 때문이다. 가다머는 베티의 견해가 이 측면에서 실패했다고 본다.

가다머는 음악, 드라마, 법해석학으로부터 예를 취해 자신의 주장을 입증한다. 물론 그가 후기 비트겐슈타인을 충분히 논의하지 않은 것이 애석한 일이긴 하다. 비트겐슈타인에 따르면 이해는 훈련받는 일에 의존한다.

---

49 Gadamer, *Truth and Method*, p. 302.
50 Gadamer, *Truth and Method*, p. 304.
51 Gadamer, *Truth and Method*, p. 305.
52 Gadamer, *Truth and Method*, p. 308.

마치 "엔진이 공회전하는" 것처럼 "경험과 독립적으로" 의미를 찾는 것은 아무 소용이 없다.[53] 후기 비트겐슈타인은 "그것들이 적용되어야 하는 언어 게임이 결여되어 있다"라고 쓴다.[54] "장기 놀이 말들의 형태적 특성을 기술하는 것이 아니라 게임의 규칙에 대해서 말할 때 우리는 마치 장기 놀이의 말들에 대해 말하는 것처럼 이야기한다."[55] "한 단어를 들을 때 우리 머릿속에 같은 것이 떠오를 수 있으나 그 적용은 여전히 다를 수 있다."[56] "적용 (Anwendung)은 여전히 이해의 규준이다."[57] 법 해석학에서는 법이 적용되는 방식을 볼 때 비로소 "이해할" 수 있다. 가다머는 적용이 "해석학의 핵심 문제"라고 주장한다.[58]

가다머에 따르면 아리스토텔레스조차도 도덕적 지혜와 기술적 이성을 구별한다. 이해는 도덕적 지혜와 관계가 있다. 이와 유사하게 법 역사가라면 "*technē*"를 요구할 것이지만 "법률가는 현재적 사례로부터 법의 의미를 이해한다."[59] 텍스트를 이해한다는 것이 단순히 텍스트의 의미에 대한 과학적이거나 학술적인 탐구일 수 없다. 가다머의 지적대로라면 불트만은 신학이나 성경해석에서 해석자와 텍스트 간의 "살아 있는 관계"가 필요함을 상정했다. 과학만으로는 충분치가 않은 것이다.

여기서 가다머는 "역사적으로 유발된"[historically affected, 많은 경우 "역사적으로 효과 있는"(historically effective)으로 번역되기도 한다] 의식을 검토하게 된다. 역사와 진리 간의 연결에 대해서는 헤겔이 옳았다. 역사는 "이해를 추구함에 있어 누군가는 이미 무언가를 선호한다"는 사실을 암시하고 있다.[60] 따라서 우리는 기대를 형성하거나 아니면 기대를 좌절시킨다. 아마

---

53 Wittgenstein, *Philosophical Investigations*, 88과 92절.
54 Wittgenstein, *Philosophical Investigations*, 96절.
55 Wittgenstein, *Philosophical Investigations*, 10절.
56 Wittgenstein, *Philosophical Investigations*, 140절.
57 Wittgenstein, *Philosophical Investigations*, 146절; 참조. 151-78절.
58 Gadamer, *Truth and Method*, p. 315.
59 Gadamer, *Truth and Method*, p. 325.
60 Gadamer, *Truth and Method*, p. 355.

도 우리는 고통을 통해서 배울 것이다. 그것은 자기 자신의 역사성을 경험하는 일이다. 한스 로베르트 야우스(Hans Robert Jauss)는 이런 반성을 주제로 삼고 있다. 이런 상황이나 경험 속에는 그것이 전통이건 한 인격이건, 우리가 "타자"에 개입할 때 창조적인 무엇인가가 존재한다. 만일 우리가 진정으로 타자에게 "열려 있다"면, "타자"는 실제로 우리에게 말할 무엇인가를 가지고 있다. "그러므로 타자에 대한 개방성은 나에게 반대하는 것까지 받아들일 것을 포함한다. 비록 아무도 내게 그렇게 하도록 강제하지 않더라도 말이다."[61]

이런 논의는 우리로 하여금 소크라테스와 플라톤이 주장하는 바대로의 변증법을 의식하도록 만든다. 또한 "모든 지식과 담론에 있어 **질문의 우위성**"에 대해서도 인식하도록 만든다.[62] 특히 이는 콜링우드의 "질문과 대답의 논리"로 인도해준다. 가다머의 관점에서는 콜링우드가 이런 질문과 답변의 논리를 전개한 유일한 인물이다. 하지만 가다머는 미하일 바흐친(Mikhail Bakhtin)을 고려한 것 같지는 않다.[63] 콜링우드의 주장에 따르면 텍스트가 답변하고 있는 질문이 무엇인지를 이해할 때만이 우리는 그 텍스트를 이해할 수 있다. 질문하는 일은 의미의 가능성을 열어준다. 가다머의 논평에 따르면 "콜링우드가 정교화한 질문과 답변의 논리는 영속적 '문제들'에 대한 이야기를 종결짓는다."[64] **문제들**(problems)은 수사학에 속하지 철학에 속하지 않는다. 다시 말해 문제들은 고정적이고 자기 충족적이다. 이 개념은 칸트로부터 유래한다. 하지만 반대로 해석학은 역사적이거나 우발적으로 "제기되는 질문들"과 연관된다. 따라서 가다머에 따르면 "해석학적 경험에 대한 반성은 질문들을 발생하는 질문들, 자신의 동기로부터 의미를 도출하는 질문들로 되돌려보낸다."[65] 이런 논의를 마지막으로 『진리

---

61 Gadamer, *Truth and Method*, p. 361.
62 Gadamer, *Truth and Method*, p. 363, 가다머 강조.
63 Mikhail Bakhtin, *Problems of Dostoevsky's Poetics*, trans. Caryl Emerson (Minneapolis: University of Minnesota Press, 1984).
64 Gadamer, *Truth and Method*, p. 375, 가다머 강조.

와 방법』 제2부가 끝난다.

4. 『진리와 방법』 제3부: 존재론적 해석학과 언어, 평가

1. 『진리와 방법』 제3부에서 가다머가 언어의 주제로 선회한다는 것은 쉽게 예상할 수 있는 일이다. 제1부와 제2부는 아마도 가장 특별한 내용을 담고 있으며 독일 바깥의 세계에 강력한 충격을 주었다. 가다머에 따르면 언어는 해석학적 경험의 매개다. 곧장 그는 "**대화**"라는 현상으로 논의를 시작하는데 언어학적 "이해의 매개" 안에서 신선한 통찰, 결코 예측할 수 없는 통찰이 "발생할 수 있음"을 지적하고 있다.[66] 대화로부터 무엇이 "일어날지는" 누구도 미리 알 수 없다. 대화 상대방이 "타자"일수록 발생하는 내용들은 보다 더 창조적일 것이다. 대화란 텍스트와 해석자 사이의 심연을 연결하여 신선한 내용들이 발생하도록 허용한다.

2. 가다머는 번역에 대해서도 언급하고 있다. 그에 따르면 번역은 해석과 흡사하다. 번역자는 원텍스트에 미치지 못하는 곳이 어디인지 고통스럽게 자각한다. 그럼에도 그가 원재료를 자신의 세계 속으로 옮기는 일은 결정적으로 중요하다. 번역자는 두 개의 지평을 함께 가져온다. 바로 여기에서 우리는 해석의 모델을 볼 수 있는데 이 모델 안에서 "해석의 역사성은 **역사적으로 촉발된 의식의 구체화**(concretion of historically-effected consciousness)다."[67] 지금까지 이 견해는 큰 논쟁을 불러일으키지 않았으며 유용하면서 타당한 것으로 평가받는다. 하지만 이제 우리는 이의가 제기되

---

65 Gadamer, *Truth and Method*, p. 377: 참조. Thiselton, *The Hermeneutics of Doctrine*, pp. 3-8 및 Brook W. R. Pearson, *Corresponding Sense: Paul, Dialectic, and Gadamer* (Leiden, Boston, and Cologne: Brill, 2001), pp. 93-97.

66 Gadamer, *Truth and Method*, pp. 384-85.

67 Gadamer, *Truth and Method*, p. 389, 가다머 강조.

는 지점으로 나아가야 한다.

3. 내 견해로는 가다머는 너무 성급하게 삶과 언어를 분리시킬 준비를 했다. 비록 그가 언어를 역사적으로 조건화된 것으로 본 것은 사실이지만 말이다. 가다머에 따르면 전통은 본질에 있어, 특히 그것이 기록될 때 언어적이라 할 수 있다. 언어만이 이해의 매개이며 질문의 우위성을 표현하고 보증한다. 실제적으로 역사가 언어의 전제가 되는 것이다. 가다머는 "언어학이 가르치는 바"에 대해서, 현대 언어학과 언어철학이 출발점으로 상정하는 언어의 개념에 대해서 이야기한다.[68] 이것과 관련해 그는 에른스트 카시러(Ernst Cassirer)는 언급하지만 소쉬르를 위시해 언어학과 언어철학의 위대한 대표자들은 무시하고 있다. 다른 지면에서 가다머는 "자신의 게임 개념과 후기 비트겐슈타인의 언어-게임 개념이 한 지점으로 수렴된다"고 설명했다.[69] 하지만 비트겐슈타인은 다음과 같이 명확하게 밝힌다. "또한 나는 언어와 그 언어로 짜인 행위들로 구성된 전체를 '언어 게임'이라고 부를 것이다."[70] 또한 "여기서 '언어 게임'이라는 용어는, 언어를 **말하는 것**이 활동의 일부 또는 삶의 형태의 일부임을 부각시키고자 의도된 것이다."[71] 가다머의 연구는 주로 독일 전통에서 언어에 대한 연구자들로 제한된다.

나아가 가다머의 논의 안에는 비교적 시대에 뒤진 주제라 할 수 있는 "이름"으로서의 언어에 대한 논의가 지나치게 많다. 이는 1960년 혹은 좀 더 이른 시기에 가다머가 존 서얼 같은 저술가들에게 접근할 수 없었다는 이야기일 수도 있다. 하지만 비트겐슈타인은 1950년대 초반에 이미 이름짓기(naming)로서의 언어 개념과 "언어란 무엇인가?" 같은 "거대 질문"을 거부했다.[72] 삶과 결별한 현상으로서의 언어는 후기 하이데거에서 지나치게 지배적인 개념이며 1950년대의 문학이론과 에른스트 푹스 및 게르하르트

---

68 Gadamer, *Truth and Method*, pp. 402–3.
69 Gadamer, "My Philosophical Journey," p. 42.
70 Wittgenstein, *Philosophical Investigations*, 7절.
71 Wittgenstein, *Philosophical Investigations*, 23절.
72 Wittgenstein, *Philosophical Investigations*, 38, 40–43, 47–49, 50, 66, 81, 88–92절.

에벨링에서도 마찬가지다. 나아가 이 개념은 육화(肉化)에 대한 가다머의 정당한 강조와도 갈등을 일으킨다. 적어도 이 지점에 있어서는 가다머가 모호했음을 지적해야 한다.

4, 언어에 대한 제3부 후반부에서 가다머는 말씀의 성육신(요 1:14, "말씀이 육신이 되어")에 대해 그리스인들과 플라톤이 틀렸음을, 적어도 이들에 대한 전통적 이해가 잘못됐으며 기독교 신학이 옳음을 인정하는 듯하다.[73] 플라톤의 「크라튈로스」(Cratylus)에 나타난 긴 논의의 결말은 실재에 대한 이차적 모방으로서의 언어 개념을 거부하고 언어의 기반이 자연보다는 관습임을 받아들이는 것이었다. 아우구스티누스와 스콜라 철학자들은 "마음의 언어"를 암시함으로써 이를 통해 플라톤의 문제를 회피하려 했다.[74] 가다머에게 세상의 말(소쉬르의 파롤)은 잠재적 언어(랑그)를 **현동화**(actualizing)하는 문제이며 이런 측면은 소쉬르와 일치한다.

5. 지금 논의할 추가적 논점은 양가적이지도 논쟁의 소지가 많지도 않다. 후기 비트겐슈타인처럼 가다머도 개념 형성이 주로 언어의 문제이며 언어 자체가 주로 도구적인 것이 아니라 새로운 진리를 드러낼 수 있다고 믿는다. 언어는 우리에게 새로운 방식으로 세상을 볼 수 있게 해준다. "개념 형성은…언어 속에서 발생한다."[75] 비트겐슈타인도 이런 측면을 충분히 명료하게 제시한 바 있다. 예를 들어 "언어 게임이 변할 때 개념상의 변화도 존재하며 개념과 더불어 언어의 의미도 변화한다"라고 했다.[76]

6. 이번 논점은 앞에서 본 세 번째 논점만큼은 아니지만 가다머가 의도한 방식대로 논쟁적이라고 할 수 있다. 가다머는 "기호" 언어이론을 거부한다. 언어와 단어는 원초적인 힘을 가지고 있으며 창조적으로 활용될 수 있다. 언어 기능은 단순한 언어 형식과는 구별된다는 주장에 있어서 가다머

---

73 Gadamer, *Truth and Method*, pp. 418–28, 특히 pp. 419과 429.

74 Gadamer, *Truth and Method*, p. 420.

75 Gadamer, *Truth and Method*, p. 428; 참조. pp. 428–38.

76 Ludwig Wittgenstein, *On Certainty*, German and English (Oxford: Blackwell, 1969), 65절.

는 전적으로 옳다. 그는 언어가 구원하는 힘을 가진다는 개념을 사도 요한과 기독교 신학에서 끌어왔다. 이런 의미에서 언어는 매개를 포함하는 어떤 것이지 단순한 도구가 아니다. 하지만 다른 측면에서 보면 언어와 단어들은 도구이기도 하다. 여기서 가다머는 전형적인 독일적 함정, 즉 문제를 양자 긍정(both/and)이 아니라 양자택일적으로(either/or) 보려는 덫에 걸리고 만다. 비트겐슈타인과 리쾨르에게 언어는 "세계"를 열어줄 수 있다. 앞에서 인용한 것처럼 비트겐슈타인은 이렇게 역설했다. "도구 상자 안에 든 도구들을 생각해보라.…단어들의 기능은 대상들의 기능이 다양한 것만큼 다양하다."[77]

하지만 가다머는 언어에 대해 영미 언어철학자보다는 시인처럼 사고한다. 소쉬르와 그의 후예들 대신 훔볼트, 아리스토텔레스, 헤겔, 플라톤과 대화로 들어가는 길을 선택했다. 여전히 가다머는 하이데거의 주술 즉 세계의 "현전"이 일상적 삶보다는 시와 건축과 더 깊은 연관성을 맺는다는 암시에 사로잡힌 듯하다. 어쨌든 몇몇 순환 운동에서 언어의 창조적 힘을 진지하게 다룬 측면에서는 가다머가 옳다. "노출"(disclosure) 개념에 대한 가다머와 하이데거의 강조는 타당하다고 할 수 있다. 팔머는 이렇게 언급한다. "가다머는 노출 개념을 선택한다.…언어는 우리의 세계를 노출시킨다. 과학적 차원에서의 환경이나 세계가 아닌 생활 세계를 드러내는 것이다."[78] 하이데거와 마찬가지로 가다머도 횔덜린과 시 작품에 대해 언급한다. 여기서 우리는 언어 자체의 놀이에 종속된다. 왜냐하면 모든 것이 해석학적인 문제라는 측면에서 볼 때 해석학은 보편적이기 때문이다. "편견으로부터 완전히 벗어난 이해란 존재하지 않는다.…이렇게 우리는 질문과 탐구 행위의 훈련, 진리를 담보하는 훈련에 맞닥뜨리게 된다."[79]

---

77 Wittgenstein, *Philosophical Investigations*, 11절; 참조. 23절.
78 Richard E. Palmer, *Hermeneutics: Interpretation Theory in Schleiermacher, Dilthey, Heidegger, and Gadamer*, Studies in Phenomenology and Existential Philosophy (Evanston, Ill.: Northwestern University Press, 1969), p. 205.
79 Gadamer, *Truth and Method*, pp. 490-91.

5. 『진리와 방법』에 대한 평가

1. 지금까지 우리는 가다머의 자전적 배경으로부터 고대 그리스 철학, 칸트, 헤겔, 키르케고르, 딜타이, 그리고 무엇보다도 강력한 하이데거의 영향에 대해 살펴보았다. 플라톤과 칸트에게서 실재는 두 부분 즉 현상과 "본질" 또는 이데아로 분리된다. 키르케고르에게 진리는 참여와 개입을 요구한다는 의미에서 주관적이었다. 개입(involvement)은 해석학을 풍요롭게할 수 있지만 이 개입이 단언 또는 명제들의 가치를 절하시키는 경우는 제외해야 한다. 로버트 설리번의 주장처럼 가다머는 개입이 프로파간다로 이용될 가능성이 있다고 보았다.[80] 또한 헤겔, 딜타이, 하이데거는 모두 계몽주의적 사유 방식, 즉 이성이 모든 탐구를 푸는 열쇠를 가지며 탐구자의 역사 및 역사적 조건에 독립적이라는 개념을 공격했다. 실제로 모든 현실은 해석학적이다. 이런 견해의 대부분, 특히 헤겔에서 하이데거에 이르는 "역사성"에 대한 강조는 해석학을 위해 긍정적인 것이다. 칸트적 이원론이 불행한 결과를 초래한 개념이긴 하지만 가다머는 "기술적 이성"을 확고하게 제자리에 위치시킨다. 가치중립적인 지식이란 존재하지 않으며 과학은 방법의 일부일 뿐이다.

2. 둘째, 브룩 피어슨(Brook Pearson)을 위시해 여러 학자들이 강조한 바처럼 가다머는 고정되고 고립된 실재로서의 "문제들"보다는 **질문들이 제기되는 방식**에 우위성을 부여한다. 후설의 지평 또는 관점 개념은 움직이는 지평, 우리와 더불어 움직이고 있는 지평으로 발전한다. 또한 가다머는 합리론과 경험론의 개인주의를 거부하는 동시에 "개인적 의식"이라는 출발점도 거부한다.

3. 셋째, **게임**, 축제, 예술의 경험이라는 가다머의 패러다임은 해석학

---

80 Robert R. Sullivan, *Political Hermeneutics: The Early Thinking of Hans-Georg Gadamer* (University Park and London: Pennsylvania State University Press, 1980), pp. 26–27.

에 대한 함의 그 이상을 의미한다. 이것은 전통적인 철학의 관점에 대한 필요한 교정을 주는 이해라 할 수 있다. 하이데거의 추상 개념에 대한 길버트 라일의 비판은 부분적으로만 타당하다. 추상이 더 이상 답이 아니며 개입이 필요해지는 순간과 질문들이 존재한다. 다른 지면에서 이미 언급했듯 가다머는 이렇게 썼다. "해석학은 무엇보다도 실천이다.…실천에서 우리가 무엇보다 실행해야 하는 것은 경청과 민감성이다. 즉 선행하는 결단들, 예상들, 개념 안에 이미 가정된 흔적들에 대한 민감성 말이다."[81] 바로 이것이 성경을 경청하는 접근법에 있어 전체적으로 영향력을 미치는 핵심 열쇠라 할 수 있다.

4. 넷째, 가다머의 "영향사" 개념은 유효한 동시에 유익하다. 역사적 유한성이 **자기의식의 한계**를 의미하는 것은 사실이다. 그럼에도 해석자는 자기 자신과 자신이 속한 공동체의 선입견 또는 편견을 귀담아 경청한다. 가다머 덕분에 우리는 헤겔의 "역사적 이성"을 세밀하게 다시 검토하게 되었다.

5. 물론 가다머의 몇몇 결론에 대해서는 논쟁의 소지가 많다. 첫째, 다수의 지적처럼 가다머는 모든 질문에 어떤 "최종적 답변"도 허용하지 않는 듯 보인다. 마치 예술 작품처럼 질문들은 무궁무진하다. "적용"의 경우를 제외하고 최종적으로 의미의 **규준**을 만들어내는 일이 가능하리라고 가다머는 믿지 않는 것 같다. 분명 원저자와의 일치는 있을 수 없을 것이다. 삶은 끊임없이 움직이며 가다머에게 해석학도 절대 복제될 수 없다. 와인스하이머가 명확히 제시한 바처럼 "해답"은 수행이 다양한 것만큼 다양하다. 바로 여기에 가다머의 해석학이 가진 오류의 요소가 존재한다. 나중에 우리는 이 지점을 리쾨르가 어떻게 교정했는지 볼 것이다. 즉 가다머는 슐라이어마허, 아펠, 리쾨르가 견지했던 "설명적" 축을 거부하고 있다.

둘째, 가다머의 이해와 **적용**의 융합에 대해서 처음에는 동의하고 환영할 수 있을지도 모른다. 하지만 양자 사이에 어떤 차이도 없다면 우리는 어

---

81 Gadamer, "My Philosophical Journey," p. 17.

쩔 수 없이 이전의 문제로 되돌아가는 것이 아닐까? 규준의 역할은 어디에 있는가?

셋째, **언어**에 대한 자신의 설명에서 가다머 스스로가 변하는 것이 가능한 것일까?『진리와 방법』제3부를 보면 가다머의 입장은 지나치게 하이데거에 근접한 것 같다.[82] 언젠가 가다머는 슈미트에게 답변하기를, 자신과 하이데거 사이의 최근 서신 교환에서 언어의 윤리학이 특징적으로 나타날 것이라고 말한 바 있다. 그러나 언어의 윤리학은 일종의 인간 행위자를 상정하며 따라서 "전제들" 이상인 삶과 언어 사이의 관계를 가리킨다. 이 지점에 대해 존 서얼과 "공손이론"의 주창자들은 놔두고도 비트겐슈타인의 입장이 가다머와 어떻게 다른지는 이미 앞에서 검토했다. 리쾨르의 경우는 인간 행위자에게 더 큰 우위성을 부여한다.[83] 나아가 한때 가다머의 제자였던 한스 로베르트 야우스는 수용이론에 속한 이론인, 역사적으로 연속적인 텍스트 독해에 대해 언급한 바 있다. 야우스는 가다머의 고전 개념이 한계를 가진다고 한탄했다.

6. 그럼에도 가다머는 의미와 진리를 결정하는 주체로서의 데카르트와 계몽주의를 권좌에서 몰아내는 데 누구보다도 큰 공을 세웠다. 누구도『진리와 방법』이 존재하기 이전 시대로 되돌아갈 수는 없다. 모든 것은 해석학적이다. 모든 것은 해석을 요구한다.

6. 참고 도서

Gadamer, Hans-Georg, "Reflections on My Philosophical Journey," in *The Philosophy of Hans-Georg Gadamer*, edited by Lewis Edwin Hahn (Chicago

---

82 Dennis J. Schmidt, "Putting Oneself in Words…," in *The Philosophy of Hans-Georg Gadamer*, p. 484; 참조. pp. 483-95.
83 Paul Ricoeur, *Oneself as Another*, trans. Kathleen Blamey (Chicago and London: University of Chicago Press, 1992), pp. 40-168.

and La Salle, Ill.: Open Court, 1997), pp. 3-63.

——, *Truth and Method*, 2nd English ed. (London: Sheed and Ward, 1989), pp. 3-30 and 277-379.

Jensen, Alexander, *Theological Hermeneutics*, SCM Core Text (London: SCM, 2007), pp. 135-44.

Palmer, Richard E., *Hermeneutics: Interpretation Theory in Schleiermacher, Dilthey, Heidegger, and Gadamer, Studies in Phenomenology and Existential Philosophy* (Evanston, Ill.: Northwestern University Press, 1969), pp. 162-217.

Thiselton, Anthony C., *New Horizons in Hermeneutics: The Theory and Practice of Transforming Biblical Reading* (London: HarperCollins; Grand Rapids: Zondervan, 1992), pp. 313-31.

Weinsheimer, Joel C., *Gadamer's Hermeneutics: A Reading of "Truth and Method"* (New Haven: Yale University Press, 1985), pp. 63-213.

H·E·R·
M·E·N·
E·U·T·
I·C·S·

제12장

폴 리쾨르의 해석학

1. 배경, 초창기, 영향 및 의의

폴 리쾨르와 한스-게오르크 가다머는 20세기 해석학에서 가장 중요한 두 명의 이론가로 자리잡고 있다. 리쾨르가 남긴 신학적 작업은 명시적이기보다 내포적임에도 불구하고 기독교 신학의 미래에 있어 어쩌면 가다머보다도 더 지속적인 영향력을 행사할 것이다.

1. 폴 리쾨르(Paul Ricoeur, 1913-2005)는 프랑스 발랑스의 독실한 개신교 가정에서 태어났다.[1] 아버지는 폴이 두 살 때 제1차 세계대전에서 사망했다. 어머니 역시 일찍 사망했기에 폴은 렌느에서 조부모와 이모의 돌봄을 받으며 성장한다. 1932년에 렌느 대학을 졸업하고 1934년에는 파리의 소르본 대학에서 철학을 공부했다. 소르본에서 폴은 가톨릭 실존주의 철학자인 가브리엘 마르셀(Gabriel Marcel, 1889-1973)을 만나 깊은 영향을 받는다. 마르셀은 인간이 유일무이한 개별자며 단순한 수나 격으로 범주화될 수 없다고 가르쳤다. 이러한 마르셀의 영향은 폴의 사상에 선명하게 나타난다. 1935년에는 석사 학위를 취득하지만 1939년에 터진 제2차 세계대전으로 인해 학업이 중단된다. 참전한 폴은 1940년, 나치군의 포로가 되고 만다.

---

1 Paul Ricoeur, "Intellectual Biography," in *The Philosophy of Paul Ricoeur*, ed. Lewis E. Hahn (Chicago: Open Court, 1995), p. 5.

2. 전쟁 포로로 잡혀 있는 기간 동안 리쾨르는 독일철학, 특히 정신의 학자이자 실존철학자인 칼 야스퍼스의 사상과 후설의 현상학, 하이데거의 철학으로부터 **존재, 역사성**, 가능성, 현존재로서의 인간 개념을 배우는데 이런 모든 내용들은 후에 리쾨르 사상의 핵심이 된다. 종전 후 리쾨르는 프랑스에서 유일한 개신교 신학부가 있는 스트라스부르 대학에서 가르친다 (1948-1954). 1950년에는 박사 학위를 받았고 1949년에는『의지적인 것과 비의지적인 것』(Le Volontaire et L'Involontaire)을 출간했다.[2]

1956년 소르본의 철학 교수가 된 리쾨르는『오류를 범할 수 있는 인간』 (Fallible Man)과『악의 상징』(Symbolism of Evil, 문학과지성사 역간)을 저술해 1960년에 출간한다(영어판은 각각 1965과 1967 출간).[3] 원래『오류를 범할 수 있는 인간』은 인간 의지와 유한성을 다룬 삼부작 가운데 두 번째 권으로 기획되었는데 여기서는 마르셀뿐만 아니라 유대인 실존주의 철학자인 마르틴 부버(Martin Buber)의 영향도 드러난다. 인간 주체성은 중요하다. 인간의 삶에는 여러 "과학"에서 발견되는 경험주의적 인과성, 관찰, 실재보다 더 많은 것이 존재하기 때문이다.

1965년 리쾨르는『프로이트와 철학』(Freud and Philosophy)을 선보인다. 이 책에서 리쾨르는 프로이트의 실증주의적 세계관은 거부하지만 해석 또는 해석학에 대한 그의 강조는 받아들이고 있다.[4] 하지만 가다머와는 다르게 리쾨르는 "설명"(Erklärung)과 "이해"(Verstehen) 모두가 해석에서 핵심적으로 중요하다고 보았다. 설명만 있다면 환원적이 될 수 있지만 이해

---

2 Paul Ricoeur, *Freedom and Nature: The Voluntary and Involuntary* (Evanston, Ill.: Northwestern University Press, 1966), 불어판은 *Le Volontaire et L'Involontaire* (Paris: Aubier, 1949).

3 Paul Ricoeur, *Fallible Man*, rev. and trans. Charles A. Kelbley (New York: Fordham University Press, 1985, 1st Eng. ed. 1965); Ricoeur, *The Symbolism of Evil* (Boston: Beacon Press, 1969; 1st Eng. ed. 1967).

4 Paul Ricoeur, *Freud and Philosophy: An Essay on Interpretation*, trans. Denis Savage (New Haven and London: Yale University Press, 1970), 불어판은 *De l'Interpretation: Essai sur Freud* (1965).

를 가능하게 하는 비판적 차원을 제공할 수도 있다. 오직 "설명"을 통해서 우리는 "비판-이후의 순진성"(post-critical naïveté)에 도달할 수 있다. 여기에 대해 리쾨르는 이렇게 쓴다. "내 견해로는 해석학은 이중의 동기 유발을 통해 생명력을 얻는 것 같다. 즉 의심하고자 하는 의지와 경청하고자 하는 의지가 그것이다. 같은 것을 엄밀함에 대한 요구와 복종에 대한 요구로 표현할 수도 있다. 현재 우리는 아직도 우상들을 제거하는 작업을 마치지 못했으며 간신히 **상징**을 경청하는 일을 시작했다고 할 수 있다."⁵

4. 얼마 동안 자크 데리다가 리쾨르의 조교가 되지만 1965년, 리쾨르는 낭베르 대학의 "진보적" 교육 실험에 관련해 작업하기 위해 소르본을 떠난다. 1968년에는 다시 벨기에의 루뱅 가톨릭대학으로 적을 옮긴다. 해석학에서의 다원주의적 견해를 밝힌 논문집 『해석의 갈등』(*Conflict of Interpretations*, 아카넷 역간)이 발표된 곳도 여기서였다. 마지막으로 1970년 시카고로 이주한 리쾨르는 시카고 대학에서 1985년까지 철학 교수로 재직한다. 이 시기의 대표작으로는 1975년의 『은유의 규칙』(*Rule of Metaphor*)과 1976년의 『해석 이론』(*Interpretation Theory*)이 있다.⁶

5. 이리하여 다음과 같은 두 개의 거작이 탄생할 배경이 갖추어지게 되는데 『성경해석에 대한 시론』(*Essays on Biblical Interpretation*, 1969에서 1980까지 발표된 논문 모음)과 『해석학과 인문과학』(*Hermeneutics and the Human Sciences*, 1971에서 1980까지 발표된 논문 모음)이 그것이다.⁷ 리쾨르

---

5 Ricoeur, *Freud and Philosophy*, p. 27, 리쾨르 강조.
6 Paul Ricoeur, *The Rule of Metaphor: Multi-Disciplinary Studies of the Creation of Meaning in Language*, trans. Robert Czerny with Kathleen McLaughlin (London: Routledge and Kegan Paul, 1977), and Ricoeur, *Interpretation Theory: Discourse and the Surplus of Meaning* (Fort Worth: Texas Christian University Press, 1976).
7 Paul Ricoeur, *Essays on Biblical Interpretation*, ed. Lewis S. Mudge (Philadelphia: Fortress, 1980; London: SPCK, 1981). 또한 Ricoeur, Hermeneutics and the *Human Sciences: Essays on Language Action and Interpretation*, ed. and trans. John B. Thompson (Cambridge: Cambridge University Press, 1981; French 1981).

의 위대한 저술 가운데 첫 번째 책은『시간과 이야기』(*Time and Narrative*, 문학과지성사 역간)로 1983년에서 1985년까지 세 권으로 완성되었다(영어판 은 1984–1988에 출간). 밴후저에 따르면 불어 제목인 *Temps et Récit*는 "시 간과 말하기"를 의미할 수도 있다.[8] 이 책에서 리쾨르는 플롯의 시간적 논 리 또는 플롯 구성(emplotment)을 연구하고 있는데, 아우구스티누스의 확 장된 시간 개념과 아리스토텔레스의 시간적 플롯 구성의 통합적 개념 양자 를 끌어들인다. 플롯을 "이야기한다"는 것은 내러티브–플롯과 내러티브–시 간에 대한 조성 원칙에 근거한다. 리쾨르의 대표작 중 두 번째 책은『타자 로서 자기 자신』(*Oneself as Another*, 동문선 역간)이다.[9] 여기서 그는『오류를 범할 수 있는 인간』에서처럼 인간 행위자의 중요성, 타자와의 관계, 도덕적 책임과 함께 인간 자아의 문제로 되돌아온다. 리쾨르에 따르면 이 자아는 데 카르트식의 고독한 개인적 자아도, 스트로슨(P. F. Strawson)의 육체적 자아 도 아니며 윤리학의 문제와 분리될 수 없는 존재를 의미한다.

6.『타자로서 자기 자신』이라는 기념비적 저서 이후로 리쾨르는 종교, 성경, 내러티브에 대해 다룬『신성한 것을 형상화하기』(*Figuring the Sacred*, 영어판 1995)와, 특정 성경 구절을 다룬『성서의 새로운 이해』(*Thinking Biblically*, 살림 역간)를 발표했다.[10] 한편『정의로운 자들』(*The Just*, 2000)과 『정의로운 자들에 대한 반성』(*Reflections on the Just*, 불어판은 2001, 영어판은

---

8 Paul Ricoeur, *Time and Narrative*, trans. Kathleen Blamey and David Pellauer, 3 vols. (Chicago and London: University of Chicago Press, 1984, 1985, 1988); 불어판은 *Temps et Récit* (Paris: Editions du Seuil, 1983, 1984, 1985). 참조. Kevin J. Vanhoozer, *Biblical Narrative in the Philosophy of Paul Ricoeur: A Study in Hermeneutics* (Cambridge: Cambridge University Press, 1990), p. x.

9 Paul Ricoeur, *Oneself as Another*, trans. Kathleen Blamey (Chicago and London: University of Chicago Press, 1992); 불어판은 *Soi-même comme un autre* (Paris: Editions de Seuil, 1990).

10 Paul Ricoeur, *Figuring the Sacred: Religion, Narrative, and Imagination*, trans. David Pellauer and Mark I. Wallace (Philadelphia: Augsburg Fortress, 1995); Paul Ricoeur and Andre LaCocque, *Thinking Biblically: Exegetical and Hermeneutical Studies*, trans. David Pellauer (Chicago and London: University of Chicago Press, 1998).

리쾨르 사후 2년이 지난 2007에 출간)에서는 윤리적 질문과 끊임없이 씨름했다.[11] 마지막 저술에서 리쾨르는 아리스토텔레스를 위시한 여러 학자들이 전개한 윤리적 덕과, 칸트가 주장한 의지의 절대적이고 보편적인 도덕률을 결합시키려 시도했다.

『은유의 규칙』 보론에서 리쾨르는 자신의 초기 사유의 발전에 대한 간략한 설명을 제시한 바 있다. 먼저 『오류를 범할 수 있는 인간』과 『악의 상징』에서는 인간 유한성과 죄의 문제를 다루었다. 1940년대와 1950년대, 1960년대 초의 실존주의 철학자들은 인간의 유죄성과 예속 상태, 소외를 강조하며 의지의 철학을 언급했다. 하이데거와 불트만은 이러한 인간 조건을 **비본래적** 실존으로 불렀다. 야스퍼스에게서는 한계 상황, 마르셀에게서는 절망과 연관된다. 마르셀은 이미 1932-1933년에 야스퍼스와 그의 한계 상황에 대한 논문을 발표했는데 이 글은 리쾨르에게 깊은 영향을 주었다. 1947년 리쾨르는 마르셀과 야스퍼스에 대한 비교 연구에 착수한다.

리쾨르가 실존주의적 현상학을 활용할 수 있었던 것은 후설의 책을 읽은 것과 모리스 메를로-퐁티(Maurice Merleau-Ponty)의 발견에 힘입은 바 크다. 『지각의 현상학』(*Phenomenology of Perception*)에서 메를로-퐁티는 현상학의 일반적 해석을 거부했다. 장 폴 사르트르의 『존재와 무』에 대해서 리쾨르는 이 책이 자신에게 거리감 있는 감탄만 촉발할 뿐 어떤 확신도 주지 않는다고 했다. 또한 야스퍼스의 초월 개념도 연구했는데 이 실존주의 철학자가 "초월의 암호"를 언급한 지점에서 리쾨르는 "암호 해독"은 **해석학**의 모델일 수 있다고 보았다. 실제로 리쾨르는 불트만을 비판했는데 그의 비판에 따르면 언어는 불트만이 허용하는 범위보다 훨씬 더 다양한 방식으로 작동한다.[12] 따라서 리쾨르는 언어에서 다양한 의미의 발견이 현상학보

---

11 Paul Ricoeur, *The Just*, trans. David Pellauer (Chicago and London: University of Chicago Press, 2000); Ricoeur, *Reflections on the Just*, trans. David Pellauer (Chicago and London: University of Chicago Press, 2007).

12 Paul Ricoeur, "Preface to Bultmann," in *Essays on Biblical Interpretation*, pp. 52-53; 참조. pp. 49-72.

다 더 필수적이라고 보게 된다. 이렇게 시대정신을 따라가면서 리쾨르는 점차 현상학에 대한 관심을 잃는 대신 언어학과 행동철학으로 선회한다. 리쾨르는 언어의 쟁점들과 악의 문제는 상호 개입되어 있다고 보았다. 악의 문제에서 상징적 언어는 비록 내러티브 안에 삽입된 상태인긴 하지만, 원초적 상징이라 할 수 있는 소외, 짐, 굴레 같은 은유를 활용한다.

『악의 상징』에서는 인간성의 "체험"을 언급하며 현상학과 딜타이를 따른다. 하지만 리쾨르는 곧 이런 반성적 사유 속에 해석학적 차원을 도입해야 함을 깨닫는다. 왜냐하면 상징은 "이중적 의미 표현"(double meaning expressions)을 끌어들이기 때문이다. "굴레"나 "짐" 같은 단어는 일상적 삶에 속한다. 하지만 맥스 블랙(Max Black)이 은유에 대해 논평한 바처럼 이런 경험적인 일상의 의미는 비록 긴장 관계 속에서라도 도덕적이고 영적인 차원과 결합된다. 물론 리쾨르는 몇몇 은유들이 단지 교훈적·해설적·장식적 차원만을 가짐을 인정하고 있다. 하지만 진정으로 창조적인 은유는 두 개의 의미 영역 사이에서 **상호작용**한다. 바로 여기서 리쾨르는 의미의 "겹들"("layers" of meaning), 다층적 의미 또는 "찢어진 준거"(split reference)에 대해 말한다.[13] 또한 맥스 블랙과 로만 야콥슨(Roman Jakobson)의 논의도 끌어와 활용한다.

하지만 상징은 자주 내러티브 속에 "매장"되어 있다. 즉 통상적으로 상징은 신화의 내러티브 또는 차일즈와 케어드가 "부러진 신화"라고 부르는 어떤 것이다. 따라서 리쾨르는 성경의 아담 이야기와 오르페우스의 비극 신화를 둘 다 활용하면서 죄에 대한 히브리적 배경과 그리스적 배경을 동시에 도입한다. 리쾨르 역시 미르치아 엘리아데(Mircea Eliade)의 유명한 종교학 연구에 기대고 있다. 리쾨르는 성경의 내러티브를 해석하려고 시도했다. 하지만 성경 내러티브가 기술적이고 교리적인 의미에서는 부적절하게 타락의 내러티브이므로 그것을 **지혜**의 내러티브로 간주하려 한다. 자전적

---

13 Ricoeur, *The Rule of Metaphor*, p. 6.

논평에서 리쾨르는, 1965-1970년이 자신과 프랑스 철학의 패러다임에서 한 시대가 종언을 고하는 때였다고 요약한다. 그리하여 해석학에서 그의 중심 작업과 언어로부터 행위와 위지의 철학으로의 귀환을 위한 배경이 준비되었던 것이다.

2. 중기: 프로이트에 대한 해석, 『해석의 갈등』, 은유

1. 리쾨르의 회상에 따르면 대략 이 시기에 하이데거의 초기 "전회"와 더불어 그의 관심은 언어의 역동성과 창조성(*poiēsis*) 쪽으로 이동했다. 이렇게 새로워진 관심사로 인해 그는 인본주의와 현상학, 기존의 해석학에 격렬하게 반대하게 된다. 한편 1955년에서 1964년까지 소쉬르의 『일반언어학』(1913)에 기반한 레비-스트로스의 구조주의가 선도적 역할을 한다. 레비-스트로스의 문화인류학적 연구는 1964년에 발표된 『신화학 제1부』(*Mythologies: I*)에서 절정에 이른다. 이런 새로운 구조주의적 움직임과 함께 마르크스주의적 해석학이 도래하는데 이를 이끈 선구적 작업은 루이 알튀세르(Louis Althusser)와 자크 라캉의 마르크스적 프로이트 읽기였다. 여기에 대한 리쾨르의 조심스러운 반응은 "보편적 모델로서의 구조주의와 결별하는 것"이었지만 그럼에도 특정 경우에 적용이 타당하다고 간주될 때는 구조주의적 접근법을 사용했다.[14]

정신분석학을 다룬 리쾨르의 훌륭한 저서 『프로이트와 철학』(불어판 1965, 영어판 1970)은 "이해"와 대조되는 "설명"의 차원의 필요성을 다룬 고전이다. 물론 해석학에서는 "이해"와 "설명" 양자가 모두 개입되지만 말이다. 리쾨르는 자기기만의 심리적 기제를 설명하는 데서 정신분석학이 가지는 유효성을 인정한다. 하지만 프로이트가 기반하고 있는 기계주의적이고

---

14 Ricoeur, "Intellectual Biography," p. 19.

유물론적 세계관에는 한순간도 굴복하지 않는다. 리쾨르는 프로이트의 작업을 해석학의 고전으로 간주했다. 왜냐하면 프로이트는 액면가대로 계수된 자아의 "텍스트"를 받아들이기를 거부하고 표면 아래 파묻혀 있는 진정한 실재의 "텍스트"를 발견하기 위해 피상적이고 기만적인 텍스트 안으로 깊숙이 파고들기 때문이다.

이러한 "고전적이고 투사된 텍스트의 이면으로 깊숙이 파고들어 가는 작업"은 리쾨르의 "의심의 해석학" 개념 규정에 길잡이가 된다. "의심의 해석학"은 하버마스가 "관심"이라 일컬었던 것, 즉 텍스트 이해를 왜곡시킬 수도 있는 욕망, 사적 관심사, 기득권에 대항해서 해석자의 무기가 될 수 있다. 리쾨르에 따르면 "프로이트는 욕망과 언어 사이의 다양한 관계를 보여주는 꿈 자체를 주시하도록 우리를 초대한다. 해석될 수 있는 것은 꾸어진 그대로의 꿈이 아니라 꿈 이야기라는 텍스트다."[15] 프로이트의 분석의 목적은 말해진 것 아래에 놓여 있는 심층적인 진짜 텍스트를 복원하는 것이다. 이런 작업은 욕망과 이중 의미를 밝혀준다고 할 수 있다.

프로이트의 실수는 모든 것을 궁극적으로 물리적이거나 물질적일 뿐인 "힘"으로 환원시켜버린 것이다. 그는 환자의 언어 속에 있는 의미의 풍부함 또는 "다층적 결정 요인"(overdetermination)을 놓치고 말았다. 아리스토텔레스는 한 문장을 이해하는 것은 각각의 단어의 총합 이상이라고 말한 바 있다. 예를 들어 하나의 명사가 홀로 있다면 시간에 대한 어떠한 준거점도 가질 수 없다. 니체조차 해석은 철학 전체를 개입시킨다고 보았다. 따라서 우리는 의심의 해석학에 대한 리쾨르의 명언을 다시 한번 반복하지 않을 수 없다. "내 견해로는 해석학은 이중의 동기 유발을 통해 생명력을 얻는 것 같다. 즉 의심하고자 하는 의지와 경청하고자 하는 의지가 그것이다. 같은 것을 엄밀함에 대한 요구와 복종에 대한 요구로 표현할 수도 있

---

15 Ricoeur, *Freud and Philosophy*, p. 5. 이하 본문 괄호 속의 숫자는 이 책의 페이지를 나타낸다.

다"(p. 27). 이미 살펴본 것처럼 리쾨르는 우리가 자신의 이미지 속에 스스로 만들어놓은 것들을 파괴하고자 했으며 변혁적이고 창조적인 언어를 들을 수 있는 능력을 얻고자 했다.

리쾨르는 "비판-이후의 믿음" 또는 "이차적 순진성"에 대해서도 동일하게 언급한다(pp. 28-29). 이것은 합리적 믿음이라 할 수 있는데 왜냐하면 이런 믿음은 비판적 탐구와 설명을 통해 이루어지기 때문이다. 리쾨르는 설명의 고고학의 필요성을 받아들이지만 이것이 전부가 아니라고 생각한다. "이해"가 없으면 설명의 고고학은 공허한 것에 지나지 않는다.

"의심의 실행으로서의 해석"이라는 제목이 붙은 장에서 리쾨르는 마르크스, 니체, 프로이트를 들어 "위대한 세 명의 파괴자들", "의심의 대가들"이라고 부른다. 리쾨르의 평가에 따르면 이 세 사상가는 보다 진정한 언어를 위해 지평을 깨끗이 만든 장본인들이다. 또한 리쾨르는 프로이트의 분석에서 상징은 필수적이지만 모호하다는 사실을 발견한다. 기호논리학은 오로지 의미의 정확성과 단일성에만 매달림으로써 해석학의 여정을 불법적으로 단축시켰다고 할 수 있다. 논리학자가 보기에 해석학은 양가적 의미에 만족하는 듯 보일지도 모른다. 하지만 해석학은 명확한 정의를 대충 대체하는 무엇이 아니다. 오히려 해석학은 좀 더 포괄적인 반성적 사유의 결과인 것이다. 우리는 상징들에 귀를 기울이기 위해 우상들을 파괴해야 한다.

리쾨르는 프로이트를 한층 더 세부적으로 읽어간다. 첫째, 리쾨르는 해석학이 없었던 1895년의 기획은 전적으로 "과학적"인 것으로, 기계론적 "힘"으로 모든 것을 설명하려는 시도였음을 입증한다(pp. 69-85). 하지만 『꿈의 해석』(Interpretation of Dreams)에서 프로이트는 "심리적"인 것만큼이나 감정적인 것의 자리를 마련한다는 점에서 진보했다. 이념과 사유와 이성은 타당한 자리를 발견하며 리쾨르는 "비유적 해석"을 도입한다. 분명히 꿈은 의미(Sinn)를 가진다. **"꾸어진 대로의 꿈"**[dream-*as-dreamed*, "꿈-사고" (*dream*-thoughts)]은 회상되고 **이야기되는** 꿈과는 다르다. 꿈은 "응축"과 치환을 통해, 다시 말해 "다층적 결정 요인"에서 기인하는 축약과 교란에 의해 뒤틀린다(p. 93). **다층적 결정 요인**이 의미하는 바는 꿈은 하나의 의미 차원을 넘어서서 다양하게 해석될 수 있다는 사실이다. 프로이트는 자주 유년기의 장면이 최근 경험으로 현전한다고 암시했다. 이런 유년기 장면은 환각적일 수도 있다. 우리는 꿈-사고를 꿈 이야기의 배후에 또는 아래에 위치시키기 위해 해석한다. 자주 꿈-사고는 잠자는 동안 드러나는, 하지만 의식에 의해 억압된 소망 충족의 형태를 취한다.

이드(*id*)에 대한 프로이트의 입장은 실재론적이다. 여기에 대해 리쾨르는 인간의 보편적 나르시시즘과 자기 사랑을 언급한다. 하지만 리쾨르는 이 주제에 대한 프로이트의 작업은 프랑스에서 제대로 알려지지 못했다고 주장한다. 당대의 프랑스 지식인들은 너무 라캉에 심취하고 있었다. 비록 라캉도 언어학적 이슈들에 대해 언급한 것은 사실이지만 리쾨르는 이해 가능성, 변장, 해석, 의미에 대한 프로이트의 작업에서 인간성에 대한 더 직접적인 적합성을 발견한다.

2. 『해석의 갈등』은 다양한 주제에 걸친 논문들을 모아놓은 책이다.[16] 여기서 리쾨르는 데카르트와 의식, 구조주의와 이중 의미, 프로이트와 정신분석학, 상징과 종교와 신앙에 대해 검토한다. 『악의 상징』과 『프로이트와 철학』에 나타났던 아이디어를 더 정교화한 논문들도 많지만 이 책의 주요 주제는 해석학이며, 인문학 또는 사회과학의 토대와 언어철학에 대한 적극적인 참여도 엿볼 수 있다.

구조주의가 소쉬르에 준거하는 반면에 리쾨르는 발화 행위와 비트겐슈타인, 오스틴, 스트로슨의 최근 연구를 검토한다. 의미의 최소 단위는 단어가 아니라 문장 또는 담론이다. 주로 리쾨르는 "구조주의와 그 가치에 관련된 논쟁을 해명하기 위해" 글을 쓴다.[17] 그에 따르면 이런 작업은 파롤에

---

16 Paul Ricoeur, *The Conflict of Interpretations: Essays in Hermeneutics*, trans. D. Ihde (Evanston, Ill.: Northwestern University Press, 1974); 불어판 (Paris: Editions du Seuil, 1969).

17 Ricoeur, "Structure, Word, Event," in *The Conflict of Interpretations*, p. 79.

서 현동화되는 가능성들의 저장고로서의 랑그에 대해 설명적 해명을 제공한다. 랑그로부터는 인간 행위자와 그의 역사가 배제된다. 그러므로 랑그는 해석학적이라기보다 순수히 의미론적인 것이다. 이런 차원의 분석은 전적으로 경험론적이며 통시적(역사적) 언어학보다는 공시적 언어학과 관련된다. 소쉬르와 트리어가 주장한 것처럼 이는 닫힌 체계를 전제하는데 이 체계는 **내적인** 관계들의 **자율적** 독립체라고 할 수 있다.

앞의 내용은 소위 과학적 과업의 승리를 표시한다. 하지만 이런 승리는 구체적인 말하기 행위를 배제한 것이라고 할 수 있다. 훔볼트와 특히 프랑스의 언어학자 에밀 방브니스트(Émile Benveniste, 1902-1976)가 강조한 바처럼 커뮤니케이션은 행동주의나 자극 반응 개념으로는 완전히 설명될 수 없다. 왜냐하면 언어는 삶 속에 기반을 두기 때문이다. 따라서 롤랑 바르트, 그레마스, 제라르 주네트(Gérard Genette)의 작업은 유용한 측면도 있지만 포괄적이지는 않다. 체계와 인간 행위 사이의 관계 또는 구조와 사건 간의 관계는 반드시 고려되어야 한다. 『해석의 갈등』초반에 나오는 논문에서 리쾨르는 "이중 의미"를 해석학적 문제로 논의한다. 여기서 리쾨르가 그레마스 같은 구조주의자들의 도움을 받았다면, 정신분석학을 다룬 후반부 논문을 위해서는 프로이트의 도움을 많이 받았다. 이들은 언어와 담론에 대해 전체가 아닌, 몇몇 특질들을 설명했다. 『해석의 갈등』에는 현상학과 상징론, 하이데거에 대한 논문들도 포함되어 있다.

3. 『은유의 규칙』(1975)은 『해석의 갈등』에서 제기된 몇몇 주제를 발전시키면서 언어의 다층적 풍요함에 대해 주의를 환기시킨다. **상징이 언어에 대해 가지는 관계는, 은유가 문장에 대해 가지는 관계와 같다.** 여기서는 방브니스트의 영향도 눈에 띄지만 특히 지배적인 것은 맥스 블랙의 상호작용 개념이다. 메리 헤스(Mary Hesse)와 자넷 마틴 소르키스(Janet Martin Sorkice)의 주장에 따르면 창조적인 은유는 단순히 설명이나 장식을 구성하거나 유비의 대체물이 되는 데 그치지 않고 인지적 진리를 전달할 수 있다. 이러한 은유는 리쾨르가 "은유와 지시"에서 논의한 것처럼, 스스로 무엇인가를 발

견하도록 이끄는 힘을 더한다. 은유에 대한 아리스토텔레스의 정의를 빌어 리쾨르는 다음과 같은 정의를 제공한다. 은유는 "유비의 토대 위에서…어떤 사물에 다른 어떤 것에 속하는 이름을 부여하는 행위다."[18] 따라서 은유는 변화와 운동, 이항과 관련된다. 은유는 창조적으로 상호작용하기 위해 두 개의 의미론적 영역을 허용한다.

『은유의 규칙』은 은유에 대한 논의를 아리스토텔레스로부터 모은 잠재적 백과사전이라 할 수 있다. 은유는 직유와는 독립적인 것이다. 창조적 은유는 마치 과학에서 "모델"이 그러한 것처럼 새로운 통찰력을 준다. 은유는 미토스(*mythos*, 영어로는 "plot")가 시를 위해 성취하는 것을 문장의 차원에서 수행할 수 있다. 은유 안에서 우리는 "은유의 계열들", 즉 비유, 표징, 알레고리를 발견할 수 있다. 스트로슨의 『개인들』(*Individuals*)을 참조하면서 리쾨르는 서술과 동일성, 의미론과 은유의 수사학에 대해서도 논의한다.

「은유와 새로운 수사학」(Metaphor and the New Rhetoric)은 그레마스 연구에 바쳐진 논고다. 리쾨르는 이 논의를 트리어와 그의 "의미론적 장"(semantic fields)의 개념으로 시작하고 있다. 이는 언어에 대한 구조주의적 설명에서 근본적인 부분이다. 리쾨르는 다시 주네트와 맥스 블랙을 중요한 대화 상대자로 거론한다. 그레마스의 기호학 "문법"에는 너무 많은 것들이 설명되지 않고 있다. 예를 들어 제유(synecdoche)와 은유는 특이성, 그가 "의미론적 부적합성"으로 일컬은 특징을 가지고 작용하는 것 같다. 일반적 규칙들은 제유와 은유의 창의성을 허용하지도 예측하지도 못한다. 그 외 논문들은 로만 야콥슨을 위시해 은유의 역사에 나타난 대표자들을 거론하고 있다. 흥미로운 점은 「은유와 철학적 담론」(Metaphor and Philosophical Discourse)에 "장 라드리에르에게"라는 헌사가 붙어 있다는 사실이다. 장 라드리에르(Jean Ladrière, 1921-2007)는 예배 의식에 나타난 언어 사건과 화용론을 해명하는 데 큰 공헌을 한 인물이다.[19] 리쾨르는 『은유의 규칙』 전

---

18 Ricoeur, *The Rule of Metaphor*, p. 13.

체에 "언어에서 의미의 창조에 대한 다학제적 연구"라는 부제를 붙였는데 이는 적절한 제목이라 할 수 있다. 여기서 리쾨르는 언어의 언어학 외적인 특질들을 주시하며 텍스트의 창조적 읽기를 위한 "재구성" 개념을 설명하기 시작한다.

3. 후기: 『시간과 이야기』

『시간과 이야기』(최초의 불어판은 1983-1985, 세 권으로 발간)와 『타자로서 자기 자신』(불어판 1990, 영역판 1992)은 이미 고전의 반열에 오른 리쾨르의 거작이다. 리쾨르는 딜타이의 저술을 읽고 설명과 이해 양자의 중요성을 주장함으로써 논의를 위한 토대가 부분적으로 준비되었다고 본다. 동시에 시카고로 이주한 자신의 경험에 대해서도 언급한다. 이런 요소들이 해석학의 "필수적" 자원들이 된다.

리쾨르에 따르면 「텍스트란 무엇인가? 설명과 이해」(What is a Text? Explanation and Understanding, 1970)는 처음에는 한스-게오르크 가다머를 기념한 글이었지만 나중에는 미래의 길을 예비하는 역할을 했다고 한다.[20] 이 논문에서 리쾨르는 구술 언어로부터 텍스트가 해방되는 사건은 거대한 격변을 가져왔다고 주장한다. 그는 딜타이가 어떻게 내적 삶을 외적 기호들 안에 표현된 것으로 보는지, 다시 이 외적 기호들은 어떻게 또 다른 정신적 삶의 기호들이 되는지를 관찰한다. 또한 딜타이는 해석학에서 설명과 이해 양자가 필요함을 인정했다. 그리하여 현재 속에서의 전유라는 새로운 해석학 개념을 소개함으로써 자신의 논문을 마무리 짓고 있다.

시간은 『시간과 이야기』를 지배하는 철학적 주제다. 시간에 대한 논의

---

19 Ricoeur, *The Rule of Metaphor*, pp. 257-313.
20 Ricoeur, *Hermeneutics*, pp. 145-64.

는 부분적으로 다음의 네 가지 상이한 요인들에 기인한다. (1) 하이데거와 그레마스와 나눈 대화. (2) 시간에 대한 초기 강의를 수정하고 발전시키는 작업. (3) 역사의 중요성에 대한 인식. (4) 구약학자 게르하르트 폰 라트의 작업에서 받은 감화. 리쾨르는 하이데거의 역사성과 시간성(Zeitlichkeit, 시간의 가능성에 대한 초월적 토대) 개념에 철저하게 밀착되어 있었다.

1. 리쾨르는『시간과 이야기』제1권의 논의를 아우구스티누스의「고백록」11장에 나타난 과거, 현재, 미래로서의 시간의 불일치 또는 시간의 확장에 대한 사유로 시작한다. 리쾨르는 아우구스티누스가 지적하고 기술한 대로 시간적 경험의 난점을 언급한다. 아우구스티누스는 미래의 체험을 **기대**(expectation)로 본다. 현재의 경험은 **주의**(attention)의 문제며 과거의 경험은 **기억**(memory)의 문제다. 리쾨르에 따르면 "인간적 시간의 경험(즉 기억, 주의, 기대)을 통해 우리는 세계와 세계의 대상들, 그리고 우리 자신의 현재를 이해하기에 이른다."[21] 아우구스티누스는 기억·주의·기대를 분리된 "순간들"의 연속체로 간주한다. 전체적으로 기억·주의·기대는 창조의 일부며 인류의 참된 전체 역사다. 이 경험들 자체는 "불일치"를 전달하지만 하나님(또는 역사)은 이것들을 "영원의 방향에서" 함께 붙들고 있다. 아우구스티누스는 시간이 세계와 **함께** 창조되었다고 믿는다. 시간과 영원의 변증법은 시간화(temporalization) 차원들의 위계를 산출한다. 이것은 주어진 경험이 영원의 축에 얼마나 가까이 접근했는지 또는 얼마나 멀리 떨어졌는지에 의해 형성된다. 긴장(intentio)과 이완(distentio)의 변증법은 영원과 시간 안에 닻을 내리고 있으며 소망 안에서 미래를 주시한다. 너무나 자주 우리는 내러티브를 밋밋한 논리와 전달의 문제로 오해한다.

2. 아리스토텔레스의「시학」(Poetics)은 시간에 대한 아우구스티누스의 개념을 보충하는 것으로 간주된다. 리쾨르는 자신의 플롯 구성 개념 안에 아우구스티누스의 그것과 반대되는 지점이 있다고 말한다. 시적(詩的) 행

---

21 Ricoeur, *Time and Narrative*, 1:16.

위에서는 **플롯 구성**의 시간적 논리의 **"일치"**나 일관성은 포기된다. 미토스 또는 플롯 구성은 "사건들의 체계화"가 되는 것이다.[22] 이런 "체계화"에서 참여자들의 작동 성격은 그들의 행위에 의해 알려진다. 이런 의미에서 전체가 이해를 가능하게 만든다.

3. 『시간과 이야기』 제1권 제1부 3장에서는 연속적 플롯의 역학이 논의된다. 리쾨르는 이 작업의 수용을 통해 "재구성"(refiguration)이 이루어짐을 주장했다. 전체는 행위의 세계에 대한 선이해 위에 기초를 두고 있다. 그러나 또한 전체는 인물과 성격에 통일성을 부여하는 "시간성"에 의해 특징 지워진다. 따라서 플롯은 해석학에서 현재화된다. 이리하여 우리는 "내러티브 이해" 개념에 도달하게 되었다. 이 단일성에 대해서는 『시간과 이야기』 제2권에서 더 자세히 논의될 것이다. 언제나 이질적인 요소들의 일관성 있는 종합이 존재하게 되는데 이런 종합은 **극화**(dramatization)의 형식을 취한다. 리쾨르 말고 다른 학자들도 기독교 교리와 내러티브가 가진 이런 드라마를 추적한 바 있다.[23]

4. 『시간과 이야기』 제1권 후반부에서 리쾨르는 **내러티브와 역사** 사이의 관계에 주의를 집중한다. 놀라운 점은 리쾨르가 영미 지역에서 선풍적인 인기를 끈 한스 프라이의 저술을 전혀 언급하지 않는다는 사실이다. 아마도 리쾨르는 프라이의 "역사와 유사한" 내러티브("history-like" narrative) 개념에는 만족할 수 없었을 것이다. 리쾨르는 "역사적 의도성"을 허용하며 내러티브와 역사 사이의 "간접적" 관계를 주장했다. 아마도 이런 주장은 프라이가 완전히는 답할 수 없는 인식론적 질문들을 야기한다.

아마도 역사 연구자는 "날 것 그대로의" 역사적 사건이 내러티브에 의

---

22 Ricoeur, *Time and Narrative*, 1:33; Aristotle, *Poetics* 50a.15.
23 참조. Hans Urs von Balthasar, *Theo-Drama: Theological Dramatic Theory*, trans. G. Harrison, 5 vols. (San Francisco: Ignatius, 1988–98); Kevin J. Vanhoozer, *The Drama of Doctrine: A Canonical Linguistic Approach to Christian Theology* (Louisville: Westminster John Knox, 2005); and Anthony C. Thiselton, *The Hermeneutics of Doctrine* (Grand Rapids: Eerdmans, 2007), pp. 62–80.

해 현전하는 플롯 구성 속에 필연적으로 담겨 있지 않음을 발견할 것이다. 예를 들어 내러티브-시간에 있어 마가복음은 예수의 생애 중 초기 부분은 빠른 속도로 지나가버리며 베드로의 신앙고백 장면 이후에는 중간 속도로 전개된다. 그러다가 예수 수난의 내러티브에 이르면 그 속도는 엄청나게 감속한다. 즉 앞에서 설명된 모든 사건과 이야기는 바로 이 지점을 향하여 흘러왔음을 보여주는 것이다. 리쾨르의 설명에 따르면 역사적 사건은 모든 측면에서 제거되지는 않는다. "하지만 사건으로서의 계시는 총체적으로 해명된다."[24] 또한 현재의 독자에게도 하나의 "사건"이 존재한다. 이 사건은 하나님과 내러티브의 플롯 양자에 의해 발생한다. 나중에 리쾨르는 이것을 "유사 사건"(quasi event)으로 부른다.

5. 『시간과 이야기』 제2권에서는 제3부가 전개된다. 제3부에서는 특히 픽션 내러티브(fictional narrative)에서의 시간 배치 형태(또는 변화)에 대해 논의한다. 플라톤, 아리스토텔레스, 에리히 아우어바흐(Erich Auerbach)가 사용했던 미메시스(*mimēsis*) 개념은 이러한 픽션 내러티브 형태를 순수한 역사적 이야기와 구별해준다. 픽션 내러티브에는 민간 설화, 서사시, 비극, 희극, 허구적 소설이 포함된다. 여기서 리쾨르는 플롯 구성이 작동하는 방식에 대한 연구를 확장, 심화하고자 한다. 예를 들어 리쾨르는 내러티브-시간에 나타난 순서, 지속, 빈도를 분석한 제라르 주네트를 검토한다. 이 논의에는 전형적인 탐정 소설과 마찬가지로 사복음서의 내러티브를 명쾌히 설명하는 데 도움이 되는 예취적 서술법(prolepsis)이나 플래시 포워드 기법(flash-forwards, 스토리의 시간적 순서를 교차시키는 편집 기법. 현재 시제의 진행 상황을 잠시 중단시키고 미래를 보여주는 쇼트를 삽입한 후 다시 현재로 되돌아옴)이 포함되어 있다.[25] 이 부분은 문학이론을 본격적으로 다루고 있으며 버지니아 울프의 『댈러웨이 부인』, 토마스 만의 『마의 산』, 마르셀 프루스

---

24 Ricoeur, *Time and Narrative*, 1:222-23.
25 Ricoeur, *Time and Narrative*, 2:83-88.

트의 『잃어버린 시간을 찾아서』 같은 작품과 작가에 대한 적용을 보여주기도 한다.

6. 『시간과 이야기』 제3권은 제1권처럼 두 부분으로 구성되어 있다. 전반부, 1장에서 리쾨르는 시간에 대한 인간의 경험(내러티브-시간이 포함됨)과, 시계나 태양계로 측정되는 우주론적·천문학적·연대기적 시간 사이의 관계를 설명한다. 여기에 대한 나의 입장은 『해석학의 약속』(Promise of Hermeneutics)에서 이미 밝힌 바 있다.[26] 리쾨르는 다시 후설의 현상학을 참조함으로써 이 지점을 도입한다. 후설에게는 현재로서의 "지금"이 단순한 하나의 점으로 압축되지 않고 대신 지향성(intentionality)과 연관된다. 칸트에 따르면 시간은 공간과 인과성과 마찬가지로 정신에 의해 부과된 "내적" 범주에 속한다. 『시간과 이야기』 제3권에서 리쾨르의 과제는 칸트가 왜, 어떻게 이런 결론에 도달했는가를 탐색하는 것이다. 리쾨르의 결론에 따르면 칸트의 초월적 미학은 현상학을 뒤에 "감추고" 있음이 분명하다. 하지만 칸트는 시간에 대한 이중적 경험, 즉 인간적 시간과 연대기적 시간의 이중성을 간과하고 만다.

제3권 전반부의 3장에서는 시간과 하이데거의 "역사성" 사이의 관계로 되돌아간다. 하이데거의 주요한 관심은 어떻게 현존재가 주관적인 방식으로 시간을 경험했는가 하는 것이었지만 연대기적이고 우주론적인 시간의 유효성도 인정한다. "염려"는 시간의 "본래적" 구조를 포착하고 있지만 그렇다고 그것이 시간을 보는 유일한 방식은 아니다. 시간은 현존재에 의해 지각되는 대로의 "내러티브화된 시간"이다. 플래시 백(회상), 플래시 포워드(선취), 지각에 따라 시간의 속도가 달라지는 현상 같은 것은 연대기적 시간의 예외 정도가 아니라 인간 경험의 핵심에 도달하는 것이다. 선취나 기대는 순수한 미래성 자체보다 훨씬 더 "본래적인" 것이다. 하지만 시간성

---

26 Anthony C. Thiselton (with R. Lundin and C. Walhout), *The Promise of Hermeneutics* (Grand Rapids: Eerdmans; Carlisle: Paternoster, 1999), pp. 183-209.

은 이를 넘어서서 통일성을 가진다. 여기서 딜타이는 삶의 "연결성"을 보았는데 역사성에 의미를 부여하는 것은 바로 이런 "연결성"이다. 내러티브와 해석이 선명하게 보여주는 바처럼 인류는 시간 "안에서" 존재한다.

7. 『시간과 이야기』 제3권 후반부는 7개의 장으로 구성되어 있다. 여기서 리쾨르는 **"체험된 시간"**(lived time)과 **"역사적"** 시간 사이의 관계를 언급함으로써 논의를 시작한다. 통상적으로 역사는 달력과 같은 장치를 통해 자연적 시간을 창조적으로 재구성할 수 있다. 그리하여 우리는 동시대, 선조, 후손 같은 개념을 말할 수 있다. 딜타이의 주장처럼 이로써 우리는 역사라는 네트워크를 한데 연결시킨다. 그리하여 세 번째 형태의 시간이 존재하게 되는데 리쾨르는 날 것 그대로의 사건들을 플롯으로 구성했다는 의미에서 이를 "신화적 시간"이라고 불렀다.

여기서 우리는 이러한 신화적 시간이 보통 "기반을 이루는 사건", 즉 예수 그리스도의 탄생이나 오순절 같은 사건을 포함함을 발견할 수 있다. 따라서 달력상의 연대기적 시간은 물리적 시간으로부터 사건들의 연속체를 빌려온다. 방브니스트가 주의를 집중한 지점도 바로 여기였다. 리쾨르의 접근 방식 배후에는 게르하르트 폰 라트의 영향력이 엿보인다. 리쾨르는 역사가들을 인도하는 것은 그들의 주제와 의도임을 지적했다. 따라서 역사가들의 실천으로부터 하나의 연결성이 도출된다. 역사가들은 레비나스로부터 "흔적의 의의"(significance of trace) 개념을 빌어온다. 이렇게 실존주의와 경험론은 여기서 다시 겹쳐진다.

제2권을 상기시키며 리쾨르는 픽션 내러티브와 **상상력**의 주제로 되돌아간다. 여기서 우리는 **체험된** 시간과 **세계** 시간 사이의 분열을 다양한 형태로 더 잘 보게 된다. 『해석학의 약속』에서 이미 나는 지배인을 **기다리는** 피고용인의 예에서 볼 수 있듯 시간이 사회적·경제적 지위의 표식이 되는 모델을 활용한 바 있다. 환자인 우리는 수술을 받기 위해 의사를 **기다린다**. 픽션과 삶은 이런 예들로 가득 하다.

따라서 리쾨르는 나레이션에서 과거 사건들의 실재에 관계된 "곤혹스러운" 질문으로 돌아간다.[27] 어떤 일이 "진짜로", 문자적으로 일어났다는 것이 무슨 의미인지에 대해 리쾨르는 한스 프라이보다도 더 고민하는 듯 보인다. 때때로 리쾨르는 과거 사건들이 "흔적", 즉 텍스트가 되찾을 수 있는 최상의 것인 흔적을 가진다는 낭만주의적 개념에 접근하는 듯 보인다. 1960년대 케임브리지의 몇몇 신학자들은 역사 속 사건과 그것의 신학적 의미 사이에 있는 "느슨한 일치"에 대해 언급했다. 리쾨르는 우리가 역사나 현재에 있어 사건을 "동일한" 것으로 말할 수 있는지에 대한 문제를 논의한다. 그의 주장에 따르면 재연(reenactment)은 현재에서 "동일한 것"의 표지다. 만일 과거가 현재 속에서 "동일한 것"이 아니라면 과거는 "타자"로서 우리와 조우할 수 있는 것인가? 역사는 타자성에 대한 확언인 듯 보인다. 왜냐하면 과거는 현대와 다르기 때문이다.

8. 이 관계는 준거 체계의 어휘와는 대조적인, 텍스트의 "세계"와 독자의 "세계"의 용어를 통해 가장 효과적으로 기술된다. 이 "세계" 개념은 분명히 가다머의 개념과 가깝다. 리쾨르에 따르면 "적용은 이해와 설명에 부가된 우연적인 보충이 아니라 모든 해석학적 기획에 속해 있는 필수적이고 유기체적인 부분이다."[28] 다른 곳에서 리쾨르는 "적용"이라 불리는 것이 결코 단순한 개념이 아니라고 밝힌다. 『은유의 규칙』에서 리쾨르는 우리가 직선적으로 무엇을 보는 것이 아니라 "무엇인 것처럼 본다"(seeing as)고 주장했다. 읽기에 있어 텍스트는 독자의 세계를 산출해낸다.[29]

9. 다음 장에서는 연관된 주제인 **역사와 픽션**의 상호 얽힘이 전개된다. 현상학은 역사와 픽션의 공약 가능성을 제공한다. 통상적으로 허구는 "유사 역사적"이다.[30] 하지만 제3권 9장에서 리쾨르는 헤겔이 역사가의 역사를 철학자의 역사로 전환했는가 하는 문제를 질문한다. 보편사는 "세계사"가

---

27 Ricoeur, *Time and Narrative*, 3:142; 참조. pp. 142-56.
28 Ricoeur, *Time and Narrative*, 3:158.
29 Ricoeur, *Time and Narrative*, 3:159-60; 참조. pp. 166-79.
30 Ricoeur, *Time and Narrative*, 3:191.

된다. 따라서 역사적 이성이라는 헤겔의 개념에도 불구하고 우리는 헤겔을 뒤에 남겨두어야 한다. 우리는 미래와 과거를 **추상화**하는 일을 피해야 한다. 리쾨르에 따르면 "기대 지평"이라는 용어는 좋은 선택이 아닐 수 있다. 이것은 가다머의 제자였던 야우스가 사용한 용어였다. 이 개념은 우리가 미래를 체험하는 방식의 진실성을 해명해준다. 즉 이때의 미래성이란 헤겔이 말하는 추상이 아니라 현재가-되는-미래(future-becoming-present)다. "Historie"보다는 "Geschichte"가 우리가 체험하는 것에 가깝다. 왜냐하면 과거는 현재 안에 살아 있어야 하기 때문이다.

10. 리쾨르는 **전통**을 검토하는 것으로 결론을 맺는다. 그는 전통의 권위와 적법성에 대해 가다머보다 더 조심스러운 입장을 취한다. 여기서는 이데올로기 비판에 대해 할 말이 있다. 모든 판단과 선입견 또는 편견은 오류의 가능성을 가지고 있다. 하지만 인정컨대, 독해들의 연속은 "체험된 시간"에 대해 말하며 경청될 가치가 있다. 우리 자신이 곧 전통의 일부이다. 한편으로 리쾨르는 "객관성이라는 얼음처럼 차가운 악마"를 거부한다. 다른 한편으로 경험의 실재와 상호 주체적 삶에 주의를 기울여야 함을 주장한다.

리쾨르는 자신이 **시간**에 대해 주장했던 바는 **내러티브**의 간접적 담론의 매개와 일치한다고 결론 내린다. 그는 내러티브에 의한 시간의 재구성을 허용하기를 원한다. 우리는 우주론적·현상학적 관점과 시간의 아포리아(aporias, 다층적 애매성) 사이의 차이를 주시해야 한다. 이런 논의는 내러티브 동일성의 문제로 이어지는데 리쾨르는 『타자로서 자기 자신』에서 다시 이 문제를 집어들 것이다. 또한 이 논의는 **윤리적 에토스** 또는 **책임**을 짊어짐을 의미하는, 인격들에 대한 반응의 문제와도 이어진다. 이는 동시에 『타자로서 자기 자신』의 주요 주제의 일부를 형성하는 테마이기도 하다. 우리에게 주어진 버전은 "윤리적으로 절대로 중립적이지 않은 세계"인 것이다.[31] 딜타이가 인식했던 것처럼 내러티브는 사물들 사이의 연관성을 보여

---

31 Ricoeur, *Time and Narrative*, 3:249.

준다. 그럼에도 리쾨르는 내러티브에도 한계가 존재함을 인정한다. 예를 들어 우리는 현상학과 우주론 사이의 이원론을 넘어설 수 없다. 내러티브에 단 하나의 고정된 의미, 전 세대를 걸쳐 유효할 의미를 부여하고 싶은 유혹은 언제나 존재할 것이다. 하지만 그렇다고 이런 사실이 내러티브의 윤리적이고 정치적인 함축과 함께 내러티브 자체의 필요성을 폐기하는 것은 아니다.

4. 『타자로서 자기 자신』: 자기동일성, "타자성", 내러티브

1990년 리쾨르는 『타자로서 자기 자신』(*Soi-même comme un autre*, 영어판 1992, *Oneself an Another*)을 출간한다. 이 책에서 리쾨르는 자기성과 자기동일성의 문제를 폭넓게 논의하는 동시에 이 문제가 내러티브와 윤리학에 대해 가지는 함축도 다루고 있다. 안정적인 자기동일성은 타자성을 함축한다.

1. 데카르트의 자아 개념은 내가 **"누구인가**"에 대해서 지식을 제공한다. 하지만 데카르트에게 자아의 안정성은 하나님에게 의존하고 있다. 이런 개념은 나중에 언어의 기만성을 폭로한 니체에 의해 공격받게 된다. 소위 자아의 자율성은 그의 이웃에 대한 연대성과 긴밀히 묶여 있다. 『타자로서 자기 자신』의 첫째 연구는 동일성 준거 체계를 다루는데 특히 스트로슨의 『개인들』을 참조하고 검토한다. 여기서 리쾨르는 "나-너" 관계를 회피하는 스트로슨의 한계점을 보여준다.

2. 둘째 연구에서 리쾨르는 **말하는 주체**로서의 "나"를 검토한다. 레카나티, 오스틴, 존 서얼은 말하는 주체에 대해 논의를 전면에 부각시키기는 했지만 그 주체가 누구에게 말하는가 하는 문제를 적절하게 다루지는 못했다. 행위는 어디서부터 도래하는가? 또한 리쾨르는 지시적 단어들, 즉 "여기", "저기", "나", "너"와 같이 화자의 관점을 장소와 결합시키는 단어들을 검토한다.

3. 셋째 연구는 부분적으로 안스콤을 참조하면서 행위자 없는 행동철학을 다루고 있다. "원함"의 문법은 우리를 더 멀리로 데려가지만 **"누가?"** 라는 질문에는 여전히 적절한 답변이 존재하지 않는다. 안스콤은 "의도" 개념을 어느 정도 구제한다. 하지만 "의도적으로" 무엇을 행한다는 것은 여전히 해결되지 않은 문제들을 남긴다. 도널드 데이비드슨(Donald Davidson)은 행위에 대한 유용한 방법론을 생산하긴 했지만 그조차도 리쾨르의 질문에 온전하게는 답하지 못한다.

4. 넷째 연구에서는 행위자 이론에서 진보를 이루게 된다. 데카르트, 칸트, 헤겔은 행위자로서의 자아를 지시한다. 그러나 문제는 아직도 산적해 있다. 하트(H. L. A. Hart)는 귀속의 복잡성을 보여준다. "귀속시키는 행위"는 자기성의 문제에 대한 부분적인 해결이다.

5. 다섯째와 여섯째 연구에서 우리는 리쾨르의 논증의 전환점이 되는 인격적 동일성과 내러티브 동일성에 대한 부분을 만난다.[32] 이전의 연구에서 가장 큰 간극은 시간성이었다. 자아의 문제는 인격 내에서의 변화에 의해 촉발되므로 우리는 시간적 차원을 언급하지 않을 수 없다. 따라서 동일성과 자기성 사이의 변증법을 이해하기 위해서는 인간적 시간과 내러티브에 주목해야 한다. 여기서 픽션은 상상력을 자극할 수 있다. 내러티브는 우리에게 인간의 삶의 연관성을 말해주지만 본질적인 것은 자아의 연속성이다. **자신이 했던 약속의 말을 지키는 행위**는 이런 자아의 연속성과 안정성의 표시가 된다. 리쾨르는 "주어졌던 말에 대한 신실함 안에서 자기의 말을 지키는 행위"에 대해 쓰고 있다.[33] **약속은 윤리적인 행위**다. 만일 하나님의 말씀에 대한 신실함을 말한다면 그것은 **종교적** 행위이기도 하다. 비록 자아 편에서의 안정성과 일관성을 드러내주는 것이기도 하지만 말이다.

6. 충분히 예상할 수 있는 일이지만 리쾨르는 세부적 사항들, 유비들,

---

32 Ricoeur, *Oneself as Another*, pp. 113-39, 140-48.
33 Ricoeur, *Oneself as Another*, p. 123.

자기동일성의 비유를 다룸에 있어 존 로크로 되돌아간다. 로크는 기억의 역할에 대해 논의한 바 있다. 하지만 데이비드 흄의 지적처럼 이것만으로는 충분하지 않았다. 연속적 지각들의 동일성에 대해 지나치게 주장할 수는 없다. 리쾨르는 『이성과 인격』(*Reasons and Persons*)에 나타난 데렉 파핏(Derek Parfit)의 논의, 특히 흄의 동일성 규준에 대한 그의 공격에 만족감을 표현한다. 하지만 결국에 리쾨르가 편안함을 느끼는 지점은 타자와의 관계 속에 존재하는, 믿음을 가진 "도덕적 주체"에서다. 도덕적 질문을 던짐으로써 우리는 우리 삶의 통일성을 이해 가능한 것으로 만들어야 한다.

이는 내러티브와 플롯 구성을 통한 사건들의 상호 연결성을 검토할 것을 요구한다. 딜타이 또한 이 점을 이해했다고 할 수 있다. 이것은 칸트가 본 대로, 우리를 우연적인 것들의 영역 바깥으로 데려간다. 리쾨르에 따르면 "인격의 범주는 내러티브 범주이기도 하다."[34] 그럼에도 프로프와 그레마스(내러티브에 대한 고전적 구조주의자)조차도 인격, 역할, 행위에서 본질적 지위를 본다. 플롯이 이것을 요구하는 것이다. 플롯은 행위를 설명할 수 있는 한 인격을 필요로 한다. 또한 플롯은 그 행위들에 윤리적 동일성을 부여한다. 이것이 바로 "나는 누구인가?"라는 질문에 필수적인 것들이다.

5. 『타자로서 자기 자신』: 윤리학에 대한 함의, 그 외 후기 저술들

1. 남아 있는 일곱째, 여덟째, 아홉째 연구는 윤리적 함축에 대한 것이다. 그중 일곱, 여덟째 연구는 보충적 성격을 가진다. 일곱째 연구에서 리쾨르는 아리스토텔레스와 미덕(virtues) 개념을 참조하면서 자아의 "윤리적 목적"을 검토한다. 아리스토텔레스적 관점에 따르면 자아는 목적을 가진다. "선함"이란 목적론적이다. 자아의 선한 삶은 적극적인 미덕을 지향한다. 이

---

34 Ricoeur, *Oneself as Another*, p. 143.

것은 합리적인 사유를 허용한다. 바로 이 맥락에서 리쾨르는 알래스데어 맥킨타이어(Alasdair MacIntyre)의 후기 사유를 검토한다. 리쾨르에 따르면 선한 삶이란 "정의로운 제도 안에서 타인과 함께, 타인을 위하여" 사는 삶이다.[35] 선한 삶은 고독할 수 없다. 메를로-퐁티의 "나는 할 수 있다"는 타자를 위한 윤리적 행위에 있어 능력이 있음을 의미한다. 아리스토텔레스는 이런 선한 삶의 일부는 우정임을 주장했다. 우정은 선함의 관계를 건설하는 것을 목적으로 작용한다.

그리스도인들은 이런 미덕을 사랑(*agapē*)이라는 용어로 해석한다. 유대인 철학자 엠마누엘 레비나스(Emmanuel Lévinas, 1906-1995)에 따르면 만약 자아를 책임성으로 소환하는 "타자"가 없다면 안정된 자아는 존재할 수 없다. 아리스토텔레스에게는 상호성의 윤리가 남아 있다. 상호성의 윤리는 주는 행위와 받는 행위와 연관된다. 여기에 대해 레비나스는 타인의 "얼굴"을 말한다. 자신을 줄 수 없는 무능력은 자아의 통전성에 대한 위반을 구성한다. 자아는 타자에게 공감과 동정을 줄 수 있어야 한다. 바로 이것이 **배려**가 무엇인가에 대한 최상의 검토 기준이 된다. 이런 자아는 친구의 연약함으로부터도 무엇인가를 "받을 수 있다." 이런 행위는 대체 불가능하게 "나 자신"이 되는 행위이다. 또한 강제적인 사법 체계, 정치적 토의와 행동을 일으키기도 한다.

2. 보충적인 여덟째 연구에서 리쾨르는 과연 "누구의 정의인가?"라는 문제가 남았다고 본 맥킨타이어에게 동의를 표한다. 따라서 리쾨르는 칸트 (1724-1804)가 설명하는 도덕론으로 되돌아간다. 맥킨타이어에 따르면 "도덕성에 대해서…우리는 많은 부분 이해를 상실하고 말았다." 다시 말해 "조작적인 사회적 관계와 비조작적인 사회적 관계 사이의 대조"가 대부분 사라지고 있다.[36] 또한 맥킨타이어는 다음과 같은 질문, 즉 "어떤 이야기 안에

---

35 Ricoeur, *Oneself as Another*, p. 180. 리쾨르 강조.
36 Alasdair MacIntyre, *After Virtue: A Study in Moral Theory*, 2nd ed. (London: Duckworth, 1985), pp. 2 and 26. 『덕의 상실』(문예출판사 역간).

서 나는 자신의 일부를 찾아내는가?"를 묻지 않는 한 우리는 절대로 이 도덕성을 다시 회복할 수 없다고 주장했다.[37] 리쾨르는 실제적으로 이런 입장에 동의한다. 하지만 만일 우리가 조건 없는 "선함"에 대해 말하기를 원한다면 **도덕적 의무**에 대해서도 언급해야 할 것이다. 칸트가 선언한 대로 "도덕적으로 선한 것"은 조건 없는 "선함"을 의미한다. 이것은 우리를 칸트의 보편성 문제로 인도한다. 칸트의 답변은 인간 의지와 인간의 "자율성"에 대한 절대적인 또는 정언적인 명령에 기반하고 있다. 칸트의 유명한 명제는 이러하다. "너의 행동 준칙이 동시에 보편적인 법칙이 되도록 행동하라."[38]

이런 칸트의 견해에 대해서는 유명한 답변이 존재한다. 투쟁으로서의 의무에 대한 칸트의 강조에 대해 프리드리히 쉴러(Friendrich Schiller)는 이런 역설적 답변을 날렸다. "나는 기꺼이 친구를 돕는다. 아주 기쁘게! 아, 하지만 문제는 이것이다. 친구를 도우면서 기쁨을 느꼈으니 이제 나는 미덕에 이르지 못했을지도 모른다고 의심해야 하는 저주에 빠지게 되었구나!" 그럼에도 칸트의 "정언적 명령"은 도덕적 의무를 절대적인 것으로 보편화한다. 나아가 의무는 **동기**를 제공한다. 칸트의 관점에서 보면 이것은 자유와 자율성을 요구하지만 리쾨르는 자유와 자율성이 어떻게 타자성과 연관되는지에 주목한다. 자율성만으로는 중재자의 타율성과 대립할 수 있다. 악이 근원적이라 해도 타자에 대한 존중과 자기 존중은 서로 연결되어 있다.

처음에 리쾨르는 아리스토텔레스의 미덕에 대한 요청과 칸트의 도덕적 의무에 대한 응답의 요청을 결합하는 것처럼, 그리고 이것을 특히 배려와 사랑 안에서 발견하는 것처럼 보인다. 리쾨르에 따르면 "레위기 19:18의 명령은…마태복음 22:39, '네 이웃을 네 몸과 같이 사랑하라'에서 반복된다."[39] 하지만 리쾨르는 사랑과 증오가 객관적 보편을 완전하게 구성해내

---

37 MacIntyre, *After Virtue*, p. 216.

38 Immanuel Kant, *Groundwork for the Metaphysics of Morals*, trans. A. W. Wood (New Haven and London: Yale University Press, 2002; German 1805). 『도덕 형이상학을 위한 기초 놓기』(책세상 역간).

39 Ricoeur, *Oneself as Another*, p. 219.

지는 못하는 주관적 원리라고 쓰고 있다. 그러므로 칸트의 의도는 여전히 의심 속에 있게 된다. **자율성**의 원리는 모든 "타자성"을 제거하는 것처럼 보인다. 따라서 칸트 안에는 일종의 내적 긴장이 존재한다. 그는 조건 없는 "선"은 오로지 선의지밖에 없다고 주장한다. 공리주의는 온전한 도덕성이 아니다. 의무론적 미덕은 유지되어야 한다. 사회적 차원에서 정의론이 요청된다.

여기에 대해 리쾨르는 존 롤스(John Rawls)를 검토한다. 그런데 롤스의 이론은 불의한 것과 정의로운 것에 대한 선이해에 의존하고 있다. 이런 개념은 순환성의 위험을 내포한다. 리쾨르는 자신의 정의론을 **실천적 지혜**라는 기반 위에 정립했다. 그리고는 도덕성을 비극과 비교한다. 예를 들어 안티고네가 가졌던 정의의 개념으로 무엇을 할 수 있을까? 안티고네가 자신의 의무라고 믿었던 바와 크레온이 의무라고 믿었던 바는 서로 **갈등**을 일으킨다. 그래서 리쾨르는 비극의 지혜에 전적으로 만족하지는 못한다. "타자"와 연관된 개념으로서의 선한 삶의 핵심 개념들, 즉 "안전", "번영", "자유", "평등", "연대" 같은 개념들을 살피기 위해서는 보편주의와 맥락주의 사이를 목표로 해야 한다. 이런 개념들은 사회적이고 정치적인 논의를 위해서도 중요하다. 각각의 개념은 합리주의적 숙고를 하도록 우리를 초대한다. 나아가 각각은 단일한 의미를 넘어서서 상징적 공명을 가지는 동시에 타자에 대한 배려를 수반한다. 이 개념들은 하이데거의 **배려** 개념을 반영하는 듯하다. 헤겔에 따르면 역사적 컨텍스트와 도덕성 양자를 고려해야 한다. 아리스토텔레스에 따르면 적합한 "실천적 지혜"(*phronēsis*)에 의거해야 한다.

3. 준칙들은 구성하는 보편들의 시험을 통과하지 못하는가? 실천적 지혜는 우리로 하여금 **상황이 결정하는 대로** 같은 준칙들을 전개하도록 도울 것이다. 언제나 요구되는 것은 **동료 인간에 대한 존중**이다. 여기에는 어느 정도의 책임감과 "최소한의" 자율성이 존재할 수 있다. 하지만 **배려**는 새로운 상황에서조차 **다른 인격의 "타자성"**에 대한 존중과 연관된다. 투쟁까지는 아닐지 몰라도 도덕성은 갈등을 개입시킨다. 그렇지만 이런 사실이 실

천적 지혜에 대한 보편적 요구를 무효화시키지는 않는다.

"자율성"에 대한 칸트의 요구는 계몽주의적 컨텍스트, 즉 인류를 무비판적 전통의 감시로부터 해방된 존재로 간주하는 계몽주의에 의해 역사적으로 조건 지워진다. 하지만 이런 측면은 절대적이 아니라 "대화적인" 개념으로 남는다. 따라서 우리는 칸트에 대한 재해석이 필요하다. 즉 보편적인 것에 주목하는 동시에 하버마스와 "관심"도 고려하는 그런 입장 말이다. 두 권으로 구성된 『의사소통행위 이론』(*Theory of Communicative Action*, 나남 역간)에서 하버마스는 "관심"과 "생활 세계"에 대해서, 또 언어와 커뮤니케이션이 윤리학에 대해 얼마나 깊은 영향을 미치는지에 대해서 설명한다.[40] 아리스토텔레스의 실천적 지혜는 칸트의 도덕성 및 헤겔의 인륜성(Sittlich-keit, **역사성과 보편성이 인정되는 도덕성**)과 결합된다.

4. 열째 연구는 존재론에 대해서다. 행위와 자기성에 대한 리쾨르의 강조는 실체 중심적인 존재론에 의문을 제기하지만 "타자와 상호작용하는 자아"의 실체적 안정성에 대해서는 그렇지 않다. 리쾨르는 존재 방식들 중 하이데거의 현존재를 검토한다. 그에 따르면 "무엇보다도 내게 중요했던 개념은 아리스토텔레스의 현실태(*energeia*)에 대한 선행하는 연구가 나아가는 방향이었다.…타자성은 자기성에 부가되는 어떤 것이 아니라…오히려 자기성의 존재론적 구성에 속한다."[41] 타자성은 "나 자신"(*ipse*)의 자기 불변성을 지시하며 상호 주체성을 개입시킨다.

"자기 불변성"과 "발전의 지속성"이라는 성경적 자질은 모든 것의 핵심에 존재한다. 고통조차도 존재론의 일부가 되며 내러티브는 적합한 위치를 차지하게 된다. 리쾨르에 따르면 "'나는 존재한다'라고 말하는 것은 '나는 원한다, 나는 움직인다, 나는 행한다'고 말하는 것이다."[42] **존재함은 또한 저**

---

40 Jürgen Habermas, *The Theory of Communicative Action*, trans. Thomas McCarthy, 2 vols. (Cambridge: Polity Press, 1984-87). Ricoeur, Oneself as Another, pp. 280-83.

41 Ricoeur, *Oneself as Another*, pp. 316-17.

42 Ricoeur, *Oneself as Another*, p. 321.

항함이다. 앞에서 본 것처럼 "나는 할 수 있다"는 이슈의 핵심이 된다. 우리는 시간성과 다른 사람들의 "타자성"을 필요로 한다.

바로 이것이 『타자로서 자기 자신』의 결론이다. 하지만 리쾨르의 저술은 여기서 끝나지 않는다. 『신성한 것을 형상화하기』(영어판 1995)에는 21편의 논문이 모여 있다.[43] 이 글들은 종교적 언어, 칸트, 로젠츠바이크(Rosenzweig), 레비나스, 성경 주제들, 상상력 등 다양한 주제를 다룬다. 다음 책은 앙드레 라코크(André LaCocque)와 함께 저술한 『성서의 새로운 이해』다.[44] 리쾨르와 라코크는 창세기 1장과 2장을 검토하면서 게르하르트 폰 라트, 클라우스 베스터만(Claus Westermann), 에드먼드 제이콥(Edmond Jacob), 칼 바르트 등등의 창조 교리를 참조했다. 구약으로부터 도출된 주된 구절은 십계명의 일부분(출 20:13), 부활 또는 생명으로 일어남(겔 37:1-14), 십자가라는 진노의 잔(시 22편) 등등이다. 라코크의 주해 다음으로는 리쾨르의 해석학적 반성이 뒤따른다.

새천년이 시작된 이후로 리쾨르는 윤리학에 관심을 기울이며 『정의로운 자들』(불어판 1995, 영어판 2000), 『정의로운 자들에 대한 반성』(불어판 2001, 영어판 2007)을 출간했다.[45] 『정의로운 자들에 대한 반성』은 연구, 독서, 연습으로 구성되어 있다. 『정의로운 자들』은 여러 곳에서 한 강의를 모은 것이다. 여기서 리쾨르는 아리스토텔레스의 미덕과 칸트의 도덕적 의무에 주목했던 『타자로서 자기 자신』의 일곱, 여덟째 연구를 재참조한다. 그는 요청된 목적론과 요청된 의무론을 제시하지만 주요한 연구는 아마도 실천적 지혜에 대한 내용일 것이다.[46] 또한 리쾨르는 "권리"(강연 1)와 "책임"(강연 2)에 대해서도 검토한다. 권리에 대한 물음은 자기성("누가?", "무엇을?", "내가 할 수 있는가?")에 대한 해묵은 질문들과, 권리에 대한 질문들의

---

43 제12장의 각주 10을 보라.
44 제12장의 각주 10을 보라.
45 제12장의 각주 11을 보라.
46 Ricoeur, *The Just*, pp. xxi-xxii.

체제적 구조를 동시에 제기한다. 후자의 영역은 책임의 개념적 분석과 연관된다. 누군가가 선언하기를 책임은 타자에게 있다고 할 수 있지만 언제나 "인간 상호적인(interhuman) 문제"가 존재하는 것이다. 책임의 개념은 확장되어야 한다.

또 다른 강의에서 리쾨르는 존 롤스의 정의론을 검토한다. 리쾨르는 하버마스와 아펠의 교정을 수용하지 않는다면 롤스의 논의는 모호한 것으로 끝나고 만다고 결론 짓는다. 「롤스의 정의론 이후」(After Rawls' Theory of Justice)에서 리쾨르는 "공정성"도 합의의 의미도 적절치 않음을 보여준다. 다른 논고들은 다수성, 논증, 판단에 대해 언급한다. 『정의로운 자들에 대한 반성』은 미덕이라는 동일한 주제를 같은 강조점을 두며 탐구한다. 하지만 "우리가 자신에 대해 가지는 존중과 동일한 존중을 타자에 대해서도 가지는 문제"에 대해서도 많은 논의를 담고 있다.[47]

6. 다섯 가지 평가: 텍스트, 저자의 의도, 창조성

리쾨르는 거대한 영역에 펼쳐져 있는 다양한 주제들을 두루 섭렵하기 때문에 여러 판단을 받을 소지도 가지고 있다. 앞에서 우리는 리쾨르의 상징이론과 은유이론을 검토했다. 또한 프로이트의 차용, 설명과 이해, 이해와 전유, 텍스트와 저자, 내러티브에서 플롯 구성, 픽션의 개념과 역사와의 관계, 상상력의 활용, 성경 장르의 상이성, 지혜문학의 특수한 중요성, 미메시스 개념, 진리와 역사의 관계, 헤겔과 딜타이에서 역사적 이성, 하이데거에서 역사성, 규범적 법률, 사랑, 정의, 자기동일성과 타자성, 종교와 윤리에 대한 리쾨르의 광범위한 기여에 대해서도 다루었다. 이렇게 다양한 주제들에 대해 어떻게 간명한 판단이 가능하겠는가? 따라서 여기서는 우리

---

47 Ricoeur, *Reflections on the Just*, p. 3.

관심을 리쾨르의 해석학에만 제한하기로 하자. 비록 해석학의 주제는 간접적으로 모든 주제들을 개입시키겠지만 말이다.

1. 1990년까지 나온 리쾨르에 대한 가장 뛰어난 연구 가운데 하나는 밴후저의 『리쾨르의 철학에서 성경 내러티브』(*Biblical Narrative in the Philosophy of Paul Ricoeur*)다.[48] 밴후저는 이렇게 정확한 평가를 내리고 있다. "리쾨르는 텍스트를 구성적 전통으로 환원하는 역사비평을 따르는 것도, 텍스트의 의미를 원래적 상황에, **실제로 일어난 일**"에 대한 참조로 제한하는 것도 거부한다."[49] 동시에 리쾨르는 순수히 구조주의적 접근법, 즉 텍스트의 의미를 텍스트가 가진 직접적 관계들로 환원하며 더 멀고 근원적인 언어학적 준거로부터 의미를 분리시키는 접근도 지지하지 않는다. 이런 견해는 넓게 보아 타당하다. 물론 일부 학자들은 역사에 대한 이런 환원주의적 관점에는 찬성하지 않겠지만 말이다. 이 지점에서 리쾨르는 프라이와 비교되기도 한다.

리쾨르는 "가능성" 개념을 높이 평가하여 모든 역사적 보고를 현재적 현동화의 관심에서 재형성된 것으로 간주하는 경향을 보인다. 밴후저는 역사와 픽션 사이에 존재하는 "추한 간극"(ugly ditch)에 대해 말하고 있다. 아리스토텔레스적 관점에서 보면 역사가는 일어난 대로의 사건을 기술하고 시인은 일어날 가능성이 있는 사건을 기술한다. 리쾨르는 이런 내용을 성경에 적용하여 성경이 삶을 창조적으로 형성할 수 있는 기능을 발휘하도록 돕는다.

하지만 진리와 내러티브, 역사 사이의 관계는 리쾨르에게서 한층 더 복잡하다. 미메시스는 다양한 차원에서 작동한다. 리쾨르는 내러티브와 역사의 관계가 "혼란을 일으킬 수 있음"을 인정한다.[50] 분명히 픽션은 상상력을 자극한다. 하지만 동시에 리쾨르는 "역사적 지향성"과, 예수의 탄생처럼 "토

---

48 제12장의 각주 8을 보라.
49 Vanhoozer, *Biblical Narrative*, p. 12, 티슬턴 강조.
50 Ricoeur, *Time and Narrative*, 3:142; 참조. pp. 142-47.

대를 이루는 사건"의 실재성을 믿었다. 모든 차원에서 이 사건이 사라지기를 원하지 않았던 것이다. 리쾨르는 과거의 실재성을 인정했다. 하지만 마치 "죽어버린" 과거와 현재에도 살아 말하는 전통 사이에서 양자택일해야 한다는 듯, 과거를 오직 현재적 의의로만 간주함으로써(즉 "Historie"가 아니라 "Geschichte"로서) 폰 라트와 불트만의 입장을 따랐다. 따라서 일정 부분 과장과 과도한 단순화를 피할 수는 없지만 리쾨르에 대한 밴후저의 요점은 타당한 방향을 설정했다고 말할 수 있다. 케이크를 간직하면서도 그것을 먹어버리는 것, 그런 것은 불가능한데도 자주 리쾨르는 양 측면을 모두 긍정하고 싶어한다. 현재에서 "재현동화"나 현실화를 강조한 것은 리쾨르가 옳지만 역사적 보고의 예들을 축소시킨 듯 보이는 것은 잘못되었다. 역사적 보고가 언제나 정확한 초점을 가지지는 못한다는 리쾨르의 지적은 타당하다. 하지만 예를 들어 누가가 역사적 정확성과 현재적 생동감, 이 양자를 추구한 것은 분명한 사실이다.[51] 밴후저는 여러 지점에서 자기는 리쾨르에 반대하지 않음을 명확히 표현했다. 하지만 여기서 살펴본 리쾨르의 일반화하는 경향은 거부했다.

2. 리쾨르의 입장은 가다머와는 뚜렷한 상이점을 보이는 반면 하버마스의 비판과는 유사한 지점을 보인다. 이런 현상은 **설명과 이해 각각이** 해석학에서 핵심적이라고 보는 리쾨르의 단호한 입장에서 야기되는 듯하다. 댄 스타이버(Dan R. Stiver)는 바로 이 내용이 리쾨르의 초기 저술인 『오류를 범할 수 있는 인간』과 『자유와 자연: 의지적인 것과 비의지적인 것』과 깊이 결부되어 있음을 분명히 밝힌다.[52] 해석에 대한 인간의 모든 판단은 오류에 빠질 가능성이 있기 때문에 우리는 우리의 해석을 검증할 수 있는 장치를 가져야 한다. 이것은 해석의 초점이 인간 정신에 대한 정신분석에

---

51 Anthony C. Thiselton, "'Reading Luke' as Interpretation, Reflection, and Formation," in Reading Luke: Interpretation, Reflection, Formation, ed. Craig G. Bartholomew, Joel B. Green, and Anthony C. Thiselton (Grand Rapids: Zondervan; Carlisle: Paternoster, 2005), pp. 3-63; and the essays by David Wenham and Joel Green, pp. 55-78 and 79-103.

있건, 언어 기호학 또는 구조주의에 있건, 은유에 대한 지시적 또는 문자주의적 차원에 있건 무시될 수 없는 필요성이다.

처음부터 리쾨르는 무의식적인 욕망의 "관심"을 포함해서 자신의 입장에 유리하도록 의미를 왜곡하는, 해석학에서 "비의지적인" 요소들을 진지하게 검토했다. 스타이버의 정확한 지적처럼 리쾨르는 산문적인 현상학적 기술이 삶의 모든 차원을 표현하기에는 부적절함을 발견했다. 이런 발견은 상징과 은유에 대한 다면적 해석에서 더욱 비판적인 형태를 띠고 나타난다. 『악의 상징』에서는 얼룩, 더럽혀짐, 죄, 죄책의 상징을 포함해 인간의 "잘못"의 표현들을 추적한다. 만약 의미가 "다의적"이라면 이런 표현들은 "상징적"일 수 있다. 성경 자체가 그런 것처럼 상징 역시 **무궁무진**하다. 리쾨르는 "상징이 사유를 불러일으킨다"라는 칸트의 생각을 더욱 발전시킨다.[53]

인간의 오류 가능성에 대한 더 급진적 표현은 『프로이트와 철학』에 나타난다. 이 책에서는 억압된 욕망이 무의식으로부터 변장한 관심의 형태를 가지고 나옴을 언급하고 있다. 이런 강조점은 마음의 기만성, 즉 의식은 선한 행동으로 인도하는 믿을 만한 안내자가 되지 못한다는 성경적 강조와도 일치한다(렘 17:9; 고전 4:1-5). 해석자와 마찬가지로 우리도 "비판의 사막에서" 우리의 에고를 상실해야 하며 "비판-이후의 순진성" 속에서 그것을 되찾아야 한다.[54] 베르너 예안론트(Werner Jeanrond)도 "의심과 복원"을 강조한 바 있다. 그에 따르면 "리쾨르는 해석자로 하여금 모든 언어적 사건의

---

52 Dan R. Stiver, *Theology after Ricoeur: New Directions in Hermeneutical Theology* (Louisville and London: Westminster John Knox, 2001), pp. 100-160, 특히 100-104; Ricoeur, "Hermeneutics and the Critique of Ideology" and "Metaphor and the Central Problem of Hermeneutics," in *Hermeneutics and the Human Sciences*, pp. 63-100 and 165-81; Ricoeur, *Freud and Philosophy* 외 여러 곳; Ricoeur, *The Rule of Metaphor*, pp. 66-333; Ricoeur, *Interpretation Theory*, pp. 71-88; and Ricoeur, *Time and Narrative*, 1:111-28, 155-74.
53 Ricoeur, *The Symbolism of Evil*, pp. 347-57.
54 Stiver, *Theology after Ricoeur*, p. 147; Mark Wallace, *The Second naïveté: Barth, Ricoeur, and the New Yale Theology* (Macon, Ga.: Mercer University Press, 1990).

모호한 본성을 비판적으로 다룰 수 있도록 허용하는 해석학 이론의 필요성을 강조했다."[55]

계몽주의, 실증주의, 성서비평에서 해석자가 자신의 관심이나 욕망에 영향을 받는다는 사실을 무시한 채 텍스트를 가치중립적 대상으로 간주한 것은 명백한 과오였다. 리쾨르는 **설명**이 이해에서의 왜곡이나 환상을 방지할 수 있다고 보았다. 기호론과 구조주의도 때로는 이런 역할을 수행하는 데 도움이 될 수 있다. 나아가 리쾨르가 이런 측면에서 가다머를 이해하는 데 실패했다고 할 수도 없다. 리쾨르는 커뮤니케이션에 있어 특히 하버마스와 아펠을 참조했다. 또한 니체, 마르크스, 프로이트라는 의심의 세 대가들을 주목하고 옹호했다. 결론적으로 리쾨르는 해석학에 대한 가다머의 접근이 너무 무비판적이며 다른 전통에 속한 "다른 관점들"이 비판의 과제에 비해 부적합하다고 판단한다. 특히 가다머는 윤리학, 권력, 지배에 대해서는 타당한 방식으로 언급하지 않았다. 앞의 주제들은 골수 가톨릭 국가 내에 거주하는 소수 개신교도로서의 리쾨르의 입장과 일치한다. 비록 수많은 텍스트의 모호성을 강조한 점에 대해서는 많은 이들이 반대하겠지만 말이다. 루터와 칼뱅은 성경이 단일한 의미를 가진 명백한 텍스트라고 주장하긴 했지만 그들 역시 기만, 자기중심적 관심, 교회의 오류 가능성에 대해서는 동의할 것이다.

3. 리쾨르에서 **텍스트성**(textuality)을 검토하자면 그의 초기 주석자이자 비평가인 존 톰슨(John B. Thompson)의 다음과 같은 논평을 참조할 만하다. "리쾨르는 담화 방식들 사이의 구별을 위한 설득력 있는 사례를 생산하지도, 텍스트로서의 행위 개념에 대한 만족할 만한 방어책을 제시하지도 못했다.…리쾨르의 작업은 행위와 구조 간의 관계에 대한 일관성 있는 설명을 산출하지 않는다."[56] 오스틴, 길버트 라일, 후기 비트겐슈타인은 언어

---

[55] Werner G. Jeanrond, *Theological Hermeneutics: Development and Significance* (London: Macmillan, 1991), p. 71.

를 둘러싼 상황에 초점을 맞춘다. 일인칭 발화는 자주 **수행적** 발화거나 의미 수반 발화(illocutionary utterance)다. 비트겐슈타인도 발화의 시간적 성격에 대해 설명했다. 이런 비트겐슈타인을 뒤좇아 피터 윈치(Peter Winch)는 역사와 사회 변화에 관심을 집중한다. 현상학은 인간의 행위를 탐구하는데 리쾨르도 이런 접근법을 따른다. 텍스트와 행위는 객관화된 의식으로 간주되어 왔다. 따라서 기술적 담론(descriptive discourse)은 인간적인 가치로 가득 차 있다. 인간적 텍스트와 인간 행위에 대한 해석은, 심지어 경제적이거나 정치적인 영역과의 관련 속에서일지라도 "과학적"일 수 없다. 이리하여 리쾨르에게 텍스트는 인간적 행위의 모델, 이해되어야 할 대상이된다. 하지만 톰슨은 이런 입장을 부족하다고 보았다.

톰슨의 주장에 따르면 이 주제에 대해 보다 유의미한 기여를 하는 이는 하버마스다. 노동은 문자적 언어 속에서 규정되는 기술적 규칙에 의해 지배되며 이데올로기는 커뮤니케이션을 체계적으로 왜곡시킬 수 있다. 어쩌면 리쾨르는 **컨텍스트**의 지위와 컨텍스트 안에서의 사회적 변동을 무시하는 것처럼 보인다. 기호론과 구조주의는 여기에 대한 실제적 대체물이 될수 없다. 리쾨르와 하버마스는 모두 권력과 이데올로기, 관심의 지위를 인정한다. 하지만 하이데거로부터 받은 영향 때문에 리쾨르는 이것들의 지위를 과학적 분석과 대립시켰다. 행위에 대한 리쾨르의 개념은 한계를 가지고 있다. 하지만 톰슨은 좀 더 넓은 사회적 컨텍스트 속에 행위를 위치시키고자 시도한다. 오스틴, 라일, 후기 비트겐슈타인의 일상적 언어 철학이 언어를 둘러싼 "환경"에 주목하도록 만들었다는 점에서는 톰슨이 옳다고 할수 있다.

하지만 『성서의 새로운 이해』를 읽어보면 리쾨르가 아주 세심하게 담화의 방식들을 구별했음을 알 수 있는데 이는 톰슨이 간과한 부분이다. 이

---

56 John B. Thompson, *Critical Hermeneutics: A Study in the Thought of Paul Ricoeur and Jürgen Habermas* (Cambridge: Cambridge University Press, 1981, 1983), p. 115.

책이 영어로 번역된 1981년까지 톰슨은 이런 사실을 확인할 수 없었을 것이다. 실제로 톰슨의 비판은 리쾨르의 초기 저술에만 적용될 수 있다. 또한 톰슨이 주로 하버마스에 공감하면서 글을 썼다는 사실도 지적해야 한다. 리쾨르는 성경의 담론을 적어도 여섯 가지 종류로 세밀하게 분류한다. 즉 규범적 담론 또는 법, 하나님께 아뢰는 시편 또는 찬가적 담론, 서신 같은 교육적 담론, 예언적 담론, 간접적으로 독자의 "배후로부터" 요점을 제시하는 지혜문학, 마지막으로 성경 원재료의 대부분을 구성하는 내러티브가 그 여섯 가지다. 리쾨르는 교회와 설교자들이 다양한 장르들을 예언적 담론으로 흡수시키는 경향이 있다고 말했는데(예를 들어 렘 2:1) 이는 정확한 지적이라고 할 수 있다. 예언적 담론에서 선지자는 하나님의 이름으로 말하며 계시는 주로 "주님께서 이렇게 말씀하신다"가 된다. 하지만 내러티브는 다음과 같이 신조(Credo)로서의 전통으로 전달된다. "내 조상은 유리하는 아람 사람으로서…우리가 우리 조상의 하나님 여호와께 부르짖었더니"(신 26:5-10). 리쾨르에 따르면 "내러티브 담론의 경우 본질적인 것은 기반을 제공하는 사건, 또는 하나님 사역의 흔적, 표시, 자국으로서의 사건에 대한 강조다. 신앙고백은 나레이션을 통해 발생한다."[57]

또한 "하나님의 의지"와 실천적 삶에 대응하는 "규범적 담론"이 존재한다. 율법은 이런 담론의 한 측면을 구성하며 언약에 대한 인간적 반응의 일부가 되기도 한다. 예수는 "율법과 선지자"(마 7:12)를 강조했다. 지혜문학은 또 다른 장르다. 이 담론의 주제에는 야스퍼스가 언급했던 한계 상황, 즉 인간의 무화(無化)와 하나님의 이해 불가능성으로서의 한계 상황이 포함된다. 특히 욥기 42:1-6에서 지혜문학은 고통에 대해 말하고 있으며 일종의 간접적 계시로 기능한다. 때때로 욥기와 전도서는 신명기적 선택이 가진 기계적 동일성을 "교정"하기도 한다. 마지막으로 찬가적 담론은 일인칭으로 하나님께 탄원하는 시편에서 특히 선명하게 나타난다. 찬가적 담론

---

57 Ricoeur, *Essays on Biblical Interpretation*, p. 79.

역시 계시의 일부지만 비교적 설교의 대상에서 제외되는 부분이라 할 수 있다. 보통 이런 담론에서는 일인칭에서 일인칭으로 넘어간다.

4. 월터스토프는 리쾨르의 언어에 대한 관심에는 찬성하지만 자주 하나님의 계시에 있어 "다원주의적이고 다의적인, 기껏해야 유비적인 것"에 굴복하고 만다.[58] 리쾨르의 신론은 계시가 늘 매개된다고 보는 바르트적 방향으로 움직이기 때문에 월터스토프의 접근법을 허용할 수 있는 공간은 별로 없었다. 월터스토프의 더 세밀한 비판의 핵심은 아마도 리쾨르가 실제적으로 "저자의 담화", 저자의 해석과 의도를 거부한 데 있을 것이다. 분명히 리쾨르는 텍스트보다 독자에게 더 능동적 역할을 부여한 듯하다. 월터스토프는 리쾨르를 이렇게 인용하고 있다. "텍스트 자체는 침묵한다.…텍스트는 음악의 악보와도 같으며 독자는 오케스트라 지휘자와 같은 존재다."[59] 랑그는 코드이며 파롤은 담론이다. 담론 행위는 언제나 현실화다. 하지만 월터스토프는 텍스트의 넓은 의미에서의 인지적인 진리 내용에 관심을 가지고 있다.

때때로 텍스트는 사태를 전달하거나 심지어 사태를 전제할 것이다. 이런 경우 저자의 의도는 결정적이다. 이런 내용은 아마도 누가복음과 고린도전서와 갈라디아서의 대부분에 적용될 수 있다. 반면 같은 측면이 요나서나 여러 시편에서는 그다지 중요하지 않을 수 있다. 그럼에도 여전히 저자의 의도에 관련된 질문은 "책임감 있는" 해석을 규정하는 데 중요한 역할을 수행한다. 그렇지 않다면 어떻게 텍스트를 해석하건 간에 독자가 항상 "옳게" 된다.[60]

월터스토프는 리쾨르가 여기에 대해 완전히 일관성 있는 입장을 보여주지 못했다고 말하는 듯하다. 왜냐하면 월터스토프는 리쾨르가 인정한 바

---

58 Nicholas Wolterstorff, *Divine Discourse: Philosophical Reflections on the Claim That God Speaks* (Cambridge: Cambridge University Press, 1995), p. 59; 참조. pp. 58-63 and 130-52; and Ricoeur, *Essays on Biblical Hermeneutics*, pp. 74-75.

59 Wolterstorff, *Divine Discourse*, p. 133; Ricoeur, *Interpretation Theory*, p. 75.

60 Anthony C. Thiselton, *Can the Bible Mean Whatever We Want It to Mean?* (Chester, U.K.: Chester Academic Press, 2005) 외 여러 곳.

있는 대화적 텍스트에 호소하기 때문이다. 저자의 위치는 텍스트의 시간성의 일부며 텍스트의 "나"(I's)와 "너"(You's)는 중요하다. 월터스토프는 이렇게 질문한다. "리쾨르는 어떻게 자신의 언어철학에서 저자의 담론에 핵심적 중요성을 부여하고 그리하여 자신의 텍스트 해석 이론에서 오로지 텍스트적 의미 해석만을 인정할 수 있었을까?"[61] 리쾨르는 낭만주의를 피하고자 한다. 하지만 놀랍게도 관습적이고 포괄적인 접근법을 피하는 경우는 드물다. 더 많은 설명을 위해서는 주어진 텍스트의 특수성이 파악되어야 한다.

5. 앞의 모든 논의를 살펴볼 때 리쾨르는 언어의 창조성에 초점을 맞춘다. 즉 텍스트는 이 창조성을 기반으로 텍스트와 독자 양자의 역사성 안에서 작동한다. 짤막한 논고에서 젠슨은 리쾨르에서 텍스트의 변혁적 힘을 지적하면서 바로 이 점을 암시하는 듯하다.[62] 데이비드 클렘(David Klemm)은 리쾨르가 "문자적 의미 속에 함축된 의미의 차원에서 숨겨진 의미를 해독해낸다"라고 말한 바 있는데, 여기서 클렘은 리쾨르와 몇몇 비평가들에 동의하고 있다.[63] 또한 이런 측면과 함께 시간성과 내러티브성에 대한 그의 강조도 덧붙여진다. 은유를 연구하는 저술에서 리쾨르는 어떻게 언어가 창조적 이동 과정과 변화를 겪는지 보여주려 시도했다. 리쾨르의 주요 관심사 중 하나는 "물리적 시간"을 "인간적 시간"으로 변화시키는 것이었다.

이런 리쾨르의 창조성은 윤리학으로의 전향에서 가장 잘 나타난다. 리쾨르는 윤리학의 기초가 인간의 자유와 "나는 할 수 있다"는 신념이라고 보았다. 『악의 상징』과 『프로이트와 철학』에도 불구하고 여기서 리쾨르의 입장은 양가적이다. 그는 악, 무의식, 비의지적이고 기만적인 것의 자리를 인정한다. 하지만 칸트의 "자율성" 개념에 대해서는 너무 무비판적 입장을 보인다. 만약 자율성에 대해 말하는 것이 타당하다 해도 그리스도인은 오로

---

61 Wolterstorff, *Divine Discourse*, p. 149.

62 Alexander Jensen, *Theological Hermeneutics*, SCM Core Text (London: SCM, 2007), pp. 144-50.

63 David E. Klemm, *Hermeneutical Inquiry*, 2 vols. (Atlanta: Scholars Press, 1986), p. 192.

지 파생적 자율성만을 가진다. 인간은 심지어 구속된 상태에서조차 "죄 아래" 존재하는 것이다.[64] 해석학, 자기성에 대한 이해, 내러티브 이해를 자아와 세계에 대한 윤리적 질문과 결합함에 있어 리쾨르는 존 월(John Wall)이 "도덕적 창조성"이라고 부른 개념을 활짝 열게 된다.[65] 존 월은 "가능성의 시학" 또는 "의지의 시학"을, 더 광범위하게 활동하는 은혜에 대한 신앙의 필요성, 그 필요성의 고전적 개념의 일부로 간주한다. 왜냐하면 저 너머의 세계에서 오는 "나는 할 수 있다"는 사랑과 사회 변혁을 말하는 가능성의 세계를 창조하기 때문이다. 하지만 아쉽게도 리쾨르는 자신의 신학을 명시적으로 제시하는 일을 꺼렸다.

7. 참고 도서

Jenson, Alexander, *Theological Hermeneutics*, SCM Core Text (London: SCM, 2007), pp. 144-51.

Ricoeur, Paul, *Essays on Biblical Interpretation*, edited by Lewis S. Mudge (Philadelphia: Fortress, 1980; London: SPCK, 1981), pp. 23-95.

————, *Freud and Philosophy: An Essay on Interpretation*, translated by Denis Savage (New Haven: Yale University Press, 1970), pp. 3-36.

————, *Time and Narrative*, translated by Kathleen Blamey and David Pellauer, 3 vols. (Chicago and London: University of Chicago Press, 1984, 1985, 1988), 1:3-51, 3:80-96.

Thiselton, Anthony C., *New Horizons in Hermeneutics: The Theory and Practice of Transforming Biblical Reading* (London: HarperCollins; Grand Rapids: Zondervan, 1992), pp. 344-78.

---

64 Anthony C. Thiselton, *Systematic Theology*, trans. G. W. Bromiley, 3 vols. (Edinburgh: T. & T. Clark; Grand Rapids: Eerdmans, 1991, 1994, 1998), 2:1, 179, 224, 265; pp. 231-76을 보라.

65 John Wall, Moral Creativity: *Paul Ricoeur and the Poetics of Possibility* (Oxford: Oxford University Press, 2005), pp. 9, 31 외 여러 곳.

제13장

해방신학 해석학과
탈식민주의 해석학

HERMENEUTICS

1. 정의, 기원, 발전, 성경적 주제들

일반적으로 "해방신학"은 1960년대 말에서 1970년대를 거치며 특히 라틴아메리카에서 발전한 성경 사용 방식을 가리킨다. 탈식민주의 해석학이라는 상이한 형식이긴 하지만 해방신학은 여전히 라틴아메리카 및 아프리카와 인도의 일부 지역에서 나타나고 있다. 이 신학은 페미니즘 해석학의 몇몇 버전에 영향을 받았다. 해방신학의 시작점을 1968년부터, 즉 도미니크회의 사제 구스타보 구티에레즈가 콜롬비아 메델린에서 열린 제2차 라틴아메리카 주교회의에서 새로운 의제를 상정했을 때로 보는 것은 그럴듯하다. 나중에 이 페루의 신학자는 자신의 사유를 『해방신학』(*Theology of Liberation*, 분도출판사 역간, 페루에서는 1971, 스페인에서는 1972, 영어판은 1973)에서 발전시킨다.[1]

하지만 실제로 해방신학 운동은 훨씬 더 긴 역사를 가지고 있다. 이 역사를 알기 위해서는 엔리케 두셀(Enrique Dussel)과 필립 베리맨(Phillip Berryman)의 연대기를 참조할 만하다. 두셀은 해방신학 운동의 최초의 추동력을 바르톨로메 데 라스 카사스(Bartolomé de Las Casas, 1474-1566)에게

---

1 Gustavo Gutiérrez, O.P., *A Theology of Liberation: History, Politics, and Salvation*, trans. Sister Caridad Inda and John Eagleson (London: SCM, 1974; Maryknoll, N.Y.: Orbis, 1973; Lima, Peru, 1971).

서 찾고 있다. 두셀은 라스 카사스를 16세기의 가장 위대한 신학자로 부르지만 이는 상당히 논란의 여지가 있는 주장이다.[2] 라스 카사스는 하나님이 오직 이스라엘 민족에게 율법을 주었을 뿐 심지어 개인인 아브라함에게도 준 적이 없다고 주장하면서 인디언의 노예화와 강제적 기독교화를 비난했다. 그에 따르면 스페인이 그리스도의 이름으로 인디언들을 몰살하는 것은 그리스도를 다시 십자가에 못 박는 일이다. 멕시코 미초아칸의 주교 바스코 데 퀴로가(Vasco de Quiroga, 1470-1565)는 라스 카사스의 이런 탄원을 지지했다.

한편 베리맨의 연대기는 남아메리카가 아니라 중앙아메리카에서의 운동의 기원에 초점을 맞춘다. 베리맨은 1542년 스페인 왕령에서 비롯된 법률에서 시작하여 과테말라, 엘살바도르, 온두라스, 니카라과, 코스타리카 등지를 검토한다.[3] 베리맨의 주장에 따르면 중앙아메리카는 "인디언 수천 명을 죽임으로써 시작된 정복과 지배 행위를 기반으로 세워졌다.…이 정복 활동에는 교회가 핵심적 역할을 담당했다. 선교사들만이 정복의 결과를 완화하고 그 잔인성을 고발하려 한 유일한 세력이었다. 하지만 예외적인 영웅들의 존재에도 불구하고 교회는 정복과 지배라는 전체 과업을 위한 통합적 요소로 작용했다."[4] 베리맨은 1960년대와 1970년대 초반의 정복 시대와 뒤따르는 식민지 시대, "개발" 시대가 오늘날 혁명의 위기에 기여했다고 논평한다.

1821년 중앙아메리카는 형식적으로 멕시코로부터 독립하지만 곧 보수파와 자유주의파로 분열되며 나중에는 5개의 공화국으로 나뉘고 만다. 자유주의자들은 커피와 기타 산물의 생산과 경제적 "발전"에 자신감을 갖고

---

2 Enrique Dussel, ed., *The Church in Latin America, 1492-1992* (London: Burns and Oates; New York: Orbis, 1992), 특히 pp. 43-48; 참조. pp. 1-184.

3 Phillip Berryman, *The Religious Roots of Rebellion: Christians in the Central American Revolutions* (London: SCM, 1984), 특히 pp. 13-38; 참조. Ralph Woodward, *Central America: A Nation Divided* (New York: Oxford University Press, 1976), pp. 23-47.

4 Berryman, *Religious Roots of Rebellion*, pp. 35-36.

있었다. 하지만 토지와 생산 수단은 교육받은 엘리트 계층에 의해 독점되었다. 19세기 말의 농민 반란들은 성과를 거두지 못하고 실패했다. 특히 과테말라와 엘살바도르에서는 군대가 강해진다. 중앙아메리카의 5연방은 교회 소유를 몰수하고 가톨릭교회와 그 독점권에 대항해 전쟁을 치르기 시작했다. 교회는 초기의 권위를 잃었으며 유럽 지배의 대행인으로 간주되었다. 그리하여 개신교 선교사들은 라틴아메리카로 들어가라는 권면을 받게 된다.

1932년의 대공황은 커피 가격을 극적으로 하락시켰다. 1950년대에는 극빈층에 관한 한 "개발" 정책이 파국에 이른다. 1970년대를 거치면서 농민과 토지를 소유하지 못한 사람들은 심화된 경제적 몰락으로 고통을 받는 반면 토지는 오직 전문가 집단에 의해 사용된다.

해방신학의 단골 소재가 되었던 성경적 주제들은 초기부터 나타나기 시작했다. 16세기에 이미 페드로 데 코르도보(Pedro de Córdobo)는 애굽의 이스라엘 억압과 서구의 인디언 억압을 비교했다. 칠레 출신으로 예수회 수사였던 마누엘 라쿤자(Manuel Lacunza, 1731-1801)는 다니엘서와 요한계시록에 나타난 억압과 애굽·바벨론으로부터의 이스라엘 해방은 멕시코의 자유를 위한 투쟁에 영감을 줄 수 있다고 주장했다. 하지만 라쿤자는 가톨릭교회로부터 파문을 당하고 만다. 니카라과의 성직자이자 시인인 아자리아스 팔라이스(Azarias H. Pallais, 1884-1956)는 출애굽 모티브를 해방신학을 위한 핵심으로 보았다. 하지만 성경의 주제 및 성경 텍스트에는 전혀 의존하지 않았다. 한편 브라질에서는 성직자들은 프랑스 계몽주의의 영향 아래 1817년과 1824년에 혁명을 일으켰다. 그들은 모든 권위를 공격했으며 개인적 이성의 활용을 주장했다.

16세기와 17세기가 식민주의로 점철된 시대라면 1807년은 몇몇 나라가 스페인과 포르투갈의 지배로부터 해방된 해로 기념된다. 물론 여전히 유럽 정부의 영향력이 완전히 사라지지는 않았지만 말이다. 브라질은 1889년에, 아르헨티나는 1853년에 마침내 공화국이 된다. 푸에르토리코는 1898년까지 스페인령으로 남아 있다가 다음에는 미국의 통치를 받게 된다. 이 시기 동안 "개발"은 부유한 유럽 국가들과 가난한 라틴아메리카의 전(前)식민지를 사이의 간격을 좁히기 위한 슬로건이 되었다. 하지만 수많은 라틴아메리카인들은 상대적인 번영을 누리는 쿠바를 보면서 "혁명"이 더 나은 대안은 아닌가 생각하게 되었다.

이런 세월을 보내는 동안 교회의 주된 대응은 전통적 가치를 강화하는 것이었다. 17세기가 되면 가톨릭교회의 선교에 개신교인들이 합세하게 되는데 그리하여 영국은 1625년부터 카리브해 지역과 긴밀한 관계를 맺게 된다. 하지만 가톨릭교회 내에서도 새로운 움직임이 있었다. 1930년대에 시작된 가톨릭 신도운동(Catholic Action)은 1950년대와 1960년대 라틴아메리카의 토착 국가들을 지지하면서 큰 영향력으로 성장하게 된다. 1955년에는 제1차 가톨릭 주교회의가 열렸는데 가톨릭 신좌파가 나타난 것은 이때거나 훨씬 이전이다. 한편 서구 권력으로부터 경제적 원조를 구하는 진영과 혁명에서 희망을 발견하는 진영 사이의 양극화 현상이 나타났다. 이들은 쿠바인들이 누리는 상대적인 자유와 번영과, 쿠바의 억압적인 군부 체제 사이에서 저울질했다. 1492년 크리스토퍼 콜럼버스에 의해 발견된 쿠바는 현재 인구가 약 1,100만에 이르는데 이는 거의 스페인인과 아프리카 노예(대부분 몰살당한 타이노 원주민도 포함해서) 사이의 혼혈이다.

19세기에는 노예 폭동이 있었다(1812). 1898년에 독립되었지만 스페인의 권력은 교회 내 핵심 지위를 여전히 차지하고 있었다. 국가적 정체성이 강력해지게 되는데 미국이 스페인에 대항한 전쟁에 돌입해서 관타나모에 해군기지를 배치했을 때(1934)는 특히 그러했다. 스페인의 보호가 끝이 난 것은 주로 가톨릭 신도운동 덕분이었다. 1990년 가장 큰 개신교회는 쿠바 오순절 복음교단(Iglesia Evangélica Pentecostal de Cuba)으로 신도수가 5만 6천 명에 이르렀다. 쿠바인의 41퍼센트는 여전히 가톨릭이었다. 혁명은 1959년 1월 1일에 피델 카스트로와 함께 발발했는데 카스트로는 1당 공산주의 또는 마르크스주의 국가를 건립했다. 1961년 정부는 가톨릭 대학을 폐쇄하고 가톨릭 계열의 학교들을 국유화했으며 136명의 성직자를 추방한다. 이 시절 개신교회 역시 그 수가 급감하지만 1994-1995년에는 새로운 부흥이 일어났다. 2008년에 카스트로가 물러나면서 종교 탄압이 느슨해지리라는 희망이 생기기도 했다.

혁명에 대한 영감의 대부분은 후기 마르크스의 무신론적 저술이나 레닌주의적 또는 스탈린주의적 마르크스주의가 아닌, 「경제학·철학 초고」(Paris Manuscripts, 동서문화사 역간)를 위시한 마르크스의 초기 저술에서 비롯되었다. 1838년에서 1843년 사이, 마르크스는 자유, 평등, 형제적 박애라는 공리적 이상과 함께 프랑스혁명에 초점을 맞추었다.[5] 마르크스에 따르면 경제적 생산력이 사람들 사이에 불평등과 분열을 낳은 근본적 원인이다. 자본주의는 자체 안에 파멸의 씨앗을 담고 있었다. 다른 라틴아메리카인들에게는 쿠바의 경제적 번영과 독립, 권력의 국유화야말로 부자와 가난한 자로 양분된 사회에 대한 대안처럼 여겨졌다. 한편 마르크스는 후기에는 기독교 신앙을 위한 여지가 없어 보이는 유물론적 역사이론가 및 유사 결정론자로 발전하게 된다. 1844년에 『독일-프랑스 연보』(Die Deutsch-Französchichen Jahrbucher)를 발표한 마르크스는 프리드리히 엥겔스와 만나게 된다. 1845-1846년에 둘은 포이어바흐의 무신론적 종교 비판을 흡수한 『독일 이데올로기』(German Ideology)를, 1848년에는 『공산당 선언』(Communist Manifesto, 책세상 역간)을 저술한다. 런던으로 온 마르크스는 세 권짜리 『자본론』(Das Kapital, 비봉 역간)을 쓴다. 이런 후기 저술에 나타난 마르크스의 "좌파적 헤겔주의"와 무신론적 유물론은 노동 착취의 주제만큼이나 역사이론으로서 주도적 역할을 하게 된다. 이런 후기 저술은 러시아의 레닌과 스탈린에게 영감을 주었으며 마르크스-레닌주의를 탄생시켰다. 이 이론은 "변증법적 유물론"으로도 알려져 있다. 여기에 따르면 자본주의 단계가 봉건제 단계를 극복한 것처럼 국가 사회주의 단계는 자본주의

---

5 J. Andrew Kirk, *Theology Encounters Revolution* (Leicester: Inter-Varsity, 1980), pp. 27-30.

를 퇴거시킬 수 있을 것이다. 각자가 자신의 필요에 따라 받게 될 때 또한 각자가 자신의 능력에 맞추어 일하게 될 때 공산주의 시대는 도래할 것이다.

남아메리카의 많은 국가에서 문제로 대두된 것은 토지 소유에 관련된 불의였다. 브라질에서는 대농장이 전체 토지 소유의 43퍼센트를 차지하지만 전체 농업 인구의 3퍼센트만이 토지를 소유하고 있다. 25에이커 이하 농장이 전체 농장의 52퍼센트를 차지한다. 나아가 토지를 전혀 소유하지 못한 사람들이 수백만에 달한다. 브라질은 미국보다 약간 더 작은, 광대한 영토를 가지고 있음에도 사정은 그러하다. 한편 아르헨티나는 1853년에 헌법을 공포했지만 이후로 계속되는 혼란을 경험해야 했다. 성장기 이후 경제적 불황으로 고생했으며 이 침체기는 후안 페론이 처음으로 대통령직을 수행할 때까지(1946-1955) 계속되었다. 군사 쿠데타도 1955년, 1962년, 1976년에 발생했다. 1983년에 비로소 민주주의가 복원되었지만 또다시 부자와 가난한 자의 간극이 벌어졌다. 칠레는 영국에 의한 질산 비료 생산 덕분으로 탄탄한 중산층 계층을 구비하고 있었다. 하지만 1973년에 일어난 군사 쿠데타가 살바도르 아옌데(Salvador Allende) 정권을 휩쓸어버리자 미국의 도움도 함께 사라졌으며 권력의 자리에는 아우구스토 피노체트(Augusto Pinochet) 장군이 새로 등극하여 1990년까지 국가 통제를 시행했다. 볼리비아는 1906년에 신앙의 자유를 선언했지만 코카인 무역의 성장으로 큰 고통을 겪어야 했다. 볼리비아에서 생산된 코카인이 세계 공급량의 절반에 달할 만큼 엄청났다. 콜롬비아는 남미에서 (브라질, 아르헨티나, 페루 다음으로) 네 번째로 큰 국가지만 정부는 한 세기 내내 정치적 불안정으로 고통을 겪는다. 이 불안정 상태는 1948년에서 1958년까지 계속된 시민전쟁과 연관된다. 대지주들은 경제적 지위의 유지를 위해 군대의 힘을 빌리고 노동자, 학생, 지식인 살해와 지배 체제에 대한 저항이 계속되고 있다. 마지막으로 언급할 나라는 남미에서 두 번째로 큰 페루로서 이곳 또한 군사 독재 정부에 대항한 게릴라전이 끊이지 않는다. 2003년 통계에 의하면 국민의 54퍼센트가 극빈에 허덕인다. 또한 1985년에서 1990년 사이에는 외채가

2000만 달러로 증가함으로써 극도의 인플레이션을 겪어야 했다.

앞에서 열거한 사실들을 살펴볼 때 해방신학이 구티에레즈의 사역과 함께 1968년 페루에서 공식적으로 탄생한 것은 그리 놀랍지 않다. 다만 이 사건이 일어나기 전에 있었던 제2차 바티칸 공의회(1962-1965)의 영향도 예비적으로 주목해야 한다. 1960년대 초기에 로마가톨릭의 소수 집단과 개신교 신학자들은 라틴아메리카의 가난한 자들의 곤경을 논의하기 위해 모였다. 그리하여 1964년 브라질 페트로폴리스에서 "실천에 대한 비판적 반성"으로서의 조사 결과가 발표되었다. 제2차 바티칸 공의회는 이들의 관심을 지원했으며 평신도 사도직에 관한 교령(*Apostolicam actuositatem*)도 정의를 신학의 원천으로 간주함으로써 이들을 도왔다. 이들은 가난한 자들을 위한 사랑과 정의를 강조하면서 가톨릭 신도운동과 교회적인 "기초 공동체"(base community)를 지원했다. 가난한 자들은 주로 **사회구조를 변화시키기 위해** 노동해야 한다. 공의회의 선포에 따르면 "모든 인간은 이성적 영혼을 부여받았으며 하나님의 형상을 따라 창조되었다.⋯모든 인간은 근본적으로 평등하며 따라서 더 깊이 존중받아야 한다."[6]

돔 헬더 카마라(Dom Helder Camara)는 1964년, 브라질의 북동부 지역 헤시피의 대주교가 된 인물이다. 그는 "아무런 희망도 전망도 없이 노예의 삶의 조건인 차별, 비하, 불의로 고통받는 수많은 사람들에게 가해지는 억압"을 "이차적 폭력"으로 불렀다.[7] 나중에 카마라는 제2차 바티칸 공의회에서 억압받는 사람들을 위한 정의로운 전쟁과 관련하여 "민중의 전진"(*Populorum Progressio*, par. 31) 항목을 채택했다. 그가 사역한 북동부 지역은 브라질에서 가장 큰 빈곤 지역으로 추정되었다.

브라질 북동부로터 이런 움직임이 시작되기 전에 파울로 프레이리

---

6 Austin P. Flannery, O.P., ed., *Documents of Vatican II* (Grand Rapids: Eerdmans, 1975), p. 929.

7 참조. J. Andrew Kirk, *Liberation Theology: An Evangelical View from the Third World* (London: Marshall, Morgan and Scott, 1979), p. 31.

(Paulo Freire) 역시 "의식화"(concientización)하고 각성시키는 사역을 시작한 바 있다. 모세가 애굽의 노예 상태에 있는 이스라엘인들을 위해 행동하도록 명령받은 것처럼(출 4:31) 프레이리는 지식인 계급으로 하여금 같은 일을 하도록 선동했다. 즉 지식인 계급은 민중이 어떻게 하면 억압적 구조로부터 스스로 해방될 수 있는지 가르쳐야 한다. 그러나 1964년 4월, 브라질에서는 군사 쿠데타가 터졌으며 이로써 프레이리가 고무시킨 기대감은 사그라들고 말았다. 그럼에도 프레이리는 자신의 사역을 계속하여 브라질에서뿐만 아니라 나중에는 아르헨티나에서도 일했다.

많은 가톨릭 종교사상가들은 구조적 변화를 성취하는 방식으로서 초기 마르크스주의에 주의를 기울이기 시작했다. 동시에 희망, 약속, 변혁, 종말론을 강조한 몰트만의 초기 작업과, 이와 유사한 메츠(J. I. Metz)의 사유와도 관련성을 발견한다. 브라질, 아르헨티나, 파라과이, 볼리비아에서 발생한 군사 쿠데타에 직면해서 카밀로 토레스(Camilo Torres)는 가톨릭 신도들이 혁명에 참여해야 함을 명시적으로 촉구한 많은 인물 중 하나로 기록된다.

2. 구스타보 구티에레즈와 해방신학의 탄생

1968년 구스타보 구티에레즈(Gustavo Gutiérrez, 1928-)는 해당 논의를 특징짓기 위해 "해방신학"이라는 용어를 도입하고 몇 달 후 콜롬비아 메델린에서 거행된 가톨릭 주교회의에서 이 의제를 정식으로 제시했다. 주교들은 제2차 바티칸 공의회의 새로운 강조점을 유념하며 사회 개혁 프로그램을 준비하면서 구티에레즈를 위시한 그의 페루 동료들에게 도움을 구했다. 특히 구티에레즈는 핵심 주제로서 **가난한 사람들과의 연대**를 주장했다. 나중에 그는 자신의 공헌을 『해방신학』에서 설명한 바 있다.[8]

1. 구티에레즈는 신학이란 **실천에 대한 비판적 반성**이라고 보았다.[9] 이

런 개념은 초기 마르크스주의와 성경적 종말론에 깊은 영향을 받았다. 구티에레즈에 따르면 몰트만은 신학을 정립하는 새로운 방식을 약속하고 있다. 몰트만 또한 게르하르트 폰 라트의 약속의 신학과 에른스트 블로흐(Ernst Bloch)의 희망의 철학을 끌어왔다고 할 수 있다.

베리맨의 주장에 따르면 "프락시스"(praxis)는 단순히 이론과 대립하는 "실천"(practice)만이 아니라, 이론과 이론을 기반으로 하는 실천적 행위 전체를 의미한다.[10] 이 개념은 그 안에 함축된 아리스토텔레스, 헤겔, 포이어바흐, 마르크스, 사르트르의 철학적이고 기술적인 기원이 망각된 채 기독교 내부에서 단순한 실천을 의미하는 것으로 오용되었다. 여기에 대해 리처드 번스타인(Richard Bernstein)은 오해를 바로잡은 바 있다.[11] 마르크스 또한 포이어바흐에 대한 11번째 논고에서 이 개념을 사용했다. "철학자들이 하는 일이란 다양한 방식으로 세계를 **해석하는** 것뿐이다. 하지만 중요한 것은 세계를 **변화시키는** 것이다"(마르크스 강조). 실천에서 이런 행위는 자신으로부터 나와서 하나님과 이웃에게 헌신하는 것과 연관된다.

2. 둘째, 구티에레즈는 **아프리카와 아시아** 국가들이 라틴아메리카와 함께 "제3세계"로 통합될 당시인 1955년의 **반둥 회의**를 재검토한다. 그는 저개발 상태에 대한 각성은 환영하면서도 "개발"이 "전체적인 사회적 프로세스"를 뒤집을 수 있을지에 대해서는 의문을 표시했다.[12] "개발"이라는 단어는 "지난 수십 년간" 가난한 자들의 열망을 표시하는 말이었지만 그 의제와 혜택은 언제나 "부유한 국가들" 안에서만 공유되었다(pp. 25-26). 가난한 나라들도 자유 속에서 자신의 운명의 주인이 될 수 있어야 한다. 구티에

---

8 Gustavo Gutiérrez, O.P., *A Theology of Liberation: History, Politics, and Salvation*, trans. Sister Caridad Inda and John Eagleson (London: SCM, 1974; Maryknoll, N.Y.: Orbis, 1973; Lima, Peru, 1971).

9 Gutierréz, *A Theology of Liberation*, pp. 6-15, 특히 pp. 6, 13.

10 Phillip Berryman, *Liberation Theology* (London: Tauris, 1987), p. 85.

11 Richard J. Bernstein, *Praxis and Action* (Philadelphia: University of Pennsylvania Press, 1971; London: Duckworth, 1972), p. xi 외 여러 곳.

레즈는 "마르크스가 독특한 방식으로 자신의 사유 속의 이 부분을 심화하고 갱신했다"(p. 29)고 적고 있다. 마르크스는 세계의 변혁을 추구했다. 또한 구티에레즈는 세계의 변혁을 진전시킨 인물로 프로이트와 마르쿠제를 꼽는다. "목표는 더 나은 삶의 조건뿐만이 아니라 구조의 철저한 변화, 사회적 혁명이다"(p. 32). 이런 경향은 "그리스도께서 우리를 자유롭게 하려고 자유를 주셨으니"(갈 5:1)라는 성경 메시지와도 일치한다. 바로 이것이 **해방**의 의미다.

3. 다음으로 우리는 **신학적** 범주를 살펴볼 것이다. 구티에레즈는 "기독교 세계"(Christendom)라는 개념에 만족하지 못한다. 그리하여 교회의 삶에서 새로운 단계를 의미하는 **"새로운 기독교 세계"**를 추구한다. 이런 경향은 "세계의 자율성"을 인식하며 "성숙한 평신도의 발흥과 발전"을 존중한다(pp. 54-57, 63-67). 계몽주의와 마찬가지로 이는 종교의 간섭으로부터 세속의 해방을 추구하며 교회와 세계 사이의 반정립을 거부한다. 또한 그리스도의 **보편적 주권**이라는 바울의 논지를 지지하는 입장이기도 하다. 구원과 창조는 단일한 과정이다.

부자와 가난한 자의 분리에 대한 경제적 진단만으로 계속 만족해서는 안 된다. 우리는 헬더 카마라의 "폭력의 나선"이나 파울로 프레이리의 "억압받는 자들에 대한 교육"을 고려해야 한다(pp. 89, 91).[13] "새로운 기독교 세계"에서 교회는 더 이상 경제적으로 힘 있는 집단을 지지해서는 안 되며 "혁명적 정치 집단"에 투신해야 한다(p. 103). 이런 행위는 억압받는 자들에 대한 "능동적 참여"와 "온정주의"의 거부와 관계된다(p. 113). 혁명은 "개발" 개념의 빛을 잃게 만든다. 이것이 신앙의 의미다. 세계에 대한 하나님의 계획의 중심은 그리스도, 자신의 죽음과 부활을 통해 우리를 변화시키

---

12 Gutiérrez, *A Theology of Liberation*, pp. 23-24. 이하 본문 괄호 속의 숫자는 이 책의 페이지를 나타낸다.
13 참조. Paulo Friere, *Pedagogy of the Oppressed* (New York: Herder and Herder, 1970). 『페다고지』(그린비 역간).

는 그리스도다.

4. 이번 주제는 해방신학의 **해석학적이고 종말론적** 의미다. 성경은 특히 출애굽에서 창조와 구원의 연결 고리를 만들어낸다. 이사야서 중 두 번째 단락(바벨론 유배의 끝부분)은 여기에 대해 공감을 표시하고 있다(사 51:9-10). 파괴자로서의 라합의 상징적 의미와 애굽으로부터의 해방은 현재의 우리와 라틴아메리카의 상황에 적용된다(시 74:13-14; 89:10; 사 51:9; 신 5:6; 참조. 출 3:7-10; 14:11-12; 19:4-6). 구티에레즈에 따르면 "출애굽의 하나님은 역사와 정치의 하나님…이스라엘의 'go'el'(구속자)이다"(p. 157). 하나님은 새 창조를 일으키신다.

따라서 하나님은 종말론적 약속의 하나님이며 이는 신앙 안에서 받아들이는 선물이다. 아브라함의 여정이 이런 사실을 잘 예시하고 있다(창 12:1; 15:1-16; 롬 4:12; 갈 3:16-29). 리쾨르가 말한 대로 이 약속은 더욱 온전하고 결정적인 것이 된다. 여기서 구티에레즈는 구원사와 관련하여 게르하르트 폰 라트를 참조한다. 하나님은 시간 안에서 자기 백성을 이끌고 계신다. 이 시간적 진행은 그리스도 안에서 충만함을 발견한다. 언약은 만남을 위한 중요한 장소와 의미를 형성한다.

5. 바로 이 전제로부터 구티에레즈는 **이웃에게 정의를 행하는 것이 곧 하나님을 영화롭게 하는 것**임을 추론한다(잠 14:20; 신 24:14-15; 렘 31:34). 이를 위해서는 요한일서(4:7-8), 최후의 심판의 판결문(마 25:45), 마리아의 찬양(눅 1:47-49)이 인용된다. 이렇게 역사는 억압받는 자들에게 소망을 제시하고 우리는 "희망 속에서 구원을 얻는다"(롬 8:24). 여기서 다시 구티에레즈는 파울로 프레이리, 블로흐, 몰트만의 소망에 대한 연구를 인용한다. 바로 이것이 종말론이 정치신학이기도 한 이유다. 리쾨르와 마찬가지로 구티에레즈는 비판 후 단계로 올라서기 위해 비판적인 작업을 "통과"한다. 예수의 삶 역시 정치적 울림을 가지게 된다. 경험적인 것은 성육신적 신학의 일부이다. "복음화한다는 것은…복음을 시간 속에 육체화하는 행위다"(p. 271). 따라서 우리는 새로운 기독교 공동체와 새로운 사회를 바라게 된

다. "계급투쟁은 우리의 경제적이고…종교적인 현실의 일부다"(p. 273. 참조. pp. 273-79). 우리는 가난한 자들과의 연대 속에서 억압과 노예 상태로부터의 자유와 기독교적 형제애를 추구한다.

앞에서 소개한 비판적 검토를 두고『해석학의 새 지평』의 근거를 되풀이한 것이라고 한다면 부정확한 평가가 될 것이다. 물론 나도 구티에레즈의 저술에서 주제들을 추출하기는 했지만 그렇다고 완전히 일치하는 것은 아니다. 또한 나는『새 지평』에서 쓴 것과 별개로 구티에레즈의 작품 전체를 다시 읽었다. 구티에레즈의 작업에 대한 나의 평가는 차후로 미루기로 한다. 다만 슐라이어마허와 그의 전통과 마찬가지로 이른바 "자유주의자들"은, 보수주의자들이 계시로부터 시작한 것과는 대조적으로 인간의 경험으로부터 출발했다는 사실만 지적하고 싶다. 구티에레즈는 기독교 신앙을 "영 단번에 고정된 것"이 아니라 "움직임 중에 있는 것"으로 파악했으며 성경과 인간 경험 사이의 상호적 변증법을 성립시키고자 시도한다. 이런 시도가 전체적으로 성공했느냐 아니냐 하는 문제는 독자들이 판단할 수 있을 것이다. 어쨌든 구티에레즈의 작업은 그의 시대의 컨텍스트 속에서 평가되어야 한다. 여기서 사회적 차원은 긴박한 요소였으며 지금도 여전히 그러하다.

3. 두 번째 단계: 1970년대의 "기초 공동체"와 호세 포르피리오 미란다

해방신학의 주창자들 특히 카를로스 메스토스(Carlos Mestos)와 루뱀 알베스(Rubem Alves)의 주장에 따르면 "기초 공동체"는 학구적인 신학자들의 고안물이 아닌, 평신도가 인도하는 운동 또는 네트워크다. "평신도가 인도하는 공동체"라는 개념은 해방신학적 해석학의 성경에 대해 많은 것을 드러낸다.

기초 공동체는 평신도들로 구성된 민초 집단으로서 주로 열두 명에서

서른 명에 이르는 규모다. 녹음 테이프 사본들은 이들이 어떤 방식으로 성경을 사용했는지 효과적으로 보여준다. 가장 유명한 것은 『민중의 복음』(*Gospel in Solentiname*, 종로서적 역간)이다.[14] 이 책의 배경이 되는 공동체는 코스타리카 국경에 인접한 니카라과 호수 남부 가장자리에서 거주하며 다른 수많은 기초 공동체와는 다른 특수한 점을 가지고 있다. 즉 이 공동체의 지도자는 에르네스토 카르데날(Ernesto Cardenal, 1919-)로서 그는 자신의 친구 그룹을 기반으로 1966년 1월에 공동체를 설립했으며, 1971년에서 1976년 사이에 공동체 안에서 시행된 성경에 대한 관조적 반성들을 녹취해 글로 옮겼다. 카르데날은 가톨릭 성직자로서 1952년에는 교황 피우스 12세에 의해 주교가 되고, 1957년에는 교황 바오로 6세에 의해 대주교가 된다.

따라서 "공산주의자"를 공동체 내에서 평등을 함축하는 것으로 이해하면서 카르데날은 마리아의 찬양(눅 1:68-79)에 대한 사유에서 이렇게 옮기고 있다. "헤롯이라면 마리아에 대해서 무슨 말을 했을까요?" "이 질문에 로시타가 대답했다. '마리아는 공산주의자라고 했을 거예요.' 또 다른 이가 대답한다. '요점은…마리아는 공산주의자라는 거죠. 마리아의 찬양은 혁명입니다. 부유하거나 힘 있는 자는 구부러지고 낙담하고 가난한 자는 일어날 것이다.'" 젊은이 가운데 하나는 이렇게 말한다. "내가 보기에 마리아는 미래에 대해 말하는 것 같아요. 왜냐하면 그녀가 선포했던 해방을 우리는 아직도 좀처럼 볼 수 없기 때문이지요."[15] 결국 마리아는 "마르크스주의자"로 묘사되는데 이때 이 단어는 결코 시대착오적인 함의를 가지지 않는다. 또한 나탈리아는 예수의 제자들이 가난한 사람들, 자기 소유물과 소속을 포기한 자들로 보인다고 말한다. 엘비스는 "그리스도에 대한 진리에서 중요한 것은 그것이 혁명의 탄생이었다는 점이다. 그렇지 않은가?"라고 질문한다. 공동체의 일원 중 한 사람은 "하나님은 서로 사랑하는 우리 모두 안

---

14 Ernesto Cardenal, *The Gospel in Solentiname* (Maryknoll, N.Y.: Orbis, 1982). 참조. Berryman, *Religious Roots of Rebellion*, pp. 9-21에서도 발췌.

15 Cardenal, *The Gospel in Solentiname* (Study on the Magnificat, 1).

에 계신다"라고 했다.[16]

호세 포르피리오 미란다(José Porfirio Miranda, 1924-2001)는 11권의 책을 썼는데 그중 두 번째 책이 『마르크스와 성경』(*Marx and the Bible*, 스페인 어판 1971, 영어판 1974), 다섯 번째 책이 『존재와 메시아』(*Being and the Messiah*, 스페인어판 1973, 영어판 1977)다. 이 두 권은 해방신학과 해방신학적 해석학의 고전이라 할 수 있다.[17] 미란다는 철학자이자 성경학자로 멕시코에서의 자신의 컨텍스트를 출발점으로 글을 썼으며 1995년에는 학문적 연구의 필요성에 대해서도 저술했다. 『마르크스와 성경』에서 저자는 "계급 없는 사회…모든 계급으로부터 벗어난 사회를 건설하는 일의 필요성"을 목적으로 하고 있다.[18]

미란다는 마르크스와 성경 사이의 평행선을 가정하는 것보다는 성경을 새롭게 이해하는 데 더 큰 관심을 가진다. 그는 이러한 새로운 성경 이해가 마르크스주의와 상당 부분 일치한다고 믿는다. 미란다는 레비나스를 포함해서 특히 힘의 철학을 차용했다. 또한 자신의 철학의 시작점으로 멕시코와 라틴아메리카 여러 지역의 현재의 경제적 상황, 즉 노동자들이 생산을 하지만 "폭력으로 인해 자신의 생산품을 사용하지 못하는 현실을 택했다. 이 폭력은 제도적이고 사법적인 성격의 폭력이다"(p. 11). 하지만 성경은 정의를 요구한다. 미란다의 논리의 근거가 되는 것은 잠언 10:2, 다니엘 4:27, 욥기 42:10, 마태복음 6:12이다. 정의는 구호 행위를 개입시킨다 (시 112:3, 9). 실제로도 그는 바티칸의 지지를 받으며 임금 체계의 비합법성에 도전한 바 있다.

---

16 Cardenal, *The Gospel in Solentiname*, vol. 3; p. 103; Berryman, *Religious Roots of Rebellion*, pp. 14-17에서 재판.

17 Jose Porfirio Miranda, *Marx and the Bible: A Critique of the Philosophy of Oppression* (Maryknoll, N.Y.: Orbis, 1974; London: SCM, 1977), and *Being and the Messiah: The Message of St. John*, trans. John Eagleson (Maryknoll, N.Y.: Orbis; London: SCM, 1977).

18 Miranda, *Marx and the Bible*, p. xiii. 이하 본문 괄호 안의 숫자는 이 책의 페이지를 나타낸다.

『마르크스와 성경』 제2장에서 미란다는 더 세부적으로 성경을 탐구한다. 여기서 그는 해석학과 주해를 다루고 있다. "이미 우리는 다양한 '의미들'의 가능성, 하나가 다른 하나만큼 타당한 여러 의미들을 확립시켰다. 따라서 성경은 이제 서구 세계에 도전할 수 없다"(p. 36). 학구적인 학문 또한 우리가 선택하고자 하는 "의미"가 무엇이든 그것을 너무 쉽게 허용한다. 미란다에 따르면 과거의 해석은 진리도 아니고 적절하지도 않으면서 우리에게 너무 많은 짐을 지운다. 처음부터 형상을 만드는 것을 금지시킨 명령(출 20:4-6; 신 5:8-10)은 "영적" 세계와 물질적 세계의 이원론을 폐지한다. 불의에 대해서 강조한 로마서 1:18도 마찬가지다(롬 1:18-25). 하나님을 아는 지식은 정의를 존중하는 일과 밀접하게 관련된다(렘 22:13-16; 호 4:1-2; 6:4-6; 사 11:9). 아모스에 따르면 문화보다 정의가 우선적이다(사 1:11-17). 요한일서도 하나님을 아는 것과 사랑을 증거하는 일에 대해 언급한다(요일 3:17-18; 4:7; 참조. 마 22:39-40) (pp. 61-63). 이 모든 것은 실천(*praxis*)과 연관된다(신 10:12-11:17).

물론 『마르크스와 성경』을 세세히 훑으며 미란다의 동의를 추적할 필요는 없다. 이 책 제3장에서 미란다는 역사 속에 개입하시는 하나님 특히 출애굽의 하나님에 대해 이야기하는데, 출애굽기 6:2-8과 이 텍스트에 공명을 이루는 예언서의 텍스트(호 13:4; 사 40:27; 41:17; 45:15, 21; 61:3; 겔 34:27)를 강조하고 있다. 이것은 세계 속에 정의와 해방을 가져오려는 하나님의 계획이다(시 82:3-4). 이 계획은 사사기의 시대로부터 바울과 예수의 때까지 동일하다. 미란다는 루터와 마찬가지로 율법은 약자를 보호하기 위해 존재한다고 주장했다(pp. 137-60). 특히 구약과 선지자들에 관련해서는 게르하르트 폰 라트를 참조하고 있다.

『마르크스와 성경』에서 가장 창의적이고 독특한 대목은 칭의를 정의한 부분이다. 미란다에 따르면 칭의 개념은 개인주의적 차원에서의 "의롭게 함"이 아니라 억압받는 자들을 위한 정의 안에서 **집단적이고 공동체적인** "의롭게 함"이며 바로 이것이 "로마서의 참된 의미"다(pp. 169-99). 바울은 로마서에서 불의(*adikia*)를 공격했다(롬 1:15-3:20). 사도는 아주 다른 기반에 근거한 하나님과의 새로운 관계의 "구조적" 중요성을 언급한다. 미란다는 오토 미헬을 인용하면서 이렇게 논평한다. "하나님의 정의는 사법적 판결인 동시에 종말론적 구원이다"(p. 173). 윙엘과 불트만도 하나님의 정의(*dikaiosunē ek Theou*)를 핵심 논점으로 본다. 소위 바울에 대한 "새로운 시각" 또한 이를 유효하다고 지지한다. 영국의 보수적인 복음주의 저술가 톰 홀랜드는 바울에 대한 이러한 "공동체적" 이해를 확증한 바 있다.[19] 미란다와 홀랜드는 모두 바울이 얼마나 구약과 밀접한 관련을 가지는지를 통해 이 "공동체적" 독해를 방어하고자 했다. 로마서 7장은 이런 식의 독해의 유효성을 잘 증명한다. 케제만, 밀러(Müller), 슈툴마허(Stuhlmacher), 케르텔게(Kertelge) 또한 이 입장을 지지한다. 불트만과 큄멜(Kümmel)의 타당한 주장처럼 로마서 9-11장은 앞과 동일한 주제를 제시하는데 여기서 제기되는 것은 주체의 신비적 변화가 아니다. "의롭게 함"에 대한 관심은 율법이 실패했다고 보는 바울의 믿음과 전혀 모순을 일으키지 않는다(롬 5:20).[20]

다음으로 미란다는 자신의 입장을 마르쿠제, 사르트르, 블로흐에서 발견되는 일종의 세계관과 연관시킨다. 바울은 "세상의 지혜"를 심판 아래 놓고 있다. 신앙은 특별한 종류의 일이 아니라 하나님의 심판에 대한 굴복이다.[21] 신앙은 그리스도와 그의 부활을 향한다. 그리스도로 옷 입는 것은 새로운 실존의 질서로 들어가는 일이다(롬 4:17). 여기에 대해 바울은 "부끄럽지 않으며" 소망은 속이지 않는다고 말한다. 미란다는 이것을 "신앙의 변증법"이라고 부른다.[22] 새로운 공동체는 새로운 언약 하에 있으며 새로운

---

19 Tom Holland, *Contours of Pauline Theology: A Radical New Survey of the Influences on Paul's Biblical Writings* (Fearn, Scotland: Christian Focus, 2004) 외 여러 곳, 특히 pp. 141-56, 287-92. 『바울신학개요』(크리스챤다이제스트 역간).

20 Miranda, *Marx and the Bible*, pp. 187-92.

21 Miranda, *Marx and the Bible*, pp. 201-10.

22 Miranda, *Marx and the Bible*, pp. 229-92.

언약이란 사랑과 정의의 하나님을 아는 일이라고 할 수 있다.

『존재와 메시아』는 해방신학적 해석학에 가장 큰 영향을 미친 책으로 주로 요한복음에 대한 연구다. 하지만 미란다는 억압 상황과 "실존의 방식"으로서의 교환가치에 대한 비판으로부터 논의를 시작한다. 그는 가난한 자들의 곤궁이 혁명이나 권력에 대한 공격으로는 해결되지 않는다고 본다. 불의한 분열의 근본적 원인은 교환가치의 자의성이다. 따라서 우리는 키르케고르, 하이데거, 사르트르가 했던 것처럼 인간에 대한 관심에서 시작해야 한다.[23] 마르크스는 교환가치가 물질적 실재와 일치하는 것이 아니라 조작의 결과라고 보았다. 이러한 조작적 정신 구조 속에서 프롤레타리아의 노동은 값싸게 판매된다. 이같은 현상은 주로 개인적 이득에 대한 욕망에 기반한다.[24] 이런 측면은 침묵하고는 있지만 신약의 정신에 반대하여 본질적인 방해를 하고 있다(롬 5:19, 21; 1:18-32). 바로 이것이 왜 "개혁주의적 임시방편"(reformist palliatives)이 문제를 해결하지 못하고 단지 문제를 감추는 데 그치는 이유다.[25]

미란다의 주장에 따르면 "윤리적 하나님"에 대해 말하는 것만으로는 기독교가 위와 같은 현상을 묵인한 것에 대해 방어할 수 없다. 우리는 성경의 하나님으로 돌아가야 한다. 성경의 하나님은 바로 자신을 "나는 존재한다"가 아닌 "나는 존재할 것이다"로 명명하는 분이다(출 3:12-14. 히브리어로는 미래적 의미의 미완료 시제, 그리스어로는 현재 시제). 형제 되는 자에 대한 인간의 증오는(창 4:1-11)은 인간성 전체에 대한 저주를 불러왔다. 하지만 하나님은 인류를 이런 노예 상태에서 해방하겠다고 약속하신다. 이 해방은 단순히 "내면적"이거나 "영적인" 구원이 아니다. 역사는 신화론적 "귀환" 없이 앞으로 전진한다. 야웨 하나님은 윤리적인 정의를 선호하며(암 5:21-25) 문화는 거부하신다. 왜냐하면 하나님은 미래의 하나님이고 그를 "안다는

---

23 Miranda, *Being and the Messiah*, pp. 2-7, 15-17.
24 Miranda, *Being and the Messiah*, pp. 7-14.
25 Miranda, *Being and the Messiah*, p. 21.

것"은 자신의 형제를 위해 정의를 사랑하는 것을 의미하기 때문이다.

존재는 오직 시간과의 관련 속에서만 이해될 수 있다. 바로 이것이 하이데거의 공헌이었다. 따라서 성경은 종말에 주목한다. 마태복음 5:1-10의 지복에 대한 텍스트는 축복받은 사람들에게 **미래에 주어질** 것이 무엇인지에 대해 말하고 있다(시 37:2-20에서처럼). 아브라함은 믿음을 통해 미래를 본다(롬 4:13; 히 11장). **바울**은 "낙원"에 대해 말하고 있다(고후 12:4). **마태**는 최후의 심판에 대해 언급한다(마 25:31-46). 역사는 종말, 종국적 목적을 향해 움직이며 이런 사실은 윤리적 함축을 갖는다. **요한**은 결코 "시간을 초월한" 존재나 이미 실현된 종말론을 말하지 않았다. 요한은 죽음에서 삶으로 이미 이행한 자들에 대해 이야기한다(요 5:24; 요일 3:14). 하지만 이것은 기독론적 내용이다. 요한의 비전은 우연적인 동시에 미래지향적이다. 요한복음에는 이중적 강조점이 존재하는데 그것은 현재적인 "이 세계"와, 예수의 죽음과 부활이라는 결정적 "그 시간"이다.

요한복음에서 중요한 것은 "말씀"이다. 말씀은 생명을 준다. 요한복음에서 말씀은 본질적으로 사랑의 말씀이다(요 1:4; 14:23-24). 생명의 말씀은 사랑의 말씀으로서 요한일서의 특징이 된다(요일 1:1; 2:5). 요한일서는 단순히 가현설과 관계된 것이 아니라 사랑을 요구하는 자로서의 그리스도를 지각하는 일과 관련된다. 이런 측면에서 불트만은 적절하지 못하다. 필요한 것은 키르케고르가 본 대로 자아의 변혁이다. 서구 사회는 너무 쉽게 역사적 예수를 버리고 그를 이해하지 못했다. 보혜사 성령을 통해 변혁이 가능해지며 그리스도인들은 "예수의 말을 지킬 수 있다"(요 14:15).[26]

---

26 Miranda, *Being and the Messiah*, p. 213; 참조. pp. 203-22.

4. 두 번째 단계: 후안 루이스 세군도, 세베리노 크로아토, 레오나르도 보프

호세 포르피리오 미란다(1924-2001)는 1970년대에 책을 발표한 저술가들 가운데 아마도 가장 초기에 속한다. 앞에서 이미 검토했던 구스타보 구티에레즈는 1928년에 태어난 학자며, 연대기상으로나 영향력 면에서 구티에레즈 다음 세대로는 후안 루이스 세군도(1925-)와 세베리노 크로아토(1930-)를 꼽을 수 있다. 휴고 아스만(1933-)은 성경보다는 조직신학에 대해 저술했다. 브라질 프란체스코회의 레오나르도 보프(1938-)도 1970년대 말부터 책을 발표하기 시작했고 그의 형제인 클로도비스 보프와 마찬가지로 지금도 저술 활동을 계속하고 있다. 앞에서 열거한 학자들은 모두 가톨릭 신자다. 하지만 예외도 존재하는데 그 예로는 유니온, 뉴욕, 프린스턴 신학대학원에서 박사 과정을 지도하는 알베스(1933-)와 아르헨티나의 감리교도 호세 미구에즈 보니노(José Míguez Bonino)를 들 수 있다. 또한 스페인 바르셀로나에 있다가 나중에 엘살바도르로 옮겨 활동한 존 소브리노(1938-)도 언급해야 한다.

1. **후안 루이스 세군도**(Juan Luis Segundo, 1925-, **우루과이**)는 자신의 영향력 있는 저술 『신학의 해방』(*Liberation of Theology*)의 중심에 **해석학적 순환**과 해석학을 위치시켰다.[27] 그는 "기독교가 **성경의** 종교"(세군도 강조)인 것은 사실이지만 교회는 오늘날 사회의 성격의 빛 안에서 성경을 경청해야 한다고 주장했다(p. 7). 또한 해방신학자는 자신의 선이해가 사회학과 사회에 대한 능동적 참여에 의해 형성되도록 허용해야 한다. 세군도는 학구적인 신학이 이러한 차원에서 실패했다고 공격했다. 추상적 신학은 절대 해방을 가져올 수 없다. 막스 베버도 동일한 비평을 감행했다. 베버도 계급

---

27 Juan Luis Segundo, *The Liberation of Theology*, trans. John Drury (Dublin: Gill and MacMillan, 1977), pp. 7-38 외 여러 곳. 이하 본문 괄호 안의 숫자는 이 책의 페이지를 나타낸다.

분리의 원인들을 설명했지만 "과학" 또는 기술적 분석의 차원에 머무름으로써 세계를 변혁하는 데는 실패한다. 이 지점에서 세군도는 부분적으로 휴고 아스만(Hugo Assmann)으로부터 영감을 받는다. 악과 불의는 마르크스가 본 것처럼 구조적이다. 하지만 마르크스조차도 정의보다는 행복을 증진시키는 데 관심을 둔 것처럼 보인다. 해석학적 순환은 "신학이 살아 있다는 것을 입증한다"(p. 23). 흑인신학과 제임스 콘(James Cone)의 작업은 이런 측면에서 긍정적인 예라고 할 수 있다. 페미니즘 해석학도 마찬가지며 또 다른 많은 입장들이 여기에 가세할 것이다.

나아가 세군도는 만일 교회가 "불변의" 신학을 제시한다면 이는 순전히 불신앙이나 우상숭배를 위한 근거를 제공하는 것이라고 주장한다. 제2차 바티칸 공의회가 이런 방향에서 암시를 준다. 사회학 또한 도움이 되어야 했지만 추상화와 파편화를 통해 "매일의 일상적인" 문제들을 "과학적" 설명으로 바꿈으로써 오히려 방해가 되었다. 그리하여 더 이상 사회학은 세계의 변혁, 구조적 해결책을 제시하지 못한다. 사회학은 마르크스의 변증법적 유물론을 마땅한 만큼 실현하지 못하고 과도하게 단순화한다. 막스 베버의 작업 역시 충분히 세부적이고 풍부한 설명을 제공하지 못한다.

무엇보다 심각한 사실은 사회학과 정치학 사이에 분열의 조짐이 보인다는 것이다. 마치 1세기식의 "자선"이 오늘날 빈부 격차에 대한 충분한 정치적 해결책인양 하고 있다. 이런 양상은 바리새인의 방법을 사용하는 것과 흡사하다(막 3:1-3). 바리새인들은 시대의 징후를 해석할 줄은 모르면서(마 16:2-3) 변화된 상황 안에서 고대의 텍스트의 요구를 문자적으로 반복하고만 있었다.

이 모든 상황에서 첫 발걸음은 "헌신"이다. 우리는 "**해방을 위해 헌신함으로써**"(p. 83, 세군도 강조) 복음을 선포해야 한다. 예수는 정치적 투쟁의 컨텍스트 안에서 행동했다. 하지만 일반적으로 유럽의 학문 세계는 역사적 예수에 대한 이러한 통찰을 상실하고 말았다. 오늘날을 사는 우리는 불트만의 해석학적 순환 논증과 함께 아스만의 이데올로기 논증도 받아들여야 한다. 어떻게 교회는 요구되는 변증법을 살아낼 수 있을까? 이 지점에서 세군도는 특히 종말론의 빛 안에서 가톨릭과 개신교의 목회적 쟁점들을 설명하려 한다. 예수 자신은 상호적 사랑이 정확히 어떤 것인지 세세하게 정의하지 않았으며 추종자들이 그 문자적 묘사를 전시하기도 바라지 않았다. 그리스도인들은 책임감 있는 상상력을 사용하며 창의적으로 시도해야 한다. 이러한 토대 위에서 "민중"으로 하여금 혁명을 감행하도록 호소하기 위해서다. 세군도의 탈이데올로기화는 불트만의 탈신화화 기획과 평행을 이룬다. 결국 세군도가 주장하는 바는 교회를 인도하는 것은 의심의 해석학이어야 한다는 점이다. 바로 이것이 해석학적 순환의 본질적 부분이다(p. 231. 참조. pp. 228-40).

2. **세베리노 크로아토**(Severino Croatto, 1930-, 아르헨티나)는 세군도와 마찬가지로 **해석학**에 대해 큰 관심을 보인다. 1978년 스페인에서 크로아토는『출애굽기: 자유의 해석학』(*Exodus: A Hermeneutics of Freedom*)을 출간했다.[28] 여기서 그는 리쾨르의 해석학에서 출발하여 빠른 속도로 가다머를 탐구하는 길로 나아간다. 세군도처럼 크로아토 역시 해석학적 순환을 주장한다. "사회적 실천은 언제나 의미의 전유를…의미한다"(p. 3. pp. 1-3). 출애굽기의 내러티브를 검토하면서 크로아토는 가다머의 영향사, 리쾨르의 의미의 과잉, 해석학적 순환에 사용된 "시대의 징후" 개념을 이용한다. "나의 해석학적 순간은 다른 독자의 그것과는 다르다.…나는 처음에 주해를 하는 것으로부터 시작하여…다음으로 그 주해를 우리 세계의 사실과 연관시키지 않는다.…사실들 자체가 성경 말씀에 대한 나의 해석보다 선행되어야 한다"(p. 11).

---

28 J. Severino Croatto, *Exodus: A Hermeneutics of Freedom*, trans. Salvator Attanasio (Maryknoll, N.Y.: Orbis, 1981). 이하 본문 괄호 안의 숫자는 이 책의 페이지를 나타낸다. 참조. Hugo Assmann, *A Practical Theology of Liberation*, trans. Paul Burns, introduction by Gustavo Gutiérrez (London: Search Press, 1975); Kirk, *Liberation Theology*, pp. 46-48.

출애굽 사건은 오늘날을 위한 의미의 "중심지", 의미의 저장소다. 이 이야기는 단순히 주전 13세기경에 일어난 의미 없는 해프닝이 아니라 신앙을 통해 사유된 것을 투사하며 역사적 리포트 "그 이상"을 말하고 있다. 바로 이런 지점에서 배후에 놓인 것이 가다머와 리쾨르의 논점인 것이다. 먼저 모세는 이스라엘인들이 자신들의 억압 상태에 대해 "자각하도록" 만드는데 이런 방식은 프레이리가 말한 의식화(concientización) 또는 의식 고취와 평행을 이룬다(출 6:9). 그 다음으로 해방의 말씀이 도래한다. 모세가 권력과 대치하기 위해서는 이스라엘인들이 필요했다. 해석학적 순환은 원형적 사건으로 되돌아가는 동시에 실존주의적 현재를 향해 앞으로 나아간다.

인류는 자유를 위해 창조되었다. 창세기의 여러 구절은 이런 사실을 분명히 표현하고 있다(창 1:26-28; 4:17-22; 5:3). 하지만 인류 안에 새겨진 하나님의 형상은 왜곡되었다. 세속화는 "이교도화"를 의미한다(pp. 36-38). 따라서 세계는 소외된 인류를 "의식화"하기 위해 예언자를 필요로 한다(렘 5:26; 7:5). 그리스도는 먼저 고통당하는 종을 이야기하고(사 41-53장; 막 8:29-30) 다음으로 해방자에 대해 말씀하신다. 바리새인들과 대치한 것도 마찬가지다. 크로아토에 따르면 "예수는 이기주의로 인해…또 '종교적' 구조로 인해 억압받는…주변화된 민중들의 문제를 다루고 있다"(p. 51. 참조. pp. 55-66). 결론적으로 바울도 인류를 죄와 죽음, 율법으로부터 자유롭게 만드는 "급진적 인간 해방"이다. 바로 여기에 출애굽의 해방과의 평행 관계가 있다(출 19:4. 참조. 롬 7:12-16).

크로아토는 『해석학: 의미 생산으로서의 독해 이론을 향하여』(*Biblical Hermeneutics: Toward a Theory of Reading as the Production of Meaning*)에서도 해석학에 대한 관심을 계속 이어간다.

3. **레오나르도 보프**(Leonardo Boff, 1938-, 브라질)는 『해방자 예수 그리스도』(*Jesus Christ Liberator*, 분도출판사 역간)를 썼는데 이 책은 1972년에는 포르투갈어로, 1978년에는 영어로 출간되었다.[29] 주로 엘살바도르에서 사역했던 **존 소브리노**(Jon Sobrino, 1938-)도 『교차로에 선 기독론』(*Christology*

at the Crossroads, 영어판 1978)을 발표했다.[30] 레오나르도 보프는 성서비평과 그리스도의 정체성이라는 부분으로부터 논의를 시작한다. 보프에 따르면 "각 세대는 세계와 인간, 하나님에 대한 자신의 이해의 컨텍스트 안에서 대답해야 한다"(p. 1). 기독론은 "단순한 교리가 아니라…선포인 동시에 신앙으로의 부름이다"(p. 9). 그러므로 기독론은 역사적 예수를 뛰어넘어 새로운 실재의 현전으로 나아간다. 예수의 급진적 요청은 사랑하라는 명령이다.

보프에 따르면 이런 측면은 우리를 해석학의 핵심으로 데려간다. 보프는 양식비평과 환원주의 비평을 포함하여 역사비평의 해석학을 검토한다. 그러고는 **실존주의적 해석학, 해석학적 순환, 구원사의 해석학**을 설명한다(pp. 38-43). 무엇보다도 교리 위에 있는 비평의 우위성에 주목해야 한다. 아마도 우리는 교회의 고백으로부터 세계의 절대적 의미에 대한 예수의 요구로 나아갈 수 있을 것이다. 이것은 하나님의 나라 또는 하나님의 규율이다. **예수**는 인간 조건을 **해방시킨 자**다. 이런 해방은 "우리의 사유와 행위에서의 혁명"을 요구한다(p. 64. 참조. pp. 64-79). 예수는 창조적 상상력과 독창성을 가져온다. 비록 "사람들을 당혹케 하고 저주를 받은 것은 사실이지만 예수는 끝까지 사랑했다."

지금까지 우리는 앞에서 언급한 저술가들 대부분이 정의, 가난한 자들과의 유대, 해석학 또는 특히 해석학적 순환에 헌신했음을 살펴보았다. 그렇다면 이 운동은 1970년대와 1980년대를 지나 오늘날까지 어떤 양상으로 발전하고 있는가?

---

29 Leonardo Boff, *Jesus Christ Liberator: A Critical Christology of Our Time*, trans. Patrick Hughes (Maryknoll, N.Y: Orbis, 1978; London: SPCK, 1980). 이하 본문 괄호 안의 숫자는 이 책의 페이지를 나타낸다.

30 Jon Sobrino, *Christology at the Crossroads: A Latin American Approach*, trans. John Drury (Maryknoll, N.Y.: Orbis; London: SCM, 1978).

5. 세 번째 단계: 1980년대에서 현재까지 탈식민주의 해석학

해방신학에 대한 책과 논문은 1980년대에 풍성하게 쏟아져나왔다. 1983년
에 나온 『성경과 해방』(*The Bible and Liberation*)은 노만 고트발트(Norman
K. Gottwald)가 편집한 책으로 고트발트 자신을 비롯하여 게르트 타이센,
조지 픽슬레이(George Pixley), 월터 브루그만(Walter Brueggemann), 엘리
자베스 쉬슬러 피오렌자(Elizabeth Schüssler Fiorenza) 등의 논문이 모여 있
다.[31] 레오나르도 보프는 1986년 브라질에서 『해방신학 입문』(*Introducing
Liberation Theology*)을 내면서 형제인 클로도비스 보프와 공동 작업을 했
다.[32] 한편 앞에서 본 것처럼 필립 베리만은 『반역의 종교적 뿌리』(*Religious
Roots of Rebellion*, 1984)를, 뒤셸은 1985년에 해방신학 운동의 역사를 쓴다.
1986년에 나온 클로도비스 보프의 『신학과 실천』(*Theologie und Praxis*),
1984년에 나온 크로아토의 성경해석학에 관한 저서, 1982년에 나온 미란
다의 『성경의 공산주의』(*Communism in the Bible*)도 주목할 만하다. 크리
스 로랜드(Chris Rowland)와 마크 코너(Mark Corner)는 1989년에 『해방의
주해』(*Liberating Exegesis*)를, 세군도는 1985년에 『공관복음의 역사적 예
수』(*Historical Jesus of the Synoptics*)를 발표한다. 많은 저술가들은 성경이
학자가 아니라 일반 민중에 속함을 강조했다.

하지만 정말로 새로운 지배적 주제는 나타나지 않았으며 해석학적 순
환에 대한 강조 또한 잠재적으로 동일한 것으로 남아 있었다. 코노 수르(남
아메리카의 최남단 지역)의 성공회 대주교인 그레고리 베네블스(Gregory
Venables)를 위시해 몇몇 주교들의 진단에 따르면 이제 해방신학의 운동은
고작해야 누더기 같을 뿐, 신선한 자극을 주는 경제적·정치적 상황이 아니

---

[31] Norman K. Gottwald, ed., *The Bible and Liberation: Political and Social
Hermeneutics* (Maryknoll, N.Y.: Orbis, 1983).
[32] Leonardo Boff and Clodovis Boff, eds., *Introducing Liberation Theology*
(London: Burns and Oates, 1987).

라 아직도 영감을 얻기 위해 1970년대의 공동체와 저술을 이용하고 있다. 토마스 슈벡(Thomas L. Schubeck)은 이렇게 인정한다. "처음에 신학자와 목회자들, 민중이 느낀 황홀경은 해방의 기획에 대한 교회 내의 반대를 마주하면서 사그라지기 시작했다."[33] 슈벡에 따르면 라틴아메리카의 여러 지역에서는 아직도 군정이 자의적 검거를 계속하고 있으며 이로 인해 좌파 정치인들이 일어나고 있다. 브라질, 과테말라, 아이티, 니카라과, 파라과이가 그런 나라들이다.

그러는 동안 제3차 라틴아메리카 주교회의가 1979년 멕시코 푸에블라에서 열렸다. 여기서 논의된 내용에는 해방신학에 대해 가장 급진적으로 간주되었던 대표자들이 이 운동에 보내는 반대의 목소리가 포함되어 있다. 하지만 가난한 자들을 위한 "특혜"를 말하면서 메델린 권고(Medellin recommendations)에 대해서는 명백하게 동의를 표한다. 해방신학은 페미니즘신학을 흡수하는 동시에 자신의 영역을 라틴아메리카 밖의 영토 특히 인도와 아프리카까지 넓힘으로써 자신의 초점을 확장하기 시작했다. 코스타리카의 엘자 타마즈(Elsa Tamaz), 브라질의 이본느 게바라(Ivone Gebara), 멕시코의 마리아 필라르 아퀴노(Maria Pilar Aquino)를 위시해 여러 여성 신학자들이 각각 다른 위치에서 같은 운동에 동참하게 된다.[34] 가나의 메르시 암바 오두요예(Mercy Amba Oduyoye) 역시 미혼모의 곤경과 관련된 문제에서 같은 영역을 탐험한다. 특히 이들은 전쟁 때 발생한 여성을 대상으로 한 폭력에 저항했다. 다음 장에서 우리는 이런 경향을 "우머니즘 해석학"으로 명명하며 더 자세히 논의할 것이다. 하지만 극단적 비판의 진영에는 현재

---

33 Thomas L. Schubeck, S.J., "Liberation Theology," in *The Encyclopedia of Christianity*, ed. Erwin Fahlbusch, Jan Milic Lochman, et al., trans. G. W. Bromiley, 5 vols. (Grand Rapids: Eerdmans, 1999–2008), 3:260; 참조. pp. 258-65.

34 Elsa Tamez, "Cultural Violence against Women in Latin America," in *Women Resisting Violence*, ed. Mary John Mananzan et al. (Maryknoll, N.Y.: Orbis, 1996), and Maria Pilar Aquino and D. Mieth, eds., *The Return of the Just War* (London: Search Press, 2001).

의 교황 베네딕토 16세, 즉 과거에는 추기경 요제프 라칭거로 유명했던 인물이 포함되어 있다. 미국의 마이클 노박(Michael Novak)과 제임스 거스타프슨(James Gustafson)은 해방신학이 자주 기독교 신앙을 세속적 정치로 환원함을 언급하면서 해방신학에 대한 비판의 목소리를 높인다.

해방신학은 환경에 대한 관심도 보여준다. 실제로 **생태학과 세계화**는 이 운동의 네 번째 단계(1993-2008)로 간주된다. 또 다른 진영에서는 "**탈식민주의적**" 해석학이라는 용어를 선호한다. 이들은 유럽과 미국에서 비롯된 신학적이고 성경적인 방법론을 빌리는 데 대해 강하게 반발한다. 또한 아르헨티나, 브라질, 멕시코, 아프리카의 여러 나라가 지고 있는 채무를 취소할 것을 주장하면서 남반구 지역에 더 집중된 초점을 맞추어 줄 것을 요구하고 있다.

탈식민주의 해석학의 주창자들은 과거의 식민지 권력이 사용했던 독해 방법을 폐기할 것을 강경히 요구한다. 심지어 "문자적 정경"의 개념조차도 유럽 중심적인 개념, 그 핵심에 셰익스피어와 디킨즈가 군림하는 개념으로 간주된다. 성경이 유럽의 수출품으로 인식되는 것이다. 캐나다, 미국, 호주, 뉴질랜드, 남아프리카의 "식민지 선점 국가"에 속한 학자들조차 이러한 비판의 목소리를 내고 있다. 유럽적인 원천과는 대조적으로, 탈식민주의 진영의 지지자들은 아메리카 원주민, 오스트레일리아의 토착민, 뉴질랜드의 마오리족에게서 많은 영감을 얻는다. 아마도 이런 견해는 거룩한 땅의 정복과 광야에서의 방랑이라는 성경의 이야기에 대한 반(反)이스라엘적 "가나안 중심적" 해석과 관련되는 것 같다.

가나의 메르시 암바 오두요예는 탈식민적 접근법을 대표한다.[35] 그녀는 교회가 유럽에서 유래한 것이 아님을 강조했다. 1989년에 오두요예는

---

35 Mercy Amba Oduyoye, *Hearing and Knowing: Theological Reflections on Christianity in Africa* (1993; reprint, Eugene, Oreg.: Wipf and Stock, 2004), and Oduyoye, *Introducing African Women's Theology* (reprint, Sheffield and New York: Continuum, 2004).

아프리카 여성들로 하여금 그녀들 스스로의 관점에 따라 문화와 종교에 대한 글을 발표하도록 돕기 위해 아프리카 여성 신학자 모임을 설립했다. 2005년 요하네스버그에서의 회합에서 이 모임의 참석자는 600명에 달했다. 2002년에는 인간 면역 결핍 바이러스와 에이즈 문제를 검토하기 위해 모였으며[36] 2006년에는 다음 단계의 연구를 위한 계획을 수립했다.

남아프리카 흑인신학은 1969년 스티브 비코(Steve Biko)의 지도하에 흑인 학생과 흑인 의식과 관련해서 구별되는 정체성을 찾기 시작했다. 나중에 데스먼드 투투(Desmond Tutu)는 그의 신학이 흑인 공동체와 백인 공동체를 넘어서는 것이라고 주장했다. 봉간잘로 고바(Bongansalo Goba)와 특히 이투멜렝 모잘라(Itumeleng Mosala)는 흑인신학을 사회학과 마르크스주의와 결합시킨다.[37] 앨런 보에삭(Allan Boesak)은 가인과 아벨 내러티브(창 4:1-16)와 남아프리카의 땅을 소유하지 못한 사람들의 이야기 사이의 공명에 주목했다.[38] 보에삭의 해석학은 억압받는 사람들의 "외침"을(출 3:7, 9) 출발점으로 삼았던 크로아토와 유사하다고 할 수 있다. 1985년 이후로 저술가들 대부분은 가난한 자들에 대해 새로운 태도를 가질 것을 교회에 도전했던 "카이로스 선언"(Kairos Document)을 의식하게 된다.

모잘라는 노만 고트발트를 위시해 여러 학자들의 마르크스주의에 의거하면서 유물론과 "탈식민주의적" 태도로 글을 썼다. 구약에서 지배 계급의 원천을 발견한 모잘라는 잠재적으로 창세기 4:1-16에 관한 보에삭의 해석을 전복시키면서 그 원천을 거부했다. 심지어 "메시아" 개념조차도 그에

---

36 Mercy Amba Oduyoye and Elizabeth Amoah, eds., *People of Faith and the Challenge of HIV/AIDS* (Ibadan: Sefer, 2005). 참조. John Parratt, *An Introduction to Third World Theologies* (Cambridge: Cambridge University Press, 2004).

37 Bonganjalo Goba, *An Agenda for Black Theology: Hermeneutics for Social Change* (Johannesburg: Skotaville, 1988), and Itumeleng J. Mosala, *Biblical Hermeneutics and Black Theology in South Africa* (Grand Rapids: Eerdmans, 1989).

38 Allan Boesak, *Black and Reformed: Apartheid, Liberation, and the Calvinist Tradition* (Maryknoll, N.Y.: Orbis, 1984).

게는 너무 "귀족적"으로, 시온을 기반으로 한 엘리트의 구성으로 보였다. 모잘라는 미란다를 포함해 라틴아메리카 해방 운동을 충분히 급진적이지 못하다고 보았다. 모잘라는 구약과 신약의 배후에 있는 이데올로기를 추적하는데 이런 작업은 신학보다는 구시대의 문화에서 비롯된 가부장적 전제로 간주되는 것을 탈이데올로기화하려 했던 페미니즘신학의 기획과 유사하다.

인도 아대륙에서는 아르키 리(Archie C. C. Lee)와 연합한 급진적 다원주의 해석학이 다문화주의를 옹호하고 나섰다. 해석학의 탈식민주의적 성격이 뚜렷할수록 그것과 함께 가동되는 의심의 해석학도 더욱 명시적인 형태를 띠게 된다. 또한 이런 해석학은 주변화된 계층이 자신들의 상황 바깥으로 나와서 텍스트를 독해하는 데 담당하는 역할을 강조한다. 수기르타라자(R. S. Sugirtharajah)는 이런 접근법에서 리더에 해당한다.[39] 적어도 5권의 책을 저술하고 9권을 편집한 이 학자는 현재 자신이 박사 학위를 받았던 영국 버밍엄 대학의 성경해석학 교수로 재직하고 있다. 수기르타라자는 초기에는 인도 벵갈 서부의 도시 세람포에서 연구했다. 『성경과 제3세계』에서 수기르타라자는 인도, 중국, 아프리카를 검토하는 것으로 논의를 시작한 후 식민주의의 잔재를 추적한다. 또한 이 책 제3부에서는 원주민들의 "토착 언어의 해석학"(vernacular hermeneutics)을 탐구한다.[40] 그는 성경에 관한 특수한 독해를 제시하고 해방신학 해석학의 산물을 검토한다.[41]

수기르타라자는 "탈식민주의와 성경 독해"라는 부제가 붙은 「세메이

---

39 R. S. Sugirtharajah, ed., *Asian Faces of Jesus* (Maryknoll, N.Y.: Orbis: London: SCM, 1993); Sugirtharajah, ed., *Voices from the Margins: Interpreting the Bible in the Third World* (Maryknoll, N.Y.: Orbis: London: SPCK, 1989, 2006); Sugirtharajah, *The Bible and the Third World* (Cambridge: Cambridge University Press, 2001); Sugirtharajah, *The Bible and the Empire: Postcolonial Explorations* (Cambridge: Cambridge University Press, 2005).
40 Sugirtharajah, *Bible and the Third World*, pp. 175-202.
41 Sugirtharajah, *Bible and the Third World*, pp. 259-65.

아」제75호(1996)의 편집위원이기도 하다. 수잔 밴젠튼 겔러거(Susan VanZanten Gallagher)는 기독교의 선교 사업과 식민지의 억압 구조 사이의 공모에 대해 말한 바 있는데 수기르타라자는 여기에 대해 더 큰 항의의 목소리를 낼 것을 요구했다.[42] 로라 도널드슨(Laura Donaldson)은 예수의 지상 명령(마 28:19-20)이 너무도 자주 말씀과 유럽 정복을 혼동시켰다고 지적한다. 벌키스트(J. Berquist)의 주장에 따르면 해석의 한 가지 이점은 제국주의적 권력이 어떻게 자신의 기획을 정당화하기 위해 성경을 사용했는지 파악하는 데 있다.[43] 무사 두비(Musa W. Dube)는 요한복음 4:1-42을 참조하여 제국주의적 사고방식을 설명한다. 킴벌리 레이 코너(Kimberly Rae Connor)에 따르면 흑인 영가는 정의를 향한 외침과 아프리카계 미국인의 감수성으로 탈식민주의 해석학을 예고했다고 할 수 있다.

탈식민주의 해석학에서 정확히 어느 지점에 선을 그어야 하는지 결정하는 것은 항상 쉬운 일이 아니다. 수기르타라자의 논증에 따르면 많은 개념들이 힌두교, 불교, 유교 문화와 사회로부터 비롯된다. 수기르타라자는 자신의 진영에 페르난도 세고비아(Fernando Segovia)와 스티븐 무어(Stephen Moore)를 포함시킨다. 세고비아는 쿠바계 미국인으로 현재 밴더빌트 대학에서 가르치고 있다. 무어에 대해서는 그가 얼마나 자신의 가톨릭적이고 기독교적인 유산을 거부하는지 명확하지 않다. 하지만 다수의 추론에 따르면 무어의 주된 방법론은 포스트모더니즘이다. 현재 그는 영국에서 가르치고 있다. 수기르타라자에 따르면 해방신학과는 대조적으로 탈식민주의 해석학은 이데올로기적 해석에 도전할 뿐 아니라(이는 해방신학적 해석학의 과업이기도 하다) "성경 자체 안에 주어져 있는 입장과 특권"에도 도전한다.[44]

---

42 Laura E. Donaldson, in *Semeia* 75 (1996): *Post-colonialism and Scriptural Reading*, pp. 3, 5-6.
43 Jon L. Berquist, "Post-colonialism and Imperial Motives for Colonization," *Semeia* 75 (1996): 15-35.

첫째, 해방신학 해석학은 넓게 보아 **성경**에 머무르려고 노력한다. 비록 경험을 강조하는 해방신학적 경향이 경험과 일치하지 않는 소리는 듣지 못하도록 방해하는 것은 아닐까 많은 사람들이 우려하지만 말이다. 해방신학 해석학은 성경 안에 존재하는 간극과 모호성을 본다. **둘째**, 해방신학 해석학은 **성경의 특정 부분에 선택적으로** 특권을 부여하는데, 예를 들어 출애굽 내러티브와 로마서 1:16에 대해서 그렇다. 하지만 탈식민주의 해석학은 이를 거부한다. **셋째**, 해방신학 해석학은 **가난한 자에 대해 제한적 개념**을 갖고 있다. 반면에 탈식민주의 해석학은 더 넓은 다원성의 초점을 가진다. **마지막으로**, 수기르타라자에 의하면 해방신학은 탈식민주의 해석학보다 더 **그리스도 중심적**이다. 탈식민주의 해석학은 타 종교가 공통 요소를 가진다고 가정하며 그래서 타 종교에 대해 호의적으로 접근한다.

2004년에 선보인 『글로벌 성경 주석』(*Global Bible Commentary*)은 각각 다른 다양한 배경을 가진 70명의 신학자의 기여를 통해 이루어졌다.[45] 이들은 자신들의 "삶-컨텍스트"로부터 참여한다.[46] 크리스 로랜드는 영국인임에도 불구하고 브라질과 해방신학의 맥락에서 요한계시록에 대한 탁월한 글을 썼다. 제럴드 웨스트(Gerald West)는 빼어난 성경학자로 영국에서 박사 학위를 취득했지만 남아프리카에서 가르치고 있다. 웨스트는 사무엘상·하에 대한 글을 쓰면서 사무엘상과 아프리카 사이에 존재하는 공명점을 26가지나 발견했다.[47] 한편 크로아토는 이사야 40-55장에 대해, 중국의 예오 키옥 킹(Khiok-Khing Yeo)은 데살로니가전서에 대해 저술했다. 일부의 평자들은 앞에서 소개한 탈식민주의 신학자들의 기여가 일정한 정도의 학문적 수준에 이르지 못하며 자국의 "이익"을 증진하는 데 오히려 더 크게 공헌했다고 주장한다. 다양한 공헌들이 학문의 수준과 해석학적 책임에 있

---

44 R. S. Sugirtharajah, in David F. Ford (with Rachel Muers), *The Modern Theologians*, 3rd ed. (Oxford: Blackwell, 2005), p. 546.
45 Daniel Patte, ed., *Global Bible Commentary* (Nashville: Abingdon, 2004).
46 Patte, *Global Bible Commentary*, p. xxiv.
47 Gerald West, "1 and 2 Samuel," in *Global Bible Commentary*, p. 94.

어 각기 다른 모습을 보여준다.

6. 판단과 평가

1. 일부 탈식민주의 해석자들과는 대조적으로, 해방신학자들이 **성경**에 권위를 부여했다는 것은 의심할 여지없는 사실이다. 구스타보 구티에레즈, 후안 루이스 세군도, 세베리노 크로아토는 기독교 신학을 성경과 라틴아메리카의 삶-컨텍스트 사이의 변증법으로 간주한다. 이들은 **인간의 컨텍스트에 의해 제기되는 질문**으로부터 출발하는 경향을 보이며 따라서 이 신학자들은 스펙트럼에서 슐라이어마허와 함께 자유주의 진영에 속하게 된다. 하지만 틸리히의 언급처럼 인간의 질문들이 얼마만큼 계시로서의 성경이 말하는 바를 명령하고 조건화할 수 있는지에 대해서는 많은 의문이 남는다. 성경을 "축소"하는 것은 물론 이들의 의도가 아니다. 호세 포르피리오 미란다조차도 기독교와 마르크스주의를 동등한 것으로 만들려 한 것이 아니라 성경 안에 존재하는 것을 파악하기 위해 마르크스주의를 이용했다. 하지만 우리로서는 이런 견해가 항상은 아니더라도 자주 이들의 해석학을 형성하는 심각한 위험이라고 결론 지을 수 있다.

2. 앞에서 언급한 저자들은 **해석학의 원천**을 도출하려 한다. 세군도가 탈이데올로기화와 불트만의 탈신화화 사이의 밀접한 평행 관계를 주장한 것은 옳다고 하더라도 모든 저자들이 최고의 모델을 선택한 것은 아니다. 이들은 가다머와 리쾨르를 매우 선택적으로 이용했다고 공언하고 있다. 그렇다면 의심의 해석학은 서구나 북반구에서처럼 이들의 작업에도 사용된 것인가? 영향사에서 가다머가 자신의 통찰에도 불구하고 "적용"과는 달리 텍스트의 의미에 대한 규준을 적절하게 부여하지 않았음을 인정할 때, 그의 영향사는 너무 많은 것을 허용하는 것은 아닌가?

3. 1968년과 1970년대 초반 해방신학의 주창자들은 **억압받는 자들과**

의 연대가 어떤 것인지에 대해 아주 좋은 예를 제공한다. 하지만 오늘날에도 이것은 지속되고 있는가? 변혁에 찬성하고 신자유주의적인 "개발"에 반대함에 있어 이들은 언제나 최상의 선택을 추구하고 있는가? 나아가 이런 문제는 신학의 문제라기보다 전적으로 정치적 문제로 바뀌지는 않았는가? 정치학의 포섭이 답이 될 수 있는가 아닌가 하는 문제 또는 급진적으로 "좌파적인" 정치학이 기독교 신학의 불가결한 일부인가 아닌가 하는 문제가 중요한 것일까?

4. 계급과 성경 구절 양쪽을 선택하는 데 있어 **취사선택**의 부담이 빈번하게 나타난다. 출애굽기, 이사야 48-55장, 아모스서, 다니엘서, 마태복음 5-7장, 요한계시록이 마땅한 정도보다 더 주목을 받고 있는 것은 아닌가 하는 의문이 대두된다. 같은 원리가 페미니즘 해석학에도 적용될 수 있지 않을까?

5. 해방신학의 해석학은 제2차 바티칸 공의회의 작업을 포함해서 시대에 대한 선지자적 응답으로 간주된다. 가난한 국가의 가난한 자들이 겪는 불균형과 분리에 대한 선지자적 교정으로서 해방신학은 필요에 부응했다고 인정된다. 하지만 현재 해방신학적 해석학은 더 광범위한 사회적 의제로 확장되는 동시에 부분적으로 생명력을 잃고도 있다. 몇몇 학자는 이를 소실 현상으로 묘사한다.

6. **기초 공동체**의 초창기 역할은 하나의 본보기라 할 수 있다. 가톨릭 교회는 한창 평신도 사역을 발견해가는 중이었지만 개신교회는 이미 그 중요성에 주목하고 있었다. 하지만 평신도 리더십 그룹들이 언제나 성경 공부를 위해 잘 훈련되고 책임감 있는 전문가를 보유했던 것은 아니다. 이런 측면은 새로운 종류의 선택의 문제를 내포한다. 라칭거 대주교, 즉 현재의 교황 베네딕토 16세가 이 운동에 대해 우려의 목소리를 낸 것은 그리 놀라운 일이 아니다.

7. 비록 성경이 유럽이나 미국에서 유래하지 않음은 사실이지만, 탈식민주의적 해석으로의 확산이 성경을 축소하는 경향을 띠지 않느냐 하는 데

에는 논쟁의 소지가 있다. 서구와 북반구는 분명 이 운동으로부터 배울 수 있을 것이다. 하지만 "해석학"이라는 제목 아래 전개된 것들이 특정 시기가 아니라 전 시대를 걸쳐 참되거나 책임성 있을 수 있는가에 대해서는 의심하지 않을 수 없다. 아마도 우리는 해석학적 순환, 성서학, 알레고리화, 해석에서의 의심과 "사적 이익" 개념을 재검토해야 할 것이다.

7. 참고 도서

Boff, Leonardo, and Clodovis Boff, eds., *Introducing Liberation Theology* (London:Burns and Oates, 1987), pp. 11-65.

Croatto, J. Severino, *Exodus: A Hermeneutics of Freedom*, translated by Salvator Attanasio (Maryknoll, N.Y.: Orbis, 1981), pp. 1-30.

Donaldson, Laura E., ed., *Semeia* 75 (1996): *Post-colonialism and Scriptural Reading*, "An Introduction," pp. 1-15.

Kirk, J. Andrew, *Liberation Theology: An Evangelical View from the Third World* (London: Marshall, Morgan and Scott, 1979), pp. 73-92.

Thiselton, Anthony C., *New Horizons in Hermeneutics: The Theory and Practice of Transforming Biblical Reading* (London: HarperCollins; Grand Rapids: Zondervan, 1992), pp. 411-26.

H · E · R
M · E · N
E · U · T
I · C · S

제14장

페미니즘 해석학과
우머니즘 해석학

페미니즘 해석학과 우머니즘 해석학(Feminist and womanist hermeneutics)은 다양한 방식으로 정의된다. 많은 사람들이 여성들의 공적 가시성과 리더십, 성경을 해석하는 데 있어 여성들이 가지는 능력과 권위를 강조하고 있다. 어떤 집단은 전반적으로 해석학을 앞과 같은 주제들에 관계된 여성들의 경험의 복원으로 보기도 한다. 또 다른 이들은 성경을 남성 저자들에 의해 쓰이고 주로 남성들에 의해 읽히는(물론 완전히는 아닐지라도) 일련의 책들의 모음으로 간주한다(히브리서는 예외일 수 있다). 이런 시각에서 보면 페미니즘 해석학은 일차적으로 여성의 눈을 통한 성경 텍스트와 성경 읽기로 정의된다. 한편 "우머니즘" 해석학은 통상적으로 아프리카 여성이나 아프리카계 미국인 여성의 성경해석 운동을 일컫는다. 이러한 네트워크는 페미니즘을 긍정적으로 보면서도 이것이 주로 중산층 전문직 여성의 운동이 아닌가 의심하기도 한다. 우머니스트들의 주장에 따르면 기존의 페미니즘은 아프리카나 아프리카계 미국인 여성의 독특한 문제와 경험, 의제를 무시하는 경향을 가진다.

"페미니즘"이라는 용어는 1960년대에 만개한 운동과 전면적으로 연관되어 있다. 최근의 "페미니즘 해석학"은 접근법의 **다양성**을 의미한다. 페미니즘신학 또는 우머니즘신학에서 많은 여성들은 출산의 자기 결정권과 경제적 정의를 추구하면서 여성의 평등권을 추구한다. 한편 극단적 페미니스트들은 "남성적 세계를 전적으로 거부하고" 싶어한다.[1] 페미니즘의 주장에 대해 아마도 공통적으로 찬성할 수 있는 지점은 결코 "남성" 자체가 전 인류의 등가물이 될 수 없다는 사실일 것이다.

1. 초대교회 시대로부터 여성의 공적 가시성과 사역

만일 남성이 전 인류의 등가물이 아니라고 한다면 교회와 유대교의 역사에서 여성이 담당한 능동적이고 때로는 독특한 역할을 이해하는 일은 매우 중요하다. 바로 이러한 여성의 역할을 강조한 책이 로즈메리 래드포드 류터(Rosemary Radford Ruether)와 엘리너 매클라플린(Eleanor McLaughlin)이 1979년에 편집한 『성령의 여성』(*Women of Spirit*)이다.[2] 이 책에서 엘리자베스 쉬슬러 피오렌자(Elizabeth Schüssler Fiorenza)는 신약과 초기 교회 시대, 특히 속사도시대 초대교회 내에서의 여성의 역할을 설명했다. 쉬슬러 피오렌자는 갈라디아서 3:27에 나오는 바울 이전의 "세례 문구", "누구든지 그리스도와 합하기 위하여 세례를 받은 자는 그리스도로 옷 입었느니라"로 논의를 시작한다. 이 구절 다음의 3:28, "너희는 유대인이나 헬라인이나 종이나 자유인이나 남자나 여자나 다 그리스도 예수 안에서 하나이니라"를 설명하면서 쉬슬러 피오렌자는 부유한 여성 개종자들이 가정 교회를 성장시키는 데 큰 영향력을 행사했을 거라고 주장한다(행 12:12; 17:12). 또 다른 예로 여성 사업가인 루디아는 한 집안을 통솔하는 주인으로 언급되며(행 16:14-15) 눔바는 골로새에서 교회 장소를 제공했던 건물의 소유주로 등장한다(골 4:15). 빌레몬서 2장에서 바울은 압비아에게 문안 인사를 전하고 있다.

---

1 Ann Loades, ed., *Feminist Theology: A Reader* (London: SPCK; Louisville: Westminster John Knox, 1990), p. 1.
2 Rosemary Radford Ruether and Eleanor McLaughlin, eds., *Women of Spirit: Female Leadership in the Jewish and Christian Traditions* (New York: Simon and Schuster, 1979).

브리스길라는 고린도전서 16:19과 로마서 16:3에서 특출한 지위를 부여받고 있는데 마르틴 루터가 성경 저자의 익명성에 대해 설명하면서 추측했던 바처럼 히브리서의 저자였을 가능성도 가지고 있다. 또한 바울은 고린도전서 1:11에서 글로에의 가속 또는 그 집에 고용된 사람들에 대해 언급한다. 고린도전서 16:16에서는 바울 자신의 "동역자들", 즉 다수가 여성인 동역자들에게 존경을 표해야 한다고 말하고 있다. 로마서 16:6, 12에서는 마리아, 드루보사, 버시가 "주 안에서" 하는 노고가 거론된다. 데살로니가전서 5:12에서도 이렇게 "수고한 자들"에 대한 존경이 표현되며 로마서 16:1에서도 겐그레아 교회의 집사 뵈뵈가 거명된다.

로마서 16:7의 텍스트는 명백하게 안드로니고와 유니아를 "사도"로 칭하고 있다. 가장 정확한 신약 사본이 유니아라는 여성형 이름을 언급한다는 사실이 주장된 것은 아주 최근의 일로 엘든 제이 엡(Eldon Jay Epp)이 쓴 『유니아』(Junia, 2005)에서였다. 엘든 제이 엡은 세계 최고 수준의 텍스트 비평 전문가로 유명하다. 그는 위의 구절을 분석하기 위해 본문 비평, 주해, 수용사를 두루 적용하며 이 이름을 여성형으로 읽는 것은 자기로서는 "논쟁의 여지가 없는" 동시에 "완벽할 정도로 자연스러운 독해"라고 결론 짓고 있다.[3] 로마서 16:1에서도 (뵈뵈에 대해 사용된) 그리스어 단어 *diakonon*(집사, 일꾼)은 남성형이며 *prostasis*(탁월한)나 *synergo*(동역자)도 남성형으로 쓰인다.

다음으로 쉬슬러 피오렌자는 고린도전서 14:33b-36에 나타난 여성에 대한 명령, 교회에서는 잠잠하라는 구절로 간다. 물론 고린도전서 11:2-16을 읽어보면 여성이 기도와 예언적 담론을 이끌었음을 짐작할 수 있다. 하지만 고린도전서 14:33b-3은 여성에게 말하는 것을 금지하는 듯 보이고 남편으로부터 종교적 가르침을 배우라고 권면한다. 다른 부분에서도 쉬슬

---

3 Eldon Jay Epp, *Junia: the First Woman Apostle* (Minneapolis: Fortress, 2005), p. 80.

러 피오렌자는 여성들이 선지자로 인정되었음을 지적하지만 고린도전서 14:33b-36에 대해서는 더 이상 주해를 하지 않는다. 과거에 썼던 고린도전서 주해에서 나는 고든 피의 옹호에도 불구하고, 앞에서 논의된 텍스트를 차후에 삽입된 것으로 보는 견해를 검토했다가 거부한 바 있다. 나의 논증에 따르면 이 구절은 예언적 담론을 감별, 검토, 평가하는 일에 대해 언급하고 있다. 즉 아내들은 자신을 선지자나 신령한 자로 보는 남편들의 주장을 집에서 그가 하는 행동, 아마도 부족하고 흠이 많았을 행위에 비추어 평가했을 것이다. 여기서 바울은 가정사를 공론화하는 것이 쉽게 남용될 수 있다고 보고 이런 특수한 상황을 거부한다. 그렇다고 교회로부터 집안 갈등을 배제하는 것은 아니지만 말이다.[4] 『크리스천 기원의 여성 신학적 재건』(*In Memory of Her: A Feminist Theological Reconstruction of Christian Origins*, 태초 역간)에 나타난 쉬슬러 피오렌자의 언급에 따르면 바울은 결혼하지 않은 여성 또는 "거룩한" 여성의 예전에 있어서의 리더십은 선호하지만 "평범한" 결혼한 여성의 지위는 거부한다.[5] 쉬슬러 피오렌자는 여기서 바울의 주요 관심사는 여성의 지위가 아니라 기독교 공동체의 보호라고 지적했는데 이는 정확한 관찰이라 할 수 있다.

스스로 "제2바울 서신"으로 명명한 텍스트와 관련해서 쉬슬러 피오렌자는 디모데전서 2:9-15의 침묵하라는 명령은 여성들이 창조 질서에서 두 번째이기 때문이라고 설명한다. 쉬슬러 피오렌자에 따르면 이 서신의 저자는 가부장적 신학을 반영하고 있으며 바로 여기서부터 교회의 반(反)페미니즘적 전통이 시작된다고 할 수 있다. 그녀는 서둘러 2세기에 나온 외경

---

4 Elisabeth Schüssler Fiorenza, "Word, Spirit and Power," in *Women of Spirit*, pp. 36-37; Anthony C. Thiselton, *The First Epistle to the Corinthians: A Commentary on the Greek Text*, New International Greek Testament Commentary (Grand Rapids: Eerdmans; Carlisle: Paternoster, 2000), pp. 1, 146-58.

5 Elisabeth Schüssler Fiorenza, *In Memory of Her: A Feminist Theological Reconstruction of Christian Origins* (New York: Crossroad; London: SCM, 1983), pp. 230-342.

「바울과 데클라 행전」으로 논의를 옮겨간다. 이 텍스트에는 유난히 여성의 사역 이야기가 많이 나오는데 데클라는 바울에 의해 회심한 후 금욕의 맹세를 한 여성으로 특히 이고니온에서 하나님의 말씀을 선포했다. 쉬슬러 피오렌자는 「바울과 데클라 행전」이 믿을 만한 텍스트라고 가정하면서도 이 외경에 나타난 성적 금욕에 대한 바울의 변호는 고린도전서 7장의 주요 취지와 차이를 보인다고 주장한다. 오늘날 학자들 대부분의 추정에 따르면 7:1의 텍스트는 고린도의 누군가가 바울의 7:2-8에서의 논증에 반대해서 한 말을 인용한 것이다. 이런 가정은 어느 정도 타당하다고 할 수 있다. 어쨌든 쉬슬러 피오렌자는 여자들이 교회에서 예언적 담론을 말했다고 주장한다. 데이비드 힐(David Hill), 울리히 뮐러(Ulrich Müller), 토마스 길레스피(Thomas Gillespie)와 내가 주장한 바처럼 예언에는 목회적 설교도 포함됨이 사실이라면 쉬슬러 피오렌자의 주장은 더욱 의미심장하다고 할 수 있다.[6] 누가 또한 모든 그리스도인에게 성령이 주어진다고 선포한다(행 2:17-18). 예수의 유년기 내러티브에서 안나와 마리아는 선지자로 기능한다. 또 빌립에게는 예언을 담당하는 네 딸이 있었다(행 21:9).

쉬슬러 피오렌자는 몬타누스주의에도 호소한다. 하지만 이런 경향은 그윗킨(Gwatkin)이 천년을 역행한다고 주장한 바 있는, 예언적인 동시에 이교적인 과도함이라고 할 수 있다. 하지만 쉬슬러 피오렌자가 요한은 "예언" 자체가 아니라 그것의 부분적 형식(계 22:16; 요이 4, 13절)에 반대했다고 논증한 대목은 우리에게 아주 유용하다. 그녀는 디모데전서 2:14에 대해서 같은 것을 말할 수도 있지만 대신 이는 교회의 주류에 반대된다고 언급한다. 친페미니즘적 경향의 영지주의와 반(反)페미니즘적 마르키온파에

---

6 Thiselton, *First Epistle*, pp. 956-65, 1082-94; 참조. T. W. Gillespie, *The First Theologians: A Study of Early Christian Prophecy* (Grand Rapids: Eerdmans, 1994); U. B. Muller, *Prophetie und Predigt im Neuen Testament* (Gutersloh: Mohn, 1975); 더 광범위하고 논쟁적인 책으로는 Antoinette C. Wire, *The Corinthian Women Prophets: A Reconstruction through Paul's Rhetoric* (Minneapolis: Fortress, 1990).

대해서는 별 언급 없이 지나가고자 한다. 이런 경향이 존재한 것은 사실이지만 초대교회를 대표한다고는 볼 수 없기 때문이다.

『성령의 여성』에서 복음서 연구 부분은 한층 더 안전한 근거 위에서 전개된다. 막달라 마리아와 살로메에게는 확실히 제자로서의 특출한 역할이 부여되었다. 바로 여기가 쉬슬러 피오렌자의 후기 작업에서 발전될 주제가 맹아 형태로 발견되는 지점이다. 막달라 마리아는 사복음서 모두에서 언급되었으며 그리스도의 부활을 맨 처음 선포한 인물이기도 하다. 「도마복음」에는 분명히 베드로와 마리아 사이의 적대 관계 이야기가 나오지만 여기에 대한 쉬슬러 피오렌자의 해석이 모두에게 받아들여지는 것은 아니다. 쉬슬러 피오렌자의 강한 확신에 따르면, 적어도 두 개의 복음서에서 가부장적 편견은 막달라 마리아에게 주어진 "사도들에 대한 사도"로서의 역할을 억압하고 축소했다. 이 주제에 대해서는 나중에 그녀의 후기 작업을 참조할 것이다.

한편 쉬슬러 피오렌자를 이어 『성령의 여성』 다음 장에서 로즈메리 류터는 교부 시대 후기를 검토한다. 류터에 따르면 로마의 귀족 정치는 파울라(Paula)와 멜라니아(Melania)라는 두 금욕적 교회 리더를 키워냈다. 하지만 류터도 둘의 삶에 대한 재구성이 그녀들을 숭배하던 자들에게서 나온 부정확한 자료에 근거했음에는 동의한다.[7] 히에로니무스는 마르실라(Marcilla)에 대한 논평을 포함하여 주요한 정보의 원천이다. 히에로니무스는 파울라와 함께 거룩한 땅과 베들레헴을 여행한 바 있다. 한편 예루살렘으로 여행갔던 멜라니아는 거기서 루피누스와 합류해 남녀 모두를 위한 이중 수도원을 건립했다. 이 모든 일이 일어난 것은 4세기 후반이다. 멜라니아의 손녀딸 멜라니아 주니어는 할머니의 길을 따랐으며 처음에는 로마에서, 나중에는 아프리카와 동방에서도 사역했다. 419년에 아우구스티누스

---

7 Rosemary Ruether, "Mother of the Church," in *Women of Spirit*, p. 76. 참조. pp. 72-98.

에게 보낸 히에로니무스의 편지를 보면 둘 모두의 친구인 멜라니아와 알비나의 안부를 언급하는 부분이 있다. 하지만 류터는 교회가 이러한 여성들에게 정당한 지위를 부여하지 않았다고 주장한다.

중세 기독교를 다루는 장에서 엘리너 매클라플린은 수도원의 리더십 역할을 연구했다. 이런 리더십은 거룩함에서 탄생한 권력을 실행한다. 매클라플린은 성녀 리오바(Saint Lioba, ?-779)를 언급하는데 리오바는 성 보니파체의 친구로 성경과 교부들에 정통했으며 라틴어로 저술을 남긴 인물이다. 또한 리오바를 교육했던 테타 수녀(Mother Tetta)에 대해서도 언급된다. 마키예트의 크리스티나(Christina of Markyate)는 12세기에 교회를 인도하는 동시에 거기에 도전했던 "거룩한" 여성이다. 크리스티나는 그리스도에 대해 전적으로 순종한 것으로 유명하며 교회 내의 강력한 인물이었다. 그밖에도 매클라플린이 소개한 여성으로는 관상과 기도와 행동을 결합시킨 시에나의 카트리나(Catherine of Siena, 1347-1380)가 있다. 카트리나는 외교, 개혁, 저술에서 경력을 자랑했으며 주위에는 제자들로 가득 했다. 매클라플린이 휘트비의 수도원장 힐다(Hilda, 614-680)나 힐데가르트(Hildegard, 1098-1179)를 언급하지 않은 것은 유감이다. 아마도 이들이 이미 잘 알려져 있기 때문일 것이다. 대신 매클라플린은 중세를 살았던 무명의 수많은 여성들을 이야기한다. 앞에서 언급한 여류 신학자들 말고 다른 저자들도 유대교에서의 여성을 포함해 관련 주제들에 대해 글을 남겼다. 『성령의 여성』의 목적은 리더십과 사역에 있어 여성의 공적 가시성을 연구하는 것이라 할 수 있다.

2. 페미니즘의 제1물결과 제2물결, 페미니즘 해석학

많은 학자들이 페미니즘의 "물결"을 세 단계로 구분한다.[8] 제1물결은 18, 19세기에 특히 미국과 영국에서 시작된 경향으로 보편 선거와 법적·경제적 계약에서의 권리 문제와 연관된다. 최초의 페미니즘 논문은 아마도 메리 월스톤크래프트(Mary Wollstonecraft)의 『여성 권리의 옹호』(*A Vindication of the Rights of Women*, 1792)일 것이다. 월스톤크래프트는 여성들이 사회에서 자신의 위치에 상응하는 교육을 받을 권리가 있다고 주장했다. 그렇게 해야 여성은 하찮은 "장식품"이 아닌 남편의 "동반자"가 될 수 있다. 월스톤크래프트는 루소의 인권 개념에 부분적으로 응답하는 글을 쓰기도 했다. 그녀는 영국 페미니즘에서 영향력 있는 인물로 손꼽힌다.

영국의 월스톤크래프트에 대응하는 미국의 초창기 페미니스트는 엘리자베스 케이디 스탠튼(Elizabeth Cady Stanton, 1815-1902)이다. 스탠튼은 수잔 앤서니(Susan B. Anthony)와 함께 여성 투표권을 위해 투쟁했다.[9] 원래 그녀는 노예폐지론자로 활동했지만 남북전쟁 이후에는 여성의 권리에 집중한다. 1895년 스탠튼은 저 유명한 『여성의 성경』(*Woman's Bible*)을 발간한다. 세월이 흐르면서 많은 사람들이 그녀의 운동에 동참했으며 소위 페미니즘의 제1물결은 1920년 미국 헌법의 19번째 개정안과 함께 종결된다고 할 수 있다. 이 개정안으로 투표권이 여성에게까지 확대되었다.

페미니즘의 제2물결은 1960년대에서 1970년대에 번성한다. 제2차 세계대전 동안 많은 여성들은 진지한 직업과 새로운 독립과 함께 가정의 울타리 바깥의 삶을 새로운 방식으로 경험하게 된다. 당시 여성들에게 깊은 영향을 끼쳤던 책으로는 베티 프리던(Betty Friedan)의 『여성의 신비』(*The Feminine Mystique*, 1963)가 있는데 여기에는 1940년대와 1950년대의 연구 결과가 반영되어 있다. 예를 들어 1949년에 발표된 『제2의 성』(*The Second Sex*, 영어판 1953)에서 시몬 드 보부아르(Simone de Beauvoir)는 이렇게 쓰

---

8 Maggie Humm, ed., *The Dictionary of Feminist Theory* (New York : Harvester Wheatsheaf, 1989), p. 251. Rachel Muers, "Feminism, Gender and Theology," in *The Modern Theologians*, ed. David F. Ford with Rachel Muers, 3rd ed. (Oxford : Blackwell, 2005), p. 431.
9 참조. Elizabeth Griffith, *In Her Own Right : The Life of Elizabeth Cady Stanton* (Oxford : Oxford University Press, 1984), and Loades, *Feminist Theology*, pp. 13-23.

고 있다. "남성은 여성을 여성 자신이 아니라 남성에게 종속된 존재로 정의한다.…남성은 주체다.…여성은 타자다."[10] 케네디 정부는 여성의 지위를 담당하는 위원회를 구성하고 1963년에 조사 결과를 발표한다. 동시에 미국에서는 남녀 공학에 대한 논쟁이 뜨겁게 달아올랐는데 그 절정은 1965년, 하버드와 래드클리프 대학의 합교라고 할 수 있다.

하지만 페미니즘 해석학의 관점에서 보면 첫 번째 결정적인 도약은 스탠튼의 『여성의 성경』이 아니라 발레리 세이빙(Valerie Saiving)의 논문 「인간의 상황: 여성의 관점」(The Human Situation: A Feminine View, 1960)이다.[11] 『여성의 성경』에서 스탠튼은 여성이 남성보다 더 많은 저주와 책망을 받는 반면 축복은 덜 받는다고 주장했다(신 28:56, 64). 여성은 법과 재판, 배심권의 영역에서 목소리를 가지지 못한다. 이런 측면에서 에스더서에 나오는 아하수에로 왕의 첫 번째 왕비 와스디는 영웅이 된다. 발레리 세이빙은 "남성"과 여성을 포함한 "인류"가 혼동되어서는 안 됨을 보다 전면적으로 주장했다. 그녀는 니버가 말한 죄의 본질로서의 "교만"이 모든 죄의 특질이 아니라 남성적 죄의 특질이라고 논증한다. 여성의 "죄"는 산만함이나 사소함에 기울어지기 쉽다.

기독교 페미니즘에 중대한 영향을 미친 다음 세대 저술은 아마도 필리스 트리블(Phyllis Trible)의 『하나님과 성의 수사학』(*God and the Rhetoric of Sexuality*, 태초 역간)일 것이다. 이 책은 1978년에 출간되었는데 1973년, 1976년, 1977년에 발표된 논문을 모은 것이다.[12] 트리블은 문학적 접근법

---

10 Elaine Marks and Isabelle de Courtivron, eds., *New French Feminisms: An Anthology* (Hemel Hemstead: Harvester Press, 1981)에서 인용. Anthony C. Thiselton, *New Horizons in Hermeneutics: The Theory and Practice of Transforming Biblical Reading* (London: HarperCollins; Grand Rapids: Zondervan, 1992), p. 435에서 재인용.

11 Valerie Saiving, "The Human Situation: A Feminine View," *Journal of Religion* 40 (1960): 100–112.

12 Phyllis Trible, *God and the Rhetoric of Sexuality* (Philadelphia: Fortress, 1978).

이 교회와 세계의 분열을 메우는 데 도움이 될 수 있다는 해석학적 관찰로부터 논의를 시작한다. 창세기 1:1-2:3의 창조에 대한 설명에서 발견되는 것은 대칭적 디자인이다. 무엇보다 중요한 것은 "하나님의 형상"(창 1:26-27)이 남성과 여성에게 똑같이 적용된다는 사실이다.[13] 트리블은 아기 문제로 솔로몬에게 재판을 부탁하러 온 여성들에 대해서도 논의한다(왕상 3:16-28). 여기서 우리는 "자궁"이 연민에 대한 은유가 됨을 발견할 수 있다(사 46:3, 4). 하나님의 사랑은 남성적인 동시에 여성적이지만(렘 31:15-22; 사 49:13-15) 사실 여성적 이미지가 결정적으로 중요하다(사 63:15-16; 참조. 27:11). 이어지는 논의에서 트리블은 하나님의 사랑에 대한 묘사에는 여성적 이미지가 더 많이 등장한다고 주장한다(호 9:11-12a, 14; 신 32:1-43; 잠 23:22, 25; 사 42:14a; 66:1-16; 참조. 창 2:4b-19). 이 구절들은 히브리어 텍스트의 빛에 비추어 해설된다.[14] 1945-1950년에 칼 바르트 또한 창세기 1:26-17의 "형상"에 대해 논점을 제시했지만 이 주해에 대해서는 그리 큰 호응과 신뢰가 없었다고 할 수 있다.[15]

후기 저술 중 하나인 『공포의 텍스트』(Texts of Terror, 1984)에서 트리블은 하갈, 다말, 사사기 19:1-30에 나오는 레위인의 첩, 입다의 딸에 대한 슬픈 이야기를 재구성한다. 그녀가 논의를 시작하는 지점은 다시 해석학이다. "스토리텔링은 저자, 텍스트, 독자를 이해라는 콜라주 속에 통합하는 삼위일체적 행위다."[16] 하갈은 이용된 후 버려지는 노예이며(창 16:1-16) 다말은 강간당하고 거부되는 공주라 할 수 있다(삼하 13:1-22). 입다의 딸은 살해된 후 제물로 바쳐지는 처녀다(삿 11:29-40). 트리블에 따르면 이들 모

---

13 Trible, *Rhetoric of Sexuality*, pp. 14-23.

14 Trible, *Rhetoric of Sexuality*, pp. 31-143.

15 Karl Barth, *Church Dogmatics*, ed. G. W. Bromiley, T. F. Torrance, and others, 14 vols. (Edinburgh: T. & T. Clark, 1957-75), III/1 (German, 1945), section 41, pp. 183-87, III/2, section 45, pp. 222-84.

16 Phyllis Trible, *Texts of Terror: Literary-Feminist Readings of Biblical Narratives* (Philadelphia: Fortress, 1984), p. 1.

두는 고통당하는 종과 같이 자신의 운명을 받아들이고 있다. 가부장적 해석학은 지금까지 다말과 여성들은 망각한 반면 몇몇 남성들만 영예롭게 받들었다.[17] 하지만 트리블은 페미니즘 저술 속에서 자주 포착되는 모티브를 출발시킨다. 또한 그녀는 『성경에 대한 페미니즘적 접근』(Feminist Approach to the Bible, 1995)을 위시해 여러 권의 책을 편집하기도 했다.

1976년 레티 러셀(Letty M. Russell)은 논문집 『해방의 말씀』(The Liberating Word)을 편집했다.[18] 이 책은 교육부와 국가교회협의회(National Council of Churches)의 반(半)공식적 기록으로 주로 다양한 성경 버전들의 포괄적 번역을 싣고 있다. 러셀에 따르면 이것은 페미니즘 해석학의 한층 더 진지하고 발전된 연구를 위한 "예비적 작업"이다.[19] 러셀이 초기 2년 동안 썼던 소논문들은 로즈메리 류터가 편집한 『종교와 성차별』(Religion and Sexism) 안에 수록되어 있다.[20] 『종교와 성차별』을 구성하는 또 다른 저자는 신약에서의 여성의 신학적 리더십을 연구했던 패리(C. Parry)다.[21] 어쨌든 1983년, 페미니즘 운동에 실제적 돌파구가 되어준 것은 쉬슬러 피오렌자의 『크리스천 기원의 여성 신학적 재건』과 류터의 『성차별과 하나님에 대해 이야기하기』(Sexism and God-Talk)다.[22] 이 책들로 인해 쉬슬러 피오렌자와 류터는 필리스 트리블과 함께 1980년대 초반 페미니즘 성경해석의 "제2물결"의 실제적 창시자로 자리매김한다. 이미 쉬슬러 피오렌자는 러셀의 『해방의 말씀』의 한 장을 맡아 저술한 바 있다. 여기서 쉬슬러 피오렌자는 성경 저자들 자체 안에 존재하는 남성 중심적이고 가부장적 전제들을 비판했

---

17 Trible, *Texts of Terror*, p. 107.
18 Letty M. Russell, ed., *The Liberating Word: A Guide to Nonsexist Interpretation of the Bible* (Philadelphia: Westminster, 1976).
19 Russell, *The Liberating Word*, pp. 13-14.
20 Rosemary Ruether, ed., *Religion and Sexism: Images of Women in the Jewish and Christian Traditions* (New York: Simon and Schuster, 1974).
21 C. Parry, "The Theological Leadership of Women in the N.T.," in *Religion and Sexism*, pp. 117-49.
22 Schüssler Fiorenza, *In Memory of Her*; Rosemary Radford Ruether, *Sexism and God-Talk: Towards a Feminist Theology* (London: SCM, 1983).

다. 많은 구절들이 "가부장적 텍스트"로 밝혀졌다(예를 들어 민 30:2-12에서 아내의 서약에 대한 부분).[23] 아내와 딸은 남편이나 아버지가 자신이 원하는 방식대로 "사용"할 수 있는 "소유물"이 아니다.

이리하여 페미니즘과 페미니즘 해석학에 대한 문헌이 홍수처럼 쏟아졌다. 1980년대 중반에 많은 책들이 발간되었지만 그중 일부는 보다 이른 시기에 쓰인 논문들을 모은 것이다. 예를 들어 1986년 일레인 쇼월터(Elaine Showalter)가 편집한 『새로운 페미니즘 비평』(New Feminist Criticism)은 1980년에 로잘린 카워드(Rosalin Coward), 1979년에 캐롤린 헤일브룬(Carolyn G. Heilbrun), 1979년과 1981년에 쇼월터 자신이 쓴 논문들을 모은 책이다. 쇼월터의 주장에 따르면 여성들은 남성들이 읽을 목적으로 기록된 남성 작가의 텍스트와는 다른 새로운 관점을 가져야 한다.[24] 페미니즘 성경해석은 "여성의 눈을 통해" 성경 텍스트를 읽는다.

3. 엘리자베스 쉬슬러 피오렌자의 『크리스천 기원의 여성 신학적 재건』: 논증

1. 엘리자베스 쉬슬러 피오렌자(Elizabeth Schüssler Fiorenza, 1938-)는 특히 신약 시대에 집중하면서 주후 600년 언저리에 살았던 그리스도인들에 대한 재구성을 시도했다. 저명한 신약학자로서 그녀는 처음에는 독일에서, 나중에는 노트르담과 하버드에서 가르쳤다. 쉬슬러 피오렌자는 텍스트가 가진 정황의 중요성을 강조한다. 그런데 정황은 "가부장적 문화와 역사의 산물"이다.[25] 그녀는 "역사적-비판적 방법론"과 의심의 해석학에 의지하면

---

23 Russell, *The Liberating Word*, pp. 39, 41, 42.
24 Elaine Showalter, ed., *The New Feminist Criticism: Essays on Women, Literature, and Theory* (London: Virago Press, 1986), pp. 3-28, 125-48, 225-70.

서 교조적이고 실증주의적인 접근법을 거부한다. 쉬슬러 피오렌자에 따르면 텍스트는 "지배 계급의 이익을 위해 봉사한다"(p. 6). 또한 스탠튼의 『여성의 성경』과 거기 나타난 성경의 가부장적 문화에 대해 비판하기도 한다. 성경 텍스트는 "남성 중심적"이며, 남성의 관점에 의해 그리고 남성의 관점을 위해 작성되었다(pp. 7-14).

2. 에베소서, 베드로전서, 목회 서신의 "제2바울" 텍스트를 포함해서 신약의 후기 부분, 그리고 "종속"(subordination) 구절들은 쉬슬러 피오렌자의 관점에서 보기에 어찌할 도리가 없을 정도도. 고린도전서 11:2-16과 14:33b-36은 나중에 삽입된 부분이다. 쉬슬러 피오렌자는 이런 성경 텍스트는 삭제해야 한다고 주장한다. 이런 견해는, 물론 좀 더 조심스러운 언어로 표현되기는 했지만 러셀, 트리블, 류터가 주장하는 바와 동일하다고 할 수 있다. 우리는 전혀 남성 중심적이지 않은, 진짜 "과거를 기억하는 것"을 목적으로 해야 한다. 쉬슬러 피오렌자의 주장에 따르면 바울은 갈라디아서 3:28에서 여성의 평등성을 선언했으며, 고린도전서 12:13에 나타난 "남성형 명사"는 아무 의미도 없다. 원천이 되는 자료들은 여성의 역할에 대해 상반된 견해는 보인다. 본래적인 바울 서신은 여성이 사회와 교회 안에서 사도, 선지자, 선교사, 후원자, 지도자로 활동했음을 암시한다.

3. 기원에 대한 정보의 대부분은 복원될 수 없지만 쉬슬러 피오렌자가 제안하는 의심의 해석학은 사태비평(Sachkritik) 또는 내용비평을 폭넓게 받아들이도록 해준다. 교부 문헌은 명확하게 (항상 그런 것은 아니지만) 여성의 주변화를 암시한다. 또한 그녀는 몬타누스주의와 영지주의로부터도 데이터를 수집한다. 이런 작업은 "역사적 상상력을 지배하고 있는 남성 중심적 텍스트의 지배를 깨뜨리기 위해서다"(p. 61). 하지만 이런 것만 의지가 되는 것은 아니다. 겐그레아 교회의 뵈뵈가 중요한 예가 된다. 말허비

---

25 Schüssler Fiorenza, *In Memory of Her*, p. xv. 이하 본문 괄호 안의 숫자는 이 책의 페이지를 나타낸다.

(Malherbe), 믹스(Meeks), 게이저(Gager), 타이센의 저술을 검토하면서 쉬슬러 피오렌자는 신약의 사회적 세계로 방향을 전환한다. 예수 운동을 이끈 유랑 사역과 정착 상태에 있는 "가부장적 사랑"의 바울 공동체를 대조한 지점에서 쉬슬러 피오렌자는 타이센을 따르고 있지만 모든 측면에서 그런 것은 아니다. 하지만 아마도 많은 이들이 쉬슬러 피오렌자와 타이센이 제시했던 논거보다 더 많은 증거를 원하는 듯하다. 제도화의 주제와 관련해서는, 충분히 예상 가능한 일이지만 쉬슬러 피오렌자는 스크록스(Scroggs)와 특히 웨버를 참조한다. 그녀의 주장에 따르면 여성의 역할을 결정하는 데 중요 요인은 성이나 젠더의 "생물학적" 차이보다는 가부장적인 "가정 규율"이다(pp. 84-92).

4. 『크리스천 기원의 여성 신학적 재건』 제2부는 갈릴리, 예루살렘, 안디옥에서의 바울 이전 예수 운동(행 11:26)과 바울 공동체 사이에 추정되는 대조를 언급함으로써 시작된다. 이런 내용은 게르트 타이센뿐만 아니라 두 가지 성만찬의 형태를 구별했던 한스 리츠만(Hans Lietzmann)의 이론을 상기시킨다. 즉 리츠만은 부활하신 그리스도와의 형제적 식사 교제(예루살렘에서의 기쁨의 형식)와 그리스도의 죽음에 대한 바울의 기념 의식("바울적인" 엄숙한 형태)이라는 두 가지 형태의 성만찬을 대비시킨 바 있다. 이 이론은 비록 에른스트 로마이어(Ernst Lohmeyer)의 지지를 받긴 했지만 요아킴 예레미아스, 하워드 마샬 같은 학자들은 전면적으로 비판했다. 이 논쟁에 대해서는 나의 『교리의 해석학』에 상세한 설명이 나온다.[26] 한편 쉬슬러 피오렌자에 따르면 예수 운동 집단과 바울 공동체는 각각 상이한 환경과 목적을 가지고 있었다. 결론적으로 "복음서들은 포괄적인 회상들이 아니라 패

---

26 Hans Lietzmann, *Mass and Lord's Supper: A Study of the History of the Liturgy*, ed. R. D. Richardson (Leiden: Brill, 1979); Joachim Jeremias, *The Eucharistic Words of Jesus*, trans. Norman Perrin (London: SCM, 1966), pp. 16-38; I. H. Marshall, *Last Supper and Lord's Supper* (Grand Rapids: Eerdmans, 1980), pp. 108-23; and Anthony C. Thiselton, *The Hermeneutics of Doctrine* (Grand Rapids: Eerdmans, 2007), pp. 525-29.

러다임 내에서의 회상들(paradigmatic remembrances)"이다(p. 102). 많은 텍스트에서 우리는 여성에 대한 폄하와 숭배를 동시에 발견할 수 있다.

쉬슬러 피오렌자는 예수의 비유들이 하나님의 바실레이아(*basileia*) 또는 "통치"를 말하고 있다고 생각한다. 하나님의 통치는 모든 사람을 차별 없이 동등하게 끌어모은다. 하나님의 무리에는 모든 사람이 포함된다(참조. 마 22:1-14; 눅 14:16-24). "세리, 죄인, 창녀"는 도덕적으로 비난받는 집단이 아니라 언급되지 않는 주변화된 사람들을 의미한다. 예수 운동은 "예수의 실천"을 기반으로 하나님에 대한 새로운 이해를 선포한다(p. 130). 포도원 일꾼의 비유(마 20:1-16)는 하나님의 은혜에 기반한 만인의 평등을 전형적으로 이야기하고 있다. 노먼 페린의 작업을 차용하면서 쉬슬러 피오렌자는 하나님의 나라를 "긴장된 상징"으로 간주한다. 또한 이는 "**지혜**는 자기의 모든 자녀로 인하여 옳다 함을 얻느니라"(눅 7:35) 같은 텍스트에서 볼 수 있듯 지혜 기독론으로 이어진다.

여기서 "Sophia"(지혜)가 여성명사라는 사실이 유의미한가 하는 문제는 많은 논란을 불러일으킨다.[27] 앞에서 이미 우리는 이런 전략에 반대한 제임스 바의 신랄한 비판을 검토한 바 있다. 쉬슬러 피오렌자는 예수의 말씀의 많은 부분을 지혜에 귀속시키고 "하나님-지혜의 실재성"을 말하면서 (pp. 130-40, 특히 p. 135), 이 언어 사건으로부터 논증하는 듯 보인다. 그리하여 그녀는 여성의 리더십을 "평등주의적"이라고 부를 수 있으며 이러한 여성 리더십은 가부장적 구조로부터의 해방을 가져온다고 결론 짓는다(pp. 140, 140-52). 예수는 가부장적 결혼 구조에 도전한다(막 10:2-9, 12:18-27). 종말론적 미래에는 모든 사람이 천사와 같이 될 것이다. 하나님의 나라를 받아들이기를 소망하는 사람이라면 누구든지 어린아나 종처럼 되어야 한다(막 10:15). 예수는 "크게" 되기를 원하는 사람들은 받아들이지 않는다.

---

27 James Barr, *The Semantics of Biblical Language* (Oxford: Oxford University Press, 1961), pp. 39-43의 신랄하면서도 확신에 찬 발언을 보라.

5. 쉬슬러 피오렌자에 따르면 사도행전과 서신서에 나타나는 "그녀의 집에 모인 교회"는 후원자 또는 재산 소유자로서의 여성의 리더십을 암시한다. 하지만 사도행전은 "한 측면을 보여줄 뿐이다"(p. 167). 바울 서신은 바울의 동역자로서의 여성들에게 더 많은 주의를 기울인다. 쉬슬러 피오렌자는 이 여성들이 종속적 지위를 가진 보조자 이상으로 바울의 동료였다고 주장한다. 뵈뵈는 *"prostasis"*라고 불렸는데, 이 단어는 자주 "돕는 자"로 번역되지만 원래 의미는 "지도하는" 또는 "탁월한"이다. 이런 논의를 위해 쉬슬러 피오렌자는 현재 성장하고 있는 연구 주제인 바울의 동역자들에 대한 연구를 참조하며 주로 브루스, 얼 엘리스(E. Earle Ellis), 빅터 퍼니쉬(Victor P. Furnish), 해링턴(D. J. Harrington), 올로크(W. H. Ollrog), 폴 트레빌코 (Paul Trebilco) 등을 언급한다.[28] 하지만 남녀 평등성의 궁극적 근거는 성령의 선물이 "모든 육체"에 부어졌다는 사실이다(행 2:17-21. 참조. 욜 2:28-29). 이것은 바울 서신에서 입증된다(고전 15:45; 갈 5:25; 6:8. 참조. 고전 1:24; 고후 3:17; 5:17). 그리스도인 개인과 마찬가지로 하나님 백성의 공동체는 하나님의 거룩한 성전을 구성한다(고전 3:16. 참조. 엡 2:22).

6. 갈라디아서 3:28에 관한 해석은 세심한 주의를 요한다. 여기서 바울이 강조하는 바는 분리가 아닌 평등과 하나 됨이다. 이를 이해하기 위해서는 좀 더 넓은 논증의 컨텍스트에 주목해야 한다. 고린도전서 12:13은 세례를 이야기하는 컨텍스트에서 동일한 내용을 언급한다. 하지만 고린도전서 11:2, 17; 14:33b-36은 고린도전서 11-14장의 "성령에 대한" 흐름과 상충되므로 차후의 해석으로 거부되어야 한다(pp. 226-33).

7. 이런 내용이 제3부 "투쟁의 역사의 추적"을 이끌어가는 주제다. 골로새서는 바울의 제자 중 한 명이 쓴 것인데 여기서 가정의 규율은 갈라디아서 3:28의 평등과 갈등을 일으킨다. 에베소서는 화해와 평화의 복음을

---

28 예를 들어 W. H. Ollrog, *Paulus und seine Mitarbeiter* (Neukirchen: Neukirchener, 1970), E. Earle Ellis, *Pauline Theology: Ministry and Society* (Grand Rapids: Eerdmans, 1989).

말하고 있으며(엡 6:15) 영의 통일성을 강조한다(엡 4:4-5). 쉬슬러 피오렌자에 따르면 "신성이 지닌 비성(非性)적인 일원론은 육체적 성의 이원론으로부터 구속받은 영혼에 속하는 속성이다. 영혼은 평등하며 남성과 여성에게 동일한 본질이다"(p. 277). 하지만 목회 서신은 존재의 가부장적 질서를 옹호한다. 목회 서신은 하나님의 보편적 계획보다는 현재적 교회의 질서에 초점을 맞춘다.

8. 『크리스천 기원의 여성 신학적 재건』의 절정은 복음서에 나타난 여성의 제자도와 막달라 마리아의 독특한 사도적 역할에 관심을 기울이는 부분이다. 마가는 막달라 마리아, 야고보의 딸 또는 아내인 마리아, 예수의 어머니인 마리아, 살로메를 예수의 제자로 제시한다. 열두 제자는 예수를 저버린 반면 사도행전의 열두 사도는 으뜸가는 사도적 증인으로 나타난다. 요한복음에서 "예수의 사랑하시는 제자"는 베드로와는 대조적으로, 공동체의 사도적 권위인 동시에 상징적 중심이다. 그런데 요한에 의하면 "예수의 십자가 곁에는 여성들—예수의 어머니와 이모인 글로바의 아내 마리아와 막달라 마리아—과 한 남자 제자가 서 있었다"(요 19:25-27, p. 331). 더군다나 막달라 마리아는 사복음서에 나타나는 마지막 여성이다. "그녀는 텅 빈 무덤을 발견했을 뿐만 아니라 부활의 현전을 받아들인 첫 번째 인물이다" (p. 332). 막달라 마리아는 제자들에게 "나는 주를 보았다"고 선언했다. 쉬슬러 피오렌자에 따르면 "막달라 마리아는 부활에 관한 최초의 사도적 증인이다"(p. 332). 사도적 증인으로서의 막달라 마리아의 우위성은 마태복음, 요한복음, 마가복음의 후기에서 발견된다. 하지만 베드로 전통은 이와 상충되는데 이런 내용은 고린도전서 15:3-6에서 찾을 수 있다.

결론적으로 우리는 이중의 전통을 가진다고 할 수 있다. 실제로 막달라 마리아는 "사도들 중 사도"지만 경쟁자인 베드로 전통이 불쑥 나타나 막달라 마리아 전통을 억압하려 했다. 따라서 모든 서신서의 저자들은 바울 또는 베드로의 권위에 호소하게 되었다는 것이 쉬슬러 피오렌자의 결론이다. 하지만 마가와 요한은 대안적 전통을 위한 기반이 되어주었다.

4. 엘리자베스 쉬슬러 피오렌자의 『크리스천 기원의 여성 신학적 재건』: 평가

쉬슬러 피오렌자는 필리스 트리블과 더불어 페미니즘 성서학자 중 가장 저명한 인물이라고 할 수 있다. 특히 메리 데일리(Mary Daly)와 로즈메리 류터가 성경해석보다는 더 폭넓은 신학 전반에서 작업한 이후로는 더욱 그러하다. 쉬슬러 피오렌자는 성서 문헌 학회의 첫 번째 여성 회장으로 추대되기도 했다. 그녀의 작업은 대부분(전부는 아니지만) 페미니즘 집단을 포함하여 다양한 진영에서 폭넓게 받아들여진다. 그렇다면 그녀의 특정 논변은 논쟁이나 불일치를 넘어서는 것인가?

1. 쉬슬러 피오렌자의 논의의 핵심에 있는 것은 분명히 의심의 해석학이다. 그녀는 자신의 탈(脫)가부장화 하는 접근법을 위해 해방신학적 해석학을 도입한다. 쉬슬러 피오렌자는 언어적 영감 같은 것에 의존하는 보수적 모델의 성경해석을 거부한다. 또한 성경이 계시 자체라는 관점도(p. 4), 가치중립적 실증주의도 거절한다. "지적 중립성은 착취와 억압의 세상 안에서는 가능하지 않다"(p. 6). 스탠튼을 좇아 이 신학자는 해방신학적 해석학의 탈이데올로기화와 평행하는 탈가부장화를 제안한다. 하지만 탈신화화를 제안한 불트만이나 탈이데올로기화를 주창한 많은 해방신학자들과 마찬가지로 쉬슬러 피오렌자 역시, "아버지" 또는 "남편"이 어떤 용례와 상황에서 문화적인 것인지, 또 어떤 때에 신학적인 것인지 확실한 **규준**을 제시하지 않았다.

판넨베르크에 따르면 "'하나님'과 '아버지'라는 단어는 이로부터 메시지의 진짜 내용을 파악할 수 있는, 시간에 대해 제한적인 개념이 아니다."[29] 하나님과 예수의 관계 자체는 "아버지"와 "아들"이라는 단어로 묶여 있지만

---

29 Wolfhart Pannenberg, *Systematic Theology*, trans. G. W. Bromiley, 3 vols. (Edinburgh: T. & T. Clark; Grand Rapids: Eerdmans, 1991-98), 1:265. 참조. 1:234-327.

우리는 다른 확장된 이미지도 사용할 수 있다. 바로 이것이 원시 기독론의 출발점으로 여기서는 하나님께 성(性)을 부여하지 않았다. 이런 내용은 마태복음 28:19의 세례 문구와도 연결된다.

2. 해석에 있어 당혹스러운 텍스트를 삭제하는 행위는 견고한 증거 없이는 설득력을 가질 수 없다. 마거릿 미첼(Margaret Mitchell)의 지적에 따르면 고린도전서의 구획과 다양한 원천들에 대해 발터 슈미탈스를 위시한 여러 학자들이 정식화한 수많은 이론들은 보편적 동의를 이끌어낼 수 없다. 하지만 미첼 자신의 연구는 최근에 데이비드 홀(David R. Hall)에 의해 확증되고 강화된 바 있다.[30] 나 또한 고린도전서 14:33b-36을 위시하여 다른 구절들이 가진 조건적이고 컨텍스트적인 성격에 대해 논의한 바 있다. 주디스 건드리-볼프(Judith Gundry-Volf)는 고린도전서 11:2-16에서 바울의 목적에 대한 설득력 있는 해석을 제시했다.[31]

3. 게르트 타이센이 제안한 대조, 즉 유랑하는 은사주의 공동체와 "가부장적 사랑" 사이의 대조와 그 대조를 신약에 투사하는 작업은 많은 논란의 여지를 남긴다. 그럼에도 이 이론의 보편적 타당성에 비해 쉬슬러 피오렌자는 너무 많이 여기에 기반하고 있는 듯하다. 마가복음 3:35의 말씀, "누구든지 하나님의 뜻대로 행하는 자가 내 형제요 자매요 어머니이니라"가 필연적으로 평등한 구성원들의 공동체를 함축하지는 않는다. 심지어 갈라디아서 3:28의 한층 더 명백한 확신도 마찬가지다. 바울 공동체 안에 뵈뵈와 같은 지도자가 존재했다는 사실 자체는 "가부장주의" 이론이 과장되었음을 증거한다. 골로새인들의 설립에 대한 설명도 전적으로 설득력 있지는 않다.

---

30 M. M. Mitchell, *Paul and the Rhetoric of Reconciliation: An Exegetical Investigation of the Language and Compilation of 1 Corinthians* (Louisville: Westminster John Knox, 1992), pp. 1-99 and 198-201; D. K. Hall, *The Unity of the Corinthian Correspondence* (New York and London: T. & T. Clark/Continuum, 2003), pp. 1-86.
31 Thiselton, *First Epistle*, pp. 1146-62; J. M. Gundry-Volf, "Gender and Creation in 1 Cor. 11:2-16," in *Evangelium, Schriftauslegung, Kirche: Frt. F. Peter Stuhlmacher*, ed. J. Adna et al. (Göttingen: Vandenhoeck & Ruprecht, 1997), pp. 151-71.

4. "가정 규율" 및 이와 유사한 사항을 다룬 텍스트가 로마 시대의 텍스트 속에서 발견된다는 사실 자체가, 이 사항들이 신학적이라기보다 문화적이라는 가정을 증명하지는 않는다. 나아가 샌드멜(Sandmel)의 유명한 "평행광"[parallelomania, 평행법(parallelism)을 강박적으로 과도하게 적용하는 경향] 개념은 A와 B가 접속되어 있다고 해서 반드시 둘이 의존 관계를 가지는 것은 아님을 보여준다. 이런 논증은 선행하는 이론에 따른 시대 추정에 기반하여 순환 논증에 빠지기 쉽다.

5. 부활의 증인으로서 막달라 마리아의 위치는 중요하다. 그럼에도 복음에 나오는 모든 여인들을 "선하게" 소개하는 경향은, 부활의 사건이 증인들의 삶을 근본적으로 변화시켰다는 사실, 즉 과거와는 다른 대담하고 용서를 받은 죄인으로 바꾸었다는 더 중요한 사실을 희석시킨다. 바로 이것이 베드로에게 결정적 지점이며 따라서 그는 요한이나 마리아와 반드시 경쟁 관계에 있을 필요가 없다. 어쨌든 유니아의 사례에서 이미 본 것처럼 막달라 마리아는 특수한 역할을 맡았다.

6. 여성이 억압받고 고난받는다고 본 쉬슬러 피오렌자의 논제는, 전체가 다 그런 것은 아니지만 상당 부분 로마가톨릭에 기반하고 있다. 즉 그녀는 개신교회 내에서 커가고 있는 여성의 지도력을 간과하는 경향을 띤다. 하지만 일부의 가부장적 교회가 여성과 여성의 증언의 가치를 평가절하하는 현상에 대해서는 설득력 있는 논증을 제시했다고 할 수 있다.

7. 다음으로 "Sophia", 여성형으로 된 명사, 지혜의 표상에 대한 논의로 되돌아가 보자. 여기에 대한 쉬슬러 피오렌자의 논증은 우리로 하여금 제임스 바의 비판을 더욱 붙들도록 만든다. 즉 제임스 바는 여성과 남성 각각의 구별된 역할과, 언어상에 나타나는 젠더(남성·여성명사의 구별) 사이의 혼란에 대해 비판한 바 있다. 제임스 바에 따르면 "터키어에는 인칭대명사에서조차 성의 구별이 없기 때문에…터키인들은 성차(性差)의 개념에 있어 결핍을 보인다고 가정할 수는 없다. 동일한 논리로 프랑스인들이 프랑스어의 명사조차 여성이나 남성으로 만들어버림으로써 자신들의 전설적

인 에로틱한 관심을 언어학의 영역으로까지 확장시켰다는 가정도 엉터리인 것이다."[32] 언어학적 형식은 우연적이기 때문에 반드시 사유의 개념에서 믿을 만한 지표가 되지 못한다. "남성"(men)을 "인류"(humanity)로 대치하려는 페미니스트들의 칭송할 만한 시도조차도 특정한 감수성을 일깨운다는 이유 때문에만 유용하다. 만일 이런 호소가 영지주의에 적용된다면 다른 문제들을 해결할 것이다.

8. 바울의 동역자 및 초대교회에서 여성 리더들의 가시성에 대한 쉬슬러 피오렌자의 연구는 논의조차 하기 힘든 부분이다. 비록 그녀가 올로크, 브루스, 얼 엘리스 등과 어깨를 나란히 하는 훌륭한 학자인 것이 사실이라 하더라도 말이다. 예수의 추종자들에 대한 작업 역시 논의 자체가 어렵다고 할 수 있다.

9. 필리스 트리블과 함께 쉬슬러 피오렌자는 성경에 대한 페미니즘 해석에서 가장 유의미하고 영향력 있는 목소리를 내는 인물이다. 그녀는 해방신학 해석학에서의 주변화와 정의의 원리에 대해서도 정직하게 반응한다. 하지만 성경 텍스트의 탈이데올로기화(또는 탈가부장화)를 시도함에 있어서는 노만 고트발트를 그리 직접적으로 따르지 않는다.[33] 쉬슬러 피오렌자는 페미니즘 성경해석이 다양한 주제로 파편화되기 이전 이 영역 전체를 아우르던 마지막 학자라고 할 수 있다. 하지만 몇몇 여성 학자들은 쉬슬러 피오렌자가 표상하는 바가 과도하게 확신에 차 있고 심지어 공격적이라고 생각한다. 재닛 래드클리프 리처즈(Janet Radcliffe Richards)에 따르면 "페미니즘은 페미니즘 자신이 혜택을 주려 했던 사람들에게 관계하는 것이 아니라, 자신이 제거하고자 했던 불의와 관련되는 듯 보인다."[34] 주자네 하이네

---

32 Barr, *Semantics of Biblical Language*, p. 39.
33 Norman K. Gottwald, ed., *The Tribes of Yahweh: A Sociology of the Religion of Liberated Israel* (New York: Orbis, 1979).
34 Janet Radcliffe Richards, The Sceptical Feminist: A Philosophical Enquiry (London: Penguin Books, 1983), pp. 17-18. 참조. Thiselton, New Horizons in Hermeneutics, pp. 442-50.

(Susanne Heine) 역시 "여성적 특질"을 찾는 일이나 하나님 안에 있는 "남성적" 특질의 문제에 대해 비판적이다.[35] 그녀의 주장에 따르면 이런 페미니즘적 작업을 통해 우리가 도달하는 지점은 각각의 젠더가 표상하는 바에 대한 전형적 왜곡이다. 또한 하이네는 소피아(지혜)라는 표상과 영지주의를 사용하는 것에 대해서도 비판했다.[36] 엘리자베스 악트마이어(Elizabeth Achtemeier)도 1986년에 유사한 흐름의 비평을 내놓았다. 『해석학의 새 지평』에서 나는 이런 특정 비판들을 검토한 바 있다.

5. 제2물결의 파편화

1983년 이후에도 쉬슬러 피오렌자는 페미니즘 해석에 대한 여러 권의 책을 출간했는데 『돌이 아니라 빵을』(*Bread Not Stone*, 대한기독교서회 역간), 『동등자 제자직』(*Discipleship of Equals*, 분도출판사 역간), 『예수: 미리암의 아이, 소피아의 선지자』(*Jesus: Miriam's Child, Sophia's Prophet*, 1995), 『그녀의 말을 나누기』(*Sharing of Her Word*, 1998), 『수사학과 윤리학』(*Rhetoric and Ethics*, 1999) 등이 그 예다. 앞에서 열거한 책들은 전체 목록은 아니지만 여기에 붙은 부제들은 이 책들이 페미니즘 성경해석에 대한 것임을 알려준다.[37] 로즈메리 류터와 메리 데일리는 『크리스천 기원의 여성 신학적 재건』

---

35 Susanne Heine, *Women and Early Christianity: Are the Feminist Scholars Right?* (London: SCM, 1987), p. 37. 참조. pp. 28-52.

36 Heine, *Women and Early Christianity*, pp. 28-29. 참조. Heine, *Christianity and the Goddesses: Systematic Critique of a Feminist Theology* (London: SCM, 1988).

37 Elisabeth Schüssler Fiorenza: *Bread Not Stone: The Challenge of Feminist Biblical Interpretation* (Boston: Beacon Press, 1984). *Discipleship of Equals: A Critical Feminist Ekklēsialogy of Liberation* (New York: Crossroad, 1993). *Jesus: Miriam's Child, Sophia's Prophet: Critical Issues in Feminist Theology* (London: SCM; New York: Continuum, 1995); *Sharing Her Word: Feminist Biblical Interpretation in Contrast* (Boston: Beacon Press, 1998); and *Rhetoric and Ethics: Politics of Biblical Studies* (Minneapolis: Fortress, 1999).

보다 이른 시점이거나 같은 해에 저서를 발표했는데 둘은 성경해석보다는 신학에 관련된 이슈들을 다루고 있다. 1983년에 나온 『성차별과 하나님에 대해 이야기하기』에서 류터는 쉬슬러 피오렌자와 마찬가지로, 막달라 마리아의 독특한 증언에 대해 논하며 하나님과 관계된 여성적 이미지를 검토한다.[38] 또한 필리스 트리블처럼 류터는 남성과 동시에 여성으로서의 인류에 대해 논의하고 있다. 그후 류터의 초점은 기독론, 마리아론, 죄의식, 기독교 사역과 공동체로 옮겨간다. 실제로 류터는 페미니즘 조직신학자라 할 수 있다.

류터는 "여성과 남성의 관계는 자연과 문화의 관계와 같은가?"라는 질문을 던진다. 그녀에 따르면 여성은 자연에 보다 가까운 존재로 상징화된다. 여성의 생리학적 과정은 위험하면서도 오염시키는 더러운 것으로 간주되며 여성의 사회적 역할 역시 열등하게 가정된다. 여성은 어린이를 생산하면서 남성에 의해 소유되는 존재, "상위의 우월한" 문화에 의해 지배되는 존재다(p. 74). 플라톤과 아리스토텔레스의 사상에서 남성이 여성, 노예, 야만인보다 위에 있는 존재였음을 증명하기 위해 류터는 남성들의 교육에 사용되었던 고전들을 참조한다. 하지만 이런 옛날과는 대조적으로 오늘날에는 자연으로의 회귀가 유행이다. 하나님이나 신성은 "원초적인 매트릭스" 또는 (틸리히에서처럼) "존재의 근거"로 간주된다(p. 85). 사실 이 모든 표현들은 이제는 시대에 뒤진 것이 된 1960년대식 해방신학과 유사하지 성경 텍스트의 해석학과는 별 관련이 없다. 류터에 따르면 "타락과 타락에 대한 처벌에서 여성은 원래의 평등성을 상실하고 정신과 육체에 있어 열등한 존재가 되고 말았다"(p. 97). 종말론적 페미니즘은 교회 내에서의 평등을 주장한다. 나사렛 예수의 삶과 죽음조차도 비록 그것이 "범례적"이기는 하나 "편파적이고 다른 모델과 결합될 필요성을 가진다"(p. 115). 류터는 "성

---

38 Ruether, *Sexism and God-Talk*, pp. 8-71. 이하 본문 괄호 안의 숫자는 이 책의 페이지를 나타낸다.

령-기독론"을 뛰어넘어 **"가부장제의 케노시스"**(*kenosis* of patriarchy) 즉 남녀양성적 기독론 또는 "인류를 구속하는…**우리 자매의 형상을 한** 그리스도"로 이해한다(pp. 137-38, 류터 강조).

마리아론을 다룬 부분에서는 쉬슬러 피오렌자와 마찬가지로 류터의 로마가톨릭적 배경이 여지없이 드러난다. "처녀 수태와 구속된 창조 세계의 예표로서의 마리아 개념은 타락 이전의 잃어버린 대안으로까지 거슬러 올라간다. 하나님의 창조의 손에서 막 나왔을 때 그대로의 순수한 본성, 이것은 전체적으로 성령의 권능의 지배를 받았으며 그러므로 악은 전혀 존재하지 않았다"(p. 151). 하지만 개신교도 대부분은 이런 감상을 단호히 거부할 것이다.

1983년 이후 류터는 자신의 신학과 저술을 계속 발전시킨다. 대표작으로는 『여성-교회』(*Women-Church*, 1985), 『가이아와 하느님』(*Gaia and God*, 이화여자대학교출판부 역간), 『여성과 구속』(*Women and Redemption*, 1998) 등이 있다.[39] 하지만 이런 후기 저술들은 페미니즘 전반의 기본 관심에서 벗어나고 있으며, 남성 또는 여성이라는 특정 형태의 전형화(stereo-typication)를 사용하는 것은 아닌지 의심되고 있다. 이리하여 류터는 "정통" 기독교로부터도 이탈한다.

6. 우머니즘 해석학

수많은 아프리카계 미국인 여성 및 아프리카 여성 저술가들은 "페미니스트"가 백인 중산층, 전문직이거나 학문적 직업을 가진 여성들의 이익과 관

---

[39] Rosemary Radford Ruether, *Women-Church: Theology and the Practice of Feminist Liturgical Communities* (San Francisco: Harper and Row, 1985); Ruether, *Gaia and God: An Eco-Feminist Theology of Earth Healing* (San Francisco: HarperCollins, 1992); and Ruether, *Women and Redemption: A Theological History* (Minneapolis: Fortress, 1998).

심을 배타적으로 대변한다는 근거 아래 "우머니스트"라는 용어를 선호한다. 해방신학과 제3세계에 대한 류터(쉬슬러 피오렌자를 위시해 다른 페미니스트들도)의 공감에도 불구하고 이것은 사실이다. 이런 상황에서 우머니즘신학이 폭넓게 알려지는 데 기여를 한 연구로는 「교회에서 여성과 남성의 공동체」(Community of Women and Men in the Church, 1978-1983)와 「여성과 연대하는 그리스도인」(Christians in Solidarity with Women, 1988-1998)이 있다. 이 논고들은 류터의 저술보다 훨씬 더 에큐메니칼한 성격을 가진다. 하지만 진정한 우머니즘 해석학의 시작으로 간주되는 표징은 앨리스 워커(Alice Walker, 1944-)와 뒤이어 나타난 케이트 캐넌(Kate G. Cannon)이다.[40]

1995년 수기르타라자는 "제3세계 성경해석에 관한 관심의 폭발"을 언급한 바 있다.[41] 윌모어(G. S. Wilmore)와 제임스 콘은 『흑인신학』(*Black Theology*, 1993)을 편집했는데 이 책에서 베니타 빔스(Benita J. Weems)는 「성경해석학에 대한 여성의 반성」(Women's Reflection on Biblical Hermeneutics)을 선보였다.[42] 2002년, 스테파니 미첨(Stephanie Mitchem)은 『우머니즘신학 입문』(*Introducing Womanist Theology*)을 발간했다.[43] 카뇨로 무심비(Kanyoro Musimbi)는 아프리카계 미국인이 아니라 케냐 출신이다. 비록 텍사스 대학에서 언어학 박사 학위를 받았지만 말이다. 무심비는 『우리가 찬양하는 힘』(*Power we celebrate*), 『하나님으로 돌아가 희망 안에서 기뻐하라』(*Turn to God and Rejoice in Hope*), 『약속을 주장하기』

---

40 Alice Walker, *In Search of Our Mother's Gardens: Womanist Prose* (New York: Harcourt Brace, 1983; London: Women's Press, 1984). 참조. Kate G. Cannon, *Women and the Soul of the Black Community* (New York: Concilium, 1995; 1st ed. 1985).

41 R. S. Sugirtharajah, ed., *Voices from the Margins: Interpreting the Bible in the Third World* (Maryknoll, N.Y.: Orbis; London: SPCK, 1995; 1st ed. 1991), "Introduction," p. 1.

42 G. S. Wilmore and James Cone, eds., *Black Theology: A Documentary History, 1980-1992*, 2nd ed., 2 vols. (Maryknoll, N.Y.: Orbis, 1993).

43 Stephanie Mitchem, *Introducing Womanist Theology* (Maryknoll, N.Y.: Orbis, 2002).

(*Claiming the Promise*) 등 7, 8권의 책을 썼다.[44]

많은 쟁점들이 여성의 입장에서의 흑인 의식에 영향을 끼쳤다. "가부장제"도 여전히 언급되었지만 주요 의제로 강력하게 떠오른 이슈는 인구, 여성 리더십, 에이즈, 폭력 등이었다. 우머니즘의 관심사는 많은 부분 제3세계의 관심과 겹친다. 예를 들어 짐바브웨에서 태어났지만 남아프리카공화국 출신인 제럴드 웨스트(1956-)는 수많은 논문과 적어도 6권 이상의 저서를 집필했는데 여기에는 『해방의 성경해석학』(*Biblical Hermeneutics of Liberation*, 1991), 『컨텍스트적 성경 연구』(*Contextual Bible Study*, 1993), 『아프리카에서 성경』(*Bible in Africa*, 2000)이 포함된다. 빈센트 윔부시(Vincent Wimbush)는 거의 1,000쪽에 달하는 『아프리카계 미국인과 성경』(*African Americans and the Bible*)을 편집했다.[45] 한편 케이트 캐논의 책은 초기의 다양한 관심사를 잘 요약하고 있는데 여성에 대한 부정적 이미지, 희망과 부활의 언약, 우머니즘 해석학이 바로 그런 관심사다. 이와 비교해서 더 최근의 관심사는 폭력, 면역결핍바이러스(HIV), 에이즈, 인구 문제 등으로 확장되는 경향을 띤다. 코스타리카의 엘사 타메즈(Elsa Tamez)는 해방신학의 여파와 민중 공동체에 대해 글을 썼다. 타메즈의 논증에 따르면 "여성의 비주류화를 입증하기 위해" 사용되는 "히브리 문화 내의 반(反)여성적 관습"이 존재했다.[46]

반면에 서구의 페미니즘 해석학에서는 다수의 주제와 구별되는 접근법이 나타났다. 또한 1980년 중반부터는 관련 문헌들이 홍수처럼 쏟아진다. 캐롤린 오식(Carolyn Osiek)은 다음과 같이 최소 4-5가지 형태로 성경

---

44 Kanyoro Musimbi, *Women, Violence and Non-Violent Change* (Geneva: World Council of Churches, 1996); Musimbi, *The Power We Celebrate* (Geneva: World Council of Churches, 1992).

45 Vincent Wimbush, ed., *African Americans and the Bible: Sacred Texts and Social Textures* (New York: Continuum, 2001).

46 Elsa Tamez, "Women's Re-reading of the Bible," in *Voices from the Margins*, pp. 49-50.

에 대한 다양한 태도의 유형을 제시한 바 있다.[47]

1. 먼저 오식은 **페미니즘 "충성파"**에 대해 논의하는데 이 그룹에는 하데스티(N. A. Hardesty, 1984), 퍼트리샤 건드리(Patricia Gundry, 1987), 미첼슨(A. Michelsen, 1986), 몰렌코트(V. R. Mollenkott, 1988), 일레인 스토키(Elaine Storkey, 1985), 스캔조니(L. D. Scanzoni, 1987)가 포함된다. 스캔조니는 에베소서 5:22의 텍스트, "아내들이여 자기 남편에게 복종하기를 주께 하듯 하라"가 인간의 행복을 위해 거부되기보다는 "회복되어야" 한다고 주장했다.[48] 이들 대부분은 여성의 역할과 여성에 대한 긍정적 이미지를 변호하지만 동시에 해석을 고려하면서도 성경 텍스트도 전체적으로 고려한다. 예를 들어 일레인 스토키는 종교개혁에서 페미니즘 전통의 뿌리를 추적하며 종교개혁 정신이 결혼의 "동반자적" 측면을 강조했음을 보여준다. 스토키는 바르트와 트리블처럼 "하나님의 형상을 따라 만들어진" 공유적이고 상호 보완적인 복수성을 강조했다. 또한 여성에 대한 "형상"과 남녀 모두의 해방에 대해서도 언급한다.

2. 두 번째로 오식에 따르면 **"수정주의적" 페미니즘**은 기독교 신앙에 대한 헌신은 유지하지만 문화적으로 조건화되고 우연적인 동시에 성경의 메시지에서 부분적으로 추출한 결과물인 가부장제는 거부한다. 이런 입장은 로즈메리 류터, 필리스 트리블, 앤 로데스(Ann Loades)가 구약과 조직신학을 연구할 뿐 아니라 페미니즘과 기독교 정신이 필연적으로 대립한다고

---

47 Carolyn Osiek, *Beyond Anger: On Being a Feminist in the Church* (New York: Paulist, 1986). 참조. Osiek, *A Woman's Place: House Churches in Earliest Christianity* (Minneapolis: Augsburg, 2005).

48 L. D. Scanzoni, "Revitalizing Interpretations of Ephesians 5:22," *Pastoral Psychology* 45 (1997): 317-39; L. D. Scanzoni and N. A. Hardesty, *All We're Meant to Be: A Biblical Approach to Women's Liberation* (Waco, Tex.: Word, 1974; 3rd rev. ed. 1992); *Neither Slave Nor Free: Helping Women Answer the Call to Church Leadership* (London and New York: Harper Collins, 1987); A. Michelson, *Women, Authority, and the Bible* (Downers Grove, Ill.: IVP, 1986); V. R. Mollenkott, *The Divine Feminism in the Biblical Imagery of God as Female* (New York: Crossroad, 1983); and Elaine Storkey, *What's Right with Feminism?* (London: SPCK, 1985).

보는 메리 데일리나 다프네 햄프슨(Daphne Hampson) 같은 이론가들에 반대하여 의식적으로 교회 내에서 페미니즘을 방어하려고 노력한 데서 선명하게 드러난다.

류터는 처음에는 하버드 신학대학원에서, 나중에는 일리노이 주 에번스톤의 게럿 복음주의 신학대학원에서 학생들을 가르쳤다. 류터의 박사 학위 논문의 주제는 나지안조스의 그레고리우스였다. 그녀는 로마가톨릭을 비판했지만 이를 포기하지는 않았다. 또한 칼케돈의 고전적 신조는 폐기해 버렸지만 변모되고 포괄적인 기독론을 버리지는 않았다. 틸리히와 마찬가지로 류터도 신학적 언어를 상징적인 것으로 이해했다. 그녀의 저서 『교회 자체에 대항하는 교회』(The Church against Itself)는 메리 데일리의 교회에 대한 거부와는 다른 두 겹의 태도를 요약적으로 보여준다.[49] 류터에게 하나님은 남성형 하나님/여성형 하나님(God/ess)으로 불리는 원초적 동기이자 존재의 근거다. 그리하여 류터는 결론적으로 가이아와 생태페미니즘(ecofeminism) 쪽으로 나아가게 된다.[50] 한편 필리스 트리블은 주로 히브리어 텍스트로 작업하면서 여성에 대한 긍정적 이미지와 포괄적 담론에 초점을 맞춘다. 하지만 여성에 대한 나쁜 이미지들과 가부장적 문화의 함정으로 간주되는 것들을 거부하거나 "구제"하는 데는 망설이지 않는다. 앤 로데스는 영국성공회의 일원으로 머물면서 정의와 차별 폐지를 추구하지만 데일리나 류터보다 훨씬 더 온건하고 포용적인 목소리를 낸다.[51] 레티 러셀과 메리 톨버트와 마찬가지로 이들은 기독교회 내에 머문 학자들이라 할 수 있다.

---

49 Rosemary Ruether, *The Church against Itself* (New York: Herder and Herder; London: Sheed and Ward, 1967); 참조. Ruether, *Gregory Nazianzus: Rhetor and Philosopher* (Oxford: Oxford University Press, 1969); Ruether, *Mary the Feminine Face of the Church* (Philadelphia: Westminster, 1977); Ruether, *Sexism and God-Talk*.

50 Ruether, *Sexism and God-Talk*, pp. 47-71; Ruether, *Gaia and God*; Ruether, *At Home in the World: The Letters of Thomas Merton and Rosemary Ruether* (Maryknoll, N.Y.: Orbis, 1995).

51 Loades, *Feminist Theology*, pp. 5-10. Loades, *Searching for Lost Coins* (London: SPCK, 1987) 참조.

3. 오식은 앞에서 검토한 충성파와 수정주의파를 **"해방신학적 페미니즘"**과 구별한다. 비록 그 차이는 종류의 다름이라기보다 정도의 문제지만 말이다. 해방신학적 페미니즘은 특히 정의와 억압으로부터의 해방에 대한 요구에 호소하며 해방신학적 해석학에 전적으로 의존한다. 하지만 류터, 쉬슬러 피오렌자, 러셀까지 "해방신학적 페미니즘"이라는 카테고리 하에 모일 수 있음을 생각할 때 이 경향들 사이의 대조점은 극히 미미하다고 할 수 있다. 우리는 이미 앞에서 쉬슬러 피오렌자가 해방신학적 해석학과 의심의 해석학을 사용했음을 살펴보았다. 러셀은 『페미니즘 성경해석』(*Feminist Interpretation of the Bible*, 1985) 서론에서 『해방의 말씀』(1976)의 영향력에 대해 언급했다.[52] 러셀은 "페미니스트들은 어떻게 성경을 사용해야 하는가?"라는 캐서린 자켄펠드(Catherine Sakenfeld)의 질문을 충분히 인식하고 있었다. 또한 『페미니즘 성경해석』에서 러셀은 1979년과 1981년 이래로 미국 종교 학회나 성경 문헌 학회 출신인 열두 명의 학자들의 훌륭한 공헌을 소개하고 있다.

셰릴 엑섬(Cheryl Exum)은 출애굽기 1:8-2:10을 검토하면서 이스라엘이 해방되는 데 여성들이 어떻게 주도적 역할을 했는가를 보여준다. 이런 목적을 위해 위험을 감수한 여인들 중에는 바로의 딸도 있었다. 필리스 트리블은 해석학적 방법론과 연관 학과의 다수성을 주장하는데 이는 타당한 것이라 할 수 있다. 이해는 적절한 주해의 기초 위에서 이루어진다. 쉬슬러 피오렌자는 성경에 대한 독자의 접근을 평가하는 규준의 필요성을 요청한 바 있다. 이와 관련하여 러셀은 "페미니즘과 해방신학의 해석자들은 언약이라는 성경적 지평의 빛에 비추어 메시지를 이해하는 데 가장 유용한 자료들을 이용하면서 텍스트와 비평적으로 투쟁한다"고 쓰고 있다.[53] 텍스트의 안에는 해방시키는 힘이 존재한다.

---

52 Letty M. Russell, ed., *Feminist Interpretation of the Bible* (Philadelphia: Westminster, 1985), pp. 11-18.
53 Russell, *Feminist Interpretation*, p. 17.

4. 오식의 유형론을 확대시킨다고 할 때 메리 데일리와 다프네 햄프슨은 **비기독교적인 또는 탈기독교적인 페미니스트**로 분류된다. 이들은 기독교가 페미니즘과 화해하기에는 적절하지 못할 정도로 가부장적이라고 믿기에 이른다. 메리 데일리(1928-)는 예수회 설립의 보스턴 칼리지에서 가르쳤지만 신앙에 대한 지속적인 거부는 그녀의 은퇴를 앞당겼다. 1968년에 발표된 『교회와 제2의 성』(*Church and the Second Sex*)의 파문은 데일리로 하여금 거의 학교를 떠나도록 만들었지만 공적인 지지는 얻어냈다. 또한 그녀는 몇몇 수업에는 남학생들을 받지 않았는데 그 이유는 그들이 토론을 방해할 거라고 여겼기 때문이었다. 1973년에 쓴 『하나님 아버지를 넘어서』(*Beyond God the Father*)에서는 느슨하게나마 틸리히를 비판한 흔적이 발견된다. 또한 1978년에는 『여성/생태주의』(*Gyn/Ecology*)가 출간된다.

다프네 햄프슨(1944-)은 하버드와 옥스퍼드에서 교육받았으며 스코틀랜드 세인트앤드류 대학의 명예교수다. 햄프슨은 모니카 펄롱(Monica Furlong)과 우나 크롤(Una Kroll)과 함께 영국성공회가 여성에게도 서품을 내릴 것을 주장했다. 하지만 급기야 교회에 환멸은 느낀 햄프슨은 기독교가 가부장제와 결부되어 있다고 보고 이를 거부하기에 이른다. 또한 그녀는 객관적 사실로서의 부활을 불가능한 것으로 간주했다. 『기독교 이후』(*After Christianity*, 1996) 덕분에 햄프스는 "포스트-크리스천 페미니스트"라는 호칭을 달게 된다.[54]

5. **우머니즘신학**이 페미니즘신학과는 다른 의제를 갖고 있음을 지적했지만 사실 두 경향은 겹치는 부분이 있는 것도 사실이다. 수잔 티슬스웨이트(Susan Thistlethwaite)는 강간과 폭력 문제에 관심을 가진 페미니스트 작가다. 또한 아시아에서도 수많은 공헌자들이 나타났다.[55]

6. **프랑스 페미니즘**은 지대한 영향력을 미쳤다. 대부분의 페미니즘 작

---

[54] Daphne Hampson, *After Christianity* (London: SCM, 1996). 참조. Hampson, *Theology and Feminism* (Oxford: Blackwell, 1990).

가들이 공유하는 견해 중 하나는 여성의 역할이 자연적 본성이나 생물학에 의해서 결정되는 것이 아니라 관습과 문화에 의해 규정된다는 것이다. 롤랑 바르트, 자크 데리다, 미셸 푸코는 흔히 "자연적 본성"의 결과처럼 보이는 것이 사실은 관습의 산물임을 증명하기 위해 노력했다. 예를 들어 바르트는 가구나 의복이 신체를 편안하게 하는 기능을 가지거나 더위나 추위처럼 자연 현상이 아니라 사회적 배경과 열망에 의해 선택됨을 논증했다. 또한 푸코는 성욕과 광기가 "본성적인" 것이라기보다는 사회 규범에 비추어 우연적인 것으로 파악했으며, 보드리야르와 들뢰즈(G. Deleuze)는 이런 철학적 배경을 더욱 심화시켰다.

앞에서 본 것처럼 시몬 드 보부아르는 1949년에 『제2의 성』을 발표했다. 그녀는 철학, 문학, 종교, 경제학의 접점에서 "여성이란 무엇인가?"라는 질문을 도출한 바 있다. 즉 보부아르는 남성 중심적 사회가 여성으로 하여금 "타자"가 되도록 강요하는 지점을 포착했다. 자크 라캉은 구조주의와 정신분석학을 결합함으로써 이런 보부아르의 입장을 따르고 있다. 한편 성차(性差)의 개념은 프랑스보다 오히려 미국에서 더 큰 역할을 하게 되는데 이는 줄리아 크리스테바(Julia Kristeva)의 공헌이라 할 수 있다. 크리스테바는 불가리아에서 파리로 이주했으며 1960년대 후반에는 문학에서의 러시아 형식주의를 활용했다. 그녀의 주저라 할 수 있는 『언어의 혁명』(*Revolution of Language*)은 성경해석과 간접적인 연관성을 가진다. 이런 계보에서 보면 프랑스 페미니즘은 미국의 페미니즘에 비해 덜 실용적이고 보다 더 심리학적이며 고도로 복합적인 동시에 기호학과 깊이 연관되어 있다. 최근에 나타난 현상만 보더라도 뤼스 이리가레(Luce Irigaray, 1930-)와 미셸 르 되프(Michèle le Doeuff, 1948-)는 미국과 영국의 경쟁자들과는 대

---

55 예를 들어 인도의 Monica Jyotsha Melanchthon, "Akkumahadeu and the Samaritan Woman: Paradigms of Resistance and Spirituality," in *Border Crossings: Cross-Cultural Hermeneutics*, ed. D. N. Premnath (Maryknoll, N.Y.: Orbis, 2007), pp. 35-54.

조적으로 철학, 문학, 언어심리학, 기호학의 배경을 가지고 있다.[56] 미국의 페미니스트들이 "평등"을 강조하는 반면, 프랑스 페미니스트들은 "차이"를 강조하는 경향을 보인다.

7. 대조적으로 재닛 래드클리프 리처즈(Janet Radcliffe Richards)는 성들 (sexes) 사이의 유사성, 특히 **보편적 합리성**을 강조한다. 그녀는 철학이 "남성적" 학문이라거나 여성은 합리성을 대가로 치르면서 직관적·인격적인 역할을 맡는다는 등의 관념에 동의하지 않는다. 이렇게 리처즈는 또 다른 형태의 페미니즘을 제시하고 있다.

1980년대 후반 또는 1990년대 초반부터 페미니즘은 "한 가지"가 아니라 일련의 다양한 접근법으로 파편화된다. 그래서 이제는 성경에 대한 페미니즘적 접근을 단일한 개념으로 이해하기가 어려워졌다. 또한 메리 톨버트 같은 몇몇 학자에 대해서는 하위 카테고리로 분류하거나 넓은 의미의 페미니스트로 소개하기가 어렵다. 그럼에도 중요한 단서를 근거로 다음과 같은 대략적인 평가를 내리고자 한다.

7. 페미니즘 해석학에 대한 잠정적 평가

여기서의 평가는 "잠정적"으로 불릴 수밖에 없다. 왜냐하면 페미니즘 학자들 대부분은 그들의 저술을 논평하거나 설명할 권리가 남성에게 있음을 부인하기 때문이다. 하지만 나로서는 여러 해 동안 쌓인 여제자들의 다양한 논평을 소개해야 할 의무를 지고 있다.

1. 『성령의 여성』에서 볼 수 있듯 1979년과 1980년대 초반의 저술가들

---

56 Michèle Le Doeuff, *The Philosophical Enquiry*, trans. C. Gordon (London: Athlone Press, 1986), and Le Doeff, *Hippardia's Choice: An Essay concerning Women and Philosophy*, trans. T. Selons (Oxford: Blackwell, 1991).

이 **여성의 경험과 리더십의 구체적인 예들과 교회 내에서의 여성의 가시적 활약**에 주의하면서 가치 있는 작업을 했다는 사실에는 의심의 여지가 없다. 예를 들어 브리스길라는 바울의 교회에 속했던 재능 있고 교육받은 여성으로서 아볼로를 가르친 선생이다. 여러 번 그녀의 이름은 남편 아굴라가 거론되기 전에 언급된다.

브리스길라 다음으로 중요한 인물이 유니아일 것이다. E. J. 엡은 유니아가 로마서 16:7에서 명백히 사도로 불려진다고 주장했다. 그는 유니아의 이름을 남성형으로 바꿔 부르는 것은 근거 없는 행위임을 증명했다. 뵈뵈 또한 "탁월한" 리더였다. 존 콜린스(John N. Collins)의 논증에 따르면 남성형 "deacon"은("deaconess"가 아닌) 사도나 주교를 돕도록 위임된 일꾼이기도 하지만 동시에 복음과 하나님 말씀의 설교자 또는 선포자를 의미한다. 쉬슬러 피오렌자는 막달라 마리아를 "사도들 중의 사도"로 불렀다. 요한복음의 설명을 보면 막달라 마리아야말로 사도들에게 십자가와 부활을 전한 첫 번째 증인이기 때문이다. 또한 마리아, 드루배나, 버시도 로마서 16:6, 12에서 "주 안에서 수고한" 사람으로 소개된다.

구약이나 히브리어 성경에서 긍정적인 "여성의 이미지"는 출애굽을 가능하게 한 용감한 주도적 여성들(미리암, 바로의 딸, 산파)에게서 나타난다. 또한 사사기와 역사서의 한나, 룻, 드보라, 훌다 등도 마찬가지다. 때때로 하와와 관련해서 부정적 이미지가 보이며 입다의 딸과 다말은 실수를 한 인물로 나타난다. 필리스 트리블(칼 바르트와 더불어)은 "하나님의 형상"이 남성만이 아니라 인류 전체에게 주어진 선물이라고 주장했다.

『공포의 텍스트』에서 트리블은 성경에 나타난 긍정적 여성 이미지를 증진하고 보다 부정적일 수 있는 인식을 교정하는 예시를 제공한다. 예를 들어 하갈은 사라 같은 여성의 계열에 대해 타자를 의미할 뿐 아니라 멸시받고 거부당하는 인물을 지시한다(창 16:1-16). 트리블에 따르면 이런 여성상은 이사야 40-55장의 고통받는 종과 연속선상에 있으며 연대하는 존재다. 다말과 입다의 딸 또한 희생당하고 버려진 인물이다(삿 11:29-40). 하나님의 사랑은 부성적인 동시에 모성적이다.

2. **유니아를 위시해 몇몇 여성들의 사도적 지위**에 대해서는 유명한 성경해석가이자 텍스트 비평가인 E. J. 엡이 조심스럽게 주장한 바 있다. 엡은 유니아의 이름이 바울 당시 통상적으로 여성에게 적용됨을 주장하면서 이 이름의 여성형을 논증하기 위해 얇은 책 한 권을 거의 할애한 바 있다. 또한 엡은 유니아스(Junias)라는 남성형 이름이 다음 세대에서 어떻게 변형되는지 추적했다. 그는 1세기 그리스어에서 악센트의 부재와 격(格)를 언급한다.

"사도들 중의 사도"인 막달라 마리아에 대한 쉬슬러 피오렌자의 연구도 강력한 논쟁의 핵심이다. 쉬슬러 피오렌자의 주장에 따르면 "교회의 기둥 사도"로서의 베드로와 바울의 경쟁 전통은 초기 교회의 경쟁 전통에 기인한다. 바(F. C. Barr)가 추정한 "베드로파"와 "바울파" 사이의 대립은 증거가 별로 확실하지 않다. 베드로와 바울이 더 많이 부각된 이유는 그들이 남성이었기 때문만이 아니라 눈에 뚜렷이 드러나는 죄인으로서 부활에 의해 변화한 인물이었기 때문이다. 바로 이 점이 퀴네트가 지적한 내용이며 나역시 『해석학의 새 지평』에서 거론한 내용이기도 하다.[57] 누가복음에 반해서 마가복음의 부록과 요한복음을 연결짓고, 마태복음과의 가능한 연결을 맺는 이런 식의 생각은 신약 연구보다는 논증에 더 가까운 개념이다. 하지만 극도로 사변적인 이런 이론들은 제쳐둔다 하더라도 막달라 마리아에 대한 기본적 사실들만큼은 부정할 수 없다.

3. **해방신학 해석학의 활용**은 인정받는 접근법일 뿐만 아니라 유리한 지점을 가지고 있다. 선이해의 중요성에 대한 공유된 강조는 전적으로 타당하다고 할 수 있다. 동시에 독자가 하나님과 정의에 대해 개방되어 있지 않다면 독해는 왜곡될 수 있다는 주장 또한 진실이다. 하지만 해방신학은

---

57 Walter Kunneth, *The Theology of the Resurrection* (London: SCM, 1965), pp. 89–91. 참조. 92–149; Thiselton, *New Horizons in Hermeneutics*, pp. 445–50; Schussler Fiorenza, *In Memory of Her*, pp. 315–34.

너무 자주 스스로 찾고자 하는 바를 곧장 텍스트로 들어가 읽어낸다. 또한 해방신학의 텍스트 사용은 과도하게 선택적이다. 페미니즘적 저술 또한 자주 해방신학과 동일한 텍스트의 의제를 다룬다. 해방신학의 저술가들이 자주 출애굽기, 신명기, 요한계시록과 맞물리는 데 비해 페미니스트들은 하와, 드보라, 다말, 한나, 하갈, 룻, 예수의 어머니 마리아, 막달라 마리아, 유니아, 브리스길라를 반복적으로 다룬다.

4. **"가부장적" 전제에 대한 절대적 거부** 때문에 페미니즘은 낡은 문화적 인습과 신학적 확신 사이를 분별하는 규준을 확립하는 데 자주 실패한다. 이미 판넨베르크는 왜 하나님 "아버지"의 개념이 대체 불가능한지에 대해 섬세한 기독론적 논의를 전개한 바 있다. 이 논의의 결과는 동의할 수 있는 내용들을 도출했다. 이러한 과정은 해석학적 이론과는 상반된다. 가다머는 제대로 빚어지고 형성되기 위해 텍스트를 향해 "열려 있는" 존재, "타자"를 경청하는 존재에 대해 언급했다. 이는 리쾨르가 말한 해석학적 간극과 타자성과 동일한 개념이었다. 우리는 처음에는 낯설고 도전적으로 보이는 것을 취하여 "우리의 것"으로 전유한다.

본회퍼는 이렇게 쓴 적이 있다. "내가 스스로 하나님을 발견할 수 있는 장소를 결정하거나, 아니면 하나님이 자신을 드러내실 장소를 결정하도록 내가 허락하거나 둘 중 하나다. 만일 하나님이 존재하셔야 할 곳을 결정하는 이가 나라면 나는 언제나 나와 닮은 하나님, 내 말에 동의하고 나의 본성에 일치하는 하나님을 만나게 될 것이다."[58] 이런 지적은 특히 하나님을 여성 또는 "소피아"로 읽는 데 적용될 수 있다. 대부분의 학자들은 하나님을 성을 초월한 분으로 주장하는데 이는 정확한 이해다. 무엇이 "문화적인" 것이고 무엇이 신학적인 것인지에 대해 확신할 수 있는가?

5. 특정 텍스트를 새로운 관점으로, "여성의 눈"을 통해 다시 읽는 것은

---

58 Dietrich Bonhoeffer, *Meditating on the Word* (Cambridge, Mass.: Cowley, 1986), pp. 44-45.

긍정적인 작업이다.[59] 웬디 로빈스(Wendy Robins)가 편집한 책에는 도피자와 이민자, 여성과 노동, 여성과 여성의 육체, 정의와 비폭력, 건강과 환경, 우주적 영역에 펼쳐진 하나님의 형상 등의 성경적 주제에 대한 연구가 포함되어 있다. 발레리 세이빙의 연구에 따르면 틸리히와 특히 라인홀드 니버의 죄와 타락에 대한 분석은 여성의 관점에서의 적합한 설명, 즉 여성에게 있어 죄의 핵심은 교만보다는 "사소함, 파괴성, 혼란, 초점 또는 중심의 결여"라는 주장을 받아들이는 데 실패했다.[60] 세이빙보다 20년 뒤에 오는 주디스 플래스코우(Judith Plaskow)는 한층 더 세심한 방식으로 세이빙의 연구를 발전시켰다.[61] 한편 다프네 햄프슨은 여성에게 죄는 자주 "자신을 없애버리기 원함"으로 나타나는 사실을 들어 니버를 비판한다.[62]

쉬슬러 피오렌자의 작업 역시 많은 측면에서 타당하다. 비록 많은 학자들이 누가복음-사도행전, 골로새서, 목회 서신을 다루는 그녀의 접근법에 문제 제기를 하겠지만 말이다. 교회는 마땅한 때에 자신의 구조와 조직에 주의할 필요가 있었다. 또한 여성에 대한 어떤 진술들은 다만 지역적 상황에 기반한 것일 수도 있다. 브루텐(B. Brooten)은 유대교에서의 여성 리더십에 주의를 기울인 바 있다. 하지만 예수가 유대인의 "정결법"을 무시했다는 주장에 대해서는 연대 추정에 근거해서 재검토할 필요가 있다. 히브리어 성경에서 내러티브는 여성들에 대한 명백한 폭력을 구체적으로 보여준다(창 34:1-12의 디나, 삿 11:34-40의 입다의 딸 이야기, 삿 19:23-26의 잔인한 강간, 왕하 9:21-26의 이사벨에 대항한 예후의 복수). 미케 발(Mieke Bal)은 페미니즘적 접근법으로 사사기를 다시 읽기 위해 기호학과 구조주의의 도움을

59 Showalter, *The New Feminist Criticism*, and Wendy S. Robins, ed., *Through the Eyes of a Woman: Bible Studies on the Experience of Women* (Geneva: World YWCA Publications, 1986).

60 Saiving, "The Human Situation," pp. 100-112.

61 Judith Plaskow, *Sex, Sin, and Grace: Women's Experience and the Theologies of Reinhold Niebuhr and Paul Tillich* (Lanham, Md.: University Press of America, 1980).

62 Hampson, *Theology and Feminism*, p. 123.

받고 있다.[63] 또한 필리스 버드(Phyllis A. Bird)는 구약에서 여성의 가시성을 복원하기 위해서는 전혀 새로운 개념적 범주가 모색되어야 한다고 주장했다.[64] 이런 작업은 히브리어 성경에서 "여성에 대한 이미지"를 복원하는 실천의 일부가 될 수 있다.

6. 캐롤 크라이스트(Carol C. Christ)를 위시한 여러 페미니스트들은 **그리스도의 남성성**에 관련된 문제들을 발견했다.[65] 크라이스트와 메리 데일리는 하나님이 "여성"이며 그렇기 때문에 남성 그리스도는 부적절하다고 믿는, 가장 극단적이고 급진적인 페미니스트 그룹에 속한다. 따라서 이들은 기독교 주류 사상의 바깥에 위치하게 된다.

7. 앞에서 우리는 **우머니즘 저술들**이 의식적으로 자신을 백인 중산층 전문직 페미니스트들과 구별시킴을 보았다. 우머니스트들의 관심과 의제는 다양하다. 따라서 이들은 이제 더 이상 단일한 "페미니즘" 학파가 존재하지 않는다는 점을 강조하고 싶어한다. 많은 학자들이 이 영역에 존재하는 긴급한 문제를 끌어안기 위해 의제를 확장시키고 있다.

8. 여전히 프랑스 페미니즘은 다음과 같은 독특한 문제를 제기하고 있다. 우리가 페미니즘에 가치 부여를 하는 것은 여성이 남성과 같은 존재이기 때문인가, 아니면 남성과 다른 존재이기 때문인가? 미국과 영국의 페미니즘에서 예전에는 생물학적 질문들이 중요하게 대두되었지만 현재에는 성차의 근원이 신학이나 생리학보다는 관습적 역할에 기반한다고 가정한다. 하지만 이것이 그저 관습의 문제인가?

9. **문법적 성**에 관련된 말썽 많은 논쟁적 질문은 아직 완전히 사라지지 않았다. 여성명사가 여성이나 신성과 무슨 관계를 가지는 것인가? 이 논쟁

63 Mieke Bal, *Murder and Difference: Gender, Genre, and Scholarship on Sisera's Death*, trans. M. Gumpert (Bloomington: Indiana University Press, 1988; reprint 1992).
64 Phyllis A. Bird, *Missing Persons and Mistaken Identities: Women and Gender in Ancient Israel* (Minneapolis: Fortress, 1997).
65 Carol C. Christ, *The Laughter of Aphrodite* (New York: Harper and Row, 1987). 참조. Christ, *Rebirth of the Goddess* (New York: Routledge, 1997).

이 형성되는 지점은 주로 **소피아, 지혜**라는 표징과 히브리어 "*ruach*"(그리스어 "*pneuma*"는 중성명사라는 것과 비교하라)가 여성명사라는 데서다. 이미우리는 이런 문제의 부적합성을 결정적으로 논증한 제임스 바의 논의에 주목한 바 있다. 하나님에게 적용되는 "아버지"가 대체 불가능한 개념임을 적절하게 강조한 판넨베르크는, 그럼에도 하나님에게 적용된 남성성은 자체적으로 성(性)의 표지는 아니라고 주장한다.

10. 예수의 어머니 마리아에 대해 과도하게 사변적인 주장을 펼치는 몇몇 학자들의 경향은 개신교인들을 쉽게 납득시키지 못할 것이다. 이들은 봉사, 희생, 고통, 순종의 미덕을 통해 마리아를 드높이지만 성경적 증거의 결핍으로 인해 그녀를 새로운 하와로 보거나 무원죄 잉태설을 믿는 데는 실패한다.

"여성의 눈을 통해" 성경을 읽는 작업은 성경해석학에 가치 있는 차원을 더한다. 하지만 페미니즘 경향으로부터 아주 다양하고 분별해야 할 결과들이 생겨났다는 사실 또한 간과할 수 없다. 재닛 래드클리프 리처즈, 주자네 하이네, 엘리자베스 악트마이어 같은 소수의 페미니스트들은, 몇몇 페미니스트들이 페미니즘을 너무 과대평가한 나머지 페미니즘의 가장 나쁜 적과 똑같은 과오를 범했다고 비판했다. 우리는 이런 비판을 결코 잊어서는 안 될 것이다. 어쨌든 여러 온건하고 각성된 페미니스트들은 기독교 신앙에 대한 헌신으로부터 동료 페미니스트들을 잃어버리지 않기 위해 투쟁하고 있다. 페미니즘에는 배울 점이 많은 동시에 제기될 질문도 상당히 많다.

8. 참고 도서

Loades, Ann, ed., *Feminist Theology: A Reader* (London: SPCK; Louisville: Westminster John Knox, 1990), pp. 1-72.

Schüssler Fiorenza, Elisabeth, *In Memory of Her: A Feminist Theological Reconstruction of Christian Origins* (New York: Crossroad; London: SCM,

1983).

Thiselton, Anthony C., *New Horizons in Hermeneutics: The Theory and Practice of Transforming Biblical Reading* (London: HarperCollins; Grand Rapids: Zondervan, 1992), pp. 43-60, 315-34, and 430-62.

Trible, Phyllis, *Texts of Terror: Literary-Feminist Readings of Biblical Narratives*(Philadelphia: Fortress, 1984), pp. 1-64.

H · E · R ·

M · E · N ·

E · U · T ·

I · C · S ·

제15장

독자반응이론과 수용이론

1. 독자반응이론: 기원과 다양성

독자반응이론은 텍스트의 해석에서 독자의 능동적 역할을 강조한다. 가장 단순하게 요약하자면 이 이론은 텍스트의 의미를 "완성"하는 것이 독자 또는 독자들의 공동체라는 원리에 기반하고 있다. 또한 이 입장은 저자의 의도를 합당하게 다루고는 있지만 저자의 의도는 독자가 텍스트를 전유할 때 비로소 실현되는 것으로 가정한다. 메시지의 "전달자" 또는 다른 내용으로서의 텍스트는 독자가 그것을 현동화할 때까지 잠재적인 것에 지나지 않는다. 즉 텍스트는 독자에 의해 해석되고 이해될 때까지 추상으로 남는다. 독자반응이론은 독자가 수동적 구경꾼이 아닌, 능동적으로 의미에 기여하는 존재임을 강조한다. 독자는 수동적 관찰자 이상의 존재다.

비유야말로 독자의 반응으로 인해 완성되는 텍스트의 고전적 예라고 할 수 있다. 벌써 오래전에 도드는 비유를 이렇게 정의했다. "비유란 정신이 능동적 사유 속으로 들어가도록 자극하기 위해 자신의 정확한 적용이 무엇인지 계속적으로 의심하게 만든다."[1] 많은 경우 비유는 움베르토 에코가 "열린" 텍스트라고 부른 것의 극단적 예다. 반면에 "닫힌" 텍스트, 예를 들어 "공학" 텍스트나 의학적 처방에서는 "수용자"인 공학도 또는 약사의

---

1 C. H. Dodd, *The Parables of the Kingdom* (London: Nisbet, 1935), p. 16.

자유가 매우 제한되며 때로 저자의 의도나 지시는 바뀌거나 왜곡될 수 있다. 따라서 "독자반응이론"은 특히 성경 안에 존재하는 "문학적" 텍스트나 "열린" 텍스트에만 적용될 수 있다. 자주 논쟁이 일어나는 지점도 바로 이런 종류의 텍스트다.

몇몇 학자들의 주장에 따르면 독자반응이론을 향한 첫 단계는 1930년경 리처즈(I. A. Richards)와 1938년 루이즈 로젠블랫(Louise Rosenblatt)에 의해 이루어졌다. 하지만 더욱 명시적인 형태의 독자반응이론은 볼프강 이저(1926-2007)로부터 비롯된다. 볼프강 이저가 이론의 스펙트럼에서 온건한 편에 속한다면 노먼 홀랜드(Norman Holland, 1927-)와 스탠리 피쉬(1938-)는 급진적 진영에 속한다고 할 수 있다. 독자반응이론의 지지자들은 대개 문학이론을 저술하던 학자들로서 이 운동은 낭만주의(의미 생산에서 저자의 의도를 강조)와 문학 형식주의, 신비평(텍스트나 작품이 자체적으로 고유한 의미를 발행시킨다는 점을 강조)에 대해 의식적으로 반발하는 경향을 띤다. 즉 수용이론은 통시적 또는 역사적 선택, 즉 특정한 독자들의 공동체가 특정 시대에 어떤 방식으로 주어진 텍스트를 "수용"하거나 거기에 반응하는지 하는 문제에 초점을 맞춘다.

보다 더 온건한 형태의 독자반응이론은 독일에서 연원하는데 그 대표자로는 볼프강 이저와 한스 로베르트 야우스가 있다. 이들은 미국의 이론가들에 비해 더 강력한 통제 요소들을 텍스트에 부과한다. 이저는 후설의 현상학과 로만 잉가르덴의 문학이론에 적용된 현상학을 참조한다.[2] 예를 들어 탁자를 볼 때 우리는 다리를 둘 또는 세 개밖에 볼 수 없음에도 불구하고 다리는 모두 넷이라고 가정한다. 이런 경우 우리는 주어지지 않은 것을 정당하게 "채워넣음"으로써 탁자에 대한 우리의 지각을 "완성시켰다"고,

---

2 Wolfgang Iser, *The Act of Reading: A Theory of Aesthetic Response* (Baltimore: Johns Hopkins University Press, 1978), pp. 112-14, 151-53, and 157-59; 참조. Hans Robert Jauss, *Toward an Aesthetic of Reception*, trans. T. Bahti (Minneapolis: University of Minnesota Press, 1982), pp. xii-xvii.

만일 문학의 영역에서라면 텍스트를 "완성시켰다" 할 수 있다. 이저의 논증에 따르면 동일한 방식으로 우리는 텍스트를 **"완성시킨다."**

C. S. 루이스(1898-1963) 또한 1961년 『비평의 실험』(*Experiment in Criticism*)에서 이런 내용을 부분적으로 예상했다.[3] 여기서 루이스는 문학 작품의 질을 가늠하는 확실한 지표가 되는 것은 저자의 의도보다는 독자의 반응이라고 지적했다. 또한 루이스는 작품에 대해 무관심하거나 "이미 난 그걸 전부 읽었어"라고 일축해버리는 "비문학적" 독자와, 작품에 충만하게 개입할 줄 아는 "문학적" 독자를 구별했다. "문학적" 독자는 같은 작품을 여러 번 읽을 수 있으며 작품의 등장인물과 자신을 동일시할 수도 있다. "미학적 반응의 기초"라는 장에서 볼프강 이저는 텍스트나 작품의 잠재성과 독자의 미학적 반응에서의 "구체화"를 구별한다. 실제로 "작품"은 텍스트나 독자의 주체성과 동일한 것이 아니라 텍스트와 독자 사이의 상호작용과 동일하다.[4] 또한 이저는 동시대의 독자를 "이상적 독자"와 대비시킴으로써 "텍스트의 가능한 현실화들" 사이를 구별한다.[5] 현실의 독자가 하는 재구성은 적절한 자료가 얼마나 있느냐 하는 것에 달려 있다. 이는 현재적인 기록이거나 아니면 시대적 관습이나 사회적 전제에서 출발한 재구성일 수 있다. 이상적 독자란 저자가 가진 관습이나 전제들을 공유하거나 그것을 알고 있는 독자다. 이런 독자는 따라서 텍스트의 충만한 의미-잠재성을 실현할 수 있다.[6] 이저는 독자의 심리학적 과정에 대한 홀랜드의 관심에 대해서도 논의한다.

볼프강 이저는 오스틴의 수행적 언어 또는 "의미 수반 발화적" 언어 이론을 참조함으로써 자신의 논지를 강화한다. 수행적 언어란 **말하는** 언어적 행위 바로 그 자체 안에서 어떤 행위를 수행함을 의미한다. 이런 언어는 사

---

3 C. S. Lewis, *Experiment in Criticism* (Cambridge: Cambridge University Press, 1961).
4 Iser, *The Act of Reading*, p. 21. 참조. pp. 20-50.
5 Iser, *The Act of Reading*, p. 27.
6 Iser, *The Act of Reading*, pp. 28-29.

람들 사이에 공유된 관습을 이용한다. 예를 들어 "내가 이 배의 이름을 짓겠어"라는 언어 행위가 있다고 하자. 이런 말은 대통령, 여왕, 선박 거물의 아내처럼 권위를 가진 인물에 의해 발화되었음에 분명하다. 또다시 이 발화는 "완성되어야" 한다. 만일 내가 "난 데이비드를 뽑았어"라고 말했는데 상대가 "난 놀지 않겠어"라고 중얼거린다면 이 발화는 완성되지 못하고 텅 빈 채로 남게 된다. 오스틴도 어떤 대주교가 "이 도서관을 개관함을 선언한다"라고 말했는데 실제로 도서관의 열쇠가 뚝 부러져버림으로써 여전히 잠겨 있는 상황을 인용했다. 이 경우 행위는 수행되었는가? 오스틴의 관찰에 따르면 언어 행위가 끝나려면 절차 자체가 완성되어야 한다. 한편 이저는 텍스트의 체계 내에 존재하는 빈틈을 "채워넣는 행위"에 대해 논의한다.[7]

이런 개념은 수잔 위티그의 비유에 대한 논의에서도 활용된다. 위티그가 질문하는 지점은 어떻게 다양한 의미가 나타나는가 하는 것이다.[8] 이는 부분적으로는 해석의 기본 목적들 간의 차이에 기인한다. 하지만 각각 다른 독자들이 각각 다른 방식으로 텍스트를 "채워넣기" 때문에 발생하는 현상이기도 하다. 위티그에 따르면 비유는 "이중의 함축적 체계로서 그 안에는 정확한 의미가 진술되지 않은 채로 남아 있다."[9] 독자가 빈틈을 채워넣어야 한다. 누가복음 10:33-36의 "사마리아인"을 향해 "이웃"을 삽입해주는 이는 독자인 것이다.

따라서 예수의 가르침과 선포에서 청중의 정체성에 주목하지 않음은 놀라운 일이 아닐 수 없다. 바로 이 점이 1969년에 아서 베어드(Arthur Baird)가 지적한 대목이다.[10] 이미 1919년에 슈미트(K. L. Schmidt)는 청중을 적과 군중, 추종자들, 열두 제자로 구별한 바 있다. 1931년에 맨슨은 "청중비평"(audience criticism)을 해독하는 해석학을 위한 도구로 발전시켰

---

7 Iser, *The Act of Reading*, pp. 182-95.
8 Susan Wittig, "A Theory of Multiple Meanings," *Semeia* 9 (1977): 75-105.
9 Wittig, "Theory of Multiple Meanings," p. 84.
10 J. Arthur Baird, *Audience Criticism and the Historical Jesus* (Philadelphia: Westminster, 1969), pp. 5-7, 15-31.

다. 베어드는 한층 더 섬세하게 제자들(D), 제자들로 구성된 군중(DG), 적대적 군중(GO), 적대자들(O) 등으로 예수의 청중을 구분했다. 세부 사항에서 드러나는 베어드의 세심한 주의력은 아주 인상적이다. 그는 청중과 그에 상응하는 예수의 커뮤니케이션 방법을 연결시킨 결과 12개의 항을 제시한 바 있다. 베어드는 "예수의 말이 과연 누구에게, 어떤 집단을 대상으로 발화되었는지 알아야만 우리는 그 말의 의미가 실제적으로 무엇인지 이해할 수 있다"고 결론 내린다.[11]

앞에서 검토한 독자반응이론의 역사적 버전은 비판받을 이유가 없다. 하지만 이런 개념이 오늘날에는 과연 어떤 이론을 만들어내는 것일까? 이저와 야우스가 강조했듯 독자는 일종의 **기대**를 가지고 텍스트에 접근한다. 수잔 술레이만(Susan Suleiman)은 공동 편집한 『텍스트 안의 독자』(*The Reader in the Text*)라는 책에서 상대적으로 상식적인 방식 속에 존재하는 독자의 자리에 대해 언급한 바 있다.[12] 이야기꾼과 이야기에 연관된 자기 확실성에 반대하여 우리는 관찰 대상과 관찰자 사이의 **상호작용**을 고려해야 한다. 형식주의와 신비평에서 멀리 떠날 필요가 있는 것이다.[13] 술레이만은 볼프강 이저를 인용하면서 딜타이와 낭만주의를 비판한다. 하지만 주체를 읽는 행위는 베어드가 분류한 청중과는 또 다른 것이다. 독자는 "초역사적" 존재로서 어떤 시간과 장소, 어떤 상황에도 속할 수 있다.[14] 술레이만은 노먼 홀랜드의 『인격들에 대한 시』(*Poems in Persons*, 1973)와 『다섯 명의 독자의 독해』(*Five Readers Reading*, 1975)도 참조한다.

『텍스트 안의 독자』의 공동 저자 중 한 명인 츠베탕 토도로프(Tzvetan Todorov)는 "구성으로서의 읽기"에 대해 논의한다. 토도로프의 논증에 따르면 저자에 의해 환기되는 상상적 세계는 독자에 의해 구축되는 세계와

---

11 Baird, *Audience Criticism*, p. 134.
12 Susan R. Suleiman and Inge Crosman, eds., *The Reader in the Text: Essays on Audience and Interpretation* (Princeton: Princeton University Press, 1980).
13 Suleiman, introduction to *The Reader in the Text*, p. 5.
14 Suleiman, introduction to *The Reader in the Text*, p. 25.

같지 않다.[15] 즉 독자의 세계에서는 상징화된 사실이 해석되는 것이다. 사회적 관습과 가치 체계는 해석들이 시대에 따라 달라지는 원인이 된다. 그러므로 이렇게 구축하는 역할을 하는 독자가 어떤 사람인지 알 필요가 있다. 「독자가 의미를 만들어내는가?」(Do Readers Make Meaning?)라는 논문에서 로버트 크로스만은 핵심적인 쟁점 하나와 씨름한다. 크로스만의 검토에 따르면 허쉬는 자신의 전통적 접근법에서 텍스트는 하나의 의미만을 가질 수 있다고 가정했다.[16] 하지만 크로스만은 독자가 텍스트에 의해 **제한받는다**는 이런 관념은 문제투성이라고 주장한다. 우리가 "저자의 의미"에 도달하는 것은 바로 우리가 그것에 도달했다고 **결정**하기 때문이다. 하지만 과연 이것은 사실인가?

이런 논의는 우리를 독자반응이론의 한층 더 급진적인 결론, 즉 스탠리 피쉬, 노먼 홀랜드, 데이비드 블라이히(David Bleich)의 주장으로 이끈다. 『이 교실에는 텍스트가 있는가?』(*Is There a Text in This Class?*)라는 책에서 스탠리 피쉬는 1970-1980년대로부터 시작된 자신의 해석관을 추적한다.[17] 먼저 피쉬는 과연 텍스트에 의미가 간직되어 있는가를 질문한다. 그리고 학문적 여정 다음에는 "독자의 반응이 의미와 연결되어 있는 것이 아니라 의미 자체"라고 믿게 된다.[18] 피쉬에 따르면 텍스트의 지위는 의심의 대상이 된다. 가치 있는 문학이 무엇인가를 결정하는 것은 공동체적 결정이다. 저자의 의미에 대해서 그는 이렇게 썼다. "내가 행했던 것은 비평가들이 늘 하는 일이었다. 나는 내 해석적 원리들이 나로 하여금 보도록 허락하고 인

---

15 Tzvetan Todorov, "Reading as Construction," in *The Reader in the Text*, p. 73. 참조. pp. 67-82.

16 Robert Crosman, "Do Readers Make Meaning?" in *The Reader in the Text*, p. 156. 참조. pp. 149-64.

17 Stanley Fish, "Introduction, or How I Stopped Worrying and Learned to Love Interpretation," in Fish, *Is There a Text in This Class? The Authority of Interpretive Communities* (Cambridge: Harvard University Press, 1980), pp. 1-17.

18 Fish, "Introduction," p. 3.

도하는 것을 '보았다.' 그러고는 몸을 돌려서 내가 보았던 것을 텍스트로 귀속시켰다."[19] 독자는 그가 거기에 밀어 넣은 것을 "발견한다."

『저절로 되는 바를 행하기』(*Doing What Comes Naturally*)라는 책에서 피쉬는 자신의 주장을 더 강력하게 제시한다. 형식주의는 파괴될 수밖에 없다. 그러므로 중간 단계를 찾는 것은 비논리적인 행위다. 세계와 텍스트를 이해하기 위해서는 우리 자신의 관심과 편견이라는 관점을 통하지 않을 수 없다. 따라서 "반(反)형식주의로 가는 길" 중간 지점에서 잠시 쉴 수는 없다.[20] 피쉬는 "중도의 길"을 시도했다는 죄목으로 볼프강 이저, 오웬 피스(Owen Fiss), 도널드 데이비슨을 공격했다.[21]

노먼 홀랜드는 문학이론에 대한 관심을 심리학과 결합시킨다. 그는 독자의 방어 기제와 함께 스트레스와 두려움, 욕구도 연구한다. 홀랜드의 주장에 따르면 "모든 독자"는 내러티브를 자기화해서 자신의 무의식적 소망을 충족시키는 판타지로 변형시킨다.[22] 자아의 방어 기제는 도어 스톱(문이 소리 내어 닫히거나 벽에 흠이 나는 것을 막기 위해 문에 괴는 것)처럼 작용하여 실망스럽거나 도전적인 방식으로 텍스트를 해석하는 것을 저지한다. 이는 근본적으로 결정적인 지점이다. 각각의 독자가 각기 다양한 방식으로 반응하는 것이 사실이지만 말이다. 『이중적 관점』(*Double Perspective*, 1988)에서 블라이히는 독자의 반응을 주관적이지만 아주 중요한 것으로 간주한다. 그래서 "독자"로 하여금 대학 교육을 받은 남성이 되도록 강요해서는 안 된다. "독자"의 자리를 얻기 위해서는 남성과 여성, 정부와 국민, 엘리트와 일반인, 다시 말해 "나와 너"의 "이중의 관점"이 필요하다.[23]

---

19 Fish, "Introduction," p. 12.
20 Stanley Fish, "The Anti-Formalist Road," in Fish, *Doing What Comes Naturally: Change, Rhetoric, and the Practice of Theory in Literary and Legal Studies* (Oxford: Clarendon, 1989), pp. 1-35.
21 Fish, *Doing What Comes Naturally*, p. 120. 참조. pp. 68-86, 103-40.
22 Norman Holland, *Five Readers Reading* (New Haven: Yale University Press, 1975), p. 117. 참조. pp. 113-21.

2. 성경 연구에서 수용이론의 평가와 적용

1. 예수의 비유처럼 "열린" 텍스트를 다룰 때는 의미를 "완성"시키는 존재로서의 독자 개념에 대한 강조는 분명히 도움이 된다. 예를 들어 아돌프 윌리허와 로버트 펑크 사이의 입장 차이가 그러하다. 윌리허는 비유가 단순하고 명백하며 직유적이라고 주장한 반면, 로버트 펑크는 은유에서 명확하게 드러나듯 간접적이며 반응을 기다리는 기법으로서 비유를 설명했다. 윌리허가 생각한대로 만약 비유가 교육적 목적을 위해 오직 "사유를 전달하는" 기능만을 가진다면, 존 바튼이 지적한 대로 독자반응이론은 가장 유효한 방법이 아닐 수 있다.[24] 하지만 만일 비유가 외부인에게 도달하기 위해 은유로서 간접적 커뮤니케이션을 사용한다면, 펑크의 논증대로(푹스에 대한 동의도 암시하면서) "은혜의 말씀은…청중을 작은아들과 큰아들, 죄인과 바리새인으로 분리시킨다.…비유가 그를 해석하는 것이다.…**바리새인은 은혜의 말씀이 자신을 해석하도록 허락하기보다 스스로 은혜의 말씀을 해석하기를 고집하는 자다.**"[25]

하나의 내러티브 안에 있는 사건과 행위들을 해석하는 것 역시 **"열린"** 텍스트의 영역 아래 속할 것이다. 해방신학은 노먼 홀랜드의 개념, 즉 자신을 출애굽 사건의 개입자와 동일시하는 독자 현상에 대해 좋은 예를 제시한다. 이때 독자는 자신이 상황을 처음 의식했다고 간주하며 예속과 억압으로부터의 해방을 경험하게 된다. 이런 내용을 세베리노 크로아토는 출애굽기 주석에서 예증한 바 있다. 사건이나 인물을 유형론적으로 "보면서" 독

---

23 David Bleich, *The Double Perspective: Language, Literacy, and Social Relations* (New York and Oxford: Oxford University Press, 1988), pp. vii-25 외 여러 곳.

24 John Barton, *Reading the Old Testament: Method in Biblical Study* (London: Darton, Longman and Todd, 1984), pp. 204-7.

25 Robert W. Funk, *Language, Hermeneutic, and Word of God* (New York: Harper and Row, 1966), pp. 16-17, 펑크 강조.

자들에게 의존하는 유형론에는 유사-상징적이고 유비적인 평행들이 존재한다. 채리티(A. C. Charity)는 『사건들과 그 사후』(*Events and Their Afterlife*)에서 시편이 시대를 초월하여 독자의 반응을 이끌어내는 무궁무진한 원천이 된다고 주장한다.[26] 시편 86:8, 10에서 시편기자가 "주만 홀로 하나님이 시니이다"라고 외칠 때 여기서 신적 초월성과 하나님의 통치는 예속되고 억압받는 모든 사람, 모든 시대와 관련된다. "이는 여호와께서 행하신 것이요 우리 눈에 기이한 바로다"(시 118:23)라는 선포는 하나님에 대한 찬양을 드높이고 싶어하는 모든 신자와 공명한다.

2. "들을 귀 있는 자는 들으라"(막 4:9)라는 말씀에서 예수가 의도한 것은 "내 말로부터 무엇이든 네가 좋아하는 것을 취하라"가 아니라 "가서 내가 말한 바를 행하라"였다. 스탠리 피쉬의 입장이 어떤 것이든 간에 **우리는 해석이 잘못될 가능성이 언제나 있음을 알고 있다. 비록 하나 이상의 해석이 옳을 수 있다는 생각은 논란의 여지가 있지만 말이다.** 움베르토 에코는 "열린" 텍스트와 "닫힌" 텍스트를 결정적으로 구별한 바 있다.[27] "닫힌" 텍스트란 독자가 저자의 "사유"와 메시지를 단일한 방식으로 받아들임으로써 독자의 반응이 미리 결정되는 경우를 의미한다. 일상적 경험 속에서 예를 들자면 약사는 의사의 처방전을 자기 좋을 대로 "해석"하는 것이 아니라 처방이 요구하는 바를 환자에게 제공한다. 도구나 자동차의 설명서 또한 "닫힌" 텍스트다. "물이 1미터까지 차올랐다"는 정확하고 애매한 점이 없는 문장이다. 하지만 "물이 위험 수위에 이르렀다"를 이해하기 위해서는 짧게나마 "위험"이 무엇인지 정의하는 논의가 필요할 수도 있다. 이 문장이 말하는 위험은 어느 정도의 위험을 의미하는 것인가? 이런 경우 텍스트는 거의 닫

---

26 A. C. Charity, *Events and Their Afterlife: The Dialectics of Christian Typology in the Bible and Dante* (Cambridge: Cambridge University Press, 1966), 특히 pp. 24-34.

27 Umberto Eco, *A Theory of Semiotics* (Bloomington: Indiana University Press, 1976), pp. 56, 68-86, 136-39. 『일반 기호학 이론』(열린책들 역간). *The Role of the Reader* (London: Hutchinson, 1981), p. 4.

힌 듯 보이지만 부분적으로 "열려 있다."

찰스 핫지(Charles Hodge) 같은 학자들은 성경 전체가 진술의 형식에 있어 언제나 "닫힌" 텍스트로 구성된다고 본다. 하지만 만일 성경이 조금이라도 "열려 있다"면 성경은 우리를 일종의 해석적 판단으로 초대한다. 다른 곳에서 나는 창세기 31:49의 라반의 말, "우리가 서로 떠나 있을 때에 여호와께서 나와 너 사이를 살피시옵소서"를 예로 사용한 적이 있다.[28] 자주 이 말씀은 작별 때 사랑하는 사람을 하나님의 돌보심에 위탁하는 말로 잘못 적용된다. 사실 컨텍스트를 보면 텍스트가 의미하는 것은 절대 이런 것일 수 없다. 야곱과 라반은 계속해서 서로에게 일련의 치사한 속임수를 사용했다. 따라서 라반이 야곱에게 한 말은 야곱이 다시 한번 속임수를 시도할 경우 주님이 지켜보시면서 앙갚음을 해주실 것이라는 의미다.

많은 서신서는 저자의 "사유"를 전달하며 그 사유는 청중에 의해 옳거나 그릇된 방식으로 이해된다. 텍스트를 전유한다는 기초적 의미만 제외하고 대체로 보아 서신서에는 독자반응이론이 적용되기 곤란하다. 많은 텍스트가 보다 더 **창의적인 방식으로**, 그러나 **정확한 한계 내에서** 독자반응이론을 허용한다는 점은 충분하게 인정되지 않은 사실이다.

바로 이것이 휴고 폰 빅토르와 리라의 니콜라우스, 심지어 멜랑히톤이 **알레고리적이거나 유비적·도덕적인 해석을 허용하면서도 그것을 역사적· 문자적 해석으로 "통제"해야 한다**고 했을 때 암시했던 내용이었다. 물론 그렇다고 대학 시험 답안지를 채점하듯 작은 덩어리(텍스트의 발췌)들을 "옳음", "부분적으로 옳음", "완전히 틀림" 등으로 등급을 매길 수는 없다. 성경 학자들이 말하는 "공동체(흔히 '길드'라고도 불림)가 받아들일 만한 것"도 충분한 의미가 되지 못한다. 가다머조차도 공동체의 상식에 호소한 바 있다. 적용 대부분에 나타난 탁월성에도 불구하고 스티븐 파울(Stephen Fowl) 역

---

28 Anthony C. Thiselton, *Can the Bible Mean Whatever We Want It to Mean?* (Chester, U.K.: Chester Academic Press, 2005), pp. 10–11.

시 자신의 저서의 해석에 대한 원리적 부분에서 이를 충분히는 설명하지 못했다.[29]

"문학적" 텍스트(literary text)와 "전달적" 텍스트(transmissive text)는 "열린" 텍스트와 "닫힌" 텍스트와 동일한 개념의 전문 용어다. 월터스토프와 존 서얼의 주장처럼 어떤 텍스트가 "문학적"인지 판단하는 것은 독자의 몫인 반면, 어떤 텍스트가 픽션인지 아닌지 하는 것은 저자의 책임에 속한다. 만일 하나님이나 사도, 선지자가 "전달자"라면 텍스트가 문학적인지 전달적인지를 결정하는 것은 핵심적으로 중요하다.

독자반응이론의 유명한 예 가운데 하나가 로버트 파울러(Robert M. Fowler)의 『떡과 물고기』(Loaves and Fishes) 속에 나온다.[30] 여기서 파울러는 마가복음 8:1-10의 떡 일곱 개로 4천 명을 먹인 기적 설명과 마가복음 6:30-44의 떡 다섯 개로 5천 명을 먹인 기적 설명을 구별하고 있다. 중심축이 되는 구절은 마가복음 8:21의 "아직도 깨닫지 못하느냐?"라는 말씀이다. 파울러의 주장에 따르면 첫째, 독자는 문자적 의미를 거부하도록 초대된다. 첫 번째 기적(5천 명을 먹임)이 막 일어난 마당에 두 번째 기적을 기대하지 않을 만큼 제자들이 둔감할 수 있었을까? 둘째, 저자 또는 편집자는 예수가 누구신지에 대해 파악하고 인식하는 데 제자들이 더디다는 것을 알고 있었다. 셋째, 독자는 자신의 적절한 기독론과 제자들의 어리석음을 비교하게 된다. 따라서 독자의 반응은 기독론적 고백의 반응이 된다.

물론 파울러의 작업에도 훌륭한 점이 많이 존재한다. 하지만 결국 이 작업은 사변적이며 특정한 편집비평적 접근법에 의존하고 있다. 마가는 독자를 조작하고 있으며 역사적 내레이션에는 큰 관심을 두지 않는다. 내러티브 시간을 배치하는 데 있어 마가를 신뢰하는 것은 사실이지만 이는 분

---

29 Stephen E. Fowl, ed., *The Theological Interpretation of Scripture: Classic and Contemporary Readings* (Oxford: Blackwell, 1997).

30 Robert M. Fowler, *Loaves and Fishes: The Function of the Feeding Stories in the Gospel of Mark*, Society of Biblical Literature Dissertation Series 54 (Chico, Calif.: Scholars Press, 1981), pp. 43-90, 91-148.

명히 텍스트에 의해 요구된다. 마가가 얼마나 조작하고 있는지에 대해서는 한계가 있는 것이다. 물론 이런 시나리오는 연구를 위해서는 좋지만 그 증거는 파울러가 주장하는 것보다 미약하다고 할 수 있다.

미국의 문학비평은 너무 쉽게 독자반응이론을 산출하는 경향이 있는데 그 이유는 주창자들 대부분이 권위 있는 성경 텍스트를 다루지 않기 때문이다. 맥나이트(E. McKnight)의 『성경과 독자』(Bible and the Reader)조차도 성경 전문가의 저술보다는 프랑스 구조주의, 러시아 형식주의, 프로프와 그레마스의 내러티브 이론, 야우스, 허쉬, 웨인 부스(Wayne Booth), 노먼 홀랜드에 대해 논의한다.[31] 하지만 스탠리 피쉬는 독자반응 비평에서 해석의 정도를 억제하는 메커니즘이 존재하지 않음을 인정한 바 있다.[32] 피쉬에 따르면 해석은 고독한 개인에 속한 것이 아니기 때문에 해석의 공동체가 강조되어야 한다. 하지만 문제가 되는 것은 공동체의 사적 관심과 욕망, 그리고 그 욕망에 유용한 것들에 반대해서 비판적 억제를 제공하는 것이 불가능하다는 사실이다.[33] 단순히 종교개혁은 로마가톨릭에 대항한 하나 혹은 그 이상의 공동체의 선호일 수 있다. 하지만 루터, 멜랑히톤, 틴데일, 칼뱅을 자극했던 것은 명백히 이런 것이 아니었다. 나아가 피쉬는 실용적인 것과는 다른 심각한 인식론에 대해서는 의심의 눈길을 보내고 있다. 여기에 대해 로버트 코링턴(Robert Corrington)은 이런 확연한 실용주의가 미국 해석학의 고질적 풍토임을 보여주었다.[34]

31 Edgar V. McKnight, *The Bible and the Reader: An Introduction to Literary Criticism* (Philadelphia : Fortress, 1985).

32 Fish, *Is There a Text?* p. 9.

33 Fish, *Doing What Comes Naturally*, pp. 1-33, 68-86 (볼프강 이저에 대해서).

34 Robert S. Corrington, *The Community of Interpreters: On the Hermeneutics of Nature and the Bible in the American Philosophical Tradition* (Macon, Ga. : Mercer University Press, 1987), 특히 pp. 1-29.

3. 알레고리적 해석은 독자반응이론의 하위 범주에 속하는가?

앞에서 이미 검토했듯 필론과 오리게네스 역시 독자에게 관심을 가졌다. 분명히 알레고리화하는 데는 다른 이유들이 존재했을 것이다. 물론 이 동기들 중 몇몇은 신학적인 것이었다. 하지만 "육체" 또는 "역사"는 "정신" 또는 "영혼"과 관련된다는 헬레니즘적 개념도 공유되었을 것이다. 하지만 모든 기독교 해설자에게 있어 성육신은 첨예한 이원론을 도전했고 가현설의 위험은 성육신적 신학을 위협했다. 비록 이런 관심이 독자반응이론과는 무관하긴 하지만, 첫 번째 동기부여 즉 텍스트는 청자와 독자에게 적합해야 한다는 관심은 명백하게 이 이슈와 일치한다.

예수의 비유에 대한 해석에서 알레고리적 해석과 독자반응이론 사이에 분명한 선이 그어지는 경우도 때때로 있다. 교부 시대와 중세 교회에서 흔히 알레고리는 교회의 교리를 텍스트에 부과하는 방식 속에서 발생했다. 바로 이것이 앤드류 라우스와 앙리 드 뤼박이 "알레고리로 귀환"할 것을 요청한 이유다.[35] 라우스의 주장에 따르면 우리는 교부와 교부 전통으로 돌아가야 한다.[36] 이런 주장은 신학을 성경해석으로 되돌아가게 만든다. 뤼박은 기독교가 **책**의 종교라는 점은 부정하지만 **말씀**의 종교라는 점은 긍정한다.[37] 통상적으로 알레고리는 그리스도 중심적이다. 논의를 이끌면서 라우스는 I. A. 리처즈, T. S. 엘리어트, 심지어 가다머까지 참조했는데 이들의 논의는 독자반응이론과 인접한다고 할 수 있다. 오리게네스는 성경과 신학 전체는 다 함께 하나님의 교향곡과 조화를 이룬다고 주장한 바 있다. 라우스는 성경과 신학을 다성적 화음과 연결시킨다. 휴고 폰 빅토르는 성경이 전체로서 의미하는 바에 대해 언급한다. 컨텍스트는 텍스트가 출현하는 역사적

---

35 Andrew Louth, "Return to Allegory," in Louth, *Discerning the Mystery: An Essay on the Nature of Theology* (Oxford: Clarendon, 1983), pp. 96–131.

36 Louth, *Discerning the Mystery*, p. 96.

37 Louth, *Discerning the Mystery*, p. 101.

상황일 뿐 아니라 고립된 텍스트 그 이상을 개입시키는 삶-컨텍스트다.

구약의 "예표들"은 더 넓은 컨텍스트를 전제한다. 알레고리와 예표론 사이의 구별은 타당하지만 과장되어서는 안 된다. 램프에 따르면 "그리스도의 구원 사역은…선행하는 언약 역사 전체의 흐름에 결정적 의미를 부여하는 그 순간으로 이해되었다."[38] 루터는 여기에 대해 이의를 제기하지 않을 것이다. 비록 그는 점점 더 알레고리를 성경의 명료한 의미를 흐리는 수용 불가능한 방식으로 보기는 했지만 말이다. 루터의 태도의 많은 부분은 지금 설명하고 있는 성경 텍스트가 무엇인지, 또 무슨 목적으로 그것이 사용되는지에 달려 있다. 칼뱅의 주장에 따르면 "알레고리는 성경이 명백히 인정하는 것 이상으로 멀리 나아가서는 안 된다. 즉 알레고리는 교리를 세우기에 충분한 토대를 형성하는 작업에서는 멈추어야 한다."[39] 여기서 칼뱅이 주요하게 반대한 것은 명료한 의미를 흐리는 "얄팍한 알레고리들"이었다.

종교개혁자들은 자아의 편에 있는 맹목성과 죄가 성경의 해석을 왜곡된 방향으로 이끌 수 있음을 잘 알고 있었다. 하지만 만일 "독자반응"이라고 불리는 것이 성령에 대한 개방성과 마음의 순수성 안에서 시행된다면 그들도 이것을 허용했을 것이다. 아마도 이런 지점은 알레고리의 경우와 유사한 듯하다. 텍스트가 전달적이거나 닫혀 있는 경우 명료한 역사적 의미는 기초적이고 토대가 되는 의미를 전달한다. 반면에 텍스트가 시적이고 은유적이거나 문학적인 경우에는 독자반응이 적절하다. 하지만 피쉬가 그랬던 것처럼 효과가 텍스트의 의미를 **구성한다**는 주장은 특히 교훈적이거나 예언적인 문헌에서 하나님이 선지자, 사도, 예수의 매개를 통해 말씀하시는 바를 설명하는 데는 실패한다.

---

38 G. W. H. Lampe and K. J. Woollcombe, *Essays on Typology* (London: SCM, 1957), pp. 25-26.

39 John Calvin, *Institutes of the Christian Religion*, trans. Henry Beveridge, 2 vols. (London: James Clarke, 1957), 2.5.19; p. 291.

4. 수용이론의 최근 전회와 한스 로베르트 야우스

독자반응이론이 최초의 청중에서부터 현재에 이르는 기간 중 특정한 순간
의 독자들의 **공시적** 반응을 연구하는 반면, **수용이론**은 특정 시대, 예를 들
어 교부 시대나 종교개혁이라는 특정한 역사 시대 동안의 독자들의 통시적
단편을 탐구한다. 하지만 이런 것들만이 해석의 역사인 것은 아니다. 어떤
사유의 경향은 수용이론과 영향사와 동일시한다. 가다머의 용어로는
"Wirkungsgeschichte"인 영향사는, 1960년에 바르덴(G. Barden)과 커밍(J.
Cumming)에 의해 "effective history"로, 또 1989년에 조엘 와인스하이머
와 도널드 마샬(Donald Marshall)에 의해서는 "history of effects"로 번역되
었다. 하지만 텍스트에 대해 독자들이 기여하는 영향과 독자에 대해 텍스
트가 작용하는 영향, 이 두 가지 과정 및 방법이 전통을 형성한다는 점에서
아마도 최상의 번역은 "history of influences"일 것이다.[40] 울리히 루츠의
주장에 따르면 영향사는 "매체로서의 텍스트의 역사, 수용, 현동화를 다룬
다. 이것은 설교, 교회법, 찬송, 예술, 교회의 행동과 고통에서의 주석과는
다른 것이다." 최근에 블랙웰 시리즈(Blackwell series)에서 나온 "수용이론"
편이 실망스러운 것은 아마도 수용이론이 가진 이런 측면에 대한 무시와,
이 이론과 해석자의 신학의 연결된 결과일 것이다.

사실 수용사의 기초를 놓은 학자는 가다머의 제자인 한스 로베르트 야
우스(1921-1997)다. 야우스는 독일 경건주의 전통에서 자랐고 제2차 세계
대전 때는 러시아의 최전선 지역에서 전투에 참가하기도 했다. 1944년에는
프라하에서, 1948년에는 하이델베르크에서 공부했다. 1950년대 초반에 하
이데거와 가다머의 영향을 받은 야우스는 1952년에 시간과 회상, 과거와

---

40 Ulrich Luz, *Matthew 1-7: A Commentary*, trans. W. C. Linss (Minneapolis:
Augsburg Fortress; Edinburgh: T. & T. Clark, 1989), p. 11. 참조. pp. 95-99.
Luz, *Matthew 8-20*, trans. W. C. Linss (Minneapolis: Augsburg Fortress;
London: SCM, 2001); Luz, *Matthew 21-28*, trans. J. E. Crouch (Minneapolis:
Fortress; London: SCM, 2005).

현재의 관계에 대한 연구로 하이델베르크 대학에서 박사 학위를 받는다. 한편 이 학자의 교수 자격 논문은 로망스어 문헌학에 관계된 내용이었다. 1961년 야우스는 기센 대학의 교수가 되는데 이때 볼프강 이저와 협력 관계를 맺게 된다. 1966년에는 독일 남부 도시 콘스탄츠의 새로운 대학에 문학 연구과를 설립하고 나중에 콘스탄츠 학파로 알려지게 될 다섯 명의 교수와 협력 관계를 구축한다. 여기에는 이저도 포함되어 있었다. 1967년 야우스의 취임 강연 「문학이론에 대한 도전으로서의 문학사」(Literary History as a Challenge to Literary Theory)는 수용이론의 기초가 되는 문서다.[41]

야우스는 데카르트의 고립된 "의식", 즉 역사와 사회적 삶으로부터 추상화된 의식으로부터 논의를 시작하는 것은 무익하다고 본 가다머와 리쾨르의 관점을 공유한다. 우리의 지평은 현재 상황을 포함하듯 과거와 이상적으로는 미래까지 포괄해야 한다. 한 권의 책을 읽을 때 우리는 그 책으로 "기대 지평"(horizen of expectation)을 가져오게 된다. 가다머와 콜링우드의 주장에 따르면 모든 우리의 관심은 고정된 추상적 "문제"가 아닌, **동기와 연관된 질문**에서 비롯된다. 가다머처럼 야우스도 시대와 역사를 무시하고 과거를 "닫힌" 것으로 간주하는 잘못된 "객관성"과 실증주의를 거부한다. 사실 야우스는 가다머가 중지한 지점에서 자신의 논의를 시작한다고 할 수 있다. 어떻게 "영향들"이 계속되는 전통과 사회적 상황 속에서 작용하는지에 대해 후속 연구가 필요했던 것이다. 하나의 예술 작품은 그것이 태어난 조건들보다 더 오래 지속된다. 야우스는 러시아 형식주의의 **"탈습관화"**(defamiliarization) 또는 낯설게 하기 원칙을 수용한다. 형식주의의 **"낯설게 하기"**(estrangement)란 익숙했던 것이 낯설어 보이게 될 때 정상적이고 일상적인 지각을 교란시킨다는 개념이다. 야우스는 역사 안에 존재하는 도전적이고 교란시키는, 심지어 도발적인 요소에 가다머보다도 더 큰 위상을 부여한다. 텍스트는 존속하지만 독자들은 끊임없이 변화하며 새로운 경험

---

41 Jauss, *Aesthetic of Reception*, pp. 3-45.

의 지평, 독자 자신의 지각을 시대에서 시대로 계속 변화시키는 경험의 지평을 텍스트에 가져온다. 이것이 바로 야우스의 취임 강연의 첫 20쪽의 내용이며 그 뒤로는 다음과 같은 7개의 논제가 소개된다.

1. 첫째 논제는 변화를 감지하고 "객관주의"의 오류를 드러내기 위해 **문학사의 쇄신**을 요청한다. 야우스에 따르면 "하나의 문학적 사건은…오직 그 사건 뒤에 오는 자들이 그것에 반응할 때만 효과를 가질 수 있다."[42] 이런 효과는 **기대 지평**, 다시 말해 독자가 작품 안에서 또는 작품으로부터 기대하는 바에 의해 매개된다.

2. 둘째 논제에서 야우스는 독자가 개인적으로 **위협이 되는 것**을 회피하는 경향이 있다고 진술한다. (바로 이것이 "공손이론"의 출발점이다. 여기에 대해서는 결론에서 간략하게 논의할 것이다.) 비록 야우스 자신이 명시적으로 언급하지는 않았지만 이 내용은 특히 성경에 대한 자유주의적 독해, 해방신학과 탈식민주의신학, 몇몇 페미니즘 해석학에 적용될 수 있다(이 책의 제13장, 제14장을 보라). 여기에는 브라운과 레빈슨의 공손이론, 홀랜드나 블라이히의 독자반응이론에서 발견되는 심리학적 요소들이 존재한다. 텍스트는 교정되거나 대체되고 왜곡되며 재생산되기도 한다.

3. 셋째 논제에 따르면 기대 지평은 청중에 대한 영향력을 결정할 것이다. **텍스트는 우리의 지평을 변화시킬 수 있다.** 또한 텍스트는 우리의 오래된 기대를 만족시키거나 넘어설 수도, 실망시키거나 논박할 수도 있다.[43] 비록 야우스는 언급하지 않았지만 성경의 형성적 힘이 바로 그런 기능을 한다.

4. 야우스의 넷째 논제에 따르면 현재적 기대 지평을 재구성하는 작업은 비평가나 독자로 하여금 텍스트에 대해 새로운 질문을 할 수 있도록 만들며 또한 독자가 **어떤 방식으로** 작품을 **이해했는지** 발견하도록 이끈다. 그

---

42 Jauss, *Aesthetic of Reception*, p. 22.
43 Jauss, *Aesthetic of Reception*, p. 25.

것은 서로 다른 독자들 사이에 있는 차이들이 선명하게 보이도록 만든다. 그것은 피쉬나 홀랜드보다 덜 주관적이다. 왜냐하면 그것은 텍스트가 제기한 질문에 대답하는 **내러티브 방식**을 제안하기 때문이다. 그것은 독립적인 독해를 누적된 평결들과 비교하면서 "시대의 평결"에 특권을 부여한다. 비록 연속적 독해들이 다르다 하더라도 말이다.

5. 다섯째 논제는 이런 종류의 탐구가 이해의 **역사적 펼쳐짐** 내에서 일어난다는 점을 강조한다. 기대를 능가하건 경탄을 일으키건 기대를 교정하건, "새로운" 것으로 나타나는 것은 무엇이든 미학적이거나 예술적인 카테고리를 구성한다.

6. 여섯째 논제는 언어학의 공시적 축과 통시적 축을 강조한다. 이 논제는 정신의 변화를 **통시적으로** 설명한다.

7. 일곱째 논제에 따르면 수용사는 특별한 역사 또는 역사의 **특별한 시기**에 초점을 맞추어야 하는 동시에, 그 시대의 사회적 기능들에 대해서도 주목해야 한다. 한편으로 이런 작업은 텍스트에 빛을 비추며 다른 한편으로는 독자의 측면을 조명한다. 야우스는 텍스트의 **"사회적으로 형성적인 기능"**을 강조한다.[44] 이런 기능은 많은 예들 가운데서도 특히 성경에 적용된다.

다음 논고에서 야우스는 볼테르, 빙켈만, 헤르더, 드로이젠, 랑케 등을 참조하면서 역사, 예술사, 역사철학에 대해 논의한다. 야우스에 따르면 시간을 초월한 아름다움은 역사적 경험과 영향력의 산물을 구성한다. 오로지 기대 지평이 변하듯 우리는 예술이나 미학의 주장들을 검토할 수 있다.[45] 다음으로 야우스는 형식주의적 접근법의 가치를 거부하면서 중세 문학을 탐구한다. 그런 후에는 독해의 다양한 지평과 시적 텍스트를 구별하면서 괴테, 보들레르를 검토한다. 야우스의 주요 관심사는 시문학이었으며 그것이 성경에 어떻게 적용되는지는 묻지 않았다.

---

44 Jauss, *Aesthetic of Reception*, p. 45, 야우스 강조.
45 Jauss, *Aesthetic of Reception*, p. 64.

성서학에서 수용이론 또는 수용사는 최근에 와서 특정한 학술회의와 저술의 주요 주제가 되면서 사람들의 상상력을 자극하기 시작했다. 울리히 루츠는 복음주의-가톨릭 신약 주석(Evangelish-katholischer Kommentar zum Neuen Testament, EKK 시리즈, 영어판 1989-2005) 중 마태복음에 수용이론을 적용했다. 같은 시리즈에서 울리히 빌켄스(Ulrich Wilckens)는 같은 이론을 로마서 주석에 적용했다.[46] 한편 나는 고린도전서 주석에서 "텍스트의 탈역사"라는 주제 아래 다양한 발췌를 시도했다.[47] 블랙웰 성경 주석(Blackwell Bible Commentaries)은 새로운 시리즈를 구성하는데 여기에는 데이비드 건의 사사기 주석, 마크 에드워즈(Mark Edwards)의 요한복음 주석, 크리스 로랜드와 주디스 코박(Judith Kobacs)의 요한계시록 주석이 포함된다(2003-2005).[48] 이 시리즈는 수용사이기를 의도했지만 제일 처음에 나온 두세 권은 루츠의 정의를 충분히 실현하지 못하고 있다. 또한 역사적 텍스트의 선택도 임의적인 듯 보인다. 마치 시리즈의 의도가 해석의 역사를 생산하는 것이었다는 듯 말이다. 토마스 오든(Thomas Oden)은 IVP에서 교부 선집을 편집했다.[49] 이 책은 유용하기는 하지만 해석에 대한 임의적 역사라는 느낌을 준다. 차일즈는 완성도 있는 출애굽기 주석을 내놓았는데 주해의 역사를 균형 있게 다루고 있다.[50] 이런 경향은 너무 새로운 나머지 존 호

---

46 Ulrich Wilckens, *Der Brief an die Römer*, 3 vols., Evangelisch-katholischer Kommentar zum Neuen Testament 6.1-3 (Neukirchen: Neukirchener, 1978-82): Romans 1-5 (1978); Romans 6-11 (1980); Romans 12-16 (1982); 3rd and 4th edition of vols. 2, 3 (2003-5).

47 Anthony C. Thiselton, *The First Epistle to the Corinthians: A Commentary on the Greek Text*, New International Greek Testament Commentary (Grand Rapids: Eerdmans; Carlisle: Paternoster, 2000).

48 Judith Kovacs and Christopher Rowland, *Revelation* (Oxford: Blackwell, 2004); Mark Edwards, John (Oxford: Blackwell, 2004); David M. Gunn, *Judges* (Oxford: Blackwell, 2005).

49 예를 들어 Thomas C. Oden, *Genesis 1-11*, ed. Andrew Louth (Downers Grove, Ill., and Leicester: InterVarsity, 2001).

50 Brevard S. Childs, *Exodus: A Commentary* (London: SCM, 1974), pp. 22-24, 40-42, 84-87, 164-68 등.

이스가 편집한 『성경해석 사전』(*Dictionary of Biblical Interpretation*, 1999), 케빈 밴후저가 편집한 『신학적 성경해석 사전』(*Dictionary for Theological Interpretation of the Bible*)의 특징이 되지는 못했다.[51]

5. 수용이론과 특정한 성경 구절들

브레버드 차일즈(1923-2007)는 주석 안에 주해의 역사를 포함시킨 최초의 현대 주석가라 할 수 있다(1974에 출간된 출애굽기 주석이 그 예다). 자주 차일즈는 필론과 타르굼을 탐구했으며 교부들, 종교개혁, 18세기에서 20세기에 이르는 근대 학문을 검토했다. 그의 작업은 분명히 "주해의 역사"며 이는 "수용비평"과 같지 않다. 비록 차일즈는 신앙 공동체가 성경 텍스트로부터 무엇을 만들어냈는지 보여주려 했지만 말이다. 한스 프라이의 영향은 "예일 학파"를 물들였으며 어쩌면 차일즈도 이런 프라이의 영향을 받았을 것이다. 또한 프라이와 차일즈는 둘 다 바르트에게 많은 것을 빚지고 있다. 다른 저술가들의 몇몇 시도는 해석의 역사 이상의 것을 제공하지 못한다. 하지만 이런 작업들은 성경이 교회에 봉사한다는 사실을 암시한다.

예를 들어 출애굽기 2:11-25은 모세의 애굽에서의 살인 사건과 미디안에서의 곤경을 이야기하고 있다. 구약의 컨텍스트를 논의한 다음 차일즈는 랍비와 필론의 전통을 살핀다. 그러고는 모세의 권위를 확증하는 가운데 그의 유배에서 하나님의 백성 가운데 나타난 불순종의 보다 넓은 패턴을 보고 있는 사도행전 7장에서 신약의 전통을 검토한다. 히브리서 11:24-28에서 모세는 바로의 아들로 불리기를 거부하면서 오히려 하나님의 백성과 함께 고통당하기를 선택한다. 여기서 선택이라는 요소가 강조된다. "죄의

---

[51] John Hayes, ed., *Dictionary of Biblical Interpretation*, 2 vols. (Nashville: Abingdon, 1999), and Kevin Vanhoozer, ed., *Dictionary for Theological Interpretation of the Bible* (London: SPCK, 2005).

쾌락을 피하여 모세는…그리스도를 위해 고통받았다." 이런 내용은 출애굽에서는 암시만 되는 반면 신약에서는 명시적으로 나타난다. 바로 이것이 믿음 안에서 이루어진 진짜 선택이다.[52] 히브리서 저자의 가장 대담한 혁신은 "그리스도를 위해 겪는 학대"와 관련되는데 이것은 보이는 것과 보이지 않는 것 사이의 대조와 일치한다. 이는 예표론 이상으로 "모세가 실제적으로 그리스도의 치욕에 참여했음"(참조. 히 10:33; 13:13)을 지시한다.[53]

교회 교부들을 연구하면서 차일즈는 나지안조스의 그레고리우스의 「서신」 76, 테르툴리아누스의 「마르키온 반박」 4.28, 암브로시우스의 「성직의 의무에 대하여」 1.36을 비교한다. 테르툴리아누스의 논고에서 우리는 마르키온이 출애굽기 2:13, 14을 어떻게 사용하는지 재구성해야 한다. 여기서 테르툴리아누스는 싸움에 개입하려는 모세의 의지와, 똑같은 경우에 있어 그리스도의 비의지를 포착하는 듯하다. 그러나 테르툴리아누스에 따르면 복음서에서는 경우가 다르다. "그리스도는 모세 안에 현존하고 있었다.…창조자의 영으로 나타났다."[54] 한편 암브로시우스는 똑같은 모세의 개입 사건을 언급하면서 이를 용기의 증거라고 이해한다.[55] 아퀴나스는 모세의 행위를 변호했는데 그것은 순수한 자가 옳음을 주장하기 위해서였다. 칼뱅은 모세가 하나님의 명령에 따라 무장을 한 것이라고 주해했다. 현대의 주석가들도 억압당한 자들에 대한 모세의 연민에 대해 언급한다.

출애굽기 3:1-4:17은 매우 풍요로운 논의가 이루어질 수 있는 텍스트다. 출애굽기 3:6은 마태복음 22:32, 마가복음 12:26, 누가복음 20:37에서 인용된다. 출애굽기 3:6은 부활의 증거로서 인용된다. 하나님, 살아 계신 하나님은 죽은 자가 아니라 산 자의 하나님이다(마 22:32). 스데반도 사도행전 7:30에서 출애굽기 3장을 참조하고 있다. 요한계시록 1:8은 과거에도

---

52 Childs, *Exodus*, p. 36.
53 Childs, *Exodus*, p. 37.
54 Tertullian, *Against Marcion* 4.28.
55 Ambrose, *On the Duties of Clergy* 1.36.180.

존재하셨고 현재에도 존재하는, 또한 미래에도 도래하실 하나님을 말한다. 유대교 주석에서 모세는 선한 목자다. 교부들 대부분도 출애굽기 3장을 언급한다. 이레나이우스는 "나는 존재한다"(I am)가 해방을 가져오기 위해 그리스도 안으로 임하셨다고 말한다.[56] 따라서 하나님의 존재는 그의 아들을 통해서 선포된다. 암브로시우스는 그리스도와 모세가 됨으로써 "존재하는 그분"에 대해 말한다.[57] 아퀴나스는 하나님을 "우연"이 없는 실체로 설명한다.[58] 루터는 알레고리적 해석을 제시한 반면, 칼뱅은 이 알레고리적 해석을 아들의 존재론과 영원성과 관련시킨다. 하나님은 오직 중보자를 통해서만 소통하신다.[59] 20세기에 와서 제임스 바를 위시한 일군의 학자들은 히브리어 시제가 추상적 존재가 아니라 신적 행위를 나타낸다고 보면서 히브리어의 미완료 시제를 "나는 존재할 것이다"를 의미하는 부정 시제 미래로 해석했다.

야우스의 주장에 따르면 "도발적인" 해석조차도 우리로 하여금 해당 구절을 더 강렬하게 이해하도록 하는 긍정적 가치를 가진다. 성서학에서 해석의 다양성에 마음을 빼앗기기보다는 그 해석들이 왜 발생했는지, 그것들의 동기와 영향이 무엇인지 이해하는 것이 도움이 된다. 특히 서로 다른 기대들과 텍스트에 의한 질문들이 중요하다. 가다머가 강조한 바처럼 우리는 역사 바깥에 존재하는 아르키메데스의 점에 서 있는 것이 아니다.

다음으로 우리는 간단한 예시 세 가지를 울리히 루츠의 마태복음 해석으로부터 발췌하려 한다. 첫째 예는 마태복음 1:18-25에 대한 것이다.[60] 루터와 칼뱅은 이사야 7:14에 나오는 히브리어 "almāh"가 "젊은 여성"을 의미하는지 "처녀"를 의미하는지를 질문한 적이 있다. 이들은 이 히브리어 명사가 "젊은 여성"을 의미한다는 데는 동의하지만 70인경 번역의 "처녀"를

---

56 Irenaeus, *Against Heresies* 3.6.2.
57 Ambrose, *Of the Christian Faith* 1.13.83.
58 Aquinas, *Summa Theologiae*, I, 13, qu. 11.
59 Childs, *Exodus*, pp. 85-86.
60 Luz, *Matthew 1-7*, pp. 123-27.

따른다. 여기에 대한 기독교적 해석은 히스기야만이 아니라 메시아까지 지시하는 것으로 이해한다. 루츠 자신도 마리아의 영원한 처녀성에 대해 논의했다. 루츠의 지적에 따르면 마리아의 영원한 처녀성 개념은 마리아론에 대한 관심과 영향을 가지고 있었던 히에로니무스로부터 발생했다. 그렇다면 이런 개념은 어떤 식으로든 텍스트의 의도와 관계될 수 있는가? 루츠는 이 구절이 원래는 예수에 대한 것이었지만 후대에 와서는 오직 마리아에 대한 것으로만 인식되기에 이르렀다고 주장한다. 그리하여 마리아론은 생명의 수여자로서의 성령의 삼위일체적 구조 내에서 기능하기에 이른다. 19세기에 와서 슐라이어마허는 처녀 수태의 개념 전체를 비판했다. 논의 중인 구절은 신적 주도권을 강조하려는 의도에서 쓰인 것이다. 최근의 비판적 주석가들 역시 마태복음 1:18-25로부터 먼 길을 에둘러, 처녀 수태를 이교적 배경과 연관시킨다.

제2차 바티칸 공의회 이후 가톨릭 진영에서도 앞에서 소개한 의견에 반대하는 것 같지는 않다. 성경 위원회 문서인 『교회의 성경해석』(1994)은 역사비평적 방법, 문학적 분석, 사회학적 접근, 페미니즘 해석과 해석학을 포함해서 개신교 신학에 사용된 모든 도구를 승인한다고 말했다.[61] 또한 영국성공회와 로마가톨릭이 합의한 내용은 해당 구절들이 마리아보다는 예수와 성육신에 대한 것임을 주장한다.

마태복음 2:1-12의 동방 박사의 방문을 예로 들 수도 있다.[62] 루츠의 지적에 따르면 유스티누스는 이 텍스트의 기원을 시편 72:10, 이사야 60:6의 아랍어 번역본으로 보고 있다. 반면에 초기의 전통은 동방 박사가 메소포타미아나 에티오피아에서 왔다고 본다. 중세에는 "세 명"의 동방 박사가 각각 함, 셈, 야벳의 후손을 표상한다고 해석되었다. 즉 이사야 60:3, 시편

---

61 Joseph A. Fitzmeyer, ed., *The Biblical Commission's Document "The Interpretation of the Bible in the Church": Text and Commentary* (Rome: Pontifical Biblical Institute, 1995), pp. 26-131.

62 Luz, *Matthew 1-7*, pp. 139-41.

72:10-11을 근거로 "왕"으로 인식되었다. 하지만 이 모든 견해에 대해 종교개혁자들은 근거 없는 것으로 보고 배격했다. 카스파르, 멜키오르, 발타자르는 중세 때까지는 없었던 인물이다. 예술 작품 안에 표현된 카스파르는 수염도 나지 않은 젊은이고 멜키오르는 수염이 풍성한 노인이다. 발타자르는 피부가 검은 흑인이다. 이런 형상화 속에서 텍스트와의 모순은 정점에 달한다. 텍스트 자체는 그것의 수용에 대해 거의 영향을 끼치지 않았다.

루츠는 마태복음 5:1-8(팔복 설교)에서 "그리스도인의 자기 이해와 그리스도인의 소망이라는 거대한 자산"을 본다.[63] 알렉산드리아의 클레멘스는 팔복을 완전한 영지주의자가 추구하는 마음의 순수성으로 이해했다.[64] 완전한 신자는 육체에 대항하고 투쟁하여 마침내 승리를 거둔다. 한편 이레나이우스는 "하나님을 볼 수 있는" 마음이 순수한 자들에게 주어진 약속을 포착하며 미래에 있을 종말론적 완성을 내다본다.[65] 니사의 그레고리우스(Gregory of Nyssa) 역시 종말을 내다보고 있다.[66] 루터에 따르면 팔복은 완전성을 추구하게 하여 기독교적 삶의 특징인 "비참한 방황과 수고 속에서도 하나님을 찾게 한다." 종교개혁 이후에 나타난 경건주의는 완전성을 내면세계에 있는 내적 생명을 지시하는 것으로 간주했다. 아타나시우스는 하나님에 대한 비전에 관심을 가졌다. 앞에서 열거한 모든 경우에서 우리는 각각의 해석자들의 삶과 사유로부터 어떻게 그들이 텍스트에 영향을 미쳤으며 또한 어떻게 텍스트가 그들에게 영향을 미쳤는가를 보게 된다. 루터에게 구원의 본질은 가난하고 비천한 자에게 주어지는 은혜다.[67] 루츠 또한 은혜만이 순종을 가능하게 한다는 것을 내세우며 종말론적 성취를 강조했다.

---

63 Luz, *Matthew 1-7*, p. 240. 참조. pp. 239-41.
64 Clement, *Stromata* 2.20; 4.6; 5.1.
65 Irenaeus, *Against Heresies* 4.9.2.
66 Gregory of Nyssa, *On Virginity* 24; *Against Eunomius* 3.2.
67 Martin Luther, "The Sermon on the Mount," in *Luther's Works*, ed. J. Pelikan, 56 vols. (St. Louis: Concordia, 1955-), 21:285-94.

복음주의-가톨릭 신약 주석 시리즈는 수용이론이 바울 서신에 대해 적용된 예시를 제공한다. 예를 들어 이미 우리는 울리히 빌켄스의 『로마서 강해』를 언급한 바 있다. 또한 나는 고린도전서의 그리스어 텍스트에 대한 주석(2000)에서도 이런 예를 제시하고자 했다.[68] 아마도 부활에 대한 고린도전서 15장을 다룬 것이 유일한 예가 될 것이다. 2세기 초기 교회 시대에는 고린도전서 15:1-11, 12-19에 나타난 바울의 논리적·역사적 논증보다는 그리스도인과 인류의 영원한 운명과 육체의 역할에 대해 많은 관심이 집중되었다. 확실히 15:35-49에는 플라톤주의의 영향, 즉 불멸성이 하나님의 사역에 의존하는 부활이기보다는 인간 영혼의 능력처럼 인식되는 경향이 엿보인다.

이그나티우스는 그리스도인들이 마침내는 그리스도의 형상까지 들어 올려질 것임을 인정한다.[69] 여기서 부분적으로 컨텍스트는 순교에 대한 그의 열망이 된다. 폴리카르포스(Polycarp)는 그리스도의 부활을 신자의 부활에 대한 보증으로 이해한다.[70] 이런 견해는 신적 약속과 질서를 기반으로 하고 있다. 이그나티우스의 「디다케」는 부활을 종말에 일어날 사건으로 보았는데 이는 타당하다.[71] 「클레멘스1서」에서는 낡은 육신을 잃은 후에야 새로운 것으로 입게 된다는 바울의 씨의 유비를 포착한다.[72] 잠을 자는 동안에도 우리는 새벽을 기다린다. 순교자 유스티누스는 플라톤주의와 스토아주의에 정통했으며 유대인 트리포와의 논쟁에도 참여했다. 유스티누스는 트리포에게 살아 있는 모든 자들이 들려 올라갈 것이라고 말한다.[73] 「제일변증」에서 유스티누스는 "하나님은…우리가 파악할 수 없는 일도 하실 수 있으며" 여기에는 부활이 포함된다고 주장했다.[74] 이 내용은 곧 바울의 논

---

68 Thiselton, *First Epistle*, pp. 1306-13.

69 Ignatius, *Epistle to the Trallians* 9.2.

70 Polycarp, *Epistle to the Philippians* 2.2; 5.2.

71 *Didache* 16.6.

72 *1 Clement* 24.1, 5.

73 Justin, *Dialogue with Trypho* 45.1, 2.

74 Justin, *Apology* 1.19.

증에서도 참이 된다. 반면에 나그함마디 도서관에서 나온 영지주의적 저술 「부활에 대한 논고」(*Treatise on the Resurrection*)는 "당신은 이미 부활을 소유하고 있다"고 명확하게 진술한다.[75] 이레나이우스는 이런 관점을 분명히 공격하면서 "영적 인간"을 성령의 지도를 받는 사람으로 정의했다.[76] 부활에 대한 믿음은 하나님에 대한 믿음에 기반을 둔다.[77] 동시에 이레나이우스는 부활이 가진 변혁적 본성을 강조한다. "우리 전부가 변화될 것이다"(고전 15:42-52).[78]

3세기의 테르툴리아누스는 "육체의" 부활을 강조하는 데 관심을 두었으며 몬타누스파 시절에는 성령의 중재 또한 강조했다.[79] 오리게네스도 부활을 "탈신화화"했다. 그는 부활한 "육체"가 얼마나 다를 것인지 강조했다. 오리게네스는 고린도전서 15장 또는 부활의 주제를 다룰 때는 세심한 주의가 필요함을 인식하고 있었다.[80] 4세기에 니사의 그레고리우스는 부활을 회복 즉 모든 만물의 "*apokatastasis*"로서 설명한다. 그때에는 낙원으로의 복귀가 있을 것이다.[81] 크리소스토무스는 동일성과 변혁의 연속성에 주의를 환기시켰는데 이는 정확한 지적이라 할 수 있다.

루터는 고린도전서 15장을 고린도전서 전체에 통합된 부분으로 이해한다. 칼 바르트의 입장도 마찬가지다. 즉 고린도전서 15장은 "의미의 단서로서 여기서부터 나온 빛이 전체를 비추고 그리하여 서신 전체가 하나의 통일체로서 이해 가능한 것이 된다."[82] 루터와 바르트는 모두 고린도전서 15장의 근본 핵심이 "어떤 이들은 하나님을 전혀 알지 못한다"라고 지적했

---

75 Epistle of Rheginos, *On the Resurrection* 49.15, 16.

76 Irenaeus, *Against Heresies* 5.6.1.

77 Irenaeus, *Against Heresies* 5.3.2.

78 Irenaeus, *Against Heresies* 3.19.1.

79 Tertullian, *Against Marcion* 5.10, *On the Resurrection of the Flesh* 34, 48-55.

80 Origen, *De principiis* 2.7.1-4; 참조. 8.1-5; *Commentary on the Soul and Resurrection* 3.5.

81 Gregory of Nyssa, *On the Making of Man* 17.2; 22.6.

82 Karl Barth, *The Resurrection of the Dead*, trans. H. J. Stenning (London: Hodder and Stoughton, 1933), p. 11.

다. 루터는 "만족하라.…하나님이 하실 일에 대해서는 하나님께 맡겨두라"
고 권면했다.[83] 루터와 바르트는 믿음을 통해 은혜로 말미암는 칭의와 부활
을 연결시킨다. 인간의 "성취"는 배제되며 모든 것은 하나님의 은혜와 주권
적 힘에 의존한다. 루터는 "스스로를 믿기를 그치고 하나님을 믿으라"고 선
포했다.[84]

지금까지 우리는 출애굽기, 마태복음, 고린도전서에서 비롯된 수용이론
의 예를 제시했다. 해당 분야의 적합한 참고서로는 주디스 코박의 『초기 기
독교 주석가들이 해석한 고린도전서』(*1 Corinthians Interpreted by Early
Christian Commentators*)가 있고 최근에 주목받는 저술로는 존 톰슨(John L.
Thompson)의 『죽은 자들과 함께 성경 읽기』(*Reading the Bible with the
Dead*, 2007)가 있다. 그 외에도 데이비드 패리스(David P. Parris)의 『거인들
과 함께 성경 읽기』(*Reading the Bible with Giants*, 2006), 스티븐 파울이 편
집한 『성경의 신학적 해석』(*Theological Interpretation of Scripture*, 2006) 제2
부도 참조할 만하다.[85] 이 저술들은 해당 주제에 대한 현대적 관심을 보여
준다.[86] 덧붙이자면 패리스와 파울은 박사 과정에서 내가 지도했던 훌륭한
학생들이었다. 패리스는 어떻게 하면 해석의 다양성이 절망으로 이끄는 대
신, 해석의 다양성을 결정하는 요소들을 이해하게 함으로써 용기를 주는
것으로 바뀔 수 있는지 설명하려 했다.

오먼드 러쉬(Ormond Rush)의 『교리의 수용』(*Reception of Doctrine*)도
언급할 가치가 있다. 그는 야우스를 전유하여 "수용"이라는 복잡한 개념을
검토한다.[87] 또한 그릴마이어(Grillmeier), 콩가르(Congar) 등의 수용 개념을

---

83 *Luther's Works*, 28:180 (in Weimarer Ausgabe, 36:647).
84 *Luther's Works*, 25:284 (in Weimarer Ausgabe, 56:291).
85 Fowl, *Theological Interpretation of Scripture*, pp. 103–389.
86 David Paul Parris, *Reading the Bible with Giants: How 2,000 Years of Biblical
Interpretation Can Shed Light on Old Texts* (London and Atlanta: Paternoster,
2006); John L. Thompson, *Reading the Bible with the Dead* (Grand Rapids:
Eerdmans, 2007). 참조. Judith L. Kovacs, *1 Corinthians Interpreted by Early
Christian Commentators* (Grand Rapids: Eerdmans, 2005).

비교하여 이 모든 것이 함께 전통 속에 통일성과 다양성을 가져오는 것으로 간주한다. 수용이론은 왜, 어디서, 어떻게 다양성이 발생하는지를 보여주는 동시에 지속적 전통과 개성 강한 학파에 불과한 것 사이를 구별함으로써 해석학의 영역에서 긍정적 결과를 보여주는 사상운동이 되었다. 이 주제를 연구하는 사람은 누구나 적어도 이런 질문을 우리에게 던진다. 즉 우리는 텍스트에게 어떤 기대를 가지고 있는가? 시간과 역사는 어떻게 이 기대들을 변화시키거나 형성하는가?

6. 참고 도서

Fowl, Stephen E., "Making Stealing Possible" (as an example of reader-response), in Fowl, *Engaging Scripture: A Model for Theological Interpretation* (Oxford: Blackwell, 1998), pp. 161-77.

Freund, Elizabeth, *The Return of the Reader: Reader-Response Criticism* (London and New York: Methuen, 1987), pp. 90-151.

Parris, David Paul, *Reading the Bible with Giants: How 2,000 Years of Biblical Interpretation Can Shed Light on Old Texts* (London and Atlanta: Paternoster, 2006), pp. 1-23 and 191-214.

Thiselton, Anthony C., *New Horizons in Hermeneutics: The Theory and Practice of Transforming Biblical Reading* (London: HarperCollins; Grand Rapids: Zondervan, 1992), pp. 516-50.

---

87 Ormond Rush, *The Reception of Doctrine: An Appropriation of Hans Robert Jauss' Reception Aesthetics and Literary Hermeneutics* (Rome: Pontifical Gregorian University, 1997).

H·E·R·
M·E·N·
E·U·T·
I·C·S·

제16장

포스트모더니즘과 해석학

1. 포스트모더니티는 기독교 신앙과 양립 가능한가? 세 가지 가능한 답변

처음에는 모든 그리스도인들이 포스트모더니즘에 대해 호의적이리라고 가정할지도 모른다. 데이비드 하비(David Harvey)는 포스트모더니티를 "실증주의적·기술 관료적·합리주의적인 보편적 모더니즘"에 대한 반작용으로 정의한다.[1] 만일 하비가 옳다면 계몽주의의 합리주의와 실증주의의 폐위는 환영할 만한 일이다. 또한 가다머 이후로 해석학을 공부한 사람이면 누구나 데카르트의 합리론과 흄의 경험론의 특권이 무너지는 현상을 기뻐하며 "무시간적인" 개인의식과는 대조적인, 역사성(또는 역사적 조건성)과 공동체에 대해 주목할 것이다.

포스트모더니티는 모든 지식과 지혜가 자연과학에 의해 수량화될 수 있다는 식의 "지식의 표준화"를 거부한다. 아마도 우리는 과학만을 중시하는 경향은 가치중립적 "객관성"이라는 잘못된 개념을 산출하며, 정보 또는 지식과 인간의 지혜와 신적 계시 사이의 대조를 간과하는 경향이 있다는 사실에 동의할 것이다. 포스트모던 저술가들은 표면 문법이 의미를 구성하

---

1 David Harvey, *The Condition of Postmodernity* (Oxford: Blackwell, 1989), p. 9. 『포스트모더니티의 조건』(한울 역간).

는 믿을 만한 인도자가 되지 못한다고 정확하게 통찰했던 니체와 비트겐슈타인과 견해를 같이한다. 이런 이유로 전통에 대한 가다머의 강조에도 불구하고 포스트모더니즘은 가다머의 해석학과 기독교 신앙과 일치하는 것처럼 보인다. 그러므로 포스트모더니즘과 기독교 신앙이 양립 가능한가 하는 질문에 대한 잠정적인 첫 번째 대답은 "예"가 될 것이다.

하지만 포스트모더니티에는 이것 이상의 요소가 존재한다. 하비조차도 미국에서 포스트모더니즘은 철학에서 실용주의의 재발견과 밀접하게 연결된다는 의견에 동의한다. 특히 리처드 로티의 후기 작업에서 이런 측면은 두드러진다. 유럽에서 이 사유 운동의 견인차는 초기에는 니체의 회의론과 반(反)유신론적 상대주의였다가 나중에는 후기의 롤랑 바르트, 자크 데리다, 장-프랑수아 리오타르, 미셸 푸코에게로 넘어온다. 그런데 이들은 모두 유신론적 신앙에 대해 적대적 경향을 가지고 있었다.

이런 복잡성 때문에 포스트모더니티를 정의하는 것은 어려운 작업이다. 리오타르는 "메타내러티브(metanarrative, 또는 진화나 마르크스주의를 지지하는 것 같은 넓고 보편적인 내러티브)를 향한 불신"이라는 유명한 정의를 제시한 바 있지만 자신의 정의조차도 "극단적으로 단순화하는" 개념임을 인정한다.[2] 한편 토마스 도처티(Thomas Docherty)는 포스트모더니즘이 "시대나 시기가 아니라 지적 분위기"를 의미한다고 말했는데 이는 타당한 지적이라 할 수 있다.[3] 데이비드 리온(David Lyon)과 그레이엄 워드(Graham Ward)는 **포스트모더니즘**과 **포스트모더니티** 간의 유용한 구별을 제시했다. 이들에 따르면 포스트모더니즘은 더 철학적이고 지적인 측면을 의미하는 반면 포스트모더니티는 사회학적 양상에 초점을 맞춘다. 하지만 대부분의

---

2 Jean-François Lyotard, *The Postmodern Condition: A Report on Knowledge*, trans. G. Bennington and B. Massumi (Manchester: Manchester University Press, 1984), p. 40 (French edition, 1979). 『포스트모던적 조건』(서광사 역간).

3 Thomas Docherty, "Postmodernist Theory: Lyotard, Baudrillard, and Others," in *Twentieth-Century Continental Philosophy*, ed. Richard Kearny (London and New York: Routledge, 1994), p. 479. 참조. pp. 474-503.

학자들은 두 용어를 무차별적인 방식으로 혼용해서 사용한다.[4]

그렇다면 우리는 이런 분위기를 어떻게 특징지어야 할까? 데이비드 하비는 포스트모더니티를 모더니티와 도식적으로 비교한 탁월한 예를 이하브 하산(Ihab Hassan)으로부터 빌려와 설명했다. 하비에 따르면 모더니즘의 특징이 목적과 형식인 데 반해 포스트모더니즘의 특징은 놀이와 반(反)형식 또는 역기능이다. 모더니즘이 일관성, 위계질서, 현전, 의미론을 추구하는 것과 비교해서 포스트모더니즘은 우연성, 무정부 상태, 부재, 수사학을 표상한다. 결국 모더니즘이 형이상학, 규정성, 초월성을 지향한다면 포스트모더니즘은 이런 모더니즘의 목적을 아이러니, 무규정성, 내재성으로 대체한다고 할 수 있다.[5] 이런 비교는 전반적 분위기를 충분히 드러낸다고 할 수 있다. 비록 앞에서 나열된 것이 완전한 목록은 아니지만 말이다. 만약 이런 정의에서 본다면 즉 기독교 신앙이 기반하고 있는 성경에서조차 의미가 무규정적으로 남는다면, 우리는 포스트모더니즘과 기독교의 양립 가능성에 대해서 이번에는 "아니오"라고 답할 수밖에 없을 것이다.

『하나님에 대한 해석과 포스트모던적 자아』(Interpreting God and the Postmodern Self)에서 나는 포스트모더니스트들이 기여한 이점으로 표면 문법의 위장을 폭로한 점을 인정한 바 있다. 하지만 다른 한편에서 보면 이것을 성취하기 위해서 포스트모더니티가 꼭 필요한 것은 아니었다. 나는 홉스, 니체, 프리츠 마우트너(Fritz Mauthner), 비트겐슈타인이 언어의 표면 문법이 위장으로 활용되는 방식을 드러냈음을 증명했다. 이들 중 가장 이른 시기에 활동한 홉스는 『리바이어던』에서 "하나님이 꿈속에서 내게 말씀했다"라고 주장하는 것은 사실은 "나는 하나님이 내게 말씀하는 꿈을 꾸었다"라고 말함에 지나지 않는다고 적고 있다.[6] 니체에 따르면 진리란 다만

---

4 David Lyon, *Postmodernity* (Buckingham: Open University Press, 1994), pp. 6-7; Graham Ward, ed., *The Blackwell Companion to Postmodern Theology* (Oxford: Blackwell, 2001), pp. xiv-xv.

5 Harvey, *The Condition of Postmodernity*, p. 43.

"은유의 움직이는 군대" 또는 "우리가 환상인 줄 망각해버린 환상"일 따름이다.[7] 또한 니체는 "우리가 여전히 문법을 따르고 있는 한 절대로 하나님이라는 개념을 제거하지 못할까 봐 두렵다"고도 말했다.[8] 마우트너와 비트겐슈타인 역시 철학은 "언어라는 수단을 통해 우리 지성의 마법에 아주 약간 대항하고 있다"는 점을 반복적으로 주장했다.[9]

니체는 시대를 앞질러 포스트모더니즘을 위해 확실한 공헌을 했다. 제프 다나허(Geoff Danaher), 토니 쉬라토(Tony Schirato), 젠 웹(Jen Webb)에 따르면 "푸코의 작업, 특히 『사물의 질서』에서 가장 중요한 영향력을 행사한 이는 아마도 독일 철학자 니체였을 것이다."[10] 한편 제임스 스미스(James K. A. Smith)는 데리다, 리오타르, 푸코라는 세 대표자를 통해 포스트모더니즘을 검토한 결과 이들 각각의 작업이 기독교 신앙에 긍정적인 작용을 했다는 결론을 내린다.[11] 스미스는 데리다의 선언 즉 "텍스트 바깥에는 아무것도 없다"가 "오직 성경으로"라는 종교개혁의 원리와 일치한다고 주장한다. 또한 그는 리오타르가 기독교가 속한 "메타내러티브"나 보편적 이야기를 공격했음은 인정하지만, 기독교 신앙의 가장 기본적인 성경적 장르로서 "스토리텔링"과 내러티브를 재발견한 리오타르의 작업은 인정하고 있다. 리처드 보캄(Richard Bauckham) 역시 이런 관점을 지지하는 듯 보인다. 푸코에 대해서 스미스는, 이 철학자가 "지식"과 "진리"를 권력을 행사하는 도

---

6 Thomas Hobbes, *Leviathan*, ed. M. Oakeshott (Oxford: Blackwell, 1960).

7 Friedrich Nietzsche, "On Truth and Lie," in *The Portable Nietzsche*, ed. W. Kaufman (New York: Viking Press, 1968), p. 46.

8 Friedrich Nietzsche, *Complete Works*, vol. 12, *The Twilight of the Idols*, ed. O. Levy, 18 vols. (London: Allen-Unwin, 1909–13), p. 22.

9 Ludwig Wittgenstein, *Philosophical Investigations*, German and English, English text translated by G. E. M. Anscombe (Oxford: Blackwell, 1967), section 109.

10 Geoff Danaher, Tony Schirato, and Jen Webb, *Understanding Foucault* (London and New Delhi: Jage Publications, 2000), p. 9.

11 James K. A. Smith, *Who's Afraid of Postmodernism? Taking Derrida, Lyotard, and Foucault to Church* (Grand Rapids: Baker Academic, 2006). 『누가 포스트모더니즘을 두려워하는가?』(살림 역간).

구로 보는 동시에 범죄와 관습적 규범에서의 일탈을 너무 단순하게 동일시함을 지적한다. 하지만 푸코의 관찰 즉 관습을 개인에게 강요하는 기관인 병원, 학교, 감옥, 군대의 "체제"를 유지하는 "하얀 가운의 미소"가 주류 교회와 유사성을 가진다는 사실 또한 인정하고 있다.

한편 밴후저와 같은 학자들은 롤랑 바르트와 데리다를 근본적인 반(反)유신론자로 간주한다. "데리다는 기호의 신뢰성, 결정성, 중립성에 대해 불신자다. 그는 이런 것의 특권적 지위를 '무력화' 시키려 한다."[12] 신의 죽음을 선언한 니체를 따라 저자를 해체한 데리다는 실용주의자라 할 수 있다.[13] 한편 월터스토프는 데리다를 완전히 자기모순적 인물로 간주한다.[14]

요즘 많은 대학들이 속하는 진영을 결정하는 것은 포스트모더니즘에 대한 태도다. 더 정확히 말하자면 대학의 입장이 스펙트럼의 어느 위치에 해당되는지가 관건이 된다. 스펙트럼의 한쪽 극단에 포진하고 있는 엔지니어와 의사, 과학 대학에 속한 이들은 포스트모더니즘을 마치 쉬 지나갈 프랑스 유행 또는 어처구니없는 넌센스로 취급하여 내다버린다. 반면에 현대 언어학과 문화이론을 연구하는 학과들은 이 사상운동이 통찰력으로 가득하고 유용하며 긍정적인 사상 실험이라고 환영한다. 사회학자, 심리학자, 신학자 진영 안에서는 반대파와 지지파가 나뉘면서 어떤 이들은 환영하고 어떤 이들은 경계한다. 신학은 양 진영이 공존하는 몇 안 되는 학과 중 하나다. 왜냐하면 신학은 모더니티와 관련하여 "보편적" 진리를 주장하는 동시에, 포스트모더니티와 관련해서는 예수를 1세기 이스라엘의 유대인 가정에서 태어난 인물로, 교회를 역사적으로 조건화된 존재로 간주하기 때문이다.

---

12 Kevin J. Vanhoozer, *Is There a Meaning in This Text? The Bible, the Reader, and the Morality of Literary Knowledge* (Grand Rapids: Zondervan, 1998), p. 39.

13 Jacques Derrida, *Margins of Philosophy*, trans. Alan Bass (London and New York: Harvester Wheatsheaf, 1982), pp. 207-72.

14 Nicholas Wolterstorff, *Divine Discourse: Philosophical Reflections on the Claim That God Speaks* (Cambridge: Cambridge University Press, 1995), pp. 153-70

하지만 왜 포스트모더니즘을 지지하느냐 하는 이유와 왜 이 사상운동에 반대하느냐 하는 이유는 양자 모두 당혹스럽기는 마찬가지다. 포스트모더니즘의 통찰력에 내재된 일부의 진리는 기독교 신앙에 대해 긍정적 가치를 가지는 것이 사실이지만 반면 다른 주제들과 양상은 부적절할 뿐 아니라 유혹적이고 재앙을 초래하기까지 한다. 예를 들어 제임스 스미스가 리오타르를 호의적으로 받아들일 수 있었던 것은 리오타르의 "디페랑"(the differend) 개념을 전적으로 무시했기 때문이다. 하지만 오래지 않아 이 "디페랑" 개념이 해석학 자체를 불가능하게 할 수 있음을 간과해서는 안 된다. 결론적으로 어떤 것에 "찬성하는" 입장이나 "반대하는" 입장을 우리에게 강요하는 몇몇 그리스도인의 학문 체계에는 너무 성급한 순진성이 존재한다. 하지만 삶과 사유는 그렇게 단순하지 않다. 우리는 제한된 몇몇 측면에 있어서 포스트모더니즘이 "해석학"에 봉사할 수 있지만 또 다른 관점에서는 그렇지 않음을 인식해야 한다. 결국 포스트모더니즘은 모더니티와 마찬가지로 "권위"에 대해 적대적이다. 우리는 "그것이 긍정하는 것에 있어서는 옳고 그것이 부정하는 것에 있어서는 틀렸다"라는 문장을 보태야 할 것이다. 결국 포스트모더니즘은 자신이 부정하는 것에 있어서 옳을 수도, 긍정하는 것에 있어서 틀릴 수도 있는 사유의 실험으로 제시되는 것이 낫다. 이런 관점에서 포스트모더니즘과 기독교가 양립 가능한가 하는 질문에 대한 대답은 "예"와 "아니오" 둘 다인 것이다. 아니 더 엄밀히 말해 어떤 점에서는 "예", 어떤 점에서는 "아니오"로 답할 수 있다.

이제 우리는 스미스의 인도를 따라 데리다(와 후기 바르트), 리오타르(와 보드리야르), 푸코, 로티와 미국의 포스트모더니티를 검토할 것이다. 이런 작업은 다음과 같은 세 가지 일반적 이유로 포스트모더니티 전체를 조망하는 데 유익을 준다. (1) 일반화를 피하고 정확한 이해를 하게 한다. (2) 이 주제에 처음으로 접근하는 초보자에게 유용한 교과서적 방법이다. (3) 『해석학의 새 지평』, 『하나님에 대한 해석과 포스트모던적 자아』를 위시해 내가 이미 썼던 글들과 내용이 중복되는 것을 피하게 해준다.

2. 유럽의 포스트모더니즘: 자크 데리다(와 후기 바르트)

자크 데리다(Jacques Derrida, 1930-2004)는 알제리의 도시 알제 근방에서 출생했으며 나치 지배 하의 비시 정부 시절에는 유대인이라는 이유로 학교에서 추방되기도 했다. 1949년부터 그는 루소와 카뮈 같은 프랑스 철학자는 물론이고 니체도 연구하기 시작했다. 1951년 파리로 와서 공부하게 된 데리다는 마르크스주의자였던 루이 알튀세르와 푸코의 친구가 된다. 또한 후설의 현상학에 매료되었는데 그중에서도 특히 우리는 "지평" 안에서 그것으로부터 모든 사물을 보며 지평은 우리가 서 있는 위치에 상대적일 뿐아니라 움직이거나 팽창할 수도 있다는 개념에 열중한다. 그후 데리다는 하버드에서도 연구할 수 있는 기회를 얻는다. 프랑스로부터 독립을 쟁취하려는 알제리 전쟁 이후 그는 문학과 철학이론가들의 그룹인 텔켈(Tel Quel)에 참여한다. 또한 1960년부터 1964년까지 소르본에서 철학을 가르치기도 한다. 드디어 1969년에는 데리다의 이름을 널리 알린 저서들『글쓰기와 차이』(*Writing and Difference*, 동문선 역간), 『목소리와 현상』(*Speech and Phenomena*, 인간사랑 역간), 『그라마톨로지』(*Of Grammatology*, 민음사 역간)가 출간된다.[15]

1967년 이후 데리다는 명성과 악명을 오가며 끊임없는 논쟁의 대상이 된다. 그가 이처럼 많은 오해를 받은 이유는 대체로 다음과 같다. 첫째, 데리다는 해체와 포스트모더니티를 결합하려 했다. 크리스토퍼 노리스(Christopher Norris)는 해체는 진지한 철학으로 취급했지만 포스트모더니티는 회의적으로 바라보았다. ("해체"란 "자연적"이거나 고정된 것으로 잘못 가정된 의미들을 약화시키거나 삭제하는 작업을 의미한다.) 둘째, 데리다의 후기

---

15 Jacques Derrida, *Writing and Difference*, trans. A. Bas (Chicago: University of Chicago Press, 1978). Derrida, *Speech and Phenomena and Other Essays on Husserl's Theory of Signs*, trans. D. B. Allison (Evanston, Ill.: Northwestern University Press, 1973). Derrida, *Of Grammatology*, trans. G. C. Spirak (Baltimore: Johns Hopkins University Press, 1975).

작업은 초기 작업과 아주 다르다. 셋째, 데리다의 사유는 아주 복합적인 채로 남아 있다. 이런 이유들에 "포스트모던 신학"에 대한 상이한 평가들이 더하여 데리다에 대한 오해를 더욱 깊게 만들고 있다.[16]

데리다의 제자인 가야트리 스피락(Gayatri Spirak)은 『그라마톨로지』 서문에서 선구자로 인정되어야 할 인물은 니체, 프로이트, 후설, 하이데거라고 적고 있다. 즉 니체가 인식의 기반을 파괴했다면 프로이트는 인간의 정신 또는 인간 주체에 대해 비판적 질문을 던졌으며 후설과 하이데거는 "존재"를 전통적 존재론이나 "현실"에 대한 연구를 통해서는 이해될 수 없는 것으로 보았다. 『그라마톨로지』에서 데리다는 자신의 접근법이 "로고스중심주의(언어에 중점을 두거나 언어와 의미 간의 관계를 고정적으로 간주하는 입장)를 확실하게 무력화('undoing', 불어로는 'solicitation')시킨다"고 보았다.[17] 그라마톨로지는 글쓰기에 대한 과학이다. 어째서 글쓰기는 언어를 중심으로 할 수 없는가? 그 이유는 글쓰기는 이미 말해진 것을 고정하고 결정화하며 옷 입힐 뿐 아니라 언어 자체를 넘어선 곳을 가리키기 때문이다.

"로고스 중심주의"에 대한 이런 의심은 다음과 같은 두 가지 이유로 발생한다. 첫째, 모든 것은 적어도 두 겹의 의미를 가진다. 첫 번째 또는 "명백한" 지시가 한 개로 보이지 않을 수도 있다. 둘째, 의미는 절대로 "폐쇄되어" 있지 않다. 마치 의미의 적용이 도래할 어떤 상황, 발화, 텍스트에 한정되어 있는 듯 그렇게 고정되지 않는다는 의미다. 데리다에 따르면 "이는 더이상 한 권의 책 속에 갇힌 글쓰기의 완결된 총체가 아니다."[18] 데리다는 의미가 차이(difference)에 기반한다고 본 소쉬르의 원리를 활용하면서(제9장

---

16 Terrence W. Tilley, *Postmodern Theologies: The Challenge of Religious Diversity* (Maryknoll, N.Y.: Orbis, 1995); and Graham Ward, ed., *The Postmodern God: A Theological Reader* (Oxford: Blackwell, 1997); and Kevin J. Vanhoozer, ed., *Postmodern Theology: Cambridge Companion* (Cambridge: Cambridge University Press, 2003).

17 Derrida, *Of Grammatology*, p. 74.

18 Jacques Derrida, in *Deconstruction and Criticism*, ed. H. Bloom et al. (London: Routledge and Kegan Paul, 1979), p. 84.

을 참조하라) 또한 의미는 미래에-대한-개방성 또는 연기(延期, deferment)
에 기반한다고 주장했다. 이런 개념 설명에서 데리다가 사용한 불어 단어
는 각각 "différence"(차이)와 "différance"(연기)이다.[19]

연기된 의미는 "흔적" 또는 "자국"으로 남는다. 나아가 문서나 "작품"은
그 문서나 작품의 서명자의 현전을 허락할 만큼 충분히 "폐쇄"를 허용하지
않는다. 모든 것은 "제거" 중에 있다. 이런 설명은 푸코의 개념, 즉 모든 범
주화는 역사적 차원에서 상대적이며 그러므로 권력을 쥔 자에 의해 강제되
는 관습을 구성한다는 개념과 긴밀히 연결된다.[20]

어쨌든 위에서 설명한 내용에 대해 밴후저가 이 모든 개념들은 성경과
성경의 내용, 성경 저자를 "무위화"한다고 본 것은 그리 놀라운 일이 아니
다.[21] 밴후저에게는 이것은 "니힐리즘"을 구성한다.[22] 그렇다면 어떻게 해서
제임스 스미스는 데리다가 "'오직 성경으로'라는 종교개혁의 주장과 공명
할 뿐 아니라 아브라함 카이퍼(Abraham Kuyper), 헤르만 도이여베르트
(Herman Dooyeweerd), 코르넬리우스 반 틸(Cornelius Van Til), 프랜시스
쉐퍼(Francis Schaeffer)를 제대로 평가하는 데도 도움을 준다"고 주장할 수
있는 것일까?[23] 스미스는 지나치게 낙관적이다. 반면에 밴후저는 우리가
데리다로부터 무엇을 배울 수 있을지에 대해 묻기도 전에 이미 논쟁에 뛰
어들 태세를 갖추고 있다. 앞에서 우리는 독자반응이론(제15장)과 리쾨르
(제12장)를 검토하면서 "열린" 텍스트에 적용되는 것이 모든 종류의 텍스트
에 적용되는 것은 아님을 강조한 바 있다. 성경에 나오는 몇몇 시적 텍스트
는 "문학적"이며, 문자적인 커뮤니케이션보다는 암시적인 의도를 가지고 있
다. 그럼에도 왜 우리는 모든 언어의 목적이 "사유를 전달하는 것"이라고

---

19 Derrida, *Speech and Phenomena*, pp. 129-60.
20 푸코에 대해서는 Derrida, *Writing and Difference*, pp. 31-63.
21 Vanhoozer, *Is There a Meaning?* pp. 37-196. 그러나 참조. *Vanhoozer, Postmodern Theology*, pp. 21-25.
22 Vanhoozer, *Is There a Meaning?* p. 73.
23 Smith, *Who's Afraid of Postmodernism?* p. 55.

성급히 가정해버리는 것일까?

우리는 스미스와 밴후저가 아주 선택적으로 데리다를 인용하고 있다는 점, 특히 밴후저는 데리다의 후기 저술을 무시하고 있음에 주목해야 한다. 스미스와 밴후저는 모두 "기독교"와 "성경"이 마치 일원론적 체계를 가진 것처럼 말하고 있다. 은유와 암시로 가득한 성경의 시문학을 다루면서 스미스는 "미래를-향한-운동"을 이해하는 것을 요점으로 삼는다. 읽으면 읽을수록 우리는 신선한 암시와 요점을 드러낼 것이다. 결국 성경의 대부분은 종말론적 비(非)성취 또는 부분적 성취를 증언한다. 교회의 오류 가능성은 성경 해석이 폐쇄되어 있지 않음을 암시한다. 어쨌든 이런 내용이 과장되었고 성경의 모든 영역에 적용될 수 없다고 언급한 데 있어서는 밴후저가 옳다. 이 점에 대해서 데리다는 후기 작업에서 변형을 시도했다. 그렇다면 왜 처음부터 그렇게 말하지 않았을까?

월터스토프는 서구의 형이상학 전체가 신화론적 은유에 의존한다고 데리다가 선언했을 때 데리다 자신조차도 동일하게 형이상학적 진술을 하고 있음을 정확하게 지적한 바 있다.[24] 어쨌든 데리다는 1974년에는 「백색 신화」(White Mythology)를, 1967년에는 『그라마톨로지』와 『목소리와 현상』을 썼다. 스미스를 위시해 데리다에 대해 보다 긍정적인 해석자들은 주로 1988년에 출간된 『유한책임 회사』(Limited Inc)와 1991년에 불어로 발표된 『다른 제목』(The Other Heading)을 인용한다. 데리다에게 "로고스 중심주의"는 "언어 중심주의"가 아니라, 언어와 결코 변화될 수 없는 의미 사이에 존재하는 미리 규정된 관계를 의미한다. 『입장들』(Positions, 솔 역간)에서 해체는 단순히 전통적 의미를 전복시키는 것만이 아니다. 해체는 텍스트 안에 존재하는 과도하게 특권화된 의미들을 의문시하고 그것들이 반대하는 것의 역할을 드러낸다. 『유한책임 회사』의 긴 후기에서 데리다는 오스틴에 대해 논의하는 한편 존 서얼에게 답하고 있다. 여기서 데리다는 자신이

---

24 Wolterstorff, *Divine Discourse*, pp. 162-65.

의미의 총체적 자유를 수호한다는 견해 자체를 거부한다.[25] 그의 주장에 따르면 텍스트의 안에는 **의미의 안정성**이 존재할지 몰라도 텍스트 자체가 불변하거나 파괴될 수 없는 것은 아니다.

데리다의 어떤 텍스트는 상대적 안정성 개념마저도 부정하는 듯 보인다. "예수가 본디오 빌라도 치하에서 십자가에 못 박혔다"는 진술은 변형된 의미를 가질 수 있다. 마르틴 헹엘을 위시하여 여러 학자들이 어떻게 십자가형에 대한 우리의 식견을 개선시키는가에 따라서 말이다. 그렇다면 역사적 사실로서의 의미도 변화하는 것일까? 공학자들에 따르면 공학에서 언어는 사태만이 아니라 정밀한 절차 역시 전달한다. 그러나 소위 보편 과학에조차도 관찰해야 할 "지역적" 요소가 존재한다. 여기에 대해 데이비드 리빙스톤(David Livingstone)은 특별한 연구를 한 바 있다.[26] 리빙스톤은 "무시간적 보편성"을 주장하는 과학자나 공학자에 반대해서 사실은 모든 것이 연구 집단, 동료, 도구, 자료, 전임자 등등의 지리학적 조건에 의존함을 주장했다. 참신한 연구와 새로운 동료의 시각이 주어진다면 같은 데이터의 의미조차도 변화할 수 있다. 제11장에서 이미 주목했던 것처럼 가다머는 **통계**를 기획자의 목적에 의존하는 것으로 이해한다.

앞에서 논의된 모든 내용을 볼 때 이제 스펙트럼의 양 극단에 존재하는 두 영역은 충분히 명확해졌다. 로트만(J. Lotman)과 움베르토 에코는 "닫힌" 텍스트와 전달적 커뮤니케이션으로 특징으로 하는 "공학적" 문화와, "열린" 텍스트와 다층적 커뮤니케이션을 특징으로 하는 "문학적" 문화 사이의 차이를 언급했다. 그런데 성경은 이 두 가지 유형 모두를 제시한다. 주후 51년 또는 52년에 갈리오는 식민지 총독이 되었다. 이는 불변하는 사실

---

25 Jacques Derrida, *Limited Inc*, ed. G. Graff, trans. J. Mehlmann and S. Weber (Evanston, Ill.: Northwestern University Press, 1988).
26 David M. Livingstone, *Science, Space, and Hermeneutics* (Heidelberg: University of Heidelberg, 2002); and Livingstone, *Putting Science in Its Place: Geographies of Scientific Knowledge* (Chicago: University of Chicago Press, 2003).

로 남는다. 조지 케어드는 요한계시록의 상징과 시문학을 "찬란한 무지개를 각각의 빛깔로 분리하려는" 모든 시도에 대한 저항으로 묘사한 바 있다. 여기서 우리에게 필요한 것은 기계론적 "분석"이 아니다. 이사야 41-53장의 종의 노래 또한 한 가지 지시점 이상의 더 많은 것을 담고 있다. 비유는 사유를 창조한다. 때때로 명령은 특수하다.

그런데 데리다에게 결여된 듯 보이는 것은, 많은 텍스트가(다 그런 것은 아니지만) 삶의 언어 외적 상황을 요구한다는 점에 대한 수용성이다. 이런 수용성이 없다면 우리의 언어관은 불트만이나 하이데거의 그것처럼 빈곤해지게 된다. 모든 텍스트가 표상적이거나 기술적이 아님은 확실하다. 몇몇 텍스트는 다중적 의미를 가진다. 하지만 『유한책임 회사』에 나타난 후기의 견해에도 불구하고 여기에는 특정 사례에 대한 데리다의 주의 부족이 엿보인다. 비트겐슈타인이 절대 무시해서는 안 된다고 주장한 지점에 대해서 말이다. 비트겐슈타인이 선언한 바처럼 "의미란 무엇인가?"라고 추상적으로 질문하는 것은 이미 잘못된 출발점에 서는 행위다.[27]

롤랑 바르트 역시 "저자의 죽음"을 언급했다. 반면에 많은 측면에서 유사한 정신을 가진 동료라 할 수 있는 크리스테바는, 데리다와 바르트에게 "말하는 주체"에 주의할 것을 요구한다. 어떤 학자들은 바르트와 데리다가 오직 "존재-신론"만을 공격했다고 한다. 하지만 많은 신학자들은 포스트모더니티를 받아들이지 않고도 실체 신학을 거부하고 있다. 후기 저작에서 바르트는 "저자의 죽음"이 절대화된다면 이것은 "반(反)신학적"으로 변할 것임을 인정했다.[28] 이런 내용은 바르트의 『기호학의 요소들』, 즉 자주 언어는 가구나 의복의 코드처럼 위장으로 기능할 수 있다고 주장했던 지점과는

---

27 Ludwig Wittgenstein, *Philosophical Investigations*, 2nd ed. (Oxford: Blackwell, 1958), 7, 11, 23, 29, 31, 38, 47, 92, 96, 97, 133, 166, 304절. 참조. Wittgenstein, *The Blue and Brown Books: Preliminary Studies for the "Philosophical Investigations"* (Oxford: Blackwell, 1969), p. 18.
28 Roland Barthes, "The Death of the Author," in Barthes, *The Rustle of Language*, trans. R. Howard (New York: Hill and Wang, 1986), p. 54.

아주 다르다. 1966년부터, 특히 1967년에 바르트는 포스트모더니즘의 기획에 참여하기 시작했다. 1971년에 그는 저자를 전제하는 "작품"으로부터 "텍스트"를 구별한다. 작품과는 달리 텍스트는 오직 "향유"(jouissance)에만 결부된다. 그리하여 1973년 바르트는 『텍스트의 즐거움』(*Pleasure of Text*, 동문선 역간)을 내놓게 된다. 여기서 텍스트는 질서와 목적을 가진 창조적 행위의 결과가 아니라 단순히 그것을 읽는 "즐거움"을 위해서만 존재한다. 이제 텍스트는 "복수의"(plural) 텍스트가 된다.

기독교적 관점에서 보면 이런 바르트의 견해는 독자에게 통제권을 부여한다. 따라서 성경의 불편하고 도전적인 측면을 강조했던 종교개혁 정신에 의거한 스미스의 입장과 이를 일치시킨다는 지극히 어려운 시도가 아닐 수 없다. 더 엄밀히 말해 만일 바르트가 장르를 구별하고 **어떤 일부의** 텍스트는 단순히 즐거움을 제공하기 위해서만 존재한다고 말한다면 양상은 달라질 수 있다. 이런 즐거움이 찬양과 감사를 이끌어낼 수도 있다. 하지만 단독으로 존재하는 바르트의 즐거움은 방향을 상실한 쾌락주의 또는 리쾨르가 우려했던 나르시시즘을 암시할 뿐이다. 칼 라쉬케(Carl Raschke)와 토마스 알티저(Thomas Altizer)가 이를 "신학적"이라 부를 방법을 발견한 것도 도움이 되지 못한다. 결론적으로 우리는 포스트모더니즘과 기독교적 신앙의 양립 가능성에 대한 세 가지 가능한 답변을 마음에 새겨둘 필요가 있다. 이 내용이 데리다와 해석학에도 적용되기 때문이다.

3. 유럽의 포스트모더니즘: 장-프랑수아 리오타르(와 장 보드리야르)

장-프랑수아 리오타르(Jean-François Lyotard, 1924-1998)는 프랑스의 베르사유에서 태어나 파리에서 학교를 다녔으며 소르본에서 철학을 공부했다. 정치적으로 좌파며 "사회주의나 행동주의" 진영에 호감을 가졌던 리오타르는 나중에 캘리포니아 대학의 비판이론 교수, 존스 홉킨스 대학, 예일 대학, 몬트리올 대학 객원교수가 된다. 이 철학자의 저서 중 가장 유명한 것으로는 『포스트모던적 조건』(*Postmodern Condition*, 서광사 역간, 불어판 1979)과 『디페랑』(*The Differend*, 불어판 1983)이 있다. 또한 포스트모더니즘, 칸트, 미학에 대해서도 여러 권의 책을 발표했다.[29]

리오타르의 초기 저술에서 주된 테마는 "공약 불가능성"(incommensurability)의 문제였다. 원래 공약 불가능성은 자연과학에서 자기 일관적인 두 모델 또는 관점이 서로가 서로에게 반대하여 평가하는 독립적 규준을 부과하는 데 실패할 경우 적용되는 개념이다. 리오타르의 논증에 따르면 이 개념의 일면에서 보자면 우리는 신들과 여신들을 예배하고 유일신교와 "보편성"을 거부하는 "이교 사상"으로부터도 배울 수 있다. 리오타르는 환원 불가능한 차이가 존재하며 이를 회피할 수 없음을 받아들이고 있다. 자신의 저서 『게임을 하고 있을 뿐』(*Just Gaming*)에서 리오타르는 양립 불가능하고 다면적 형태의 관점을 가진 정의(正義)를 변호하는데, 왜냐하면 각각의 관점은 나름의 이야기, 내러티브, 또는 이야기의 집합에 기반을 두기 때문이다.[30] 만일 칸트, 헤겔, 마르크스, 기독교 유신론자가 "보편성"을 주장한다면 그들의 주장 모두는 잘못되었다고 할 수 있다. 리오타르는 비트겐슈타인을 다원주의자로 해석한다. 어떤 것이나 "언어 게임"의 다양성 가운데 있는 한 가지일 뿐이다. 흔히 사람들은 보편적 언어 또는 진리를 제시하는 척하고 마치 자신의 믿음의 시스템이 모든 이에게 적용된다는 듯 행동하지만 그럴 때도 실제로 그들은 "게임을 하고 있을 뿐"이다. 분명히 이런 내용은 진리와 기독교에 대한 니체의 입장과, 비트겐슈타인에 대한 로티의 견해와 공명한다. 우리는 비트겐슈타인의 이런 다원주의적 이해를 거부한다.[31] 다음으로 우리는 『포스트모던적 조건』에 대해 논의할 것이다.

---

29 Lyotard, *The Postmodern Condition, and Lyotard, The Differend: Phrases in Dispute*, trans. G. van den Abbeek (Manchester: Manchester University Press, 1990).

30 Jean-François Lyotard, *Just Gaming*, trans. W. Godzich (Manchester: Manchester University Press, 1985).

1. 『포스트모던적 조건』에서 리오타르는 "이교론"으로부터 "포스트모더니즘"으로 이행한다. 하지만 이 이행은 명목상일 뿐 실제적 내용은 그렇지 않다. 이 책에서 리오타르는 여전히 이전 저술을 기반으로 하여 포스트모더니즘에 대한 첫 번째 규정을 제시한다. 앞에서도 소개했듯『포스트모던적 조건』에서 가장 유명한 대목은 포스트모더니즘을 아주 단순하게 "메타내러티브에 대한 불신"으로 정의했다는 점이다. 여기서 "메타내러티브"는 마르크스와 프로이트, 그리고 논란의 여지는 있지만 기독교 유신론이 제공하는 내러티브처럼 보편화하는 이야기를 의미한다.[32] 사실상 이런 주장은 반(反)기초주의 또는 모든 이에게 적용되는 합법화하는 내러티브를 공격하고 있다. 그러므로 첫째 요점은 **합법화의 내러티브**(narratives of legitimation)와 관련된다.

바로 이런 논의 때문에 제임스 스미스와 리처드 보캄은 성경적 기독교를 리오타르가 비난했던 거대 내러티브와 분리시키려는 방향으로 나아가게 된다. 두 신학자는 성경이 특정 민족과 사건에 기반한 일련의 "작은 내러티브들"(little narratives)을 포함하며 이것이야말로 기독교적 삶의 주요한 실체임을 강조한다. 『티슬턴의 해석학』에서 나는 보캄의 논증을 검토한 바 있다.[33] 일단 리오타르를 낙관적으로 평가했던 스미스와 보캄의 견해에 대해서는 유보를 두면서(왜냐하면 둘은『포스트모던적 조건』한 권만을 다루었을 뿐『디페랑』을 포함시키지 않았기 때문이다) 논의를 진전시켜보자. 실제적으로 리오타르의 주요 공격 대상은 첫째, "자유주의적" 역사관 즉 사회적 계몽을 향해 안정적으로 나아가는 **진보**의 개념이다. 둘째 공격 대상은 특히 **과학**에서 "지식"의 진보 개념, 세계에 대한 **통합된 이해**를 향해 나아간다는 개

---

31 참조. Jane Heal, "Pragmatism and Choosing to Believe," in *Reading Rorty*, ed. Alan Malachowski (Oxford: Blackwell, 1990), pp. 101-36.

32 Lyotard, *The Postmodern Condition*, p. xxiv.

33 *Thiselton on Hermeneutics: Collected Works with New Essays* (Grand Rapids: Eerdmans; Aldershot: Ashgate, 2006), pp. 671-75 and 798-99; and Richard J. Bauckham, *Bible and Mission: Christian Witness in a Postmodern World* (Grand Rapids: Baker Academic; Carlisle: Paternoster, 2003), pp. 87-93.

넘이다. 리오타르는 지식이 지혜를 의미하지는 않는다고 지적했는데 이는 전적으로 옳은 말이다. 또한 세계의 모든 정부가 사유를 통합하거나 "결합" 시키는 데 실패했다는 것, "과학"만이 유일한 지식의 패러다임은 아니라는 것, 테크놀로지는 인간적 이해가 아니라는 것, "자유주의적 진보"는 오류의 신화라고 주장한 점에서도 옳다. 이렇게 많은 것들이 "합법화"를 중심으로 진행된다.[34] 만약 이런 내용이 리오타르 사유의 주요 추진력이라면 여기서 우리는 해석학에 유용한 것들을 많이 배울 수 있었을 것이다.

2. 리오타르는 모든 것이 "컴퓨터화"에 적합한 것은 아니라는 견해를 하이데거와 가다머와 공유하고 있다. 박사 논문에서도 리오타르는 구글의 자료 검색이 독창적 사유를 대체하지는 못한다고 주장한다. "정보 상품 형태의 지식은 생산력을 위해서 필수 불가결한 것이며…이미 세계 차원의 권력 경쟁에서는 가장 큰 이해관계의 이슈로 나타난다."[35] 이런 지적은 지식과 권력의 관계를 논의했던 푸코의 작업에 한층 더 날카로운 방점을 실어준다. 이제 "지식"은 권력을 얻기 위해 사고팔 수 있는 소비자 상품이 된다. 리오타르는 우리의 후기산업 사회, 전자화된 사회를 휩쓰는 급속한 변화에 주목하고 있으며 이는 다시 해석학과 연관된다.

3. 『포스트모던적 조건』은 몬트리올 주정부의 의뢰를 따라 집필된 것으로 여기서 리오타르는 포스트모던 사상의 사회적 함의를 논의한다. 다시 그는 **비트겐슈타인의 언어 게임론**에 의거한다. 일상 속에서 평범한 사람들은 내러티브 또는 "작은 이야기"의 언어 게임을 사용한다. 이런 게임은 거의 합법화를 제공하지 않는다. 반면에 전문기술 관료와 과학자들은 자신의 기술이라는 자기 합법적인 언어 게임을 사용한다. 그리하여 이들이나 국가는 권위적 진술을 제시하는 존재로 나타나며 이 권위적 진술들은 권력의 도구가 된다. 리오타르에 따르면 "모든 발화는 게임 속에서의 움직임으로

---

34 이 내용은 Lyotard, *The Postmodern Condition*, 2장에서 도입되고 논의된다.
35 Lyotard, *The Postmodern Condition*, p. 5. 참조. 1장.

사유되어야 한다."[36] 하지만 과학이나 국가의 인지적 맵핑(mapping)은 단순한 합의에 불과한 것을 보편적 진리처럼 위장한다. 따라서 사회는 점점 더 관료화되는 동시에 "기술 관료"에 의해 지배되고 파편화된다.[37] 리오타르의 이런 지적은 해석학에 대해 양가적 의미를 가진다. 언어는 커뮤니케이션 행위며 리오타르에게는 어떤 것도 권위적일 수 없다는 점을 상기하는데 도움이 된다.

4. 사회의 파편화와 원자화는 보편적이고 합법화하는 주장에 대한 저항을 요구한다. 리오타르는 다중성을 배양하려 시도했다. 다중성 개념은 그 자체로서 순수하고 해방적으로 보이지만 리오타르의 『디페랑』을 배태한 개념이기도 하다.

리오타르는 『디페랑: 논쟁 중인 문장들』(*The Differend: Phrases in Dispute*, 1983)을 자신의 저술 중 가장 중요한 책으로 꼽았다. 여기서 그는 다시 "이교주의"와 포스트모더니즘을 결합시킨다. "디페랑"은 해소될 수 없는 두 당파 간의 갈등의 사례를 지시하기 위한 기술적 용어다. 왜냐하면 한 당파의 "언어" 사용(또는 언어 게임)은 이미 자신의 입장에 유리한 방향에서의 논쟁의 해소를 가정하기 때문이다. 이들은 결코 "외적" 규준에 동의할수 없다. 이들의 관점은 "공약 불가능한" 것이다. 그리하여 실재에 있어서 "디페랑"은 약한 당파의 **힘을 빼앗아버리는** 장치가 된다. 예를 들어 당파는 무엇이 "타당"한지를 미리 결정하고 그 "타당한" 측이 확실하게 이기도록 하는 지시를 내릴 수 있다. 따라서 편파성이 없는 판단은 불가능하다. 구체적 예로서 북아일랜드가 아일랜드 섬에 위치하고 있는 영국의 일부인지 아닌지, 또는 북아일랜드는 "아일랜드"이고 그래서 숙적 영국의 요구와 다수 대중을 물리쳐야 하는지 아닌지 하는 경우를 들 수 있겠다. 이때 무엇이 상황 **바깥**에 서서 분쟁을 **중재**할 수 있을까? 문제를 기술하는 행위 자체가 판

---

36 Lyotard, *The Postmodern Condition*, p. 10. 참조. 3장.
37 Lyotard, *The Postmodern Condition*, 4, 5장.

결을 전제하는 용어들을 도입하게 마련이다.

이는 어떤 언어 게임들은 공약 불가능함을 주장하는 또 다른 방식이다. 갈등의 상황에서는 모든 것이 **권력**을 중심으로 작동한다. 더 강력한 당파에 속한 자들을 중심으로 사태가 돌아가는 것이다. 리오타르는 모든 당파의 이질성과 복수성을 존중하는 것을 해법으로 간주한다. 이런 내용이 해석학에 대해 가지는 함축은 명백하다. 에밀리오 베티가 해석학은 타자에 대한 인내, 관용, 존중을 배양한다고 주장한 반면, 리오타르는 미성숙한 폐쇄를 암시한 바 있다. 왜냐하면 리오타르는 진정한 합의가 불가능하다고 믿었기 때문이다. 성경이나 교회는 어떤 "권위"도 가질 수 없다. 왜냐하면 이 권위는 갈등이 해결되는 조항들을 강제로 명령하기 때문이다.

다음으로 우리는 비트겐슈타인을 다원주의적 방식으로 읽고 해석하는 혼란스러운 문제로 넘어갈 것이다. 40여 년에 걸친 지속적인 연구 과정 중에서도 나는 한 번도 비트겐슈타인을 이런 식으로 읽은 적이 없다. 하지만 확실한 것은 몇몇 학자들은 그렇게 한다는 것이다. 예를 들어 폴 반 뷰렌(Paul van Buren)은 자신의 사유의 세 번째 시대에 비트겐슈타인을 다원주의적으로 이해한다. 윌리엄 호데른(William Hordern)도 언어 게임을 괭이, 삽, 가래를 가지고 하는 정원 일이 각기 다른 것처럼 그렇게 분리되는 것이라고 이해하면서 다원주의적 해석을 제시한다.[38] 충분히 예상할 수 있는 것이지만 리처드 로티 역시 이런 계열의 해석자 중 하나다. 비트겐슈타인은 "어떤 경험적 명제들의 **진리**는 우리의 준거 체계에 속해 있다"고 말한 바 있다.[39] 하지만 언어와 고통의 행위의 예에서는 "오직 **살아 있는 인간 존재**만이…감각을 가지고 있다고 말할 수 있다"고 언급했다.[40] 비트겐슈타인에

---

38 William Hordern, *Speaking of God: The Nature and Purpose of Theological Language* (New York: Macmillan, 1964; London: Epworth, 1965), pp. 81-92.

39 Ludwig Wittgenstein, *On Certainty* (Oxford: Blackwell, 1969), 83절.

40 Wittgenstein, *Philosophical Investigations*, 281절, 2nd ed. (1958), 티슬턴 강조.

따르면 언어 게임이 변하면 "개념에 있어서의 변화, 그리고 개념과 함께 언어의 의미도 변화한다."[41] 하지만 **인간**은 떨리는 염소 울음소리 같은 소음을 웃음으로 이해할 수 있는 존재다. 언어 게임은 다양하지만 늘 공약 불가능한 것은 아니다. 로티조차도 자기 충족적인 "islands"보다는 "archipelago"의 은유를 선호한다. 비록 로티도 비트겐슈타인에 대한 과도한 다원주의적 해석을 채택하긴 했지만 말이다(제16장의 다섯 번째 챕터를 보라). 언어 게임에서는 유일성이 아니라 "언어와 언어로 짜인 행위로 구성된 전체"가 중요하다.[42] 비트겐슈타인의 『철학적 탐구』는 우리의 준거 체계 바깥으로 나가 다른 체계를 선택하는 예들을 제시하고 있다. 동일한 인격이 양쪽 체계 모두에 참여할 수 있다. 리오타르에서 가치 있는 요소라면 과학의 실증주의와 제국주의에 대한 거부라고 할 수 있다. 하지만 이것이 기독교의 진리 주장을 "누군가가 자신의 이야기를 하는 것"으로 제한하는 이유가 될 수는 없다. 이런 태도는 환원주의적이라 할 수 있다.

장 보드리야르(Jean Baudrillard, 1929-2007)는 프랑스 북동부의 랭스 출신으로 소르본 대학에서 독일어를 공부했으며 문학, 사회학, 철학과에서 연구하기도 했다. 엄밀히 말하자면 보드리야르는 포스트모더니즘보다는 **포스트구조주의**에 속한다고 할 수 있으며 리오타르, 데리다, 푸코, 들뢰즈와 정기적으로 교류했다. 보드리야르는 측정 또는 계량은 기호에 기반하며 소쉬르와 마찬가지로 차이에 기반한다고 믿었다. 사회학자로서 보드리야르는 어떻게 **자기 지시적** 언어가 사회에 적용되는지를 탐구했다. 그는 자주 리오타르와 협력했는데 왜냐하면 리오타르 역시 사회가 아무 성과 없이 "총체적"이고 보편적 의미를 추구한다고 보았기 때문이다. 이런 추구는 정신을 산란케 하는 일관성을 좇거나 진짜 현실로부터 멀어지도록 인간성을 유혹한다. 또 어떤 측면에서 이런 경향은 소비주의가 새로운 권력 구조가

---

41 Wittgenstein, *On Certainty*, 65절.
42 Wittgenstein, *Philosophical Investigations*, 7절, 2nd ed. (1958), 티슬턴 강조.

되어버린 "가상적 현실" 속으로 사람들을 데려간다.

보드리야르가 가진 긍정적 특징 중의 하나는 "사용"과 "가치"의 대조에 대한 그의 관심이다. 보드리야르에 따르면 "사용"과 "가치"는 오늘날 하나로 통합되고 있는데 고전적 마르크스주의자들의 주장처럼 경쟁적인 교환 가치가 아니라, **지각되는** 가치(*perceived* value) 또는 **의미적 가치**(*signifying value*)로 통합된다. 바로 여기서 실제적 세계는 사라지기 시작한다. 판타지는 탈취를 시작하며 따라서 미국에서는 디즈니랜드 같은 가상 현실이 실재를 대체하기에 이른다. 현실 세계의 시뮬라크라(*Simulacra*) 또는 가상 현실에 불과한 미디어 구성물이 우리 사회를 지배한다. 우리의 지각을 통제하는 미디어 권력은 일종의 예를 제공한다. 보드리야르는 『상품의 거울』(*Mirror of Production*, 불어판 1973, 영어판 1975), 『시뮬라시옹』(*Simulations*, 민음사 역간, 불어판 1981, 영어판 1983)에서 가상 현실에 대해 몇몇 표현을 제안한다.[43] 또한 『푸코 잊기』(*Forget Foucault*)에서는 권력의 사회적 중요성에 대해서 푸코에 동의하지만 **가상화된**(simulated) 지식의 연관된 역할을 강조하고 있다.[44]

시뮬라크라의 힘에 대한 논의나 미디어에서 어떤 방식으로 사물이 지각되는지에 대한 보드리야르의 지적에는 우리도 동의할 수 있다. 또한 소비주의의 마력과 대중 광고의 힘에 대해서도 마찬가지다. 하지만 사회 전체가 전적으로 이런 방식으로 유혹되는 것은 아니다. 비록 성경(과 리쾨르)이 자기기만을 인정하는 것이 사실이라 해도 말이다. 어쨌든 보드리야르의 철학은 의심의 해석학에 대해 가치가 없지 않다.

43 Jean Baudrillard, *The Mirror of Production*, trans. M. Poster (St. Louis: Telos Press, 1975), and *Simulations*, trans. P. Foss and others (New York: Semiotext(e), 1983); French edition, *Simulacres et Simulation*.

44 Jean Baudrillard, *Forget Foucault* (New York: Semiotext(e), 1987).

4. 유럽의 포스트모더니즘: 미셸 푸코, 지식과 권력

미셸 푸코(Michel Foucault, 1926-1984)는 프랑스 푸아티에에서 한 외과의사의 아들로 태어났다. 제2차 세계대전 때는 나치에 의한 프랑스 점령을 비시 치하에서 직접 겪기도 했다. 푸코는 심한 우울증으로 고통받았고 정신과 의사의 진찰을 경험했다. 이 모든 개인사 즉 의료 체제, 병원, "광기", 군대의 경험은 나중에 푸코 철학에서 핵심을 이루게 된다. 심리학과 철학을 공부한 푸코는 1950년에 프랑스 공산당에 입당하는데 마르크스주의자인 알튀세르와 절친한 친구기도 했다. 1958년에는 바르샤바 대학에서, 1959년에는 함부르크 대학에서 연구했으며 1960년에 프랑스로 돌아와 『광기의 역사』(History of Madness, 민음사 역간)를 발표한다. 이 책은 나중에 『광기와 문명』(Madness and Civilization)이라는 제목으로 영어 축약본이 출간된다. 1965년에 튀니지 대학의 객원교수가 된 푸코는 드디어 1966년에 『말과 사물』(Order of Things, 불어 제목은 Les Mots et les choses, 민음사 역간)을 내놓는다. 또한 이런 저작을 집필하는 동안 구조주의와 후기구조주의의 선봉이라 할 수 있는 롤랑 바르트, 라캉, 레비-스트로스와 꾸준히 교류했다. 1969년에는 『지식의 고고학』(Archaeology of Knowledge, 민음사 역간)이 출간되었으며 1970년부터는 미국, 일본을 방문하면서 『성의 역사』(History of Sexuality, 나남 역간)를 쓰기 시작한다. 게리 구팅(Gary Gutting)의 주장에 따르면 푸코는 "구조주의와 해석학을 넘어서는" 인물이다.[45]

1. 초기 저술인 『광기의 역사』에서 푸코는 "광기"는 변화하는 사회적 구성체임을 논증한다. 고대 문명에서 "광인"의 운명에 처했던 사람은 신들의 감화를 받은 존재거나 초인간적 동물로 간주되었다. 그러던 것이 19세기에 이르면 자유주의적 개혁자들에 의해 광기는 소위 보호소나 안전지대

---

45 Gary Gutting, ed., *The Cambridge Companion to Foucault* (Cambridge: Cambridge University Press, 1994), p. 2.

에서나 다룰 수 있는 "정신적 질병"이라는 개념이 고안된다. 이런 변화는 "한밤중에 갑자기 일어난 사건" 같은 것이며 "거대하고 폭넓은 현상"을 구성하게 되었다.[46] 푸코의 주장에 따르면 일차적으로 광기의 근대적 개념은 부르주아 가족 체제를 보호하기 위해서 존재한다. "이성의 표준 아래" 있는 것은 무엇이든 오직 의학적 "체제"에 의해 판단되며 이 체제는 "하얀 가운의 미소"와 함께 임의적인 권위를 강제한다.

2. 『임상의학의 탄생』(Birth of the Clinic, 불어판 1963, 영어판 1973)에서 푸코는 병원이라는 권위주의적 "체제"에 대한 비판을 계속한다. 1966년에는 두 번째 대작인 『말과 사물』이 출간되는데[47] 여기서는 독일 철학이라는 제한된 전통에만 속했던 **언어**의 주제를 다루고 있다. 즉 이 책은 언어관이 역사의 다양한 시기에 걸쳐 어떻게 변화했는지를 보여준다. 리쾨르와 마찬가지로 푸코도 자아에 대한 상관적 개념들에 주목한다. 또한 사회과학은 특수한 시대에 속한 상대적인 것에 기반한 것으로 간주된다.

3. 『감시와 처벌』(Discipline and Punish, 나남 역간, 불어판 1973, 영어판 1977)에는 한층 더 중요한 내용이 담겨 있다.[48] 여기서 다루어지는 "체제"는 **감옥**이며 푸코는 고문을 묘사하는 것으로 논의를 시작한다.[49] 그는 교수형 장면을 제시하며 "친절한 처벌 방식" 또한 미묘하고 눈에 덜 띄는 탄압을 내포함을 보여준다.[50] 이 모든 처벌의 목적은 "말 잘 듣는 육체"를 얻는 것이다.[51] 하지만 이런 방식은 익명적 권력에 대한 희생자를 만든다. "왜냐하면 이런 **익명적 권력**은 어디에나 존재하며 언제나 경계 상태에 있기 때문

---

46 Michel Foucault, *Madness and Civilization*, trans. R. Howard (New York: Pantheon, 1965), pp. 45-46.

47 Michel Foucault, *The Order of Things*, trans. A. Sheridan (New York: Random House, 1970).

48 Michel Foucault, *Discipline and Punish*, trans. A. Sheridan (New York: Pantheon and Penguin, 1977); from *Surveiller et punir: naissance de la prison* (Paris: Gallimand, 1975).

49 Foucault, *Discipline and Punish*, pp. 3-31. 참조. 32-69.

50 Foucault, *Discipline and Punish*, pp. 104-31.

51 Foucault, *Discipline and Punish*, pp. 135-69.

제16장 포스트모더니즘과 해석학 515

이다.…대체로 그것은 침묵 속에서 작용한다."[52] 분위기 또한 감시다. 체제 전체가 새로운 종류의 인간 주체를 생산해내는데 이들은 권력의 테크닉에 종속된다. **권력 관계의 네트워크 바깥에는 지식도 진리도 존재하지 않는다.** 감옥은 자신의 지고한 권력 속으로 모든 것을 에워싸는 "감금 시스템"이 된다. 또한 감옥은 훈육 기능을 하는 "체제"의 네트워크에 속한다. 체제는 "다수의 식민지, 훈육적 군대, 감옥, 병원, 사설 구빈원" 안에도 존재한다.[53] 학교와 교회의 일부도 여기에 포함된다. 경찰, 교사, 사회사업가들은 권력과 지식을 연관시키고 이를 통해 일탈자나 "범죄자"를 생산해낸다는 비난을 면치 못한다. 이는 성직자도 마찬가지다.

4. 푸코의 작업 속에서 사회의 "질서"는 인류의 이익을 위해 만들어진 것일 뿐 하나님의 명령과는 상관없는 것으로 상대화된다. 따라서 모든 권위 관계와 권위의 가치는 약자를 억압하는 권력자에 의해 조작된 관습이 아닌가 하는 의심에 노출된다. 푸코는 때때로 학교와 교회에 전제주의적 리더가 나타나 순전히 자신의 사욕을 위해 "주님이 이렇게 말씀하셨다"는 표현을 사용한다고 지적한다. 물론 이는 타당한 언급이다. 예수 자신이 니체나 푸코보다 훨씬 더 이전에 거짓 선지자에 대해 경고하지 않았던가? 우리는 병원과 감옥을 감독할 필요가 있다. 그러지 않는다면 이 집단들은 견딜 수 없는 체제가 되어버릴 것이다. 하지만 문제는 이런 전체적인 비판에서 요란하게 선전되는 것은 다만 모든 형태의 권위에 대한 푸코의 혐오뿐이라는 점이다. 에밀 브루너는 결혼과 국가를 인간의 행복을 위해 주어진 신적 질서로 보았다. 푸코의 사상에서 우리는 근대 계몽주의적 개념인 "자율성"에 위험스러울 만큼 근접한다.

5. 몇몇 학자들은 푸코의 사유가 기독교 신학을 위해 유용하다고 생각했다. 이런 입장에서 가장 유명한 작업으로는 제임스 버나우어(James

---

52 Foucault, *Discipline and Punish*, pp. 176-77.
53 Foucault, *Discipline and Punish*, p. 300.

Bernauer)와 제레미 게렛(Jeremy Garrette)이 편집한 『푸코와 신학』 (*Foucault and Theology*, 2004), 게렛의 『푸코와 종교: 영적 육체성과 정치적 영성』(*Foucault and Religion: Spiritual Corporality and Political Spirituality*, 1999) 및 여러 편의 논문이 있다.[54] 엘리자베스 카스텔리(Elizabeth A. Castelli)는 푸코와 고린도전서 1~4장에 대해서 여러 편의 논문을 썼다. 여기서 카스텔리는 푸코가 전개한 다양한 종류의 권력이 가진 복합적 개념을 검토하면서, 바울 또한 가부장적인 회초리로부터 십자가의 능력에 이르기까지 다양한 범위의 처벌 체제를 언급했다고 주장한다.[55] 몇몇 글들은 교회 내의 권위보다는 거짓 예언과 권위주의의 위험성에 주의를 기울인다. 또 다른 글은 성육신과 "육체성"에 초점을 맞추고 있다. 푸코는 "말 잘 듣는 육체"에 대해 말하긴 했지만 적어도 육체적인 것이 삶에서 행하는 역할은 인식하고 있었다. 결론적으로 푸코가 비판한 것은 타락한 종교였지 모든 종교를 부정한 것은 아니다. 만약 푸코의 작업이 가장 섬세하고 최선의 형태로 활용된다면 그것은 우리로 하여금 권력의 네트워크가 가진 고도로 세련되면서도 위장된 측면에 대해 경고할 수 있을 것이다. 푸코는 권력 구조가 얼마나 "익명적일" 수 있는지, 또 얼마나 지식과 감시와 연계될 수 있는지 보여주었다. 푸코는 해석학에서 하버마스가 자기 이익 또는 "관심"이라 표현한 것, 리쾨르가 무의식적 욕망 또는 나르시시즘에 대해 말한 것을 한 단계 더 진전시켜 사유했다. 권력과 지식에 대한 푸코의 작업은 해석학에 도움을 줄 수 있지만 난점 또한 존재한다. 특히 가치란 단순히 관습의 산물일 뿐이라는 그의 사상은 큰 난관이 된다.

---

54 James Bernauer and Jeremy Garrette, eds., *Michel Foucault and Theology: The Politics of Religious Experience* (Aldershot and Burlington, Vt.: Ashgate, 2004); and Jeremy R. Garrette, *Foucault and Religion: Spiritual Corporality and Political Spirituality* (London and New York: Routledge, 1999, 2007).
55 Elizabeth Castelli, "Interpretations of Power in 1 Corinthians," in *Michel Foucault and Theology*, pp. 19–38, and Castelli, *Imitating Paul: A Discourse of Power* (Louisville: Westminster John Knox, 1991).

5. 미국의 포스트모더니즘: 리처드 로티(와 후기 스탠리 피쉬)

리처드 로티(Richard M. Rorty, 1931-2007)는 뉴욕 출신으로 "사회적 복음"
의 신학자 월터 라우쉔부시(Walter Rauschenbusch)의 딸과 결혼했다. 시카
고 대학과 예일 대학에서 철학을 공부한 로티는 1961년에 30세의 나이로
프린스턴 대학의 교수, 1982년에는 버지니아 대학의 교수가 된다. 로티는
확신에 찬 글쓰기 스타일뿐만 아니라(너무 야단스럽다고 할 사람도 있겠지만)
실용주의 전통의 지지자라는 점에서 미국의 대중적 인물이다. 첫 번째 저
서 『언어적 전회』(*Linguistic Turn*, 1967)는 언어철학에 대한 훌륭한 연구서
다. 1979년에 출간된 『철학 그리고 자연의 거울』(*Philosophy and the Mirror
of Nature*, 까치 역간)에서 로티는 철학의 전통적 인식론을 대체해야 할 필요
성을 주장하며 신실용주의와 포스트모더니즘으로 선회한다.[56]

이미 나는 여러 번이나 낙관적 실용주의와 포스트모더니즘의 결합에
대해 유보적 입장과 불편한 감정을 고백한 바 있다. 로티의 견해는 유럽의
포스트모더니즘과 겹치는 부분이 있다. 하지만 프랑스 사상가들이 의심과
비판으로 가득한 비관적 분위기를 만들어냈던 것과는 대조적으로 로티는
기쁨과 열정에 찬 목소리로 자신의 신실용주의적 버전의 포스트모더니즘
을 서술한다. 프랑스 철학이 억압받고 주변화된 사람들에 깊이 천착한 반
면에 로티는 (잠정적으로) 마지막 저서 『철학과 사회적 희망』(*Philosophy
and Social Hope*, 2000) 때까지 사회적 관심을 유보했다. 전에 『우연성, 아
이러니, 연대성』(*Contingency, Irony, and Solidarity*, 민음사 역간)에서 자유
주의적 진보주의에 대한 믿음을 표현하기는 했지만 말이다.[57] 되도록이면
나는 이전에 썼던 내용을 반복하지 않으려 한다.[58] 짧게 요약하자면 대부분

---

56 Richard M. Rorty, *Philosophy and the Mirror of Nature* (Princeton: Princeton
University Press, 1979).
57 Richard M. Rorty, *Philosophy and Social Hope* (Princeton: Princeton
University Press, 1979), pp. 169-88, 299-311.

의 학자들은 유럽과 미국의 포스트모더니즘 사이에 분명한 선을 그었다. 또한 리처드 로티와 스탠리 피쉬의 낙관적인 미국식 포스트모더니즘보다는 프랑스 포스트모던 사상가들의 좌파적 의심이 기독교에 더욱 유혹적이고 치명적이라고 평가했다. 하지만 나의 관점은 정반대다. 내가 보기에 유럽의 포스트모더니티는 적어도 왜곡된 종교에 대해 통찰력 넘치는 비판을 제공했다. 반면에 실용주의적인 미국식 포스트모더니즘의 근본적 질문은, 우리가 무엇을 믿고 행하는가에 관계없이 그것이 지역 공동체를 위해 "성공"을 제공하는지 아닌지 하는 것이다. 이런 입장은 불편한 것으로 판명될 수도 있는 진리의 자리에 성공과 수사학적 "승자들"을 세운다. 바로 이것이 바울이 관심을 기울였던 문제며 고린도교회의 일부 그리스도인들에 대해 불편하게 여겼던 이유기도 하다. 요약하자면 미국식 포스트모더니즘은 **자기비판**을 위한 자리를 결여하고 있다.

『철학 그리고 자연의 거울』에서 로티는 내러티브 형식으로 역사철학자들을 설명하고 있다. "거울"은 로티가 공격하는 대상인 의미의 표상이론과 진리 상응설의 상징이다. 그는 윌라드 반 콰인(Willard van Quine), 윌프리드 셀라스(Wilfrid Sellars), 도널드 데이비슨의 저술을 기반으로 하며 토마스 쿤의 패러다임에 대한 초기 설명을 받아들이기도 한다.[59] 또다시 많은 사람들이 "과학"과 구닥다리 유물론적 실증주의의 일치를 환영할지도 모른다. 로티는 전통적 지식이론(또는 인식론)의 종말과 함께 해석학이 그 공백을 채우는 "대처의 방법"을 제시한다고까지 암시한다. "합리성"은 사회나 "지역" 공동체가 우리로 하여금 말하도록 하는 것일 뿐이다.[60] 대체로 예상되는 바이지만 제인 힐(Jane Heal)과 내가 주목한 것처럼 로티는 후기 비트

---

58 Anthony C. Thiselton, *Interpreting God and the Postmodern Self: On Meaning, Manipulation, and Promise* (Edinburgh: T. & T. Clark; Grand Rapids: Eerdmans, 1995), pp. 33-34, 111-14; *Thiselton on Hermeneutics*, pp. 519-20, 586-96, 666-70, 796-98.
59 로티는 pp. 322-35, 343-47에서 쿤의 책 둘째 판을 참고하지만 쿤의 경고를 심각하게 받아들이지는 않는 듯하다.
60 Rorty, *Mirror of Nature*, pp. 342-47, 366-69.

겐슈타인을 과도하게 다원주의적인 방식으로 해석한다. 비트겐슈타인의 친구였던 노먼 말콤(Norman Malcolm), 조지 피처(George Pitcher)를 위시하여 다른 학자들도 그렇게 급진적으로는 해석하지 않았다.

로티의 두 번째 주저는 『우연성, 아이러니, 연대성』이다.[61] 이 책의 제1부에서는 언어의 우연성이 언급된다. 니체, 데이비슨, 비트겐슈타인과 마찬가지로 로티는 언어가 위장을 사용할 수 있다고 생각한다. 따라서 개념의 형성은 "내재적인" 것이 아니라 우리의 목적과 관계된다. 이런 내용은 아직 분명히 "포스트모던"하지는 않다. 다시 로티는 니체, 비트겐슈타인, 하이데거를 인용하면서 우연성 개념을 주장한다. (비트겐슈타인을 인용하는 것이 타당한지는 의문이다.) 공동체의 우연성도 따라온다. 여기서 그의 입장은 정치적으로 변하면서 도덕적 상대주의의 부담을 거부한다(또는 거부하려 한다). 로티는 잔혹성의 윤리학을 논의하면서 우리가 좀 더 자유주의적인 사회를 향해 진보하고 있다고 믿는다. 이런 내용과 함께 우리는 푸코의 태도를 관료주의, 감옥·병원·군대의 체제, 고문과 비교하지 않을 수 없다. 또한 리오타르의 태도를 자유주의적 진보주의와 다원주의의 "신화"와 비교하지 않을 수 없다.

제2부에서 로티는 아이러니를 연구한다. 프루스트, 니체, 하이데거, 특히 데리다는 "아이러니적 인간"의 모델이다.[62] 데리다는 형이상학이나 전통적 인식론을 시도하지 않았다. 스탠리 피쉬는 로티의 관점을 지지한다. 피쉬는 "수사학"을 "아이러니"로 변경하고 싶어하지만 사실 두 용어는 매우 가까운 개념이다. 놀랍게도 피쉬는 다음과 같이 대담하고 자신만만한 일반화를 시도한다. "다양한 사물들에 대해 두 가지 사고방식이 존재한다.…그것은 진지한 인간과 수사학적 인간 사이의 차이다."[63] 이 인용구의 처음 절반은 로티에게서 온 것이다. 이런 식으로 피쉬와 로티는 서로 질세라 아직

---

61 Richard M. Rorty, *Contingency, Irony, and Solidarity* (Cambridge: Cambridge University Press, 1989).

62 Rorty, *Contingency, Irony, and Solidarity*, pp. 122-37. 참조. pp. 96-121.

해결되지 않은 것으로 간주되는 문제들에 대해 대담한 일반화와 낙관주의를 제시한다.

제3부에서는 잔혹성의 문제와 연관해서 사회적 연대가 논의된다. 로티의 주장에 따르면 조지 오웰(George Orwell)은 구식의 자유주의자였지만 진보에 대한 자유주의적 희망은 거부했다. 마지막 장에서 로티는 윤리적 가치 평가를 특수한 공동체를 위해 만들어진 "우리" 입장의 진술로 축소시킨다. 왜냐하면 "본성적" 자아라는 것은 존재하지 않기 때문이다. "자아란 모든 인간을…동료 죄인으로 보려 하는 기독교적 개념의 일부다.…세속적이고 윤리적인 보편주의는 바로 이런 개념을 기독교로부터 가져왔다."[64]

로티는 『객관성, 상대주의, 진리』(Objectivism, Relativism, Truth, 1990)와 『하이데거와 다른 이들에 관한 논고』(Essays on Heidegger and Others, 1991)에서도 이 주제를 전개한다. 나중에 이 두 권은 『철학적 논고들』(Philosophical Papers)의 제1, 2권을 구성하며 여기에 제3권인 『진리와 진보』(Truth and Progress, 1998), 제4, 5권인 『문화정치학으로서의 철학』(Philosophy as Cultural Politics, 2007)이 덧붙여진다(모두 케임브리지대학출판부 출간). 『진리와 진보』의 첫 번째 논문에서 로티는 미국의 실용주의자인 윌리엄 제임스(William James)와 존 듀이(John Dewey)를 연구한다. 그는 "참된 것이란 무엇이든 신념의 방식에 있어 그 자체로 선한 것으로 입증된 것이다"라는 제임스의 입장에 동의하고 있다.[65] "타당한 실재를 얻는" 과업 같은 것은 존재하지 않는다.[66] 여기에 실린 논문들은 1995년부터 발표된 것들이다. 마지막 논문에서 로티는 데이비슨, 비트겐슈타인, 데리다에 대한 존경을 표현하고 있다.

---

63 Stanley Fish, *Doing What Comes Naturally: Change, Rhetoric, and the Practice of Theory in Literary and Legal Studies* (Oxford: Clarendon, 1989), pp. 501-2. 참조. pp. 471-502.

64 Rorty, *Contingency, Irony, and Solidarity*, p. 191.

65 Richard Rorty, *Truth and Progress: Philosophical Papers*, vol. 3 (Cambridge: Cambridge University Press, 1998), p. 21.

66 Rorty, *Truth and Progress*, p. 25.

미국의 실용주의 철학에 대해 더 언급한다면 이미 썼던 비판을 반복하는 것이 될 것이다. 짧게 요약하기 위해 나는 여기서 미국 해석학에 대한 코링턴의 탁월한 설명을 참조하고자 한다.[67] 미국 실용주의의 핵심은 언제나 "진보", "성공", "승자"를 추구하며 "공동체"를 언급한다는 것이다. 벤저민 프랭클린(Benjamin Franklin, 1706-1790)은 "인류의 이익"을 추구한다고 했고 랠프 왈도 에머슨(Ralph Waldo Emerson, 1803-1882)은 자신의 정당을 "미래의 정당"이라고 불렀다. 여기서 통용되는 규준은 늘 공동체의 이익과 합의다. 로이스(Royce)는 "공동체"와 "진보"를 설명했던 미국의 헤겔이었다. 로티 또한 모든 측면에서 실용주의적 규준과 일치하지 않는 것은 "쓰레기"로 간주하고 내다버린다. 이런 현상은 1930년대의 잔재, 즉 에이어(A. J. Ayer)가 검증 가능성이라는 자신의 경험적 규준과 맞지 않는 모든 것을 "무의미"로 간주하던 때의 잔해인 것이다. 에이어의 경멸적 태도는 로티와 피쉬가 미국에서 그랬던 것처럼 영국에서 많은 사람을 유혹했다. 에이어가 당대의 영국에서 가장 뛰어난 스타일의 대담한 철학자였던 것은 우연이 아니다. 밟아야 할 단계들을 생략하지 않고 질문과 씨름하는 학자들은 인기가 없는 법이다. 우리는 논리 실증주의를 순진한 경험주의로 간주한다. 또 다른 것은 순진한 실용주의일지도 모른다.

테런스 틸리는 약간 회의주의적으로 "포스트모던", "후기기독교", "탈식민주의", "후기산업", "후기구조주의" 같은 용어를 검토한 바 있다.[68] 유사한 주제와 용어로는 "객관주의를 넘어서", "프로이트 이후" 같은 말들이 있다. 틸리는 이것을 "후기-시대"(post-age)적 낙인이라고 불렀다! 현재는 언제나 더 크고 더 나은 미래에 자리를 내어주는 것으로 사유된다. 하지만 문제는 이 모든 이론들이 역사적으로 상대적이라는 점이다. 포스트모던이

---

67 Robert S. Corrington, *The Community of Interpreters: On the Hermeneutics of Nature and the Bible in the American Philosophical Tradition* (Macon, Ga.: Mercer University Press, 1987), pp. 1-46.

68 Terrence Tilley, "The 'Post-Age' Stamp," in *Postmodern Theologies*, pp. vi-vii.

나 후기구조주의 이후에는 무엇이 올 것인가? 로티는 자신의 철학이 엘리트적 상대주의로 간주되는 것에 대해 우려하면서 그의 사유를 상대주의가 아니라 "지역적" 또는 **민족 중심주의**로 묘사한다. 하지만 실제로는 자신의 사유가 상대주의라는 것에 동의한다. 비록 그가 상대주의라는 용어를 좋아하지는 않지만 말이다. 어쨌거나 두 가지를 다 가질 수는 없는 법이다.

진리에 대한 로티의 "규준"은 경쟁, 소비주의, 테크놀로지를 권장한다. 이런 점에서 그는 계몽주의로 돌아간다고 할 수 있다. 따라서 "해석학"에 대한 로티의 주장에도 불구하고 실제로 그의 철학은 해석학에 대해 별다른 가치를 가지지 못한다. 이와는 대조적으로 유럽의 사상가들은 유효한 통찰력과 경고를 견지하고 있으며 이런 통찰력은 우리의 해석학적 노력에서 탐구하는 마음을 일으킨다. 특히 로티, 피쉬, 리오타르(『디페랑』 때문에)는 해석학에 대해 유용하기에는 너무 멀리 나아가버렸다고 할 수 있다. 반면에 데리다, 바르트, 보드리야르, 푸코는 해석학적 반성을 위한 통찰을 제시할 수 있다. 하지만 우리는 극도의 경계심을 가지고 그들의 사유의 양상들을 바라본다. 결코 우리는 포스트모더니즘을 일반화할 수 없다.

6. 참고 도서

Critchley, Simon, and Timothy Mooney, "Deconstruction and Derrida," in *Twentieth-Century Continental Philosophy*, edited by Richard Kearney (London and New York: Routledge, 1994), pp. 441-71.

Haber, Honi Fern, *Beyond Postmodern Politics: Lyotard, Rorty, Foucault* (New York and London: Routledge, 1994), pp. 9-42 and 73-134.

Lyon, David, *Postmodernity* (Buckingham: Open University Press, 1994), pp. 1-19.

Rorty, Richard, *Truth and Progress: Philosophical Papers*, vol. 3 (Cambridge: Cambridge University Press, 1998), pp. 1-42.

Thiselton, Anthony C., "The Bible and Postmodernity" and "Retrospective Appraisal," in *Thiselton on Hermeneutics: Collected Works with New Essays* (Grand Rapids: Eerdmans; Aldershot: Ashgate, 2006), pp. 643-81.

H E R F N

제17장

결론적 논평

M E N

E U T I C S

신약과 24비기

3세기에서 13세기까지

몸 리펠프의 해석학

해석학적 방법의 요

해석학의 목표와 영역

슐라이어마허와 딜타이

한스-게오르크 가다머의 해석학과 두 번째 전환점

20세기 중반의 접근: 바르트, 신해석학, 구조주의, 탈구조주의, 제임스 바의 의미론

중고대와 계몽주의, 상식비평의 발흥

고대 세계에서 시작된 영향과 질문의 유산, 유대교와 고대 그리스

철학, 심리학, 문학이론, 사회적 지식의 맥락에서 본 해석학

루돌프 불트만으로부터 신약의 탈신화화

폴 리쾨르 해석학과 우리나름 해석학

1. 신적 매개와 성경의 권위

이 책에서 나는 성경의 영감 안에 있는 신적 매개가 어떻게 인간의 독해와 해석과 연관되는지에 대해 충분히 논의하지 못했다. 하지만 이 문제에 가장 근접하는 대목은 아마도 신약 시대부터 18세기까지를 다룬 제5, 6, 7장과 칼 바르트의 신학을 다룬 제10장일 것이다. 바르트는 인간의 신앙과 기대가 하는 역할이 분명히 있지만 하나님의 말씀을 매개하는 것은 성령이라고 믿었다. 초기 교회의 교부들도 성령의 영감에 대한 자신들의 관점을 진술했지만 이것은 자주 읽기나 듣기, 해석에 대한 실제적 논평과는 분리된 이슈에 지나지 않았다.

최근에 마크 보왈드는 해석학 연구에서 성령에 연관된 질문을 모호하게 만들거나 회피하는 계몽주의 지식이론, 칸트의 철학, 성서비평의 발흥을 비판했다.[1] 젠스 짐머맨도 성경의 신적 매개에 대해 비슷한 논점을 제기한 바 있다. 짐머맨은 올바른 성경 해석을 위한 핵심적 조건으로 하나님에 대한 관조를 강조하는 계몽주의 이전의 태도를 회복해야 한다고 주장한다.[2]

---

1 Mark Alan Bowald, *Rendering the Word in Theological Hermeneutics* (Aldershot and Burlington, Vt.: Ashgate, 2007), pp. 16-25, 163-83.

2 Jens Zimmermann, *Recovering Theological Hermeneutics: An Incarnational-Trinitarian Theory of Interpretation* (Grand Rapids: Baker Academic, 2004) 외 여러 곳, 특히 pp. 160-80.

하지만 신앙이 해석의 전제가 되어야 한다는 이들의 주장은 첫째, **선이해**에 대한 작업을 무시하고 둘째, 단일한 방법론이 아니라 여러 개의 방법론을 선호하는 성서비평의 다형적 본성을 무시한다. 이런 입장의 스펙트럼의 한쪽 끝에는 제믈러, 슈트라우스, 바우어가 포진해 있는 반면 또 다른 끝에는 웨스트코트, 라이트푸트, 호트, 최근의 모울, 차일즈, 브루스 같은 학자들이 있음을 명심해야 한다.

어떤 경우건 우리는 카테고리를 착각할 위험성을 가지고 있다. 있는 그대로 보자면 하나님이 성경을 영감하기 위해 선택한 방법은 하나님의 소관이지 우리의 소관이 아니다. 물론 우리는 이것이 성령의 사역이라는 점에는 동의한다. 그렇다고 인간의 탐구가 부적절하거나 중요하지 않다는 말은 아니다. 다만 예상 가능하거나 쉬운 해답보다는 성령의 본질에 대한 질문을 제시해야 함을 의미한다. 칼 바르트조차도 성령의 사역에 대해 우리는 "어떻게"보다는 "어디에서"라는 문제에 초점을 맞춰야 한다고 말했다. "실제적으로 우리가 집중하는 지점은 영적 현상 자체가 아니라 그 영적 현상이 어디서부터 와서 어느 곳으로 가는가, 이 현상은 무엇을 지시하며 무엇을 입증하는가 하는 것이다."[3]

이런 질문은 스스로를 지우는 성령의 작용으로 인해 한층 더 복잡해진다. 하나님은 항상 일하시지만 그분의 활동은 오직 효과를 통해서만 알려진다(요 3장). 따라서 초기 교회에서 저술가들의 관심이 "어떻게" 하는 문제로부터 이탈한 것은 우연이 아니다. 보왈드의 도표와 모델 같은 것은 그리 큰 도움이 되지 못한다. 월터스토프도 신적 매개에 대해 가능한 **하나의** 모델을 제시한 바 있지만,[4] 이는 해석학과는 다른 주제라 할 수 있다. 또한 보왈드가 이 시도들에 대해 너무 비판적인 나머지 관련된 위험과 시도들을

---

3 Karl Barth, *The Resurrection of the Dead*, trans. H. J. Stenning (London: Hodder and Stoughton, 1933), p. 80.

4 Nicholas Wolterstorff, *Divine Discourse: Philosophical Reflections on the Claim That God Speaks* (Cambridge: Cambridge University Press, 1995), 특히 pp. 1-8, 95-129.

함께 융합시키지 못한 것은 유감스러운 일이다. "영적 선물"에 대한 우리의 입장은 성령이 "그의 뜻대로"(고전 12:11) 선물을 나누어주신다는 것이다. 다양한 성경적 장르에서 일어나는 동일한 "어떻게"의 질문에 대해서도 같은 대답이 주어질 수 있을 것이다.

버트챌(J. T. Burtchaell)에 따르면 "많은 영역에서 학자들을 혼란시키는 지점은 개별적 인간의 사건이 하나님과 인간의 연계 안에서 어떤 방식으로 일어나느냐 하는 것이 아니다.…뿌리에 있는 문제는 성육신이다."[5] 우리는 가현설과 아리우스주의를 동시에 피해야 한다.

2. 언어학과 실용주의의 진전: 공손이론

이제 해석학에서 몇몇 예측 가능한 미래의 발전 양상에 대해 언급하겠다. 이는 아마도 교과서의 일부에 상세히 담기에는 너무 새로운 내용일 텐데, 왜냐하면 우리의 예측은 항상 사변에 불과하기 때문이다. 데리다가 후기에 와서 자율적 텍스트에 대한 자신의 초창기 언급에 단서를 달았음에도 불구하고, 또한 "저자의 죽음"을 언급한 이는 바르트만이 아니었음에도 불구하고 이런 접근법은 지나가는 유행이 되고 말 것이다. 비트겐슈타인은 언어게임이 "언어와 그것으로 짜인 행위"로 구성된다는 점을 확실히 했다. 그에 따르면 "어떤 언어를 상상하는 것은 어떤 삶의 형태를 상상하는 행위다." "말하기는…활동의 일부 혹은 삶의 형식의 일부다." "명령하기, 질문하기, 이야기하기, 수다 떨기 같은 행위는 걷고 먹고 마시고 노는 것과 마찬가지로 우리의 자연적 역사의 큰 부분을 차지한다."[6] 문제는 우리가 "언어란 무

---

5 James T. Burtchaell, *Catholic Theories of Inspiration since 1810: A Review and Critique* (Cambridge: Cambridge University Press, 1969), p. 279.
6 Ludwig Wittgenstein, *Philosophical Investigations*, German and English, English text translated by G. E. M. Anscombe (Oxford: Blackwell, 1967), 7, 19, 23, 25절.

엇인가?" 또는 "의미란 무엇인가?" 같은 질문을 던지면서 일반화하고 추상화하려는 유혹에 빠진다는 점이다.

자주 언어가 행위와 배경을 연루시킨다는 사실을 인식하고 나면 우리는 오스틴이 **"수행적"** 또는 **"의미 수반적"** 발화라고 부른 것을 이해할 수 있다. 예를 들어 비트겐슈타인은 장례식 예배라는 배경에서 "우리 형제를 애도한다"라는 말이 어떤 활동을 기술하는 진술이 아니라 누군가의 죽음이 전제된, 수행적 발화 또는 의미 수반 발화라고 지적했다.[7] 또한 오스틴은 수행적 발화는 수용되고 공유된 관습에 기반하고 있다는 사실도 선명하게 보여주었다. "참 또는 거짓"이라는 형용사는 수행적 발화 자체에 적용되지는 않지만 그것이 전제하는 상황에 적용된다. "내가 이 배의 이름을 짓는다", "내가 축제를 개막한다", "내가 이 아이에게 세례를 주노라" 같은 예에서 볼 수 있듯 수행적 발화 또는 의미 수반 발화를 하는 주체는 분명 이 일을 행할 만한 권위를 가진 인물일 것이다. 주어진 절차 또한 완전히 실행되어야 한다. 만일 대주교가 "내가 이 도서관을 개관한다"고 말했는데 열쇠가 문고리 속에서 부러져버렸다면 무슨 일이 일어난 것인가? 또한 "난 데이비드를 뽑았어"라고 말했는데 상대가 "난 안 놀거야"라고 중얼거린다면 무슨 일이 일어난 것인가?[8]

도널드 에반스는 하나님의 창조 사역을 참조하면서 앞과 같은 개념을 탁월하게 발전시킨다.[9] 매일의 삶에 내재하는 관습과 하나님의 말씀, 행동, 율법 속에 있는 언약 사이에는 일종의 평행이 존재한다. 존 서얼 역시 수행적 동사가 수행적 행위와 늘 일치하는 것은 아님을 지적하면서 오스틴의 분류를 더욱 세련되게 만들었다. 박사 과정에서 내 학생이었던 리처드 브

---

7 Wittgenstein, *Philosophical Investigations*, part II, ix, p. 189.

8 John L. Austin, *How to Do Things with Words* (Oxford: Clarendon, 1965), pp. 11-38.

9 Donald D. Evans, *The Logic of Self-Involvement: A Philosophical Study of Everyday Language with Special Reference to the Christian Use of Language about God as Creator* (London: SCM, 1963), 특히 pp. 11-79.

릭스(Richard S. Briggs)는 수행적 발화를 신앙고백, 사면, 가르침에 적용한 바 있다.[10] 이런 작업이 해석학에서 더 풍부한 탐구를 위한 유익한 영역이라는 점에는 의심의 여지가 없다. 다만 몇몇 독일 학자들과는 달리, 수행적 발화는 관습이나 언약과 마찬가지로 사실들을 전제하거나 진술들을 내포함을 기억한다면 말이다.

이런 논의는 "공손이론" 같은 영역으로 알려진 언어학과 화용론의 하위 분과로 우리를 인도한다. 공손이론은 언어의 상황적 배경을 강조하는 한편, 언어와 그 언어의 컨텍스트가 자주 화자에게 위협 또는 체면을 위한 고안물을 제공한다고 관찰한다. 이런 내용은 성경 "입문"에서 아주 세부적인 작업을 요청한다. 언어학 이론에서 이 영역의 대표자는 페넬로페 브라운(Penelope Brown)과 스티븐 레빈슨(Stephen Levinson)이다.[11] 공손이론에 따르면 언어를 사용할 때 우리의 주된 관심은 우리가 투사하거나 이미 투사했던 자신의 "얼굴"(체면)을 보호하는 것이며 따라서 우리는 대화에서 올 수 있는 "위협"에 대비하여 면피용 언어를 사용한다. 이는 **대화의 함의**와 **발화 행위 또는 수행적 발화**에 대한 초기의 작업에 기반하고 있다.[12] "공손함", 예의는 타인에 대해 체면을 차리는 일과 관계된다. 긍정적 얼굴이란 타인에게 사랑이나 높은 평가를 받고 싶다는 욕망이다. 어떤 전략은 위협을 최소화하거나 기술적으로 "얼굴을 위협하는 행위"(Face-Threatening Act, 이 책에서는 FTA라고 적혀 있다)를 구사한다.

또 다른 내 박사 과정생이었던 윌리엄 올하우젠(William Olhausen)은

---

10 John R. Searle, *Expression and Meaning: Studies in the Theory of Speech Acts* (Cambridge: Cambridge University Press, 1979), pp. 1-57, and Richard S. Briggs, *Words in Action: Speech Act Theory and Biblical Interpretation: Toward a Hermeneutic of Self-Involvement* (Edinburgh and New York: T. & T. Clark, 2001), 특히 part 2, pp. 147-292.

11 Penelope Brown and Stephen C. Levinson, *Politeness: Some Universals in Language Usage* (Cambridge: Cambridge University Press, 2003).

12 Stephen C. Levinson, *Pragmatics* (Cambridge: Cambridge University Press, 1983), pp. 97-166, 226-83.

고린도전서 1장을 참조하면서 위의 연구를 더 진전시켰다.[13] 성서학에서 어떤 학자들은 "신약의 사회학"에 초점을 두는 반면, 또 다른 학자들은 데리다와 후기구조주의, "수사학"에 집중하는 것은 정말 아이러니다. 자주 텍스트는 배경으로부터 분리되어 추상화되는 데도 불구하고 말이다. 어쨌든 공손이론은 앞으로 나아갈 길을 제시한다고 할 수 있다. 가끔 어떤 영역에서 이미 절정에 올라 쇠퇴하기 시작한 이론이 10년이나 20년이 지나 다른 분야에서 열광적으로 환영받는 경우가 있다. 하지만 이 이론은 해석학의 영역 안으로 아주 빨리 편입될 것 같다.

3. 브레버드 차일즈와 정경적 접근

이 책에 포함시키고 싶었던 또 다른 이론은 브레버드 차일즈의 "정경적 접근"이다. 최근의 인터뷰에서 차일즈는 자신의 접근 방식에 적용되는 "정경 비평"이란 용어를 싫어한다고 고백한 바 있다. 왜냐하면 그는 새로운 비평 방법이나 방법론을 만들어낸 적이 없기 때문이다. 차일즈는 우리나 교회는 결코 정경이라는 책을 "만들어낸" 적이 없으며 이 책의 정경성을 "인정"할 수 있었을 따름이라고 강조했다.[14] 브루스 역시 여기에 대해 동일하게 정확한 논점을 제기한 바 있다. 한편 차일즈는 독자 공동체에 주의를 기울였는데 그 이유는 유대교나 교회에서 삶의 많은 부분이 텍스트의 "수용"에 주의를 기울였기 때문이었다. 이는 앞에서 우리가 논의했던 차일즈의 탁월한 출애굽기 주석에서 확인되는 내용이기도 하다.

---

13 William Olhausen, "A 'Polite' Response to Anthony Thiselton," in *After Pentecost: Language and Biblical Interpretation*, ed. Craig Bartholomew and others, Scripture and Hermeneutics Series, vol. 2 (Grand Rapids: Zondervan; Carlisle: Paternoster, 2001), pp. 121–30.
14 Brevard S. Childs, *Bibical Theology in Crisis* (Philadelphia: Westminster, 1970), p. 105.

차일즈는 학문의 영역에서 가치로부터 절대적으로 자유롭다고 주장하는 중립적 태도의 환상에도 반대했다. 하이키 레이제넨(Heikki Räisänen)은 순전히 이 문제에 대해 차일즈와 자신의 의견이 일치하지 않는다는 이유만으로 자신의 학문이 건전한 것인지 아닌지에 대해 의문을 가졌는데, 이는 좀 실망스러운 일이다. 『경전으로서의 구약 입문』(Introduction to the Old Testament as Scripture, 1979)에서 차일즈는 성경을 정경의 위치에 두고 해석하는 것이 어떤 차이를 가져오는지에 대한 문제를 해명하고자 한다.[15] 사랑의 승리라는 호세아의 언어는 그의 직접적 상황을 넘어선다. 나는 이 책을 성직자 그룹과 함께 연구한 적이 있는데 결과는 다양했지만 몇몇 지점에서 아주 긍정적이었다는 결론에 동의했다.

1984년에 차일즈는 신약에 대해서도 같은 작업을 감행했다. 예를 들어 우리는 누가가 마리아의 찬양에서 한나의 기도를 사용했다는 사실을 무시할 수 없다(눅 1:46-55. 참조. 삼상 2:1-10).

『정경의 컨텍스트에서 본 구약신학』(Old Testament Theology in a Canonical Context, 1985)과 『신·구약 성경신학』(Biblical Theology of the Old and the New Testaments, 1992)에서 차일즈는 앞의 주제를 더 깊이 다루고 있다. 그의 목표는 성경신학을 재정의하는 것이다. 때로는 차일즈가 성서비평에 충분한 주의를 기울이지 않는 것처럼 보일 때도 있지만 이는 전혀 그의 의도가 아니다. 차일즈에 대한 논의는 여기서 멈추어야 할 것 같다. 모든 내용을 이 한 권에 담기도 불가능할 뿐더러 이미 2년 전에 차일즈에 대한 논고를 쓴 적이 있기 때문이다.[16]

---

15 Brevard S. Childs, *Introduction to the Old Testament as Scripture* (London: SCM; Philadelphia: Fortress, 1979).

16 Anthony C. Thiselton, "Canon, Community and Theological Construction," in *Canon and Biblical Interpretation,* ed. Craig G. Bartholomew and others, Scripture and Hermeneutics Series, vol. 7 (Grand Rapids: Zondervan; Carlisle: Paternoster, 2006), pp. 1-30

4. 충만한 의미, 예표론과 알레고리적 해석

성경의 충만한 의미(*sensus plenior*)에 대한 질문은 알레고리적 해석의 적법성에 대한 영속적 물음을 다시 제기한다. 이미 우리는 이 질문을 제5, 6, 15장, 특히 "3-4세기"를 다룬 제6장에서 다룬 바 있다. 그때 우리는 로버트 마커스의 관찰, 즉 대 그레고리우스가 아우구스티누스만큼은 알레고리에 대해 조심하지 않았음에 주목했다. 왜냐하면 교회의 시대에 있어 대 그레고리우스에게는 더 좁은 세계관이 허락되었기 때문이다. 하지만 오늘날의 지평은 더 넓어졌으며 따라서 우리는 아우구스티누스처럼 더 넓은 세계관과 기호이론을 견지해야 한다.

하지만 앤드류 라우스나 앙리 드 뤼박 같은 학자들이 알레고리를 전적으로 긍정적인 것 아니면 아무것도 아니라는 식으로 평가함은 심히 유감스러운 일이다. 아우구스티누스와 루터를 포함해 교회의 최고 수준의 성경해석자들은 조심스러운 유보와 경고를 견지하는 가운데 알레고리를 허용했다. 그들의 답변은 알레고리를 전적으로 받아들이느냐 아니면 아예 받아들이지 않느냐 하는 식이 아니었다. 오히려 그들이 고려했던 지점은 해석의 대상이 되는 텍스트가 "열린" 텍스트인가 아니면 "닫힌" 텍스트인가 하는 문제나 성경을 사용하는 목적과 관계되었다. 선행하는 많은 예들은 알레고리의 관조적 사용은 허용하는 데 반해 교리적 갈등을 해결할 목적으로 알레고리를 활용하는 것은 금하고 있다. 이런 원칙은 종교개혁자들이 알레고리적 해석에 대해 품었던 의심을 설명해준다. 나아가 칼뱅이 성경은 단일하고 선명한(*unus et simplex*) 의미를 가진다고 주장했을 때 초래되는 딜레마를 보여주기도 한다. 아마도 이 말을 하면서 칼뱅은 교리적 구절이나 기술적 리포트에 대해 말하고 있었으리라고 추정할 수 있다. 반면에 고난 받는 종에 대한 시적 텍스트 또는 구절들에서 이 본문이 단 하나의 선명한 의미만을 가진다고 주장할 수는 없는 것이다.

5. 가톨릭 성서학과 두 개의 거대한 전환점

상대적으로 이 책에서는 가톨릭 학자들이 거의 논의되지 않았다. 개신교와 가톨릭 양측에서 공히 자기 교파의 "전유물"이라고 주장하는 종교개혁 이 전의 저술가들을 제외하고는 말이다. 오리게네스, 아우구스티누스, 리라의 니콜라우스, 토마스 아퀴나스를 언급하는 것은 우리 기독교 공통의 선조를 포함시키는 행위다. 종교개혁에서부터 제2차 바티칸 공의회에 이르기까지 해석학에서 가장 혁신적인 인물은 개신교 학자들이었다. 하지만 우리는 로 마교황청 성서연구소의『오늘날의 성경해석』(1994)의 포괄성과 조셉 피츠 마이어의 서문도 언급했다.[17] 이 문서는 에큐메니칼 문서로는 독보적인 것 으로 지금은 교황 베네딕토 16세가 된 라칭거 추기경이 머리말을 남겼다.

이 문서는 성서학의 모든 도구와 방법론을 환영하는 동시에 해석학에 대해서도 따뜻한 긍정의 태도를 내보인다. 개신교적 관점에서 보면 비록 제2차 바티칸 공의회의 문서가 여전히 마리아의 무원죄 잉태설을 내세우 면서 이 교리가 "문자적" 의미보다는 상징적 의미를 가진다고 주장하기는 하지만 현재로서는 합의 내용이 상당히 고무적이라 할 수 있다. 가톨릭 신 학에서 결정적 진보는 마리아에 대한 교리를 그리스도와 성육신에 대한 진 술로 바꾸어 간주하게 된 것이다. 별로 눈에 띄는 예외 없이 가톨릭도 개신 교와 유사한 방식으로 성경을 다루게 되었다고 할 수 있다.

스펙트럼의 다른 극단에도 동일한 누락이 있다. 예를 들어 나는 리처드 백스터 등등의 인물을 다룬 딘 프라이데이(Dean Freiday)의『성경: 16, 17 세기 영국에서 비평, 해석, 활용』(*The Bible: Its Criticism, Interpretation, and Use in 16th and 17th Century England*)을 충분할 만큼 활용하지 못했다. 다 시 하는 변명이지만 한 권의 교과서 안에 담기 위해서는 내용을 선별할 수

---

17 Joseph A. Fitzmyer, *The Biblical Commission's Document "The Interpretation of the Bible in the Church": Text and Commentary* (Rome: Pontifical Biblical Institute, 1995).

밖에 없었다.

이 주제에 있어 중대한 전환점을 표상하는 인물은 슐라이어마허와 가다머다. 리쾨르와 마찬가지로 이들은 특별한 주목을 받을 자격이 있다. 바르트와 더불어 가다머는 텍스트에 대한 "경청"을 강조했다. 나의 소망은 독자들이 "**경청**"의 방식에서뿐만 아니라, 야우스가 강조한 바처럼 기대를 전유함에 있어서도 성경으로 나아오는 것이다. 경청과 기대는 성경이 공적인 읽기와 사적 독서에서 마땅히 차지해야 할 위치를 되돌려줄 것이다. 이런 방식을 통해 성경의 "권위"는 교리에서처럼 경험의 실제적 문제가 될 것이다.

■ 참고 문헌

참고서로 사용될 만한 문헌에는 별표(*)를, 해석학에서 특별히 중요한 공헌을 한 문헌에는 십자표(+)를 표시했다.

Aageson, J. W., *Written Also for Our Sake: Paul and the Art of Biblical Interpretation* (Louisville: Westminster John Knox, 1993).

*Achtemeier, Paul J., *An Introduction to the New Hermeneutic* (Philadelphia: Westminster, 1969).

+Alter, Robert, *The Art of Biblical Narrative* (New York: Basic Books, 1981).

+Apel, Karl-Otto, *Understanding and Explanation: A Transcendental-Pragmatic Perspective* (Cambridge: MIT Press, 1984).

Aquinas, Thomas, *Commentary on John*, translated by J. A. Weisheipl and F. R. Larcher, Aquinas Scripture Commentaries 3 and 4 (Albany, N.Y.: Magi Books, 1966, 1998).

————, *Commentary on the Epistle of Paul to the Ephesians*, translated by F. R. Larcher, Aquinas Scripture Commentaries 2 (Albany, N.Y.: Magi Books, 1966).

————, *Summa Theologiae*, Latin and English, Blackfriars edition, 60 vols. (London: Eyre and Spottiswood; New York: McGraw-Hill, 1963 onward).

Assmann, Hugo, *A Practical Theology of Liberation*, translated by Paul Burns, introduction by Gustavo Gutiérrez (London: Search Press, 1975).

*Atkinson, James, *Martin Luther and the Birth of Protestantism* (London: Penguin Books, 1968).

Attridge, H. W., *Commentary on the Epistle to the Hebrews* (Philadelphia: Fortress, 1989).

+Austin, John L., *How to Do Things with Words* (Oxford: Clarendon, 1992, 1965).

+Baird, I. Arthur, *Audience Criticism and the Historical Jesus* (Philadelphia: Westminster, 1969).

*Baird, William, *History of New Testament Research*, 3 vols., vol. 2, *Jonathan Edwards to Rudolf Bullmann* (Minneapolis: Fortress, 2003).

Bal, Mieke, *Murder and Difference: Gender, Genre, and Scholarship on Sisera's Death*, translated by M. Gumpert (Bloomington: Indiana University Press, 1988; reprint 1992).

Balthasar, Hans Urs von, *Theo-Drama: Theological Dramatic Theory*, translated by G. Harrison, 5 vols. (San Francisco: Ignatius, 1988-98).

Barr, James, *The Bible in the Modern World* (London: SCM, 1973).

+————, *The Semantics of Biblical Language* (Oxford: Oxford University Press, 1961).

+Barth, Karl, *Church Dogmatics*, edited by G. W. Bromiley, T. F. Torrance, and others, 14 vols. (Edinburgh: T. & T. Clark, 1957-75).

+————, *The Epistle to the Romans*, translated by E. C. Hoskyns (Oxford and London: Oxford University Press, 1933).

————, *The Resurrection of the Dead*, translated by H. J. Stenning (London: Hodder and Stoughton, 1933).

————, "Rudolf Bultmann an Attempt to Understand Him," in *Kerygma and Myth: A Theological Debate*, edited by Hans Werner Bartsch, 2 vols. (London: SCM, 1953), 2:83-132.

*————, "The Strange New World within the Bible," in Barth, *The Word of God and the Word of Man* (London: Hodder and Stoughton, 1928), pp. 28- 50.

————, *The Theology of Schleiermacher: Lectures at Göttingen, 1923-24*, translated by G. W. Bromiley (Grand Rapids: Eerdmans, 1982).

*————, *The Word of God and the Word of Man*, translated by D. Horton (London: Hodder and Stoughton, 1928).

Barthes, Roland, "The Death of the Author" (1968), in *Image-Music-Text*, translated by Stephen Heath (London: Fontana, 1977).

————, *Elements of Semiology* (London: Jonathan Cape, 1967).

*————, *Mythologies* (London: Jonathan Cape, 1972).

————, *The Rustle of Language*, translated by R. Howard (New York: Hill and Wang, 1986).

+————, "A Structural Analysis of a Narrative from Acts X-XI," in *Structuralism and Biblical Hemeneutics: A Collection of Essays*, edited and translated by Alfred M. Johnson (Pittsburgh: Pickwick, 1979), pp. 109-39.

Barton, John, *Reading the Old Testament: Method in Biblical Study* (London: Darton, Longman and Todd, 1984).

*Bauckham, Richard J., *Bible and Mission: Christian Witness in a Postmodern World* (Grand Rapids: Baker Academic; Carlisle: Paternoster, 2003).

Baudrillard, Jean, *Forget Foucault* (New York: Semiotext(e), 1987).

+————, *The Mirror of Production*, translated by M. Poster (St. Louis: Telos Press, 1975).

+————, *Simulations*, translated by P. Foss and others (New York: Semiotext(e), 1983); French edition, *Simulacres et Simulation*.

+Bauman, Zygmunt, *Hermeneutics and Social Science: Approaches to Understanding* (London: Hutchinson, 1978).

Bernard, L. W., *Justin Martyr: His Life and Thought* (Cambridge: Cambridge University Press, 1967).

Bernauer, James, and Jeremy Garrette, eds., *Michel Foucault and Theology: The Politics of Religious Experience* (Aldershot and Burlington, Vt.: Ashgate, 2004).

*Berryman, Phillip, *Liberation Theology* (London: Tauris, 1987).

*————, *The Religious Roots of Rebellion: Christians in the Central American Revolutions* (London: SCM, 1984).

+Betti, Emilio, *Allgemeine Auslegungslehre als Methodik der Geisteswissenschaften*, German translation and edition of the Italian (Tübingen: Mohr, 1967).

Bible and Culture Collective, *The Postmodern Bible* (New Haven: Yale University Press, 1997).

Bird, Phyllis A., *Missing Persons and Mistaken Identities: Women and Gender in Ancient Israel* (Minneapolis: Fortress, 1997).

*Blackman, E. C., *Biblical Interpretation* (London: Independent Press, 1957).

Blank, Josef, in *Rudolf Bultmann in Catholic Thought*, edited by Thomas F. O'Meara and Donald M. Weisser (New York: Herder and Herder, 1968), pp. 78-109.

Bleich, David, *The Double Perspective: Language, Literacy, and Social Relations* (New York and Oxford: Oxford University Press, 1988).

Bleicher, Josef, *Contemporary Hermeneutics: Hermeneutics as Method, Philosophy, and Critique* (London and Boston: Routledge and Kegan Paul, 1980).

*Blomberg, Craig L., *Interpreting the Parables* (Leicester: Apollos, 1990).

Boesak, Allan, *Black and Reformed: Apartheid, Liberation, and the Calvinist Tradition* (Maryknoll, N.Y.: Orbis, 1984).

Boff, Leonardo, *Jesus Christ Liberator: A Critical Christology of Our Time*, translated by Patrick Hughes (Maryknoll, N.Y: Orbis, 1978; London: SPCK, 1980).

*Boff, Leonardo, and Clodovis Boff, eds., *Introducing Liberation Theology* (London: Burns and Oates, 1987).

Bonhoeffer, Dietrich, *Meditating on the Word* (Cambridge, Mass.: Cowley, 1986).

Bonner, Gerald, "Augustine as Biblical Scholar," in *The Cambridge History of the*

Bible, edited by P. R. Ackroyd and C. F. Evans (Cambridge: Cambridge University Press, 1970), 1:541-63.

Boucher, Madeline, *The Mysterious Parable: A Literary Study* (Washington, D.C.: American Catholic Biblical Association, 1977).

Bovon, François, introduction to *Exegesis: Problems of Method and Exegesis in Reading (Genesis 22 and Luke 15)*, edited by François Bovon and Grégoire Rauiller, translated by D. G. Miller (Pittsburgh: Pickwick, 1978).

―――, *Luke the Theologian*, 2nd ed. (Waco, Tex.: Baylor University Press, 2006).

Bowald, Mark Alan, *Rendering the Word in Theological Hermeneutics* (Aldershot and Burlington, Vt.: Ashgate, 2007).

+Briggs, Richard S., *Words in Action: Speech Act Theory and Biblical Interpretation; Toward a Hermeneutic of Self-Involvement* (Edinburgh and New York: T. & T. Clark, 2001).

+Brown, Penelope, and Stephen C. Levinson, *Politeness: Some Universals in Language Usage* (Cambridge: Cambridge University Press, 2003).

+Bultmann, Rudolf, *Faith and Understanding*, vol. 1 (London: SCM, 1969).

―――, *History of the Synoptic Tradition*, translated by John Marsh (Oxford: Blackwell, 1963).

―――, "Is Exegesis without Presuppositions Possible?" in *Existence and Faith: Shorter Writings of Rudolf Bultmann*, edited by S. M. Ogden (London: Collins, 1964), pp. 342-52.

*―――, *Jesus Christ and Mythology and Other Essays*, edited and translated by Schubert Ogden (Philadelphia: Fortress: 1984).

+―――, "New Testament and Mythology," in *Kerygma and Myth: A Theological Debate*, edited by Hans Werner Bartsch, 2 vols. (London: SCM, 1953), 1:1-44; retranslated in Bultmann, *New Testament Mythology and Other Basic Writings*, selected, edited, and translated by Schubert M. Ogden (Philadelphia: Fortress, 1984), pp. 35-36.

+―――, "The Problem of Hermeneutics," *Zeitschrift für Theologie und Kirche* 47 (1950): 47-69; reprinted in Bultmann, *Essays Philosophical and Theological* (London: SCM, 1955), pp. 234-61.

Burrows, Mark S., and Paul Rorem, eds., *Biblical Hermeneutics in Historical Perspective: Studies in Honour of Karlfried Froehlich on His Sixtieth Birthday* (Grand Rapids: Eerdmans, 1991).

Burtchaell, James T., *Catholic Theories of Inspiration since 1810: A Review and*

Critique (Cambridge: Cambridge University Press, 1969).

Caird, George B., *The Language and Imagery of the Bible* (London: Duckworth, 1980).

Cairns, David, *A Gospel without Myth? Bultmann's Challenge to the Preacher* (London: SCM, 1960).

Calvin, John, *The Epistles of Paul to the Galatians, Ephesians, Philippians, and Colossians*, translated by T. H. L. Parker (Edinburgh: Oliver and Boyd, 1965).

+————, *Institutes of the Christian Religion*, translated by Henry Beveridge, 2 vols. (London: James Clarke, 1957).

+————, preface to *The Epistles of Paul to the Romans and the Thessalonians*, translated by R. Mackenzie, edited by T. F. Torrance (Edinburgh: Oliver and Boyd, 1964).

————, *The Second Epistle of Paul to the Corinthians; the Epistles of Paul to Timothy, Titus, and Philemon*, translated by T. A. Smart (Edinburgh: St. Andrews Press, 1964).

Cannon, Kate G., *Women and the Soul of the Black Community* (New York: Concilium, 1995; 1st ed. 1985).

Carson, Donald A., *Biblical Interpretation in the Church: Text and Context* (Exeter: Paternoster, 1984).

Castelli, Elizabeth, *Imitating Paul: A Discourse of Power* (Louisville: Westminster John Knox, 1991).

————, "Interpretations of Power in 1 Corinthians," in *Michel Foucault and Theology: The Politics of Religious Experience*, edited by James Bernauer and Jeremy Garrette (Aldershot and Burlington, Vt.: Ashgate, 2004), pp. 19-38.

Chadwick, Henry, *The Enigma of Philo* (London: Athlone, 1969).

Charity, A. C, *Events and Their Afterlife: The Dialectics of Christian Typology in the Bible and Dante* (Cambridge: Cambridge University Press, 1966).

Childs, Brevard S., *Biblical Theology in Crisis* (Philadelphia: Westminster, 1970).

+————, *Exodus: A Commentary* (London: SCM, 1974).

+————, *Introduction to the Old Testament as Scripture* (London: SCM; Philadelphia: Fortress, 1979).

Chilton, Bruce D., *A Galilean Rabbi and His Bible: Jesus' Use of the Interpreted Scripture of His Time* (London: SPCK, 1984).

*————, "Targum," in *Dictionary of Biblical Interpretation*, edited by John H. Hayes, 2 vols. (Nashville: Abingdon, 1999), 2:531-34.

Christ, Carol C., *The Laughter of Aphrodite* (New York: Harper and Row, 1987).

―――, *Rebirth of the Goddess* (New York: Routledge, 1997).

+Christianson, Eric, *Ecclesiastes through the Centuries*, Blackwell Bible Commentaries (Oxford: Blackwell, 2007).

+Corrington, Robert S., *The Community of Interpreters: On the Hermeneutics of Nature and the Bible in the American Philosophical Tradition* (Macon, Ga.: Mercer University Press, 1987).

*Court, John M., ed., *Biblical Interpretation: The Meanings of Scripture Past and Present* (London and New York: T. & T. Clark and Continuum, 2003).

Cranfield, Charles E. B., *The Gospel according to St. Mark: A Commentary*, Cambridge Greek Testament (Cambridge: Cambridge University Press, 1959).

+Croatto, J. Severino, *Exodus: A Hermeneutics of Freedom*, translated by Salvator Attanasio (Maryknoll, N.Y.: Orbis, 1981).

Crossan, John Dominic, *Cliffs of Fall: Paradox and Polyvalence in the Parables of Jesus* (New York: Seabury Press, 1980).

+―――, *In Parables: The Challenge of the Historical Jesus* (New York: Harper and Row, 1973).

―――, *Raid on the Articulate: Comic Eschatology in Jesus and Borges* (New York: Harper and Row, 1976).

Danaher, Geoff, Tony Schirato, and Jen Webb, *Understanding Foucault* (London and New Delhi: Jage Publications, 2000).

Daube, David, "Rabbinic Methods of Interpretation and Hellenistic Rhetoric," *Hebrew Union College Annual* 22 (1949): 234-64.

Derrida, Jacques, in *Deconstruction and Criticism*, edited by H. Bloom et al. (London: Routledge and Kegan Paul, 1979).

―――, *Limited Inc*, edited by G. Graff, translated by J. Mehlmann and S. Weber (Evanston, Ill.: Northwestern University Press, 1988).

+―――, *Margins of Philosophy*, translated by Alan Bass (London and New York: Harvester Wheatsheaf, 1982).

―――, *Of Grammalology*, translated by G. C. Spirak (Baltimore: Johns Hopkins University Press, 1975).

+―――, *Speech and Phenomena and Other Essays on Husserl's Theory of Signs*, translated by D. B. Allison (Evanston, Ill.: Northwestern University Press, 1973).

―――, *Writing and Difference*, translated by A. Bas (Chicago: University of

Chicago Press, 1978).

+Dilthey, Wilhelm, *Gesammelte Schriften*, vol. 7 (Leipzig and Berlin: Teubner, 1927), pp. 213-14; translated in *Selected Writings*, edited by H. P. Rickman (Cambridge: Cambridge University Press, 1976), pp. 226-27.

+————, *Gesammelte Werke*, vol. 5, Die geistige Welt: Einleitung in das Philosophie des Lebens (1924).

————, "The Rise of Hermeneutics," translated by Frederick Jameson, *New Literary History* 3 (1972): 229-441.

*Dobshütz, Ernst von, "Interpretation," in *Encyclopedia of Religion and Ethics*, vol. 7, edited by James Hastings (Edinburgh: T. & T. Clark, 1926), pp. 391-95.

*Docherty, Thomas, "Postmodernist Theory: Lyotard, Baudrillard, and Others," in *Twentieth-Century Continental Philosophy*, edited by Richard Kearny (London and New York: Routledge, 1994).

Dodd, Charles H., *According to the Scriptures* (London: Collins/Fontana, 1965).

*————, *The Parables of the Kingdom* (London: Nisbet, 1935).

Doeve, J. V., *Jewish Hermeneutic in the Synoptic Gospels and Acts* (Assen: Van Gorcum, 1954).

Donaldson, Laura E., ed., *Semeia* 75: *Postcolonialism and Scriptural Reading* (n.p.: Society of Biblical Literature, 1996).

*Dussel, Enrique, ed., *The Church in Latin America, 1492-1992* (London: Burns and Oates; New York: Orbis, 1992).

Ebeling, Gerhard, *An Introduction to a Theological Theory of Language* (London: Collins, 1973).

————, "Time and Word," in *The Future of Our Religious Past: Essays in Honour of Rudolf Bultmann*, edited by James M. Robinson (London: SCM, 1971); translated from *Zeit und Geschichte* (1964).

————, *Word and Faith*, translated by J. W. Leitch (Philadelphia: Fortress; London: SCM, 1963).

————, *The Word of God and Tradition*, translated by S. H. Hooke (London: Collins, 1968).

Eco, Umberto, *The Role of the Reader* (London: Hutchinson, 1981).

+————, *A Theory of Semiotics* (Bloomington: Indiana University Press, 1976).

Entrevernes Group, *Signs and Parables: Semiotics and Gospel Texts*, with a study by Jacques Geninasca, postface by A. J. Greimas, translated by Gary Phillips, Pittsburgh Theological Monograph 23 (Pittsburgh: Pickwick, 1978).

Epp, Eldon Jay, *Junia: The First Woman Apostle* (Minneapolis: Fortress, 2005).

Erb, Peter C., *Pietists: Selected Writings* (London: SPCK; New York: Paulist, 1983).

Eriksson, Anders, *Tradition as Rhetorical Proof: Pauline Argumentation in 1 Corinthians* (Stockholm: Almqvist & Wiksell, 1998).

*Evans, Craig A., "Targum" in *Dictionary of Biblical Criticism and Interpretation*, edited by Stanley E. Porter (London and New York: Routledge, 2007), pp. 347-49.

+Evans, Donald D., *The Logic of Self-Involvement: A Philosophical Study of Everyday Language with Special Reference to the Christian Use of Language about God as Creator* (London: SCM, 1963).

Evans, Gillian R., *The Language and Logic of the Bible: The Road to the Reformation* (Cambridge: Cambridge University Press, 1965).

+Fish, Stanley, *Doing What Comes Naturally: Change, Rhetoric, and the Practice of Theory in Literary and Legal Studies* (Oxford: Clarendon, 1989), pp. 1-35.

+————, *Is There a Text in This Class? The Authority of Interpretive Communities* (Cambridge: Harvard University Press, 1980).

Fitzmyer, Joseph A., ed., *The Biblical Commission's Document "The Interpretation of the Bible in the Church": Text and Commentary* (Rome: Pontifical Biblical Institute, 1995).

Flannery, Austin P., O.P., ed., *Documents of Vatican II* (Grand Rapids: Eerdmans, 1975).

Foerster, Werner, *Gnosis: A Selection of Gnostic Texts*, translated by R. McL. Wilson, 2 vols. (Oxford: Clarendon, 1972).

Forbes, G. W., *The God of Old: The Role of Lukan Parables in the Purpose of Luke's Gospel*, Journal for the Study of the New Testament, Supplement Series, no. 198 (Sheffield: Sheffield Academic Press, 2001).

*Ford, David F. (with Rachel Muers), *The Modern Theologians*, 3rd ed. (Oxford: Blackwell, 2005).

Ford, J. M., "Towards the Reinstatement of Allegory," *St. Vladimir's Theological Quarterly* 34 (1990): 161-95.

Foucault, Michel, *Discipline and Punish*, translated by A. Sheridan (New York: Pantheon and Penguin, 1977).

————, *Madness and Civilization*, translated by R. Howard (New York: Pantheon, 1965)

————, *The Order of Things*, translated by A. Sheridan (New York: Random

House, 1970).

*Fowl, Stephen E., ed., *The Theological Interpretation of Scripture: Classic and Contemporary Readings* (Oxford: Blackwell, 1997).

Fowler, Robert M., *Loaves and Fishes: The Function of the Feeding Stories in the Gospel of Mark*, Society of Biblical Literature Dissertation Series 54 (Chico, Calif.: Scholars Press, 1981).

France, R. T., *Jesus and the Old Testament* (London: Tyndale Press, 1971).

*Frei, Hans, "David Friedrich Strauss," in *Nineteenth Century Religious Thought in the West*, edited by Ninian Smart et al. (Cambridge: Cambridge University Press, 1985), 1:215-60.

Friere, Paulo, *Pedagogy of the Oppressed* (New York: Herder and Herder, 1970).

Froehlich, K., *Biblical Interpretation in the Early Church*, translated by W. G. Rusch (Philadelphia: Fortress, 1984).

Frye, Northrop, *The Great Code: The Bible and Literature* (New York and London: Harcourt Brace Jovanovich, 1982).

+Fuchs, Ernst, "The Hermeneutical Problem," in *The Future of Our Religious Past: Essays in Honour of Rudolf Bultmann*, edited by J. M. Robinson, translated by C. E. Carlston and R. P. Scharlemann (London: SCM, 1971), pp. 267-78.

————, *Hermeneutik*, 4th ed. (Tübingen: Mohr, 1970).

+————, "The New Testament and the Hermeneutical Problem," in *New Frontiers in Theology, vol. 2, The New Hermeneutic*, edited by James M. Robinson and John B. Cobb, Jr. (New York and London: Harper and Row, 1964).

————, *Studies of the Historical Jesus*, translated by A. Scobie (London: SCM, 1964).

*Funk, Robert W., *Language, Hermeneutic, and Word of God* (New York: Harper and Row, 1966).

Gadamer, Hans-Georg, *Hermeneutics, Religion, and Ethics*, translated by Joel Weinsheimer (New Haven: Yale University Press, 1999).

+————, *Philosophical Hermeneutics*, translated by David Linge (Berkeley: University of California Press, 1976).

+————, "Reflections on My Philosophical Journey," in *The Philosophy of Hans-Georg Gadamer*, edited by Lewis Edwin Hahn (Chicago and La Salle, Ill: Open Court, 1997).

+————, *Truth and Method*, 2nd English ed. (London: Sheed and Ward, 1989).

Garrette, Jeremy R., *Foucault and Religion: Spiritual Corporality and Political Spirituality* (London and New York: Routledge, 1999, 2007).

Geffré, Claude, *The Risk of Interpretation: On Being Faithful to the Christian Tradition in a Non-Christian Age* (New York: Paulist, 1987).

Goba, Bonganjalo, *An Agenda for Black Theology: Hermeneutics for Social Change* (Johannesburg: Skotaville, 1988).

Gollwitzer, Helmut, *The Existence of God as Confessed by Faith*, translated by James W. Leitch (London: SCM, 1965).

*Goppelt, Leonhard, *Typos: The Typological Interpretation of the Old Testament in the New*, translated by D. H. Hadvig (Grand Rapids: Eerdmans, 2006).

*Gottwald, Norman K., ed., *The Bible and Liberation: Political and Social Hermeneutics* (Maryknoll, N.Y.: Orbis, 1983).

*Grant, Robert M., *A Short History of the Interpretation of the Bible*, 3rd ed. (London: Black, 1965; rev. ed., Philadelphia: Fortress, 1984).

Green, Joel, *The Gospel of Luke* (Grand Rapids: Eerdmans, 1997).

Greenslade, S. L., ed., *The Cambridge History of the Bible*, vol. 3, *The West from the Reformation to the Present Day* (Cambridge: Cambridge University Press, 1963).

Greimas, A. J., *Sémantique Structurale: recherche de méthode* (Paris: Larousse, 1966; reprint, Paris: Presses Universitaires, 1986).

Grelot, P., *What Are the Targums? Selected Texts* (Collegeville, Minn.: Liturgical Press, 1992).

Grobel, Kendrick, *The Gospel of Truth: A Valentinian Meditation on the Gospel* (London: Black, 1960).

*Grondin, Jean, *Hans-Georg Gadamer: A Biography*, translated by Joel C. Weinsheimer (New Haven and London: Yale University Press, 2003).

Gundry, Patricia, *Neither Slave Nor Free: Helping Women Answer the Call to Church Leadership* (London and New York: Harper Collins, 1987).

Gundry, Robert H., *The Use of the Old Testament in St. Matthew's Gospel with Special Reference to the Messianic Hope* (Leiden: Brill, 1967).

Gunn, David M., *Judges*, Blackwell Commentaries (Oxford: Blackwell, 2005).

+*Gutiérrez, Gustavo, O.P., *A Theology of Liberation: History, Politics, and Salvation*, translated by Sister Caridad Inda and John Eagleson (London: SCM, 1974).

Gutting, Gary, ed., *The Cambridge Companion to Foucault* (Cambridge: Cambridge University Press, 1994).

+Habermas, Jürgen, *Knowledge and Human Interest*, 2nd ed. (London: Heinemann, 1978).

+————, *The Theory of Communicative Action*, translated by Thomas McCarthy, 2 vols. (Cambridge: Polity Press, 1984-87).

Hagner, Donald H., *The Gospel of Matthew*, 2 vols. (Dallas: Word, 1993).

Hampson, Daphne, *After Christianity* (London: SCM, 1996).

————, *Theology and Feminism* (Oxford: Blackwell, 1990).

+Hanson, Anthony Tyrrell, *The Living Utterances of God: The New Testament Exegesis of the Old* (London: Darton, Longman and Todd, 1983).

+*Hanson, R. P. C., *Allegory and Event: A Study of the Sources and Significance of Origen's Interpretation of Scripture* (London: SCM, 1959), pp. 11-64.

Haroutunian, Joseph, and Louise Pettibone Smith, eds., *Calvin's Commentaries*, Library of Christian Classics, vol. 23 (London: SCM; Philadelphia: Westminster, 1958).

Harvey, David, *The Condition of Postmodernity* (Oxford: Blackwell, 1989).

Hayes, John, ed., *Dictionary of Biblical Interpretation*, 2 vols. (Nashville: Abingdon, 1999).

Heal, Jane, "Pragmatism and Choosing to Believe," in *Reading Rorty*, edited by Alan Malachowski (Oxford: Blackwell, 1990), pp. 101-36.

Heidegger, Martin, *Being and Time*, translated by John Macquarrie and Edward Robinson (Oxford: Blackwell, 1962).

————, *Introduction to Metaphysics* (New Haven: Yale University Press, 1959).

Heine, Susanne, *Christianity and the Goddesses: Systematic Critique of a Feminist Theology* (London: SCM, 1988).

————, *Women and Early Christianity: Are the Feminist Scholars Right?* (London: SCM, 1987).

Henderson, Ian, *Myth in the New Testament* (London: SCM, 1952).

Hepburn, R. W., "Demythologizing and the Problem of Validity," in *New Essays in Philosophical Theology*, edited by A. Flew and A. MacIntyre (London: SCM, 1955), pp. 227-42.

*Hodges, H. A., "Selected Passages from Dilthey," in *Wilhelm Dilthey: An Introduction* (London: Oxford University Press, 1944).

Holgate, David, and Rachel Starr, *Biblical Hermeneutics* (London: SCM, 2006).

Holland, Norman, *Five Readers Reading* (New Haven: Yale University Press, 1975).

Holland, Tom, *Contours of Pauline Theology: A Radical New Survey of the

Influences on Paul's Biblical Writings (Fearn, Scotland: Christian Focus, 2004).

*Humm, Maggie, ed., *The Dictionary of Feminist Theory* (New York: Harvester Wheatsheaf, 1989).

*Hunter, A. M., *Interpreting the Parables* (London: SCM, 1964).

*————, *The Parables Then and Now* (London: SCM, 1971).

+Iser, Wolfgang, *The Act of Reading: A Theory of Aesthetic Response* (Baltimore: Johns Hopkins University Press, 1978, 1980).

+————, *The Implied Reader: Patterns of Communication in Prose Fiction from Bunyan to Beckett* (Baltimore: Johns Hopkins University Press, 1974).

*Jasper, David, *A Short Introduction to Hermeneutics* (Louisville and London: Westmister John Knox, 2004).

+Jauss, Hans Robert, *Toward an Aesthetic of Reception*, translated by T. Bahti (Minneapolis: University of Minnesota Press, 1982).

*Jeanrond, Werner G., *Theological Hermeneutics*: Development and Significance (London: Macmillan, 1991).

*Jensen, Alexander, *Theological Hermeneutics*, SCM Core Text (London: SCM, 2007).

*Jeremias, Joachim, *The Parables of Jesus*, translated by S. A. Hooke, rev. ed. (London: SCM, 1963).

Jewett, Robert, *Letter to Pilgrims: A Commentary on the Epistle to the Hebrews*(New York: Pilgrim Press, 1981).

Johnson, Alfred M., ed., *Structuralism and Biblical Hermeneutics: A Collection of Essays* (Pittsburgh: Pickwick, 1979).

Johnson, Roger A., *The Origins of Demythologizing: Philosophy and Historiography in the Theology of Rudolf Bultmann* (Leiden: Brill, 1974).

Jonas, Hans, *The Gnostic Religion: The Message of the Alien God and the Beginnings of Christianity*, 2nd ed. (Boston: Beacon Press, 1963).

Jones, Geraint Vaughan, *The Art and Truth of the Parables* (London: SPCK, 1964).

Kant, Immanuel, *Critique of Judgement*, translated by Werner Pluhar (Indianapolis: Hackett, 1987).

Käsemann, Ernst, *The Wandering People of God: An Investigation into the Epistle to the Hebrews*, translated by R. Harrisville and A. Sandberg (Minneapolis: Augsburg, 1984).

Kearney, Richard, *On Paul Ricoeur: The Owl of Minerva* (Aldershot and Burlington, Vt.: Ashgate, 2004).

Kierkegaard, Søren, *Concluding Unscientific Postscript to the Philosophical Fragments* (Princeton: Princeton University Press, 1941).

Kim, Seyoon K., *The "Son of Man" as the Son of God* (Tübingen: Mohr, 1983).

King, J. Christopher, *Origen on the Song of Songs as the Spirit of Scripture: The Bridegroom's Perfect Marriage Song* (Oxford: Oxford University Press, 2006).

*Kirk, J. Andrew, *Liberation Theology: An Evangelical View from the Third World* (London: Marshall, Morgan and Scott, 1979).

Kissinger, Warren S., *The Parables of Jesus: A History of Interpretation and Bibliography* (Metuchen, N.J., and London: Scarecrow, 1979).

Kittel, Gerhard, and Gerhard Friedrich, eds., *Theological Dictionary of the New Testament*, translated by G. W. Bromiley, 10 vols. (Grand Rapids: Eerdmans, 1964-76).

Klein, William W., Craig L. Blomberg, and Robert L. Hubbard, Jr., *Introduction to Biblical Interpretation* (Dallas: Word, 1993).

*Klemm, David E., *Hermeneutical Inquiry*, 2 vols. (Atlanta: Scholars Press, 1986).

———, *The Hermeneutical Theory of Paul Ricoeur: A Constructive Analysis* (London and Toronto: Associated University Press, 1983).

Kovacs, Judith L., *1 Corinthians Interpreted by Early Christian Commentators* (Grand Rapids: Eerdmans, 2005).

Kovacs, Judith, and Christopher Rowland, *Revelation*, Blackwell Bible Commentaries (Oxford: Blackwell, 2004).

Künneth, Walter, *The Theology of the Resurrection* (London: SCM, 1965).

Kusimbi, Kanyoro, *Women, Violence, and Non-Violent* Change (Geneva: World Council of Churches, 1996).

+Laeuchli, Samuel, *The Language of Faith: An Introduction to the Semantic Dilemma of the Early Church*, introduction by C. K. Barrett (London: Epworth, 1965).

Lambrecht, Ian, *Once More Astonished: The Parables of Jesus* (New York: Crossroad, 1981).

Lampe, G. W. H., and K. J. Woollcombe, *Essays On Typology* (London: SCM, 1957).

Lane, William L., *The Epistle to the Hebrews*, 2 vols., Word Biblical Commentaries, vol. 47 (Dallas: Word, 1991).

Leach, Edmund, "Structuralism and Anthropology," in *Structuralism: An Introduction*, edited by David Robey (Oxford: Oxford University Press, 1973), pp. 37-56.

Levinson, Stephen C., *Pragmatics* (Cambridge: Cambridge University Press, 1983).

Lewis, C. S., *Experiment in Criticism* (Cambridge: Cambridge University Press, 1961).

Linnemann, Eta, *Parables of Jesus: Introduction and Exposition*, translated by John Sturdy from 3rd edition (London: SPCK, 1966).

Livingstone, David N., *Putting Science in Its Place: Geographies of Scientific Knowledge* (Chicago: University of Chicago Press, 2003).

————, *Science, Space, and Hermeneutics* (Heidelberg: University of Heidelberg, 2002).

*Loades, Ann, ed., *Feminist Theology: A Reader* (London: SPCK; Louisville: Westminster John Knox, 1990).

Lonergan, Bernard J. F., *Method in Theology* (London: Darton, Longman and Todd, 1972).

Longenecker, Richard, *Biblical Exegesis in the Apostolic Period* (Grand Rapids: Eerdmans, 1975).

Louth, Andrew, "Return to Allegory," in Louth, *Discerning the Mystery: An Essay on the Nature of Theology* (Oxford: Clarendon, 1983).

Lubac, Henri de, *Medieval Exegesis*, vol. 2, *The Four Senses of Scripture*, translated by E. M. Maeierowski (Grand Rapids: Eerdmans; Edinburgh: T. & T. Clark, 2000).

Lundin, Roger, ed., *Disciplining Hermeneutics: Interpretation in Christian Perspective* (Grand Rapids: Eerdmans; Leicester: Apollos, 1997).

Luther, Martin, *Commentary on the Epistle to the Hebrews, in Luther's Early Theological Works*, edited by James Atkinson, Library of Christian Classics, vol. 16 (London: SCM; Philadelphia: Westminster, 1962).

+————, *The Heidelberg Disputation, in Luther's Early Theological Works*, edited by James Atkinson, Library of Christian Classics, vol. 16 (London: SCM; Philadelphia: Westminster, 1962).

+————, *Luther's Works*, edited by J. Pelikan, 56 vols. (St. Louis: Concordia, 1955-).

+Luz, Ulrich, *Matthew 1-7: A Commentary*, translated by W. C. Linss (Minneapolis: Augsburg Fortress; Edinburgh: T. & T. Clark, 1989).

————, *Matthew 8-20*, translated by W. C. Linss (Minneapolis: Augsburg Fortress; London: SCM, 2001).

————, *Matthew 21-28*, translated by J. E. Crouch (Minneapolis: Fortress; London: SCM, 2005).

*Lyon, David, *Postmodernity* (Buckingham: Open University Press, 1994).

Lyotard, Jean-François, *The Differend: Phrases in Dispute*, translated by G. van den Abbeek (Manchester: Manchester University Press, 1990).

————, *Just Gaming*, translated by W. Godzich (Manchester: Manchester University Press, 1985).

————, *The Postmodern Condition: A Report on Knowledge*, translated by G. Bennington and B. Massumi (Manchester: Manchester University Press, 1984; French edition, 1979).

*McKim, Donald K., ed., *Dictionary of Major Biblical Interpreters* (Downers Grove, Ill., and Nottingham: IVP, 2007).

McKnight, Edgar V., *The Bible and the Reader: An Introduction to Literary Criticism* (Philadelphia: Fortress, 1985).

Macquarrie, John, *An Existentialist Theology: A Comparison of Heidegger and Bultmann* (London: SCM, 1955).

————, *The Scope of Demythologizing: Bultmann and His Critics* (London: SCM, 1962).

Marks, Elaine, and Isabelle de Courtivron, eds., *New French Feminisms: An Anthology* (Hemel Hemstead: Harvester Press, 1981).

Markus, Robert, *Signs and Meanings: World and Text in Ancient Christianity* (Liverpool: Liverpool University Press, 1996).

Marlé, René, "Bultmann and the Old Testament," in *Rudolf Bultmann in Catholic Thought*, edited by Thomas F. O'Meara and Donald M. Weisser (New York: Herder and Herder, 1968), pp. 110-24.

Michelson, A., *Women, Authority, and the Bible* (Downers Grove, Ill.: IVP, 1986).

Miegge, Giovanni, *Gospel and Myth in the Thought of Rudolf Bultmann*, translated by Stephen Neill (London: Lutterworth, 1960).

Miranda, José Porfirio, *Being and Messiah: The Message of St. John*, translated by John Eagleson (Maryknoll, N.Y.: Orbis; London: SCM, 1977).

+*————, *Marx and the Bible: A Critique of the Philosophy of Oppression* (Maryknoll, N.Y.: Orbis, 1974; London: SCM, 1977).

Moberly, R. W. L., *The Bible, Theology, and Faith: A Study of Abraham and Jesus*

(Cambridge: Cambridge University Press, 2000).

Mollenkott, V. R., *The Divine Feminism in the Biblical Imagery of God as Female* (New York: Crossroad, 1983).

Moo, Douglas J., *The Old Testament in the Gospel Passion Narratives* (Sheffield: Almond, 1983).

*Morgan, Robert (with John Barton), *Biblical Interpretation* (Oxford: Oxford University Press, 1988).

Mosala, Itumeleng J., *Biblical Hermeneutics and Black Theology in South Africa* (Grand Rapids: Eerdmans, 1989).

*Mueller-Vollmer, Kurt, ed., *The Hermeneutics Reader* (Oxford: Blackwell, 1985).

Neill, Stephen, and Tom Wright, *The Interpretation of the New Testament, 1861-1986*, 2nd ed. (Oxford: Oxford University Press, 1988).

+Nida, Eugene A., "The Implication of Contemporary Linguistics in Biblical Scholarship," *Journal of Biblical Literature* 91 (1972): 23-90.

Oduyoye, Mercy Amba, *Introducing African Women's Theology* (Sheffield and New York: Continuum, 2004).

Oduyoye, Mercy Amba, and Elizabeth Amoah, eds., *People of Faith and the Challenge of HIV/AIDS* (Ibadan: Sefer, 2005).

*Oeming, Manfred, *Contemporary Biblical Hermeneutics: An Introduction*, translated by J. Vette (Aldershot and Burlington, Vt.: Ashgate, 2006).

Ogden, Schubert, *Christ without Myth: A Study Based on the Theology of Rudolf Bultmann* (New York: Harper and Row, 1961).

Olhausen, William, "A 'Polite' Response to Anthony Thiselton," in *After Pentecost: Language and Biblical Interpretation*, edited by Craig Bartholomew and others, Scripture and Hermeneutics Series, vol. 2 (Grand Rapids: Zondervan; Carlisle: Paternoster, 2001), pp. 121-30.

Oliver, J. M., ed., *Diodore: Commentary on the Psalms*, in *Corpus Christianorum, Series Graeca*, 6 vols. (Turnhout: Brepols, 2006).

*Osborne, Grant R., *The Hermeneutical Spiral: A Comprehensive Introduction to Biblical Interpretation* (Downers Grove, Ill.: InterVarsity, 1991).

Osiek, Carolyn, *Beyond Anger: On Being a Feminist in the Church* (New York: Paulist, 1986).

———, *A Woman's Place: House Churches in Earliest Christianity* (Minneapolis: Augsburg, 2005).

Pagels, Elaine, *The Gnostic Paul: Gnostic Exegesis of the Pauline Letters* (Philadelphia: Fortress, 1975).

————, *The Johannine Gospel in Gnostic Exegesis* (Nashville and New York: Abingdon, 1973).

*Palmer, Richard E., *Hermeneutics: Interpretation Theory in Schleiermacher, Dilthey, Heidegger, and Gadamer*, Studies in Phenomenology and Existential Philosophy (Evanston, Ill.: Northwestern University Press, 1969).

+Pannenberg, Wolfhart, "Myth in Biblical and Christian Tradition," in Pannenberg, *Basic Questions in Theology*, translated by R. A. Wilson (London: SCM, 1970-73), 3:1-79.

+————, *Systematic Theology*, translated by G. W. Bromiley, 3 vols. (Edinburgh: T. & T. Clark; Grand Rapids: Eerdmans, 1991, 1994, 1998).

Parker, T. H. L., *Calvin's Old Testament Commentaries* (Edinburgh: T. & T. Clark, 1986).

Parratt, John, *An Introduction to Third World Theologies* (Cambridge: Cambridge University Press, 2004).

*Parris, David Paul, *Reading the Bible with Giants: How 2,000 Years of Biblical Interpretation Can Shed Light on Old Texts* (London and Atlanta: Paternoster, 2006).

Parsons, Mikeal, "Allegorizing Allegory: Narrative Analysis and Parable Interpretation," *Perspectives in Religious Studies* 15 (1988): 147-64.

Patte, Daniel, *Early Jewish Hermeneutic in Palestine*, Society of Biblical Literature Dissertation Series 22 (Missoula: Scholars Press, 1975).

*————, *What Is Structural Exegesis?* (Philadelphia: Fortress, 1976).

————, ed., *Global Bible Commentary* (Nashville: Abingdon, 2004).

————, *Semiology and Parables: Exploration of the Possibilities Offered by Structuralism for Exegesis* (Pittsburgh: Pickwick, 1976).

Plaskow, Judith, *Sex, Sin, and Grace: Women's Experience and the Theologies of Reinhold Niebuhr and Paul Tillich* (Lanham, Md.: University Press of America, 1980).

Poland, Lynn M., *Literary Criticism and Biblical Hermeneutics: A Critique of Formative Approaches* (Chico, Calif.: Scholars Press, 1985).

*Porter, Stanley E., ed., *Dictionary of Biblical Criticism and Interpretation* (London and New York: Routledge, 2007).

Reventlow, Henning Graf, *The Authority of the Bible and the Rise of the Modern World*, translated by John Bowden (London: SCM, 1984).

Richards, Janet Radcliffe, *The Sceptical Feminist: A Philosophical Enquiry* (London: Penguin Books, 1983).

+Ricoeur, Paul, *The Conflict of Interpretations: Essays in Hermeneutics*, translated by D. Ihde (Evanston, Ill.: Northwestern University Press, 1974).

+*———, *Essays on Biblical Interpretation*, edited by Lewis S. Mudge (Philadelphia: Fortress, 1980; London: SPCK, 1981).

———, *Fallible Man*, revised and translated by Charles A. Kelbley (New York: Fordham University Press, 1985).

———, *Figuring the Sacred: Religion, Narrative, and Imagination*, translated by David Pellauer and Mark I. Wallace (Philadelphia: Augsburg Fortress, 1995).

———, *Freedom and Nature: The Voluntary and Involuntary* (Evanston, Ill.: Northwestern University Press, 1966).

+———, *Freud and Philosophy: An Essay on Interpretation*, translated by Denis Savage (New Haven: Yale University Press, 1970).

———, *Hermeneutics and the Human Sciences: Essays on Language Action and Interpretation*, edited and translated by John B. Thompson (Cambridge: Cambridge University Press, 1981).

———, "Intellectual Biography," in *The Philosophy of Paul Ricoeur*, edited by Lewis E. Hahn (Chicago: Open Court, 1995).

+———, *Interpretation Theory: Discourse and the Surplus of Meaning* (Fort Worth: Texas Christian University Press, 1976).

———, *The Just*, translated by David Pellauer (Chicago and London: University of Chicago Press, 2000).

+———, *Oneself as Another*, translated by Kathleen Blamey (Chicago and London: University of Chicago Press, 1992).

———, *Reflections on the Just*, translated by David Pellauer (Chicago and London: University of Chicago Press, 2007).

———, *The Rule of Metaphor: Multi-Disciplinary Studies of the Creation of Meaning in Language*, translated by Robert Czerny with Kathleen McLaughlin (London: Routledge and Kegan Paul, 1977).

———, *The Symbolism of Evil* (Boston: Beacon Press, 1969; 1st English ed. 1967).

+———, *Time and Narrative*, translated by Kathleen Blamey and David Pellauer, 3 vols. (Chicago and London: University of Chicago Press, 1984, 1985, 1988).

Ricoeur, Paul, and André LaCocque, *Thinking Biblically: Exegetical and Hermeneutical Studies*, translated by David Pellauer (Chicago and London: University of Chicago Press, 1998).

Robins, Wendy S., ed., *Through the Eyes of a Woman: Bible Studies on the Experience of Women* (Geneva: World YWCA Publications, 1986).

Robinson, James M., "Hermeneutics since Barth," in *New Frontiers in Theology*, vol. 2, *The New Hermeneutic*, edited by James M. Robinson and John B. Cobb, Jr. (New York and London: Harper and Row, 1964), pp. 1-77.

Rogerson, John, *Old Testament Criticism in the Nineteenth Century: England and Germany* (London: SPCK, 1984).

Rorty, Richard M., *Philosophy and Social* Hope (Princeton: Princeton University Press, 1979).

————, *Philosophy and the Mirror of Nature* (Princeton: Princeton University Press, 1979).

+————, *Truth and Progress: Philosophical Papers*, vol. 3 (Cambridge: Cambridge University Press, 1998).

Ruether, Rosemary Radford, *Gaia and God: An Eco-Feminist Theology of Earth Healing* (San Francisco: HarperCollins, 1992).

————, *Women-Church: Theology and the Practice of Feminist Liturgical Communities* (San Francisco: Harper and Row, 1985).

————, ed., *Religion and Sexism: Images of Women in the Jewish and Christian Traditions* (New York: Simon and Schuster, 1974).

+Ruether, Rosemary Radford, and Eleanor McLaughlin, eds., *Women of Spirit: Female Leadership in the Jewish and Christian Traditions* (New York: Simon and Schuster, 1979).

+Rush, Ormond, *The Reception of Doctrine: An Appropriation of Hans Robert Jauss' Reception Aesthetics and Literary Hermeneutics* (Rome: Pontifical Gregorian University, 1997).

+Russell, Letty M., ed., *Feminist Interpretation of the Bible* (Philadelphia: Westminster, 1985).

————, *The Liberating Word: A Guide to Nonsexist Interpretation of the Bible* (Philadelphia: Westminster, 1976).

Saiving, Valerie, "The Human Situation: A Feminine View," *Journal of Religion* 40 (1960): 100-112.

Saussure, Ferdinand de, *Course in General Linguistics*, edited by C. Bally and A. Sechehaye, translated by R. Harris (London: Duckworth, 1983).

Scalise, Charles J., *Hermeneutics as Theological Prolegomena: A Canonical Approach* (Macon, Ga.: Mercer University Press, 1994).

Scanzoni, L. D., "Revitalizing Interpretations of Ephesians 5:22," *Pastoral*

Psychology 45 (1997): 317-39.

Scanzoni, L. D., and N. A. Hardesty, *All We're Meant to Be: A Biblical Approach to Women's Liberation* (Waco, Tex.: Word, 1974; 3rd rev. ed. 1992).

+Schleiermacher, Friedrich, *Christmas Eve: A Dialogue on the Incarnation*, translated by T. N. Tice (Richmond, Va.: John Knox, 1967).

+————, *Hermeneutics: The Handwritten Manuscripts*, edited by Heinz Kimmerle, translated by James Duke and Jack Forstman (Missoula: Scholars Press, 1977).

————, *On Religion: Speeches to Its Cultured Despisers*, translated by John Oman (reprint, New York: Harper and Row, 1959).

*Schmithals, Walter, *An Introduction to the Theology of Rudolf Bultmann*, translated by John Bowden (London: SCM, 1968), pp. 38-39.

*Schubeck, Thomas L., S.J., "Liberation Theology," in *The Encyclopedia of Christianity*, edited by Erwin Fahlbusch, Jan Milič Lochman, et al., translated by G. W. Bromiley, 5 vols. (Grand Rapids: Eerdmans, 1999-2008), 3:258-65.

Schüssler Fiorenza, Elisabeth, *Bread Not Stone: The Challenge of Feminist Biblical Interpretation* (Boston: Beacon Press, 1984).

————, *Discipleship of Equals: A Critical Feminist Ekklē‑sia-logy of Liberation* (New York: Crossroad, 1993).

+————, *In Memory of Her: Feminist Theological Reconstruction of Christian Origins* (New York: Crossroad; London: SCM, 1983).

————, *Jesus: Miriam's Child, Sophia's Prophet; Critical Issues in Feminist Theology* (London: SCM; New York: Continuum, 1995).

————, *Sharing Her Word: Feminist Biblical Interpretation in Contrast* (Boston: Beacon Press, 1998).

Scott, Bernard B., *Hear Then the Parable: A Commentary on the Parables of Jesus* (Minneapolis: Fortress, 1989).

Searle, John R., *Expression and Meaning: Studies in the Theory of Speech Acts* (Cambridge: Cambridge University Press, 1979).

+Segundo, Juan Luis, *Liberation of Theology*, translated by John Drury (Dublin: Gill and MacMillan, 1977).

Selwyn, Edward G., *The First Epistle of St. Peter: The Greek Text with Introduction, Notes, and Essays*, 2nd ed. (London: Macmillan, 1947).

Shotwell, Willis A., *The Biblical Exegesis of Justin Martyr* (London: SPCK, 1965).

Showalter, Elaine, ed., *The New Feminist Criticism: Essays on Women, Literature, and Theory* (London: Virago Press, 1986).

Silverman, Hugh, *Gadamer and Hermeneutics: Science, Culture, Literature* (New York: Routledge, 2001).

*Smalley, Beryl, *The Study of the Bible in the Middle Ages* (Oxford: Blackwell, 1952, 1964).

Smart, James, *The Interpretation of Scripture* (London: SCM, 1961).

Smith, James K. A., *Who's Afraid of Post modernism? Taking Derrida, Lyotard, and Foucault to Church* (Grand Rapids: Baker Academic, 2006).

Souter, A., *A Study of Ambrosiaster*, Texts and Studies 7 (Cambridge: Cambridge University Press, 1905).

Stanley, Christopher D., *Paul and the Language of Scripture: Citation Technique in the Pauline Epistles and Contemporary Literature*, Society for New Testament Studies Monograph Series, no. 69 (Cambridge: Cambridge University Press, 1992).

*Stein, Robert H., *An Introduction to the Parables of Jesus* (Philadelphia: Westminster, 1981).

*Stiver, Dan R., *Theology after Ricoeur: New Directions in Hermeneutical Theology* (Louisville and London: Westminster John Knox, 2001).

Storkey, Elaine, *What's Right with Feminism?* (London: SPCK, 1985).

Strauss, David F., *The Life of Jesus Critically Examined*, translated and edited by P. C. Hodgson (Philadelphia: Fortress; London: SCM, 1973).

Stuhlmacher, Peter, *Historical Criticism and Theological Interpretation of Scripture*, translated by R. A. Harrisville (Philadelphia: Fortress, 1977).

*Sturrock, John, ed., *Structuralism and Since: From Lévi-Strauss to Derrida* (Oxford: Oxford University Press, 1979).

Sugirtharajah, R. S., *The Bible and the Empire: Postcolonial Explorations* (Cambridge: Cambridge University Press, 2005).

———, *The Bible and the Third World* (Cambridge: Cambridge University Press, 2001).

———, ed., *Asian Faces of Jesus* (Maryknoll, N.Y.: Orbis; London: SCM, 1993).

———, *Voices from the Margins: Interpreting the Bible in the Third World* (Maryknoll, N.Y.: Orbis; London: SPCK, 1989, 2006).

+Suleiman, Susan R., and Inge Crosman, eds., *The Reader in the Text: Essays on Audience and Interpretation* (Princeton: Princeton University Press, 1980).

*Tate, Randolph W., *Biblical Interpretation: An Integrated Approach* (Peabody, Mass.: Hendrickson, 1991).

Theissen, Gerd, *Psychological Aspects of Pauline Theology*, translated by J. P. Galwin (Philadelphia: Fortress; Edinburgh: T. 8c T. Clark, 1987).

Thielicke, Helmut, "The Restatement of the New Testament Mythology," in *Kerygma and Myth: A Theological Debate*, edited by Hans Werner Bartsch, 2 vols. (London: SCM, 1953), 1:138-74.

Thiselton, Anthony C., "Authority and Hermeneutics: Some Proposals for a More Creative Agenda," in *A Pathway with the Holy Scripture*, edited by Philip F. Satterthwaite and David F. Wright (Grand Rapids: Eerdmans, 1994), pp. 107-41.

————, "Canon, Community and Theological Construction," in *Canon and Biblical Interpretation*, edited by Craig G. Bartholomew and others, Scripture and Hermeneutics Series, vol. 7 (Grand Rapids: Zondervan; Carlisle: Paternoster, 2006), pp. 1-30.

*————, *Can the Bible Mean Whatever We Want It to Mean?* (Chester, U.K.: Chester Academic Press, 2005).

————, *The First Epistle to the Corinthians: A Commentary on the Greek Text*, New International Greek Testament Commentary (Grand Rapids: Eerdmans; Carlisle: Paternoster, 2000).

+————, *The Hermeneutics of Doctrine* (Grand Rapids: Eerdmans, 2007).

*————, "The New Hermeneutic," in *New Testament Interpretation*, edited by I. H. Marshall (Exeter: Paternoster, 1972), pp. 308-31.

————, *New Horizons in Hermeneutics: The Theory and Practice of Transforming Biblical Reading* (London: HarperCollins; Grand Rapids: Zondervan, 1992).

*————, "Reader-Response Hermeneutics, Action Models, and the Parables of Jesus," in Roger Lundin, Anthony C. Thiselton, and Clarence Walhout, *The Responsibility of Hermeneutics* (Grand Rapids: Eerdmans; Exeter: Paternoster, 1985), pp. 79-115.

+————, *Thiselton on Hermeneutics: Collected Works with New Essays* (Grand Rapids: Eerdmans; Aldershot: Ashgate, 2006).

+————, *The Two Horizons: New Testament Hermeneutics and Philosophical Description with Special Reference to Heidegger, Bultmann, Gadamer, and Wittgenstein* (Grand Rapids: Eerdmans; Exeter: Paternoster, 1980).

Thiselton, Anthony C. (with R. Lundin and C. Walhout), *The Promise of Hermeneutics* (Grand Rapids: Eerdmans; Carlisle: Paternoster, 1999).

Thompson, John B., *Critical Hermeneutics: A Study in the Thought of Paul Ricoeur and Jürgen Habermas* (Cambridge: Cambridge University Press,

1981, 1983).

Thompson, John L., *Reading the Bible with the Dead* (Grand Rapids: Eerdmans, 2007).

Tilley, Terrence W., *Postmodern Theologies: The Challenge of Religious Diversity* (Maryknoll, N.Y.: Orbis, 1995).

Tolbert, Mary Ann, *Perspectives on the Parables* (Philadelphia: Fortress, 1979).

Torjesen, Karen Jo, *Hermeneutical Procedure and Theological Method in Origen's Exegesis* (Berlin: Walter de Gruyter, 1986).

Torrance, Alan J., *Persons in Communion: An Essay on Trinitarian Description and Human Participation with Special Reference to Volume One of Karl Barth's "Church Dogmatics"* (Edinburgh: T. & T. Clark, 1996).

Torrance, Thomas F., *Divine Meaning: Studies in Patristic Hermeneutics* (Edinburgh: T. & T. Clark, 1995).

*————, *Karl Barth: An Introduction to His Early Theology 1910-1931* (London: SCM, 1962).

Tracy, David, *The Analogical Imagination: Christian Theology and the Culture of Pluralism* (London: SCM, 1981).

+Trible, Phyllis, *God and the Rhetoric of Sexuality* (Philadelphia: Fortress, 1978).

+————, *Texts of Terror: Literary-Feminist Readings of Biblical Narratives* (Philadelphia: Fortress, 1984).

Trigg, Joseph W., *Origen: The Bible and Philosophy in the Third-Century Church* (London: SCM; Louisville: John Knox, 1983, 1985).

+Tyndale, William, *A Pathway into the Holy Scripture,* in Tyndale, *Doctrinal Treatises and Introductions to Holy Scripture* (Cambridge: Cambridge University Press, Parker Society, 1848).

Ullmann, Stephen, *Principles of Semantics*, 2nd ed. (Oxford: Blackwell, 1963).

————, *Semantics* (Oxford: Blackwell, 1962).

Vanhoozer, Kevin J., *Biblical Narrative in the Philosophy of Paul Ricoeur: A Study in Hermeneutics* (Cambridge: Cambridge University Press, 1990).

+————, *Is There a Meaning in This Text? The Bible, the Reader, and the Morality of Literary Knowledge* (Grand Rapids: Zondervan, 1998).

*————, ed., *Dictionary for Theological Interpretation of the Bible* (London: SPCK, 2005).

*————, *Postmodern Theology: Cambridge Companion* (Cambridge: Cambridge University Press, 2003).

Via, Dan Otto, "The Parable of the Unjust Judge: A Metaphor of the Unrealised

Self," in *Semiology and the Parables: An Exploration of the Possibilities Offered in Structuralism for Exegesis*, edited by Daniel Patte (Pittsburgh: Pickwick, 1976), pp. 1-32.

+————, *The Parables: Their Literary and Existential Dimension* (Philadelphia: Fortress, 1967).

Walker, Alice, *In Search of Our Mother's Gardens: Womanist Prose* (New York: Harcourt Brace, 1983; London: Women's Press, 1984).

Wall, John, *Moral Creativity: Paul Ricoeur and the Poetics of Possibility* (Oxford: Oxford University Press, 2005).

Wallace, Mark, *The Second Naïveté: Barth, Ricoeur, and the New Yale Theology* (Macon, Ga.: Mercer University Press, 1990).

*Ward, Graham, ed., *The Blackwell Companion to Postmodern Theology* (Oxford: Blackwell, 2001), pp. xiv-xv.

*————, *The Postmodern God: A Theological Reader* (Oxford: Blackwell, 1997).

+Warnke, Georgia, *Gadamer: Hermeneutics, Tradition, and Reason* (Cambridge: Polity Press, 1987).

Warnock, J. G., "Every Event Has a Cause," in *Logic and Language*, edited by A. G. W. Flew, 2nd ser. (Oxford: Blackwell, 1966), 1:95-111.

+Watson, Francis, *Text and Truth: Redefining Biblical Theology* (Edinburgh: T. & T. Clark, 1997).

+————, *Text, Church, and World: Biblical Interpretation in Theological Perspective* (Edinburgh: T. & T. Clark, 1994).

Weber, Otto, *Karl Barth's "Church Dogmatics": An Introductory Report*, translated by A. C. Cochrane (London: Lutterworth, 1953).

+Weinsheimer, Joel C., *Gadamer's Hermeneutics: A Reading of "Truth and Method"* (New Haven: Yale University Press, 1985).

Wellek, René, and Austin Warren, *Theory of Literature* (London: Jonathan Cape, 1949; 3rd ed., Pegasus, 1973).

Wenham, David, *The Parables of Jesus: Pictures of a Revolution* (London: Hodder and Stoughton, 1989).

Wilder, Amos N., *Early Christian Rhetoric* (Cambridge: Harvard University Press; London: SCM, 1964); the second edition *of Jesus and the Language of the Gospel* (Philadelphia: Fortress, reprinted 1976, 1982).

————, "The Word as Address and the Word as Meaning," in *New Frontiers in Theology*, vol. 2, *The New Hermeneutic*, edited by James M. Robinson and John B. Cobb, Jr. (New York and London: Harper and Row, 1964).

Wilmore, G. S., and James Cone, eds., *Black Theology: A Documentary History, 1980-1992*, 2nd ed., 2 vols. (Maryknoll, N.Y.: Orbis, 1993).

Wimbush, Vincent, ed., *African Americans and the Bible: Sacred Texts and Social Textures* (New York: Continuum, 2001).

Wimsatt, W. K., and Monroe C. Beardsley, "The Intentional Fallacy," *Sewanee Review* 4 (1946): 468-88; revised and republished in Wimsatt and Beardsley, *The Verbal Icon: Studies in the Meaning of Poetry* (Lexington: University Press of Kentucky, 1954), 3-18.

Wittgenstein, Ludwig, *The Blue and Brown Books: Preliminary Studies for the "Philosophical Investigations"* (Oxford: Blackwell, 1969).

————, *On Certainty*, German and English (Oxford: Blackwell, 1969).

+————, *Philosophical Investigations*, German and English, English text translated by G. E. M. Anscombe (Oxford: Blackwell, 1967).

Wittig, Susan, "A Theory of Multiple Meanings," *Semeia* 9 (1977): 75-105.

+Wolterstorff, Nicholas, *Divine Discourse: Philosophical Reflections on the Claim That God Speaks* (Cambridge: Cambridge University Press, 1995).

Wood, James D., *The Interpretation of the Bible* (London: Duckworth, 1958).

+Work, Telford, *Living and Active: Scripture in the Economy of Salvation* (Grand Rapids: Eerdmans, 2002).

Wycliffe, John, *On the Truth of the Holy Scripture* (Kalamazoo, Mich.: Mediaeval Institute, and Western Michigan University, 2001).

————, *The Pastoral Office*, translated by F. L. Battles, Library of Christian Classics, vol. 14 (London: SCM; Philadelphia: Westminster, 1963).

*Yarchin, William, *History of Biblical Interpretation: A Reader* (Peabody, Mass.: Hendrickson, 2004).

Zaharopoulos, Dimitri Z., *Theodore of Mopsuestia on the Bible: A Study of His Old Testament Exegesis* (New York: Paulist, 1989).

Zimmermann, Jens, *Recovering Theological Hermeneutics: An Incarnational-Trinitarian Theory of Interpretation* (Grand Rapids: Baker Academic, 2004).

Lessing, Gotthold E.(레싱) 220, 222, 224-225, 227, 237, 319

Lévinas, Emmanuel(레비나스, 엠마누엘) 373, 377, 403

Levinson, Stephen(레빈슨, 스티븐) 480, 530

Lévi-Strauss, Claude(레비-스트로스, 클로드) 302-304, 310-311, 356, 514

Lewis, C. S.(루이스, C. S.) 466

Lietzmann, Hans(리츠만, 한스) 437

Lightfoot, Joseph Barber(라이트푸트) 232, 527

Linnemann, Eta(린네만, 에타) 70, 71n.9, 74, 89, 91, 102

Livingstone, David(리빙스톤, 데이비드) 504

Loades, Ann(앤 로데스) 425n.1, 431n.9, 450, 451

Locke, John(로크, 존) 38, 217-218, 255, 372

Lohmeyer, Ernest(로마이어, 에른스트) 437

Lombard, Peter: Peter Lombard를 보라.

Lonergan, Bernard J. F.(로너건, 버나드) 30

Longenecker, Richard(롱게네커, 리처드) 106n.3, 109n.7, 112-113, 130, 133n.12,13, 151n.53

Lotman, J.(로트만) 504

Louth, Andrew(라우스, 앤드류) 139, 140n.26, 476, 533

Lubac, Henri de(뤼박, 앙리 드) 174-175, 188, 191, 192n.83, 197, 198n.89, 476, 533

Luther, Martin(루터, 마르틴) 43, 200-210, 214, 217, 256, 263-264, 274, 320, 382, 404, 426, 475, 477, 485, 487, 489-490, 533

Luz, Ulrich(루츠, 울리히) 129-130, 150, 478, 482, 485-487

Lyon, David(리온, 데이비드) 495, 496n.4

Lyons, John(라이언스, 존) 303, 304n.46

Lyotard, Jean-François(리오타르, 장-프랑수아) 312, 495, 497, 499, 506-512, 520, 523

MacIntyre, Alasdair(맥킨타이어, 알래스데어) 373, 374n.37

McKim, Donald K. 162, 198, 234

McKnight, Edgar(맥나이트) 475

McLaughlin, Eleanor(매클라플린, 엘리너) 425, 430

Macquarrie, John(맥쿼리, 존) 240n.12, 268, 269n.24, 272, 276, 281, 285

Malcolm, Norman(말콤, 노먼) 520

Malherbe, Abraham(말허비) 436

Mannheim, Karl(만하임, 칼) 60-61

Manson, T. W.(맨슨) 83, 467

Marcel, Gabriel(마르셸, 가브리엘) 350-351, 354

Marcion(마르키온) 129, 154-155, 160, 165-166, 484

Marcuse, Herbert(마르쿠제) 399, 405

Markus, Robert(마커스, 로버트) 187-188

Marlé, René(마를레, 르네) 280

Marshall, Donald(마샬, 도널드) 478

Marshall, I. Howard(마샬, 하워드) 437

Marx, Karl(마르크스, 칼) 41, 60-61, 382, 394, 398-399, 403, 406, 409, 507, 508, 513

Mauthner, Fritz(마우트너, 프리츠) 496-497

Pallais, Azarias H.(팔라이스, 아자리아스) 392

Palmer, Richard E.(팔머, 리처드) 129n.4, 244, 251n.40, 343

Pannenberg, Wolfhart(판넨베르크) 39, 41, 62n.35, 278, 279n.56, 281, 323, 325, 441, 458, 461

Parker, T. H. L.(파커) 44n.14, 212

Parris, David P.(패리스, 데이비드) 490

Parry, C.(패리) 434

Parsons, Mikeal(파슨스, 미켈) 101, 102n.97

Patte, Daniel(패트, 다니엘) 105n.1, 108n.6, 109n.7, 307

Paul(바울) 33, 47-48, 51, 114, 116, 118, 120, 128-131, 134, 139-142, 144-147, 155-156, 182, 193, 195-196, 203, 205, 228, 231, 233, 249-250, 252-253, 260, 264, 278, 291, 399, 404-405, 407, 411, 425-428, 436-437, 439-440, 442, 444, 456-457, 488, 517, 519

Paul VI(바오로 6세) 402

Pearson, Brook(피어슨, 브룩) 340n.65, 344

Pedersen, Johannes(페데르센, 요하네스) 313

Perón, Juan(페론, 후안) 395

Perrin, Norman(페린, 노먼) 91, 438

Peter Lombard(페트루스 롬바르두스) 43, 192, 194, 198, 203-204

Philo(필론) 18, 112, 115-119, 125, 139-141, 162, 166, 171-172, 174, 180, 190, 476, 483

Pindar(핀다로스) 117

Pinochet, Augusto(피노체트, 아우구스토) 395

Pitcher, George(피처, 조지) 520

Pius XII(피우스 12세) 402

Pixley, George(픽슬레이, 조지) 413

Plaskow, Judith(플래스코우, 주디스) 459

Plato(플라톤) 116-118, 122-123, 173, 321, 324, 326, 339, 342-344, 365, 446

Plutarch(플루타르코스) 123

Polycarpe(폴리카르포스) 488

Prickett, Stephen(프릭켓, 스티븐) 54

Priscilla(브리스길라) 134, 426, 456, 458

Propp, Vladimir(프로프) 304-305, 307, 309, 372, 475

Quine, Willard van(콰인, 윌라드 반) 519

Quiroga, Vasco de(퀴로가, 바스코 데) 391

Räisänen, Heikki(레이제넨, 하이키) 532

Ransom, John C.(랜섬, 존) 49

Raschke, Carl(라쉬케, 칼) 506

Ratzinger, Cardinal Joseph(라칭거, 요제프) 415, 421, 534

Rauschenbusch, Walter(라우셴부시, 월터) 518

Rawls, John(롤스, 존) 375, 378

Recanati, F.(레카나티) 296, 279

Redeker, Martin(레데커, 마르틴) 238

Reimarus, H. S.(라이마루스) 220, 222, 224-225

Reventlow, Henning Graf(레벤틀로우) 217-219

Richard of St. Victor(리처드, 생 빅토르의) 192

Richards, I. A.(리처즈) 465, 476

Richards, Janet Radcliffe(리처즈, 재닛 래

드비히) 29, 31, 34-35, 53, 157, 248,
251, 279, 322, 324, 329, 337-338,
341-343, 346, 382-383, 496, 505,
507, 509, 511-512, 520-521, 528-529
Wittig, Susan(위티그, 수잔) 308-309, 467
Wolf, F. A.(볼프) 243, 327, 330
Wolff, Christian(볼프, 크리스티안) 214,
216, 219, 223
Wollstonecraft, Mary(월스톤크래프트)
431
Wolterstorff, Nicholas(월터스토프) 253,
385-386, 474, 498, 503, 527
Woollcombe, Kenneth(울콤브) 140
Wordsworth, William(워즈워스, 윌리엄)
238-239

Work, Telford 295n.23
Wright, N. Thomas(라이트) 97, 275
Wycliffe, John(위클리프, 존) 200-202

Young, Norman J.(영) 278

Zaharopoulos, Dimitri Z.(자하로풀로
스) 43n13, 177n.42, 179n.46, 180
Zeno the Stoic(제논) 117, 122
Zimmermann, Jens(짐머맨, 젠슨) 63,
250, 526
Zinzendorf, Count Nicholas(친첸도르프
백작) 216-217, 222, 239
Zwingli, Ulrich(츠빙글리) 208

애매모호함(Nebulist) 247

약속(Promise) 136, 141, 209-210, 371, 406

양식비평(Form criticism) 82-86, 228, 265-266

어원학(Etymology) 51, 314

억압받는 자들과의 연대(Solidarity with the oppressed) 397-398, 420-421

억압받는 자들에 대한 교육(Pedagogy of the oppressed) 399

언급, 발언(Statement) 297, 323; 또한 "언어", "사유"를 보라.

언약(Covenant) 213, 405-406

언어 중심적(Logocentric) 501-503

언어(Language) 248, 279, 297-298, 340-343, 346, 354-355, 359-360, 383, 496-497, 528-529; 신약 언어 263-264; 언어 게임 28-29, 342, **509-512**, 528; 언어 사건 91-97, 209, 297; 언어의 영지주의적 사용 156-158; 하이데거의 언어관 295-296, 300

언어학, 언어학적(Linguistics, linguistic) 14, 18, 43, 51, 261, 302, 312-313; 언어철학 86, 382-384

「에세이와 리뷰」(*Essays and Reviews*) 231

에센파(Essenes) 119

엘로힘 전통 "E"(Elohim as "E" tradition) 232

엘살바도르(El Salvador) 391-392, 411

여성(Women): 여성에 대한 폭력 403-404, 414, 449, 453; 여성의 공적 가시성 424-430, 456; 여성의 권리 431-432; 여성의 리더십 **424-430**, 434, 438, 456; 여성의 침묵 426-428; 또한 "페미니즘 해석학"을 보라.

『여성의 성경』(*Women's Bible*) 432

여성적 원리(Feminine principle) 238, 247

역사, 역사성, 역사적으로 조건화됨 (History, historicality, historical conditionedness) 59-62, **79-98**, 177-178, 191, 213, **224-226**, **260-266**, 290, 310, 318-321, **331-334**, 351, 364-367; 영향사 **336-339**, **478-479**; 또한 "영향사"를 보라.

역사적 컨텍스트(Historical context) **79-84**, 174, 177-180; 또한 "컨텍스트"를 보라.

역사적 코드(Historical code) 308-309

연결성, 일관성(Connectedness, coherence, Zusammenhang) 255-256, 367

영원성(Eternity) 363

영적(Spiritual) 172, 176, 188, 197

영지주의(Gnosticism) **154-162**, 170, 174, 263, 280, 323, 436, 489

영향사, 영향력 있는 의식(Effective history, effective consciousness) 59-60, **337-338**, 420

예감적, 여성적 원리(Divinatory, feminine principle) 238, 241, **245-249**

예수(Jesus) 95, 128, 131-132, 173-174, 367, 405-406, 409-410, 437-438

예수의 생애(*Life of Jesus*, Strauss) 230

예수의 아버지(Father of Jesus) 165, 460-461; 또한 "마르키온의 주장"을 보라.

예표, 예표론(Type, typology) 125, 128, **138-144**, 159, 160, 177, 182, 471, **477**, 533

옥스퍼드(Oxford) 201, 218, 231

왜곡(Distortion) 61

우상, 우상숭배(Idols, idolatry) **351-352**,

인문과학(Geisteswissenschaften) **254-258**, **290**, 332

인식론(Epistemology) 24, 264; 또한 "지식", "지혜"를 보라.

자아(Self) 256, **369-378**, 515, 521; 자기 개입 24, 299; 자기 비평 18, 295, 519-522; 자기 지시적 언어 512; 자기 투사 63, 334; 또한 "관심"을 보라.

자연종교, 자연적 의미(Natural religion, natural meaning) 288, 306-307, 500

자유(Freedom) 218, 411-412, 504

자유주의, 자유주의적(Liberalism, liberal) 79-81, 230-232, 239, 244, 278-280, **288-291**, 392, 518-519

자유주의적 광교회주의(Latitudinarianism) **217-220**

자율성(Autonomy) 39-41, 51, 55, 201-202, 218-219, 220, 360, 370, 376, 386-387

작은 내러티브(Little narratives) 508-509; 또한 "내러티브"를 보라.

작품, 텍스트와 대조되는 의미에서(Work in contrast to text) 506

잠정성(Provisionality) 31, 60, 246-247, 251

장르(Genre) 92, 118, 252, 378, 384; 또한 "닫힌 텍스트", "텍스트"를 보라.

장소, 만남의 장소(Place, place of meeting) 73-79, 99, **298**

재구성(Refiguration) 362, 364

재연(Reenactment) 68, 380

저자(Author) 44-45, 48-49, 174, 177-178, 211-212, 243-244

저자의 죽음(*Death of the author*) 50, **505-506**

적용(Application) 19, 68, 71, 183, 337, 345-346, 471-474

전달적 텍스트(Transmissive texts) "닫힌 텍스트"를 보라.

전략, 전략의 결정(Strategy, decision of) 249

전제(Presuppositions) **31-36**, 60; 또한 "해석학적 순환"을 보라.

전체(Whole, the) 243, 246-247, 257, 329-330; 또한 "해석학적 순환"을 보라.

전체화(Totalizing) 496-499, 508-510

전통(Traditions) **38-41**, 60, **334-339**, 369, 495

전환점(Turning point) 243, 318, 325, 334

정경, 정경성(Canon, canonicity) 222, **531-532**

정신분석(Psychoanalysis) 308, 356-357, 381, 454

정의(Justice) 372-378, 403, 424, 444, 457-458

제2차 바티칸 공의회(Vatican II) 252, 396, 397, 409, 421, 486; 또한 "가톨릭"을 보라.

제거(Erasure) 502-503

젠더, 언어의(Gender, language of) 426, **438**, **443-444**, 460-461

조지 리딩의 회고담(Ridding, George, litany of) 256

조직신학(Systematic theology) 208

존재(Being) 321; 또한 "존재론"을 보라.

존재론(Ontology) 327-328, 340-343

존중(Respect) 34

종교개혁(Reformation) **203-213**, 251

종교사 학파(History of Religions School) 266

종말론, 종말론적 위기(Eschatology, eschat-

2:11	111	11:16-17	88	22:32	484	
		12:23	132	22:39	374	
하박국		12:29	87	22:39-40	404	
1:5	111	13:3-9	88	24:43-44	85	
2:4b	145	13:13	151	24:45-51	85	
3:2	111	13:14-15	151	25:1-13	75, 85, 88	
		13:24-29	67	25:14-30	75	
스가랴		13:24-30	89	25:31-46	407	
1:8-11	138	13:31-32	73, 88	25:45	400	
6:1-8	138	13:33	73, 88	28:19	442	
9:9	150	13:34	183	28:19-20	418	
		13:35	183			
말라기		13:36-43	86	마가복음	148, 150, 457	
1:11	161	13:37	86	1:11	131	
1:14	161	13:40-43	86	2:10	132	
		13:44	89	2:17	87	
		13:45-46	89	2:21-22	87	
신약		13:47-48	89	3:1-3	409	
		13:49-50	86	3:23	69	
마태복음	148, 150	15:24	87	3:27	87	
1-3	128	16:2-3	404	3:35	442	
1:18-25	484, 485	16:19-31	95	4:1-9	87	
1:22	149	18	84	4:3-8	88	
1:22-23	149	18:10	84	4:9	472	
2:1-12	485	18:11	84	4:11-12	107	
2:5-6	149	18:12-14	84	4:11-20	87	
2:15	149	20:1-16	75, 76, 90, 95, 438	4:12	87, 151	
5-7	421			4:26-29	88	
5:1-8	487	21:4-5	150	4:30-32	88	
5:1-10	407	21:33-41	143	6:30-44	474	
5:4	186	22:1-10	74, 88, 95	7:17	69	
6:12	403	22:1-14	70, 438	8:1-10	474	
7:12	384	22:2-10	143	8:21	474	
8:8	167	22:7	143	8:29-30	411	
8:17	150	22:11-13	89	10:2-9	438	
9:16	87	22:11-14	75	10:15	438	

10:45	132	14:28-30	67	2:13	133
12:1-8	84	15	84, 90	2:17	152
12:1-9	143	15:1-10	88	3	527
12:2-8	74	15:3-7	83	3:14	133
12:6-8	143	15:8-10	71	4:1-42	418
12:10	84	15:11-32	72, 75, 76,	4:9	94
12:18-27	438		88, 95	5:24	407
12:26	484	16:1-7	84	5:26	278
13:14-37	164	16:1-8	73, 86	5:39-40	152
		16:1-9	75, 76	5:46-47	152
누가복음		16:8	67	6	133, 280
1:46-55	532	16:19-31	75, 80, 88, 95	6:4	133
1:47-49	400	17:7-10	73	6:32	133
1:68-79	402	18:2-8	88	6:35	133
5:36	69	18:5-6	67	6:41	133
5:36-38	87	18:9-14	52, 88	6:48	133
6:36	107	18:10-14	95	6:50	133
7:11-17	132	19:10	87	6:51	133
7:31-32	88	20:13	84	6:53	186
7:35	438	20:18	84	6:68	283
8:5-8	88	20:37	484	7:2	133
10:25-37	74	22:37	151	10:6	69
10:29-37	74, 80	24:26-27	129, 132	10:35	152
10:30-33	90	24:27	111	11:55	133
10:33-36	467	24:44-45	129, 132	12:1	133
11:5-8	88	24:45-46	44	13:1	133
12:16-20	88			13:7	258
12:16-21	68	요한복음		14:2	90
12:39-40	85	1:1-14	196	14:15	407
12:50	213	1:3	132	14:23-24	407
13:18-19	87	1:4	407	16:25	69
13:21	88	1:14	152, 176, 186, 342	16:29	69
14:1-14	95	1:19-12:50	133	17:12	152
14:7	69	1:23	152	18:28	133
14:15-24	74	1:39	196	19:14	133
14:16-24	438	1:51	152	19:25-27	440

이 책은 앤서니 티슬턴의 *Hermeneutics: An Introduction*(Grand Rapids: Eerdmans, 2009)을 번역한 것이다. 2009년에 출간되었다는 사실에서 알 수 있듯 이 책은 해석학에 관한 고전적인 논의부터 최근의 논의까지 모두 담고 있다. 그래서 논의의 폭도 넓고 정보도 풍부하다.

저자인 티슬턴은 특별한 설명이 필요 없을 정도로 우리나라에서도 널리 알려진 학자지만 독자들을 위해 몇 마디 보태고 싶다. 티슬턴은 영국 노팅엄 대학교에서 오랜 기간 철학과 신학을 강의했으며 철학적 해석학과 성경해석학 사이의 대화와 종합을 추구한 인물이다. 해석학에 대한 논의만이 아니라, 자신이 탐구한 해석의 원리를 실제적으로 적용한 성경 주해서나 해석서(『고린도전서 강해』, 『살아 있는 바울』 등)를 출간했을 정도로 철학과 신학을 폭넓게 아우르는 학자다. 이러한 왕성한 연구 활동에 기인한 탓인지 그가 오랫동안 재직했던 노팅엄 대학교는 철학적 신학이라는 특수한 분야를 깊이 있게 다루는 학교로 유명하다. 근원적 정통주의(Radical Orthodoxy)로 유명한 코너 커닝햄(Conor Cunningham)과 존 밀뱅크(John Milbank)가 같은 대학에서 가르치고 있다는 사실도 이 점을 잘 드러내준다.

티슬턴은 학문적 경향이나 업적만이 아니라 자신이 가진 장애의 극복으로 우리에게 더 큰 감동을 안겨주는 사람이다. 다른 책에서 티슬턴은 이를 하나님의 섭리로 표현하기도 했다. 그는 어린 시절 앓은 뇌수막염으로 인해 학자나 성직자로 살기에 부적합한 시력을 가지게 됐으나 이런 장애를 이겨내고 지금까지 여러 활동을 감당해냈다. 1927년에 태어난 티슬턴은 30세를 갓 넘긴 1958년, 극도로 나쁜 시력 때문에 연구나 성직자 활동에는 부적격하다는 판정을 의사로부터 받게 된다. 그럼에도 그는 누구 못지않은 왕성한 활동과 사목 사역을 통해 후학들에게도 귀감이 되었다. 영국에서는 이미 티슬턴에 관한 박사 학위 논문까지 나온 상태다. 생존하는 학자를 다루는 박사 학위 논문은 거의 나오지 않는다는 점을 고려하면, 이런 현상은 그만큼 그의 연구가 탁월함을 입증하는 증거일 것이다.

물론 티슬턴이 화려하고 독보적인 입장을 내놓은 학자는 아니다. 많은 해석학자의 책이 그렇듯 티슬턴의 책도 샅샅이 읽지 않으면 그의 주된 입장이 무엇인지 잘 알기 힘들다. 이는 너무나 많은 인용과 적용이 존재하기 때문이다. 하지만 그의 작업은 눈에 띄게 독창적으로 보이지는 않는다 하더라도 해석의 원리에 관한 충실한 연구와 적용이 돋보인다는 점에서 다른 종류의 독특성을 가진다. 또한 티슬턴은 통합적 연구라는 해석학의 특징의 관점에서 보면 매우 독창적인 업적을 이루었다고 할 수 있다. 철학적 해석학의 뿌리 가운데 하나가 성경 주해 등의 신학 전통에 있다는 사실은 잘 알려져 있다. 하지만 20세기에 들어와 철학적 해석학을 성경 주해 및 교리 연구 등에 적극적으로 활용해서 보여준 학자는 별로 없었다. 모델로 삼을 만한 여러 연구 성과를 폴 리쾨르가 내놓기는 했지만 엄연히 그는 철학의 영역에 머무른 인물이다. 신학에 더 큰 비중을 두면서 철학적 해석학의 통찰을 포괄적으로 활용한 학자로는, 복음주의권에서는 티슬턴과 케빈 밴후저를 꼽을 수 있다. 물론 해방신학이나 페미니즘신학 등 해석학에 중요한 기여를 한 학파가 존재하는 것은 사실이지만, 신학적 해석학의 원칙의 정초 자체를 새로 다지는 작업을 한 것은 티슬턴과 밴후저 정도라고 할 수 있다.

기왕에 말이 나왔으니 티슬턴과 밴후저를 비교하며 한마디 더 보태고 싶다. 내가 티슬턴의 책을 번역했기 때문일 수도 있고 더군다나 철학 전공자이기 때문에 이런 평가를 내리는 것일 수도 있지만, 학문적 완숙함 등을 고려할 때 티슬턴의 작업이 훨씬 엄정해 보인다. 우선 철학적 문헌을 대하는 자세에 있어 티슬턴이 훨씬 더 엄밀하다. 그는 철학자 한 사람 한 사람에 대해 가능한 한 일부가 아닌 중요 문헌 전체를 고려하여 평가하는 자세를 가지고 있다. 우리는 영미철학자들이 유럽의 철학을 곡해한다는 말을 흔히 듣는다. 그런데 이 문제는 각각의 사례별로 접근해야 한다. 영미권에서도 유럽 대륙의 철학자들과 직접 교류하고 경청하는 태도를 보이는 학자들은 과도한 왜곡을 하지 않는다. 특별히 영국의 학자들에게서 그런 태도를 많이 볼 수 있는데, 대륙과 가까운 지리적 이점과 더불어 역사적으로 축적된, 독일이나 프랑스에 뒤지지 않는 그들의 문헌 존중과 문헌 연구의 전통 때문이 아닌가 싶다. 이런 영국의 환경 속에서 연구한 티슬턴은 독일이나 프랑스 철학을 비평하고 활용함에 있어서 밴후저보다 더 엄밀한 자세를 보여주는 듯하다. 독자들도 본서를 읽으면서 이런 티슬턴의 감각을 어느 정도 느낄 수 있을 것이다. 또한 티슬턴은 종교개혁 전통에 대한 확고한 존중심을 갖는 동시에, 종교개혁과는 다른 전통에 속하는 신학 흐름에 대해서도 밴후저보다 더 넓게 수용하는 경향을 보여준다. 이런 측면 역시 티슬턴의 강점이다. 물론 여기에 대한 평가는 책을 읽는 독자마다 다를 수 있으며, 티슬턴의 수용적 태도를 단점으로 여기는 독자도 있을 것이다.

다시 이 책 이야기로 돌아가자. 본서는 티슬턴이 해석학 교과서 역할을 하기에 적합하도록 쓴 책이다. 따라서 읽다 보면 백과사전을 대하는 것 같은 착각에 빠진다. 하지만 그만큼 많은 정보를 담고 있으며 단순한 정보만이 아닌 자신의 구체적인 평가와 해석도 내놓고 있다. 완숙의 경지를 넘어 인생의 황혼기에 접어든 노학자가 주는 해석학에 대한 정리와 평가를 통해서 우리는 신학적 역량에 있어 성숙한 시야를 얻을 수 있을 것이다. 영미권의 여러 대학이나 대학원에서도 교재로 채택되어 사용된다는 소식이 들려올 정도로 이 책은 이미 널리 읽히고 있다.

이 책의 제1, 2, 3장은 해석학의 목표, 정의, 오늘날의 해석 경향, 사례를 통한 해석학의 중요성과 가치 등을 논한다. 대가의 수십 년의 노고가 묻어나는 대목으로, 왜 우리가 해석학을 공부하는지에 관한 탁월하고 재미있는 이해를 몇몇 참신한 예시를 통해 얻을 수 있다. 가끔 해석학 강의를 하거나 세미나를 해보면 해석학을 성경 주해를 잘하는 방법이나 기술 정도로 생각하고 접근하는 분들을 만난다(물론 이런 분들을 탓하고 싶은 마음은 없다.

오히려 이것은 한국 교회의 해석학에 대한 접근 태도가 반영된 결과이리라. 이 점에서 갱신된 해석학 교육이 매우 필요한 시점이다). 하지만 이 책에서 말하고 있는 해석학의 유익은 그런 실용적인 것이 아니다. 오히려 해석학 연구는 다양한 시야를 열어주고 무엇보다 참된 해석자의 태도를 길러준다. 물론 새로운 적용의 가능 근거를 제공하기도 하지만 이것은 어쩌면 부차적인 이점이다. 가장 중요한 것은 해석자가 가져야 할 좋은 자세, 건전하고 개방적인 해석 원리를 얻는 데 있다. 만일 그런 해석자가 된다면 다른 과제들도 함께 해결될 것이다.

제4장에서 제16장에서는 역사별로 주된 해석학적 입장과 논쟁점들이 소개된다. 단순한 소개에 그치는 것이 아니라 저자 자신의 독특한 비평도 제시된다. 제4장-제7장의 경우, 사전처럼 인물별로 주요 해석학자들에 대해 기술한 부분이 많아 독자들이 좀 지루하게 느낄 수도 있다. 하지만 꼼꼼하게 읽어보면 많이 논의된 해석학의 공로자들뿐만 아니라 그동안 잘 주목받지 못했던 숨은 공로자들까지 두루 만날 수 있다. 신학 또한 인문학이나 사회학의 많은 분야처럼 역사적인 학문이므로 우리는 이런 공로자들을 통해 해석학과 신학의 쟁점과 발전 방향을 파악할 수 있다. 제8장-제16장은 슐라이어마허 이래로 해석학이 본격적으로 철학과 신학의 전면에 등장한 후 어떤 식으로 전개되었는지를 상세하게 다룬다. 여러 철학자와 신학자의 주요 입장만이 아니라 티슬턴 자신의 비평도 함께 들을 수 있으므로 매우 흥미진진한 대목이다. 특별히 티슬턴은 슐라이어마허에 대해 심리학적 주관주의라는 기존의 평가와는 다른 평가를 내놓는 한편, 가다머의 한계와 리쾨르의 장점 등 자신의 입장을 숨김없이 개진하면서 각 입장에 대한 정리를 시도한다. 여기에 대한 수용은 독자들의 몫이지만, 여러 주목할 만한 시각이 드러나므로 정독한다면 많은 정보는 물론이고 해석에 관한 진지한 성찰을 얻을 수 있을 것이다. 만일 책을 처음부터 끝까지 단번에 읽어나가기 어렵다면 제1장-제3장을 먼저 읽은 후 제8장 이후를 읽거나, 사전을 이용하듯 필요한 부분만 취사선택해서 읽어도 될 것 같다. 물론 가장 좋은 방

법은 전체를 섭렵하는 것이겠지만 말이다.

　이 책은 철학적 해석학자에 대한 내용 말고도 한국 교회의 특정 진영, 특별히 복음주의 교회나 교단에서는 생소할 수 있는 해방신학, 페미니즘신학, 우머니즘신학, 독자반응이론, 수용이론 등도 자세히 다루고 있다. 번역을 하다 보면 번역자가 처한 지평에 대해 고민을 하게 된다. 이 책에서도 자주 언급되는 바이지만 해석학에서는 해석자의 삶의 자리가 늘 중요하게 대두된다. 역사적 삶의 상황 또는 배경을 떠나서 진공 상태에서 시행되는 해석이란 불가능하다. 번역자도 일종의 해석자라면 나에게도 그런 삶의 상황이 중요한 영향을 미치는 것은 당연하다. 번역을 하는 와중에 한미 FTA라는 불평등한 국가 간 조약이 날치기 통과되었다. 쌍용 자동차 해고 노동자 가운데 22번째 희생자가 나왔고, 삼성 반도체에서 일하다 백혈병으로 사망한 여성의 이야기도 들려왔다. 이런 일들 때문인지 번역을 할수록 라틴아메리카의 특수한 빈곤과 억압 상황에서 도래한 해방신학 해석학이 눈에 아른거렸다. 본서에서도 언급되지만 해방신학 해석학이 발전한 데는 라틴아메리카의 가톨릭 주교들의 힘이 컸다. 억압과 착취라는 죄의 구조에서 민중들이 해방되어야 한다는 분명한 성경 메시지를 가톨릭 성직자들은 외면하지 않았다. 그렇다면 우리 개신교 지도자들이나 한국 교회는 지금 무엇을 하는가? 서민들을 억압하게 될 잘못된 조약이 체결되고 노동이 존중받지 못하는 우리의 현실에서 어떻게 살아가야 하는지에 대한 방향을 우리는 성경을 통해 발견하고자 하는가? 예수님의 말씀과 사역을 통해 우리는 해방과 개혁의 메시지를 배울 수는 없는가? 이 책에서 확인되듯 티슬턴은 누구보다 종교개혁 전통을 존중하는 사람이다. 하지만 일부 개혁주의자들이 다른 신학 전통이나 사회 문제에 관해서 눈과 귀를 닫고 사는 것과는 달리 티슬턴은 해방신학, 페미니즘신학, 우머니즘신학 등 억압받는 사람들에 대한 관심과 이해에서 비롯된 신학에 마음을 열고 이해하려고 하며, 대단히 호의적인 태도를 보여준다. 바로 이런 태도가 오늘의 어려운 시대 속에서 참된 해석자가 되려는 우리에게 필요한 점이 아닐까 생각한다.

본서의 가치에 대해 또 하나의 사족을 덧붙인다. 지금까지 소개된 해석학 입문서 가운데 가장 탁월한 책을 하나 들자면 장 그롱댕의 『철학적 해석학 입문』(한울 역간)을 꼽을 수 있다. 그롱댕 역시 현존하는 해석학자 가운데 대가로 손꼽히는 동시에 독일어권이나 프랑스어권 저자들의 저술을 직접 온몸으로 소화해낸 사람이기 때문에, 통상 나는 해석학 입문자에게 이 책을 권해왔다. 오랫동안 리처드 팔머의 책이 해석학 입문서로 적절하다는 평가를 받아왔지만 이제는 그 권위를 그롱댕에게 넘겨도 좋을 것이다. 다만 그 책에는 리쾨르에 대한 연구가 결여되어 있다는 아쉬움이 남는다. 또한 철학적 해석학을 다루는 책이기에 신학적 해석학은 비교적 소홀하게 다루어졌다는 점도 신학에 관심이 있는 독자들에게는 일말의 아쉬움으로 남을 것이다. 바로 이 점에서 본서는 이런 아쉬움을 채우고도 남을 만한 역할을 한다. 고대에서 현대까지 해석학의 전 역사를 아우르는 것은 물론이고, 리쾨르나 여타 최근의 해석이론에 대한 논의, 문학비평에서의 해석이론마저도 상당히 충실하게 담겨 있다. 주로 영어 번역본을 인용한다는 점에서 한계는 있지만 각 사상가들의 입장을 확실하게 보여준다는 점에서도 본서의 가치는 크다. 따라서 나는 그롱댕의 책과 더불어 이 책을 가장 중요한 해석학 입문서로 자신 있게 권할 수 있다. 신학에 관심이 없는 독자가 순전히 철학적 관심만을 가지고 접근한다 해도 큰 유익을 얻을 만큼 내용이 포괄적이기 때문이다. 게다가 이미 언급한 것처럼, 저자가 평생 해석학을 가르쳐오면서 가졌던 고뇌와 학생들과의 수업을 통해 체득한 교훈과 통찰이 책 곳곳에 깃들어 있지 않은가.

번역과 관련해서도 몇 마디 말을 남겨야겠다. 사실 티슬턴의 책은 학문적으로 완숙한 분들이 번역해야 옳다고 본다. 나같이 미숙한 사람이 옮기는 것은 도리가 아니라는 생각을 번역하면서 참 많이 했다. 철학과 신학 양 영역에 넓고 깊은 이해가 있는 분들이 본서의 번역자로 더 적합했을 것이다. 그럼에도 본서는 새물결플러스 편집부의 배려와 인내 덕분에 나올 수 있었다. 무엇보다도 현재 한국 교회의 신학적 역량을 조금이라도 끌어올리고, 좋은 해석자가 되고자 하는 많은 사람들에게 이 책이 분명 큰 도움이 될 것이라는 확신을 가졌기 때문에 번역이라는 고행을 감내하게 되었다. 하지만 역자 개인의 의도가 아무리 선하고 변명거리가 넘쳐난다고 해도 부족한 능력을 가릴 수는 없다. 번역하면서 힘들었고 아직도 부족한 부분이 있을 것임을 고백하지 않을 수 없다. 그렇기에 비판은 달게 받고 이후로도 부족한 부분을 수정해나갈 것을 약속드린다.

마지막으로 학부 시절 강독 수업을 통해 티슬턴을 처음으로 접하게 해주신 신국원 교수님, 철학과 신학과 학문 전반에 대해 늘 많은 것을 몸소 가르치고 보여주시는 강영안 교수님께 감사드린다. 또한 많은 가르침과 함께 언제나 다정한 격려를 아끼지 않으시는 장성민 교수님께도 감사의 뜻을 전한다. 아울러 항상 나의 곁을 지켜주는 사랑하는 아내 김행민에게 고마움을 표하고 싶다. 여러모로 부족한 나와 함께하여 팍팍한 삶 가운데 늘 힘이 되어준 그녀가 있었기에 이 작업이 가능했다. 부디 이 책이 신학의 부재로 위기를 겪고 있는 한국 교회와 성도들, 철학과 신학의 바른 길을 찾는 모든 분에게 좋은 길잡이가 되기를 소망한다.

2012년 5월

김동규

앤서니 티슬턴의 성경해석학 개론
철학적·신학적 해석학의 역사와 의의

Copyright ⓒ 새물결플러스 2012

1쇄 발행 2012년 7월 25일
4쇄 발행 2018년 4월 25일

지은이 앤서니 티슬턴
옮긴이 김동규
펴낸이 김요한
펴낸곳 새물결플러스

편집 왕희광 정인철 최율리 박규준 노재현 한바울 신준호 정혜인
　　　 김태윤 이형일 서종원
디자인 이성아 이재희 박슬기 이새봄
마케팅 박성민 조광수
총무 김명화 이성순
영상 최정호 조용석 곽상원
아카데미 유영성 최경환 이윤범

홈페이지 www.holywaveplus.com
이메일 hwpbooks@hwpbooks.com
출판등록 2008년 8월 21일 제2008-24호
주소 (우) 07214 서울특별시 영등포구 양평로 11, 4층(당산동5가)
전화 02) 2652-3161
팩스 02) 2652-3191

ISBN 978-89-94752-22-8 03230

책값은 뒤표지에 있습니다.